DER WHISKY ATLAS

ICHIRO'S CHOICE
1976
Bottled CHICHIBU
Distillery KAWASAKI
SINGLE GRAIN WHISKY KAWASAKI
Cask Strength
Non chill-filtered Non coloured
Bottling # 73 / 432
700 ml

VOLLSTÄNDIG ÜBERARBEITETE NEUAUSGABE

DER WHISKY ATLAS

DAVE BROOM

ÜBER 200 DESTILLERIEN UND 750 VERKOSTUNGSNOTIZEN

ÜBERSETZT VON REINHARD FERSTL

Hallwag

Widmung
Ich widme dieses Buch meiner Mutter Isobel Broom, die seine Fertigstellung leider nicht mehr erleben durfte, deren unablässige Unterstützung und Zuneigung mich aber dorthin brachten, wo ich jetzt bin. Ich hoffe, du wärst stolz auf mich.

Dank
Ich danke insbesondere Davin de Kergommeaux und Bernhard Schäfer, die mir beim Verfassen der Kapitel über Kanada und Mitteleuropa sehr geholfen haben.

Rechts: Schlummernder Whisky in den Gewölbehallen der Brennerei Deanston im schottischen Stirling.

Die Originalausgabe ist 2010 unter dem Titel »The World Atlas of Whisky« bei Mitchell Beazley, einem Imprint der Octopus Publishing Group Ltd., Carmelite House, 50 Victoria Embankment, London EC4Y 0DZ erschienen, die überarbeitete Neuausgabe 2014.
www.octopusbooks.co.uk

Grillparzerstr. 12, 81675 München
HALLWAG ist ein Unternehmen der GRÄFE UND UNZER VERLAG GmbH, München, GANSKE VERLAGSGRUPPE.
www.hallwag.de

Projektleitung: Anne-Sophie Zähringer, Bernhard Kellner
Übersetzung: Reinhard Ferstl
Lektorat: Eva Meyer
Korrektorat: Ulrike Wagner, Plan W
Satz: L42 Media Solutions, Berlin
Herstellung: Markus Plötz
Umschlaggestaltung: Martina Baldauf, herzblut02 GmbH
Umschlagfoto: iStock by Getty Images/Givaga
Autorenfoto: Will Robb
Druck und Bindung in China

2. Auflage 2017
ISBN 978-3-8338-5521-4

Liebe Leserin und lieber Leser,
wir freuen uns, dass Sie sich für ein HALLWAG-Buch entschieden haben. Mit Ihrem Kauf setzen Sie auf die Qualität, Kompetenz und Aktualität unserer Bücher. Dafür sagen wir Danke! Ihre Meinung ist uns wichtig, daher senden Sie uns bitte Ihre Anregungen, Kritik oder Lob zu unseren Büchern. Haben Sie Fragen oder benötigen Sie weiteren Rat zum Thema? Wir freuen uns auf Ihre Nachricht!

Wir sind für Sie da!
Montag–Donnerstag: 9.00–17.00 Uhr
Freitag: 9.00–16.00 Uhr

Tel.: 00800/72 37 33 33*
Fax: 00800/50 12 05 44*
(*gebührenfrei in D, A, CH)

E-Mail: leserservice@graefe-und-unzer.de

GRÄFE UND UNZER Verlag
Leserservice · Postfach 86 03 13 · 81630 München

GRÄFE UND UNZER
Ein Unternehmen der GANSKE VERLAGSGRUPPE

Hallwag

Inhalt

VORWORT

Vor vier Jahren ist Dave Brooms *Whiskyatlas* zum ersten Mal erschienen. Heute ist er wichtiger denn je. Alles, was ich ursprünglich geschrieben habe, ist nach wie vor aktuell. Dennoch hat sich viel Neues getan. Wir erleben derzeit eine echte Whisky-Renaissance. Möge dieses Buch Ihnen helfen, Whisky in all seinen Facetten zu erleben.

Noch nie in der jüngeren Geschichte war die Whiskyszene dynamischer. Warum? Zum einen, weil wir gerade einen Whisky-Boom erleben. Immer mehr Menschen rund um den Globus erkennen die Qualität dieses Getränks, seine Individualität und seinen Wert. Trotz der jüngsten Preissteigerungen bleibt das Preis-Leistungs-Verhältnis von Whisky im Allgemeinen und Bourbon im Besonderen unerreicht unter den Spirituosen. Die Hersteller reagieren auf die steigende Nachfrage mit einer Ankurbelung der Produktion: Sie erweitern ihre Kapazitäten und errichten zum Teil sogar neue Brennereien.

Außerdem entstehen derzeit allenthalben Kleinbrennereien. Vorbei die Tage, da die Erzeuger fast ausnahmslos in Schottland, Irland, den USA – dort vor allem in Kentucky oder Tennessee – und in Kanada saßen. Japan beispielsweise hat bewiesen, dass seine Produzenten ebenso viel Achtung verdienen wie das Whisky-Establishment, denn die Erzeugnisse aus Fernost können sogar mit Scotch mithalten.

Das will etwas heißen, denn noch nie war die Auswahl schottischer Produkte größer, ob von den großen Häusern oder den vielen unabhängigen Abfüllern. Inzwischen geht ihre Zahl in die Hunderte. Und dank der in den letzten ein, zwei Jahrzehnten erzielten Fortschritte bei der Herstellung und Reifung ist die Qualität besser als je zuvor.

Zudem sind in ganz Europa, den USA und anderen Ländern neue Craft-Brennereien auf den Plan getreten. Allein in den Vereinigten Staaten kamen in den letzten 15 Jahren mehr als 400 solcher Edelmanufakturen hinzu – ungefähr viermal so viel, wie es etablierte Bourbonhersteller gibt. Und ihre Zahl steigt immer schneller.

Was bedeutet das alles für Sie als Whiskyliebhaber? Ganz einfach: Sie dürfen sich auf viele neue Marken sowohl von Traditionsdestillerien als auch neuen Kleinbrennereien in aller Welt freuen.

Damit sind wir beim *Whiskyatlas*. An ihm schätze ich besonders seinen umfassenden Inhalt. Das Buch erklärt, was Whisky ist, welchen Entstehungsweg er vom Getreidekorn bis zum Glas nimmt, wo man ihn bereitet und warum keiner wie der andere schmeckt. Es zeigt, wie man ihn am besten genießt, bringt eine Gegenüberstellung neuer Abfüllungen und liefert Verkostungsnotizen zur geschmacklichen Orientierung. Den Text begleiten viele großartige Fotografien. Über sie werden sich vor allem jene freuen, die nicht die Möglichkeit haben, die verschiedenen Destillerien und Länder zu besuchen.

Der vielleicht nützlichste und innovativste Bestandteil des Buchs aber ist die Kategorie der »Geschmacksstile« zur generellen Charakterisierung der einzelnen Whiskys. Ich genieße zwar die ausführlichen Verkostungsnotizen, doch gerade für Einsteiger, die das recht unüberschaubare Angebot soeben erst zu erkunden beginnen, liefert diese Typisierung eine nützliche Orientierung.

Vor allem aber erfasst *Der Whiskyatlas*, was gerade in der Whiskywelt passiert. Das kommt nicht von ungefähr: Dave Broom gehört zu den wenigen Autoren, die einen umfassenden Überblick über solche Entwicklungen geben können. Er ist einer der renommiertesten unabhängigen Whiskyexperten der Welt. Und das mit Fug und Recht. Mich faszinieren vor allem sein Stil und die lebhaften Verkostungsnotizen. Man braucht kein Fachmann zu sein, um zu sehen, warum seine Texte so gefragt sind.

Dieses Buch ist nicht nur höchst informativ, sondern auch ein echter Lesegenuss – für Einsteiger ebenso wie für Kenner. Daves Wissen, seine Leidenschaft und Integrität werden in jeder Zeile offenkundig. *Slainte!*

John Hansell
Herausgeber und Redakteur des Magazins *Whisky Advocate*

Links: Ein Körnchen Wahrheit: Am Anfang eines jeden Single Malt steht Gerste.

Rechts: Jedes Glas erzählt eine Geschichte. Whisky ist die komplexeste Spirituose.

EINFÜHRUNG

Kaum zu glauben: Nur fünf Jahre nach Abschluss der Arbeiten zum ersten Whiskyatlas hat sich die Whiskylandschaft so sehr verändert, dass eine überarbeitete und erweiterte Neuausgabe notwendig geworden ist. War Whisky nicht der Inbegriff des Althergebrachten, Konservativen? Er *war* es. Er war weder aufregend, noch kleidete er sich in ein nicht altersgemäßes Outfit, um die Menschen für sich einzunehmen. Er war einfach immer schon da gewesen, unveränderlich und halsstarrig – *thrawn*, wie es in Schottland heißt. Man kam zum Whisky, wenn man ihn suchte. Whisky biederte sich nicht an. So hieß es jedenfalls.

In Wirklichkeit war Whisky von jeher im Wandel. Er führte ein dynamisches Dasein von dem Augenblick an, da er im 15. und 16. Jahrhundert erstmals aus dem Alambic der Alchemisten tropfte. Man würzte ihn, trank ihn verdünnt und unverdünnt, unausgebaut und ausgebaut. Ständig überwand er Grenzen und veränderte sich, weil die Nachfrage, das Klima, Kriege, die Politik und die Wirtschaft es erforderten. Die neue Ausgabe des Whiskyatlas drängte sich auf, weil dieser Wandel sich wie nie zuvor beschleunigt hat.

Wir leben heute in der spannenden Realität des Weltwhiskys. Die traditionellen Whiskyländer Schottland, Irland, USA, Kanada und Japan reiten auf einer ungekannten Erfolgswelle. In ihnen allen machen neue Brennereien auf, viele davon sind Teil der aktuellen Craft-Bewegung.

Ein oft vergessenes Element der Whiskybereitung in aller Welt ist der Mensch. Hier ein Arbeiter in der Destillerie Murree im pakistanischen Rawalpindi.

Doch Whisky hat sich weltweit etabliert. Allein im deutschsprachigen Europa sollen inzwischen 150 Destillerien aktiv sein. In England sind es fünf, in Frankreich über 20 und genauso viele in Skandinavien. In Australien boomt die Brennereiszene, und auch Südamerika und Asien befinden sich im Aufbruch. Nicht nur die Zahl der Whiskyländer indes steigt, man testet gleichzeitig immer mehr Herstellungsmethoden aus. Die neuen Whiskys sind gleich in mehrfacher Hinsicht neu. Kurzum: Eine neue Karte der Whiskylandschaft musste her.

Warum aber ausgerechnet jetzt dieser Aufschwung? Es rückt eine frische Generation nach, die nicht nur an Geschichte und Herkunft der Getränke interessiert ist, sondern auch an ihrem Geschmack und den Möglichkeiten, die sie eröffnen. Die Whiskyliebhaber von heute gehen mit einer Unvoreingenommenheit an die Sache heran, die es so noch nicht gab. Und diese Haltung ist bei den heutigen Brennern, ob alt oder neu, ebenfalls zu beobachten.

An dieser Stelle jedoch gleich eine Warnung. Es ist nicht schwer, sich vor Begeisterung über die Rekordzahlen zu überschlagen. Und auch die Gründung einer Brennerei war schon einmal schwieriger. Dennoch darf nicht vergessen werden, dass Moden kommen und gehen – selbst in der Whiskywelt. Um zu überleben und zu prosperieren, müssen die Brenner erkennen, dass Whisky ein langfristiges Geschäft ist (ja, dass er ein Geschäft *ist*). Sie buhlen um die Käuferschaft auf einem Terrain, auf dem es viele weitere Optionen gibt.

Wer Whisky trinkt, trinkt heute auch Rum, Gin, Tequila, Craft-Biere und Wein, wenngleich hoffentlich nicht in einer Nacht. Ob Frau oder Mann, alle bewegen sich auf hohem Niveau, wissen gutes Handwerk zu schätzen und können dank der großen Angebotsvielfalt Marken akzeptieren oder ablehnen. Wie aber schaffen es die Neuen dann, sich zu etablieren? Nicht durch Trickserei und Anmaßung, sondern durch Integrität. Denn die Verbraucher sind clever.

Whisky ist »langsam«. Er erzählt von seiner Herkunft, von Handwerkskunst und einem zeitlosen Umgang mit Ingredienzen, die ihr Wesen preisgeben. Nur allmählich lädt er Sie ein, innezuhalten und sich auf Ihre Sinneseindrücke zu konzentrieren, wenn Sie einen Schluck nehmen. Gleichzeitig entwickelt er sich rasch weiter.

In diesem Gedränge soll der Whiskyatlas Orientierung geben. Welches sind die unterschiedlichen Geschmacksrichtungen? Was sagen sie aus? Woher stammen sie? Wer ist für sie verantwortlich? Ich hoffe, Ihnen auf Ihrer Reise durch die Whiskylandschaft die nötigen Wegweiser aufstellen zu können.

ZUR BENUTZUNG DIESES BUCHS

Dieses Buch enthält eine Menge Informationen. Damit der Leser die vielen Details über Erzeugerländer, Regionen und Destillerien optimal nutzen kann, werden sie mithilfe textlicher und optischer Gliederungselemente aufbereitet. Dazu gehören Karten, Verkostungsnotizen mit einer generellen Geschmackskategorisierung und Angaben zur Brennerei selbst.

KARTEN

Hauptlegende Der Standort einer Brennerei wird auf mehrere Arten angegeben. Heißt eine Destillerie genauso wie die nächstgelegene Ortschaft, wird nur der Name des Betriebs gedruckt (z. B. Lagavulin). Sofern Platz und Maßstab es zulassen, ist der nächstgelegene Ort mit einem weißen Punkt gekennzeichnet, andernfalls folgt auf den Namen des Betriebs die Ortsbezeichnung (z. B. Jim Beam, Clermont).

Höhen/Topografie Sie sind für alle Karten einheitlich, aber nur dort dargestellt, wo der Maßstab es zulässt.

Regionen Innerhalb der Länder sind die Destillerien nach Regionen geordnet. In den USA hingegen sind lediglich Kentucky und Tennessee getrennt aufgeführt, denn dort erfordert der ganz eigene Herstellungsprozess die Einrichtung einer Unterkategorie.

Destillerien Alle in diesem Buch behandelten Brennereien sind auch auf den Landkarten eingezeichnet. Gibt es in einer Region darüber hinaus eine größere Zahl weiterer beachtenswerter Erzeugerbetriebe, erscheinen sie ebenfalls auf den Karten, ohne dass im Text auf sie Bezug genommen wird. Das ist etwa der Fall bei Neugründungen in Europa oder bei kleinhandwerklich arbeitenden Destillerien in den USA.

Grain-Destillerien, Mälzereien und andere whiskybezogene Einrichtungen Wo es möglich und sinnvoll war, wurde unterschieden, um welche Art von Destillerie es sich handelt. Außerdem werden einige Mälzereien genannt.

PORTRÄTS DER BRENNEREIEN

Standort und Homepage Jede Destillerieseite enthält Einzelheiten über die nächstgelegene Ortschaft und gegebenenfalls Webadressen der besprochenen Hersteller Bei Seiten mit mehreren Brennereien sind die jeweiligen Angaben durch einen Schrägstrich getrennt.

Besucherinformationen Empfängt ein Betrieb Besucher, sind die zum Zeitpunkt der Drucklegung gültigen Öffnungszeiten angegeben. Falls Sie einen Abstecher zu einer Brennerei unternehmen möchten, sollten Sie sich trotzdem vorab über die Besuchsmodalitäten erkundigen. Wer spezielle Touren plant und feste Besuchstermine hat, sollte nie die Dauer der Anfahrt über gewundene Nebenstraßen unterschätzen und immer Hindernisse wie Schafherden mit einkalkulieren.

Bezugsquellen Auch wenn viele Destillerien nicht für Besucher geöffnet sind, bekommt man ihre Produkte dennoch im Handel. Wenden Sie sich am besten an Fachhändler oder informieren Sie sich auf spezialisierten Whisky-Webseiten.

Eingemottet Damit sind stillgelegte Brennereien gemeint, die vielleicht eines Tages wieder in Betrieb gehen. Die Informationen entsprechen dem Stand bei Redaktionsschluss und sind so genau wie möglich.

Neu/geplant In aller Welt werden neue Brennereien errichtet und eröffnet. Dieses Buch soll so umfassend wie möglich sein, doch angesichts der Vielzahl von Neugründungen kann es vorkommen, dass es nicht mehr möglich war, sie noch in die Karten aufzunehmen.

VERKOSTUNGSNOTIZEN

Auswahl Ich habe Whiskys ausgewählt, die die Bandbreite einer Brennerei am besten widerspiegeln. Daher wurden je nach Verfügbarkeit neue, junge, mittelalte und alte Vertreter verkostet.

Reihenfolge Sie ist für jedes Land gleich. Die Produkte sind entweder nach ihrem Alter oder, falls mehr als ein Produkt einer Brennerei besprochen wird, alphabetisch geordnet.

Altersangabe In der Regel gehört sie zum Namen eines Whiskys. Wenn sie auf dem Etikett fehlt, wird mit dem Kürzel NAS (No Age Statement – ohne Altersangabe) darauf hingewiesen.

Unabhängige Abfüller Wenn immer möglich, habe ich Abfüllungen vom Eigentümer der jeweiligen Destillerie selbst verkostet. Waren sie allerdings nicht verfügbar, habe ich stattdessen auf Proben unabhängiger Abfüller zurückgegriffen.

Fassproben Ich habe nach Möglichkeit abgefüllte Erzeugnisse verkostet. War dies nicht möglich, stellte mir die Brennerei manchmal freundlicherweise Proben direkt aus dem Fass zur Verfügung. Sie sind als solche gekennzeichnet.

Volumenprozent/ABV/Proof Der Alkoholgehalt von Whiskys wird in Volumenprozent (z. B. 40% Vol.), engl. ABV, angegeben. Lediglich bei amerikanischen Whiskeys wird der Gehalt zusätzlich noch in Proof angegeben (z. B. 80°/40%).

Japan Die meisten hochwertigen japanischen Whiskys sind mit dem Jahr der Einlagerung, der Serie und oft sogar der Fassnummer versehen.

Stil Jede Verkostungsnotiz enthält einen Hinweis auf den Geschmacksstil (Flavour Camp), zu dem der jeweilige Whisky gerechnet werden kann. Davon ausgenommen sind nur New Makes und Fassproben. Näheres dazu auf Seite 26–27. Eine Liste aller Whiskys, nach ihren jeweiligen Stilen geordnet, findet man auf Seite 324–326. Wenn Sie einen bestimmten Stil bevorzugen, bekommen Sie so einen Überblick über eine große Auswahl von Erzeugnissen, die Ihnen behagen. Viele junge Whiskys entwickeln sich noch und können mit zunehmender Reife vom einen zum anderen Flavour Camp wechseln. Die Verkostungen beziehen sich auf den Zustand bei Redaktionsschluss.

Ähnlich Unter diesem Punkt werden weitere Whiskys desselben Geschmacksstils empfohlen. Der Unterpunkt erscheint in den Verkostungsnotizen aller Whiskys mit Ausnahme der New Makes, also der Rohwhiskys und der Fassproben, die noch unfertig bzw. gar nicht im Handel erhältlich sind, sowie der Blends und Grains.

TERMINOLOGIE

Glossar Die Whiskyansprache ist sehr angloamerikanisch geprägt, zudem gibt es wegen der weltweiten Verbreitung zahlreiche regionale Varianten. Unklarheiten kann das Glossar auf Seite 327–328 beseitigen.

Whisky/Whiskey Ich verwende in diesem Buch die Schreibweise »Whisky«, da sie weltweit üblich ist. Lediglich für Irland und die USA habe ich die dort gängige Variante »Whiskey« übernommen.

WAS IST WHISKY?

Dieses Buch ist ein Atlas. Deshalb enthält es Landkarten, auf denen die Brennereien eingezeichnet sind. Für den Werdegang eines Whiskys aber spielt der Standort seiner Destillerie nur eine kleine Rolle. Die Karten weisen den Weg zu den Betrieben und zeigen, was sich in ihrer Nähe befindet. Über den Whisky selbst sollte man noch mehr wissen.

Damit dieser Atlas seinen Zweck erfüllt, musste eine Geschmackskarte her: die Flavour Map™ (siehe Seite 28). Sie legt offen, welche Whiskys sich ähneln, welche sich unterscheiden und welche die herkömmliche Vorstellung von Regionalstilen infrage stellen. Nun akzeptiert man mit einem solchen Ansatz zwar, dass die Brennerei und ihr Standort die wesentlichen Elemente der Geschmacksentstehung sind. Gleichwohl hilft uns die Flavour Map™ auch herauszufinden, warum beispielsweise in Schottland oder Kentucky jede Destillerie, die so arbeitet wie der Nachbarbetrieb, eine für ihr Terroir spezifische Spirituose ausstößt.

Wir starten unsere Suche nach dem Wesen des Whiskys mit einem Abriss der Herstellungsprozesse aller vier großen Stile: Single Malt, Grain Whisky, traditioneller irischer Pot Still und Bourbon. Dabei werden die wichtigsten Entscheidungspunkte beleuchtet, an denen die Brennmeister die Weichen für den unverwechselbaren Hausstil stellen.

Ein separates Kapitel zur Geschichte des Whiskys gibt es in diesem Buch nicht, denn der Geschmack von Whisky selbst legt offen, wie sich das Getränk im Lauf der Zeit entwickelt hat. Im Schottland des 19. Jahrhunderts etwa trug zwar das Terroir anfangs zur Entstehung eines eigenen Stils bei – z. B. durch die Verfügbarkeit von Torf –, doch beeinflussten später die Markterfordernisse und das Aufkommen von Blends ebenfalls den Charakter der Erzeugnisse. Betrachtet man Single Malt Scotch aus diesem Blickwinkel, erkennt man, dass nicht unbedingt regionale Stile vorherrschten, sondern dass sich der Geschmack im Verlauf mehrerer »Geschmacksepochen« herauskristallisierte, wobei die Entwicklung von schwer zu leicht verlief.

Jede Brennerei wird daher nicht nur als Erzeuger einer Marke in Augenschein genommen, sondern als lebender Organismus, der seine eigene Geschichte zu erzählen hat. Wer sich mit dem Charakter einer Destillerie befassen will, muss auch ihr Wesen vom Anbeginn ihrer Existenz ergründen. Ausgangspunkt einer Reise durch die Welt des Whiskys muss der Ort seines Ursprungs sein. Man kann nicht über einen Erzeugerbetrieb sprechen, wenn man sich nur mit dem Ergebnis der komplexen Interaktion des Produkts mit Eiche befasst.

Durch Verkosten neuer und älterer Abfüllungen lässt sich die Entwicklung von Geschmacksnuancen nachzeichnen: Wir verfolgen grüne Früchte beim Reifen und Trocknen, bekommen mit, wie Gras zu Heu wird, erkennen, wie Schwefel verklingt und Reinheit zurücklässt, und bewerten den Einfluss der Eiche. Die Erzeugnisse werden dann Geschmacksstilen zugeordnet, damit man Ähnlichkeiten und Unterschiede zwischen ihnen erkennt und eventuell andere Wege durch das Labyrinth der Whiskywelt erkunden kann. Die Herstellung dieses Elixiers ist eine lebendige, kreative Kunst, in der alles im Fluss ist. Ihre Macher sind Menschen, die das Unverwechselbare ihres Werks herausstreichen wollen. Diese Vielfalt sei der Wegweiser auf unserer Karte.

Kontinuität und Beständigkeit – zwei Voraussetzungen für die Erzeugung edler Whiskys.

DIE WELT DES WHISKYS

Was ist Whisky? Die in der ersten Ausgabe dieses Buchs gegebene Definition hat nach wie vor ihre Gültigkeit: Whisky ist eine Spirituose, die entsteht, wenn man Getreide einmaischt, zu Bier vergärt, destilliert und den dabei anfallenden Brand ausbaut. Nie allerdings wurde dieses simple Prinzip stärker variiert als heute. Rund um den Globus fragen sich Brenner: Warum soll Whisky immer exakt so bereitet werden, wie es die Überlieferung will?

Gespräche mit Neubrennern sind stets faszinierend. Viele behaupten, sie seien wegen ihrer Begeisterung für Single Malt Scotch (leider nie Blends) oder Bourbon in das Geschäft eingestiegen. Und fast immer fügen sie hinzu: »Aber ich wollte etwas Spezielles machen.« Warum auch imitieren, was schon existiert? Mit Glenfiddich oder Jack Daniel's kann man kaum konkurrieren. Was aber gibt es dann noch für Möglichkeiten? Man kann beispielsweise mit Getreide experimentieren. Rye ist schon längst keine Domäne Kanadas oder Kentuckys mehr: Es gibt heute Vertreter dieser Whiskykategorie aus Dänemark, Österreich, England, den Niederlanden und Australien. Doch man kann die Grenzen noch viel weiter stecken. Weshalb nicht Whisky aus Weizen brennen? Oder aus Hafer, Dinkel, Quinoa ... Wer bei Gerste bleibt, kann sich an Bierbrauern ein Beispiel nehmen und mit unterschiedlichen Röstverfahren arbeiten. Oder statt Torf verschiedene Hölzer, Nesseln, ja, sogar Schafdung verwenden. Warum nicht mit anderen Getreide- oder Raucharten arbeiten – oder beide kombinieren? Wieso

die übliche Brennhefe verwenden, wenn man es auch einmal mit Bier- und Weinhefen probieren kann? Warum nicht die Gärtemperatur regeln? Muss partout an schottischen Pot Stills oder Column Stills bzw. Doublern festgehalten werden? Wie wäre es stattdessen mit Cognac-Brennblasen? Oder gleich selbst entworfenen Stills?

Die Pioniere von heute stehen vor denselben Entscheidungen wie die japanischen Brenner der 1920er- und 1930er-Jahre. Es ging damals nicht nur darum, Whisky zu machen, sondern Whisky auf japanische Art zu machen. So etwas findet man nicht in Marketinghandbüchern, sondern in Herz und Hirn. Mit anderen Worten: Die Antworten der Neueinsteiger auf die Frage »Was ist Whisky?« sind faszinierend und oft bestechend. Durch Infragestellen des Herkömmlichen verschiebt man die Whiskygrenzen immer wieder neu.

Sicher haben Scotch Single Malt, Bourbon, Single Pot Still Irish und Canadian Rye ihren festen Platz. Aber das gilt nun auch für alternative Craft-Whiskys aus Schweden, Taiwan, Australien, den Niederlanden und den USA. Müssen sich die alten Länder Sorgen machen? Noch nicht. Aber sie sollten auf der Hut sein. Sind sie das? Wahrscheinlich nicht.

Das soll nicht heißen, dass die Gründung einer Destillerie ein Kinderspiel ist. Vielleicht schwebt Ihnen gerade das im Augenblick vor. Hören Sie auf Francis Cuthbert von der Daftmill Distillery in Fife: »Die Finanzierung muss gesichert sein, bevor Sie loslegen. Die Lagerkosten sind zehnmal höher als die Baukosten. Wenn Sie glauben, dass Sie Investitionskosten mit einem Café schneller wieder hereinholen, machen Sie ein Café auf und vergessen Sie den Whisky.«

Was aber, wenn man doch ins Brenngeschäft einsteigt? Dazu Jean Donnay von Glann ar Mor in der Bretagne und Gartbreck auf Islay: »Destillieren ist komplizierter, als man meint. Man liest, besucht andere Brennereien, stellt Fragen, glaubt, die Zahlen im Griff zu haben. Aber je mehr man tut, desto komplizierter wird alles. Ich war schon immer der Ansicht, dass Alchemie im Spiel ist, und heute glaube ich das mehr denn je. Die Destillation ist eine knifflige Angelegenheit. Jeder Tag ist anders, weshalb man ständig dazulernt. Selbst wenn ich seit 200 Jahren brennen würde, ich würde trotzdem jeden Tag neue Erfahrungen machen.«

Alle Brenner, ob alt oder neu, würden dem beipflichten. Keiner ist Experte. Solange man weiter Fragen stellt und bescheiden bleibt, wird man immer wieder Neues entdecken.

Was also ist Whisky? Das, was man in ihm sehen will.

Die Speyside, eines der Hauptanbaugebiete für Braugerste in Schottland.

MALT

Alle Single-Malt-Destillerien der Welt setzen auf ein und dasselbe Herstellungsverfahren, variieren es aber nach eigenem Gusto. Genau das macht den ureigenen Charakter jedes Produkts – seine DNA – aus. Während des Erzeugungsprozesses muss der Brennmeister laufend Entscheidungen treffen. Die wichtigsten sind hier zu sehen.

1 GERSTE

Scotch wird stets aus gemälzter Gerste, Wasser und Hefe erzeugt. Die Destillerien bevorzugen zwar schottische Gerste, doch gibt es keine gesetzlichen Vorschriften zur Anbauregion, was angesichts des launischen Klimas im Land durchaus von Vorteil ist. Nach Ansicht der meisten Brennereien hat die Sorte keine Auswirkungen auf den Geschmack, einige Häuser schwören allerdings auf Golden Promise, weil sie angeblich das Mundgefühl des Whiskys verbessert.

WASSER

Brennereien brauchen für die Whiskyherstellung reichlich reines, kaltes Wasser. Die meisten verwenden Quellwasser, doch wird es bisweilen auch Seen und sogar städtischen Wassernetzen entnommen. Möglicherweise hat Wasser geringe Auswirkungen auf die Gärung, wirkt sich nach allgemeiner Auffassung aber kaum auf den Endgeschmack von Whisky aus.

2 MÄLZEN

Ein Gerstenkorn ist ein kleines Stärkereservoir. Durch das Mälzen wird ihm vorgegaukelt, dass es Zeit ist zu wachsen. Dazu wird das Getreide eingeweicht, damit es anschließend unter kühlen, feuchten Bedingungen keimt. Es bilden sich Enzyme, die Stärke in Zucker umwandeln. Weil der später für das Brennen benötigte Zucker verfügbar gemacht werden muss, stoppt man den Keimvorgang durch Trocknen des Getreides.

Nun muss die erste Entscheidung getroffen werden:

3 DARREN Option 1

Das Trocknen gemälzter Gerste über heißer Luft stoppt die Keimung, beeinträchtigt aber den Geschmack nicht.

DARREN Option 2: TORFEN

Auch das Trocknen der Gerste über einem Torffeuer ist möglich. Es verleiht dem fertigen Getränk ein Raucharoma. Torf besteht aus teils in Kohle umgewandelten Pflanzenresten, die beim Verbrennen einen stark duftenden Rauch entwickeln. Die Öle (Phenole) im Rauch haften an der Oberfläche der Gerste. Viele Whiskys vom Festland enthalten eine geringe Menge, den kräftigsten Raucheinschlag aber haben Malts von den Inseln, wo Torf von jeher der traditionelle Brennstoff war.

8 REIFUNG

Das frische Destillat *(new make)* wird auf 63,5 % Vol. reduziert und zur Reifung in Eichenfässer gefüllt. In ihnen befand sich vorher meist Bourbon oder Sherry. Drei Abläufe finden bei der Reifung statt:

1. Entfernen: Das Fass trägt dazu bei, dem frischen Brand seinen aggressiven Charakter zu nehmen.
2. Hinzufügen: Die Aromastoffe im Holz werden extrahiert.
3. Interaktion: Die Aromastoffe in Holz und Brand verschmelzen und machen den Whisky komplexer.

Einfluss haben ferner die Reifedauer, das Alter des Fasses und der Holztyp.

FASSTYP Option 1: EX-BOURBON

Die Fässer werden aus amerikanischer Eiche hergestellt, die viele Inhaltsstoffe hat. Sie gibt dem Whisky einen Geschmack nach Vanille, Crème brûlée, Kiefer, Eukalyptus, Gewürzen und Kokosnuss mit.

FASSTYP Option 2: EX-SHERRY

Diese Fässer werden aus europäischer Eiche gemacht. Brände aus ihnen schmecken nach Trockenobst, Gewürznelke, Weihrauch und Walnuss. Europäische Eiche ist farbkräftiger und enthält mehr adstringierende Tannine.

FASSTYP Option 3: REFILL-FÄSSER

Brennereien können Fässer immer wieder verwenden. Je älter sie sind, desto geringer wirkt sich das Holz auf den Whisky aus. Diese Refill-Fässer sind wichtig, weil sie den haustypischen Charakter bewahren. In der Praxis verwenden die meisten Destillerien einen Mix aus allen drei Fasstypen, weil die Palette an Aromastoffen dadurch komplexer wird.

REIFUNG: FASSTYP Option 4: CASK FINISHING

Brennereien können dem Geschmack ihres Whiskys eine zusätzliche Note geben, indem sie ihn finishen. Dabei kommt der in Ex-Bourbon- oder Refill-Fässern gereifte Brand für kurze Zeit in ein noch sehr aktives Fass, das erst kürzlich Sherry, Port, Madeira, Wein usw. enthielt und dem Whisky etwas von dessen Charakter mitgibt.

REIFUNG: ZEIT

Die Reifung eines Whiskys nimmt viel Zeit in Anspruch. Je länger er im Fass verweilt, desto mehr Einfluss hat die Eiche auf ihn. Irgendwann einmal dominiert sie ihn sogar und macht es unmöglich zu erkennen, aus welcher Brennerei er stammt. Ein sehr aktives Fass verändert ihn schneller als eines, das schon viele Male Verwendung fand und eher neutral ist. Die Altersangabe auf der Flasche gibt lediglich Aufschluss darüber, wie lange der jüngste Whisky im Fass gelagert wurde. Sie sagt nichts darüber aus, wie aktiv das Fass war. Alt ist nicht automatisch gut.

ABFÜLLUNG

Irgendwann ist Whisky abfüllreif. Doch sogar jetzt sind noch einige Entscheidungen zu treffen.

KALTFILTRIERUNG?

Verhindert Trübungen, kann aber den Geschmack verändern.

CARAMEL ADJUSTMENT?

Durch Hinzufügen von Zuckerkulör wird die Farbe justiert.

FASSSTÄRKE?

Whisky muss mindestens 40 % Vol. enthalten, aber Cask Strength Malts werden immer beliebter.

4 MAHLEN

Das Malz wird zur Destillerie gebracht, wo man es zu Schrot *(grist)* zermahlt.

5 MAISCHEN

Der Schrot wird im Maischbottich *(mash tun)* mit 63 °C heißem Wasser vermischt. Sobald der Schrot mit dem heißen Wasser in Kontakt kommt, beginnt die Umwandlung von Stärke in Zucker. Die süße Lösung, Würze *(worts)* genannt, läuft durch den löcherigen Boden des Bottichs ab. Der ganze Vorgang wird noch zweimal wiederholt, um so viel Zucker wie möglich zu extrahieren. Den letzten Posten verwendet man als erstes Wasser für die nächste Maische.

MAISCHEN Option 1: KLARE WÜRZE

Pumpt man die Würze langsam aus dem Maischbottich, bleibt sie klar. Aus ihr entsteht eine Spirituose ohne ausgeprägten Getreidecharakter.

MAISCHEN Option 2: TRÜBE WÜRZE

Soll ein malziger Whisky mit trockenem, nussigem Getreidecharakter entstehen, wird die Würze rasch abgepumpt. Dabei werden Feststoffe mit abgesaugt.

6 GÄRUNG

Die Würze wird nun abgekühlt und in einen Gärbottich *(washback)* gepumpt. Er ist aus Holz oder Edelstahl. Dann kommt Hefe dazu, und die Gärung beginnt.

HEFE

Weil alle Scotch-Brennereien dieselbe Hefe verwenden, geht man davon aus, dass sie keine Auswirkungen auf den Geschmack hat. Allerdings verwenden japanische Destillerien unterschiedliche Stämme, um ihren Malt Whiskys bestimmte Geschmacksfärbungen mitzugeben.

GÄRUNG Option 1: KURZ

Bei der Gärung verwandelt die Hefe Zucker in Alkohol. Dieser Vorgang dauert 48 Stunden. Entscheidet sich ein Brennmeister für kurze Gärung, entsteht ein Whisky mit ausgeprägterer Malznote.

GÄRUNG Option 2: LANG

Bei einer langen Gärung (mehr als 55 Stunden) erfolgt eine Veresterung, die leichtere, komplexere, fruchtigere Noten ergibt.

7 DESTILLATION A

Die Würze hat einen Gehalt von 8 % Vol. Sie wird zweimal in Pot Stills destilliert. Die erste Destillation erfolgt in der Wash Still, was einen Rohbrand *(low wines)* von 23 % Vol. ergibt. Dieser wird in der Spirit Still erneut destilliert, wobei das Destillat in drei Fraktionen aufgeteilt wird: Vorlauf, Mittellauf und Nachlauf. Nur der Mittellauf kommt ins Fass, Vor- und Nachlauf werden noch einmal destilliert.

KUPFER

Kupfer spielt für den Geschmack von Whisky eine entscheidende Rolle. Weil das Metall mit dem Destillat reagiert, kann der Brennmeister den gewünschten Charakter erzeugen, indem er die Dauer des Kontakts zwischen Dampf und Kupfer reguliert.

DESTILLATION Option 1: LANGE UMWANDLUNG

Je länger der Kontakt zwischen Alkoholdampf und Kupfer, desto leichter der Brand. In hohen Brennblasen entstehen also leichtere Whiskys als in kleinen. Auch das Verlangsamen des Brennvorgangs verlängert die Umwandlung.

DESTILLATION Option 2: KURZE UMWANDLUNG

Je kürzer der Kontakt, desto schwerer der Brand. Kleine Brennblasen oder eine rasche Destillation beschleunigen den Vorgang ebenfalls.

DESTILLATION B: KONDENSATION

Der alkoholische Dampf wird durch ein Kondensationssystem mit kaltem Wasser geleitet und dadurch wieder flüssig. Auch hier hat der Brennmeister mehrere Wahlmöglichkeiten, die sich auf den Geschmack auswirken.

KONDENSATION Option 1: SHELL & TUBE

Rohrbündelwärmetauscher *(shell & tube)* bestehen aus vielen kleinen Kupferröhren mit kaltem Wasser. Kommt der Alkoholdampf mit den kalten Röhren in Kontakt, wird er flüssig. Wegen der großen Kupferfläche entsteht ein leichter Whisky.

KONDENSATION Option 2: WORM TUBS

Bei diesem Traditionsverfahren wird der Dampf durch ein langes Kupferrohr in einen Bottich mit kaltem Wasser *(worm tub)* geleitet. Weil weniger Kupfer im Spiel ist, entsteht ein schwererer Whisky.

DESTILLATION C: TRENNPUNKTE

Wenn der kondensierte Brand der zweiten Destillation im Spirit Safe ankommt, muss der Brennmeister ihn in den Vor-, Mittel- und Nachlauf teilen. Die Wahl des Trennpunkts, an dem der Mittellauf beginnt und endet, hat ebenfalls Auswirkungen auf den Geschmack.

TRENNPUNKT Option 1: FRÜH

Ein Destillat verändert im Verlauf der Destillation sein Aroma. Das erste Destillat ist leicht und zart. Strebt man einen duftenden Whisky an, erfolgt die Abtrennung früh.

TRENNPUNKT Option 2: SPÄT

Schreitet die Destillation fort, werden die Aromen tiefer, öliger und reicher – rauchige Noten gehören dazu. Ist ein schwerer Whisky gewünscht, erfolgt die Abtrennung spät.

GRAIN

Grain wird als Whiskystil oft übergangen und kommt als solcher auch nur selten in die Flasche. Dennoch stellt er das Gros des in Schottland erzeugten Whiskys und erfüllt eine enorm wichtige Rolle als Bestandteil von Blends. Sein Herstellungsverfahren ist genauso komplex wie das anderer Whiskytypen, wie das Diagramm hier zeigt.

1 GETREIDE

Bei der Herstellung von Grain Whisky können verschiedene Getreidearten zum Einsatz kommen. In Schottland ist heute aus Kostengründen Weizen gebräuchlich, früher hingegen wurde Mais verwendet, der in Irland, Japan und Kanada als Grain-Rohmaterial dient. Maisbrände sind in der Regel »fetter« als Weizenbrände. Auch gemälzte Gerste ist in der Mischung mit dabei.

2 MAHLEN

Das Getreide wird in einer Schrotmühle fein geschrotet.

3 KOCHEN

Das Basisgetreide wird unter Druck gekocht, damit die Stärke gelatiniert (weicher wird). Erst nach Beendigung des Kochvorgangs wird gemälzte Gerste zugesetzt.

4 UMWANDLUNG

Die Enzyme in der gemälzten Gerste beginnen die Stärke in gärfähigen Zucker umzuwandeln. In manchen Ländern darf dies durch Hinzufügung von Enzymen unterstützt werden, nicht jedoch in Schottland.

5 GÄRUNG

Die Würze wird in einen Gärbehälter gepumpt, wo Hefe hinzugefügt und die Umwandlung abgeschlossen wird. Anschließend findet die Gärung statt. Sie dauert 48 bis 100 Stunden. Die dabei entstehende Maische *(wash)* hat einen Alkoholgehalt zwischen 8 % Vol. (Weizen) und 15 % Vol. (Mais).

6 DESTILLATION Option 1a: COFFEY STILL A

Aeneas Coffey entwickelte 1831 das noch heute gebräuchliche Coffey-Still-Verfahren. Die Apparatur besteht aus zwei hohen Brennsäulen, der Abtriebs- und der Verstärkersäule. Jede Säule ist im Inneren durch perforierte Böden in Kammern untergliedert. Die Maische wird über ein Schneckenrohr zugefügt, das von oben nach unten durch die Verstärkersäule und wieder nach oben zur Spitze der Abtriebssäule läuft. Von dort sickert die Maische langsam durch die verschiedenen Kammern nach unten. Gleichzeitig wird heißer Dampf von unten in die Abtriebssäule gepumpt. Während er nach oben steigt, trifft er auf die nach unten laufende Maische, erwärmt sie und entzieht ihr den Alkohol.

7 DESTILLATION Option 1b: COFFEY STILL B

Der Dampf wird anschließend zum Fuß der Verstärkersäule gepumpt und steigt von dort erneut nach oben. Weil unterschiedliche Alkohole bei unterschiedlichen Temperaturen fraktionieren, beginnt sich der Brand in seine Bestandteile zu trennen, wobei die schwereren Alkohole kondensieren und sich auf den Böden sammeln. Sie können gesammelt und wieder der Abtriebssäule zugeführt werden. Nur die leichtesten Alkohole steigen bis zu einem bestimmten Boden auf, wo sie zum New Make mit in der Regel etwa 90 bis 94 % Vol. kondensieren. Coffey Malts sind zwar kräftig, haben aber einen öligeren Charakter als Grain Whiskys aus den beiden anderen Verfahren.

8 DESTILLATION Option 2: THREE COLUMN STILL

Die Maische wird der ersten Säule *(stripping column)* von oben zugeführt, was die flüchtigen Stoffe entfernt. Der Alkoholdampf passiert anschließend eine wassergefüllte Zwischensäule *(intermediate column)*. Weil Fuselöle nicht löslich sind, steigen sie nach oben und können dort abgezogen werden. Die Ethanol-Wasser-Mischung wird unten abgeleitet und kommt in eine Rektifiziersäule *(rectifying column)*, wo sie sich als New Make sammelt.

9 DESTILLATION Option 3: MULTIPLE COLUMN STILL

Je mehr Säulen vorhanden sind, desto besser lassen sich spezielle Geschmacksnuancen separieren.

10 REIFUNG

Grain Whisky wird normalerweise in Firstfill-Ex-Bourbon-Fässern gereift, was ihm eine Vanille- und Kokosnote mit auf den Weg gibt.

SINGLE POT STILL IRISH WHISKEY

Hier wird das Brennverfahren von Single Pot Irish Whiskey veranschaulicht. Als Orientierung dient der Ablauf in der Destillerie Midleton von IDL mit Marken wie Jameson, Powers, den Whiskeys der »Spot«-Reihe und Redbreast. Derzeit brennen Bushmills und Cooley ihre Whiskeys in Anlehnung an die schottische Single-Malt-Produktion, wobei Bushmills auf eine komplexe Form der Dreifachdestillation setzt (mehr dazu auf Seite 200–201). Cooley verwendet für den zweifach gebrannten Connemara stark getorfte Gerste. Sowohl die Irish Distillers als auch Cooley erzeugen Grain.

1 GEMÄLZTE GERSTE

Die Gerste wird genauso wie in Schottland gemälzt, um die Enzyme freizusetzen, welche die Stärke in Zucker verwandeln. Allerdings werden unterschiedliche Stämme verwendet. Das Darren erfolgt über heißer Luft, Torf kommt dabei nicht zum Einsatz.

2 UNGEMÄLZTE GERSTE

Im 19. Jahrhundert beschlossen die großen irischen Brennereien wegen einer Erhöhung der Steuer auf gemälzte Gerste, Geld zu sparen, indem sie ihrer Mischung etwas ungemälzte Gerste hinzufügten. Der Anteil liegt in der Regel bei 60 %, ist jedoch von Marke zu Marke verschieden. Dieser Mix aus gemälzter und ungemälzter Gerste verleiht Single Pot Still Irish Whiskey seinen unverkennbar würzigen, apfelartigen Charakter und betont die geschmeidige, ölige Textur.

3 BRAUEN

Gemälzte und ungemälzte Gerste werden separat gemahlen, in beiden Fällen mit einer Nassmühle. In einem Umwandlungstank wird der Schrot der beiden Gerstentypen im Verhältnis 1:2 gemischt. Langsam erhöht man die Temperatur von 55 auf 75 °C, um eine vollständige Umwandlung sicherzustellen.

ODER

4 LÄUTERN Option I

Die Maische kommt dann in einen Läuterbottich, wo die Würze abgezogen wird. Nur »kräftige Würze« mit hohem Zuckergehalt wird für die Gärung verwendet. Nach dem Abziehen wird Wasser hinzugefügt. Diese »schwache Würze« dient als nächste Flüssigkeit für das Einmaischen.

4 MAISCHEFILTRATION Option II

Durch ein Filtern der Maische lässt sich Zucker wirksam aus der Würze extrahieren. Die in der Mühle fein geschrotete gemälzte und ungemälzte Gerste wird gemischt und in den Umwandlungstank gepumpt. Dann kommt die Würze in einen großen Filter mit 86 Platten, die jeweils nur eine durchlässige Seite haben. Die Würze füllt die Kammern zwischen jeder Platte und wird mit Druck durch Filtertücher gepresst. Die Feststoffe bleiben dabei zurück. Anschließend wird der Druck erhöht, um allen gärfähigen Zucker zu extrahieren. Wieder wird die Flüssigkeit in starke und schwache Würze getrennt.

5 GÄRUNG

Die Gärung mithilfe von Brennereihefe dauert mindestens 60 Stunden, kann sich aber bis zu 120 Stunden hinziehen. Dabei entsteht eine Maische mit einem Alkoholgehalt von 9–10 % Vol.

6 DESTILLATION 1

Single Pot Still Irish Whiskeys werden dreifach destilliert. Zur Verfügung stehen vier Pot Stills derselben Form und Größe. Die erste Destillation erfolgt in zwei Wash Stills. Der Alkoholgehalt des Rohbrands beträgt zwischen 25 % Vol. (für schwere) und 40 % Vol. (für leichte Single Pot Still Whiskeys).

7 DESTILLATION 2

Eine Mischung aus Rohbrand und schwachem Lauf *(weak feints)* wird in der Intermediate Still (Zwischenbrennblase) nochmals destilliert. Der resultierende Brand wird in Vorlauf *(heads)*, Mittellauf *(centre cut)* und Nachlauf *(tails)* unterteilt. Vor- und Nachlauf kommen in den Behälter für den schwachen Lauf, der Mittellauf in jenen für den starken Lauf. Durch Veränderung des Schnitts *(cut)* erhält bzw. entfernt man bestimmte Geschmacksstoffe. Je schwächer der Mittellauf, desto schwerer der Brand, und umgekehrt.

8 DESTILLATION 3

Wieder werden drei Läufe isoliert. Der Vorlauf wird als starker Lauf gesammelt, der Mittellauf für den Ausbau separiert und der Nachlauf wiederum in zwei Posten getrennt. Der erste Schnitt kommt in den Behälter für die starken Läufe, der letzte in den für die schwachen Läufe. Durch Anpassen der Schnittzeitpunkte kann man wieder den Charakter des Brands verändern.

9 COLUMN STILL Option 1

Der Alkoholrest in allen drei Stills durchläuft zwei Column Stills, die den »Column-Lauf« liefern. Er kann bei nachfolgenden Destillationen in Pot Stills für die Schaffung verschiedener Stile genutzt werden.

COLUMN STILL Option 2

Diese Möglichkeit wird zwar bei Pot Still Whiskey nicht genutzt, doch kann der Brenner das Destillat jederzeit in eine Column Still umleiten und so das Blending-Spektrum erweitern. Möglich sind etwa ein 100-prozentiger Grain Whiskey auf Maisbasis aus Column Stills oder Grain aus gemälzter Gerste.

10 REIFUNG

Der Ausbau findet in unterschiedlichen Fässern statt, etwa in ehemaligen Sherry-, Port- und Madeirafässern. Viele Whiskeys werden in Firstfill-Fässern ausgebaut.

KENTUCKY- UND TENNESSEE-WHISKEY

Auch Bourbon-Brennereien in Kentucky und Tennessee müssen bei der Bereitung ihres Whiskeys zahlreiche Entscheidungen treffen. Da eine relativ kleine Zahl von Destillerien vielerlei unterschiedliche Stile und Marken herausbringt, grenzen sie sich durch den Anteil der eingesetzten Getreidesorten, die Hefetypen, die Sauermaischemenge, den Alkoholgehalt, die Fassstärke und den Standort der Fässer im Lager voneinander ab.

1 GETREIDEMISCHUNG

Mais bringt fette Süße in die Mischung. Bourbon muss mindestens 51 % Mais enthalten. Gemälzte Gerste steuert Enzyme bei, die Stärke in Zucker verwandeln. Roggen sorgt für Gewürznoten und Säure. Für Rye Whiskey werden mindestens 51 % benötigt. Weizen macht den Whiskey süß und delikat. Das Verhältnis von Mais zu kleinkörnigem Getreide wirkt sich sehr stark auf den fertigen Whiskey aus. Je mehr Roggen, desto würziger der Endbrand. Destillerien verwenden oft mehrere Mischungen.

2 MAHLEN

Das Getreide wird getrennt gemahlen.

3 WASSER

Hartes Wasser mit hohem Mineraliengehalt.

8 DESTILLATION

Das Bier wird in einer von perforierten horizontalen Platten in Kammern untergliederten Säule destilliert, indem man es von oben hineinpumpt, während von unten heißer Dampf hochsteigt. Auf seinem Weg über die Platten nach unten trifft das Bier auf den Dampf und entzieht ihm Alkohol, der zu einem Brand mit 55–60 % Vol. kondensiert. Der säuerliche Bodensatz wird Sourmash bzw. Backset genannt.

9 ZWEITE DESTILLATION

Sie findet entweder im Thumper (einem wassergefüllten Gefäß, das der Alkoholdampf passiert, wobei schwere Elemente entfernt werden) oder einem Doubler (einer einfachen Pot Still) statt. Der endgültige Alkoholgehalt des Brands spielt bei der Geschmacksbildung eine sehr wichtige Rolle. Der »White Dog« (New Make) darf nicht stärker als 80 % Vol. sein – die meisten Destillerien sammeln den Brand mit wesentlich weniger. Je alkoholärmer der White Dog, desto voller sein Charakter. Mit dem Aufkommen der Craft-Brennereien begann man Pot Stills auch bei der Bourbon-Produktion einzusetzen.

TENNESSEE WHISKEY

In Tennessee wird der Rohwhiskey (White Dog) nach der Destillation in Bottichen mit harter Zuckerahornkohle gefiltert. Durch diesen Vorgang werden unerwünschte chemische Substanzen aus dem frischen Brand geholt.

10 REIFUNG

Der Rohwhiskey muss nun weiter auf höchstens 62,5 % Alkohol gedrosselt werden. Die Reifung in Holz hat Auswirkungen auf Duft und Geschmack. Der Ausbau erfolgt in neuen, stark gekohlten 200-l-Eichenfässern.

4 KOCHEN

A Das Mais-Wasser-Gemisch wird fast bis zum Siedepunkt erhitzt und anschließend entweder unter Druck oder in offenen Kochern gekocht, damit die Stärke gelatiniert.

B Weil Roggen und Weizen bei starker Hitze verklumpen können, werden sie erst hinzugefügt, wenn die Temperatur auf 77 °C gesunken ist. Danach wird die Mischung gekocht und erneut auf 63,5 °C abgekühlt.

C Gemälzte Gerste kommt dazu, damit die Stärke in gärfähigen Zucker umgewandelt wird. Vor dem Gärstart müssen noch zwei weitere Zusätze hinzugefügt werden.

5 BACKSET/SOURMASH/SETBACK

Der säuerliche Rückstand, der nach der Destillation übrig bleibt, wird in den Gärtank gegeben. Das verändert den pH-Wert der Maische und verhindert einen Bakterienbefall. Die Menge an Sauermaische beeinflusst den Anteil des Zuckers, für einen frischeren Bourbon verwendet man also weniger. Jeder Bourbon entsteht mit Sauermaische.

6 HEFE

Jede Destillerie setzt ihren eigenen Brauhefestamm bzw. eine Mischung ein. Die Hefen werden streng gehütet, denn sie haben einen entscheidenden Einfluss auf den endgültigen Geschmack des Brands und tragen zur Entstehung bestimmter Geschmacks- und Aromastoffe bei.

7 GÄRUNG

Sie dauert bis zu drei Tage. Danach steht dem Brennmeister ein Bier mit etwa 5–6 % Vol. zur Verfügung.

11 LAGERHALTUNG

Die Lagerhaltung, das Warehousing, wirkt sich ebenfalls auf den Charakter des Whiskeys aus. Je höher die Temperatur im Lager, desto intensiver die Interaktion zwischen Whiskey und Eichenholz. Umgekehrt gilt: Je kühler die Hallen, desto langsamer läuft der Reifungsprozess ab. Der Standort des Lagers, die Zahl der Ebenen und das Baumaterial (Ziegel, Metall, Holz) beeinflussen Duft und Geschmack des Whiskeys. Selbst der Standort innerhalb des Lagers spielt noch eine Rolle: Manche Brennereien lagern die Fässer regelmäßig um, um eine gleichmäßige Reifung zu erreichen, andere verteilen sie über mehrere Häuser und wieder andere richten für spezielle Marken eigene Ebenen ein. Gesetzlich vorgeschrieben aber ist nur die Reifezeit: Sie muss mindestens zwei Jahre betragen.

Holzkohleerzeugung bei Jack Daniel's – so beginnt der Lincoln County Process.

TERROIR

Als Schottlands Whiskyhersteller zu erklären versuchten, warum Whisky im ganzen Land gebrannt wurde, verwiesen sie auf das Terroir als Teil der Regionalität. Das Problem war, dass dieser Erklärungsversuch näherer Betrachtung nicht standhielt. Die Grenzen waren politischer, nicht geografischer Natur, die Regionen außerdem zu groß. Will man uns wirklich weismachen, dass jeder Whisky in den Highlands, von den Vororten Glasgows bis nach Orkney, gleich schmeckt? Oder jeder Brand im Dorf Dufftown? Nein. Schmeckt denn jeder Whisky in den drei Brennereien von William Grant gleich? Nicht einmal das.

Whisky ist etwas Individuelles, ja, Singuläres (die Ähnlichkeit mit dem oft vergessenen »Single« in Single Malt ist nicht zufällig). Wenn aber Regionalität eine politische und wirtschaftliche Sache ist – die Speyside wurde ebenso sehr von Whisky-Blendern wie von der Geologie erschaffen –, heißt das, dass man das Terroir außer Acht lassen kann? Nein.

Terroir ist Bodenkunde, Geografie, Mikrobiologie, Sonneneinstrahlung, Meteorologie und vieles mehr. Terroir ist aber auch die Bedeutung des Fleckchens Erde, von dem etwas stammt, sei es eine Rebe oder eine Brennerei. Kommen wir noch einmal zu Dufftown zurück: Glenfiddich, The Balvenie und Kininvie haben alle ihr eigenes Terroir, ebenso Mortlach und Glendullan. Wälder haben Terroir. Schweizer und spanische Eiche gehören zur selben Art, enthalten aber andere Geschmacksstoffe. Bäume an einem schattigen Hang schmecken anders als die am Sonnenhang gegenüber. Gerstensorten haben Terroir.

Terroir ist auch die Interaktion des Menschen mit all diesen Faktoren. Ein bewussteres Verständnis für die Umgebung ermöglicht eine bessere Wertschätzung des Whiskys. Man nehme Islay. Der Brand verströmt

Rechts: Lagavulin auf Islay scheint in seinem Whisky die Umgebung zu destillieren.

Unten: Offensichtlichstes Bindeglied zwischen Schottlands Scholle und seinen Whiskys ist Torf.

nicht unbedingt direkt die Gerüche der Insel, dennoch sind sie erkennbar. Jener honig- und blütenartige Duft nach Mädesüß ist Bruichladdich, der windige, seetangbestreute Strand der Machir Bay ist Caol Ila. Von Kilchoman bekommt man Austernlake, von Bunnahabhain Waldkräuter. Die Mineralität von Ardbeg erinnert an salzwassernasse Felsen, während Laphroaig Harz und getrockneter Seetang, Lagavulin Gagelstrauch und Bowmor ein Mix aus Blüten und Salz sind. Dann ist da noch der Rauch von Islay, der wegen des Klimas und der Geologie der Insel anders ist. Man bekommt den Eindruck eines vielschichtigen, überlappenden kulturellen Terroirs, von Menschen und Orten, die miteinander harmonieren.

Japans Whisky ist nicht nur wegen des Klimas, der Eiche und der Hefe japanisch. Die Whiskys des Landes fußen auf einer kulturellen Ästhetik, die auch Küche und Kunst prägen. Alle forschenden Brenner hier äußerten sich ähnlich: »Wir wollen, dass sich in unserem Whisky unsere Heimat widerspiegelt.« Also die Felder, der Boden, die Früchte, die er trägt, die Wirkung von Luft, Wind und Regen, die Vergangenheit.

Fred Revol von der französischen Domaine des Hautes Glaces weiß: »Manche haben eine falsche Vorstellung vom Terroir: Der Boden ist alles, der Mensch spielt keine Rolle, meinen sie. Doch es geht auch um Verarbeitung und Know-how. Und darum, zu einer bestimmten Zeit an einem bestimmten Ort zu sein.« Rene Redzepi vom Kopenhagener Restaurant Noma zufolge entspringt diese Haltung »einem grundlegenden Verständnis für die Jahreszeit und den Platz, an dem man wurzelt.«

Das sollte für jeden Whisky gelten. Wer mit offenem Geist destilliert, bringt ein besseres Produkt zuwege. Whisky ist ein Destillat der Zeit, des Ortes und der Person, die ihn brennt. *Das* ist Terroir.

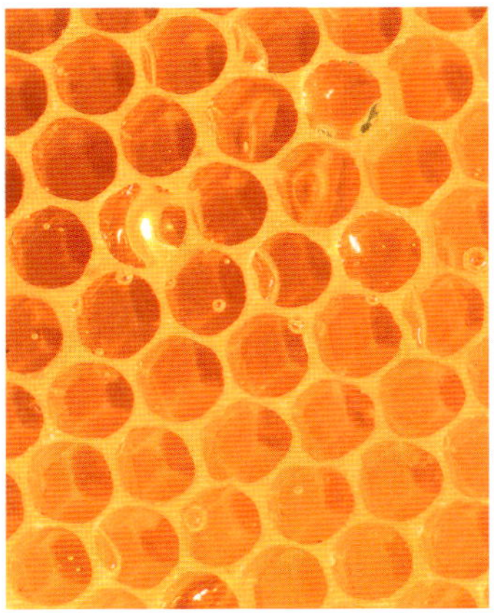

DANIEL DISTILLERY
LEM MOTLOW PROP. INC.
LYNCHBURG TENN.
WHISKEY C DSP TENN. 1

GERUCH UND GESCHMACK

Wie begreifen wir Whisky? Über seinen Geruch und seinen Geschmack. Indem wir also unsere Nase in das Glas stecken und einatmen. Jedesmal wenn wir an einem Whisky schnüffeln, tut sich ein Bild vor unserem inneren Auge auf, eine Art olfaktorische Halluzination, die uns Hinweise auf den Charakter des Whiskys gibt. Sie verrät uns etwas über Destillation, Eiche und Zeit. Der Givaudan-Duftexperte Dr. Roman Kaiser schreibt in seinem Werk *Meaningful Scents Around The World*: »Der Geruchssinn verleiht uns ein Gespür für andere Lebewesen.«

Wir riechen uns durchs Leben. Aromen helfen uns, die Welt zu verstehen, allerdings ohne dass wir uns dessen bewusst sind. Dr. Kaiser zufolge wurde die Bedeutung des Geruchssinns im 18. und 19. Jahrhundert bewusst heruntergespielt. Philosophen und Wissenschaftler argumentierten, dass der Gesichtssinn der höherstehende Sinn sei, während das Riechen »eine primitive, animalische Fähigkeit ist, die mit Unzivilisiertheit und sogar Wahnsinn in Zusammenhang steht«. Mit zunehmendem Alter vergessen wir auch einfach, Dinge bewusst zu riechen. Wir wissen, wie eine Blüte duftet, warum also noch zwischen einer Narzisse und einer Freesie unterscheiden? Wenn wir uns auf ein Glas Whisky konzentrieren und uns dabei viele Erinnerungen aus unserer Kindheit durch den Kopf gehen, dann zeigt das, dass wir uns einmal durchaus die Mühe gemacht haben, bewusst zu riechen.

Duft und Geschmack machen es möglich, Whiskys voneinander zu unterscheiden. Wir werden vielleicht auch von der Verpackung zum Kauf animiert, finden den Preis verführerisch oder mögen die Herkunftsregion. Aber der Hauptgrund für den Kauf ist der Geschmack. Er zieht uns an, er spricht zu uns, er löst etwas in uns aus. Wie jedoch deuten wir das Bild, das vor unserem inneren Auge auftaucht?

Das Aroma von Vanille, Crème brûlée, Kokosnuss und Kiefer verrät uns, dass der Whisky in amerikanischen Eichenfässern gereift ist. Trockenfrüchte und Gewürznelken? Ein altes Sherryfass kam zum Einsatz. Frühlingswiesen mit viel grünem Gras und Blüten erzählen von einer langen Destillation, bei der der Dampf reichlich Zeit hatte, mit dem Kupfer zu kommunizieren. Bratenaroma? Kurzer Kupfer-Dampf-Kontakt, vielleicht eine Kühlschlange. Ein intensives, aber klar ziseliertes Aroma? Der Whisky könnte aus Japan kommen.

Schnappen Sie sich ein Glas Bourbon und verkosten Sie es. Wird es im hinteren Teil des Mundes würziger und säuerlicher? Das ist der Roggen – je würziger der Whisky, desto größer der Anteil des Roggens in der Getreidemischung. Fällt Ihnen am irischen Pendant das Ölige auf? Ungemälzte Gerste. Das Rußige bei Whiskey aus Tennessee? *Charcoal mellowing*, das Filtern mit Holzkohle. All diese Geschmacksnoten sind natürlicher Herkunft. Sie entstanden in der Brennerei, stammen aus dem Fass oder – bei der ledrigen, pilzig-ranzigen Fülle älterer Vertreter – ergaben sich während eines langen Reifeprozesses.

Sie können den Whisky nicht so recht einschätzen? Dann überlegen Sie, an welche Jahreszeit das Elixier im Glas Sie erinnert. Die Aromen treten nicht nur deutlicher hervor, sondern geben auch Hinweise darauf, wie Sie den Whisky am besten genießen sollten. Ein frühlingshafter Duft? Trinken Sie ihn kalt vor dem Essen – vielleicht sogar mit etwas Eis. Reich und herbstlich? Nach dem Essen langsam genießen.

Keine Spirituose setzt ein so komplexes Gefüge an Nuancen frei, keine andere spannt einen so weiten Aromabogen von hauchzart zu torfschwer. Sehen Sie Whisky nicht als Marke, sondern als Geruchs- und Geschmackspaket. Wer es versteht, versteht Whisky. Ergründen wir ihn.

Links: Ein Kaleidoskop aus Aromen ist in Whisky enthalten – von Gewürzen über Früchte bis hin zu Honig, Rauch und Nüssen. Sie erzählen auch von unseren eigenen Erinnerungen.

Rechts: Olfaktorische Halluzinationen – der Charakter eines Whiskys wird von den Bildern bestimmt, die er im Kopf des Trinkenden heraufbeschwört.

WIE MAN VERKOSTET

Wir alle wissen, wie man etwas kostet. Würde man einen Teller Essen vor Sie hinstellen, könnten Sie sich sofort eine ganz konkrete Meinung dazu bilden. Hätten Sie aber ein Glas Whisky vor sich, fiele Ihnen eine Beschreibung der Aromen und Geschmacksrichtungen schon nicht mehr so leicht. Warum? Nicht weil Sie Whisky nicht verkosten können – es hat Ihnen nur noch niemand die Whiskysprache beigebracht.

Mit Whisky verhält es sich heute wie mit Wein vor 20 Jahren: Man möchte ihn kennenlernen, aber es fehlen die Worte, um ihn zu beschreiben. Sprache ist nicht mehr hilfreich, sondern zu einem Hindernis geworden. Um Malt Whisky zu verstehen, so meinen viele, muss man einer verschworenen Gemeinschaft angehören, die sich durch kodierte Zeichen verständigt. Damit bringt man niemanden dazu, Whisky zu schätzen. Wie aber soll man Whisky beschreiben, ohne sich in einem Dschungel aus Worten zu verlieren, gefangen in einem Gestrüpp aus technischen Details? Die Lösung lautet: Halten Sie den Ball flach. Wir brauchen keine völlig neue Sprache – es reicht, in einfachen Worten über Aromen und Geschmacksnuancen zu sprechen.

Jeder Eintrag in diesem Buch enthält Verkostungsnotizen über eine repräsentative Auswahl von Whiskys, die in Geschmacksstile unterteilt wurden. Damit haben Sie das Rüstzeug in der Hand, um Erzeugnisse ähnlichen Typs zu vergleichen. Nehmen Sie nun einen Whisky, den Sie kennen, und einen anderen desselben Stils, den Sie noch nie probiert haben. Jetzt vergleichen Sie beide. Worin ähneln sie sich, worin unterscheiden sie sich? Dabei brauchen Sie sich nicht in komplizierten Fantasiebeschreibungen zu verlieren. Einfache Begriffe wie fruchtig, leicht oder rauchig reichen. Mit einem weiteren Whisky exerzieren Sie dann das Gleiche wieder durch. Und wieder. Und immer wieder!

Rechts: Mit ihren Nasen prüfen Brenner, ob ihr Whisky ordentlich reift.

Unten: Das richtige Glas ist für die Bewertung von Whisky entscheidend.

2002
BLADNOCH
DISTILLERY
1 2 9
BLADNOCH

GESCHMACKSSTILE

Verkosten ist einfach. Sie gießen etwas Whisky in ein Nosing-Glas, sehen sich die Farbe an und riechen dann ins Glas hinein. Welche Aromen erschnüffeln Sie? Welchem der folgenden Geschmacksstile lässt sich der Whisky zuordnen? Jetzt nehmen Sie einen Schluck in den Mund. Wie fühlt der Whisky sich an? Dickflüssig, mundfüllend oder leicht? Süß, trocken oder frisch? Wie ein Musikstück oder eine Geschichte sollte er einen Anfang, einen Hauptteil und ein Ende haben. Nun noch etwas Wasser dazu und noch einmal verkosten.

Duftig und blumig
Die Aromen solcher Whiskys erinnern an Schnittblumen, Obstblüten, gemähtes Gras, helle grüne Früchte (Apfel, Birne, Melone). Am Gaumen sind sie leicht und etwas süß. Häufig spürt man eine frische Säure. Man trinkt sie am besten als Aperitif oder behandelt sie wie Weißwein: Flasche in den Kühlschrank und gekühlt in Weingläsern servieren.

Malzig und trocken
Diese Exponenten sind im Duft trockener. Sie offenbaren kernige, keksartige, mitunter staubige Aromen, die an Mehl, Frühstücksflocken und Nüsse erinnern. Am Gaumen sind sie ebenfalls trocken, werden meist aber von süßer Eiche austariert. Gut als Aperitif oder Frühstücksdrink.

Fruchtig und würzig
Mit Frucht sind hier reife Baumfrüchte wie Pfirsiche, Aprikosen oder sogar exotischere Genüsse wie Mango gemeint. Zudem geben die Whiskys die vanille-, kokos- und eiercremeartigen Aromen amerikanischer Eiche preis. Ihre Würze werfen sie im Abgang in die Waagschale. Sie schmecken eher zimt- bzw. muskatsüß. Die schwereren Vertreter sind Universalgetränke, die man jederzeit genießen kann.

Reichhaltig und rund
Auch bei ihnen ist Obst im Spiel, diesmal allerdings in getrockneter Form: Rosinen, Feigen, Datteln, Sultaninen. Diese Nuancen verweisen auf den Einsatz ausgedienter Sherryfässer aus europäischer Eiche. Es sind tiefgründige, mitunter süße, manchmal aber auch fleischige Whiskys, die man am besten nach dem Essen trinkt.

Rauchig und torfig
Für die Rauchnote sorgt das Verbrennen von Torf beim Trocknen des Malzes. Es bringt eine ganze Reihe unterschiedlicher Aromen von Ruß über Lapsang-Souchong-Tee und Teer bis Bückling, Rauchfleisch, brennende Heide und Holzrauch mit ein. Torfige Whiskys haben oft eine ölige Textur und brauchen Süße als Gegengewicht. Junge torfige Vertreter eignen sich vorzüglich als Aperitif, am besten im Verbund mit Sprudel. Ältere, reichere Exemplare sind eher etwas für den Abend.

KENTUCKY-, TENNESSEE- UND KANADA-WHISKEY

Weicher Corn
Mais als Hauptbestandteil dieser Whiskeys zeichnet für eine süße Nase und einen fetten, buttrigen, saftigen Geschmack verantwortlich.

Jede einzelne dieser Flaschen – hier bei Yamazaki in Japan – enthält einen Whisky mit eigenem, unverwechselbarem Charakter. Fasst man die unterschiedlichen Marken zu Stilen zusammen, macht man sich das Verkosten leichter.

Süßer Wheat
Weizen wird von Bourbon-Brennereien gelegentlich anstelle von Roggen verwendet. Der Whiskey bekommt dadurch eine weiche, milde Süße.

Reichhaltig und eichengetönt

Bourbon muss in neuen Eichenfässern ausgebaut werden. Aus dem Holz bezieht er die typischen Vanillearomen, aber auch Anklänge an Kokos, Kiefer, Kirsche und süße Gewürze. Je länger Bourbon im Fass bleibt, desto kraftvoller bricht sich die Reichhaltigkeit des Extrakts Bahn, was sich in Nuancen wie Tabak und Leder niederschlägt.

Würziger Rye

Roggen macht sich oft in Form von intensiven, leicht parfümduftigen, geringfügig staubigen Aromen bemerkbar oder als Einschlag, der an frisches Roggenbrot erinnert. Der tritt im Mund relativ spät auf – und auch erst dann, wenn der fette Mais zum Zug gekommen ist. Roggen steuert eine säuerlich-pikante Würze bei, die den Gaumen auf Trab bringt.

SINGLE MALT WHISKY: FLAVOUR MAP™

Die Geschmackskarte wurde entwickelt, um Verbraucher durch den Dschungel unzähliger Scotch Single Malt Whiskys auf dem Markt zu führen. Jede Marke ist einzigartig. Man kann sich nicht auf die regionale Herkunft als Geschmacksgarantie verlassen. Auch Händler oder Bars sind keine Hilfe, beide sortieren Whiskys alphabetisch oder nach Regionen.

Ich bringe Verbrauchern, Bartendern und Händlern bei, wie man Whisky verkostet. Dabei habe ich festgestellt, dass es sehr einfach ist, in eine komplexe Fachsprache zu verfallen, aber wesentlich schwieriger, Geschmack mit einfachen Worten zu beschreiben.

Wie man die Whiskyansprache vereinfacht, damit Verbraucher eine Entscheidung treffen können, habe ich vor einiger Zeit mit Jim Beveridge diskutiert, dem Master Blender bei Diageo. Er zeichnete zwei Linien auf ein Stück Papier. »So machen wir es im Labor«, erklärte er. »Damit können wir die verschiedenen Komponenten im Verschnitt darstellen und außerdem Johnnie Walker mit anderen Blends vergleichen.« Wie ich inzwischen herausgefunden habe, wird diese Methode nicht nur von Whisky-Blendern angewandt, sondern ist in der ganzen Spirituosen- und Parfümindustrie gebräuchlich. Jim, seine Kollegin Maureen Robinson und ich haben uns zusammengesetzt und eine verbraucherfreundliche Version der Karte entwickelt: die Flavour Map™.

Sie ist einfach anzuwenden. Die vertikale Achse beginnt bei »zart« mit sauberen, reintönigen Whiskys. Je komplexer der Whisky, desto höher ist er platziert. Sobald eine Rauchnote in ihm auszumachen ist, haben wir ihn über der mittleren Linie angesiedelt. Je rauchiger er wird, desto weiter wandert er nach oben.

Die horizontale Achse verläuft von »leicht« zu »reich«. Links stehen die leichtesten, duftigsten Whiskys. Nähern sie sich der Mitte, durchlaufen sie die Geschmacksfelder Gras, Malz, Beerenobst und Honig. Sobald sie die Mittellinie überqueren, wird der Fasseinfluss immer deutlicher: Die Vanille- und Gewürznoten amerikanischer Eiche treten zunächst auf den Plan, bevor sich das Trockenobst aus ehemaligen Sherryfässern in den Vordergrund spielt, je weiter rechts man kommt.

Die Karte sagt nichts darüber aus, wie gut ein Whisky ist. Sie gibt nur Auskunft über vorherrschende Charakteristiken. Es geht um die geschmackliche Kategorisierung von Single Malt Scotch. Auch ist nicht jede Marke vertreten. Wir haben einige der beliebtesten Erzeugnisse ausgewählt, von denen viele auch in diesem Buch auftauchen.

Wir verbessern die Flavour Map™ ständig. Sie soll einen Eindruck von Ähnlichkeiten zwischen einzelnen Marken geben. Wenn Sie keine Torfnoten mögen, sollten Sie sich nicht allzu weit ins rauchige Areal hineinwagen. Wenn Sie hingegen eine Marke finden, die Sie kennen und mögen, dann finden Sie mit dieser Karte womöglich eine Alternative, die zu erkunden es sich lohnt.

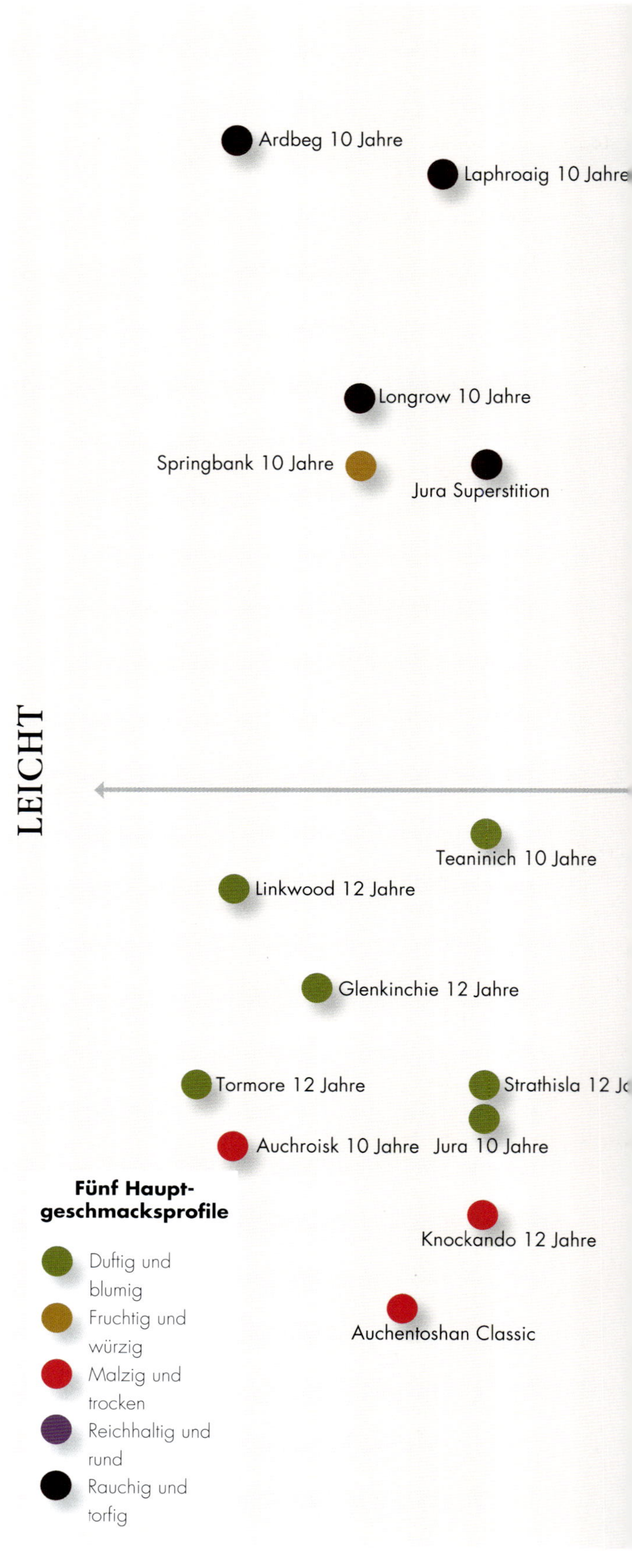

Die Flavour Map™ ist das Ergebnis der Zusammenarbeit zwischen Dave Broom und Diageo Scotland Limited. Auf ihr sind einige Single Malt Scotch Whiskys eingezeichnet; manche gehören Diageo Scotland Ltd, andere nicht. Bei Letzteren kann es sich um eingetragene Marken Dritter handeln. Copyright © 2010.

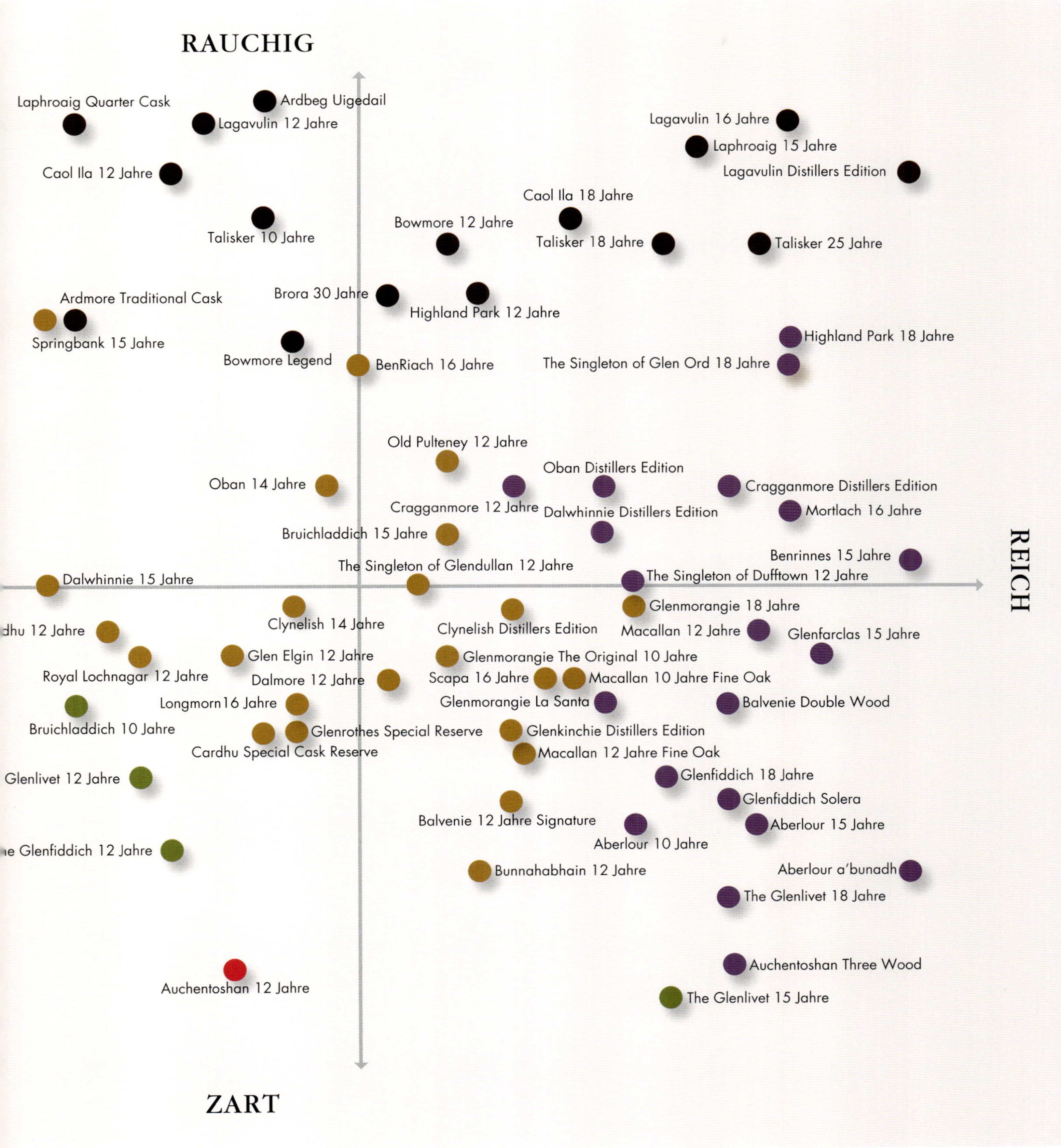
RAUCHIG
REICH
ZART
Laphroaig Quarter Cask
Ardbeg Uigedail
Lagavulin 12 Jahre
Caol Ila 12 Jahre
Talisker 10 Jahre
Ardmore Traditional Cask
Springbank 15 Jahre
Brora 30 Jahre
Bowmore Legend
Bowmore 12 Jahre
Highland Park 12 Jahre
BenRiach 16 Jahre
Lagavulin 16 Jahre
Laphroaig 15 Jahre
Lagavulin Distillers Edition
Caol Ila 18 Jahre
Talisker 18 Jahre
Talisker 25 Jahre
Highland Park 18 Jahre
The Singleton of Glen Ord 18 Jahre
Old Pulteney 12 Jahre
Oban Distillers Edition
Oban 14 Jahre
Cragganmore Distillers Edition
Cragganmore 12 Jahre
Dalwhinnie Distillers Edition
Mortlach 16 Jahre
Bruichladdich 15 Jahre
Benrinnes 15 Jahre
The Singleton of Glendullan 12 Jahre
The Singleton of Dufftown 12 Jahre
Dalwhinnie 15 Jahre
Glenmorangie 18 Jahre
dhu 12 Jahre
Clynelish 14 Jahre
Clynelish Distillers Edition
Macallan 12 Jahre
Glenfarclas 15 Jahre
Glen Elgin 12 Jahre
Glenmorangie The Original 10 Jahre
Royal Lochnagar 12 Jahre
Dalmore 12 Jahre
Scapa 16 Jahre
Macallan 10 Jahre Fine Oak
Longmorn16 Jahre
Glenmorangie La Santa
Balvenie Double Wood
Bruichladdich 10 Jahre
Glenrothes Special Reserve
Glenkinchie Distillers Edition
Cardhu Special Cask Reserve
Macallan 12 Jahre Fine Oak
Glenlivet 12 Jahre
Glenfiddich 18 Jahre
Glenfiddich Solera
Balvenie 12 Jahre Signature
Aberlour 15 Jahre
Aberlour 10 Jahre
ne Glenfiddich 12 Jahre
Bunnahabhain 12 Jahre
Aberlour a'bunadh
The Glenlivet 18 Jahre
Auchentoshan Three Wood
Auchentoshan 12 Jahre
The Glenlivet 15 Jahre

SCHOTTLAND

Schottland dominiert die Whiskywelt. Das Land hat sogar einem Stil den Namen gegeben. Einmal, in Tunesien – ich hatte es längst schon satt zu erklären, wo »Ecosse« liegt –, rief ich nur noch resigniert »Whisky!«, und schon verstand jeder auf Anhieb, dass dieser Fremde aus »Scotch-Land« war. Scotch ist jedoch nicht nur ein Whiskystil, sondern auch das Attribut eines Landes. Eines Landes allerdings, dessen Geografie einen zu Umwegen zwingt. Statt Lochs auf Brücken zu überqueren, muss man sie umrunden, statt zu Inseln zu fliegen, bleibt einem nur der Seeweg. Doch Schottland ist auch haarsträubend widersprüchlich. 1919 bezeichnete der Kritiker G. Gregory Smith die schottische Literatur – und indirekt auch das schottische Volk – als ein »Zickzack aus Widersprüchen«. Das gilt ebenso für seinen Whisky.

Schottlands Whiskys destillieren die Aromen ihres Landes: den Kokosduft von warmem Stechginster, den Erbsenhülsengeruch von Besenginster, den nassen Seetang auf heißem Sand, die Zartheit von Wildkirschenblüten. Dann sind da die Parfümschwere von Heidekraut, die Öligkeit des Gagelstrauchs, Grasschnitt und die unzähligen Torfaromen mit Räucherhäusern und Lagerfeuern am Strand, Austernschalen und Salzlake. Hinzu kommen Düfte aus anderen Ländern: Tee und Kaffee, Sherry, Rosinen, Kreuzkümmel, Zimt und Muskatnuss. Es gibt chemische, aber auch etliche kulturelle Gründe für all diese Noten.

Jede Malt-Whisky-Brennerei erzeugt Whisky auf die gleiche Weise. Sie mälzt, mahlt, maischt, vergärt, destilliert zweimal, mitunter sogar dreimal, und reift den Brand in Eiche. Während ich schreibe, tun das gerade 112 Destillerien – mit über 115 unterschiedlichen Ergebnissen.

Das wichtigste Wort in der Bezeichnung Single Malt Whisky ist »Single«. Obwohl jeder Betrieb dasselbe macht wie seine Nachbarn, fallen die Ergebnisse unterschiedlich aus. Auf den folgenden Seiten versuchen wir ein paar Anhaltspunkte für den Grund herauszufinden, wobei wir jeweils mit dem New Make, dem Rohbrand, beginnen. Denn man kann Whisky nicht gänzlich begreifen, wenn man sich nur das Endprodukt ansieht. Mit ihm nimmt man mindestens zwölf Jahre Zusammenspiel zwischen Brand, Holz und Luft auf. Der Bezugspunkt ist verloren gegangen. Um das Einzigartige jedes Single Malt zu ergründen, muss man zurück zu den Wurzeln: dem klaren Geist, der in den Spirit Safe fließt, dem Wissensquell, der dem Kopf des Brennmeisters entspringt. Das gilt auch für Grain. Nur wer die DNA jedes Whiskys entschlüsselt, kann auf eine Geschmacksreise gehen.

Erwarten Sie keine absoluten Antworten. Entscheidend kann das Lagerhaus sein, aber auch der Luftdruck im Maischehaus, die Form der Brennblasen, die Gärung. Sicher ist auf den nächsten Seiten von Rücklauf und Purifiern und Würze die Rede, letzten Endes aber wissen alle Brennmeister, dass die Destillerie ihr eigenes Ding macht. Ob sie auf einer Insel, im Weideland oder auf einem Berg steht, die Brenner zucken mit den Schultern und sagen: »Geschmack? Ehrlich gesagt, ich weiß es nicht. Es hat etwas mit dem Ort zu tun.« Ja, mit Schottland.

Vorherige Doppelseite: Ein rätselhaftes Land voller Einsamkeit, das aber zwei wesentliche Elemente der Whiskyherstellung hütet – Torf und Wasser.

Unten: Die wildromantischen Landschaften Schottlands bergen viele Whiskygeheimnisse.

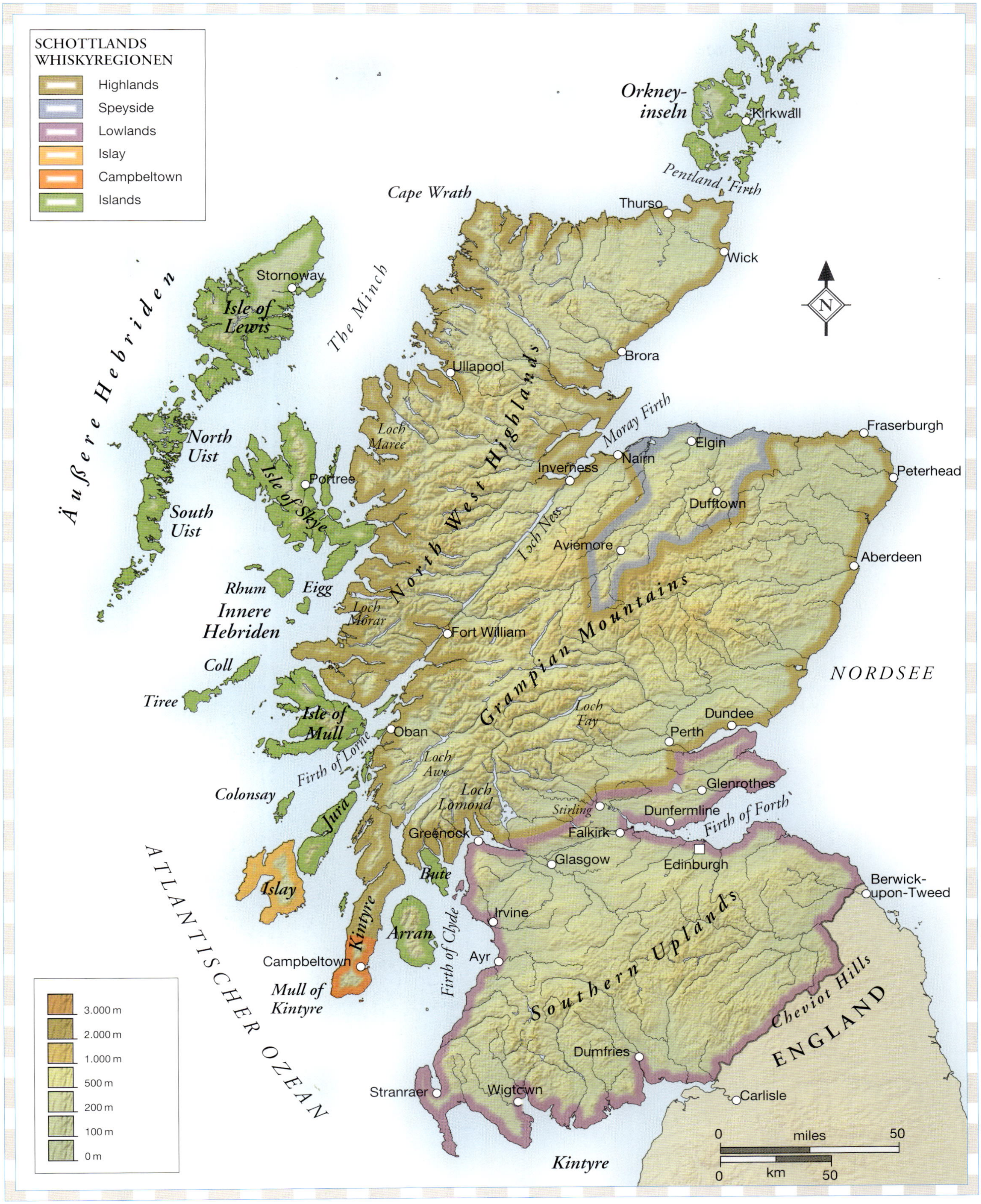
SCHOTTLANDS WHISKYREGIONEN
Highlands
Speyside
Lowlands
Islay
Campbeltown
Islands
Orkney-inseln
Kirkwall
Pentland Firth
Cape Wrath
Thurso
Wick
Stornoway
Isle of Lewis
The Minch
Äußere Hebriden
Brora
Ullapool
North West Highlands
North Uist
South Uist
Loch Maree
Moray Firth
Fraserburgh
Elgin
Nairn
Inverness
Peterhead
Isle of Skye
Portree
Dufftown
Loch Ness
Aviemore
Aberdeen
Rhum
Eigg
Innere Hebriden
Loch Morar
Fort William
Grampian Mountains
Coll
NORDSEE
Tiree
Isle of Mull
Oban
Loch Tay
Dundee
Perth
Firth of Lorne
Loch Awe
Colonsay
Loch Lomond
Glenrothes
Stirling
Dunfermline
Firth of Forth
Jura
Greenock
Falkirk
Edinburgh
Glasgow
ATLANTISCHER OZEAN
Islay
Bute
Berwick-upon-Tweed
Kintyre
Irvine
Arran
Southern Uplands
Firth of Clyde
Campbeltown
Ayr
Mull of Kintyre
Cheviot Hills
ENGLAND
3.000 m
2.000 m
1.000 m
500 m
200 m
100 m
0 m
Dumfries
Stranraer
Wigtown
Carlisle
Kintyre
0 miles 50
0 km 50

SPEYSIDE

Was ist die Speyside? Ein gesetzlich festgelegtes Gebiet, das einem aber nur sagt, was (oder wo) die Speyside sicher nicht ist. Lange Zeit war die Region das Zentrum der Malt-Whisky-Produktion. Deshalb nimmt man gerne an, dass alle Erzeugnisse von dort zur selben Gruppe gehören. Aber dem ist nicht so. Es gibt keinen einheitlichen Speyside-Stil. Ebenso wenig wie eine einheitliche Speyside-Landschaft.

Wie kann man das Land der Braes und den Glen Livet mit der fruchtbaren Ebene des Laich O'Moray vergleichen, wie die Destillerien um den Ben Rinnes mit denen von Keith oder Dufftown? Wie kann man auch nur annehmen, dass die Erzeugnisse von Dufftown, der selbst ernannten Hauptstadt des Whiskys, etwas miteinander gemein hätten?

Die Gruppen auf den nächsten Seiten sind eine Zusammenfassung benachbarter Brennereien, doch werden die Eigenheiten der einzelnen Betriebe und ihre Unterschiede erkundet. An der Speyside geht es um Destillerien, die ihren Stil suchen, neue Ideen ausprobieren oder der Tradition treu bleiben. Es geht aber auch um die Moderne und den Glauben an das Mikroklima, das Standorte voneinander unterscheidet.

In Strathspey arbeiteten viele Farmdestillerien, die fast keine Möglichkeit mehr sahen, legal Whisky zu erzeugen, nachdem 1781 private Brennereien und 1783 die Ausfuhr jenseits der Highland Line verboten worden waren. Sogar die Zahl (und Größe) der Brennblasen in jeder Gemeinde unterlag Beschränkungen. Da war es schon wesentlich billiger, Whisky illegal zu brennen. In den Lowlands wuchs währenddessen die Nachfrage nach dem Getränk, weil dort viele Erzeugnisse schlechter Qualität entstanden. Schwarzbrennen war im späten 18. und frühen 19. Jahrhundert gang und gäbe. Erst Gesetzesänderungen 1816 und vor allem die Aufhebung der Beschränkungen im Jahr 1823 bereiteten dem gewerblichen Destillieren den Boden. Wie aber beeinflusste das den Geschmack von Speyside-Whisky?

Ab 1823 konnte man ein Auseinanderdriften in zwei Richtungen beobachten. Die Whiskywelt spaltete sich in traditionelle und moderne Erzeugnisse, in schwere Elixiere aus kleinen Brennblasen und leichtere Getränke aus großen Stills. Vielleicht war der Wechsel zum Leichten in einigen alten Destillerien auch eine Art Befreiung von alten Vorstellungen. Das Ergebnis war ein Zusammenspiel aus Hell und Dunkel, aus duftenden, sonnenerleuchteten sowie unterweltlichen, erdigen Malts, die von Verstecken, feuchtkalten, düsteren Hütten und Höhlen erzählen. An der Speyside begegnet man noch immer beiden Stilen.

Nur zu gut kann man sich einen Speyside-Brenner vorstellen, der mit Blick auf den Ben Rinnes über die verschiedenen Möglichkeiten sinniert und zu einem ähnlichen Schluss gelangt wie Thomas Hardys Erzähler in *Die Rückkehr*: »Sich auf den Stumpf eines Dornbuschs niederzulassen … zu wissen, dass alles um einen herum und unter einem seit prähistorischer Zeit so unverändert geblieben ist wie die Sterne am Firmament, verankerte den auf dem Wandel dahintreibenden, vom nicht unterdrückbaren Neuen bedrängten Geist.«

Speyside, das heißt Vielfalt, nicht Gemeinsamkeit. Die Geschichte der Region handelt vom Werden lagenspezifischer Individualität. Die Speyside selbst mag es nicht geben, ihre Destillerien aber sind Realität.

Rechts: Unwegsame Berge boten Schwarzbrennern Zuflucht und Schmugglern geheime Pfade.

Unten: Ein Land aus Bergen, Ebenen und Flüssen. Speyside ist so vielfältig wie seine Whiskys.

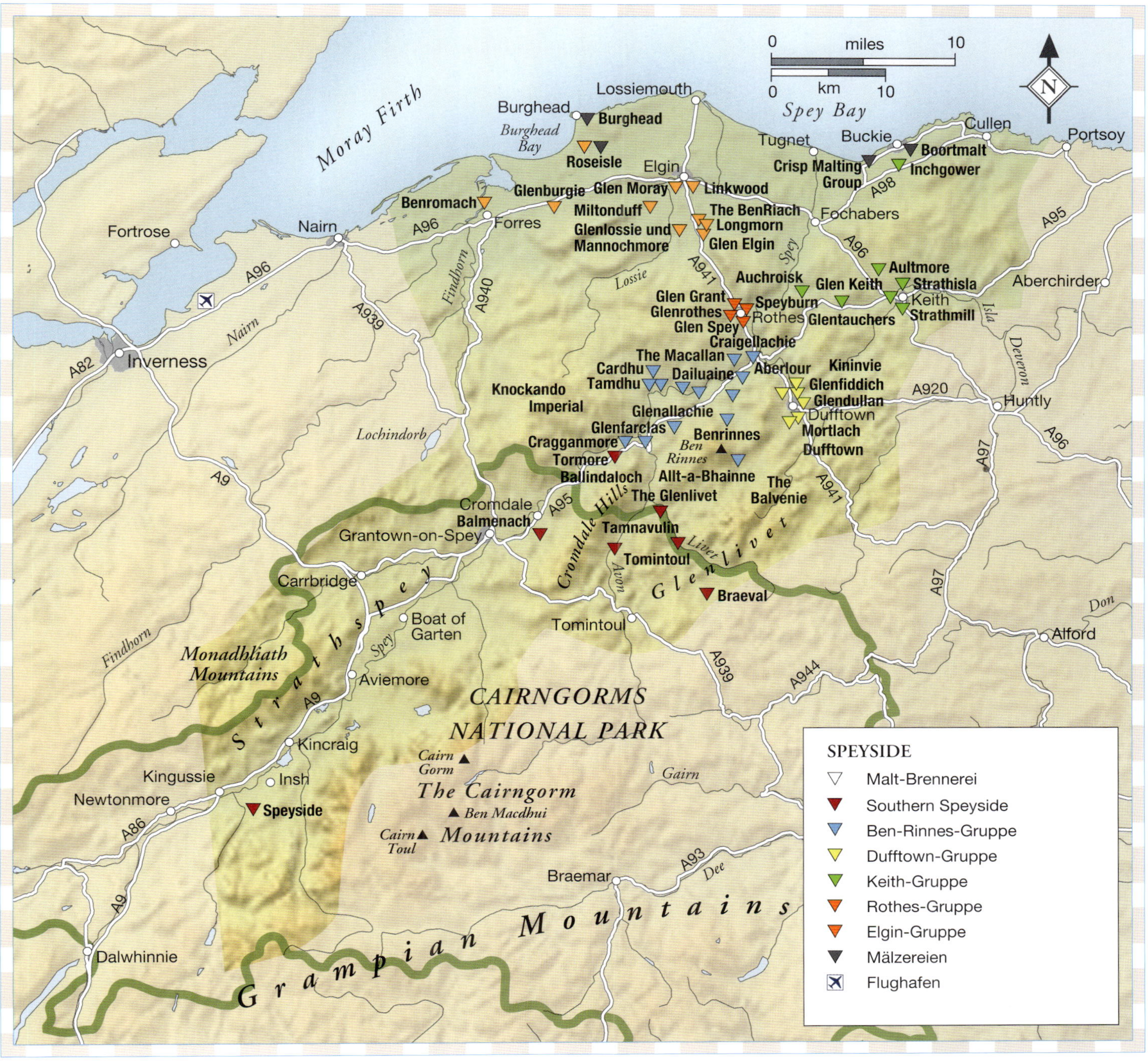
0 miles 10
0 km 10
N
Moray Firth
Spey Bay
Burghead Bay
Lossiemouth
Burghead
Roseisle
Elgin
Tugnet
Buckie
Cullen
Portsoy
Boortmalt
Inchgower
Crisp Malting Group
Glenburgie
Glen Moray
Linkwood
Benromach
Miltonduff
The BenRiach
Longmorn
Glenlossie und Mannochmore
Glen Elgin
Fochabers
Fortrose
Nairn
Forres
A96
A98
A95
A941
A940
A939
Findhorn
Lossie
Spey
Auchroisk
Aultmore
Glen Keith
Strathisla
Keith
Strathmill
Glentauchers
Aberchirder
Isla
Deveron
Glen Grant
Glenrothes
Glen Spey
Speyburn
Rothes
Craigellachie
Inverness
A82
The Macallan
Cardhu
Tamdhu
Dailuaine
Aberlour
Kininvie
Glenfiddich
Glendullan
Dufftown
Mortlach
A920
Huntly
Knockando
Imperial
Glenallachie
Glenfarclas
Benrinnes
Ben Rinnes
Cragganmore
Tormore
Ballindaloch
Allt-a-Bhainne
The Balvenie
Lochindorb
A9
A97
Cromdale
Balmenach
Cromdale Hills
The Glenlivet
Tamnavulin
Tomintoul
Livet
Glenlivet
Braeval
Grantown-on-Spey
Carrbridge
Strathspey
Boat of Garten
Tomintoul
Avon
Don
Alford
Findhorn
Monadhliath Mountains
Aviemore
A944
CAIRNGORMS NATIONAL PARK
Kincraig
Kingussie
Insh
Newtonmore
Speyside
Cairn Gorm
The Cairngorm Mountains
Ben Macdhui
Cairn Toul
Gairn
A86
Braemar
A93
Dee
Grampian Mountains
Dalwhinnie
SPEYSIDE
Malt-Brennerei
Southern Speyside
Ben-Rinnes-Gruppe
Dufftown-Gruppe
Keith-Gruppe
Rothes-Gruppe
Elgin-Gruppe
Mälzereien
Flughafen

SÜDLICHE SPEYSIDE

Unsere Reise beginnt im südlichen Teil der Speyside, wo sich einst zuhauf Schwarzbrenner und Schmuggler tummelten, wo aber auch die moderne Scotch-Industrie ihren Anfang nahm. Hier zwischen Tomintoul ganz im Süden und dem Ben Rinnes im Norden findet man Whiskys

Der Fluss Avon windet sich in der südlichen Speyside an Tomintoul vorbei.

aus jeder Ecke unserer Geschmackskarte – sogar torfige Vertreter sind darunter. Was wiederum beweist, dass die Speyside nicht für einen einheitlichen Stil steht, sondern vielmehr einen Querschnitt durch die Welt des Single Malt Scotch darstellt.

Speyside

AVIEMORE

Eigentlich frech, dass sich ausgerechnet die neueste Destillerie der Speyside gleich nach der Region selbst benennt. Ihre Besitzer behaupten zwar mit einigem Fug und Recht, dass es in Kingussie eine Brennerei desselben Namens schon Ende des 19. Jahrhunderts gab. Die aber existierte nur bis 1911.

Die Brennerei Speyside ist erst seit 1991 aktiv. George Christie plante und errichtete sie im Verlauf von drei Jahrzehnten mit großer Sorgfalt.

Zuvor hatte ihm allerdings schon die Grain-Brennerei Strathmore/North of Scotland in Clackmannanshire gehört, die »Patent Still Malt« mit Coffey Stills (siehe Seite 16) brannte.

Die Whiskyherstellung geht man bei Speyside eher konventionell an. Zwei kleine Stills, die einst in der alten Lochside-Destillerie standen, liefern einen leichten Malt mit Honignote. »Die Brennblasen waren zu groß«, erklärte der ehemalige Geschäftsführer Andy Shand. »Also mussten wir oben etwa 30 Zentimeter abschneiden und sie neu schweißen, damit sie passten.«

In kleinen Brennblasen entsteht eigentlich schwerer Brand, weil das »Zwiegespräch« zwischen Alkoholdampf und Kupfer kürzer ist. Speyside scheint das Leichte aber zu liegen, denn das Haus steht für einen eher zarten Rohbrand. »Wir arbeiten sehr traditionell«, so Shand. »Die Gärung dauert 60 Stunden, damit sich Ester bilden, und die Destillation läuft langsam ab. Viele große Unternehmen beschleunigen den Ablauf, um mehr Brand zu bekommen, worunter der Charakter leidet. Wir erledigen viel manuell. Die Brennerei heute ist sowieso zu klinisch, zu industriell. Leute, die ihr eigenes Ding machen, haben da keinen Platz mehr.«

Da man in der Brennerei auf Intuition setzt, nimmt man es ihr ab, dass sie sich trotz ihres jungen Alters mit den Anfangstagen der Whiskyproduktion in der Region in Verbindung bringt. Nicht nur, weil sie von Hand errichtet wurde, sondern auch, weil Architektur und Baumaterialien einen direkten Bezug zur Landschaft haben. Speyside könnte schon seit Jahrhunderten existieren. Und in gewisser Weise tut sie das auch, denn die Brennphilosophie in ihren Mauern ist zeitlos.

2013 ging die Destillerie mit taiwanesischer Unterstützung in den Besitz von Harvey's in Edinburgh über.

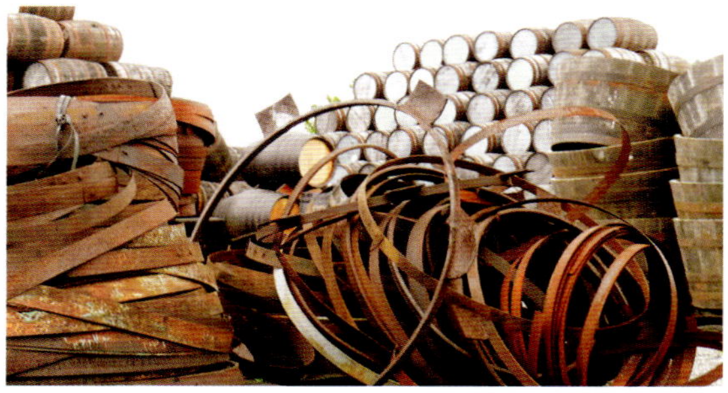

Bereit zur Reparatur: Diese Fässer werden einmal Speyside-Whisky enthalten.

SPEYSIDE – Verkostungsnotizen

NEW MAKE

Nase Sehr duftig und intensiv, Anklänge an Milchsorbet, saure Drops und grünen Apfel.
Geschmack Wie bereits im Duft angedeutet, leicht und süß.Prickelnd, mit einem Schwenk hin zu grüner Melone gegen Ende.
Abgang Leicht blumig.

3 JAHRE FASSPROBE

Farbe Golden.
Nase Reichlich Nüsse und eine etwas erdige Note. Toastig, angekohlte Eiche. Trockenapfel/Apfelsaft, Jute und süßer Vollkornkeks.
Geschmack Reichlich frisches Holz, Pfannkuchenteig, knackig malzig. Leicht kaschierte Frucht.
Abgang Wird weicher.
Gesamteindruck Befindet sich mitten in der additiven Phase des Reifeprozesses. Absorbiert im Moment eher, als sich zu öffnen.

12 JAHRE 40%

Nase Ausgeprägt erdig. Weizenspreu, Geranienlaub. Mit der Zeit eine Kräuternote, die an wilden Knoblauch und Sauerampfer erinnert.
Geschmack Würziger, als die Nase andeutet, auch trockener; die staubig erdige Note setzt sich durch.
Abgang Leicht und kurz.
Gesamteindruck Trotz Refill-Fass noch nicht aufgewacht.

Stil Malzig und trocken
Ähnlich Auchroisk 10 Jahre

15 JAHRE 43%

Farbe Satt golden.
Nase Etwas Süße und Kokos im Verbund mit Apfelschalen, leicht kandierten Blüten und Engelwurz.
Geschmack Viel süße Eiche. Zarte Früchte und ein Anflug von Schnittblumen. Eiche gibt eine kräftigere Struktur.
Abgang Sauber und süß.
Gesamteindruck Deutliche Ähnlichkeit mit der New-Make-Version. Unbeschwerter, klug gemachter Malt.

Stil Duftig und blumig
Ähnlich Bladnoch 8 Jahre

Balmenach

CROMDALE • WWW.INTERBEVGROUP.COM/GROUP-INVER-HOUSE-DISTILLERIES.PHP#BALMENACH

Während Speyside eher als Imitation einer alten Destillerie betrachtet werden muss, ist Balmenach »echt«. An die große Glocke hängt der Betrieb sein ehrwürdiges Alter zwar nicht, doch der Standort weit außerhalb des Dorfs Cromdale weist unmissverständlich auf seinen Ursprung hin: Wenn sich alte Brennereien Anfang des 19. Jahrhunderts in entlegenen Bauernhöfen und dunklen Hütten, *bothies* genannt, befanden, waren sie meist aus Schwarzbrennereien entstanden.

Balmenach unweit der wilden Cromdale Hills ist eine klassische Brennerei alter Prägung.

Im späten 18. und frühen 19. Jahrhundert hatte man Kleinbrennereien praktisch verboten – die Landbevölkerung, die sich mit Whisky ihren Lebensunterhalt verdiente, war damit kriminalisiert. Wer eine Destillerie betreiben wollte, musste im Verborgenen arbeiten. Daher war ein Standort in den abgeschiedenen Cromdale Hills für James MacGregor, Schwarzbrenner und Gründer von Balmenach, sehr von Vorteil.

Als gesetzlich festgelegte Region mag die Speyside existieren, doch ist sie ein alles andere als homogenes Gebiet, vielmehr ein Yin und Yang aus Alt und Neu. In erstere Kategorie gehört Balmenach mit seiner urtümlichen Ausrüstung aus kleinen Brennblasen, hölzernen Gärbottichen und Worm Tubs, die auch für die schwere, düstere Kraft seiner Whiskys verantwortlich ist. Leichte Brände erzielt man durch viel Kupferkontakt in der Brennblase. Je länger das Zwiegespräch zwischen Metall und Dampf, desto leichter der Whisky. Deshalb sorgen Kondensatoren, hohe Destilliertemperaturen und ein höherer Schnitt im Lauf für einen leichten Brand.

Die alte Kondensiermethode mithilfe eines Kupferrohrs, das durch ein Wasserbad (Worm Tub) läuft, reduziert den Kontakt zwischen Dampf und Kupfer, was einen schwereren Stil hervorruft und dem New Make meist eine Schwefelnote mitgibt. Schwefel deutet auf Komplexität hin, ist im reifen Brand aber nicht enthalten. »Wir arbeiten auf Balmenach, anCnoc alias Knockdhu, Old Pulteney und Speyburn mit Worm Tubs«, verrät Stuart Harvey, Master Blender bei Inver House, dem Eigentümer von Balmenach. »Deshalb nehmen wir während des Brennvorgangs nicht viel Kupfer auf, sodass die bei der Gärung entstehenden Schwefelverbindungen erhalten bleiben. Daher die Anklänge an gekochtes Gemüse, Fleisch und frisch angezündete Streichhölzer im New Make. Während der Reifung reagieren die Schwefelverbindungen mit der angekohlten Fasswand. Das verleiht dem reifen Whisky Aromen und Geschmacksnuancen von Karamell. Wenn die Schwefelverbindungen reifen, kann der Rohwhiskycharakter durchschimmern. Je schwerer die Stoffe, desto länger braucht der Brand zum Reifen.«

Lange Reifung ist denn auch die Spezialität von Balmenach. Junge Vertreter sind fleischig, reife reich und schwer und obendrein wie geschaffen für einen langen Ausbau in ehemaligen Sherryfässern. Leider trifft man Single Malts des Hauses nur selten an. Höchstens unabhängige Abfüller haben noch nach alten Whiskyzeiten schmeckende Exemplare in petto.

BALMENACH – Verkostungsnotizen

NEW MAKE

Nase Robust und tief, mit fleischigen, ledrigen Noten. Anklänge an Hammelbrühe und reife Äpfel. Hier kommt klar die Kraft und Tiefgründigkeit zum Tragen, die der Einsatz traditioneller Worm Tubs mit sich bringt – eine Power, die auch während der Reife nicht verloren geht.
Geschmack Sehr schwer und dicht, mit exotischer Süße. Diese Süße ist es auch, die den Balmenach ins Gleichgewicht bringt. Reift man ihn im Sherryfass, wird die Fleischigkeit unterstrichen, ein Refill oder Ex-Bourbon hingegen lässt seine aromatischere Seite hervortreten
Abgang Lang. Leicht rauchig.

1979, BERRY BROS & RUDD BOTTLING
56,3%, ABFÜLLUNG 2010

Farbe Sattes Gold.
Nase Voll und sehr süß, zunächst reichlich schwere Schokolade, Toffee und Kakaocreme, bevor zu lang gezogener Assam-Tee übernimmt. Schwer. Nasse Erde. Mit Wasser treten Vollmilchschokolade und cremige Toffees, feuchte Erde und eine Schuhgeschäftnote zutage.
Geschmack Würziger Auftakt mit guter Intensität. Brennendes Laub (wohl ein Anflug von Rauch). Schwer im Mittelteil, wo man gebratenes Baumobst antrifft. Andeutungen von Pralinen mit Walnuss. Mit Wasser würziger.
Abgang Fest und lang, leicht adstringierend. Getrocknete Apfelschalen, nach zehn Minuten getrockneter Honig.
Gesamteindruck Die Süße amerikanischer Eichenfässer kann Balmenachs Bärenschwere nicht kaschieren.

Stil **Fruchtig und würzig**
Ähnlich Deanston 28 Jahre, Old Pulteney 30 Jahre

1993, GORDON & MACPHAIL BOTTLING 43%

Farbe Helles Gold.
Nase Trockenes Leder/Ledergürtel, was darauf hindeutet, dass der Brand sich noch am Anfang der Interaktion mit der Eiche befindet. Harte Toffees und Vollkornbiskuits, frisch lackiertes Holz. Mit Wasser erdig.
Geschmack Dicker, als die Nase andeutet. Viskos. Nur ein Anflug von Getreide, dann eine kohlige Rauchnote, Buchenlaub, frische Tabakblätter. Wasser setzt ein zuvor unterdrücktes Grollen frei, das noch größere Tiefen offenbart.
Abgang Holz.
Gesamteindruck Ordnet sich noch, aber der Destilleriecharakter macht sich schon bemerkbar.

Stil **Fruchtig und würzig**
Ähnlich The Glenlivet 1972

Tamnavulin & Tormore

TAMNAVULIN • BALLINDALLOCH / TORMORE • CROMDALE • WWW.TORMOREDISTILLERY.COM

Während sich Balmenach den Glauben an die Vorzüge alter Machart bewahrt hat, zeigen die nächsten beiden Destillerien, dass es durchaus einen geschmacklichen Gleichklang zwischen den in den 1960er-Jahren in Schottland entstandenen Brennereien gibt. Damals führte die steigende Nachfrage nach Scotch in den USA zu einer Vielzahl von Neugründungen. Dass sie alle mit leichten und oft ziemlich malzigen Whiskys aufwarten, ist sicher kein Zufall.

Tamnavulin entstand 1965 am Livet-Ufer und war erstaunlicherweise erst die zweite legale Brennerei in dem Tal namens Glen Livet. Ihre sechs Stills liefern einen hochtönenden, recht einfachen Rohwhisky. Verfolgt man seine Entwicklung im Fass, erweist er sich als Destillat, das ganz das tut, was der Blender will. Nicht der Whisky selbst, sondern das Fass spielt hier die Hauptrolle.

Das ist nicht ganz ohne Risiko: »Man darf dem Tamnavulin nicht zu viel zumuten«, erklärt Richard Paterson, Verschnittmeister bei Whyte & Mackay. »Gut macht er sich in amerikanischer Eiche und leichten Sherryfässern, sogar in altem Holz. Unter schwereren Kalibern aber ächzt er.« Heute gehört Tamnavulin zu Diageo.

Tormore gehört zum Portfolio von Chivas Brothers und nahm um 1960 Formen an. Das Haus steht 13 Kilometer nordwestlich von Balmenach und ist dessen krasses Gegenteil. Während sich Balmenach im Moorgebiet von Cromdale versteckt, thront der massive Tormore-Komplex neben der A96 und wirkt wie eine modernistische Hommage an ein viktorianisches Kurhotel. Entworfen wurde er von Sir Albert Richardson. Der Präsident der Royal Academy hatte trotz seiner Qualitäten als Architekt noch nie zuvor eine Destillerie geplant, als er von den Long John Distillers 1959 mit dem Bau beauftragt wurde.

Die schiere Größe kündet von der Zuversicht der Blender damals. Ihre acht Brennblasen liefern einen leichten, trockenen Stil, wie ihn der nordamerikanische Markt damals verlangte. Das heißt: kein Torf, schnelles Einmaischen, kurze Gärzeiten, um die Getreidenote zu bewahren, und Kondensatoren, die den Brand leicht machen, obwohl er als Single-Malt-Abfüllung recht starr geraten kann.

TAMNAVULIN – Verkostungsnotizen

NEW MAKE

Nase Sauber und trocken, mit einigen staubigen Getreidenoten. Grappa.
Geschmack Leicht, mit Andeutungen an Veilchen und Lilien. Frisch und knochentrocken.
Abgang Nussig, kurz.

12 JAHRE 40%

Farbe Hell.
Nase Sehr leicht. Gerösteter Reis. Etwas Vanille, dann Filz.
Geschmack Leicht und trocken. Geringer Gummigeschmack, knackige Gersten- und Malznoten. Zitrone.
Abgang Ein Quickie.
Gesamteindruck Stammt in gerader Linie vom New Make ab. Whisky gewordene Leichtigkeit.

Stil **Malzig und trocken**
Ähnlich Knockando 12 Jahre, Auchentoshan Classic

1973 FASSPROBE

Farbe Grünlicher Rand.
Nase Saubere Sherrynoten, geröstete Nüsse, braune Bananenschale und Nussöl. Leicht getrocknete Blüten.
Geschmack Süß und leicht im Körper. Nussiger Mittelteil mit dezenter Süße. Ausgewogen.
Abgang Sauber, mittellang.
Gesamteindruck Ein Sherryfass hat den malzigen Einschlag in eine nussige Note verwandelt, aber auch etwas Süße hinzugefügt.

1966 FASSPROBE

Farbe Mahagonibraun.
Nase Reich und reif. Rissiges altes Leder. Frische und getrocknete Pflaumen mit schwerer Süße. Ähnelt Brandy de Jerez.
Geschmack Leichter Biss. Paranuss und ein ziemlich dichter Mittelteil. Getrocknete Kräuter.
Abgang Nüsse.
Gesamteindruck Vielleicht ein bisschen zu sehr »geeicht«, aber auch der Beweis, dass malzige Whiskys Eiche brauchen.

TORMORE – Verkostungsnotizen

NEW MAKE

Nase Voll. Hinweise auf Zuckermais, leichte Bauernhofnote (Atemluft von Rindern, Treber).
Geschmack Rein und süß, sehr leichte Frucht.
Abgang Staubig, dann geringfügig zitrusgetönt.

12 JAHRE 40%

Nase Etwas hart. Später Eichenspäne. Trocken, nussig.
Geschmack Tabakblätter, Trockengewürze (Korianderpulver) mit Kraut- bzw. Heidekrautnote. Bekommt mit Wasser einen Bourbon-Ton.
Abgang Frisch und nussig.
Gesamteindruck Aktive Eiche stützt ihn beträchtlich.

Stil **Fruchtig und würzig**
Ähnlich Glen Moray 12 Jahre, Glen Garioch 12 Jahre

1996, ABFÜLLUNG GORDON & MACPHAIL 43%

Farbe Blass.
Nase Leicht malzig, Zierapfel, im Hintergrund ein Anflug von Blüten. Recht fest.
Geschmack Apfelsauer. Stechginster. Orangenblütenwasser. Bleibt nach dem Verdünnen frisch und nimmt eine grasige, leicht ölige Note an.
Abgang Kurz und leicht bitter.
Gesamteindruck Kantig wie die Brennerei selbst.

Stil **Duftig und blumig**
Ähnlich Miltonduff 18 Jahre, Hakushu 18 Jahre

Tomintoul & Braeval

TOMINTOUL • BALLINDALLOCH • WWW.TOMINTOULDISTILLERY.CO.UK / BRAEVAL • BALLINDALLOCH

Noch zwei 1960er-Brennereien, die sich der Leichtigkeit des Whiskys verschrieben haben. Tomintoul am Avon wurde 1965 von den Whiskybrokern W. & S. Strong und Haig & MacLeod errichtet. Warum gerade in Ballindalloch? Wohl wegen des Wassers: Drei Quellen speisen die Anlage, die heute zum Angus-Dundee-Stall gehört. Vielleicht überzeugte die Gründer aber auch die Tatsache, dass das Brennen hier Tradition hat: Eine Höhle hinter einem nahen Wasserfall beherbergte einst eine Schwarzbrennerei.

Tomintoul wird als »The Gentle Dram«, das milde Schlückchen, beworben. Das trifft den Punkt, hört sich aber verdächtig nach einem ausdruckslosen Charakter an, womit man dem Malt Unrecht tun würde. Denn auch wenn der Whisky tatsächlich malzig ist, so deckt diese Kategorie doch ein breites Spektrum vom Schwachbrüstigen und Knochentrockenen bis hin zu fast brenzliger Fülle ab.

Tomintoul ist irgendwo in der Mitte anzusiedeln. Sein getreidiger Mittelteil erinnert an einen warmen Maischbottich und den süßen Atem des Viehs im Stall. Der New Make kommt mit hoher Intensität daher und hebt mit weicher Frucht als Gegenpol zur Sprödheit des Getreides an. Da ist genug Substanz für einen langen Ausbau im Fass. Ältere Semester machen mit üppiger Tropenfrucht auf sich aufmerksam, ein Hinweis auf entspanntes Reifen. Erkennbar ist zudem eine rauchige Note, weshalb wir es hier mit einem jener Destillate zu tun haben, bei dem die Lage des Torfmoors eine Schlüsselrolle bei der Entstehung eines speziellen Aromas spielt. Torf vom Festland gibt dem Whisky wegen seiner Zusammensetzung mehr eine Holzrauchnote mit, während der auf den Inseln gestochene Torf eher für einen Heidekraut-, Meeres- und Teereinschlag sorgt.

Schottlands höchste Destillerie, Braeval, wurde 1973 in den entlegenen Hügeln von Glenlivet errichtet. Ringsum findet man Ruinen alter *shielings*, Berghütten, ein Hinweis auf saisonale Viehwirtschaft – *brae* ist ein Dialektwort für Almwiese. Seit das Tal im 18. Jahrhundert besiedelt wurde, entstand hier Whisky, doch erst 1972 bekamen die Braes ihre erste legale Brennerei. Braeval steht mit seinen leichten Erzeugnissen ebenfalls in der »Late-Speyside«-Tradition. Im System ist reichlich Kupfer vorhanden, doch geraten die Whiskys schwerer, als man meinen möchte, und offenbaren eine Biertreber-/Geraniennote.

TOMINTOUL – Verkostungsnotizen

NEW MAKE

Nase Leichtes Getreidearoma, Hafermehl, süßer Unterbau. Anflug von Maischbottich. Appetitanregend und süß.
Geschmack Fokussiert, vornehm und süß, mit reintönigem grünem Charakter im Mittelteil. Recht intensiv.
Abgang Malzig.

10 JAHRE 40 %

Farbe Kupferrot.
Nase Frisch und leicht malzig. Haselnuss, Schalen. Ovomaltine in Wasser. Wirkt noch jung.
Geschmack Süß, reichlich Sultaninen, Lakritze.
Abgang Reif und süß.
Gesamteindruck Trockenfruchtartige Weichheit.

Stil Malzig und trocken
Ähnlich Auchentoshan Classic

14 JAHRE 46 % KEIN KARAMELL, NICHT KALTFILTRIERT

Farbe Blasses Strohgelb.
Nase Sehr leicht und sauber, Andeutungen von Blumen (Narzissen/Freesien), helle Früchte. Zarte Eiche und ein Anflug von Mehl bzw. frisch gebackenem Weißbrot.
Geschmack Hebt sofort blumig und mit leichten Hinweisen auf Birnensaft an. Voller als die 10-jährige Ausgabe. Geschmolzene Butter im Mittelteil. Blüht im Mund auf.
Abgang Süß und lang.
Gesamteindruck Die verborgenen Vorzüge des Tomintoul beginnen sich zu manifestieren.

Stil Duftig und blumig
Ähnlich Linkwood 12 Jahre

33 JAHRE 43 %

Nase Dick und sirupartig, mit reichlich tropischen Trockenfrüchten und einer Wachsandeutung. Lang und üppig. Mit Wasser etwas gekohlte Eiche.
Geschmack Viskos und vielschichtig. Alle nach vorn drängenden Früchte bekommen durch die leichte Mandelfärbung einen trockenen Marzipaneinschlag. Mit Wasser spielt die Eichennote in englische Creme und Gebäck hinein.
Abgang Reif und lang.
Gesamteindruck Ein klassisches Beispiel für Tropenfruchtigkeit als Folge eines langen Ausbaus.

Stil Fruchtig und würzig
Ähnlich Bowmore 1965

BRAEVAL – Verkostungsnotizen

NEW MAKE

Nase Esteriger Auftakt mit schwerer Maggiwürze im Hintergrund. Ein Hauch von Schwefel.
Geschmack Weich mit gutem Gewicht, nach hinten zu leichter.
Abgang Dunkles Getreide.

8 JAHRE 40 %

Nase Nussig. Pistazien mit etwas Apfelholz. Das geröstete Getreide ist weicher geworden und hat sich als zusätzliche Schicht etabliert. Leichter, als der Rohwhisky vermuten lässt. Renetten.
Geschmack Duftend und mit Auftrieb. Etwas Jasmin und Lavendel. Delikat.
Abgang Sauber und recht einfach.
Gesamteindruck Viel Frische.

Stil Duftig und blumig
Ähnlich Tomintoul 14 Jahre, Speyburn 10 Jahre

The Glenlivet

BALLINDALLOCH • WWW.GLENLIVET.COM • GEÖFFNET APR–OKT MO–SO

Im Gegensatz zum allgemeinen Volksglauben gab es auch vor 1823 schon reichlich legale Destillerien in Schottland. Mit der Verabschiedung des Excise Act in jenem Jahr wurde jedoch der Grundstock für die moderne Scotch-Industrie gelegt. Das neue Gesetz schuf die Voraussetzungen für einen guten Kapitalfluss in die kleingewerbliche Whiskyproduktion in den Highlands – mit dem Ziel, der Schwarzbrennerei den Garaus zu machen.

Ebenfalls übersehen wird, dass das Gesetz den Brennereien auch mehr Spielraum bot und damit die Geschmackspalette der Whiskys veränderte. Aufschlussreich ist ein Satz in Michael Moss' und John Hume's Geschichte der Scotch-Whisky-Industrie: »Die neuen [1823 erlassenen] Bestimmungen gestatteten jedem Brenner, frei über die Stärke der Maische, die Größe und Auslegung der Brennblasen sowie die Qualität und den Geschmack des Whiskys zu bestimmen.«

Das hatte auch George Smith im Hinterkopf, als ihn sein *landlord* mit der Übernahme einer der neuen Lizenzen beauftragte. Bei dem Grundeigentümer handelte es sich übrigens um den Duke of Gordon, der mitgeholfen hatte, das Gesetz im House of Lords durchzuboxen, indem er drohte, die Landbesitzer würden die Schwarzbrennerei nicht mehr stillschweigend dulden.

Smith hatte seit 1817 auf der Upper Drumin Farm in Glen Livet illegal gebrannt und war damit einer von vielen in dieser schwer zu kontrollierenden Wildnis gewesen. Obwohl seine Nachbarn vom neuen legalen Status gar nichts hielten, traf er eine kluge Entscheidung.

Er hätte denselben Weg wie die MacGregors von Balmenach gehen und auf schwere Destillate setzen können. Doch Smith und seine Söhne befreiten sich nicht nur von der Last ungesetzlichen Handelns, sie entledigten sich auch des alten Geschmacks und entschieden sich für Whiskys in Leichtbauweise, um die Chancen zu nutzen, die der neue Stil bot: weg mit düsteren Hütten und verräucherten Höhlen, stattdessen Technik, Kapital und – ab der Mitte des 19. Jahrhunderts – eine stilprägende Produktion. Obwohl Smith die einzige legale Brennerei in Glen Livet führte, war es sein Whisky, der zum Synonym eines speziellen Geschmacks wurde. Weil bald jede zweite Destillerie den Namen der Gegend an ihren eigenen anfügte, bekam Smiths Betrieb die exklusive Erlaubnis, sich »The« Glenlivet zu nennen.

Das alte Drumin-Unternehmen wurde 1858 geschlossen, als Smith eine größere Anlage bei Minmore baute, wo die Brennerei bis heute ihren Sitz hat. Sie wuchs im Lauf der Zeit beträchtlich, die umfassendsten Modernisierungsmaßnahmen aber führte man erst 2009 und 2010 durch, als sie einen neuen Maischbottich, acht neue hölzerne Gärbottiche und weitere drei Brennblasenpaare bekam. Zur Verfügung stehen ihr damit nun sieben Stills, die alle die von Smith 1858 festgelegte Form mit schmaler Taille haben. Jährliche Kapazität: zehn Millionen Liter. »Der neue Briggs-Maischbottich hat einen Monitor mit Glasscheibe, damit man die Klarheit der Würze überprüfen kann – wir

Guter Holzeinsatz machte The Glenlivet zu einem der weltweit bestverkauften Single Malts.

wollen keinen Trub, der unseren Whisky schwer macht«, erklärt Master Distiller Alan Winchester. »Die Gärzeit beträgt 48 Stunden. In den Stills hat die Flüssigkeit guten Kupferkontakt, was fruchtige, blumige Ester ergibt. Eine weitere Esterifizierung erfolgt im Fass.«

Wie alte Aufzeichnungen beweisen, strebte Smith Ananasfrucht im Whisky an. Heute ist eine Apfelnote das Leitmotiv, die in der Jugend durch zarte Blütennoten ergänzt wird. So sehr The Glenlivet aber auch auf Finesse baut: Der Whisky hat Power, vor allem in Refill-Fässern.

Die hoch in der kühlen Luft gelegenen Lager von The Glenlivet haben ihr eigenes Mikroklima.

Eine große Rolle spielt jedoch auch die Auslegung des neuen Brennhauses. Viele Jahre lang war der Betrieb eine graue, fabrikartige Anlage auf einem Hügel. Mit seinen Panoramafenstern und Natursteinfassaden aber ist er nun wieder Teil der Landschaft geworden. Während sich auf einer Seite die Braes erstrecken, gebietet auf der anderen der Ben Rinnes Achtung.

THE GLENLIVET – Verkostungsnotizen

NEW MAKE

Nase Mittelschwer. Sauber, einige Blütennoten, etwas Banane, reife Äpfel und ein Hauch Iris.
Geschmack Weich, milde Frucht. Leicht, apfelfruchtig. Frische Zucchini.
Abgang Frisch und sauber.

12 JAHRE 40%

Farbe Helles Gold.
Nase Duftend, mit reichlich Apfelfrucht und -blüten, Jasmintee und einem Hauch von Toffee.
Geschmack Zarter Auftakt, dann ein jäher Schokoladenton. Äpfel gesellen sich zu Blüten, Mädesüß, pochierte Birnen.
Abgang Sauber und weich.
Gesamteindruck Leicht und aromatisch.

Stil **Duftig und blumig**
Ähnlich Glenkinchie 12 Jahre, anCnoc 16 Jahre

15 JAHRE 40%

Farbe Kupfergolden.
Nase Intensiv würzig: Sandelholz, Rosenholz, Kurkuma, Kardamom. Rosenblütenblätter.
Geschmack Anfangs Äpfel. Blumenstand. Mild, leicht; griffige Eiche.
Abgang Die Gewürze kehren zurück. Zimt und Ingwer.
Gesamteindruck Der Einsatz französischer Eiche hat die Würze intensiviert.

Stil **Fruchtig und würzig**
Ähnlich Balblair 1975, Glenmorangie 18 Jahre

18 JAHRE 40%

Farbe Sattes Gold.
Nase Bratapfel, Rohrzucker, Antiquitätenladen, Flieder. Leichte Anisnote.
Geschmack Reichhaltiger als der 12-Jährige und stärker vom Sherryfass geprägt. Zeder, Mandelblüten, Amontillado und getrocknete Orangenschale.
Abgang Apfel und Piment.
Gesamteindruck Reicher und entwickelter, mit einer deutlichen Verwandtschaft zum New Make.

Stil **Reichhaltig und rund**
Ähnlich Auchentoshan 21 Jahre

ARCHIVE 21 JAHRE 43%

Nase Die Äpfel sind getrocknet und nehmen sich etwas zurück, um neben einer exotischen, harzigen Eichenwürze auch anderen Früchten (Pfirsich, gekochten Pflaumen) etwas Raum zu geben. Wasser rückt den Duft in die Nähe von Panettone mit einem Hauch von Mandeln.
Geschmack Süß und typisch für The Glenlivet. Die Äpfel sind nun in Rohrzucker sämig gekocht. Wasser spült Gewürze mit einer von Äpfeln getragenen Zuckersüße an die Oberfläche.
Abgang Lang, mit Ingwerthema.
Gesamteindruck Elegant und reif. Der Hauscharakter ist nach wie vor präsent.

Stil **Fruchtig und würzig**
Ähnlich Clynelish 14 Jahre, Balblair 1975

BEN RINNES

Der Ben Rinnes an der Speyside ist der Whiskyberg Schottlands. Auf seinem Gipfel befindet sich sogar ein Toposkop, auf dem die Standorte aller von dort oben sichtbaren Destillerien in der näheren Umgebung zu sehen sind. Im Schatten der Erhebung findet ein fruchtbarer Wettstreit zwischen

Von Cardhu (im Hintergrund) blickt man auf die Gebäude von Knockando direkt am Fluss hinunter.

Tradition und einer moderneren, von Leichtigkeit beherrschten Whisky-Ästhetik statt: Brennereien, welche dem schweren, fleischigen Stil huldigen, sind hier ebenso vertreten wie Häuser, die ihren Erzeugnissen viele Blüten mit auf den Weg geben.

Cragganmore & Ballindalloch

BALLINDALLOCH • WWW.DISCOVERING-DISTILLERIES.COM/CRAGGANMORE • GEÖFFNET APR–OKT, NÄHERES SIEHE WEBSEITE

Ben Rinnes ist der Dreh- und Angelpunkt der Speyside: Der nördlichste Vorposten des Cairngorm-Massivs beherrscht das Herz der Region. Fast die ganze Landschaft lässt sich von seinem Gipfel aus überblicken: Im Süden reicht das Auge bis zu den Cromdales und Glen Livet, während man im Norden Rothes, ja, sogar Elgin erkennt und im Osten Dufftown sowie Keith aus der Ferne grüßen. Die vielen Brennereien in seiner unmittelbaren Umgebung sind ein weiterer Beweis für die dreifache stilistische Ausrichtung der Speyside.

Nach 1823 hatten die Brennereien ein Problem: Sie mussten ihre Waren zu Markte tragen. Bergpfade waren zwar zu Schmugglerzeiten ein Vorteil gewesen, doch nun machten sie den entlegenen Häusern die Kommunikation mit den neuen Absatzmärkten nicht gerade leicht. So war es kein Wunder, dass die Destillerien um 1860 in ernsthafte Schwierigkeiten gerieten.

1869 allerdings wendete sich ihr Schicksal zum Guten, als die Strathspey-Bahn gebaut wurde. Sie verband Dufftown mit Boat of Garten, der Linie nach Perth und dem Central Belt. John Smith war der erste Whiskybrenner am Ben Rinnes, der daraus Kapital schlug: Er errichtete Cragganmore 1869 neben dem Bahnhof von Ballindalloch.

Smith war ein Berg von einem Mann. In gewisser Weise machte ihn seine Größe kleiner, als er war, denn seinem Leibesumfang wurde mehr Aufmerksamkeit gewidmet als seinen Verdiensten als innovativer Brenner. Er arbeitete als Verwalter bei Glenlivet, aber auch bei Dailuaine und Macallan, bevor er zu Clydesdale in Wishaw weiter südlich ging. Anschließend kehrte er zur Speyside zurück, wo er kurz Pächter von Glenfarclas war, bevor er dann ein Stück Land an der Spey pachtete.

Zwar regeln heute Computer im Brennhaus den Betrieb, ansonsten aber ist Smiths Auslegung intakt geblieben. Denn im Inneren der Anlage bewies er außerordentliche Kreativität, wenngleich seine Standortwahl rein praktische Gründe hatte. Größter Trumpf des Whiskyflüsterers war seine Erfahrung. Bei Glenlivet hatte er den Umstieg auf leichte Brände mitgemacht, bei Macallan und Glenfarclas den auf schwerere Destillate und bei Clydesdale den auf Dreifachdestillation.

Am Anfang des Brennzyklus ist Cragganmore eine ganz normale Destillerie: Das leicht getorfte Malz wird in hölzernen Bottichen einer langen Gärung unterworfen. Erst im Brennhaus wird Smiths herausragende Handwerkskunst offensichtlich. Die Wash Stills sind groß und mit einem stark angewinkelten Lyne Arm, Brennrohr, ausgestattet, das in den Worm Tub, das Kühlwasserbad, führt. Nächster Aufenthalt sind die Spirit Stills mit flacher Oberseite und langem, sanft geschwungenem Lyne Arm. Reflux lautet hier das Zauberwort (siehe Seite 14–15).

Welchen Stil aber strebte Smith an? Je länger man sich mit seiner Konfiguration befasst, desto widersprüchlicher erscheint das Ganze. Die Wash Stills sind riesig, was auf viel Rückfluss und damit einen

Obwohl Cragganmore versteckt und abseits ausgetretener Pfade liegt, war sie eine der ersten Brennereien, die die Vorzüge der Eisenbahn nutzten.

Eine lange Entwicklung im Fass macht diesen komplexen Single Malt noch vielschichtiger.

BALLINDALLOCH: NACH GUTSHERRENART

Die Familie Macpherson-Grant lebt seit 1546 auf Ballindalloch Castle. Auf ihren Ländereien wurden die ersten Aberdeen-Angus-Rinder gezüchtet. Einst verpachtete sie ein Stück Land an John Smith für die Gründung von Cragganmore. 2014 funktionierte sie ein altes Gehöft in der Nähe des (familieneigenen) Golfplatzes in eine Brennerei um. »Wir hatten uns schon etliche Jahre mit dem Gedanken getragen«, so Guy Macpherson-Grant. »Irgendwann wurde uns klar, dass dies eine sinnvolle Art und Weise wäre, einen traditionellen Highland-Hof zu nutzen.«

Entstehen wird ein »Single Estate Single Malt«. Besonders interessant: Es ist der erklärte Wille der Betreiber, in Anlehnung an eine alte Speyside-Tradition einen »robusten, als Digestif gedachten Whisky« zu kreieren. Deshalb arbeitet man mit Worm Tubs, kleinen Stills und einem Mix aus Firstfills, Hogsheads, Refills und Ex-Sherryfässern. Verantwortlich für die Produktion ist der erfahrene Charlie Smith.

leichten Brand hindeutet, aber der Lyne Arm ist stark nach unten gewinkelt, sodass die Umwandlung nicht zu lange dauern kann. Da das Rohr in das Kühlwasserbad führt, könnte man ein schweres Resultat vermuten. Noch verwirrender sieht es mit der Spirit Still aus. Der Alkoholdampf prallt von der flachen Oberseite ab und fließt in den Rohbrand zurück. Da der Lyne Arm oben abzweigt, können sich nur bestimmte Geschmacksstoffe durchschlagen. Das lange, sanfte Abfallen des Rohrs lässt eine längere Umwandlung zu. Überhaupt ist alles auf eine lange Umwandlung angelegt – bis man die kleinen Stills und das Bad in die Gleichung mit einbezieht. Die Lösung: Smith war ein Meister seines Fachs und wollte einen möglichst komplexen Brand. Unternehmer wie er waren keine ungebildeten Leute, sie waren Erneuerer, Forscher, Pioniere.

Heute brennt Cragganmore einen schwefligen, fleischigen Rohwhisky. Hinter seinem Schwefel schimmert ein komplexer, reifer Charakter mit viel Herbstfrucht und eingefangener Spätsommersonne hervor.

CRAGGANMORE – Verkostungsnotizen

NEW MAKE

Nase Konzentriert. Fleischig (Lammbrühe). Schwefel. Süßes Zitrusobst und andere Früchte im Hintergrund. Ahnungen von Nüssen.
Geschmack Groß und stark, etwas Rauch, dann schlägt das Fleisch bzw. der Schwefel durch. Riesig und dicht. Dick ölig, ein Traditionstrunk. Gewichtig und geschmeidig.
Abgang Schwarze Früchte und Schwefel.

8 JAHRE REFILL-FASS, FASSPROBE

Nase Integriert und fruchtig. Andeutung von Braten und Bratenform. Viel Minze, Herbstlaub und Moos, sogar etwas Ananas und Brombeeren. Mit Wasser Schwefel.
Geschmack Reif und seidig. Charakter bricht sich Bahn. Komplex, schwer. Fruchtdominiert, Holz im Hintergrund.
Abgang Verklingt rasch. Anflug von Torf.
Gesamteindruck Der reife Charakter beginnt sich zu manifestieren.

12 JAHRE 40 %

Nase Komplexe Melange aus reifen Herbstfrüchten, Schwarzen Johannisbeeren, etwas Leder, schwerem Honig und Kastanien. Leichter Rauch.
Geschmack Körperreich und fruchtig. Gekochte Beere, ein Touch Walnuss. Tiefgründig. Seidige Textur. Offen.
Abgang Etwas Rauch.
Gesamteindruck Der Schwefel ist völlig verflogen. Das Fleisch hat sich mit reicher Frucht vermählt.

Stil **Reichhaltig und rund**
Ähnlich The GlenDronach 12 Jahre, Glengoyne 17 Jahre

THE DISTILLERS EDITION, PORT FINISH 40 %

Nase Rund, süß, reich, mit konzentrierter Frucht und Anklängen an Wildfruchtmarmelade. Schlehen. Geringfügig exotisch angehaucht.
Geschmack Generös, leicht fett, mit fleischiger Basis. Geringfügige Süße, dichte Frucht. Mit Wasser komplex.
Abgang Sehr leichte Rauchnote.
Gesamteindruck Die herbstlichen Elemente im Cragganmore offenbaren eine natürliche Affinität zu Portwein.

Stil **Reichhaltig und rund**
Ähnlich The Balvenie 21 Jahre, Tullibardine Port Cask

Knockando

KNOCKANDO • WWW.MALTS.COM/INDEX.PHP/EN_GB/OUR-WHISKIES/KNOCKANDO/INTRODUCTION

Der Kontrast zwischen Cragganmore und Knockando könnte nicht größer sein. Während Cragganmore in einem grünen Tal verborgen liegt, steht die aus hellem Stein errichtete Knockando-Brennerei stolz neben der einstigen Strathspey-Bahnlinie, auf der heute der Fernwanderweg Speyside Way verläuft. Ihrer Architektur ist eine Leichtigkeit eigen, die auf gewisse Weise den Malt des Hauses verkörpert. Er erinnert im Geschmack an den Staub eines sonnigen Nachmittags.

Knockando ist eindeutig dem leichten Lager zuzuordnen. Im Grund zählt die Brennerei zu den Vorläufern all jener Destillerien, die kurz nach 1960 auf den Plan traten. Ihre trübe Würze und kurze Gärzeit ergeben einen dominant malzigen New Make (siehe Seite 14–15). Das setzt voraus, dass der Einfluss der Eiche hauchzart bleibt – ein Knockando braucht gerade so viel Holz, um den staubigen Charakter mit einer gewissen Süße zu bereichern.

Genau wie John Smith errichtete auch John Thompson seinen Betrieb direkt neben der Bahnlinie, um deren Vorzüge zu nutzen. Seit damals haben sich die Verhältnisse jedoch geändert. Im Gründungsjahr 1890 kamen gerade Blends in Mode, weshalb der Verschnittmeister den Stil vorgab. Während die frühen Destillerien zum Großteil brannten, was sie wollten, und Whisky damit ein Spiegelbild der Persönlichkeit seines Erzeugers war, hielt Ende des 19. Jahrhunderts der Pragmatismus Einzug.

Die Brennereien lieferten, wonach die Blender verlangten – und die wiederum mussten ein Gespür dafür haben, wonach es die whiskytrinkende Welt dürstete. Die letzte Gründungswelle an der Speyside im 19. Jahrhundert steht für eine Erweiterung des Scotch-Whisky-Spektrums und das Bedürfnis nach einer immer größeren Bandbreite an Geschmacksnuancen, damit Blends maßgeschneidert werden konnten. 1904 fügte der Londoner Blender Gilbey die Brennerei seinem Portfolio aus Speyside-Betrieben hinzu, deren Erzeugnisse alle dem leichten Lager zuzuordnen waren. Schließlich avancierte Knockando zu einer wichtigen Größe bei Justerini & Brooks und lieferte einen der fragilsten Whiskys am Markt – ein Produkt, das speziell auf den amerikanischen Geschmack der Prohibitionszeit zugeschnitten war.

Die hellen Gebäude der Brennerei Knockando ragen am Ufer des Flusses Spey auf.

KNOCKANDO – Verkostungsnotizen

NEW MAKE

Nase Maischig und sauber, Haselnüsse. Mit Wasser staubig; Kissenfüllung, Filz.
Geschmack Leicht und fest, Zitronennote. Sehr staubig, einfach.
Abgang Kurz und trocken.

8 JAHRE REFILL-FASS, FASSPROBE

Nase Der New-Make-Charakter ist noch präsent: Staub und Maus. Altes Mehl. Knochentrocken.
Geschmack Gemahlenes Weetabix. Eine gewisse Süße scheint vorhanden, ist aber gut verborgen. Frisch und trocken.
Abgang Malzig.
Gesamteindruck Der trockene, nussige Charakter braucht leichtes süßes Holz, das ihm Leben einhaucht.

12 JAHRE 43 %

Nase Leicht und nussiger. Trockenes Stroh (der Staub ist verflogen). Ahnungen von Estern hinter einer weichen, leichten Vanillenote.
Geschmack Leicht und bauschig, etwas Milchschokolade, Zitronen. Mit Wasser trocken und malzig. Sehr leicht.
Abgang Kurz und trocken.
Gesamteindruck Der längere Fassaufenthalt hat den Mittelteil etwas ausgefüllt.

Stil **Malzig und trocken**
Ähnlich Tamnavulin 12 Jahre

Tamdhu

KNOCKANDO • WWW.TAMDHU.COM

Die Entstehungsgeschichte von Tamdhu ähnelt der ihrer Nachbarn. Eingerichtet 1896 von einem Konsortium aus Verschneidern, wurde die Brennerei schon ein Jahr später an die Highland Distillers (heute Edrington) veräußert. Tamdhu verkörperte das späte viktorianische Zeitalter und stand als Manifest aus schwerem Stein, Eisen, Kupfer und Holz für den neuen Stellenwert von Whisky – und seinen Destillerien.

Brennereien waren keine umfunktionierten Bauernhöfe mehr, sondern eigenständige Unternehmen mit großen Mälzereien. Sie hatten eine gute Verkehrsanbindung und eine erkleckliche Belegschaft, die vor Ort wohnte. Tamdhu wurde nicht in der Hoffnung gebaut, sein Whisky möge sich verkaufen, sondern in der Gewissheit, dass er sich verkaufen würde.

Unter Whiskykennern war der Betrieb vor allem deshalb berühmt, weil hier die letzte funktionsfähige Kastenmälzerei Schottlands stand und Highland Park mit ungetorftem Malz versorgte. Und der Whisky? Seit 1897 war Tamdhu kaum von seiner Produktionsphilosophie abgewichen. Der Brand war von jeher für Blends gedacht gewesen, für The Famous Grouse, Cutty Sark und den seltenen, aber ausgezeichneten Dunhill. Wie viele andere Häuser, die vor allem den Stoff für Verschnitte liefern, verschwand es jedoch aus der Wahrnehmung der Whiskywelt. Ganz gleich, wie solide und wichtig das Produkt ist, wenn man nicht an vorderster Single-Malt-Front agiert, bleibt man unsichtbar – eine Geisterbrennerei.

2010 legte Edrington Tamdhu still, doch schon zwei Jahre später hauchte ihr Ian MacLeod, Blender Broker und Besitzer von Glengoyne, neues Leben ein. Er richtete Tamdhu völlig neu aus: neue Gärbottiche, neue Lager, neue Angestellte. Der Ort ist beseelt von Energie. Er lebt.

Hölzerne Gärbottiche, so heißt es, tragen zum Charakter des Tamdhu bei.

Heute ist Tamdhu noch immer nicht sonderlich ins Blickfeld gerückt (was nicht heißt, dass die Brennerei mit ihren sechs Stills und einem hohen Ausstoß nicht groß ist), zeigt aber durchaus Präsenz. Ihre geisterhafte Existenz schlug sich einst in unauffälligen Gelegenheitsabfüllungen nieder, deren Leichtigkeit von der Eiche nicht unbedingt verbessert wurde. Inzwischen aber ist MacLeods 10-Jähriger dank der klugen Strategie Edringtons, nur Ex-Sherryfässer einzusetzen, eine echte Offenbarung. Die Eiche bereichert den duftigen Honig-Apfel-Charakter um eine Harz- und Ledertiefe. Man ahnt nun, warum Blender ihn so schätzen. Und wie er 1897 geschmeckt hat.

TAMDHU – Verkostungsnotizen

NEW MAKE 69 %

Nase Sehr süß, lilienartig, mit Andeutungen an Erdbeeren und Himbeeren. Sauber, geschmeidig. Wasser fördert jungen Rhabarber und Erbsenschoten zutage.
Geschmack Auch hier Süße, außerdem ein Zitrus- und Zerealientouch. Gutes Gewicht.
Abgang Von beträchtlicher Länge. Zarter Blütenton.

10 JAHRE 40 %

Nase Der Einfluss der Sherryfässer ist von Anfang an unverkennbar. Hinzu kommen Quitte, Apfel, Bienenwachs und Schokolade. Mit Wasser Darjeelingtee und Rosinen.
Geschmack Viel süße Frucht, vor allem Kirsche. Süß, mit guter Textur. Seine Jugendlichkeit verrät sich in Bananen und mehrschichtigen Fruchtwelten.
Abgang Leichte Gewürze.
Gesamteindruck Auf halbem Weg zwischen Frucht und Fülle: ein ausgezeichnetes Beispiel für den älteren Speyside-Stil.

Stil **Reichhaltig und rund**
Ähnlich Benromach, Glenfarclas

18 JAHRE EDRINGTON BOTTLING 43 %

Nase Größer, mit mehr Sherryreminiszenzen, ziemlich plumpe Rosinentöne. Macht sich wie die meisten leichten Whiskys das Fass bereitwillig zu eigen.
Geschmack Der Sherrycharakter drängt nach vorn. Riesig und rosinig, unterlegt von trockenen Zerealien. Ausgewogen.
Abgang Sauber und adstringierend. Keksig.
Gesamteindruck Reichlich Fasseinfluss; der Brennereicharakter hält gerade noch die Stellung.

Stil **Reichhaltig und rund**
Ähnlich Arran 1996

32 JAHRE FASSPROBE

Nase Offen. Nussig und leicht rauchig. Eine bislang ungekannte Honignote bricht sich zusammen mit Zimt Bahn.
Geschmack Starke Gewürznote, reife integrierte Beeren- und Trockenfrucht.
Abgang Leicht und sauber.
Gesamteindruck Süß und ausgewogen. Der langsame Reifeprozess hat dem leichten Brand gutgetan.

Cardhu

KNOCKANDO • WWW.DISCOVERING-DISTILLERIES.COM/CARDHU • GANZJÄHRIG GEÖFFNET, NÄHERES SIEHE WEBSEITE

In der Standardgeschichte der schottischen Whiskys fehlt ein wichtiges Kapitel: die Rolle der Frau. Wer an die Brenner von einst denkt, hat vielleicht Edwin Landseers romantische Darstellung des Schwarzbrenners vor Augen: der Highland-Stammesfürst, der sich in seiner Hütte entspannt. Gern wird dabei das verhärmte Weib neben ihm übersehen. Vermutlich seine Frau. Und die eigentliche Brennerin.

Als die Männer draußen waren und sich um das Vieh kümmerten (statt Hirsche zu jagen, wie Landseers Bild andeutet), hatten die Frauen zu Hause zahllose Arbeiten zu verrichten – wie etwa das Brennen. Nicht anders war es auf Cardhu. John Cumming traf wahrscheinlich 1811 die Entscheidungen auf der Cardow-Farm am Mannoch-Hügel über dem Fluss Spey, doch deutet einiges darauf hin, dass es seine Frau war, die den Whisky brannte, und zwar anfangs noch illegal.

Die Cardow-Farm diente den Schwarzbrennern weiter südlich in Glen Livet als Frühwarnstation. Steht man vor George Smiths Brennerei in Minmore, breitet sich eine großartige Senke vor einem aus. Die Cardhu-Brennerei steht dort hoch oben auf einem Hügel. Es heißt, wenn einst die Steuereintreiber auf Cardow erschienen, pflegte ihnen Helen Cumming zunächst ein Tässchen Tee mit Gebäck anzubieten. Währenddessen wurde eine rote Fahne gehisst, die die Schwarzbrenner von Livet vor den anrückenden Gesetzesvertretern warnte.

1824 allerdings erwarben die Cummings – möglicherweise als Erste überhaupt – eine der neuen Lizenzen. Der Schritt in die Legalität war damit zwar vollzogen, doch auf den Destilleriebetrieb hatte das keinen Einfluss, dafür war weiterhin die Frau zuständig. Nach Helens Tod übernahm ihre Schwiegertochter Elizabeth die Anlage, baute sie um und verkaufte sie schließlich 1893 an ihren langjährigen Kunden John Walker & Sons unter der Bedingung, dass die Familie die Brennerei weiter betreiben durfte. Unter dem neuen Besitzer wurde der Betrieb abermals ausgebaut. Im Zug der bislang letzten Erweiterung 1960 kamen zu den ursprünglichen vier Brennblasen zwei weitere hinzu.

Der Whisky des Hauses präsentiert sich heute als grasiger, präziser New Make, dessen Orangen- und Schokoladenoten sich erst später bemerkbar machen. Er ist leicht und widerspricht damit der Faustregel: je älter die Brennerei, desto schwerer ihr Konstrukt. »Meines Wissens ist der grasige Einschlag nicht neu«, so Douglas Murray, Master Distiller und Blender bei Diageo. Fest steht allerdings, dass der Charakter das

Elizabeth Cumming installierte einst Cardhus Stills. Sie sind noch heute Garant für Frische.

Cardhu ist eine große Anlage und schon seit Langem mit Johnnie Walker verbunden. Sie verkörpert beispielhaft den Siegeszug von Blended Scotch.

Ergebnis einer Gär- und Destillationsauslegung ist, bei der das Kupfer der Kondensatoren den Whisky aus der fruchtigen Ecke holt und dem grasigen Lager zuordnet.

Als der erste große Whiskychronist Alfred Barnard der Brennerei um 1890 einen Besuch abstattete, fand er jedoch ein ganz anderes Produkt vor. Er genoss die »wohlbekannte Gastfreundschaft von Mrs. Cumming« und bezeichnete die alte Farmdestillerie als »primitiv«, während er Helens neue Anlage »einen hübschen Haufen« nannte. Den Whisky beschrieb er als »einen der dicksten und reichhaltigsten Vertreter und hervorragend für Verschnittzwecke geeignet«. Mit anderen Worten: Der Cardhu war ein robuster Speysider alter Machart. Bleibt die Frage: Wann schlug er sich ins leichte Lager? Vielleicht unter Walker, als um die Wende zum 20. Jahrhundert ein genereller Kurswechsel in Richtung zarterer Whiskys erfolgte. Möglicherweise sogar gerade zu dem Zeitpunkt, als Barnard vorbeischaute. Damals verkaufte Helen ihre alten Stills, die Mühle und das Wasserrad an William Grant, der gerade seine Glenfiddich-Brennerei errichtete.

Die Stills von Glenfiddich sind klein, die von Cardhu heute groß. Vielleicht begann der generelle Wandel zum leichten Brand einst hier, man weiß es nicht. Klar ist jedenfalls, dass sich unter den Brennereien um den »Ben« heute bei Cardhu das Blatt zum Leichten, Neuen wendet.

CARDHU – Verkostungsnotizen

NEW MAKE

Nase Grüne Fruchtpastillen, nasses Gras mit einem Anflug von Silage, Kurkumapulver, Bonbons mit Veilchengeschmack, Lorbeer.
Geschmack Leicht und frisch. Fest, etwas Weißmehl, Heidelbeeren.
Abgang Leichte Zitrusnote.

8 JAHRE REFILL-FASS, FASSPROBE

Nase Seit dem Rohstadium weicher geworden. Grasschnitt, Parfümseife und leichtes Getreide bzw. dessen Mehl. Veilchen und Mandarinen.
Geschmack Mehr grünes Gras mit viel leichten Aromen im Hintergrund. Überraschendes Gewicht. Das Holz hat einen Anflug von weißer Schokolade beigesteuert.
Abgang Noch immer zitrusfruchtig.
Gesamteindruck Beginnt aufzublühen.

12 JAHRE 40%

Nase Das Gras trocknet allmählich (vielleicht unter dem Einfluss des Holzes). Heu und etwas Holzöl. Ein Mix aus Orange, Milchschokolade und Erdbeeren beginnt sich zu entwickeln. Mit Wasser leichte Zedernnote und Minze.
Geschmack Mittlerer Körper. Der Graseinschlag ist jetzt frisch, für die Süße sorgt inzwischen die Interaktion mit dem Fass und eine heranreifende Orangennote.
Abgang Kurz, würzig; Schokolade.
Gesamteindruck Wird sich weiter entwickeln, hat aber wie die meisten leichten Brände relativ früh ein Stadium der Ausgewogenheit erreicht.

Stil **Duftig und blumig**
Ähnlich Strathisla 12 Jahre

AMBER ROCK 40%

Nase Frisch, lebendig und sauber, mit den brennereitypischen Zitrusnoten (Orange, Mandarine/Zitronenmelisse). Malzzuckernoten mischen sich mit heller Schokolade. Mit Wasser leicht oxidative Anwandlungen.
Geschmack An den süßen, positiven Auftakt schließen sich frische Eiche, Zitronen und ein weiniger Ton im Mittelteil an, der in Fruchtsirup übergeht. Den Abschluss bildet schmelzende Milchschokolade.
Abgang Sehr würzig, Kirschen- und Palmzuckertöne. Bittersüß (Schalen von Zitrusmarmelade).
Gesamteindruck Legt einen guten Brennereicharakter offen. Recht dick, mit mehr Gewürzen im Repertoire. Ein gelungener Balanceakt zwischen Zitrus und Gewürzen.

Stil **Fruchtig und würzig**
Ähnlich Oban 14 Jahre

18 JAHRE 40%

Nase Frucht- und Nuss-Schokoriegel (Haselnüsse und Rosinen) spielen in würzig-pikantes Terrain hinein. Wenig Andeutungen an Orangenschokolade. Passt zum generellen Charakter des Whiskys.
Geschmack Superreif, aber weich. Später schimmert die Cardhu-typische Keckheit durch. Leicht säuerlich und zitrusfrisch (vor allem mit Wasser); fast mit Yuzu-Note. Gewinnt im Mittelteil eine Karamell-Toffee-Tiefe.
Abgang Leicht rau und ein bisschen ölig.
Gesamteindruck Hat sich den Brennereicharakter bewahrt, ist aber schwerer und saftiger geworden.

Stil **Fruchtig und würzig**
Ähnlich Yamazaki 12 Jahre

Glenfarclas

BALLINDALLOCH • WWW.GLENFARCLAS.CO.UK • GANZJÄHRIG GEÖFFNET MO–FR, NÄHERES SIEHE WEBSEITE

Die Zweiteilung schwer–leicht und alt–neu ist an der ganzen Speyside zu spüren, manifestiert sich aber am stärksten am Fuße des Ben Rinnes. Fünf Kilometer südlich von Cardhu steht am unteren Hang des Bergs Glenfarclas. Der schwersüße, grüblerische Rohbrand der Brennerei outet sich schon beim ersten Schluck als Mitglied der gewichtigen Fraktion.

Verkostet man ihn, beschleicht einen das Gefühl der Dauerhaftigkeit, als sei einem die Vergangenheit im Munde erstarrt. Markterfordernisse haben Whisky in viele Richtungen gedrängt, doch Glenfarclas ist seinen Ursprüngen treu geblieben. Dennoch bekommt man bei einem Blick auf seine Brennblasen – die größten an der Speyside – den Eindruck, als favorisiere die Destillerie den leichten Stil.

Die Ursache für die Tiefe des New Make aber ist in dem Feuer unter den Stills selbst zu suchen. »Wir haben es 1981 mit Dampf probiert«, erinnert sich George Grant, Unternehmenschef in sechster Generation. »Aber nach drei Wochen sind wir wieder zum offenen Feuer zurückgekehrt. Dampf ist vielleicht billiger, unseren Brand aber hat er nur flach gemacht. Wir wollen jedoch ein Erzeugnis mit Gewicht. Es soll sich 50 Jahre entwickeln.«

Und tatsächlich: Alte Abfüllungen sind anders. Jeder Glenfarclas wird in *dunnages*, niedrigen, schiefergedeckten Lagerhäusern mit Lehmboden, ausgebaut. Heute bringen Destillerien ihren Rohwhisky jedoch oft in mit Paletten und Regalen ausgestattete Lagerhallen, die in verschiedenen Teilen Schottlands stehen. Den Charakter eines Whiskys prägen viele Details. Kann auch ein leichter Temperaturwechsel Auswirkungen haben? Ja, meint Grant.

»In palettierten Lagerhallen, bei denen es sich im Grunde um Blechschuppen handelt, kommt es zu enormen Temperaturschwankungen. Das beeinflusst den Reifezyklus. Wir hier verlieren nur 0,05 Prozent Flüssigkeit im Jahr – in manchen Lagern mit hoher Stapelung dagegen sind es bis zu fünf Prozent. Der Durchschnitt liegt bei zwei Prozent. Bei uns oxidiert Whisky langsam, er verdampft nicht. Das macht den Unterschied aus.« In den Lagerhäusern auf den Ausläufern des »Ben« prägt auch der schneidende Wind das Mikroklima. Man kann regelrecht von einem Lagencharakter sprechen, und tatsächlich wird Whisky hier nach fast burgundischer Winzermanier bereitet. Man kennt sein Land und weiß, was es einem gibt.

Beträchtlichen Einfluss auf den Glenfarclas-Stil hat das Holz. Zum Einsatz kommen überwiegend Firstfill-Sherryfässer von José-Miguel Martin. Glenfarclas-Whisky verträgt diesen Büttentyp nicht nur, er braucht ihn förmlich und absorbiert die Kraft seiner Eiche.

Es gibt nur wenige Familien in der Scotch-Industrie, die auf eine so lange Tradition zurückblicken. Damit haben die Grants ein fast schon

Glenfarclas an den Flanken des Ben Rinnes erzeugt schon seit dem 18. Jahrhundert Whisky.

übersinnliches Verhältnis zum Terroir. »Wir stehen für Kontinuität«, erklärt Grant, »und müssen uns vor niemandem rechtfertigen. Derzeit erleben wir unsere 21. Rezession! Wir haben gelernt, nur das zu erzeugen, was wir uns leisten können, und leihen uns nie Geld.«

Ist Glenfarclas also eines der wenigen Überbleibsel aus der alten Speyside-Zeit? »Wir nennen uns nicht einmal Speyside!«, lacht Grant. »Wir sagen, wir bereiten Highland Malt. Die ganze Speyside-Sache ist eine neue Erscheinung [stimmt – die Region war früher als Strathspey und Glenlivet bekannt] und verwirrt nur. Die Spey ist lang.« Er überlegt.

»Andererseits ist Highland noch schwerer zu umreißen. Wir sind einfach nur Glenfarclas. Ich habe ein Gemälde von 1791, das eine hiesige Destillerie zeigt. Wir brennen seit 175 Jahren legal Whisky. Uns kennt man.«

Ausgediente Sherryfässer leisten einen wichtigen Beitrag zum charakteristischen Geschmacksprofil eines Glenfarclas-Produkts.

GLENFARCLAS – Verkostungsnotizen

NEW MAKE

Nase Groß, schwer und fruchtig. Recht erdig und tiefgründig. Kraftvoll, ein Touch Torfrauch.
Geschmack Trockener, relativ verschlossener Auftakt. Fest, mit einer anhaltenden erdigen Note. Reif und dicht. Traditioneller Stil.
Abgang Fruchtige Andeutungen. Düster.

10 JAHRE 40%

Nase Sherrynote (Amontillado Pasada); geröstete Mandeln, Kastanien. Reife Früchte, Maulbeeren, aber mit rauchigem Einschlag; Herbstfeuer. Wird süßer und entwickelt ein Sherry-Trifle-Aroma. Lärche.
Geschmack Sauber und recht frisch, gute Wärme im Mittelteil. Reif und voll. Pflaumenkonfitüre. Hat sich die Erdigkeit des New Make und diese faszinierende brandige Note bewahrt. Mit Wasser wesentlich süßer.
Abgang Dick und lang. Grip und Kraft.
Gesamteindruck Hat das Fass sofort absorbiert, hat aber noch mehr zu bieten.

Stil **Reichhaltig und rund**
Ähnlich Edradour 1997

15 JAHRE 46%

Farbe Bernstein.
Nase Tief und reich, Datteln und Trockenfrüchte. Nach wie vor ein Anflug von Jugendlichkeit, wird aber immer komplexer. Die erdige Note wird leichter, wenn die Süße zunimmt: Kastanienpüree, Zeder, Haselnüsse über einem Lagerfeuer, Obstkuchen.
Geschmack Guter Grip. Öffnet sich rasend schnell. Gewinnt mit zunehmender Reife immer mehr an Gewicht. Holz. Mehr Grip als der 10-Jährige, aber der Brand ist so dominant, dass er ihn problemlos wegsteckt.
Abgang Kraftvoll und lang.
Gesamteindruck Man bekommt den Eindruck, er legt immer mehr an Kraft zu.

Stil **Reichhaltig und rund**
Ähnlich Benrinnes 15 Jahre, Mortlach 16 Jahre

30 JAHRE 43%

Farbe Mahagoni.
Nase Viel dunkle Schokolade und Espresso. Noch immer kantig. Inzwischen sind Rosinen, aber auch Sirup, Pflaumen und altes Leder hinzugekommen. Nach einiger Zeit Laubmulch, der sich aus der erdigen Note von früher entwickelt. Sogar ein fleischiger Anflug.
Geschmack Unterholz, geheimnisvoll. Dicht und dämmerig. Bolívar-Zigarre und süße dunkle Früchte. Etwas Tannin.
Abgang Kaffee.
Gesamteindruck Eigentlich sollte der Fasseinfluss enorm sein, aber selbst nach drei Jahrzehnten im aktiven Holz behauptet sich das Destillat.

Stil **Reichhaltig und rund**
Ähnlich Ben Nevis 25 Jahre

Dailuaine & Imperial

DAILUAINE • ABERLOUR

Die Zeichen, die Dailuaine setzt, sind weithin sichtbar, doch nur wenige wissen sie zu deuten: Fährt man von Glenfarclas nach Aberlour, sieht man meist Dampfwolken aus einem versteckten Tal hinter dem Fluss aufsteigen. Sie stammen aus der Anlage, in der Treber aus den Diageo-Destillerien von der mittleren Speyside zu Viehfutter verarbeitet wird.

Dailuaine ist eine interessante Mischung aus Alt und Neu. Die 1852 aus der Taufe gehobene und 1884 umgebaute Brennerei war lange Zeit die größte Malt-Destillerie an der Speyside. Alfred Barnard zufolge besaß sie einst »das steilste Dach in Schottland … es verleiht dem Malz ein zartes Aroma, ohne dass man Koks einsetzen müsste«. Weiter verfeinert wurde die Anlage durch den Bau der ersten Brennerei-pagode in Schottland – ein klares Indiz dafür, dass Dailuaine gewillt war, sich an den Geschmack um die Jahrhundertwende anzupassen und die Rauchnote zu reduzieren.

Heute lässt sich der Whisky des Betriebs dennoch dem schweren, traditionellen Lager zuordnen, obwohl er im Kern süßer ist und nicht so sehr die fleischige Schärfe mitbringt wie andere Mitglieder im Club. Während es Diageo-Anlagen wie Cragganmore, Mortlach und Benrinnes dank ihrer Worm Tubs nicht schwerfällt, einen schweren Stil zuwege zu bringen, muss Dailuaine gegen seine Natur arbeiten, um seinen Kondensatoren den schwefeligen New Make abzutrotzen. Schwefel entsteht durch mangelnden Kupferkontakt, Kondensatoren enthalten jedoch reichlich Kupfer. Die Lösung waren Kondensatoren aus Edelstahl. Klar, dass die alte Brennerei, die von jeher an vorderster Innovationsfront zu finden war, eine kreative Lösung fand, um bewusst unmodern zu bleiben.

Dailuaine, einst die größte Malt-Brennerei an der Speyside, bereitet nach wie vor einen mächtigen, muskulösen Whisky.

Seit 1897 hatte sie einen Nachbarn, die vom Unglück verfolgte Imperial-Brennerei, die zwar einen guten Ruf genoss, weil sie den denkbar weichsten Malt, ein vanillig-blumiges Konstrukt, produzierte, aber trotzdem nur phasenweise aktiv war und 1983 ihre Tore ganz schloss. In den letzten Jahren war sie Ziel von Kupferdieben und so ausgeplündert worden, dass Chivas Brothers alles abriss und gleich ganz von Neuem anfing. Allerdings steht der Name noch nicht fest. Wird der »Imperialismus« eine Renaissance erleben? Es steht zu hoffen.

DAILUAINE – Verkostungsnotizen

NEW MAKE

Nase Leicht fleischig, ledrig. Etwas Getreide und eine teilweise kaschierte Süße.
Geschmack Groß. Fleischig. Süß und dick, fast toffeeartig. Schwer.
Abgang Lang, mit jenem typischen Anflug von Süße.

8 JAHRE REFILL-FASS, FASSPROBE

Nase Das Fleisch hat sich zurückgezogen und der Süße das Feld überlassen. Leichte Ledernote, dunkle Früchte, alte Äpfel.
Geschmack Groß und schwer; Haferpflaumen und Maulbeerschnitt mit Leder. Reich und voll.
Abgang Erst jetzt setzt sich das Fleischige durch.
Gesamteindruck Ein schweres, reiches, süßes Kraftpaket.

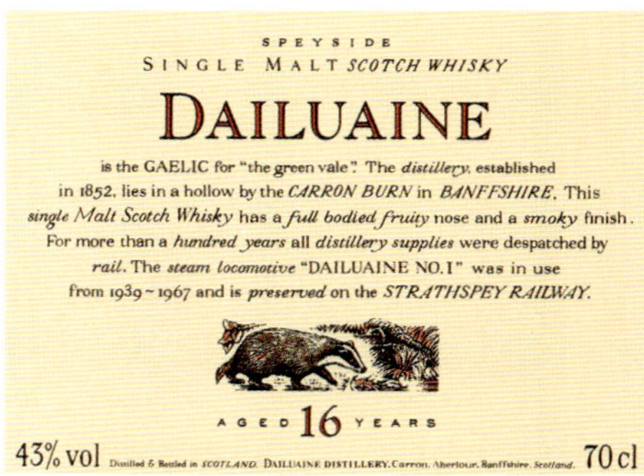

16 JAHRE, FLORA & FAUNA 43 %

Farbe Rötliches Bernsteinbraun.
Nase Tiefe, erdige Sherrynote. Leicht übelriechend, mit geringem Schwefeleinschlag. Hoch konzentriert. Traditionelle englische Orangenmarmelade. Leicht fleischig, mit Melassetönen, Rum und Rosinen. Gewürznelken.
Geschmack Übermächtig und sehr süß. Fast wie Brandy de Jerez. Walnüsse und Kastanien. Eine Herausforderung für den Gaumen.
Abgang Beißend, wird aber allmählich süßer.
Gesamteindruck Dieses Tier muss mit Sherryfässern gezähmt werden. Trotz Eicheneinfluss ist der Destilleriecharakter nach wie vor sehr präsent.

Stil Reichhaltig und rund
Ähnlich Glenfarclas 15 Jahre, Mortlach 16 Jahre

Benrinnes & Allt-a-Bhainne

BENRINNES • ABERLOUR / ALLT-A-BHAINNE • DUFFTOWN

Nachdem wir den »Ben« umrundet haben, wird es Zeit, sich an ihm hochzuarbeiten. Auf dem quellenreichen Granitberg tummeln sich Berghasen, Schneeammern und Rotwild. Torf beherrscht die unteren Bereiche, während der Gipfel eine Landschaft aus rosa Granit ist. Gut einen Kilometer hat man bis zum grünen Spey-Tal, auch die Städte sind nur einen Katzensprung entfernt – und doch befindet man sich in einer Wildnis. »Man kann sich keinen bizarreren, trostloseren Ort vorstellen«, schrieb Alfred Barnard.

»Bizarr« ist auch die treffende Beschreibung für die Brennstrategie von Benrinnes. Beim Nosing des Rohwhiskys wird man mit dem finsteren Charakter vieler alter Destillerien an der Speyside konfrontiert. Fleisch und Schwefel brechen sich Bahn, während eine seltsame Melange aus würzigen und leicht süßen Aromen hervortritt. Beherrschend aber bleibt das Fleisch, ein animalischer Mix aus gegerbten Häuten und Kesseln.

Seinen Charakter nimmt der Whisky während der zum Teil dreifachen Destillation an. Zwei Sätze zu je drei Brennblasen kommen zum Einsatz. Der Brand aus der Wash Still wird in Vor- und Nachlauf getrennt. Der alkoholstarke Vorlauf fließt in den Spirit Receiver, den Sammelbehälter, der schwächere Nachlauf wird in der Intermediate Still noch einmal destilliert. Den Mittellauf mischt man mit dem Vorlauf aus der Wash Still und dem Vor- und Nachlauf des vorherigen Postens aus der Spirit Still. Worm Tubs begrenzen den Kupferkontakt. Die Kühlschlangen steuern die Schwefelnote bei, die Intermediate Still macht den Whisky fleischig.

Der Kontrast zu Allt-a-Bhainne an der Ostflanke des Bergs könnte nicht größer sein. Die 1975 von Seagram errichtete Brennerei erzeugt in schlanken Stills einen zarten, für die damalige Zeit typischen Whisky.

BENRINNES – Verkostungsnotizen

NEW MAKE

Nase Dicht. Hufleim. Bratensauce. HP- und Worcestersauce. Sehr fleischig.
Geschmack Groß und schrotig. Schwer, körperreich, etwas Rauch. Gutes Gewicht. Trocken und kraftvoll.
Abgang Schwefelig.

8 JAHRE REFILL-FASS, FASSPROBE

Nase Brühwürfel, Bratensauce. Sehr erdig und wurzelig.
Geschmack Dick und konzentriert, in der Mitte mit tamarindenartiger Süße. Lakritze und Schokolade.
Abgang Fleischig, schwefelig.
Gesamteindruck Ein Kraftmeier, der Zeit braucht, um sich zu voller Reife aufzuschwingen.

15 JAHRE, FLORA & FAUNA 43%

Farbe Rötliches Bernsteingold.
Nase Highland-Toffees und nach wie vor trockene, brühwürfelartige Fleischigkeit. Mit der Zeit offenbart sich Steinpilzlikör. Mit Wasser rauchiger, heidekrautartiger Schwung.
Geschmack Robust. Braten und ordentlich Tannin. Lang und reif, aber das Wasser löst den Tanningriff und fördert die Reichhaltigkeit des Brands zutage. Anflug von Leder.
Abgang Bitterschokolade und Toffees.
Gesamteindruck Tritt in die Reifephase ein.

Stil Reichhaltig und rund
Ähnlich Glenfarclas 21 Jahre, Macallan 18 Jahre Sherry

23 JAHRE 58,8%

Farbe Dunkles Mahagonibraun.
Nase Dörrpflaumen (Armagnac-artig), leichte Beefsteaknote im Hintergrund. Die Interaktion zwischen Kraft und brennender Süße bleibt bestehen. Bergamotte, Tomatenpüree, schottischer Christmas Pudding, ein Hauch Piment, leicht angekohlte Bratensauce, Toffee, kandierter Apfel, geröstete Esskastanien, Kaffee. Erdig.
Geschmack Groß, kraftvoll und nachdrücklich, aber nicht adstringierend, da die konzentrierte Süße bestehen geblieben ist. Rosinen (Pedro Ximénez) und reichlich Datteln. Wird auf seinem Weg über die Zunge weicher. Wasser dämpft die Adstringenz und bringt einen leicht rauchigen Ton zum Vorschein. Kraftvoll in jeder Beziehung.
Abgang Melasse.
Gesamteindruck Selbst nach 23 Jahren im Firstfill-Sherryfass noch klar als Benrinnes identifizierbar.

Stil Reichhaltig und rund
Ähnlich Macallan 25 Jahre, Ben Nevis 25 Jahre

ALLT-A-BHAINNE – Verkostungsnotizen

NEW MAKE GETORFTES MALZ

Nase Anfangs sehr leichte Rauchnote. Schlicht, sehr sauber, leichter Basisbrand mit einem Anflug von leicht grasigem Rauch. Gartenfeuer.
Geschmack Der Rauch schlägt jetzt voll durch. Holzrauch. Trocken.
Abgang Austrocknend.

1991 62,3%

Nase Grasig und esterig. Küfereigerüche. Eiche. Leicht und sauber. Recht einfach.
Geschmack Parfüm- und Blütennoten. Reichlich frisch gekohlte Eiche. Ein Anflug von Malzbonbon. Elegant und esterig.
Abgang Sauber und kurz.
Gesamteindruck Musterbeispiel eines leichten Speyside-Vertreters.

Stil Duftig und blumig
Ähnlich Glenburgie 12 Jahre, Glen Grant 10 Jahre

Nur widerwillig begab sich Flachlandbewohner Barnard zu den oberen Hängen des »Ben«, vor dem ihm graute.

Aberlour & Glenallachie

ABERLOUR • WWW.ABERLOUR.COM • GANZJÄHRIG GEÖFFNET, APR–OKT MO–SO, NOV–MÄR MO–FR / GLENALLACHIE • ABERLOUR

Wenn der Whiskywanderer sich vom Berg abwendet, um der Spey und dem Städtchen Aberlour zuzustreben, stößt er zuerst auf die Destillerie Glenallachie. Ihr Standort fernab von der Straße und der Bahnlinie lässt vermuten, dass sie einst aus einer Schwarzbrennerei hervorging, doch gehört sie zu den jungen Betrieben um den Ben. In der klassischen Sechzigerjahreanlage, 1967 von Charles Mackinlay gegründet, standen die Zeichen von Anfang an auf leichten Erzeugnissen mit Getreidenote, also latent fruchtigen Bränden für den nordamerikanischen Markt, angesiedelt im süß-malzigen Whiskyspektrum.

Gleichwohl steht die Brennerei vielleicht doch noch unter dem Einfluss des Bergs. Der Whisky von Benrinnes etwa gerät fleischig, weil von den Hängen sehr kaltes Wasser in die Kühlbäder fließt. Auch Glenallachie bezieht das wichtige Nass vom Ben Rinnes, doch in seinem Fall können sich die tiefen Temperaturen als stilhemmend erweisen.

»Die großen Brennblasen sind für leichte Whiskys ausgelegt«, erklärt Alan Winchester, Brennereiverwalter bei der Muttergesellschaft Chivas Brothers. »Der Brand kann allerdings schwefelig geraten, wenn das Betriebswasser zu kalt wird. Wer Charakter will, braucht etwas mehr Wärme während des Brennens.«

Kommt man nach Aberlour, hat der Berg endgültig seinen Einfluss verloren. Doch selbst hier verstecken sich die Destillerien gern. So auch Aberlour: Die nach der Stadt benannte große Anlage befindet sich in einiger Entfernung von der Hauptstraße und verrät sich nur durch ein gepflegtes viktorianisches Tor. Legal gebrannt wurde in Aberlour schon seit den 1820er-Jahren, als die Bauern John und George Graham ihr Glück mit einer der neuen Lizenzen versuchten. Die heutige Anlage ließ allerdings 1879 James Fleming errichten, weshalb er als eigentlicher Gründer gilt. Trotzdem hätte er heute Schwierigkeiten, sein Werk wiederzuerkennen: Der Betrieb wurde in den 1970er-Jahren umgebaut und ist wie Glenallachie ein schönes Beispiel für das geräumige, saubere Zweckdesign jener Zeit.

Noch interessanter wäre allerdings zu wissen, ob Fleming auch den Whisky als den seinen identifizieren würde. Möglich wäre es, denn er errichtete Aberlour in den 1880ern, als die Erzeugnisse leichter zu werden begannen. »Das Erkennungsmerkmal im New Make sind für mich Schwarze Johannisbeeren und etwas grüner Apfel«, verrät Winchester, der hier früher als Betriebsleiter arbeitete. »Außerdem fehlt jeglicher Getreideeinschlag.« Aberlour ist zwar im fruchtigeren Spektrum des Chivas-Stils angesiedelt, doch die Johannisbeeren verleihen dem Whisky jenen faszinierenden, fast krautigen Duft, der sich mit zunehmender Reife auftut. Die Frucht bringt ein weiches Element in den Mittelteil ein, doch hat der Brand

Beliebte Anlaufstelle für Arbeiter, Manager und Touristen: The Mash Tun gehört zu den schönsten Pubs der Region.

Glenallachie, eine typische Anlage aus den Sechzigerjahren des vorigen Jahrhunderts, gehört zu Schottlands versteckten Brennereien.

auch genügend Gewicht, um einem Sherryfass standzuhalten. Im Rohbrand ist eine Note auszumachen, die an Kristallmalz erinnert. Sie legt möglicherweise den Grundstock für das Erkennungsmerkmal des reifen Whiskys: die Toffeenote. Ein Aberlour ist weder so kraftvoll wie einige Vertreter vom Fuß des Ben noch so leicht wie andere. Stattdessen scheint sein geschmeidiger Charakter eine Brücke zwischen schwer und leicht zu schlagen. Winchester: »Mich fasziniert, dass die Brennerei Glenallachie so nah ist und der Whisky doch so ganz anders ausfällt. Manche Geheimnisse werden wir nie ergründen.«

ABERLOUR – Verkostungsnotizen

NEW MAKE

Nase Süß, Laub von Schwarzen Johannisbeeren, einige schwere Blütendüfte, Malz. Mit Wasser Sackleinen.
Geschmack Sauber, Zitrusfleisch, dahinter Äpfel. Präsent.
Abgang Krautig.

10 JAHRE 40%

Farbe Kupfergolden.
Nase Intensive Karamellmalznote. Fruchtig, rund, mit einer Deckschicht aus Eiche. Mit Wasser duftend.
Geschmack Positives nussiges Intro, Pekannusskuchen. Toffeefülle, dann duftend laubig wie beim New Make.
Abgang Assamtee, Minze.
Gesamteindruck Volumen und Power dank der Eiche.

Stil **Reichhaltig und rund**
Ähnlich Ardmore 1977, Macduff 1984

12 JAHRE NICHT KALTFILTRIERT 48%

Nase Groß und substanziell, mit reichlich Marzipan, dunklen Bananen, Toffee, Johannisbeeren, Cocktailkirschen. Wasser lässt ihn duften und entlockt ihm eine Rosenwasser- und leichte Laubnote.
Geschmack Reif und weich. Der höhere Alkoholgehalt bringt Brillanz und Auftrieb. Leichte Kreuzkümmelnote. Lang am Gaumen. Wasser fördert reife Früchte zutage.
Abgang Frisch und fruchtig.
Gesamteindruck Diese nicht kaltfiltrierte Version bringt Gewicht und Intensität ins Spiel.

Stil **Fruchtig und würzig**
Ähnlich The BenRiach 12 Jahre, Glengoyne 15 Jahre

16 JAHRE, DOUBLE CASK 43%

Nase Mehr Einfluss von amerikanischen und Refill-Fässern, sodass die Aberlour-Frische gemeinsam mit Zerealien, malzigen Elementen, Balsaholz und Linoleum zutage treten kann. Mit Wasser ein Sherrytouch.
Geschmack Schnellt würzig und lebendig aus den Startlöchern. Braucht Wasser, um zur Ruhe zu kommen. Viel süßer als die Nase, leicht butterig.
Abgang Gute Länge.
Gesamteindruck Eine interessante Kombination aus Aberlour-Leichtigkeit und subtilem Eichenfurnier.

Stil **Fruchtig und würzig**
Ähnlich Inchmurrin, Glen Moray 16 Jahre

18 JAHRE 43%

Nase Ähnlich wie der 12-Jährige, aber mit Minzeschokolade, braunen Champignons und polierter Eiche als Dreingabe.
Geschmack Kräftig, mit Grip und reichlich pflaumiger Tiefe.
Abgang Lang und elegant.
Gesamteindruck Ein reichhaltiger, tiefer, ausgewogener Aberlour.

Stil **Reichhaltig und rund**
Ähnlich The GlenDronach 12 Jahre, Deanston 12 Jahre

A'BUNADH, BATCH 45 60,2%

Nase Durch die beachtliche Alkoholladung rückt er in die Nähe von gebrannter Melasse bzw. Sirup. Pikant, mit Schwarzkirschen und einem Aroma, das an warmgefahrene Motorräder erinnert.
Geschmack Riesig und ziemlich fest. Starker Sherryeinschlag, mit Unmengen dunkler Früchte und einem etwas austrocknenden Zerealienton als Strukturgeber. Wasser gibt einem weicheren, generöseren Charakterzug Raum.
Abgang Groß, kräftig und robust.
Gesamteindruck Ein von Sherry beeinflusster, muskelbepackter Blockbuster, der die Reihe fortsetzt.

Stil **Reichhaltig und rund**
Ähnlich Glenfarclas 15 Jahre, Glengoyne 23 Jahre

GLENALLACHIE – Verkostungsnotizen

NEW MAKE

Nase Leicht, süß, aromatisch. Maisbrei.
Geschmack Sauber und präzise. Weich und süß.
Abgang Trocken und sauber.

18 JAHRE 57,1%

Farbe Bernsteinbraun.
Nase Sauber, Sherrynote mit Feuerwerkskörpern, Pflaumenkonfitüre, Rosinen, Chicorée, Orangenmarmelade. Reich und ausdrucksvoll, Paranuss.
Geschmack Reif und leicht trocken, reichlich reife Ledernoten. Nussig. Offenbart mit Wasser einen geringfügig floralen Charakter.
Abgang Lang, süß und ausgewogen.
Gesamteindruck Das Fass hat das Sagen, verleiht dem Whisky aber auch eine gewisse Komplexität.

Stil **Reichhaltig und rund**
Ähnlich Arran 1996, The Glenrothes 1991

The Macallan

CRAIGELLACHIE • WWW.THEMACALLAN.COM • GANZJÄHRIG GEÖFFNET, OSTERN–SEPT MO–SA, OKT–OSTERN MO–FR

Als Single Malts auf den Markt kamen, verglich man sie gern mit einem weiteren in Holz ausgebauten, hoch angesehenen Brand. »So gut wie ein Cognac« – mit diesem Prädikat pflegten Kaufleute den Whisky anzupreisen. Im Fall des Macallan fügten sie außerdem noch »Erstes Gewächs« hinzu, was nicht ganz unpassend war. Das weiß getünchte, herrschaftliche Easter Elchies House, der Macallan-Hauptsitz, verleiht dem gesamten Anwesen ein gepflegtes, Château-ähnliches Flair.

Mit seiner Brennphilosophie steht The Macallan in direkter Tradition der älteren Destillerien am Ben Rinnes und bestätigt die Theorie, dass die frühesten Häuser – es selbst wurde 1824 aus der Taufe gehoben – in der Regel den schwersten Whisky erzeugen. Dennoch offenbart sein Vermarktungsgebaren, dass es sich nie so ganz den übrigen Protagonisten des Sektors zugehörig fühlte. Es steht zu vermuten, dass ihm das wohl herzlich egal ist.

Der enge Bezug zur Vergangenheit manifestiert sich am deutlichsten im Brennhaus – bzw. den beiden Brennhäusern, denn das zweite, seit den 1970er-Jahren stillgelegte Gebäude wurde 2008 wieder in Betrieb gesetzt. Dort kauern winzige Spirit Stills über ihren Kondensatoren wie Zwerge aus der Nibelungensage.

Rückfluss ist hier verpönt. Der Schwerpunkt liegt auf der Erzeugung eines Spirits mit Mumm. Entsprechend ölig, malzig, tief und vor allem süß gerät der Rohbrand – ein Geniestreich, den man im Rahmen der innovativen Besichtigungstour probieren kann. Sein Gewicht spielt eine tragende Rolle, denn The Macallan hat sich von jeher mit Sherryfässern verbündet. Die Symbiose mit dem spanischen Likörwein ist so eng, dass Besitzer Edrington von der Küferei Tevasa in Jerez sogar Fässer nach exakten Vorgaben böttchern lässt.

Wie die Tradition es will, kommt ein Mix aus europäischer Stieleiche *(Quercus robur)* mit Gewürznelken- und Trockenobstaromen sowie hoher Tannindosis und amerikanischer Weißeiche *(Quercus alba)* mit reichlich Vanille- und Kokosnoten zum Einsatz. Damit kann Whiskymeister Bob Dalgarno zwei sehr verschiedene Geschmackslager zu vielfältigen Varianten kombinieren.

In Sherryfässern erhöht die ölige Konsistenz des Rohwhiskys die Extraktion von Geschmacksnuancen aus der Eiche, blockt jedoch gleichzeitig aggressive Tannine ab und verhindert so, dass sie sich am Gaumen festbeißen wie ein Frettchen am Kaninchen. Ein alter Macallan ist weich, nicht rau. Amerikanische Eiche, die auch in einigen Ex-Bourbon-Fässern dabei sein kann, fördert mehr Zerealien- und weiche Fruchtnoten zutage.

Als ich Dalgarno für die erste Ausgabe befragte, stellte er gerade aus einer ganzen Reihe von Whiskys unterschiedlicher Tönungen ein 12-jähriges Sherry Oak Vatting zusammen. Er sieht einen Zusammenhang zwischen Farbe und Geschmack, was sich auch in der neuesten Macallan-Reihe widerspiegelt: der vierteiligen 1824er Serie.

Mit ihr löste er ein Problem, das die meisten Erzeuger plagt: knappe Bestände. Der Scotch-Boom im frühen 21. Jahrhundert erwischte die Brennereien kalt. Das Trauma des Whiskysees in den 1980er-Jahren, in dem viele Brennereien untergingen, veranlasste die verbliebenen Akteure jahrzehntelang zu einer sehr moderaten Produktion. Angesichts dieser Zurückhaltung war eine Knappheit reifer Bestände vorprogrammiert, als der Markt explodierte. Die Lösung? No Age Statement (NAS) Whisky ohne Altersangabe, mit dem Brenner sich der oft restriktiven Vorgaben entledigten, um mit Geschmacksrichtungen und Destilleriecharakter zu experimentieren.

Dalgarno ging einen anderen Weg: Er begann zu ergründen, wie sich von der Farbe auf den Charakter schließen lässt. Ironischerweise ist die neue Serie teurer in der Herstellung als die Whiskys, die sie ersetzt hat. Zum Glück ist mit einer weiteren Knappheit kaum zu rechnen. Es entstanden Lager von Hangardimensionen; derzeit nimmt außerdem eine enorm erweiterte Brennerei Formen an. Unterdessen erobert The Macallan die Welt. Für viele verkörpert er Whisky als Luxusgut, für andere einen Single Malt alten Stils mit modernem Einschlag.

Gut versteckt liegen in den vielen Lagern von Macallan die Ex-Sherryfässer, aus deren Inhalt Whiskymeister Bob Dalgarno eine der vielen Abfüllungen dieser Kultbrennerei kreiert.

MACALLAN – Verkostungsnotizen

NEW MAKE

Nase Sauber. Etwas grüne Früchte. Recht fett/ölig, malzig. Leichte Schwefelnote.
Geschmack Fett und ölig, legt sich auf die Zunge. Schwer. Grüne Oliven. Unnachgiebig.
Abgang Reich und lang.

GOLD 40%

Nase Eine warme, hefige Frische verbindet sich mit frisch gebackenem Weißbrot, Mandelmus, Heu und Vanille.
Geschmack Hinter der leichten, »offenherzigen« Nase erkennt man viel Substanz und Dicke, den Gaumen überziehende Öle und eine lebendige Zitronennote mit gekochten Fruchtbonbons.
Abgang Trocken und malzig.
Gesamteindruck Ein eher leichter Einstieg in die Macallan-Welt, der aber eindeutig den Destilleriecharakter aufzeigt.

Stil **Fruchtig und würzig**
Ähnlich Benromach 10 Jahre

AMBER 40%

Nase Weiche Früchte, eingekochte Renekloden und Fruchtsirup. Andeutungen an Sultaninen und Bienenwachs.
Geschmack Erdig (feuchter Sand) und doch süß, mit halbgetrockneten Früchten und einem Hauch von Vanille. Dahinter zarte Mandelnoten.
Abgang Lang und leicht malzig.
Gesamteindruck Die Würze tritt allmählich auf den Plan.

Stil **Fruchtig und würzig**
Ähnlich The Glenrothes 1994

15 JAHRE, FINE OAK 43%

Farbe Golden.
Nase Orangenschale und reife Melone, Mango, Vanilleschote. Heißes Sägemehl, Haselnuss, Wachspolitur.
Geschmack Nussige Eiche, gekochtes Baumobst, überreife Bananen. Karamelltoffees, Farnkraut, Malz und dunkle Schokolade.
Abgang Komplex und fruchtig.
Gesamteindruck Der Brennereistil und die »Fine-Oak«-Fässer halten sich die Waage.

Stil **Fruchtig und würzig**
Ähnlich Glenmorangie 18 Jahre, Glencadam 15 Jahre

18 JAHRE, SHERRY OAK 43%

Farbe Dunkles Bernsteinbraun.
Nase Obstkuchen, Plumpudding, üppiger, feuchter Kuchen, Walnuss und Lebkuchen, dann ein Hauch Melasse und getrocknete Beeren.
Geschmack Reich und mundfüllend. Viskos. Rosinen und Feigen. Sehr reif und ölig/üppig.
Abgang Noch komplexer durch eine angesengte Note.
Gesamteindruck Hat ins Gleichgewicht zwischen markantem Destilleriestil und reicher Eiche gefunden.

Stil **Reichhaltig und rund**
Ähnlich Dalmore 1981, Glenfarclas 15 Jahre

SIENNA 43%

Nase Reichlich gekochte Süßkirschen, rote Pflaumen und Heidelbeeren, aber reintönig und frisch.
Geschmack Erdig und dick, Kerzenwachs, Harz, Piment, Gewürznelken, Schalen, duftende Früchte und der Hauch einer Künstlerpalette. Geschmeidige Tannine.
Abgang Lang und rosinig.
Gesamteindruck Ein Landhaus im Herbst.

Stil **Reichhaltig und rund**
Ähnlich Yamazaki 18 Jahre

25 JAHRE, SHERRY OAK 43%

Farbe Satter Bernsteinton.
Nase Kräftige Brandy-de-Jerez-Noten: dunkle süße Früchte, geröstete Mandeln, getrocknete Kräuter. Fast schon Fruchtkompottsüße. Die Süße des Brands hat nun zusammen mit dem Harz aus der Eiche zu ihrem intensivsten Ausdruck gefunden.
Geschmack Sehr süß. Spielt in Rotweinnuancen hinein. Feiner Grip, Maulbeeren, Cassis, Rauch, erdig, dann eine volle Ladung Rosinen.
Abgang Lang und reich.
Gesamteindruck Die Sherry-Eiche scheint sich mit dem Öl zu Variationen über ein gemeinsames Thema zusammenzutun.

Stil **Reichhaltig und rund**
Ähnlich The GlenDronach 1989, Benromach 1981

RUBY 43%

Nase Pflaumen vereinigen sich mit getrockneten Kirschen und einer süß-pikanten, Barolo-ähnlichen Note. Robust, aber süß. Türkischer Honig mit Schokoladenüberzug.
Geschmack Oloroso-Töne reiben sich an Assam-artigen Tanninen. So einen trinkt man mit Wasser. Reichhaltig.
Abgang Lang und tiefgründig.
Gesamteindruck Klassische Struktur und Aromatik, dazu eine weinige Süße.

Stil **Reichhaltig und rund**
Ähnlich Aberlour A'Bunadh

Craigellachie

CRAIGELLACHIE • SPEYSIDE COOPERAGE • WWW.SPEYSIDECOOPERAGE.CO.UK • GANZJÄHRIG GEÖFFNET MO–FR

Das letzte Ziel unserer Reise zu den Betrieben der größten Brennereigruppe an der Speyside bringt den Widerstreit zwischen Alt und Neu, Leicht und Schwer zu einem symbolischen Ende: Craigellachie orientiert sich in beide Richtungen. Die an der Bahn gebaute Destillerie ist erst in spätviktorianischer Zeit dazugekommen, hat aber dennoch etwas von den Methoden der älteren, traditionellen Whiskybereitung aufgegriffen. Sie gehört zu einer ganzen Reihe von Destillerien, die um 1890 von einem Konsortium aus Blendern und Brokern errichtet wurden. Die Standortwahl erfolgte bei allen aus rein verkehrstechnischen Erwägungen: Das Dorf lag ausgesprochen günstig an einem Bahnknotenpunkt.

Dieser verband 1863 Dufftown, Keith, Elgin und Rothes mit der Strathspey-Linie. Sie brachte nicht nur Whisky nach draußen, sondern auch Rohmaterialien und Besucher in die Gegend. Das imposante Craigellachie Hotel wurde 1893 als Bahnhotel errichtet. Zu den Blendern, die sich an der Brennerei von Anfang an beteiligten, gehörte Sir Peter Mackie, Besitzer von Lagavulin und des White Horse Scotch Whisky. 1915 übernahm er Craigellachie vollständig. Obwohl die Anlage im Laufe der Jahre ausgebaut und vergrößert wurde, hat man ältere Elemente, die das Haus heute so einzigartig machen, in ihrem Originalzustand bewahrt.

Wenn man am New Make schnüffelt, fallen einem die Schwefelnoten auf, die uns auf unserer Reise durch die Speyside immer wieder begegnet sind. Dennoch tritt an die Stelle der sonst üblichen Fleischigkeit hier eine Wachsnote, die sich auf die Zunge legt. Alles deutet darauf hin, dass der Craigellachie auf Gewicht setzt, dadurch allerdings einen anderen Charakterzug verbirgt. Das ist nicht scheu, sondern schlau.

»Wir schwefeln im Mälzstadium«, erklärt Keith Geddes, stellvertretender Master Blender des derzeitigen Besitzers John Dewar & Sons. In den großen Brennblasen mit Rückfluss und einem langen Durchlauf, der den Dampf in die Worm Tubs (siehe Seite 14–15) leitet, wird der Schwefel noch betont. »Kupfer entfernt Schwefel«, so Geddes,

Craigellachie, eine von vielen Speyside-Destillerien an der Bahnlinie, steht mitten im Dorf.

DIE SPEYSIDE COOPERAGE

Auf einem Hügel über Craigellachie erstreckt sich neben einer Weide mit Highlandvieh ein Areal, auf dem sich Whiskyfässer in den Himmel stapeln. Hier ist seit 1947 die Speyside Cooperage aktiv. In der Küferei, die im Besitz des Franzosen François Frères ist, werden derzeit jährlich 100.000 Fässer repariert, frisch getoastet oder völlig neu gebaut. Ein Besucherzentrum gewährt seltene Einblicke in eine unbekannte, aber nichtsdestotrotz wichtige Handwerkskunst.

»doch die Kühlwasserbäder von Craigellachie enthalten wenig verfügbares Kupfer. Der schwefelige Charakter des New Make ist stets präsent – ein Markenzeichen unseres Whiskys. Wir könnten ihn in keiner anderen unserer Brennereien nachempfinden, denn dort haben wir nur Shell-&-Tube-Anlagen.« Wie bei allen schwefeligen Bränden aber fragt man sich: Was verbirgt sich dahinter? »Wir könnten noch weitergehen«, räumt Geddes ein, »und bekämen dann einen fleischigen Einschlag, aber wir streben Ausgewogenheit an.« Die von Zuckerkulör geprägte Tiefe eines Dailuaine und Benrinnes indes sucht man vergebens. Ein Craigellachie reift in einer Welt aus exotischen Früchten, wobei das wächserne Gefühl auf der Zunge eine Textur ins Spiel bringt, die in älteren Abfüllungen den leichten Rauchton zu verstärken scheint.

Man könnte es fast mit einem Gang durch die Brennerei in umgekehrter Richtung vergleichen: Er beginnt beim stark gekochten, kohlartigen Gestank der Worm Tubs und endet bei der Süße der Maischbottiche. Diese Vielschichtigkeit, dieses Gewicht, diese Frucht, dieses schwere und zugleich duftige Miteinander ist für den Blender ein Geschenk – und einer der Gründe, warum der Craigellachie seinen Platz im Kanon der Verschneider behalten hat. Er war ein wesentliches Element im White Horse, gehört jedoch auch zum festen Repertoire anderer Blender. Nun aber avanciert dieser charaktervolle Whisky, diese eigentümliche Anomalie, dieser Janus von Strathspey, zum Protagonisten des Feldzugs, mit dem John Dewar & Sons in den Single-Malt-Markt vorstößt.

Craigellachie ist der ideale Schlusspunkt unserer Reise zu den Brennereien am Fuß des Ben Rinnes, mit denen man die gesamte Scotch-Geschichte nachzeichnen kann. Man würde es sich einfach machen, wenn man sie nur als eine Entwicklung zum Großen, Modernen, Leichten erzählen würde. Denn die Destillerien zeigen, dass in Schottland die Vergangenheit lebt, die alten Traditionen bewahrt werden und der Bezug zum Land Whiskys hervorgebracht hat, deren Charakter zu einem wesentlichen Teil von der Einmaligkeit des Standorts lebt.

Hölzerne Gärbottiche tragen zum einzigartigen Charakter des Craigellachie bei.

CRAIGELLACHIE – Verkostungsnotizen

NEW MAKE

Nase Wächsern. Gemüse. Radieschen. Pellkartoffeln bzw. Stärke. Leichte Rauchnuancen.
Geschmack Nussig und süß, schwerer Bienenwachston und einige Schwefelnoten. Schwer und voll.
Abgang Tief und lang. Erneut Gemüse.

Stil Fruchtig und würzig
Ähnlich Clynelish 14 Jahre, Scapa 16 Jahre

14 JAHRE 40%

Farbe Hellgolden.
Nase Gewachste Frucht. Quitte. Fleischig, dann Aprikosen neben leichten Rauchnuancen, Siegelwachs und Roten Johannisbeeren. Mit Wasser nasses Riedgras, Squashbälle und Olivenöl.
Geschmack Anflug von Kokosnuss, bevor ihn das Mundgefühl überdeckt. Ölig und glyzerinartig. Gelierte frische Früchte. Süß und doch fest.
Abgang Quitte, dann Mehl.
Gesamteindruck Ein Single Malt mit Textur.

1994, GORDON & MACPHAIL BOTTLING 46%

Farbe Golden.
Nase Typisch ölige/wächserne Nase. Altes Lederfett und weiche Tropenfrüchte mit Zitruspfiff.
Geschmack Als würde man gewachste Früchte essen. Rund und am Gaumen klebend. Mit Wasser etwas esteriger, zum Abgang hin eine milde Honig-/Sirupnote.
Abgang Leicht würzig, mit einem Anflug von süßen getrockneten Tropenfrüchten.
Gesamteindruck Ausgewogen, öffnet sich. Ausdrucksvoll.

Stil Fruchtig und würzig
Ähnlich Old Pulteney 17 Jahre

1998 FASSPROBE 49,9%

Nase Schält sich gerade erst aus der schwefeligen Rohwhiskyhülle und ist recht fest. Helle, frische Pflaumen. Mit Wasser Narzissen, Beerenmischung, dann etwas Honig.
Geschmack Feine Rauchschwaden ziehen sich durch einen dicken, reichhaltigen Mittelteil, wo man auch etwas Minze und der charakteristischen Ananasnote begegnet. Viskos und vollmundig.
Abgang Lang und dick.
Gesamteindruck Zeigt sein reifes Potenzial.

DUFFTOWN

Die selbst ernannte Whiskyhauptstadt der Speyside mit sechs Brennereien im Ort und seiner näheren Umgebung ist in ihrer heutigen Form kaum älter als ihre erste Destillerie: Sie entstand im Jahr 1817, als James Duff, der vierte Earl of Fife, das Städtchen völlig neu errichten ließ und unbescheiden nach

Dampf steigt in der kalten Winterluft über den Pagodendächern von Balvenie auf.

sich selbst benannte. Als Geburtsort der meistverkauften Single-Malt-Whiskymarke und des – in puncto Gewicht – vielleicht größten Single Malt der Welt ist Dufftown ein gutes Testgelände, um herauszufinden, ob Whisky tatsächlich ein Terroir hat.

Glenfiddich

DUFFTOWN • WWW.GLENFIDDICH.COM • GANZJÄHRIG GEÖFFNET MO–SO

Wer eine Brennerei besucht, die den meistverkauften Single Malt der Welt produziert und ihre Pforten 1969 als erste Destillerie Besuchern öffnete, erwartet die nicht ganz klischeefreie Imitation eines Herstellungsprozesses. Stattdessen bekommt man das Gegenteil geboten: Die riesige 14-Hektar-Anlage präsentiert sich als unter Volldampf arbeitender Betrieb mit eigener Küferei, Kupferschmiede, Abfüllanlage, Lager und drei Destillerien. Glenfiddich ist eine moderne Marke und zugleich ein Haus, in dem man sich trotz der enormen Dimensionen ein traditionelles Selbstversorgerethos bewahrt hat.

Glenfiddich wurde 1886 von William Grant gegründet und befindet sich noch heute im Besitz seiner Nachkommen. Der erste Brand lief am ersten Weihnachtsfeiertag des darauffolgenden Jahres aus den Brennblasen, die man von Cardhu gekauft hatte. Schon damals scheint das Haus ein Gespür für Marketing gehabt zu haben.

Ein Glenfiddich ist ein leichter Whisky, bei einem Blick in das Brennhaus allerdings erwartet man eher einen Macallan-ähnlichen Stil. Die Stills sind winzig, was nach den Regeln der Brennkunst mit einem schweren, oft schwefeligen New Make gleichzusetzen ist (siehe Seite 14–15). Dessen Duft wird allerdings beherrscht von Gras, grünem Apfel und Birne. »Der Schnitt erfolgt bei hohem Alkoholgehalt, weshalb wir diesen esterigen, sauberen Brand bekommen«, klärt William Grants Master Blender Brian Kinsman auf. »Würden wir später trennen, bekämen wir einen wesentlich schwereren und wahrscheinlich schwefeligen Whisky.«

Schwimmt hier also eine Brennerei gegen den Strom? »Eigentlich nicht«, meint Kinsman. »Glenfiddich hat immer schon leichten Brand hervorgebracht. Die Brennblasen hatten von Anfang an diese Form und mit wachsender Nachfrage wurden einfach mehr davon gebaut.« Hätte man es bei vier Stills belassen und versucht, den Bedarf durch Erweiterung des Schnitts zu decken, hätte sich der Stil verändert. Um ihn beizubehalten, mussten eben mehr Brennblasen her. Heute stehen 28 Stills in zwei Brennhäusern, was zeigt, wie groß die Nachfrage ist.

Auch der geringe Schwefelanteil hat Vorteile. Kinsman: »So müssen wir nicht zuerst die Schwefelhürde überwinden, bevor die additive Reifung einsetzt.« Selbst mit drei Jahren nimmt ein Glenfiddich noch Holznoten auf: Im Refill sind es Eichenschnipsel, im Firstfill-Bourbonfass reife Ananas und cremige Vanille, in europäischen Firstfills Orangenmarmelade und Sultaninen. Und immer ist diese grüne Frische dabei.

Dank verbessertem Holzmanagement und einer Neuordnung der Holzmischung hat man mehr Einheitlichkeit in das Sortiment gebracht. War Glenfiddich früher mitunter ärgerlich sprunghaft, gibt es inzwischen ein gemeinsames Grundmotiv, das von europäischer Eiche angestimmt wird und sich mit jedem Alter intensiviert (den 21-jährigen Rum Finish ausgenommen). Mit der Zeit reifen die grünen Äpfel, trocknet der Grasschnitt und entwickelt sich die Schokoladenote. Für einen leichten Whisky hält er erstaunlich gut stand – selbst mit 40, 50 Jahren noch. »Der New Make ist zwar in der Nase leicht, reift aber unglaublich gut«, schwärmt Kinsman. »Seine Frische und Intensität täuschen über seine Komplexität hinweg.« Er scheint auf einer Eichenwelle zu reiten, die ihn oben hält, ohne seinen Charakter zu beeinträchtigen.

Das Zusammenspiel aus Eiche und Brand wird am besten verkörpert von der bahnbrechenden Einführung einer Solera für den 15-Jährigen

Destillation, Ausbau und Abfüllung erfolgen direkt in der komplexen Brennerei vor Ort.

Glenfiddich gehört zu den letzten Destillerien mit eigener Küferei.

im Jahr 1998. Bei dieser in Jerez gebräuchlichen Verschnitttechnik kommen nur 50 Prozent eines Fassinhalts in Flaschen. Den entstandenen Leerraum füllt man zu 70 Prozent mit Whisky aus einem Refill-Bourbon, zu 20 Prozent mit Whisky aus europäischer Eiche und zu 10 Prozent mit Whisky aus neuer Eiche wieder auf. Das macht das Produkt nicht nur tiefgründiger (ein Anteil kreist schon seit 1998 im System), sondern verleiht ihm auch ein anderes, weicheres Mundgefühl. Eine ähnliche Technik kommt beim 40-Jährigen zur Anwendung, dessen Fass nie ganz geleert wird und seit den 1920er-Jahren besteht. Für die neue Cask-Serie wurden unlängst drei neue Soleras eingerichtet.

Der Schlüssel zur Alterungsfähigkeit eines Glenfiddich Single Malt liegt in seiner Zugänglichkeit. Und die ist wohl letzlich auch das Geheimnis seines kommerziellen Erfolgs.

GLENFIDDICH – Verkostungsnotizen

NEW MAKE

Nase Knackig-frisch, sauber, grasig, grüner Apfel, später reife Ananas. Sehr rein und frisch.
Geschmack Birnen, Gras und Ester. Leichter Getreidehintergrund.
Abgang Leicht und frisch.

12 JAHRE 40%

Nase Die Führung übernimmt zunächst Vanille, dann roter Apfel mit einer leichten Sultaninennote im Hintergrund, die Süße beisteuert. Mit Wasser Milchschokolade.
Geschmack Süß, mit reichlich Vanille, dann etwas Christmas Pudding und gemischte Früchte. Mild und sanft.
Abgang Butterig, aber grasig.
Gesamteindruck Die grünen Noten des Rohbrands sind tiefer und reifer geworden. Europäische Eiche hat ihn tiefgründiger werden lassen.

Stil **Duftend und blumig**
Ähnlich The Glenlivet 12 Jahre, anCnoc 16 Jahre

15 JAHRE 40%

Nase Reif und sehr weich, Pflaumenmarmelade, Bratapfel.
Geschmack Weich und seidig. Dicker als der 12-Jährige, mit gekochter dunkler Frucht, Kokosnoten, Heu.
Abgang Reif und voll.
Gesamteindruck Die Solera sorgt für tiefere Fülle und eine reichere Textur.

Stil **Reichhaltig und rund**
Ähnlich Glencadam 1978, Blair Atholl 12 Jahre

18 JAHRE 40%

Nase Mehr unverhohlene Sherrynoten: Rosinen und in Sherry eingelegte Trockenfrüchte, Maulbeeren, dunkle Schokolade und Heu.
Geschmack Konzentrierte dunkle Früchte, mehr Grip als der 15-Jährige. Kakao, Zeder.
Abgang Weich, lang und noch immer süß.
Gesamteindruck In der Mitte des Spektrums angesiedelt, an dem Punkt, an dem die Jugend den dunklen Mysterien des Alters weicht.

Stil **Reichhaltig und rund**
Ähnlich Jura 16 Jahre, Royal Lochnagar Selected Reserve

21 JAHRE 40%

Farbe Tiefes Bernsteinbraun.
Nase Süß und eichenwürzig, mit Kaffee/Kakao und einem Touch Zeder. Malzbonbon und Karamelltoffees. Überreife Bananen.
Geschmack Reich und süß, gute Länge. Mokka, Bitterschokolade und Waldboden. Leichte Tannine.
Abgang Trockene Eiche. Pflanzlich.
Gesamteindruck Hat Reife und genoss eine Kur im Rumfass.

Stil **Fruchtig und würzig**
Ähnlich Balblair 1990, Longmorn 16 Jahre

30 JAHRE 40%

Nase Harzig und dick. Reif, reich, mit Rancionote. Humidor, Nüsse und ein überraschend kraftvoller Auftrieb.
Geschmack Sehr weich und seidig. Ergießt sich mit einer leichten Moosnote über die Zunge. Schokolade und Kaffeepulver übernehmen das Regiment.
Abgang Verblassend, aber mit Restsüße.
Gesamteindruck Die Früchte sind nun voll konzentriert, aber die trockene Grasigkeit hält sich und verleiht ihm einen Rest von Frische.

Stil **Reichhaltig und rund**
Ähnlich Macallan 25 Jahre Sherry Oak, Glen Grant 25 Jahre

40 JAHRE 43,5%

Nase Ölig und harzig. Kräuter, feuchtes Moos. Tief, reich. Rancionote, aber das Grasige macht sich selbst in diesem fortgeschrittenen Stadium noch einmal bemerkbar. Bienenwachs. Leicht kräuterwürzig.
Geschmack Groß und rund, mit eleganten Schokoladenoten. Pflaume, Espresso, Maulbeere. Wegen der Fülle des Brands ausgewogener Eichenton. Entspannt sich und lässt Gewürze durchschimmern. Leicht nussig, Sherry.
Abgang Kräuterwürzig und lang.
Gesamteindruck Das Solera-System enthält Whiskys aus den 1920er- bis 1940er-Jahren.

Stil **Reichhaltig und rund**
Ähnlich Dalmore, Candela 50 Jahre

The Balvenie & Kininvie

THE BALVENIE • DUFFTOWN • WWW.THEBALVENIE.COM • GANZJÄHRIG GEÖFFNET, RESERVIERUNG ERFORDERLICH / KININVIE • DUFFTOWN

Balvenie ist die zweite der drei Brennereien auf William Grants Areal in Dufftown. Inzwischen hat das Haus seinen Ruf als kleine Schwester abgestreift und sich als eigene Single-Malt-Marke etabliert. Damit bietet das Trio vorzügliche Vergleichsmöglichkeiten, um herauszufinden, ob es ein Dufftown-Terroir gibt. Die Konfiguration: drei Destillerien, die dasselbe Wasser, identisches Malz und fast dieselben Produktionsmethoden haben, doch drei unterschiedliche Malts hervorbringen. »Der Herstellungsprozess ist derselbe«, erklärt Master Blender Brian Kinsman. »Anders sind nur die Brennblasen.«

Trägt der Herkunftsort also überhaupt zum Geschmack bei? »Er hat einen gewissen Einfluss«, so Brian Kinsman. »Das Umfeld innerhalb einer Anlage spielt eine Rolle. Das merkt man, wenn man eine Brennerei andernorts identisch reproduziert, wie es beispielsweise mit Ailsa Bay (siehe Seite 148) geschehen ist. Man bekommt nicht automatisch dieselben Ergebnisse. Man muss zusätzlich einige äußere Bedingungen verändern, um möglichst große Übereinstimmung zu erzielen.« Und »möglichst groß« ist trotzdem nie »identisch«, wie schon viele Male bewiesen wurde. Hier geht es also nicht um ein regionales, sondern um ein standortspezifisches Terroir: nicht Speyside oder Dufftown oder die Dufftown-Betriebsanlage mit allen drei Brennereien, sondern Balvenie – nur Balvenie.

Die 1892 ins Leben gerufene Destillerie The Balvenie hat sich ihre eigene Mälzerei bewahrt, obwohl diese nur einen Bruchteil des Bedarfs deckt, was entsprechend wenig Torfcharakter nach sich zieht. Jeder von Balvenie wird einem sagen, dass der Schlüssel zum Charakter ihres Whiskys in den dicken, kurzhalsigen Brennblasen zu suchen ist. Sie ergeben einen nussigen, malzigen Rohwhisky, der von reichlich Frucht unterlegt ist und großes Potenzial besitzt. Nach sieben Jahren im Refill-Fass ist die nussige Schale aufgebrochen und hat süße, honigwürzige Früchte freigegeben. Während der Ausbaujahre nimmt sich die Getreidenote immer weiter zurück, bis nur noch der Hauch einer trockenen Struktur bleibt, während die Frucht wächst und gedeiht.

Wo ein Glenfiddich von Holz unterstützt wird, scheint ein Balvenie die Eiche förmlich aufzusaugen, ihre Aromen zu integrieren und sie dem honiggetönten Geschmacksteppich hinzuzufügen. Trotzdem wird ein Balvenie nie vom Holz erschlagen – dazu ist er zu groß und zu fruchtig.

Diese Vorzüge veranlassten David Stewart, ehemals Master Blender bei Grant, ihn als den vielleicht ersten »fertigen« Whisky zu bezeichnen. Seither wurde die Palette des Hauses um Versionen erweitert, die in Madeira-, Rum- und Portfässern altern – sogar ein Single-Barrel-Sortiment gibt es. Damit ist der Balvenie der Gegenentwurf zum langsam reifenden Glenfiddich. Er nimmt einfach die neuen Nuancen verschiedener Eichenfässer mit an Bord. Das ergibt eine breitere Duft- und Geschmackspalette, aber eine nicht minder große Persönlichkeit.

Als 1990 die Nachfrage nach Glenfiddich stieg, errichtete Grant's eine weitere Anlage auf seinem Areal. Kininvie sollte Füllmaterial für die ebenfalls im Aufwind begriffenen Blends des Hauses liefern. Man hat die Brennerei vom ersten Tag an falsch eingeschätzt und als Glenfiddich-Kopie, Balvenie-Abbild, ja, als Schuppen abgetan. Nichts davon ist wahr. Sicher, eingemaischt und vergoren wird in der Balvenie-Destillerie, doch müssen für Kininvie eigene Produktionsanlagen existieren – so will es das Gesetz. Ungeachtet dessen aber läuft auch die Gärung anders ab. Im Brennhaus (beileibe kein Schuppen) stehen neun Stills. Sie liefern einen blumigen, leichten, süßen und esterigen Rohbrand, der ganz anders ausfällt als der aus den Schwesterbetrieben. Das wissen jedoch nur wenige. Kininvie musste bis 2013 auf die erste offizielle Abfüllung unter eigenem Namen warten. Vielleicht wird es noch mehr geben.

Balvenie mälzt und darrt nach wie vor einen kleinen Prozentsatz seiner Gerste selbst.

THE BALVENIE – Verkostungsnotizen

NEW MAKE

Nase Schwer. Nussiges Getreide, aber mit vorzüglicher, fester Fruchtkonzentration dahinter. Sehr sauber und süß.
Geschmack Getreide; robust, reif. Nussig, Müsli. Süß.
Abgang Nussig und sauber.

12 JAHRE, DOUBLE WOOD 40%

Nase Süß, allerdings wie bei einem Schalenallerlei. Bienenwachs und Pollen neben Früchtekuchen. Ein Anflug frisch angezündeter Streichhölzer.
Geschmack Viskos und saftig. Leichter Grip infolge des Zusammenspiels aus Sherryfass und Nussnoten. Schalen und Honig.
Abgang Lang, Anflug von Trockenobst.
Gesamteindruck Im Gleichgewicht zwischen dem sich entwickelnden Charakter und dem Fasseinfluss.

Stil **Fruchtig und würzig**
Ähnlich The BenRiach 16 Jahre, Longmorn 16 Jahre

14 JAHRE, CARIBBEAN CASK (RUM FINISH) 43%

Nase Die für die Brennerei typische große, honiggesüßte Frucht ist präsent, hat hier aber eine stärkere Bananen- und Crème-brûlée-Komponente, dicker griechischer Joghurt, gekochte Pfirsiche, Zuckerrübensirup und Minze.
Geschmack Dick und ölig. Der Geschmack legt sich mit reifen tropischen Früchten auf den Gaumen.
Abgang Lang und süß. Ein Hauch von Zerealien.
Gesamteindruck Sehr Balvenie, aber im Tropenkleid. Der süßeste Vertreter der Palette.

Stil **Fruchtig und würzig**
Ähnlich Glenmorangie Nectar d'Or

17 JAHRE, DOUBLE WOOD 43%

Nase Tiefgründig und reichhaltig, mit Anklängen an Mi-Lan-Dan-Cong-Tee, einem Hauch Malz und gerösteter Eiche. Kastanienhonig.
Geschmack Fein texturiert und süß, mit einem Hang zu weichem, reifem Holz. Etwas Kakao.
Abgang Lang und mild.
Gesamteindruck Der reichhaltigste Exponent der Palette.

Stil **Reichhaltig und rund**
Ähnlich Cardhu 18 Jahre

21 JAHRE, PORTWOOD 40%

Nase Voll konzentriert. Kirschen, Hagebuttensirup, gehobeltes Eichenholz. Holzrauch im Hintergrund.
Geschmack Ölig, aber honigartig. Die Frucht scheint frischer als beim 17-Jährigen aus dem Madeirafass, mehr gemischte rote und schwarze Früchte. Etwas Eiche. Kraftvoll, aber süß.
Abgang Lang und süß.
Gesamteindruck Wird zwar immer gewichtiger, unterscheidet sich aber klar vom 12-Jährigen.

Stil **Fruchtig und würzig**
Ähnlich Strathisla 18 Jahre

30 JAHRE 47,3%

Nase Unmengen Kokosnuss, Schokopralinen mit Walnuss, gekochte Orangenschale. Sinnlich und weich.
Geschmack Sanft, fließend, lang, reif und, ja, auch honigartig. Reifes, süßes Baumobst. Leichte Eichennote und eine Andeutung von süßen Gewürzen.
Abgang Süß und voll.
Gesamteindruck Hat die träge Länge eines langsam reifenden Whiskys.

Stil **Fruchtig und würzig**
Ähnlich Tamdhu 32 Jahre

KININVIE – Verkostungsnotizen

NEW MAKE

Nase Leicht, überwiegend blumig und parfümduftig.
Geschmack Heu. Blumig, krautig, frisch. Der leichteste, aber auch trockenste Whisky des Dufftown-Trios.
Abgang Sauber und kurz.

6 JAHRE FASSPROBE

Nase Enorm blumig. Frisches Bukett mit Vanilleschoten.
Geschmack Leicht, duftend (Hyazinthe), mit Auftrieb, süß, überschwänglich.
Abgang Kurz und süß.
Gesamteindruck Ein schnell reifender Stil.

BATCH NUMBER ONE, 23 JAHRE 42,6%

Nase Obstblüten, Wildblumenwiese, gezuckerte Pflaumen und traditionelles Süßwarengeschäft. Mit Wasser zeigen sich Gras und Ananas.
Geschmack Sehr zurückhaltende Eiche, sodass sich die Süße entfalten kann. Noten von Sternfrucht und hellfleischigen Pfirsichen.
Abgang Leichter Zitruston.
Gesamteindruck Verborgene Tiefen. Ganz anders als die Stallgefährten.

Stil **Fruchtig und würzig**
Ähnlich Craigellachie

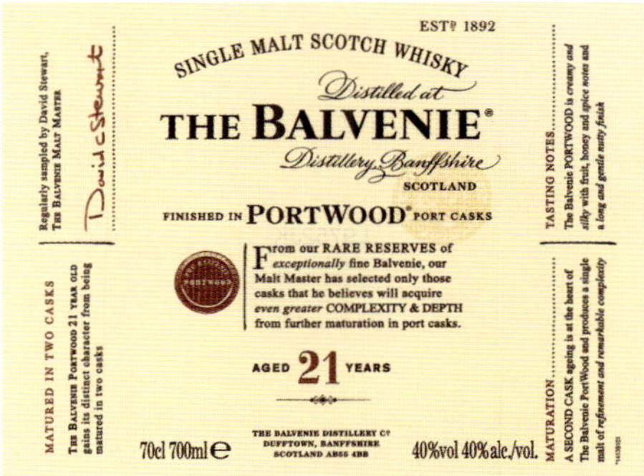

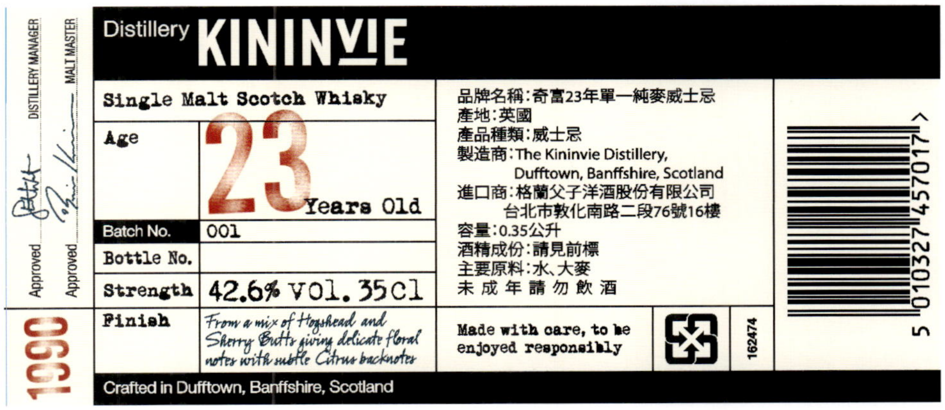

Mortlach, Glendullan & Dufftown

MORTLACH • DUFFTOWN

GLENDULLAN • DUFFTOWN • WWW.MALTS.COM/INDEX.PHP/OUR-WHISKIES/THE-SINGLETON-OF-GLENDULLAN

DUFFTOWN • WWW.MALTS.COM/INDEX.PHP/OUR-WHISKIES/THE-SINGLETON-OF-DUFFTOWN

Dufftown hat eine dunkle Seite. Unter seinem halben Dutzend Malt-Brennereien gibt es eine, die noch in der älteren, geheimnisvolleren Speyside wurzelt. Sie heißt bezeichnenderweise Mortlach – wie der frühere Name des Orts – und ist die älteste Destillerie von Dufftown. Gegründet wurde sie 1823 von James Findlater, Donald Mackintosh und Alex Gordon vermutlich am Standort einer älteren illegalen Anlage.

Teilt man die Speyside in die drei Lager malzig, duftend und schwer auf, dann gehört der robuste, fleischige Mortlach zur letzteren Gruppe. Vermutlich ist er sogar der schwerste Vertreter der Region überhaupt. Er erzählt von alten Zeiten, von Wäldern und Hohlwegen, von Zeiten, da die Seele nach einer ernsthaften, magenfüllenden Stärkung verlangte.

Wie aber ist der fleischige Stil entstanden? »Wir wissen es nicht«, räumt Douglas Murray, oberster Brennmeister und Blender bei Diageo, ein. »Wir haben ihn so übernommen.« Vielleicht nahm er noch während der illegalen Zeit seinen Anfang. Eine Rolle aber spielen sicher auch die Worm Tubs und der komplexe Destillierprozess.

Ähnlich wie Benrinnes setzt Mortlach auf teilweise Dreifachdestillation, um den fleischigen Zug zu erzielen. »Ein Mortlach«, so Murray, »wird 2,7 Mal destilliert.« Alles dreht sich um die Vorgänge im Brennhaus mit seiner wie zufälligen Konfiguration. Sechs Stills stehen hier, lauter bizarre Wesen: eine dreieckig, einige mit dünnem Hals und eine winzige Außenseiterin in der Ecke: »Wee Witchie«, die kleine Hexe.

Zwei Stills arbeiten ganz normal. Wash Still 1 und 2 kooperieren sozusagen. Die ersten 80 Prozent des Laufs kommen in Spirit Still Nummer 2. Mit den restlichen (schwachen) 20 Prozent füttert man Wee Witchie, deren Ausstoß gesammelt wird. Das wiederholt man, wobei nur der Mittellauf des dritten Durchgangs gesammelt wird. Die Hexe ist also für den fleischigen Charakter verantwortlich, doch braucht man dafür auch Schwefel, was heißt, dass Kupfer keinen Platz hat. Für die abschließende Kondensation sind kalte Worm Tubs zuständig.

Wenn der Mortlach in europäischer Eiche reifte, lief er zur Hochform auf und avancierte zum Kult-Malt, wenngleich man ihm nur selten begegnete. Das Relikt aus einer Zeit, als es Dufftown noch gar nicht gab, bildet die Grundlage vieler berühmter Verschnitte. Mit dem Bau eines neuen Brennhauses hat sich der Ausstoß verdoppelt. Der Mortlach ist nun ein Malt der Spitzenklasse. Das archaische Urwesen von einem Whisky hat einen neuen, genuss- und spaßorientierten Zug angenommen.

Von der Brennerei auf einem steilen Hügel hat man einen Blick auf den Fluss Dullan Water und die beiden Destillerien an seinem Ufer. Glendullan wurde 1897 gegründet; die derzeitige Anlage allerdings stammt aus dem Jahr 1962. Im Zweiten Weltkrieg rammten einquartierte Truppen, durch Dämpfe (oder vielleicht auch die Lust auf Alkoholisches) verwirrt, das Lagerhaus mit einer Lafette. Der Whisky, ein Angehöriger der Singleton-Palette von Diageo, zu der auch Dufftown und Glen Ord gehören, zeichnet sich in seiner Jugend durch aromatischen, traubigen Schwung aus, der sich beim 12-Jährigen zu schlehenartiger Süße entwickelt.

Im gleichen Tal steht Dufftown, eine von vielen ehemaligen Mühlen, die zur Destillerie umfunktioniert wurden. Die Brennerei ist ein Jahr älter als Glendullan und hat stets Whiskys für Blends produziert. Während Mortlach für einen ultratraditionellen Stil steht, gilt Dufftown als Chamäleon. Als das Haus noch zur Bell-Gruppe gehörte, lieferte es ein nussiges bzw. malziges Produkt – heute ist es dem grasigen Lager zuzuordnen. Es firmiert ebenfalls in der Singleton-Reihe.

Eine Stadt mit sechs Brennereien, die jeden Stil außer dem rauchigen abdecken: Vielleicht ist der Titel »Whiskyhauptstadt« ja gerechtfertigt.

In einem Tal bei Dufftown stehen drei Whiskymanufakturen – und jede hat ihren eigenen Stil.

MORTLACH – Verkostungsnotizen

NEW MAKE

Nase Trocken, schwefeliger Rauch. Kraftvoll, fleischig, schwer. Dicht wie Fleischbrühe.
Geschmack Animalisch. Altes Holz, Fleischbrühe, Feuerwerkskörper.
Abgang Dick und scharf.

RARE OLD 43,4%

Nase Reif, tiefe Frucht und eine Nussmischung mit Sherrynote gesellen sich zu Wildpastete. Später Quitte, Trockenapfel, Lakritz und dunkle Schokolade. Wasser spült Zitrusmarmelade, Kastanien und Pralinen frei.
Geschmack Viskos und süß. Geht schnell mit oxidativen Noten in die Tiefe, bevor er mit schottischem Früchtekuchen (Mandeln und Trockenobst) in dunkle, tintige Welten hinübergleitet. Dick und reichhaltig.
Abgang Trockenobst.
Gesamteindruck Nicht so fleischig und sherrylastig wie der alte 16-Jährige, aber unverkennbar Mortlach.

Stil Reichhaltig und rund
Ähnlich Dalmore 15 Jahre

25 JAHRE 43,4%

Nase Ausgefeilt, mit einem Aroma, das an Ledersitze in Oldtimern erinnert. Eine überraschende Minzenote sorgt für Frische. Erdig und leicht fleischig.
Geschmack Rau texturiert, dicht und reif, mit eleganten angeschlagenen Früchten, Kastanie, Sandelholz und Zigarrenkiste. Ein interessanter Mix aus Fleisch und Sahne.
Abgang Lang und fruchtig. Reichhaltig.
Gesamteindruck Elegant und lang.

Stil Reichhaltig und rund
Ähnlich Macallan Sienna

GLENDULLAN – Verkostungsnotizen

NEW MAKE

Nase Parfümduftig, leicht und blumig (Freesien), Traubenblüten. Später grün und grasig.
Geschmack Recht trocken, dann delikate Früchtepatisserie. Sehr weich und mild.
Abgang Leicht, sauber und kurz.

8 JAHRE REFILL-FASS, FASSPROBE

Nase Aromatisch, mit Auftrieb. Tafeläpfel. Scharf, leicht parfümduftig. Etwas Zitrus. Blumig/Anis. Blumenstrauß.
Geschmack Sehr frisch und zart. Noch immer Freesien, außerdem Zitronen und leichte Säure.
Abgang Sauber und scharf.
Gesamteindruck Frische dominiert. Wäre vielleicht im Refill-Fass am besten aufgehoben, weil er sich leicht von aktiver Eiche dominieren lässt.

12 JAHRE, FLORA & FAUNA 43%

Nase Leicht und mild, etwas Holzeinfluss und ein Anflug von Sägemehl. Apfel schimmert weiter durch, jetzt aber mit Vanillesauce, einer vom Holz beigesteuerten Note.
Geschmack Anfangs zart, fast transparent, auf halbem Weg ein Anklang von Säure, die ihn aufbricht. Duftig.
Abgang Zitrone.
Gesamteindruck Kaum Entwicklung gegenüber dem 8-Jährigen, lediglich etwas mehr Eiche.

Stil Duftig und blumig
Ähnlich Linkwood

THE SINGLETON OF GLENDULLAN, 12 JAHRE 40%

Farbe Sattgolden.
Nase Sherrynote mit Muskatellersüße und dunklen Schlehen. Nach wie vor aromatisch, aber nun übernehmen die Trockenfrüchte. Festes Holz.
Geschmack Helle Früchte. Dunkle Trauben, Fruchtzucker, dann die weiche Fülle europäischer Eiche. Die aromatische Intensität ist noch da, die Säure hat sich verflüchtigt.
Abgang Mild. Süß, fast marmeladig.
Gesamteindruck (Gerade) noch ein Glendullan, aber das Fass hat die Kontrolle übernommen.

Stil Fruchtig und würzig
Ähnlich Glenfiddich 15 Jahre, Glenmorangie Lasanta, Fettercairn 16 Jahre

DUFFTOWN – Verkostungsnotizen

NEW MAKE

Nase Leicht brotig, Ananas, Ester, ein Hauch von Weizenstreu.
Geschmack Sauber, esterige Frucht. Hochtönend und scharf, von etwas Getreide unterlegt.
Abgang Nussig und sauber.

8 JAHRE REFILL-FASS, FASSPROBE

Nase Sehr sauber. Malzig. Weetabix, leichte Bauernhofnote. Malzbehälter.
Geschmack Trocken, recht frisch. Nussig, später ein süßer Ton, der sich sehr leicht auf die Zunge legt.
Abgang Sesam.
Gesamteindruck Sauber und nussig – gutes Beispiel eines Dufftown-Whiskys alter Machart.

THE SINGLETON OF DUFFTOWN, 12 JAHRE 40%

Nase Süß und feigenartig, mit einem Anflug von Nussschalen. Entwickelt, während er sich öffnet, Anklänge an gesägte Eiche, Treber, Eibisch und einen Hauch von Apfel- und Feigen-Relish.
Geschmack Nussöle. Recht biskuitig und reich. Krautig.
Abgang Knackig frisch, kurz.
Gesamteindruck Europäische Eiche führt den (alten) trockenen Dufftown-Charakter in süßere Gefilde.

Stil Reichhaltig und rund
Ähnlich Jura 16 Jahre

THE SINGLETON OF DUFFTOWN, 15 JAHRE 40%

Nase Reich, mit Zerealien als Unterton. Bran Flakes und Müsli mit warmer Milch. Süß. Mit Wasser ausgeprägtere flüchtige Noten. Futterpellets für Rinder und feuchter Herbstwald.
Geschmack Süß und recht mild. Verfestigt sich nur im Mittelteil etwas, ist ansonsten aber sehr zugänglich und bemüht zu gefallen.
Abgang Reiche Früchte schlagen durch, dann trocknet die Eiche.
Gesamteindruck Die typische Singleton-Süße verbindet sich hier mit Dufftown in nussiger Tarnung.

Stil Reichhaltig und rund
Ähnlich Singleton of Glendullan

KEITH

Welche Bedeutung der Berufsstand des Blenders für die Whiskyindustrie hat, wird am Beispiel jener Destillerien deutlich, die sich um das Städtchen Keith ganz im Osten der Speyside scharen. Einige Brennereien dieser Gruppe stehen zeit ihres Bestehens im Dienste der Verschneider.

The Auld Brig, die alte Brücke in Keith, trägt seit Jahrhunderten Whisky über den Fluss Isla.

Strathisla

KEITH • WWW.MALTWHISKYDISTILLERIES.COM • GEÖFFNET JAN–MÄR MO–FR, APR–OKT MO–SO

Strathisla hält den inoffiziellen Titel der schönsten Destillerie Schottlands, doch ihr Whisky ist überraschenderweise kaum bekannt. Überhaupt hat keine Brennerei der Keith-Gruppe eine bekannte Single-Malt-Marke zu bieten. Die Whiskymacher in diesem Teil der Speyside halten sich mit Eigenkreationen zurück und produzieren lieber für Blends – so schön ihre Häuser auch sein mögen.

Strathisla ist mit seinem Kopfsteinpflasterhof, den gepflegten Rasenflächen und dem Wasserrad eine echte Touristenattraktion. Gleichwohl stellt die Malt-Whisky-Destillerie ihre unverwechselbare Persönlichkeit hintan und beschränkt sich darauf, Material für den Chivas Regal zu liefern. Das ist an sich nichts Ungewöhnliches, lässt aber das eigentlich Besondere des Hauses in den Hintergrund treten: Strathisla hält auch den Titel der ältesten lizenzierten Malt-Destillerie Schottlands.

Schon seit rund 700 Jahren wird hier Alkohol erzeugt. Im 13. Jahrhundert beherbergte der Ort eine Klosterbrauerei. 1786 bekam die Destillerie Milton, wie Strathisla bis 1953 hieß, die Erlaubnis, Whisky zu brennen – zu Beginn der Ära, in der der Whiskyschmuggel blühte.

Sein Brand passt jedoch mitnichten in das Schema »alt = schwer«, wenngleich ein Hauch von Schwefel im New Make darauf hindeutet, dass man durchaus bestrebt ist, eine Brücke zur Tradition zu schlagen. »Das Seltsame an Strathisla: Der Betrieb versucht leichte Speyside-Whiskys hervorzubringen, die kleinen Stills jedoch können ein Quäntchen Schwefel und ein Biertreberaroma ins Spiel bringen«, erklärt Alan Winchester, Brennereiverwalter bei Chivas Brothers. »Dahinter aber verbirgt sich Frucht.«

Die allerdings lässt sich mit ihrem Auftritt Zeit. Ein Strathisla hat drei Wesenszüge: eine moosige Holznote, weiche Frucht und blumige Obertöne. Sie kommen und gehen während der Reifephase. Jung präsentiert sich der Whisky moosig, während im Alter Orangen und andere Früchte zutage treten. Für Blends ist er also wie geschaffen.

Strathisla, Anwärterin auf den Titel der schönsten Brennerei Schottlands, ist seit 1786 aktiv.

STRATHISLA – Verkostungsnotizen

NEW MAKE

Nase Sauber, süße Maische, feuchtes Heu, Moos. Leicht blumig, später eine geringfügig brandige/schwefelige Note.
Geschmack Sehr rein. Süß, feiner Körper mit sehr milder Frucht im Mittelteil.
Abgang Getreide zum Ausklang.

12 JAHRE 40%

Farbe Kupfer.
Nase Süße Eiche, reichlich Kokosnuss, grünes Moos, Zitrus, Quitte. Im Hintergrund ein angesengter Ton.
Geschmack Süße Vanille, weiße Schokolade. Sehr sauber, Cashewnüsse, trockenes Gras und helle Früchte.
Abgang Getoastet. Leicht parfümduftig.
Gesamteindruck Ein Strathisla tritt leicht, fast fragil ins Leben. Aber warten Sie ab, was passiert.

Stil **Duftig und blumig**
Ähnlich Cardhu 12 Jahre

18 JAHRE 40%

Farbe Kupfer.
Nase Holzbetont, Röst- und Nusscharakter. Aus dem Moos ist grüner Farn geworden. Mehr helle weiche Früchte, etwas Honig, tiefere Blütennuancen und getrocknete Äpfel haben sich dazugesellt.
Geschmack Runder als der 12-Jährige, festerer Mittelteil. Grüne Pflaumen, dann frisches Holz.
Abgang Knochentrocken und würzig.
Gesamteindruck Im mittleren Alter beginnen sich die Früchte zu intensivieren.

Stil **Fruchtig und würzig**
Ähnlich Glengoyne 10 Jahre, Benromach 25 Jahre

25 JAHRE 53,3%

Nase Stärkerer (Sherry-)Fasseinfluss. Gewisse Rancionote, getrocknete Pilze, Vetiver. Tief und süß, mit Obstkuchen.
Geschmack Voll, weich und leicht, Orangenschalen. Dann zeigt sich – wieder in der Mitte, wo er schließlich in die Tiefe geht und Anklänge an Orangenblütenhonig entwickelt – seine volle Reife. Sukkulent.
Abgang Lang, weich und sauber.
Gesamteindruck Hat sich endlich aus dem Holz gewagt.

Stil **Reichhaltig und rund**
Ähnlich Springbank 18 Jahre

Strathmill & Glen Keith

STRATHMILL • KEITH / GLEN KEITH • KEITH

Mühlen haben in Keith eine lange Tradition; die meisten werden vom Fluss Isla angetrieben, der sich durch das Städtchen windet. Besondere Bedeutung erlangten sie im 18. Jahrhundert, als der Earl of Findlater das »neue Keith« errichten ließ. In den Mühlen wurde Wolle gesponnen, aber auch Getreide gemahlen. 1892 wandelte man eine der Getreidemühlen in eine Brennerei um: Glenisla-Glenlivet. Mit Whisky war wesentlich mehr Geld zu machen als mit Brot.

Nach kurzer Zeit verkaufte man Glenisla an W&A Gilbey, der den Betrieb in Strathmill umbenannte. Später wurde die Marke fester Bestandteil von J&B. Alle Destillerien der Gruppe erzeugen übrigens Whisky für leichtere Blends.

Der Strathmill besitzt eine faszinierende Olivenölnote, die dem von Natur aus leichten Produkt eine glatte Textur verleiht. Das Ölige ist wie in Glenlossie das Ergebnis einer 1968 installierten Reinigungsleitung am Lyne Arm, dem Brennrohr der Spirit Still, was den Rückfluss erhöht und den Whisky leichter macht.

Das Streben nach Leichtigkeit prägte auch die Arbeitsweise der 1958 hinter Strathisla errichteten Brennerei Glen Keith. Als Testanlage des einstigen Mutterkonzerns Seagram produzierte sie seinerzeit dreifach destillierten Malt, also Whisky im Bushmills-Stil, der sogar getorft war.

Die sechs schlanken Brennblasen mit ihren aufrechten Lyne Arms wurden 1999 stillgelegt. Inzwischen hat man die Destillerie, ausgestattet mit neuem, größerem Maischbottich und zusätzlichen Gärbehältern, wieder in Betrieb genommen. Keith hat die dritte Brennblase wieder.

Die Brennerei Glen Keith wurde aus dem Dornröschenschlaf geweckt.

STRATHMILL – Verkostungsnotizen

NEW MAKE

Nase Olivenöl, Mais mit Butter. Unaufdringliche Substanz. Frische Hefe und ein Anflug von roter Frucht.
Geschmack Nadelspitz, recht scharf. Verdampft förmlich auf der Zunge. Wasser verdeutlicht sein Gewicht und holt eine Himbeerlaubnote hervor.
Abgang Schwungvoll und scharf.

8 JAHRE REFILL-FASS, FASSPROBE

Nase Rund und butterig, ein Anflug von Mädesüß, außerdem eine leichte Talkumnote mit zartem Rosenduft. Noch immer unnachgiebig.
Geschmack Grasig, relativ sauber, etwas Veilchen und die für rote Früchte typische Säure, die sich auch im New Make manifestiert.
Abgang Sauber und noch immer straff.
Gesamteindruck Leicht, aber der butterige Zug gibt ihm genügend Gewicht für den Alterungsprozess.

12 JAHRE, FLORA & FAUNA 43%

Nase Trocken, erinnert an Haferbrei mit Rohrzucker. Gerösteter Mais mit einem Anflug von Honig.
Geschmack Die Honignote schlägt merklich durch, während die roten Früchte verschwunden sind und einer intensiven Koriandersamenwürze Platz gemacht haben.
Abgang Sauber, mit Auftrieb.
Gesamteindruck Noch ein Whisky, der sich interessant – und relativ schnell – entwickelt.

Stil **Duftig und blumig**
Ähnlich The Glenturret 10 Jahre, Yamazaki 10 Jahre

GLEN KEITH – Verkostungsnotizen

NEW MAKE

Nase Sehr sauber und recht fruchtig, Andeutungen an helle Aprikosen und Tomatensuppe aus der Dose bzw. Tomatensträucher. Mit Wasser kalkig.
Geschmack Sauber und sehr reintönig. Gutes Gewicht und etwas Süße. Später dicker und mit Veilchennote.
Abgang Sauber und scharf.

17 JAHRE 54,9%

Nase Parfümig und esterig mit Anklängen an Verjus, Wisterien, Frangipani, Kochäpfel und frische Pflaumen. Mit Wasser leichte Andeutungen an stärkehaltige Zerealien sowie keksige Anwandlungen.
Geschmack Mild und weich expandierend. Deutet verhalten Mandarinen und kühle Melonen an. Ein plötzlich einsetzender Zitronenakkord bringt Leben in den Mittelteil.
Abgang Frisch und sauber, etwas Mehl.
Gesamteindruck Zart und frisch.

Stil **Duftig und blumig**
Ähnlich Kavalan Classic

Aultmore & Glentauchers

AULTMORE • KEITH / GLENTAUCHERS • KEITH

Wie die übrigen Protagonisten der Keith-Gruppe ist auch Aultmore bereit, Nebenrollen zu spielen. Das Haus wurde 1896 mit dem Ziel gegründet, den Blend-Boom auszunutzen, spielte aber ab 1923 eine tragende Rolle bei John Dewar & Sons. Als Bacardi Dewar von UDV übernahm, war die entscheidende Frage, wer Aultmore bekommen sollte. Die moderne Anlage, ein weiteres vergessenes Juwel, steht isoliert auf einem Felsvorsprung mit Blick auf Keith im Süden, den Seewind im Rücken.

Das etwas gesichtslose Innere der Brennerei wird vom New Make mehr als wettgemacht. Er stammt aus kleinen Stills mit nach unten gerichteten Schwanenhälsen. Die durchdringende, grasige Intensität mit subtilem Tiefgang verleiht jedem Blend Energie und Schwung. Als Bestandteil des neuen Dewar-Gestüts allerdings kommt der Aultmore endlich zu Single-Malt-Ehren. Vielleicht wird nun klar, welches wertvolle Pferd man im Stall stehen hat.

Fährt man von Keith nach Westen Richtung Rothes, kommt man an einer weiteren unbekannten Destillerie vorbei. Glentauchers tritt nicht mit bedeutenden Malts in Erscheinung, brennt mit seinen sechs Stills aber schon seit 1898 Whisky – ursprünglich für James Buchanans Blend Black & White. Zu Beginn des 20. Jahrhunderts fertigte der Betrieb sogar kurz einen Malt mit einer Column Still, eine Technik, die die Scotch Whisky Association vor einiger Zeit als »nicht traditionell« einstufte.

1985 wurde er stillgelegt, 1989 aber Teil der Allied Distillers (heute Chivas Brothers), die jegliche Torfnote in der Gerste ausmerzten und einen fruchtigen, blumigen Stil anstrebten. Verschneider wie Sandy Hyslop machen sich heute seinen grasigen, floralen Charakter in Blends wie Ballantine's zunutze.

Den Mittellauf so zu justieren, dass er die gewünschten Geschmacksnoten hat, ist die wichtigste Aufgabe des Brennmeisters.

AULTMORE – Verkostungsnotizen

NEW MAKE

Nase Süß. Frühlingszwiebeln. Grasig.
Geschmack Süß, aber fest. Gewichtig. Etwas angesengt. Rund.
Abgang Erdbeere und Melone. Daraus könnte sich noch Interessantes ergeben.

16 JAHRE, DEWAR RATTRAY 57,9%

Nase Reich, starker Sherryeinschlag. Feigenbiskuits, Obstkuchen, Bitterorange und leichte, fast teerige Nuancen. Mit Wasser süßer: gesüßter Kaffee, etwas Parfüm als Oberton.
Geschmack Reif, Tomatenblätter. Schwarzkirsche, Walnüsse, so etwas wie Rauch. Guter Grip als Gegengewicht zum seidigen Mundgefühl.
Abgang Lang und großzügig.
Gesamteindruck Steht stark unter dem Einfluss des Fasses, in der Nase aber ist sein blumiges Wesen gerade noch erkennbar.

Stil Reichhaltig und rund
Ähnlich Royal Lochnagar Selected Reserve, Aberlour 16 Jahre

1998 FASSPROBE 50,9%

Nase Leicht und volatil, mit zarter Frucht. Sehr präzise. Leichte, butterige Eiche sorgt für cremige Substanz. Mit Wasser ein Anflug von Rapsöl und Sesam, pochierter Birne und Apfel.
Geschmack Sauber, mit frischer Säure. Süße im Mittelteil und gute Länge für einen Brand, der anfangs leicht erscheint. Dezentes Gewicht.
Abgang Duftig und weich.
Gesamteindruck Im Aultmore geht es um Kontrolle. Hier manifestiert sie sich.

GLENTAUCHERS – Verkostungsnotizen

NEW MAKE

Nase Grasig, leicht. Ungewöhnlicher Anflug von Schokoladen-Digestif, dann Teeblätter und Blüten.
Geschmack Leicht und reintönig. Spritzig; zart, ätherisch.
Abgang Sauber.

1991, GORDON & MACPHAIL BOTTLING 43%

Farbe Helles Gold.
Nase Elegant, mit Hyazinthe, Hasenglöckchen und etwas Rose. Saubere süße Eiche. Nach wie vor delikat.
Geschmack Frisch und hauchzart. Anflug von reifen roten Äpfeln, dann etwas Zitronenverbene.
Abgang Kurz und leicht.
Gesamteindruck Bekommt durch die Eiche etwas mehr Substanz, ohne dass dies seine Fragilität beeinträchtigt.

Stil Duftig und blumig
Ähnlich Bladnoch 8 Jahre, anCnoc 16 Jahre

Auchroisk & Inchgower

AUCHROISK • KEITH / INCHGOWER • BUCKIE

So wie reife Brände auf einer Geschmackskarte oder einem Aromarad eingeordnet werden können, gibt es auch für Rohwhiskys eine Liste anerkannter Beschreibungen. Wenn sich zwei Brenner über einen ähnlichen Charakter unterhalten würden, der eine aber von »Getreide«, der andere von »Hamsterkäfig« spräche, wäre das kontraproduktiv. Viel einfacher ist es, wenn beide ihn »nussig-würzig« nennen.

Das heißt aber nicht, dass alle Brennereien des nussig-würzigen Lagers identische Whiskys erzeugen. So gehören die New Makes der letzten beiden Mitglieder der Keith-Gruppe zu dieser Familie, sind aber trotzdem an entgegengesetzten Enden des Spektrums angesiedelt.

»Nussig-würzig und nussig-würzig sind nicht dasselbe«, weiß Douglas Murray, oberster Brennmeister und Blender bei Diageo. »Wer schnell maischt und die Feststoffe mit abzieht, bekommt einen nussig-getreidigen Brand. Wenn man beim zweiten Wasser mit höheren Temperaturen einmaischt, kann man die Getreidenote entfernen und bekommt einen würzigen Einschlag. Im Fermenter ergibt die trübe Würze einen nussig-würzigen Whisky, wenn sie 45–50 Stunden gärt. Lässt man länger gären, verändert sich der Charakter ebenso.«

Auchroisk ist eine moderne, funktionale Destillerie an der Straße zwischen Keith und Rothes. Der New Make läuft hier mit einer schweren, fast brandigen Nussnote aus den Stills, weil die Wash Still zu sehr erhitzt wird und einige Feststoffe mit durchkommen. Im Fass verebbt der angesengte Ton jedoch; an seine Stelle tritt eine süße Nuance.

Whisky aus der Küstenbrennerei Inchgower in Buckie dagegen ist intensiv würzig, was den salzigen Einschlag und die Andeutungen von Tomatensauce im Rohwhisky erklärt. »Wir haben auf Inchgower viele Tanks«, so Murray. »Viele Tanks im System aber bringen eine Wandlung vom Würzigen zum Wächsernen mit sich. Man darf nicht vergessen, dass die Whiskys ja nicht nur einen einzigen Charakterzug haben, sondern viele. Selbst kleine Änderungen haben große Wirkung.«

AUCHROISK – Verkostungsnotizen

NEW MAKE

Nase Verbrannt. Schweres Getreide. Kleieflocken. Treber.
Geschmack Fest, knackig-frisch, Weizenkeime. Recht hart. Im Hintergrund ein süßer Einschlag.
Abgang Trocken.

8 JAHRE REFILL-FASS, FASSPROBE

Nase Biskuits, leichte Zitrusnoten. Treber. Angesengtes Gras. Teppichgeschäft, etwas Gummi.
Geschmack Trocken, aber sauber. Assam-Tee. Kalkig.
Abgang Noch immer fest.
Gesamteindruck Bereinigt, braucht aber noch Zeit, um seine volle Süße zu entwickeln.

10 JAHRE, FLORA & FAUNA 43 %

Nase Beträchtlich süßer und nussiger geworden. Zuckerig, Cashew- und Macadamianüsse, Anflug von Wildkräutern (Melisse). Die angebrannte Note hat sich in eine röstige Tiefe verwandelt.
Geschmack Der süße Ton des New Make und des 8-Jährigen wird nun vom Fass in eine kokosartige Süße umgeleitet, die die malzige Weizenspreunote dominiert.
Abgang Noch immer trocken.
Gesamteindruck Ein Jahrzehnt langsamer Reife im Refill war nötig, um die einnehmende süße Persönlichkeit im Ansatz herauszuarbeiten.

Stil Malzig und trocken
Ähnlich Speyside 12 Jahre

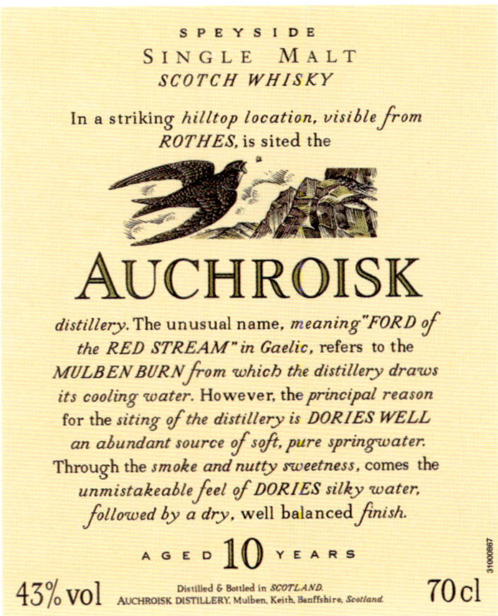

INCHGOWER – Verkostungsnotizen

NEW MAKE

Nase Sehr intensiv. Tomatensauce, grünes Malz, Gurke. Leicht salzig. Ein Hauch von Geranien.
Geschmack Säuerlich, nussig, spritzig, gischtig. Prickelnd, würzig.
Abgang Gesalzene Nüsse.

8 JAHRE REFILL-FASS, FASSPROBE

Nase Noch immer intensiv, nun mit Zitrone und Limette (fast junger/gärender Sémillon). Verhaltene, harte und grüne Frucht. Grüne Götterspeise.
Geschmack Hat sich die salzige Note bewahrt. Leicht und sauber, das Nussige kommt spät zum Zug.
Abgang Würzig.
Gesamteindruck Eine harte Nuss. Ordnet sich noch.

14 JAHRE, FLORA & FAUNA 43 %

Nase Nach wie vor intensiv würzig – eventuell mit jener Würznote, die auch den salzigen Einschlag verursacht. Kekse mit Zitronencremefüllung, Vanilleeis, Holzrauch.
Geschmack Der klar umrissene Destilleriecharakter dominiert am Anfang und Schluss und leitet jede Süße zu einem kleinen Punkt auf der Zungenmitte.
Abgang Energievoll und salzig.
Gesamteindruck Ein Unikat mit einem so kraftvollen Destilleriecharakter, dass man zweifelt, ob er sich je zähmen lässt.

Stil Fruchtig und würzig
Ähnlich Old Pulteney 12 Jahre, Glengoyne 10 Jahre

ROTHES

Rothes könnte Dufftown den Titel der Whiskyhauptstadt an der Speyside durchaus streitig machen, scheint seine Brennaktivitäten aber nicht an die große Glocke hängen zu wollen. Dabei ist die Palette der Betriebe mit einem festen Stand in der Whiskyindustrie groß: Sie reicht von einer

Fassreihen in den düsteren Lagern von Glen Grant.

ganzen Reihe hoch angesehener Destillerien über den weltweit führenden Erzeuger von Pot Stills bis hin zu einem Betrieb, der alle Brennrückstände zu Viehfutter verarbeitet. Mit anderen Worten: In Rothes finden sich alle Facetten der Whiskywelt.

Glen Grant

ROTHES • WWW.GLENGRANT.COM • GANZJÄHRIG GEÖFFNET, NÄHERES SIEHE WEBSEITE

Nachdem John und James Grant in Aberlour erste Erfahrungen als Brenner gesammelt hatten, gingen sie nach Rothes, um dort 1840 eine eigene Destillerie zu gründen. John war der Gentleman, James Techniker und Politiker. 1841 schlug James der Elgin and Lossiemouth Harbour Co. den Bau einer Bahnlinie zwischen dem Hafen von Lossiemouth und Elgin vor – und regte gleich ihre Verlängerung bis Craigellachie über Rothes an. Und so geschah es auch. Allerdings nur, weil die Gebrüder Grant 4.500 Pfund zuschossen.

Während James die Fäden zog, schuf John nicht nur eine Brennerei, sondern gleich ein ganzes Landgut. Bei Destillerien, so spektakulär oder architektonisch ansprechend sie auch sein mögen, handelt es sich meist um zweckmäßige Industrieanlagen. Glen Grant ist eine Ausnahme und sagt daher nicht nur viel über die bemerkenswerte Familie aus, die sie bis 1978 führte, sondern auch über den Gründer, einen wahren Mann von Stand. Schon John Grant senior war ein extravaganter Charakter, mehr noch aber sein Sohn, der »Major«, ein Mann mit mächtigem Schnurrbart, der das Unternehmen ab 1872 leitete und stets einen Stock oder ein Gewehr bei sich trug.

Der Großwildjäger, Playboy und stets an Technik und Innovation interessierte Brennereibesitzer verkörperte perfekt den gehobenen viktorianischen Lebensstil. Als Erster in den Highlands besaß er ein Automobil, als Erster nutzte er elektrisches Licht, das von Wasserturbinen in der Destillerie gespeist wurde. Rothes ist nicht gerade der Ort, an dem man Weintrauben oder Pfirsiche erwartet (noch heute findet man in den Läden vor Ort kaum eine Zitrone), doch damals ließ der Major all diese Früchte auf seinem Anwesen an der Spey anbauen.

CAPERDONICH, EIN TRAURIGES KAPITEL

1898 baute der Major mit Caperdonich eine weitere Brennerei an der Bahn, die schon 1902 stillgelegt, 1965 wieder in Betrieb gesetzt und 2003 erneut geschlossen wurde. »Warum hatte das Haus keinen Erfolg?«, fragt sich Malcolm. »Es hatte dasselbe Wasser, dieselbe Hefe – sogar denselben Direktor. Allerdings waren die Stills anders geformt. Und auch als man die Helme einführte, war der Whisky noch immer kein Glen Grant.« Die Anlage gehört nun zur Kupferschmiede Forsyths.

Wie umtriebig der Major war, ist auf Glen Grant nach wie vor zu spüren. Die Destillerie, anfangs mit zwei Brennblasen bestückt, wurde später auf vier erweitert, wobei jedoch ein Paar aus einer großen Wash Still und einer kleinen Spirit Still, »Wee Geordie« genannt, bestand. Heute arbeiten hier acht massive, dampfbetriebene Brennblasen. Die Wash Stills sind am Ansatz der Hälse mit einer helmartigen Ausbuchtung versehen. Alle Schwanenhälse nehmen einen Umweg über Purifiertanks. »Die Purifier gibt es schon, seit der Major den Betrieb leitete«, erklärt Dennis Malcolm, Brennmeister

Das Wasser für die Brennerei fließt entlang eines Waldwegs im berühmten viktorianischen Garten, der eine Sehenswürdigkeit für sich ist.

Das neue, moderne Besucherzentrum mit Tischen für »Selbstverkoster«.

von Glen Grant. »Er wollte damit einen leichteren Brand erzielen, das steht fest.« Heute ist der Rohwhisky blitzsauber und deutet frisches Gras, Äpfel und Kaugummi an. Um diese Art von New Make zu bekommen, wurde der vom Major eingeführte Ablauf konstant optimiert: So legte man 1975 die Brennblase Wee Geordie still, die für einen schwereren Stil sorgte, verzichtete auf Kohle, dann auf Gas, verfeuerte die letzten Torfposten 1972 und ersetzte die Sherryfässer überwiegend durch Ex-Bourbons.

Dank seiner Leichtigkeit eroberte der Whisky von Glen Grant den italienischen Markt, wo er viele Jahre lang der meistverkaufte Single Malt war. Zementiert wurde die enge Verbindung zu Italien schließlich von der Campari-Gruppe, die Glen Grant 2006 für rund 250 Millionen Euro übernahm. Seither sind Millionen in die Restaurierung der alten Brennerei und des Parks investiert worden.

Sitzt man im beschaulichen Garten und nippt an einem Glas mit Whisky aus dem unterirdischen Keller, fühlt man sich zurückversetzt in eine Zeit, da auf dem luxuriösen Anwesen noch Pfirsiche in den Gewächshäusern wuchsen und der Rolls-Royce in der Garage stand.

GLEN GRANT – Verkostungsnotizen

NEW MAKE

Nase Sehr sauber und süß. Grüner Apfel, Blüten und Kaugummi mit einem Anflug von Hefe im Hintergrund. Ätherisch und mit flüchtiger Säure.
Geschmack Von Anfang an fruchtige, esterige Apfel- und Ananasnoten. Reintönig und sauber.
Abgang Leicht blumig.

10 JAHRE 40%

Farbe Hellgolden.
Nase Leicht und blumig, vanilliger Unterton. Esterig. Die Frucht ist gereift und – im Fall der Ananas – eingedost worden. Mit Wasser Cupcakes und Hyazinthe.
Geschmack Leicht und saftig. Gutes Holz, das für viel Cremigkeit sorgt, aber auch dezent süße Gewürze mit einbringt.
Abgang Weich. Anflug von grünen Trauben.
Gesamteindruck Sauber, leicht, erfrischend.

Stil **Duftig und blumig**
Ähnlich Mannochmore 12 Jahre

MAJOR'S RESERVE 40%

Nase Sauber und recht schwungvoll, mit frisch-knackigem Apfel, einem Anflug von Minze, Gurke, Kiwi und einer delikat trockenen Gerstennote.
Geschmack Prickelnd und fein. Weißweinnoten, etwas Reneklodenkonfitüre, Erdbeere, Stachelbeere.
Abgang Fest und sauber.
Gesamteindruck Ein leichter, frischer Einstieg in die Glen-Grant-Palette. Mit Eis und Soda gut als Aperitif.

Stil **Duftig und blumig**
Ähnlich Hakushu 12 Jahre

FIVE DECADES 46%

Nase Die klassische Glen-Grant-Volatilität und -Energie: grüner Apfel, Obstblüten, Williams-Christ-Birne und gelbe Früchte. Mit Wasser Zitronenglasur und Nesseln.
Geschmack Pulsierend und energiegeladen, beschränkt sich aber auf die Zungenmitte, wo sich ein üppiger Eichenton entwickelt.
Abgang Lang, weich und süß.
Gesamteindruck Vom legendären Geschäftsführer Dennis Malcolm anlässlich des 50-jährigen Bestehens von Glen Grant entwickelt. Zum Einsatz kamen Fässer aus jedem Jahrzehnt.

Stil **Duftig und blumig**
Ähnlich The Glenlivet XXV

The Glenrothes

THE GLENROTHES • ROTHES

Wie Trauertracht mutet der Bewuchs an, den die Grabsteine im alten Friedhof von Rothes tragen. Inmitten der Ruhestätten steht ein Haus aus dem 18. Jahrhundert, in dem sich Angehörige einst nach der Bestattung versammelten, um über ihre Verblichenen zu wachen, bis der Verwesungsprozess Grabräubern ihr grausiges Handwerk verleidet hatte. Nur zu gut kann man sich vorstellen, dass sie sich in ihrer morbiden Warte regelmäßig mit Schwarzgebranntem aus der Umgebung stärkten.

Die Zeit der Grabräuber war längst vorbei und der Gottesacker wieder ein friedvoller Ort geworden, als die neue Glenrothes-Brennerei 1878 ihre Arbeit aufnahm. Der Rauch aus ihren Schloten begünstigte das Wachstum des schwarzen Pilzes, der die Grabsteine bis heute schmückt. Dass die Destillerie so nah am Friedhof stand, ist ein Beweis für die Liberalisierung der Brenngesetze im Jahr 1823: Whisky musste nicht länger heimlich in Torfhütten, den *shielings*, und auf entlegenen Farmen bereitet werden, sodass die Brenner ans Tageslicht kommen und in die Städte umziehen konnten. Doch alte Gewohnheiten sind schwer abzustreifen: Noch heute stehen alle Destillerien der Stadt versteckt in Seitenstraßen.

The Glenrothes indes hätte den Umstieg in die Legalität fast nicht geschafft. Bald nach der Gründung geriet der Betrieb in Schwierigkeiten, als die Bank von Glasgow in Konkurs ging. Gerettet wurde er nur dank der Unterstützung eines Geldgebers, von dem man das am wenigsten erwartet hatte: Die presbyterianische Kirche von Knockando stellte ihren Kreuzzug gegen den Alkohol hintan und griff der Brennerei finanziell unter die Arme, als sie in ihr eine solide Einnahmequelle erkannte.

Sie wäre wohl nicht wenig erstaunt über das, was sich auf dem Areal heute erstreckt. Aus dem alten Kern ist ein mächtiger Betrieb mit zehn Brennblasen – fünf Wash Stills und fünf Spirit Stills – geworden.

Nach einem kurzen Maischezyklus wird die Würze entweder in Edelstahltanks oder hölzerne Gärbottiche gepumpt. Zwar wird nach wie vor darüber diskutiert, ob Edelstahl oder Holz vorzuziehen ist, dennoch fährt kaum eine Brennerei zweigleisig. Die Brenner von Glenrothes, so könnte man meinen, sehen keinen stilistischen Unterschied, doch das trifft nicht unbedingt zu. Jeder Posten, der in die Wash Still geht, setzt sich zusammen aus zwei Teilen Holz und einem Teil Edelstahl. Der Einsatz von ausschließlich Edelstahl hätte sich auf den Charakter des Whiskys auswirken können.

Die Kombination aus einer langen 90-stündigen und einer kurzen 55-stündigen Gärung erfordert ebenfalls kleine Feinjustierungen, um den Stil zu bewahren. Entsprechend der Gärdauer wird die Maische sowohl in Stahl als auch Holz bei unterschiedlichen Temperaturen angesetzt, um alle Geschmacksunterschiede zu nivellieren.

Die Brennerei Glenrothes, im späten 19. Jahrhundert aus der Taufe gehoben, begann ihren Whisky bald nach der Gründung zu den Blendern im Süden zu transportieren.

Alle Whiskys der Glenrothes-Palette tragen ein nach der Beschriftung alter Verkostungsflaschen gestaltetes Etikett, auf dem sich sogar die Unterschrift des Brennmeisters findet.

Der wahre Charakter entsteht im kathedralenartigen Brennhaus von Glenrothes. Hier sitzt der Stillman zwischen zehn Brennblasen – alle groß und ausgestattet mit Boil Bulbs, die den Rückfluss erhöhen. Die Destillation läuft sehr langsam ab, damit die typische reiche, weiche Frucht zum Vorschein kommt.

Der Rohbrand reift vorwiegend in Ex-Sherryfässern (The Glenrothes gehörte früher zur Edrington Group, die ein großes Faible für Sherry hat). Bis vor Kurzem wanderte das Gros in Verschnitte von Grouse, Chivas und anderen Topmarken. Der versteckte Standort war wohl nicht nur durch äußere Umstände bedingt, sondern gleichsam Ausdruck der Unternehmensphilosophie: The Glenrothes wirkt im Verborgenen.

In der jüngsten Vergangenheit allerdings hat die Brennerei zum ersten Mal Single-Malt-Terrain betreten. Den Schritt auf Neuland verdankt sie den aktuellen Besitzern der Marke, Berry Bros. & Rudd, die auf eine 300-jährige Erfahrung mit feinen Weinen zurückblicken.

The Glenrothes hält sich nicht an die verbreiteten Altersangaben, sondern gibt seine Abfüllungen in Jahrgängen heraus, um die unterschiedlichen Facetten des elegantesten aller Malts herauszuziselieren.

Der Whisky nimmt sich in der Nase und vor allem im Mund Zeit für seine Entwicklung. Er ist reich, jedoch nicht schwer, von einer nie übermächtigen Sherrynote durchdrungen, und variiert das Thema Eiche, Frucht, Gewürze und Honig. Das heißt: Understatement statt Kraft, Eleganz statt Grobschlächtigkeit.

THE GLENROTHES – Verkostungsnotizen

NEW MAKE

Nase Sauber. Vanille. Chanel No. 5, weißfleischige Frucht. Birnen in Dosen, Anflug von Getreide, buttrig.
Geschmack Butter und Fett, aber statt Macallan-artiger Öligkeit eine würzige Milchsorbetnote mit Auftrieb.
Abgang Cremig.

SELECT RESERVE NAS 43%

Nase Feuchter Tweedstoff. Getreide/Keks. Malzig und etwas straff, ein Hauch von frischen dunklen Pflaumen im Hintergrund. Butter.
Geschmack Anfangs nussig, dann ein Wechsel zu Haferpflaumen, der dem Mittelteil – typisch Edrington – zusätzliches Gewicht gibt. Eine im New Make fehlende Vanillenote macht ihn weicher.
Abgang Lang und nussig.
Gesamteindruck Noch jung.

Stil **Fruchtig und würzig**
Ähnlich The Balvenie 12 Jahre Double Wood, Glen Garioch 12 Jahre

EXTRAORDINARY CASK, 1969 42,9%

Nase Elegant und hochkomplex, mit reichlich tropischer Frucht. Facettenreich, strahlend, mit Mango, Bienenwachs, Tabak, Kastanienhonig, dann Brombeeren und Zeder.
Geschmack Subtil und anfangs fast spitzenzart, aber mit Rothes-typischem Gewicht. Vielschichtig und weich. Anklänge an Shiitake-Pilze, fein abgeschliffenes Holz, tropische Trockenfrüchte.
Abgang Fruchtig und Cognac-artig.
Gesamteindruck Von überragender Eleganz. Klassischer alter Rothes.

Stil **Fruchtig und würzig**
Ähnlich Tomintoul 33 Jahre

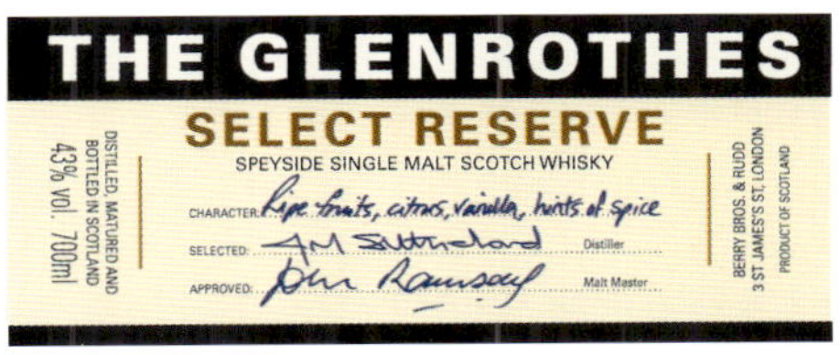

ELDER'S RESERVE 43%

Nase Körperreich, mit typischer Eleganz. Ausgefeilt, Anwandlungen von Gerste, cremige Eiche, oxidative Tiefen. Süß, mit gekochten Pflaumen und roten Früchten.
Geschmack Ölig, Geranien, Bitterorange und Honigwaben. Mit Wasser angenehm kurios und reif.
Abgang Lang und mild.
Gesamteindruck Ein Whisky ohne Altersangabe (NAS), doch die jüngste Komponente ist 18 Jahre alt.

Stil **Fruchtig und würzig**
Ähnlich The Balvenie 17 Jahre

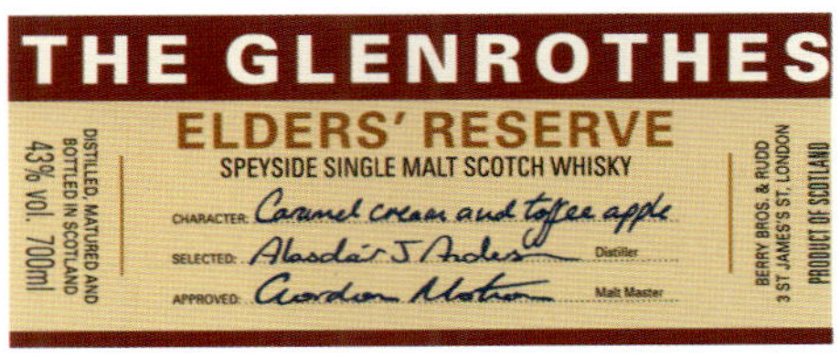

Speyburn

SPEYBURN • ROTHES • WWW.SPEYBURN.COM

Alles, was man auf der Straße nach Elgin von Speyburn zu Gesicht bekommt, ist ein Pagodendach. Es ragt aus einem engen, kleinen Tal und lässt vermuten, dass die Destillerie einst aus einer versteckten Schwarzbrennerei entstand. Doch der Eindruck täuscht: Speyburn, wie alle Destillerien des Orts im späten 19. Jahrhundert entstanden, befindet sich direkt neben der Bahnlinie Rothes–Elgin, die auf Betreiben von John Grant gebaut wurde. Nähert man sich ihr auf der Straße, gibt die Anlage zwar nur langsam ihre Ansammlung von Gebäuden preis. Von der Bahnseite aus indes bekommt man die ganze Vorderfront mit Brennhaus, Lagern und Mälzerei geboten. Unsere Perspektive hat sich gewandelt, nicht die von Speyburn.

Rothes und auch Speyburn scheinen durchdrungen vom Geist der Innovation. Die Brennerei steht nicht nur gegenüber der ersten eigens als Verwertungsbetrieb gebauten Anlage Schottlands, die Brennabfall zu Tierfutter verarbeitet. Sie war auch die erste Destillerie im Land mit einer pneumatischen Mälzerei, genauer gesagt einer Trommelmälzerei. Die Trommel drehte sich hier bis 1968 – zwei Jahre, nachdem die Bahn den Güterverkehr eingestellt hatte. Dann versank der Betrieb in der Bedeutungslosigkeit.

Die Brennerei Speyburn gehört zu den im Besitz von Inver House befindlichen Betrieben und ist daher mit Worm Tubs, wie die Kühlwasserbäder genannt werden, ausgestattet. Sie sorgen für einen Brand mit ausgeprägter Streichholz- und Stadtgasnote, der früh den Schwefelton ablegt, um den wahren fruchtig-duftig-blumigen Charakter zum Vorschein zu bringen.

Speyburn liegt gut versteckt. Und auch der Whisky gehört eher zur zurückhaltenden Sorte.

»Er trinkt sich leicht,« meint der Verschnittmeister von Inver House, Stuart Harvey, »hat aber mehr Körper als ein anCnoc. Das ist der Unterschied.« Auch kleinste Variationen im Produktionsablauf schlagen sich merklich nieder. »Man kann in einer identischen Destillerie dasselbe Herstellungsverfahren haben«, so Harvey, »und der Whisky bekommt dennoch einen anderen Charakter. Whisky ist lagenspezifisch. So, wie er ist, wird er nur bei uns.«

SPEYBURN – Verkostungsnotizen

NEW MAKE

Nase Nasses Leder. Leichte Kleie-/Hafernoten. Anflug von jamaikanischem Pot-Still-Rum. Reichlich Zitrus. Frisch angezündete Streichhölzer und gasartiger Schwefelgeruch.
Geschmack Groß, leicht brotig, mit ein paar fleischigen Andeutungen; dahinter versteckt sich jedoch etwas Delikates. Hat Tiefe.
Abgang Wird zunehmend frischer.

10 JAHRE 40%

Farbe Blasses Gold.
Nase Leicht und blumig, Malzbonbons und eine leichte Zitrusnote. Sauber, frisch und weich. Fondantkonfekt und gekochter Rhabarber. Kirschblüten.
Geschmack Cremige Vanille, Biskuitteig mit Sirup, dann Blüten. Sukkulent durch gutes Gewicht im Mittelteil.
Abgang Leicht säuerlich.
Gesamteindruck Noch ein Exemplar, bei dem sich esterige Noten und Gewicht am Gaumen auftun, sobald der Schwefel verfliegt.

Stil Duftig und blumig
Ähnlich Glenkinchie 12 Jahre, Glencadam 10 Jahre

21 JAHRE 58,5%

Nase Reiche Sherrynoten, Kuchen, Nüsse und Pflaumen. Bitterschokolade. Ein Anflug von angebranntem Fleisch.
Geschmack Ein Powerpaket im Zeichen europäischer Eiche: Orangen, süße Gewürze, Teegebäck mit Sirup, etwas süßer Brand. Der verkohlte Einschlag bringt den Geschmack auf faszinierende Weise ins Gleichgewicht.
Abgang Lakritze.
Gesamteindruck Ein großer Fasseinfluss und vielleicht auch der fleischige Ton deuten womöglich darauf hin, dass früher ein schwererer Stil bevorzugt wurde.

Stil Reichhaltig und rund
Ähnlich Tullibardine 1988, Dailuaine 16 Jahre

Glen Spey

GLEN SPEY • ROTHES

Quer gegenüber Speyburn auf der anderen Seite der Stadt liegt Glen Spey, letzte Anlaufstelle dieses im Verborgenen arbeitenden Whiskydrehkreuzes. Wenngleich man sich in Rothes lieber bedeckt hält, bietet der Ort alles, was Destillerien brauchen. Nicht zufällig wählten ihn die ersten Firmengründer zu ihrem Sitz. Rothes hat zahlreiche Wasserquellen und eine Bahnlinie, liegt an der Südgrenze der Ebene, auf der Gerste angebaut wird, und hatte Zugang zu Torf – mithin alles, was das Brennerherz begehrt.

Jede Brennerei hatte ihre eigene Mälzerei (Glen Grant und Speyburn arbeiteten bis nach 1960 mit Trommelmälzereien). Der örtliche Kupferschmied Forsyths beliefert noch heute die ganze Whiskyindustrie. Und mit seiner Schlempeverwertungsanlage ist Rothes endgültig das Musterbeispiel autarker Produktion.

Wie alle Destillerien der Stadt wurde auch Glen Spey Ende des 19. Jahrhunderts gegründet. 1878 ergänzte der örtliche Getreidehändler James Stuart seine Mühle um eine Brennerei. Nachdem er sie erweitert und Glen Spey getauft hatte, verkaufte er sie 1887 an den Ginhersteller W & A Gilbey, der damit seinen ersten Betrieb in Rothes besaß (bald kamen noch Knockando und eine weitere Kornmühle namens Strathmill hinzu).

Glen Spey hat sich sein biederes viktorianisches Flair bewahrt und ist dem leichten Gilbey/J & B-Stil treu geblieben. Hier wie in Strathmill haben die hohen, den Rückfluss begünstigenden Wash Stills, die man sich vielleicht beim Nachbarn Glen Grant abgeschaut hat, einen Purifier. Er bereichert den nussigen Charakter des Whiskys um ein öliges Element, das sich, wie ich finde, als Mandelton niederschlägt.

Auf den ersten Blick erweckt Rothes nicht den Anschein, eine Whiskystadt zu sein. Auf den zweiten schon.

Wie alle Brennereien in Rothes bevorzugt Glen Spey ein Wirken im Stillen.

GLEN SPEY – Verkostungsnotizen

NEW MAKE

Nase Fett. Popcorn und Karamellbonbons mit süßer Frucht dahinter. Leichte Salznote, dann grüne Mandeln/Mandelöl.
Geschmack Sauber und grün. Etwas nussig und mehlig. Generell trocken. Einfach.
Abgang Trocken und frisch.

8 JAHRE REFILL-FASS, FASSPROBE

Nase Leicht unreif, aber mit Auftrieb. Geröstetes Holz/Malz, Erdnüsse und Mandeln. Weißer Rum. Im Hintergrund Bratapfel.
Geschmack Sehr intensiv, dann kommt auf halbem Weg Haselnussmehl zum Vorschein. Leicht und sauber.
Abgang Nussig.
Gesamteindruck Noch nicht integriert und etwas dürr.

12 JAHRE, FLORA & FAUNA 43%

Nase Malzig, aber duftend, mit einem Anflug von Lavendel und einem erdigen Ton. Kreidestaub (von Schultafeln), dann die typische Mandelnote.
Geschmack Erdnüsse und Mandelsplitter. Sauber, mit weichem süßem Einschlag im Mittelteil. Flieder und Iris zum Abschluss.
Abgang Frisch und sauber.
Gesamteindruck Voll entwickelt, mit einem ausgewogenen Mix aus Malz und Duftigkeit.

Stil **Malzig und trocken**
Ähnlich Inchmurrin 12 Jahre, Auchentoshan Classic

ELGIN

Das Bermudadreieck der schottischen Whiskywelt erstreckt sich vor den Toren von Elgin, der mit mehr als 20.000 Einwohnern größten Stadt an der Speyside. Hier findet man Kultbrennereien, deren Elixiere unter professionellen Verschneidern und Kennern zwar hoch begehrt, aber vom Radar des durchschnittlichen

Sandsteinklippen bei Burghead leuchten im Licht der untergehenden Sonne.

Whiskyliebhabers nahezu gänzlich verschwunden sind. Dabei gibt es in und um Elgin so manche Überraschung zu entdecken: Erzeugnisse, die den Inbegriff von Frucht und Wohlgeruch verkörpern, oder auch den am stärksten getorften Brand an der Spey.

Glen Elgin

GLEN ELGIN • ELGIN • WWW.MALTS.COM/INDEX.PHP/EN_GB/OUR-WHISKIES/GLEN-ELGIN/THE-DISTILLERY

Es scheint typisch für die Speyside zu sein: Selbst die größten Städte der Region machen nicht viel Aufhebens um ihre Whiskyerzeuger. Abgesehen von den beiden Single-Malt-Vorzeigebetrieben Glen Moray und The BenRiach arbeiten die Brennereien eher im Verborgenen und lassen ihre Produktion in allerlei Blends einfließen. Daher werden sie oft als reines Füllmaterial abgetan, obwohl gerade das Gegenteil der Fall ist. Die meisten Destillerien treten nur deshalb selten mit Eigenem in Erscheinung, weil Blender ihre einzigartigen Besonderheiten schätzen.

Die alten Küferwerkzeuge in den Lagern von Glen Elgin sind schon seit Langem in Gebrauch.

Ein klassisches Beispiel ist Glen Elgin. Das in einem von der A941 abgehenden Sträßchen versteckte Unternehmen bereitet Whiskys mit enormer Fruchtausstattung. Ihre fleischige Reife beschwört Bilder von Pfirsichen herauf, deren Saft einem das Kinn herunterläuft. Das erscheint auf den ersten Blick ungewöhnlich, denn sechs kleine Brennblasen plus drei Worm Tubs ergeben nach allem, was man weiß, einen schwefeligen Rohbrand. Glen Elgin ist jedoch zusammen mit zwei weiteren Diageo-Anlagen eine Ausnahme von dieser Regel.

»Wenn man den Brennvorgang so steuert, dass der Schwefel während der Destillation entfernt wird, bekommt man einen intensiven leichten Brand«, erklärt Douglas Murray, Master Distiller und Blender bei Diageo. Doch auch die Gärung spielt eine wichtige Rolle. »Auf Glen Elgin stellen wir die charakterlichen Weichen zum Großteil schon vor dem Brennen.« Die erotisch aufgeladene Frucht entsteht durch eine längere Gärung bei etwas niedrigeren Temperaturen als üblich und eine langsame Umwandlung in der Brennblase unter Einfluss von viel Kupfer.

Dann wären da noch die Worm Tubs. »Anlagen mit solchen Kühlbädern erbringen heute einen komplexeren, intensiveren Whisky«, so Murray. »Der Ablauf ist bei Cardhu und Glen Elgin ziemlich gleich.« Dennoch ergeben sich enorme Unterschiede zwischen den Erzeugnissen der beiden: Das eine ist sukkulent und üppig, das andere grasig und scharf.

GLEN ELGIN – Verkostungsnotizen

NEW MAKE

Nase Reif. Fruchtkaugummi. Roter Apfel, gebackene Bananen, grüne Pfirsiche. Seidig.
Geschmack Leichte Rauchnote. Sauber, aber reif und reich. Seidiges Mundgefühl.
Abgang Üppig und lang.

8 JAHRE REFILL-FASS, FASSPROBE

Nase Das fruchtige Spektrum ist weicher und reifer geworden und reicht nun von eingedostem bis hin zu frischem Obst. Reichlich Dosenpfirsiche, frische Melone, scheinbar cremig. Süß, dick und saftig. Leicht rauchig.
Geschmack Überaus süß und konzentriert. Sammelt sich auf der Zungenmitte. Aprikosen. Sehr saftig. Pfirsichnektar.
Abgang Weich und – natürlich – fruchtig.
Gesamteindruck Ein süßer, reicher Whisky, dem es fast gut tun würde, vom Fass etwas in seine Schranken gewiesen zu werden.

12 JAHRE 43%

Farbe Sattgolden.
Nase Die Frucht dominiert nun mit süßer, leicht staubiger Würze. Anklänge an Muskatnuss und Kreuzkümmel. Mehr integrierte Eiche, die den frischen Früchten etwas Grip verleiht.
Geschmack Weiche tropische Früchte im Auftakt, dann auf halbem Wege ein plötzlicher Wechsel hin zu jenen Gewürzen, die langsam den Charakter duftender Hölzer annehmen.
Abgang Fruchtig, aber austrocknend.
Gesamteindruck Das Fass hat dem ganzen Paket Komplexität verliehen, aber der Destilleriecharakter ist nach wie vor präsent.

Stil **Fruchtig und würzig**
Ähnlich Balblair 1990, Glenmorangie The Original 10 Jahre

Longmorn

LONGMORN • ELGIN • WWW.LONGMORNBROTHERS.COM/HTML/DISTILLERY.HTM

Auch Glen Elgins Nachbarn zieht es nicht unbedingt ins Rampenlicht. Longmorn gehört zu jenen Malt-Brennereien, die sich wie virtuose Untergrundmusiker eine eingefleischte Anhängerschaft aufbauen. Oft sehen solche Fans es dann gar nicht gern, wenn ihr Held immer mehr Bekanntheit erlangt.

Longmorn wurde 1893 von John Duff aus dem Nachbarort Aberchirder gegründet. Er hatte bereits Glenlossie aufgebaut, war aber anschließend nach Transvaal gegangen, um dort die südafrikanische Whiskyindustrie aus der Taufe zu heben. Als das Unterfangen scheiterte, ging er zurück und rief in der fruchtbaren Tiefebene Laich O'Moray unweit der Torfmoore am Mannoch Hill Longmorn ins Leben. Ende des Jahrhunderts ging Duff in Konkurs und Longmorn fiel an James Grant.

Bald darauf erhoben Blender den Betrieb in den Rang eines 1A-Zulieferers. »Longmorn ist ein echtes Juwel«, schwärmt Colin Scott, Master Blender der Muttergesellschaft Chivas Brothers. »Der Brand hat die Kraft, andere Whiskys zu beeinflussen, und die Eleganz, um mit seinen Verschnittpartnern zu harmonieren.« Wie eifersüchtige Fans wachten die Blender über ihn. Selbst als das Haus der Gruppe Glenlivet Distilleries angegliedert wurde, verhalf man ihm nie zu Single-Malt-Status.

Die Verschneider schätzen den weichen, reichen und komplexen New Make aus dicken, schmucklosen Brennblasen, ein süßes, fruchtiges Getränk mit Tiefe und Breite, duftend und doch kraftvoll. Während er in amerikanischen Eichenfässern mild und honigartig gerät, nimmt er in Hogsheads ein reicheres, würzig-ausladendes Wesen an und offenbart in Ex-Sherryfässern eine düster-reiche, kraftvolle Ader.

Der Brand von Longmorn läuft in einen der am reichsten verzierten Spirit Safes der Whiskywelt.

Zudem hat Longmorn maßgeblichen Anteil an der Entstehung des japanischen Single Malt. Die Brennblasen dienten als Vorbild für die Stills in der Yoichi-Destillerie, wo einer der Väter des japanischen Whiskys, Masataka Taketsuru, erste Brennerfahrungen machte. Das spricht sich zwar herum, offiziell aber gibt es bislang nur einen einzigen Solisten aus dem Haus, einen aufwendig verpackten 16-Jährigen. Ansonsten wird der Whisky weiter von Verschneidern für sich beansprucht.

LONGMORN – Verkostungsnotizen

NEW MAKE

Nase Weich und fruchtig – fast wie Obstkuchen. Reife Bananen, Birnen. Reich und rund, nach hinten zu eine weiche, fleischartige Note.
Geschmack Auch hier Früchte. Reif und lang.
Abgang Ein kleiner blumiger Touch.

10 JAHRE FASSPROBE

Farbe Hellgolden.
Nase Die Früchte reifen, bewegen sich aber leicht in Richtung grüne Pfirsiche. Dann kommen Vanille und Sahne ins Spiel.
Geschmack Die zentrale Fruchtigkeit tritt nun hervor: Aprikosen und Mangos. Mit Wasser auch geschmolzene Milchschokolade und Muskatblüte.
Abgang Leichte Gewürznote.
Gesamteindruck Trotz all der weichen Kraft bekommt man den Eindruck, als schliefe er noch.

16 JAHRE 48 %

Farbe Altgold.
Nase Obstkuchen. Nach wie vor weiche Früchte, aber auch ein wenig staubige Gewürze, getrocknete Bananen, Zitrus. Mit Wasser Sahnetoffee, Pfirsich und Pflaume.
Geschmack Dick. Wieder Schokolade. Reife Tropenfrüchte, Fruchtzucker.
Abgang Ingwerkekse.
Gesamteindruck Reif und komplex.

Stil **Fruchtig und würzig**
Ähnlich Glenmorangie 18 Jahre, The BenRiach 16 Jahre

1977 50,7 %

Nase Bananenchips, gebrannte Nüsse. Bekommt durch eine Getreidenote Tiefe. Pfirsichartig, duftend. Chinesischer Tee, Kompott, Zitrus.
Geschmack Tief, reich, später Sandelholz, Vetiver, Haferpflaumen und süßes Kompott.
Abgang Voll und lang. Zimt in Butter.
Gesamteindruck Geht in eine üppige Richtung.

Stil **Fruchtig und würzig**
Ähnlich Macallan 25 Jahre Fine Oak

33 JAHRE, DUNCAN TAYLOR BOTTLING 49,4 %

Nase Bewahrt sich selbst nach so langer Zeit die typische Fruchtigkeit. Gekochte Quitten, Guaven mit etwas kandiertem Ingwer in Sirup. Leichte Rauchnote.
Geschmack Mild-süß und fruchtig. Eine leicht prickelnde Ingwernote (Ginseng?) gibt dem Schlussteil Auftrieb.
Abgang Rückkehr der Frucht in halb getrockneter Form.
Gesamteindruck Der ausgewogene Eichenton lässt dem Brennereicharakter Raum, sich voll zu entfalten.

Stil **Fruchtig und würzig**
Ähnlich Glenmorangie 25 Jahre, Dalwhinnie 1986

The BenRiach

ELGIN • WWW.BENRIACHDISTILLERY.CO.UK • PRIVATE FÜHRUNGEN MÖGLICH, NÄHERES SIEHE WEBSEITE

Ende des 19. Jahrhunderts schwelgte Großbritannien in einem Wirtschaftsboom. Die industrielle Produktion nahm zu, was auch steigende Investitionen in neue Brennereien nach sich zog. Auf Hochs folgen unweigerlich Tiefs, und so rutschte der Sektor bald darauf in eine Rezession, welche möglicherweise durch den Zusammenbruch des Blenders und Brokers Pattison 1898 ausgelöst wurde. Obwohl die Exporte bei den Blends stiegen, gingen die Verkaufszahlen auf dem für Scotch nach wie vor entscheidenden heimischen Markt zurück. Die Lager quellen über, doch drohte noch schlimmeres Ungemach, als die erst kurz vorher errichteten Anlagen in Produktion gingen.

Manche der ins Trudeln geratenen Häuser wurden von Blendern gerettet, die ihr Unternehmen erweitern wollten und gleichzeitig eine größere Kontrolle über ihre Zulieferer anstrebten. Andere wurden geschlossen, weil man sie als überflüssig erachtete. Waren 1899 in Schottland einschließlich der Grain-Brennereien noch 161 Destillerien in Betrieb gewesen, arbeiteten 1908 nur noch 132. Viele der stillgelegten Anlagen waren kurz vor Ende des Booms in wilder Gründerfreude errichtet, aber zugemacht worden, bevor sie eine Chance hatten, einen nennenswerten Beitrag zur Whiskywelt zu leisten. Capernoich, 1898 als Glen Grant Mark II gegründet, schloss 1902 die Pforten. Für Imperial, 1897 als Dailuaine II aus der Taufe gehoben, kam schon 1899 das Aus. BenRiach nahm den Betrieb 1898 auf, stellte ihn aber bereits 1900 wieder ein. Anschließend sollte es 65 Jahre dauern, bis die Schwesteranlage von Longmorn wieder zu arbeiten begann.

In der Zwischenzeit nutzte Longmorn zwar die Mälzerei von BenRiach, doch erst auf der Höhe eines weiteren Whiskybooms begann wieder Brand aus den vier Stills zu fließen.

Gleichwohl gestand man der Brennerei nur eine Nebenrolle als stiller Mitwirkender in Verschnitten zu. Ihr Anteil brachte eine gewisse würzige Frucht in Blends ein und war vielleicht auch noch für einen schwer getorften Einschlag zuständig. Selbst wenn ihr Whisky gelegentlich sogar offiziell als Single Malt abgefüllt wurde und dabei einen respektablen Eindruck machte, geriet er doch nie so glanzvoll wie Editionen der beiden anderen Mitglieder des Triumvirats, Glen Grant und Longmorn.

Als BenRiach 2003 erneut den Betrieb einstellte, war man sich sicher, dass die Brennerei unter einem schlechten Stern stand. Doch Rettung nahte in Gestalt des ehemaligen Geschäftsführers von Burn Stewart, Billy Walker. Die Übernahme wurde mit Skepsis zur Kenntnis genommen, bis die ersten Whiskys auf den Markt kamen: komplexe, würzige Brände, die, einmal älter geworden, mit einem strahlenden, lebendigen Wesen begeisterten, wie man es nur bei Whiskys mit langer Reife in Refill-Fässern antrifft. Mit anderen Worten: Der Single Malt von BenRiach war eine Offenbarung für Whiskyfreunde, wenn nicht sogar für Blender.

Heute wird mit voller Kraft produziert, denn Single Malts stehen im Blickpunkt. »Wir haben fünf Jahre gebraucht, bis wir alles austariert hatten«, erinnert sich Geschäftsführer Stewart Buchanan. »Viele Geräte waren abgebaut worden und mussten daher ersetzt und neu justiert werden. Da es keine Aufzeichnungen über die vor der Übernahme produzierten Rohbrände gab, mussten wir etliche Testläufe fahren. Inzwischen haben wir, glaube ich, das Optimum fast erreicht. Wir streben eine duftige, fruchtige Süße an. Einige der Fruchtaromen kann man sogar im Raum mit den Bottichen riechen – es duftet dort richtig nach Äpfeln. Bei der Whiskyproduktion ist gute Gerste das A und O, und weil wir einen breiten Schnitt haben, fangen wir ein ordentliches Spektrum an Aromen ein – von der Süße des frühen bis zu den Getreidenoten des späteren Durchlaufs.«

Obwohl ein Späteinsteiger, begnügt sich BenRiach nicht mehr, wie in diesem Teil der Speyside üblich, mit der Rolle des Lieferanten für Blends, sondern steht vielleicht an der Spitze der oft großartigen Brennereien, die zu neuen Ufern aufgebrochen sind.

Rechts: Viele Jahre lang lieferte BenRiach Material für Blends. Inzwischen hat die Brennerei allerdings das Zeug, zu einer bedeutenden Single-Malt-Marke zu avancieren.

Links: Einmaischen im Hause BenRiach: In dieser frühen Phase des Herstellungsprozesses wird die Stärke der Gerste in gärfähigen Zucker umgewandelt.

THE BENRIACH – Verkostungsnotizen

NEW MAKE

Nase Süß, kuchenartig, fruchtig. Zucchini, Fenchel. Zitrone, dann eine süße Keksnote, Kalk.
Geschmack Die hoch konzentrierte, leicht wächserne, weiche Fruchtigkeit bildet den Auftakt, dann folgt eine düster-staubige, duftige Note. Viskos.
Abgang Frisch und sauber. Zunächst Malz, dann reichlich Gewürze.

CURIOSITAS 10 JAHRE PEATED 40%

Nase Anfangs Raffia/Weetabix, dann Rauch von getrocknetem Holz/angekohlte Stöcke mit einem Anflug von Teer und gebackenen Früchten im Hintergrund.
Geschmack Ausgesprochen rauchig, später süße Eiche und ein leicht fruchtiger Einschlag. Gutes Mundgefühl.
Abgang Nach wie vor rauchig mit leichter Getreidenote.
Gesamteindruck Wirklich eine Kuriosität. Wurde ursprünglich als torfige Komponente für die Verschnitte von Chivas Brothers konzipiert.

Stil **Rauchig und torfig**
Ähnlich Ardmore Traditional Cask

12 JAHRE 40%

Farbe Kräftig golden.
Nase Würziger Auftakt mit duftigen/wächsernen Exotenblüten (Frangipani), Puderzucker und Sägemehl. Mit Wasser frisches Obst und frische Eiche.
Geschmack Bleibt leicht wächsern, mit Andeutungen von klebrigem Fruchtsirup. Aprikosen, Bananen und Zimt.
Abgang Gewürzexplosion, dann ein rasches Ende.
Gesamteindruck Reift langsam und hat in amerikanischer Eiche den idealen Partner gefunden.

Stil **Fruchtig und würzig**
Ähnlich Longmorn 10 Jahre, Clynelish 14 Jahre

16 JAHRE 40%

Farbe Kräftig golden.
Nase Alles ist tiefer geworden. Während sich das Gewürz zurückgezogen hat, tritt die Frucht als dominanter Partner nach vorn. Anflug von Holzrauch. Getrocknete Bananen und reife Melone. Leicht nussig. Bewahrt den exotischen Einschlag.
Geschmack Dichtere, aber nicht mehr so frische, sondern gebackene/getrocknete Früchte. Größer, viskoser und intensiver; etwas Kreuzkümmel. Mit Wasser Sherrynoten.
Abgang Trockene Eiche und Sultaninen.
Gesamteindruck Lässt seine Muskeln spielen.

Stil **Fruchtig und würzig**
Ähnlich The Balvenie 12 Jahre Double Wood

20 JAHRE 43%

Nase Entspannter, reifer Charakter: strahlende Gewürze mit Muskatblüte und einer subtilen Kreuzkümmelnote als Speerspitze. Süß und sauer spielen sich gegenseitig aus. Dann getrocknete Schalen und Aprikosen.
Geschmack Reif und weich, mit reichlich frischen Baumobstsäften, die mit der Zeit immer nektarinenartiger werden.
Abgang Süße Gewürze. Lang.
Gesamteindruck Elegant; der Brennereicharakter bekommt durch den zurückhaltenden Eichenbeitrag zusätzliche Substanz.

Stil **Fruchtig und würzig**
Ähnlich Paul John Select Cask

21 JAHRE 46%

Farbe Golden.
Nase Rauch und feuchtes Heu. Lorbeer, Herbstlaub und Birne. Weiterhin Melone, aber von den Gewürzen ist nur noch ein Hauch geblieben.
Geschmack Rauchig und nussig. Walnussschalen. Salbei, aber nach wie vor viskos. Die Eiche ist zu Sandelholz und Kampfer mutiert. Zurückhaltend, mit guter Unterstützung durch das Holz.
Abgang Ingwer und etwas Torf.
Gesamteindruck Tritt in die dritte Phase seiner Entwicklung ein.

Stil **Fruchtig und würzig**
Ähnlich Balblair 1975, Glenmorangie 18 Jahre

SEPTENDECIM, 17 JAHRE 46%

Nase Gartenfeuer mit ausgewogener Süße als Gegenpart: zimtbestäubte Äpfel, über Feuer gebacken.
Geschmack Das Zusammenspiel aus Früchten und Grasrauch setzt sich am Gaumen fort, doch kommen noch Toffee, Nugat, Pfirsichsirup und salzige Lakritze hinzu.
Abgang Die Rückkehr des Rauchs.
Gesamteindruck Ausgewogen, rauchig und mit erkennbarem Brennereicharakter.

Stil **Rauchig und torfig**
Ähnlich Ardmore-Abfüllungen unabhängiger Anbieter

AUTHENTICUS, 25 JAHRE 46%

Nase Wieder einmal Rauch. Holzrauch: Erlen- und Obstholz, mit leichtem aromatischem Auftrieb, der an Räucherfleisch erinnert.
Geschmack Der Brennereicharakter macht sich mit plumper, weicher Baumobstsüße bemerkbar. Das Bienenwachs ist dem Alter und dem erwähnten Rauch geschuldet.
Abgang Schwelendes Feuer.
Gesamteindruck Reif und perfekt ausgewogen.

Stil **Rauchig und torfig**
Ähnlich Unabhängige Abfüllungen von Glen-Garioch- und Ardmore-Whiskys

Roseisle

ROSEISLE • BURGHEAD

Als Diageo seine Pläne für den Bau einer Brennerei neben seinen Mälzereien in Roseisle bekannt gab, waren die Reaktionen durchweg negativ. Während die einen sie ablehnten, beschwörten die anderen regelrechte Untergangsszenarien herauf. Nach Meinung der Skeptiker würde die 2010 eröffnete Anlage mit einem Jahressausstoß von zehn Millionen Liter ein Sterben der kleineren Destillerien von Diageo einleiten und den Tod der handwerklichen Brennkunst besiegeln.

Dabei war Roseisle mit seinen 14 Stills nur der Anfang einer milliardenschweren Investitionskampagne, mit der Schottlands größter Whiskykonzern die Fördermenge all seiner Anlagen erhöhte. Stillgelegt wurde keine einzige Brennerei, dafür eröffneten mehrere neue.

Umweltschutz hatte Priorität beim Bau der Destillerie. Ein eigenes Biomassekraftwerk erzeugt einen Großteil der Energie, während die Abwärme für die Mälzereien Roseisle und Burghead genutzt wird.

Erzeugt werden sollen mehrere Stile für Blends. Das allein ist noch kein Novum, die dabei verwendeten Verfahren dagegen schon. Sechs der sieben Brennblasenpaare haben je zwei Rohrbündelkondensatoren. In einem sind die Rohre aus Kupfer, im anderen aus Edelstahl. Wird schwerer Brand gebraucht, leitet man den Dampf in den Edelstahl. Muss ein leichter Spirit her, kommt das kupferhaltige System zum Einsatz.

Bislang ist der Whisky von Roseisle dem leichten, grasigen Lager zuzuordnen, sieht man einmal von einer kurzen Einstiegsphase ab, als ein nussiger und würziger Brand die Stills verließ. Die Gärzeiten wurden auf 90 Stunden ausgedehnt, beim Brennen lässt man sich Zeit und den Stills nach jedem Lauf eine »Atempause«, in der Luft durch sie gepumpt wird, um das Kupfer aufzufrischen. Zusätzlich werden alle Brennblasen einmal in der Woche gründlich gesäubert, was ihnen weitere sechs, sieben Stunden Luftzufuhr beschert.

Das heißt aber auch, dass nicht mehr als 22 Maischeladungen pro Woche zustande kommen. »Wer es leicht will, muss das Tempo drosseln«, weiß Manager Gordon Winton. »Die Blender sagen, dass der Roseisle-Stil sich von dem anderer grasiger Whiskys unterscheidet.«

Und was ist mit schweren Vertretern? »Die kommen, wenn wir sie brauchen.« Ist dann nicht wieder eine neue Feinabstimmung nötig? Winton lacht. »Doch. Aber so ist es nun einmal mit Whisky!«

Brennhaus von Roseisle, einer bemerkenswerten Brennerei im Portfolio des Diageo-Konzerns.

Glenlossie & Mannochmore

GLENLOSSIE & MANNOCHMORE • ELGIN

Während BenRiach aus der Abgeschiedenheit ins Rampenlicht getreten ist, scheint sich dieses Duo noch mit seinem Wirken im Verborgenen zufrieden zu geben. Glenlossie und Mannochmore teilen sich eine Anlage, ja, Mannochmore befindet sich sogar auf dem Areal von Glenlossie, als stehe es unter seinem Schutz. Ihre Whiskys sind dem leichteren Ende des Spektrums zuzuordnen, variieren dieses Thema jedoch.

Glenlossie ist ein anschauliches Beispiel für das Streben nach Leichtigkeit im ausgehenden 19. Jahrhundert. Die Anlage wurde im Jahr 1876 von John Duff, einem ehemaligen Direktor von GlenDronach, errichtet. Sie ist mit Brennblasen ausgestattet, an die Purifier angeschlossen sind – ein geschickter Kunstgriff, um einen zarteren Brand zu bekommen.

Der Schlüssel zu diesem Stil liegt im Rückfluss, der ausgedehnten Neudestillation des kondensierenden Dampfs im Inneren der Brennblasen (siehe Seite 14–15). Allerdings ist ein Glenlossie mehr als nur leicht. Die Nase des Rohbrands offenbart eine Öligkeit, die den grundlegenden, delikaten Grasduft um weitere Aromen und das Mundgefühl um eine gewisse Glätte bereichert. »Wenn man die Gärung so steuert, dass man einen grasigen Brand erhält, und dann den Rückfluss erhöht, bekommt man diesen öligen Charakter«, so Douglas Murray, Master Distiller und Blender bei Diageo. »Öligkeit entsteht, wenn ein potenziell grasiger Brand mit reichlich aktivem Kupfer in Kontakt kommt.«

Sein Purifier-Rohr hat Glenlossie möglicherweise sogar gerettet. Von Zwillingsbrennereien wird oft einer der beiden Betriebe geschlossen, so geschehen mit Brora, Teaninich und Linkwood. Glenlossie hingegen widmete man viel Aufmerksamkeit. 1962 erweiterte man die Anlage sogar um zwei auf insgesamt sechs Brennblasen.

1971 entstand Mannochmore mit seinen sechs Stills auf dem Glenlossie-Areal (zusammen mit einer Schlempeverwertungsanlage) und begann seine eigene Version eines leichten Whiskys zu erzeugen. Statt Öligkeit charakterisiert den jungen Brand allerdings eine süße, blumige Frische, die mit zunehmender Reife einen fleischigen Ton bekommt. Behandelt werden möchte er behutsam – ein ungestümes Firstfill-Sherryfass würde sein zurückhaltendes Wesen vernichten.

Umso überraschender ist es, dass der Malt als Basis für die an Melasse erinnernde Essenz von Loch Dhu diente: den berüchtigten »Black Whisky«, der nach 1990 kurz auf dem Markt erschien und damals von vornherein abgelehnt wurde, heute aber ein Sammlerstück ist.

MANNOCHMORE – Verkostungsnotizen

NEW MAKE

Nase Süß, Karotten, Fenchel, Blütenstängel mit Andeutungen von Steinfrüchten. Erinnert an Grappa.
Geschmack Leicht und sauber. Blumig, mild und frisch.
Abgang Kurz, verhalten.

8 JAHRE REFILL-FASS, FASSPROBE

Nase Tiefgründigerer Duft mit einer Andeutung von nasser Erde und Jasmin. Vanille, nach wie vor eine gewisse unreife, Grappa-artige Schärfe. Leicht kalkig.
Geschmack Fett und ziemlich breit. Unreife Pfirsiche, dann Vanille und Blumenladen.
Abgang Scharf.
Gesamteindruck Scheinbar leicht im Aroma, nimmt sich aber Zeit, Kraft aufzubauen. Ein stilles Wasser.

12 JAHRE, FLORA & FAUNA 43%

Nase Sauber. Rebenblüten und etwas Pfirsichsaft im Verbund mit Tafeläpfeln.
Geschmack Leicht ölig und würzig. Mandarinenartige Frische. Sehr delikat und aufgeräumt.
Abgang Frisch; leichte Zitrusnote.
Gesamteindruck Nach wie vor leicht und duftig.

Stil **Duftig und blumig**
Ähnlich Braeval 8 Jahre, Speyside 15 Jahre

18 JAHRE, SPECIAL RELEASE 54,9%

Nase Bienenwachs, Nüsse und ein intensiver Zimtduft. Frisch polierte Eiche dominiert den Auftakt, darunter schlummert jedoch eine weiche Fruchtigkeit mit Bananen, Rhabarberkompott, jener charakteristischen Pfirsichnote und etwas Kokosnuss.
Geschmack Das Üppige im Duft setzt sich fort im Geschmack, doch kommen noch Aprikosen, Orangenschalen, Vanille und ein leichter eichenbedingter Grip dazu. Gute Säure. Im Mittelteil erfolgt eine Verlagerung hin zu Gewürzen, bevor sich überraschend die Frucht zusammen mit Makronen wieder zurückmeldet.
Abgang Anfangs weich, dann ein leicht eichengetönter Grip. Sauber und fein.
Gesamteindruck Ein Whisky, der zwar im Rohstadium leicht erscheint, aber von den Zuwendungen der amerikanischen Eiche enorm profitiert (angeblich dominiert europäische Eiche).

Stil **Fruchtig und würzig**
Ähnlich Craigellachie 14 Jahre, Old Pulteney 17 Jahre

GLENLOSSIE – Verkostungsnotizen

NEW MAKE

Nase Geschmolzene Butter, recht breit. Weiße Johannisbeeren, weiches Fensterleder. Grün und ölig, Rapsöl.
Geschmack Öl, unreifes Obst, süßer Karton.
Abgang Erdbeeren (unreif).

8 JAHRE REFILL-FASS, FASSPROBE

Nase Blumiger, mit Pfirsichnote. Ein ähnlicher Holunderblütensirupton wie Linkwood, leichte Minzenote, Lindenblüten, rosa Grapefruit. Die Frucht wird reifer.
Geschmack Intensiv, aromatisch, legt sich auf die Zunge.
Abgang Frisch und leicht.
Gesamteindruck Mitten in der Entwicklung. Braucht Zeit zum Reifen. Auch hier ist die Textur entscheidend.

1999, MANAGER'S CHOICE, SINGLE CASK 59,1%

Nase Mit Leinsamenöl eingelassenes Holz, Weintrauben, Jasmin, Amalfi-Zitronen. Sehr à point und direkt, aber nicht unreif. Mit Wasser eine faszinierende antiseptische Note neben gerösteten Marshmallows.
Geschmack Pfeffrig, pikant, grasig. Die Eiche steuert Menthol-/Eukalyptusnoten bei. Viel Zitrus. Leicht und duftig.
Abgang Sauber duftend und volatil.
Gesamteindruck Ein weiteres kleines Whiskylicht mit viel Strahlkraft.

Stil **Duftig und blumig**
Ähnlich Glentauchers 1991, anCnoc 16 Jahre

Linkwood

LINKWOOD • ELGIN

Der Leichtigkeit des Whiskys gilt das geheime Streben an der Speyside. Auf der Suche danach stießen Brennereien in unterschiedliche Regionen vor. Manche gingen mit solcher Entschlossenheit ans Werk, dass sie ihren Whisky fast seines Charakters beraubten, andere beschritten grasige Wege, setzten auf einen staubigen Trunk oder ließen in ihren Erzeugnissen Blütenträume reifen. Alle aber gelangten zu der Erkenntnis, dass leichte Whiskys mit Fingerspitzengefühl behandelt werden müssen. Das heißt: Refill-Fässer, eine Andeutung der ersten Füllung und nicht zu viel Eiche, um nur ja den Hausstil zu bewahren.

Doch die Destillerien hatten noch ein weiteres Problem: Neuankömmlinge im Single-Malt-Kosmos bevorzugten kräftigere Geschmacksnuancen. Damit unterscheidet sich die Whiskynicht von der Weinwelt, wo Novizen mit Fruchtbomben erste Erfahrungen sammeln. Auf einem solchen Markt bleibt nur noch wenig Raum für das Subtile, Zurückhaltende.

Was aber, wenn es irgendwo einen Single Malt gäbe, der Zartheit im Aroma mit Gewicht am Gaumen verbinden würde, der so frisch wie ein Spätfrühlingstag, aber weniger fein als ein Chiffonkleid wäre? Nicht vielen Single Malts gelingt dieser Balanceakt. Dem Linkwood schon.

Ein derartiger Stil ist Diageos Brenn- und Blending-Guru Douglas Murray zufolge am schwersten zu erzielen, weil er etwas vorauszusetzen scheint, was dem Wesen von Whisky zuwiderläuft: die Unterdrückung von Geschmacksnuancen. Schon die Vorgabe für seinen Rohwhisky – »sauber« – bringt ihn mutmaßlich in die Nähe von Wodka beziehungsweise Geschmacksneutralität und damit weit weg von der reichen Komplexität eines Single Malt.

Linkwood in ländlicher Umgebung. Sein Whisky gehört zu den aromatischsten Scotchs.

So leicht ein Linkwood auch wirken mag, er blüht mit der Zeit auf.

Aber keine Sorge: Linkwoods New Make riecht nach Pfirsichschalen und Apfelblüten, während er im Mund klebt und sich auf der Zungenmitte zu einer wirbelnden Kugel zu formen scheint. Zauberei, möchte man da rufen, denn man erwartet das eine und bekommt das andere. Aber die Weichen werden schon früh gestellt: Die gemälzte Gerste wird unterschiedlich grob gemahlen, damit sich ein dickeres Filterbett im Maischbottich ergibt. In der lange gärenden Würze sind keine Feststoffe aus dem Getreide erwünscht. Murray: »Es geht lediglich darum, die Entstehung eines Charakters zu verhindern.«

Die barocken Brennblasen gehören insofern zu den ungewöhnlicheren ihrer Art, als die Spirit Stills größer als die Wash Stills ausfallen. In ihnen erfolgt die Destillation langsam, damit der Dampf genug Zeit hat, in die Kupferbäuche zurückzutropfen und dabei unerwünschte Charakteristiken zu verlieren. Kondensatoren dehnen die Interaktion mit dem Kupfer aus, obwohl die alte Linkwood-Brennerei auf der anderen Seite des Hofs über Worm Tubs verfügt. Ein angejahrter Linkwood-Whisky offenbart allerdings noch immer jenen frühlingshaften Charakter. (In der alten Linkwood-Anlage führte Diageo einen großen Teil der Tests zu den Auswirkungen von Kupfer und Worm Tubs durch.) Blender schätzen den Whisky – seine Produktion hat sich in letzter Zeit verdoppelt –, weil er Verschnitten Textur gibt und sie um Obertöne bereichert. Obwohl er Sherryfässern standhält und ihren Duft und Geschmack mitnimmt, zeigt er sich in Refill-Fässern von seiner besten Seite. Im Zeitraffer lässt er Whiskyfreunde erleben, wie die Blüte der Jugend sich öffnet, dann fällt und schließlich auf einem Bett aus Trockenblumen zu liegen kommt.

LINKWOOD – Verkostungsnotizen

NEW MAKE

Nase Parfümduftig. Ananas, Pfirsichblüten und -schalen, Quitte. Etwas Gewicht.
Geschmack Unglaublich frisch. Gebäck, Apfel. Leicht öliges, viskoses Mundgefühl.
Abgang Sauber und überraschend lang.

8 JAHRE REFILL-FASS, FASSPROBE

Farbe Strohgelb.
Nase Grüner Apfel, Holunderblüten, helle Früchte. Überraschend frisch. Mit Wasser Birne.
Geschmack Gutes Gewicht. Äpfel und sanft eingekochte Birnen, dann Holunderblütensirup. Belegt die Zunge.
Abgang Frisch, leicht und schwungvoll.
Gesamteindruck Ein faszinierender Mix aus Duft und Körper.

12 JAHRE, FLORA & FAUNA 43 %

Nase Groß, fein duftend. Kamille und Jasmin im Verbund mit Äpfeln. Recht schwer und intensiv. Bekommt mit der Zeit immer mehr Gewicht.
Geschmack Rund. Der ölige Charakter im Mittelteil verleiht ihm nun zusätzliche Tiefe und wird belebt von reifen Früchten sowie Grasnoten.
Abgang Tropische Früchte und Gras.
Gesamteindruck Ein duftender, sauberer Whisky, der mit zunehmendem Alter tiefer wird.

Stil **Duftig und blumig**
Ähnlich Miltonduff 18 Jahre, Tomintoul 14 Jahre

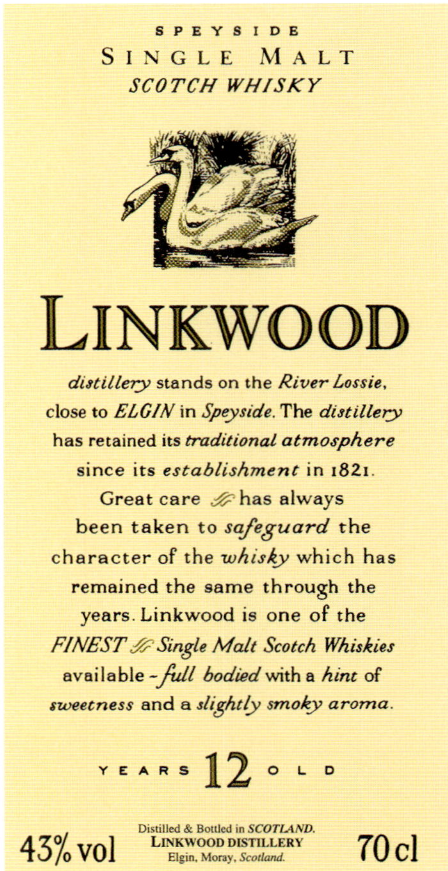

Glen Moray

ELGIN • WWW.GLENMORAY.COM • GANZJÄHRIG GEÖFFNET OKT–APR MO–FR, MAI–SEPT MO–SA

Hat man sich erst einmal zu der neben dem Fluss Lossie versteckten Brennerei durchgeschlagen, stellt man verblüfft fest, wie riesig sie in Wirklichkeit ist. Die einstige Brauerei, die heute von Wohnblöcken eingekreist Whisky produziert, entstand Ende des 19. Jahrhunderts während des Whiskybooms, musste aber bereits 1910 wieder schließen. Im Gegensatz zu BenRiach indes versank sie relativ kurz in einen Dornröschenschlaf und nahm 1923 den Betrieb wieder auf. Ihr kleines Brennhaus will nicht so recht zu den anderen Gebäuden passen, in denen sich früher sogar eine eigene Kastenmälzerei befand.

Die Frucht, ein Leitmotiv der Elgin-Destillerien, kommt hier mit einer zusätzlichen buttrigen Note zum Tragen. Das schlägt sich in einem mild-weichen Charakter mit Einflüssen amerikanischer Eiche nieder. Wer Obstsalat und Speiseeis mag, findet im Glen Moray einen Whisky ganz nach seinem Gusto.

Bei einer Beschreibung der Glen-Moray-DNA verweist Geschäftsführer Graham Coull auf die Bedingungen vor Ort: »Das minimal wärmere Moray-Klima und der Standort der Brennerei auf geringer Höhe tragen viel dazu bei, dass der Brand förmlich vom Holz aufgesaugt wird, was den Einfluss der Eiche auf den Geschmack erhöht. Zudem machen die tief gelegenen Lagerhäuser den Whisky weicher. Hinzu kommt der hohe Anteil an Firstfill-Fässern. All das ergibt einen Whisky mit herrlich süß-würzigem Gleichgewicht.«

Man hat auch bereits Experimente mit frischen Eichenfässern durchgeführt. Ein von der Scotch Malt Whisky Society auf Flaschen gezogenes Fass offenbarte einen großzügigen Geschmack mit Noten von Crème brûlée, Karamellbonbon und Marsriegel, doch vermochte die tiefe Glen-Moray-Fruchtigkeit durchzuschimmern. Trotz seiner offensichtlichen Qualitäten wurde der Betrieb vom Vorbesitzer Glenmorangie verkauft, was sein Image nicht unbedingt verbesserte. Kurz nach der Übernahme von Glenmorangie durch LVMH ging er an den französischen Getränkekonzern La Martiniquaise.

Das riesige Areal von Glen Moray erstreckt sich neben dem Fluss Lossie auf flachem Terrain.

GLEN MORAY – Verkostungsnotizen

NEW MAKE

Nase Sehr sauber und (frisch-)fruchtig mit einer buttrigen Note und einem Anflug von leicht würzigem Getreide.
Geschmack Etwas wächsernes Mundgefühl, bis reife, fleischige Früchte mit einer Tafelapfelnote übernehmen.
Abgang Sauber.

CLASSIC NAS 40%

Farbe Helles Gold.
Nase Wie bei den meisten Abfüllungen ohne Altersangabe (NAS) ist Holz der dominierende Teil. Spröde und eichengetönt, buttrig und mit einem kleinen Hinweis auf grüne Früchte. Apfel.
Geschmack Mild und cremig. Weiches Mundgefühl.
Abgang Mild-weich und sauber.
Gesamteindruck Alles wirkt leicht verhalten. Ein wenig schläfrig.

Stil **Fruchtig und würzig**
Ähnlich Macallan 10 Jahre Fine Oak, Glencadam 15 Jahre

12 JAHRE 40%

Nase Die weichen Früchte melden sich zurück. Frucht-Kaubonbons, Birne, dann heller Tabak und Vanille. Minze.
Geschmack Bourbon-artig. Neue Eiche, Kiefernsaft. Apfelnote.
Abgang Gewürz und Nüsse aus Sahnebonbons.
Gesamteindruck Der Einfluss von Firstfill-Fässern schafft eine zusätzliche weiche Schicht.

Stil **Fruchtig und würzig**
Ähnlich Bruchladdich 2002, Tormore 12 Jahre

16 JAHRE 40%

Farbe Golden.
Nase Eine harzige Note, wie man sie oft bei älteren Whiskys antrifft. Sirupartige Süße, Kokosbrei, Sonnenöl.
Geschmack Holz mit gutem Grip, aber gegen Ende Ausgewogenheit dank Destilleriecharakter.
Abgang Sauber und seidig.
Gesamteindruck Zugänglich.

Stil **Fruchtig und würzig**
Ähnlich Macallan 18 Jahre Fine Oak, Mannochmore 18 Jahre

30 JAHRE 40%

Nase Reif und herbstlich. Gewürze beginnen sich bemerkbar zu machen. Wieder Tabak, diesmal Zigarren aus der Dominikanischen Republik und ein Hauch von Firnis.
Geschmack Rauchiges Holz. Hickoryholz. Holzöl.
Abgang Weich und endlich fruchtig.
Gesamteindruck Groß, süß, mit Holzeinfluss.

Stil **Fruchtig und würzig**
Ähnlich Old Pulteney 30 Jahre

Miltonduff

MILTONDUFF • ELGIN

Anfang der 1930er-Jahre standen für die Scotch-Industrie die Zeichen auf Sturm. Die sinkende heimische Nachfrage, teilweise eine Folge der Weltwirtschaftskrise, hatte zu einem dramatischen Produktionsrückgang geführt. Einziger Lichtblick waren die stabilen Exporte nach Kanada. Dass viele Kisten mit Blends direkt von den Lagerhäusern kanadischer Importeure auf die Lkw von Alkoholschmugglern geladen wurden, die den trockenen US-Markt versorgten, kümmerte die Schotten nicht. Klar war zudem, dass sich die amerikanische Prohibitionszeit dem Ende zuneigte. In Erwartung eines Verkaufsbooms in den Staaten waren die Brennereien damit beschäftigt, sich hinter den Kulissen in Stellung zu bringen.

Gleichwohl gingen die Verkaufszahlen 1933 nach der Aufhebung des Alkoholverbots nicht sofort nach oben, was auf einen Importzoll von fünf Dollar pro Gallone zurückzuführen war. Als diese Abgabe 1935 um die Hälfte gesenkt wurde, ging der kanadische Destillierer Hiram Walker Gooderham & Worts auf Einkaufstour in Schottland und erstand dort seine zweite Scotch-Brennerei, Miltonduff, der Verschnittbetrieb von George Ballantine. Zudem begann er mit den Arbeiten an der Grain-Destillerie Dumbarton, die bald den »kanadischsten« aller schottischen Grains lieferte. Mit Miltonduff bekam Hiram Walker ein Haus, das der Legende zufolge eine Mühle für das benachbarte Pluscarden-Kloster war und schon seit 1824 eine Brennlizenz hatte.

Miltonduff steht vermutlich auf dem Areal einer ehemaligen Klosterbrauerei.

Innovationen war man nicht abgeneigt. »Miltonduff betrieb im ausgehenden 19. Jahrhundert drei Destillerien. Vermutlich strebte das Haus einen Whisky an, der dem von Highland Park ähnelte«, erläutert Alan Winchester, Brennereidirektor von Chivas Brothers. »Aus irgendeinem Grund aber änderte Hiram Walker die Marschroute und schuf den Stil, den wir heute kennen.« 1964 kamen außerdem zwei Lomond Stills dazu, die einen Malt namens Mosstowie lieferten. Winchester arbeitet heute Ballantine's zu und produziert für den nordamerikanischen Gaumen, der seit der Prohibition Leichtes bevorzugt. Die Kanadier brachten nicht nur Kapital, sondern auch einen neuen Ansatz. Die seit Anfang des 20. Jahrhunderts zu beobachtende Hinwendung zum Zarten und Milden ist inzwischen abgeschlossen. Das offenbart der blumige, grüne, ölige und komplexe New Make.

MILTONDUFF – Verkostungsnotizen

NEW MAKE

Nase Süß, mit Gurke. Grün/ölig, etwas Linden- und Rebenblüten.
Geschmack Intensiv, aber ausgewogen. Leichter, buttriger Mittelteil.
Abgang Spröde. Erdnuss.

18 JAHRE 51,3 %

Nase Rund, aber nach wie vor mit der charakteristischen Reinheit. Kamille, Holunderblüten. Sehr fragil. Blütenartig.
Geschmack Trotz Eichenpräsenz noch süß, mit etwas schwereren Blütentönen, Hyazinthe, Rosenblütenblätter. Präzise, behauptet sich gut auf der Zunge.
Abgang Sauber, parfümduftig.
Gesamteindruck Weichkonfekt.

Stil **Duftig und blumig**
Ähnlich Linkwood 12 Jahre, Speyburn 10 Jahre, Hakushu 18 Jahre, Tormore 1996

1976 57,3 %

Nase Leicht und duftig: Heidekraut und Cannabis, Potpourri, Vanille, Kokosnuss und Orchideen.
Geschmack Rund und eichengetönt, hat sich aber die Intensität des New Make bewahrt. Fast wie Blütengelee. Hier tut sich viel.
Abgang Sauber und leicht.
Gesamteindruck Der Wohlgeruch ist noch vorhanden – das ist das Entscheidende.

Stil **Duftig und blumig**
Ähnlich Tomintoul 14 Jahre

Benromach

FORRES • WWW.BENROMACH.COM • GANZJÄHRIG GEÖFFNET, NÄHERES SIEHE WEBSEITE

Benromach ist ein Rätsel. Als der unabhängige Abfüller Gordon & MacPhail die Brennerei 1994 kaufte, war sie eine leere Leinwand. Die Wirtschaftskrise zu Beginn der 1980er-Jahre hatte für das Haus 1983 das Aus bedeutet – seither stand nur noch eine leere Hülle. Daher ist heute alles im Inneren neu: Maischbottiche, Gärbehälter, Brennblasen. Für G & M stellte sich die Frage, ob man mit einem neuen Whisky ganz von vorn beginnen oder den alten nachempfinden sollte. Interessanterweise ist beides gelungen.

Die Destillerien der 1960er- und 1970er-Jahre lassen sich größtenteils einem einzigen Geschmacksstil zuordnen. Benromach indes ist eine Ausnahme. Im New Make hallt eine Speyside-Ära wider, in der selbst die leichteren Abfüllungen einen rauchigen Einschlag und Tiefe im Mittelteil hatten. Ein Benromach fällt nicht so schwer wie ein Mortlach, Glenfarclas oder vielleicht auch Balmenach aus, gerät aber voller als die Ultraleichtfraktion. »Die Speyside-Whiskys sind in den letzten 40 Jahren wegen der Verwendung anderer Rohmaterialien und Produktionsabläufe immer leichter geworden«, erklärt Ewen Mackintosh, Einkäufer bei G & M. »Als wir Benromach neu bestückten, beschlossen wir, einen Single Malt zu produzieren, der typisch für eine vor 1960 gegründete Speyside-Brennerei war.«

Das Resultat allerdings war mysteriös. Die Brennblasen etwa haben eine andere Form und sind kleiner als die ursprünglichen Stills – und doch ähneln sich der New Make von früher und heute, wie Mackintosh erläutert. »Dabei sind nur die Wasserquelle und ein Teil des Holzes der Gärbottiche gleich geblieben. Scotch hat also etwas Geheimnisvolles an sich, denn man wird nie ganz erklären können, wie die Charakteristiken eines Single Malt zustande kommen.« Mit anderen Worten: Obwohl sich fast alle Voraussetzungen geändert haben, gibt es etwas, das einen Benromach immer zu einem »Benromach« machen wird.

Eine simple Kopie indes ist der Neue beileibe nicht. Er wird in Weinfässer gesteckt, bekommt neue Eiche zu spüren; es gibt eine biologische Variante, eine mit viel Holzrauch, eine stark getorfte und den fetten, cremigen Origins, der zu 100 Prozent aus Golden-Promise-Gerste gebrannt wird. Nach einer Ära der Stille ist Benromach nun ziemlich laut geworden – zumindest für G & M-Verhältnisse, denn der Abfüller pflegt von jeher noble Zurückhaltung.

BENROMACH – Verkostungsnotizen

NEW MAKE

Nase Sehr süß, Bananen und Malz. Mittelvoll bis voll, weiße Pilze und leichte Rauchnote.
Geschmack Viskos und ziemlich dick, ein Anflug weicher Fruchtigkeit.
Abgang Sauber, geringe Torfnote.

2003 FASSPROBE 58,2%

Nase Ein faszinierendes Konglomerat aus fruchtig und leicht ölig (Rapssamen). Sehr dezente Rauchschwaden ziehen vorbei, aber auch schwere Lilien- und Schnittblumendüfte.
Geschmack Das anfangs rauchige Element wird von einer ölig-blumigen Note austariert, die auch in der Nase schon in Erscheinung tritt. Halbgetrocknete Früchte.
Abgang Lang und mild.
Gesamteindruck Der Benromach scheint ein langsam reifender Whisky zu sein.

10 JAHRE 43%

Farbe Helles Gold.
Nase Etwas Zeder und frische Eiche. Geht in die Richtung von Ananas und buttrigem Malz, Vollkornbrot und Bananenschalen.
Geschmack Leichter Grip, mundfüllend. Etwas getrocknete Aprikosen über malzigem Kern. Hat sich entspannt und einen ausgreifenden Charakter angenommen. Erscheint eine Spur öliger als der New Make.
Abgang Holzrauch. Lang.
Gesamteindruck Hat durch Holz eine neue Dimension bekommen, die die zugrunde liegende Fülle des Brands bereichert. Ein neuer Speysider alten Stils.

Stil Fruchtig und würzig
Ähnlich Longmorn 10 Jahre, Yamazaki 12 Jahre

25 JAHRE 43%

Nase Ähnliche Zederннote wie der 10-Jährige. Andeutungen ledriger Reife. Mit der Zeit Zitrus, Vanillesauce, Nüsse. Für sein Alter grasig. Mit Wasser frischer. Leicht torfig.
Geschmack Sehr süß und direkt und daher mit dem 10-Jährigen verwandt, hat aber die zusätzliche Würze des Alters. Etwas Ingwerpulver und Fruchtkompott.
Abgang Grasig und ziemlich trocken.
Gesamteindruck Obwohl die Brennblasen seither ausgetauscht wurden, ist er der Gleiche geblieben.

Stil Fruchtig und würzig
Ähnlich Auchentoshan 21 Jahre

30 JAHRE 43%

Nase Entspannt und leicht rauchig, mit warmem Treibholz, geschmeidigem Leder, kandierten Früchten und Gewürzen. Ölige Fülle.
Geschmack Recht wächsern. Füllt den Mund und bleibt auf der Zunge haften. Aprikosen drängen in den Vordergrund. Noch immer ist Frische spürbar.
Abgang Energiegeladen und lang.
Gesamteindruck Obwohl noch in der DCL-Zeit entstanden, als andere Stills verwendet wurden, ist zu erkennen, wie der moderne Benromach in zurückhaltenden Fässern reifen wird.

Stil Fruchtig und würzig
Ähnlich Tomatin 30 Jahre

1981, VINTAGE 43%

Farbe Mahagonibraun.
Nase Groß, harzig. Dunkle Früchte, merkliche Sherrynote. Bewegt sich in eine süß-pikant/holzige Richtung. Beträchtliches Gewicht und getrockneter Mulch. Schwarze Bananen, Bitterorange, geröstete Marshmallows.
Geschmack Groß und intensiv. Firnis, leicht ölige Textur. Kekse/Nüsse. Mit der Zeit eine Andeutung von Piment.
Abgang Rauch und dichte Frucht.
Gesamteindruck Hat genügend Gewicht, um mit der Einwirkung von Sherryfässern fertigzuwerden.

Stil Reichhaltig und rund
Ähnlich Springbank 15 Jahre

Glenburgie

GLENBURGIE • FORRES

Wie Miltonduff in 13 Kilometer Entfernung gehörte auch Glenburgie zu den Brennereien, die der damalige Besitzer Hiram Walker mit Lomond Stills bestückte. Die 1955 von Alastair Cunningham entwickelten Brennblasen hatten in ihrem dicken Hals bewegliche Kupferplatten. Noch heute wird gern behauptet, man habe damit einen schwereren Whisky erzeugen wollen, was nicht ganz zutrifft. Cunningham hatte den Auftrag, etwas zu konstruieren, mit dem sich die Bandbreite der Destillate aus einer einzigen Brennblase erweitern ließ. Durch Justierung und Kühlung der Platten wollte man den Rückfluss und damit auch die Geschmacksnuancen des Brands regulieren.

Doch die Lomond Stills arbeiteten nicht besonders gut. Verwendete man sie als Wash Stills, setzten sich Feststoffe auf den Platten ab, was den Kontakt mit dem Kupfer reduzierte und dem fertigen Whisky eine verbrannte Note mitgab. Nach und nach wurden sie wieder stillgelegt, verschrottet oder umgebaut. Heute sind nur noch zwei in Betrieb. Scapa nutzt ein Exemplar, aus dem allerdings die Platten entfernt wurden, als normale Wash Still. Und Bruichladdich installierte kürzlich eine in der Inverleven-Brennerei eingesetzte Version namens Ugly Betty, »hässliche Betty« (Lomonds ähneln eher kupfernen Ölfässern als eleganten Schwänen).

In gewisser Hinsicht sind Miltonduff und Glenburgie Spiegelbilder der Diageo-Destillerien Glenlossie und Mannochmore. »Wir haben sie stets wechselweise eingesetzt«, bestätigt Alan Winchester, Brennereidirektor bei Chivas Brothers, die das erstgenannte Paar übernahmen, als sie Allied Distillers aufkauften. »Allerdings hatte Glenburgie eher einen süßeren, grasigeren Stil.«

Glenburgie taufte den Whisky aus den Lomonds Glencraig. Heute ist von diesen Stills nichts mehr zu sehen. Die hoch technisierte Großraumanlage verdeutlicht, wie sehr sich das Brennen seit Anbruch der neuen Ära 1823 verändert hat. An die Destillerie aus dem 19. Jahrhundert erinnert nur noch ein winziger Steinkeller auf dem Brennereigelände. Mit ihm verabschieden wir uns von der Speyside, dem Kernland der Malt-Produktion, einer Region der Flüsse, Moore und Küstenebenen, der Kühnheit und des Understatements, der Tradition und Innovation – einem Landstrich, dessen breites Spektrum an Aromen, Technologien und Philosophien den Werdegang des Scotch so sehr beeinflusst hat.

Das einzige verbliebene Originalgebäude von Glenburgie birgt kostbare Whiskybestände.

GLENBURGIE – Verkostungsnotizen

NEW MAKE

Nase Sehr sauber und leicht, ein grasiger Touch. Leinöl und Süße.
Geschmack Zart und duftig, jedoch auch ölig auf der Zunge.
Abgang Nussig und intensiv.

12 JAHRE 59,8%

Farbe Blassgolden.
Nase Grasig, aber weil er in einem ziemlich aktiven Fass ruhte, hat sich Kokosnuss in den Vordergrund gedrängt.
Geschmack Verdünnt süß und mild (pur ist er zu scharf und intensiv). Vanilleschoten aus dem Fass. Interessant durch seine sanfte, klebrige Beschaffenheit.
Abgang Grasig. Chinesischer weißer Tee.
Gesamteindruck Das Holz passt zur Süße des Brands.

Stil **Duftig und blumig**
Ähnlich anCnoc 12 Jahre, Linkwood 12 Jahre

15 JAHRE 58,9%

Farbe Golden.
Nase Reichlich Aceton, Mandelmilch. Leicht und süß. Sauber.
Geschmack Das Gras ist zu Raffia getrocknet und erinnert auch an Mariengras. Dann macht sich eine angenehme Bauernhof- und Kuhfladennote bemerkbar.
Abgang Leichter Gewürzton. Sauber.
Gesamteindruck Mild und ansprechend.

Stil **Duftig und blumig**
Ähnlich Teaninich 10 Jahre

HIGHLANDS

Wenn schon die Speyside beweist, wie absurd es ist zu glauben, dass zwei benachbarte Brennereien einen ähnlichen Stil erzeugen, wie soll man dann all die Malt-Destillerien zwischen den Wohnsiedlungen im Norden von Glasgow und dem Pentland Firth unter einen Hut bringen? Der Whiskygeografie zufolge zählt zu den Highlands alles nördlich der Highland Line, was nicht zur Speyside gehört. Aber selbst diese Grenzziehung ist rein politisch und wurde bereits 1816 zugunsten der geologischen Unterscheidung zwischen dem »tiefen Land«, den Lowlands, und dem »hohen Land«, den Highlands, aufgegeben.

Das Hochland übt eine große Faszination aus. Für den Großteil der Besucher verkörpert dieses Gebiet das eigentliche Schottland, eine Region der Berge und Moore, der Lochs und Burgen, der Adler und Hirsche – das Klischee-Schottland sozusagen. Die Highland-Brennereien und ihre Whiskys indes legen eine reichere, lebendige Landschaft offen. Ihre Brände sind das Ergebnis eines Kampfs zwischen Mensch und Natur; sie erzählen von der Weisheit des Volks und von Technologie, von Entvölkerung und Neubesiedelung und von einer hartnäckigen Weigerung, sich anzupassen. Es gibt diese Whiskys, weil sie etwas bieten, das außerhalb der Norm und jenseits der Anziehungskraft der Speyside liegt.

In den Highlands ist man gut beraten, das Unerwartete zu erwarten. Hier findet man Gras, Rauch und Wachs, Tropenfrüchte und Johannisbeeren, Sprödheit und Sinnlichkeit. Einheitlichkeit sucht man vergebens, doch gibt es Geschmacksspuren, denen man folgen kann: dem Honig von Deanston bis Dalwhinnie, den Früchten der Nordostküste, dem unerwarteten Torfrauch des Garioch. Mitunter fasziniert gerade das Unerklärliche. Warum drängen sich die verbliebenen Perthshire-Brennereien auf so kleinem Raum in einem so fruchtbaren Land und warum unterscheiden sich ihre Whiskys so sehr im Geschmack? Wieso konnte in der ebenso fruchtbaren Gegend an der Ostküste die Whiskyherstellung nicht Fuß fassen? Weshalb gibt es in Aberdeen und Inverness keine Destillerien?

Selbst die scheinbar einheitliche Miniregion an der Nordostküste, wo neben fast jedem Bahnhof eine Brennerei steht, hält ihre Überraschungen bereit – angefangen von den Gerstenfeldern der Black Isle, auf der die erste schottische Whiskymarke entstand und wieder unterging, bis hin zu den von Schnee überzuckerten Hügeln auf der einen Seite der Straße und einer Ölplattform in der Förde auf der anderen. Hier liegt, ein echtes Highland-Paradox, der Ort der Piktensteine und Schwerindustrie, der Schöpfungsmythen und der Brennereien, die sich in ihrer absonderlichen Alchemie gegenseitig zu übertreffen suchen. Je weiter man im ständig wechselnden Licht dieses vergessenen Küstenstrichs nach Norden kommt, desto stärker kristallisiert sich die typisch schottische Polarität heraus.

Schottland besteht zum Großteil aus Hochland, einer vielgestaltigen Landschaft aus Hügeln und Mooren. Kein Wunder, dass auch der Whisky hier zahlreiche Gesichter hat.

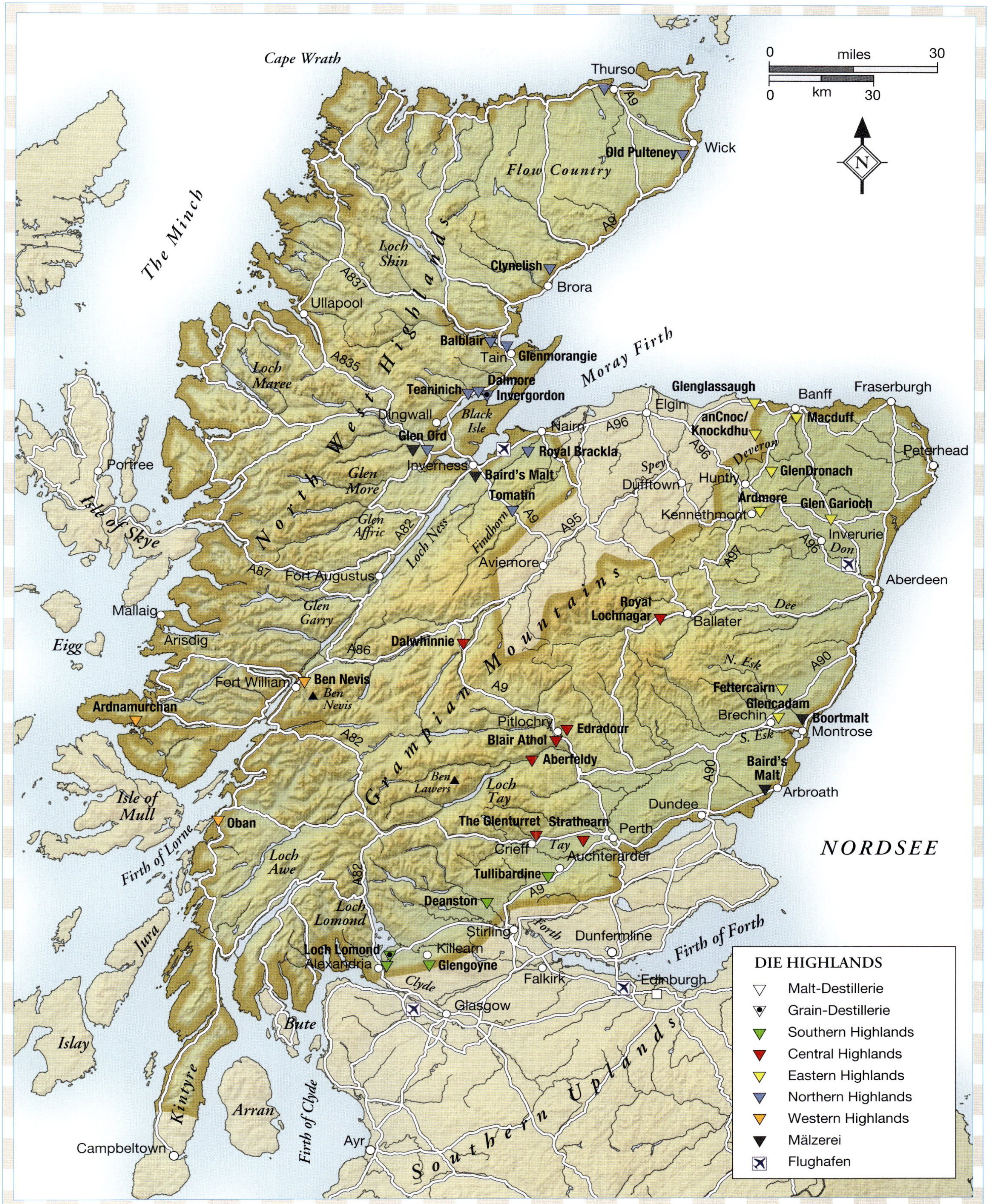
DIE HIGHLANDS
Malt-Destillerie
Grain-Destillerie
Southern Highlands
Central Highlands
Eastern Highlands
Northern Highlands
Western Highlands
Mälzerei
Flughafen
NORDSEE
Cape Wrath
The Minch
Thurso
Old Pulteney
Wick
Flow Country
Loch Shin
Clynelish
Brora
Ullapool
North West Highlands
Balblair
Tain
Glenmorangie
Moray Firth
Loch Maree
Teaninich
Dalmore
Invergordon
Dingwall
Black Isle
Glen Ord
Inverness
Royal Brackla
Baird's Malt
Nairn
Portree
Isle of Skye
Glen Moriston
Glen Affric
Tomatin
Findhorn
Loch Ness
Fort Augustus
Aviemore
Glenglassaugh
Elgin
Banff
Macduff
Fraserburgh
anCnoc/ Knockdhu
Deveron
Peterhead
GlenDronach
Spey
Dufftown
Huntly
Ardmore
Glen Garioch
Kennethmont
Inverurie
Don
Aberdeen
Grampian Mountains
Royal Lochnagar
Ballater
Dee
Mallaig
Eigg
Arisdig
Glen Garry
Dalwhinnie
Fort William
Ben Nevis
Ardnamurchan
N. Esk
Fettercairn
Glencadam
Brechin
Boortmalt
Montrose
S. Esk
Pitlochry
Edradour
Blair Athol
Aberfeldy
Ben Lawers
Loch Tay
Baird's Malt
Arbroath
Dundee
Isle of Mull
Oban
Firth of Lorne
The Glenturret
Strathearn
Perth
Crieff
Tay
Auchterarder
Loch Awe
Tullibardine
Deanston
Loch Lomond
Stirling
Forth
Dunfermline
Firth of Forth
Loch Lomond
Alexandria
Killearn
Glengoyne
Falkirk
Edinburgh
Clyde
Glasgow
Jura
Bute
Islay
Kintyre
Arran
Firth of Clyde
Campbeltown
Ayr
Southern Uplands
A9
A837
A835
A82
A87
A86
A96
A95
A97
A90
miles
km
0
30
N

SOUTHERN HIGHLANDS

Auch wenn die Brennereien in diesem Teil Schottlands alle gar nicht weit von den nördlichen Vororten von Glasgow entfernt angesiedelt sind, so haben sie doch ihre eigene Identität. Was hier unter den Southern Highlands zusammengefasst wird, profiliert sich als ein buntes Häuflein faszinierender Charakterdarsteller:

Der Ben Lomond beherrscht die Landschaft in den südlichen Highlands.

Ein ehemaliger alter Bauernhof befindet sich ebenso darunter wie eine kaum bekannte, aber ganz im Zeichen der Innovation stehende Destillerie, Schottlands umweltfreundlichster Whiskyerzeuger genauso wie eine neu zum Leben erweckte Brennerei.

Glengoyne

KILLEARN, GLASGOW • WWW.GLENGOYNE.COM • GANZJÄHRIG GEÖFFNET MO–SO

Ganz gleich, ob man die Highlands als das Hochland oberhalb der geografischen Verwerfung quer durch Schottland definiert oder als eine von Politikern im 19. Jahrhundert willkürlich zu Steuerzwecken ausgewiesene Region: Glengoyne ist in jedem Fall eine Highland-Brennerei.

Wie ein Bauernhof muten die gepflegten, weiß getünchten Gebäude dieses Betriebs an. Sie sind eingezwängt in ein kleines Tal unter dem Vulkankegel des Dumgoyne, des westlichsten Bergs der Campsie-Fells-Kette. Weiter südlich erstrecken sich grüne Felder und dahinter bereits die Vororte von Glasgow.

Die faszinierende kleine Brennerei ist wie geschaffen für den Whisky-Einsteiger, der etwas über Destillationsverfahren erfahren möchte. Glengoyne erzeugt einen leichten, aber intensiven Brand mit grasigen Noten und einem weichen, fruchtigen Mittelteil, der sich während der Reifung langsam ausdehnt. Entscheidend ist nach Ansicht von Geschäftsführer Robbie Hughes die Kombination aus Zeit und Kupfer ab der Gärung. »Eine mindestens 56-stündige Gärung gewährleistet, dass der Maische ein Großteil der Energie entzogen wird und sich der geschmackliche Übertrag auf die Wash Still, der eine nussigere Note ergeben kann, verringert.«

Auch die Destillation zieht sich in die Länge. »Wir bemühen uns um maximalen Kupferkontakt«, erklärt Hughes. »Ein ausgedehnter Destillationslauf bringt möglichst viel Berührung mit dem Metall und intensiviert die esterigen Töne. Wir brennen sehr langsam und überhitzen die Brennblasen nie. Das fördert den Rückfluss, sodass viele der schwereren Bestandteile nicht in den Mittellauf gelangen. Außerdem arbeiten wir bis zum Spirit Safe ausschließlich mit Kupferrohren.«

Blick in den Maischbottich von Glengoyne.

Dank seiner Mischung aus Kraft und Frucht kann ein Glengoyne lange reifen. Er ist überdies so intensiv, dass er Firstfill-Sherryfässern standhält. Das einstige Mauerblümchen gehört heute zu den Besten.

GLENGOYNE – Verkostungsnotizen

NEW MAKE

Nase Sehr intensiv und entgegenkommend. Grasig (süßes Heu) mit einer leicht fruchtigen Note.
Geschmack Süß, fester Mittelteil. Guter Biss.
Abgang Fest, voll aufgestauter Energie. Instantkaffee. Würzig.

10 JAHRE 40%

Farbe Blasses Gold.
Nase Sogleich Sherrynoten. Verjus (Saft unreifer Trauben). Teegebäck mit Butter, dann Moorland/grünes Farnkraut.
Geschmack Sauber und recht trocken, bevor sich im Mittelteil die Süße Bahn bricht. Mit Wasser kuchenartig.
Abgang Fest und austrocknend. Wird würzig.
Gesamteindruck Der New Make deutet auf einen leichten Whisky hin, aber hier ist Tiefe und Energie.

Stil **Fruchtig und würzig**
Ähnlich Strathisla 18 Jahre, Royal Lochnagar 12 Jahre

15 JAHRE 43%

Nase Zum eleganten Sherrycharakter steuert die Glengoyne-typische Würze Frische bei. Esterig, mit einem Hintergrundrauschen aus Haselnuss, Sultaninen und dezenten oxidativen Signalen anstelle ostentativer Sherryfassnoten.
Geschmack Reif, mit milden, süßen Gewürzen. Ein vielschichtiges Geschmacksgebilde mit einigen sehr reintönigen, süßen Früchten. Mit Wasser elegant.
Abgang Komplex und lang.
Gesamteindruck Ein langsam reifender Single Malt. Der Glengoyne tritt in die zweite Phase ein.

Stil **Fruchtig und würzig**
Ähnlich Craigellachie, The Glenrothes

21 JAHRE 43%

Nase Noch dichter geworden. Pilze und ein Anflug von Sattelöl, Obstkuchen und ein Hauch Piment. Getrocknete Schwarzkirschen. Hat noch immer viel von der beim New Make diagnostizierten Festigkeit im Mittelteil.
Geschmack Earl-Grey-Tee und getrocknete Rosenblütenblätter. Espresso. Die Süße ist etwas kaschiert, die Malzigkeit zu Malzextrakt mutiert. Mit Wasser treten getrocknete Himbeeren zutage.
Abgang Tanninbetont.
Gesamteindruck Das Fass hat das Regiment übernommen, aber der Brennereicharakter entwickelt sich dahinter weiter.

Stil **Reichhaltig und rund**
Ähnlich Tamnavulin 1963, Ben Nevis 25 Jahre

Loch Lomond

ALEXANDRIA • WWW.LOCHLOMONDGROUP.COM

Alexandria liegt am Südufer des Loch Lomond in einer merkwürdigen Zwischenzone zwischen den industrialisierten Lowlands und den romantischen Highlands, einem unbestimmten Grenzgebiet mit Wohnsiedlungen, Golfplätzen, Bergen – und der bemerkenswertesten, aber wohl unbekanntesten Brennerei Schottlands. In ihr widerspiegelt sich die vielfältige und etwas verwirrende Umgebung: Gehört sie nun zu den Highlands, zu den Lowlands oder gar zu beiden Regionen? Loch Lomond ist Grain- und Malt-Destillerie in einem. Der autarke Betrieb produziert Blends, Single Malts und andere Whiskys, welche die Regulierungsbehörden zur Verzweiflung bringen.

In der Malt-Anlage stehen vier Brennblasensätze in drei unterschiedlichen Auslegungen: die Original-Stills aus dem Jahr 1966, eine Kombination aus Standard Pot Stills von 1999 und ein neuer Satz mit größeren Nachbildungen der alten Brennblasen, die sich durch ein sehr ansprechendes Design auszeichnen. Sie werden oft als Lomond Stills beschrieben, sind aber Pot Stills mit einer Rektifikationskolonne im Hals.

Indem der Brand von unterschiedlichen Platten genommen werden kann, verlängert oder verkürzt sich der Hals. Das hat direkte Auswirkungen auf den Charakter des Whiskys. Die acht unterschiedlichen Malt-Typen einschließlich einer getorften Version liefern die Basis für Single-Malt-Varianten und – zusammen mit Grain von der zweiten Anlage der Brennerei – alle Bestandteile für den Blend namens High Commissioner.

Lomond steht an vorderster Innovationsfront. Beispiel: Hefe. Normalerweise bleibt der Hefestamm bei Scotch immer gleich. Nicht in dieser Brennerei. Sie verwendet seit etwa fünf Jahren Weinhefe. Die ist zwar doppelt so teuer wie Brennhefe, jedoch gibt sie dem Whisky angeblich eine besondere Note und verleiht ihm zusätzliche Volatilität und einen intensiveren Duft.

Am Malt aus einer Column Still (siehe Seite 16) indes scheiden sich die Geister. Loch Lomond meint, es sei ein Malt, während die Scotch Whisky Association bemängelt, dass er nicht traditionell erzeugt werde, obwohl es sich um ein Verfahren aus dem 19. Jahrhundert handelt. Was Loch Lomond aber nicht groß stört. Die Brennerei ist von jeher ihren eigenen Weg gegangen.

2014 wurde der Betrieb an einen privaten Investor verkauft.

LOCH LOMOND – Verkostungsnotizen

SINGLE MALT NAS 40 %

Farbe Golden.
Nase Vetiver. Malzbottich, Geranien und Zitrone. Mit Wasser pflanzliche Noten und süße Holzphenole.
Geschmack Ein krautiger/nussiger und etwas haferartiger Ton, dann ein leicht die Zunge belegender Mittelteil. Messing.
Abgang Ölig.
Gesamteindruck Leichter Brand und frische Eiche im Gleichklang.

Stil **Malzig und trocken**
Ähnlich Glen Spey 12 Jahre, Auchentoshan Classic

29 JAHRE, WM CADENHEAD BOTTLING 54 %

Nase Bauschig-leicht, Marshmallows, mehliges Brötchen, Apfelkuchen mit Puderzucker. Später grüner Farn, Gurke.
Geschmack Anfangs malzig und süß. Angenehm weich.
Abgang Sauber und kurz.
Gesamteindruck Reift sehr langsam. Sommerfrisch.

Stil **Duftig und blumig**
Ähnlich Glenburgie 15 Jahre

SINGLE MALT, 1966 STILLS 45 %

Farbe Dunkelgolden.
Nase Unmengen von Eichenextrakt. Sonnenöl, Sauna. Sehr süß und Bourbon-artig. Mit Wasser Weingummi und rote Pflaumen.
Geschmack Intensiv. Holzöle und Kiefer. Ein Anflug von frischem Oregano. Zitronenschale.
Abgang Austrocknend.
Gesamteindruck Sauberer, leichter Brand mit aktiver Eiche.

Stil **Fruchtig und würzig**
Ähnlich Maker's Mark, Bernheim Original Wheat, Glen Moray 16 Jahre

INCHMURRIN, 12 JAHRE 46 %

Nase Mehlig und süß, mit einnehmender Frische und Sauberkeit. Leichte Zitrusnote im Hintergrund, dazu Netzannone und weiße Schokolade.
Geschmack Frisch und fruchtig. Viel Wirkung, Länge und gut ausbalancierte Eiche. Wasser bringt Entspannung und fördert etwas Zitronengras sowie Kochbirnen zutage.
Abgang Sauber, mild und mittellang.
Gesamteindruck Ausgewogen, mild, zugänglich.

Stil **Fruchtig und würzig**
Ähnlich Bruichladdich 10 Jahre

RHOSDHU (EINE GRAIN-MALT-HYBRIDE) 48 %

Nase Süße Gerste, Heuboden und eine knackige frische Williams-Christ-Birne von fast Obstbrand-artiger Intensität. Sauber und leicht.
Geschmack Recht parfümig mit reichlich Obstblüten. Seidig und aromatisch. Orgeat und leichter Nusseinschlag.
Abgang Essenznote.
Gesamteindruck Aus gemälzter, durch eine Column Still geschickter Gerste.

Stil **Duftig und blumig**
Ähnlich Nikka Coffey Malt

12 JAHRE, ORGANIC SINGLE BLEND 40 %

Nase Ausgewogen, etwas Crème double über frischem, grünem Apfel. Sauber und schwungvoll. Hat wie der Inchmurrin gute Säure.
Geschmack Die duftigen Noten drängen nach vorn. Leicht vanillig und durch die Bananennoten mit Rum-artiger Weichheit. Die Nase mag leicht sein, doch der Geschmack hat überraschend viel Gewicht und Konzentration.
Abgang Grün und kräuterwürzig, etwas Ingwer.
Gesamteindruck Angenehm und leicht.

Stil **Duftig und blumig**

Deanston

DEANSTON • STIRLING • WWW.DEANSTONMALT.COM • GANZJÄHRIG GEÖFFNET MO–SO

Deanston sieht so gar nicht wie eine Brennerei aus. Und war auch keine. Im 18. Jahrhundert beherbergte der Komplex eine Mühle, in der sich damals das größte Mühlrad Europas drehte. Überdies wurde hier die »Spinning Jenny« entwickelt, die erste industrielle Spinnmaschine. Errichtet hatte man die Mühle, weil der Fluss Teith die nötige Wasserkraft lieferte. Und das ist noch heute so: Stündlich laufen 20 Millionen Liter durch die Turbinen der Destillerie, die damit nicht nur Selbstversorger ist, sondern auch noch Überschüsse ins nationale Stromnetz einspeist.

Die Brennerei ist noch verhältnismäßig jung. Sie wurde erst im Jahr 1964 gegründet, als man die alte Mühle endgültig stilllegte. Einst war die Anlage im Besitz von Invergordon, inzwischen ist sie jedoch Teil der Burn Stewart Distillers, deren Brennereidirektor Ian MacMillan hier sein Büro hat.

Deanston gehört zu den ungewöhnlicheren Whiskyproduzenten Schottlands. Schon die Turbinen sind alles andere als alltäglich, doch auch die Größe des Maischbottichs, eines elf Tonnen schweren, oben offenen Kolosses, oder Details wie die Messingkragen um die Hälse der vier dicken Brennblasen und der aufsteigende Winkel des Schwanenhalses versetzen in Erstaunen.

Größte Überraschung des Hauses ist allerdings der New Make, der beherrscht wird von erloschenen Kerzen und Bienenwachs, das mit zunehmender Reife in honigartigem Wohlgefallen zerfließt. Damit entfernt sich der Rohwhisky weit vom einfachen, trockenen Stil der jüngeren Vergangenheit. »Die Wachsnote hat schon den ursprünglichen Hausstil geprägt«, weiß MacMillan. »Aber als die Brennerei von 1972 bis 1990 zu Invergordon gehörte, ging dieser Einschlag verloren. Ich habe mir zum Ziel gesetzt, ihn zurückzuholen.« Und wie? »Indem ich Schritt für Schritt kleine Änderungen vollzogen habe, vor allem aber durch weniger Zucker in der Würze, was die Esterbildung fördert. Die Gärung dauert länger, wir destillieren langsam und lassen Luft in die Stills. Ich glaube an die altmodischen Verfahren.«

Der wächserne Stil ist in der Whiskywelt mittlerweile selten geworden. Unter Blendern sind Deanstons Rohbrände deshalb heiß begehrt.

Die Malts haben heute alle etwa 46 Prozent und werden nicht kaltfiltriert. »Durch Kaltfiltrierung gehen Aromen und Geschmack verloren«, so MacMillan. »Es hat zwölf Jahre gedauert, bis die Geschmacksnoten sich entwickelt haben – warum soll man sie jetzt herausholen? Ich will, dass man sie schmeckt!« Deanston hält viele Überraschungen parat.

DEANSTON – Verkostungsnotizen

NEW MAKE

Nase Schwer. Erloschene Kerzen/Bienenwachs und später wilder Knoblauch. Nasses Schilf und eine Andeutung von Getreide darunter.
Geschmack Sauber und sehr dick auf der Zunge. Belegt die Zunge. Mit Wasser ein Hauch von Kleie, aber überwiegend Kerzenwachs.
Abgang Leicht zusammenziehend.

10 JAHRE FASSPROBE

Farbe Golden.
Nase Starker Einfluss von amerikanischer Eiche mit Unmengen Kokosnuss. Die wächserne Note scheint verklungen zu sein, aber eine neue Honignuance tritt hervor. Sonnenöl. Leichte Schokolade – schmelzender Schokoriegel.
Geschmack Reichlich Holzeinfluss mit viel Süße. Sehr honiggetönt und mild. Hat ein ähnliches Mundgefühl wie der New Make.
Abgang Weich, etwas Karamellbonbon.
Gesamteindruck Die Geschmacksnoten offenbaren ein Zusammenfließen von Holz und jenem wächsernen Charakter, der nun in einen Honigton übergeht.

12 JAHRE 46,3%

Farbe Hellgolden.
Nase Sauber und süß. Zuckerrübensirup. Toffees, nach dem Öffnen Pfirsiche in der Dose, dazu Milchschokolade. Süßes Getreide im Hintergrund und Klementinen.
Geschmack Sehr süß und konzentriert. Honig, Reispudding in der Dose. Geringfügig wächsern, mit einem Anflug frischer Eiche zum Abgang hin.
Abgang Prickelnd und leicht würzig.
Gesamteindruck Mit inzwischen 46,3 % offenbart der nicht kaltfiltrierte Whisky nun einen weicheren und saftigeren Kern als das ältere Pendant.

Stil Fruchtig und würzig
Ähnlich Aberfeldy 12 Jahre, The BenRiach 16 Jahre

28 JAHRE FASSPROBE

Farbe Gold/Bernstein.
Nase Klassisch reifer Charakter. Reichlich Gewürze und ein Hauch von Seife, dann geringe Andeutungen an polierte Möbel – wir sind schon fast wieder beim Bienenwachs des New Make. Dazu Karamell und Pekannüsse.
Geschmack Austrocknend. Etwas verblasst, aber mit einer Erdbeernote, die sich auch im 16-Jährigen manifestiert. Das Wachs ist wieder da. Fragil.
Abgang Prickelnd, sauber, Zimt.
Gesamteindruck Deanston befindet sich auf einer Achterbahnfahrt.

Tullibardine

AUCHTERARDER • WWW.TULLIBARDINE.COM • GANZJÄHRIG GEÖFFNET MO–SO

Kein Wunder, dass Tullibardine in Blackford am Nordrand der Ochil Hills steht: Hier herrscht an Wasser kein Mangel. Sogar Highland Spring, der führende britische Mineralwasserhersteller, füllt in der Gegend ab; Bier wird vor Ort schon seit 1488 gebraut. Die erste Tullibardine-Brennerei entstand 1798, die heutige Anlage aber erst 1949 im Zug des Nachkriegsbooms – auf dem Areal einer Brauerei. 1953 übernahm Brodie Hepburn den Betrieb von seinem Besitzer und Architekten William Delmé-Evans. Er stattete ihn neu aus und ließ die alten Maisch- und Gärbottiche nach Glenturret zwölf Kilometer weiter nördlich bringen.

Irgendwann verleibte Whyte & Mackay sich die Destillerie ein, legte sie aber 1994 still. Aus ihrem Dornröschenschlaf holte sie erst 2003 ein Konsortium aus Geschäftsleuten, das einen Teil des alten Lagers aus Kostengründen als Einkaufszentrum vermietete.

2011 wechselte Tullibardine ein weiteres Mal den Besitzer. Es wurde übernommen vom französischen Handelshaus für Weine und Spirituosen Picard, dem auch die Marken Highland Queen und Muirhead's gehören. »Picard erklärte, dass es sich als Verwahrer und nicht als Besitzer sieht«, erinnert sich der internationale Verkaufsdirektor James Robertson. »Man denkt dort langfristig.« Aus dem Einkaufszentrum wird allmählich wieder ein Lager, die Brennerei fährt Volllast und man investiert in neue Ausrüstung. Was für den Endverbraucher jedoch wichtiger ist: Die Palette wurde zusammengestrichen, neu verpackt und mit einem Relaunch frisch auf dem Markt positioniert.

Das Problem beim Kauf einer Brennerei, die während längerer Zeit stillgelegt war, ist die Überbrückung der Lücke im Lagerbestand – und im Fall Tullibardines auch der Umgang mit Whisky aus müden Fässern, der als junger, frischer Bestandteil in Blends hätte wandern sollen. Ganz anders liegen dagegen die Prioritäten bei Single Malts. Das alte Sortiment war zu groß und unzusammenhängend. Es fehlte ein klar erkennbarer Brennereicharakter.

Nach neunjähriger Pause mischt die Brennerei heute wieder voll im Whiskygeschehen mit.

Zum Glück ist das alles Vergangenheit. Das hervorragende, mit dem letzten Besitzer eingeleitete Holzmanagement trägt allmählich Früchte. Auch der Rohbrand selbst war zuvor schon vom legendären John Black feinjustiert worden, der mit 57 Berufsjahren in der Branche als Schottlands ältester Brenner galt. Leider starb er 2013, doch die Fortführung seines Vermächtnisses ist nun gewährleistet.

Tullibardine hat gezeigt, dass Whisky kein Tagesprodukt ist und eine Brennerei nur langsam auf einen neuen Kurs gebracht werden kann.

TULLIBARDINE – Verkostungsnotizen

SOVEREIGN 43 %

Nase Cremiger, leicht süßer Haferbrei mit Rohrzucker, dahinter weiche Früchte. Duftend, nicht mehr so malzig wie früher. Fein parfümduftig. Mit Wasser frisches, grünes Laub.
Geschmack Weich und frisch, filigran. Mit Wasser süßer und seidiger. Die blumigen Noten treten nach vorn.
Abgang Ein Hauch von Malz.
Gesamteindruck Blumiger und geradliniger als der alte Tullibardine.

Stil **Duftig und blumig**
Ähnlich Linkwood 14 Jahre, Glen Keith

BURGUNDY FINISH 43 %

Nase Fest; der leichte Brennereicharakter bekommt Gewicht durch die Weinfässer, die den Brand in die Nähe von Schaum auf Himbeermarmelade und gekochten Süßigkeiten tragen.
Geschmack Geschmeidiges Mundgefühl, leicht gekochte Früchte im Vordergrund.
Abgang Taybeeren und Heidelbeeren. Lang.
Gesamteindruck Findet ein schönes Gleichgewicht zwischen allen beteiligten Elementen (Brennerei plus Refill-Fässer plus Weinfässer).

Stil **Fruchtig und würzig**
Ähnlich Glenmorangie Quinta Ruban

20 JAHRE 43 %

Nase Holzig und mehlig, mit Bezügen zu frisch gebackenem Vollkornbrot. Offenbart die für alte Whiskys typische leichte Öligkeit.
Geschmack Die Eiche gibt dem Mix Fülle, bringt aber noch eine fette Getreidenote ins Spiel. Frisch erloschene Kerzen werden angedeutet.
Abgang Nussig.
Gesamteindruck Unterscheidet sich charakterlich stark von jüngeren Vertretern und weist wesentlich ausgeprägtere Getreideakzente auf.

Stil **Malzig und trocken**
Ähnlich Glen Garioch

CENTRAL HIGHLANDS

Drei der insgesamt sechs Brennereien in der Grafschaft Perthshire findet man in und um Pitlochry, während zwei in einigem Abstand zu diesem Trio weiter nördlich und eine weiter südlich ihrem Handwerk nachgehen. Sie erzählen von Geheimnissen und Schmugglerei, von Müllern, Bauern, Mitgliedern des Königshauses und

Die vom Fluss Tay bewässerte Landschaft ist seit Langem Whiskyterrain.

Verschneidern, die es zu ihren Familienwurzeln zurückzieht. Einst waren die mittleren Highlands eine Hochburg der Whiskyerzeugung, doch von den vielen Destillerien der Gegend haben nur wenige überlebt. Warum gerade sie? Weil sie auf Qualität und Individualität setzten.

The Glenturret & Strathearn

CRIEFF • WWW.THEFAMOUSGROUSE.COM • HOME TO THE FAMOUS GROUSE EXPERIENCE • GANZJÄHRIG GEÖFFNET MO–SO
STRATHEARN • METHVEN • WWW.FACEBOOK.COM/STRATHEARNDISTILLERY

Die Hälfte der Central-Highland-Brennereien drängt sich im Herzen von Perthshire – gerade so, als müssten sie sich gegenseitig stützen. Grund dazu hätten sie: Während in der Grafschaft einst mehr als 70 Destillerien Whisky erzeugten, ist heute nur noch ein halbes Dutzend übrig. Das Gros wurde in der Zeit nach 1823 gegründet, als die Schwarzbrenner das schnelle Geld witterten und sich ganz im Sinne von Jesaja 2,4 von ihrem gesetzwidrigen Tun abwandten, um ein neues, friedliches Leben zu beginnen.

Viele mussten allerdings schnell feststellen, dass ein Unterschied zwischen der Produktion kleiner Mengen von variabler Qualität und der Veräußerung größerer Mengen von beständiger Güte war. Die Wirtschaftskrise der 1840er-Jahre tat ein Weiteres, ihre Zahl zu dezimieren. Mitte des 19. Jahrhunderts waren die meisten von ihnen verschwunden.

Drei Betriebe in der Region vermitteln jedoch noch einen guten Eindruck davon, wie die alten Farmdestillerien einst ausgesehen haben könnten. Der erste ist Glenturret vor den Toren von Crieff. Sein Maischbottich hat ein Fassungsvermögen von gerade einmal einer Tonne, während die Brennblasen von einfacher Machart und eckig sind – ja, die gesamte Anlage sieht aus, als hätte man Kuhställe und Nebengebäude zweckentfremdet.

In Wirklichkeit ist Glenturret ein Musterbeispiel gelungener Wiedererweckung. Die 1929 abgebaute Brennerei lag drei Jahrzehnte brach. Heute gehört sie zur Edrington Group. Glenturret beherbergt das Besucherzentrum »Famous Grouse Experience«. Dabei brennt der Betrieb auch einen köstlichen Malt. »John Ramsey, Edringtons ehemaliger Master Blender, brachte Glenturret auf Vordermann, als wir 1990 übernahmen«, erzählt sein Nachfolger Gordon Motion. Außerdem gibt es eine stark getorfte Variante, die im Black Grouse zum Einsatz kommt.

Ist der Whisky aber noch ein Glenturret? »Wir konnten die Stills nicht verändern und erzeugen nach wie vor einen bestimmten Typ«, so Motion. »Man kann den Whisky einer Brennerei im Prinzip nur innerhalb einer gewissen Bandbreite justieren.«

STRATHEARN: WHISKY IM KLEINEN

Die Adresse, Bachilton Farm Steadings, sagt schon alles: Schottlands kleinste Brennerei eröffnete 2013 in einem alten Bauernhaus im Dorf Methven. Hier läuft alles im Miniaturformat ab. Die Wash Still fasst 800 Liter, die Charge für die Spirit Still liegt bei gerade einmal 450 Liter, und der Rohbrand kommt in 50-Liter-Fässer. Dennoch ist man flexibel. Auch ein Gin des Hauses ist bereits auf dem Markt. Viele weitere Ideen schweben im Raum, etwa Selbstbrenntage für Besucher. Strathearn mag klein sein, sein Ideenreichtum aber ist gewaltig.

Whiskyerzeugung en miniature: Glenturret gehört zu den wenigen erhaltenen Farmbrennereien in Perthshire.

THE GLENTURRET– Verkostungsnotizen

NEW MAKE

Nase Grüne Bitterorangen, Curaçao, etwas Schwefel und Zuckermais mit einem leichten Lackanstrich im Hintergrund.
Geschmack Recht nussig und Jalapeño-scharf. Cremige Textur. Ein Hauch von Schwefel am Schluss. Im Fass werden sich Leichtigkeit und Frische bemerkbar machen.
Abgang Sauber.

10 JAHRE 40%

Farbe Hellgolden.
Nase Süß. Brot, Linoleum, Orangenblüten.
Geschmack Blumig, aber ziemlich fett und cremig auf der Zunge. Mit Wasser Pollen und Trockenblüten, Gartenschnur und rosa Rhabarber. Zitrusgetönt, mit Auftrieb.
Abgang Duftig und frisch.
Gesamteindruck Im Aroma leicht, aber mit genug Gewicht, um einer langen Reife standzuhalten.

Stil **Duftig und blumig**
Ähnlich Bladnoch 8 Jahre, Strathmill 12 Jahre

Aberfeldy

ABERFELDY • HOME OF DEWAR'S WORLD OF WHISKY • WWW.DEWARS.COM • GANZJÄHRIG GEÖFFNET APR–OKT MO–SO, NOV–MÄR MO–SA

In Perthshire zeigt sich Schottland von zwei Seiten. Auf den Hauptstraßen wähnt man sich in einer Landschaft aus wogenden, grasbewachsenen Hügeln. Wer jedoch die befahrenen Verkehrsadern verlässt, findet sich in einer Umgebung wieder, die den Namen »Hochland« verdient – eine Gegend mit zahlreichen um die 1.000 Meter hohen Gipfeln wie dem Ben Lawers, dem Meall Garbh oder dem Schiehallion. Auf Letzterem errechnete man 1774 erstmals die Masse der Erde und erfand dabei gleich die Höhenlinien.

In diesem Zwischenreich, das sich so gar nicht entscheiden kann, ob es Wildnis oder Kulturlandschaft sein will, tritt immer wieder die Vergangenheit zutage. Fährt man von Aberfeldy aus durch das Glen Lyon, kommt man nach Fortingall, wo im Kirchhof eine gebeugte, dunkle Eibe steht, deren Alter auf 5.000 Jahre geschätzt wird. Weiter Richtung Westen gelangt man zu den Torfstichen im Rannoch Moor.

In diesem Grenzland kam 1805 John Dewar auf einem kleinen Bauernhof in Shenavail, drei Kilometer von Aberfeldy entfernt, zur Welt. Nach Abschluss einer Schreinerlehre ging der 23-Jährige nach Perth, um entfernten Verwandten in ihrem Weinhandel zu helfen. 1846 hatte er bereits ein eigenes Unternehmen und begann Whisky zu verkaufen. Ende des Jahrhunderts waren es weltweit eine halbe Million Kisten Blend im Jahr. Weil die Firma eine Brennerei brauchte, eröffnete sie 1898 einen Betrieb in Aberfeldy.

Warum gerade dort? Johns Söhne John Alexander und Tommy hätten sie überall errichten können. Im ausgehenden 19. Jahrhundert wäre eigentlich die Speyside naheliegend gewesen. Stattdessen bauten sie die Brennerei in Sichtweite des bescheidenen Geburtsorts ihres Vaters. Sie entschieden sich für Aberfeldy schlichtweg deshalb, weil sie eine starke emotionale Bindung zu dem Ort hatten.

John Dewars Söhne errichteten die Brennerei Aberfeldy nicht weit vom Geburtshaus ihres Vaters.

Die Bienenwachs- und Honignote entsteht während der langen Gärung und wird durch die ausgedehnte Destillation konzentriert. Ein hoher Schnitt bewahrt die Zartheit des Aromas. Der Whisky reift am besten in Refill- oder Firstfill-Fässern aus amerikanischer Eiche. Sein dicklicher Geschmack ermöglicht eine lange Reifung.

Aberfeldy mag entstanden sein, weil man einen Whisky für Blends brauchte, aber der Standort zeugt von einer engen Bindung zur Heimat.

ABERFELDY – Verkostungsnotizen

NEW MAKE

Nase Süß, mit leicht wächserner Note. Helle Früchte.
Geschmack Klar fokussiert. Sehr süß, wächserne Textur, sauber.
Abgang Lang, nach und nach austrocknend.

8 JAHRE FASSPROBE

Nase Süß, Kleehonig, malzige Noten, Birne.
Geschmack Süß, seidig und überraschend würzig. Versucht zu attackieren, wird aber von einer zentralen dicken Süße zurückgehalten.
Abgang Dünn.
Gesamteindruck Entwickelt sich noch.

12 JAHRE 40%

Nase Die Honignote beim 8-Jähriger ist tiefer und intensiver. Die grüne Birne ist verflogen, dafür macht sich ein blumiger Einschlag (die esterigen Töne des New Make) mit reifen Äpfeln bemerkbar. Frische Eiche, Himbeermarmelade.
Geschmack Die Eiche hat die Führung übernommen, ist aber nun auch in die Süße eingebunden und entwickelt eine Karamellnuance. Rund. Tabletten und Pfirsichsaft.
Abgang Lang und süß.
Gesamteindruck Feuert nun aus allen Rohren.

Stil **Fruchtig und würzig**
Ähnlich Bruichladdich 16 Jahre, Longmorn 10 Jahre, Glen Elgin 12 Jahre

21 JAHRE 40%

Farbe Bernstein.
Nase Mittelstark bis schwer, mit mehr Rauch, Zuckerrübensirup, Macadamianüsse. Geschmeidig. Eiche ist nur mehr eine Stütze. Anklänge an Bienenwachs und Kokoscreme. Mit Wasser Heidehonig und Torf.
Geschmack Überraschend rauchig, was eine duftige, aber auch trockene Decke über den süß-seidigen und leicht minzig-wächsernen Unterbau legt.
Abgang Lang und weich würzig. Eiche schimmert durch.
Gesamteindruck Faszinierend.

Stil **Fruchtig und würzig**
Ähnlich Glenmorangie 25 Jahre

Edradour & Blair Athol

EDRADOUR • PITLOCHRY • WWW.EDRADOUR.COM • GEÖFFNET APR–OKT MO–SA

BLAIR ATHOL • PITLOCHRY • WWW.DISCOVERING-DISTILLERIES.COM/BLAIRATHOL • GANZJÄHRIG GEÖFFNET, DETAILS SIEHE WEBSEITE

Mit seinen breiten Straßen wirkt das viktorianische Pitlochry nicht gerade arm. Im 18. und 19. Jahrhundert aber lag das wirtschaftliche Zentrum der Gegend fünf Kilometer weiter nördlich in Moulin. Woher dieses Dorf seinen Namen hat, ist nicht klar, doch ähnelt er dem gälischen *muileann* für Mühle. Und wo eine Mühle steht, ist meist auch eine Brennerei. In Moulin waren es gleich vier. Eine ist übrig geblieben.

Ob Edradour noch Schottlands kleinste Destillerie ist, muss bezweifelt werden. Allerdings sind alle, die ihr diesen Rang streitig machen könnten, neueren Datums. Edradour hingegen entstand im 19. Jahrhundert und produziert – was noch wichtiger ist – bis heute Whisky.

Wer wissen will, wie in Perthshire einst gebrannt wurde, ist hier richtig. »Die Ausrüstung von damals ist im Wesentlichen gleich geblieben«, meint Des McCagherty vom Abfüller Signatory Vintage, der Edradour 2002 erwarb. »Das heißt: offene Maischbottiche, Morton-Kühler, hölzerne Gärbottiche und winzige Stills mit Worm Tubs. Wir tauschen nur aus, was unbedingt notwendig ist, etwa die Kühlschlange oder den Kühler.«

Edradours traditionelle Konfiguration liefert einen öligen, süßen Rohwhisky mit kräftiger Honignote, Getreidetönen und einem reifen, dicken Charakter. Der robuste Brand wird meist in traditionelles Holz gesteckt. »Heute ist unsere Destillerie ganz auf Single Malt eingeschworen. Wir füllen in First- oder Secondfill-Holz«, so McCagherty. »Der Edradour kommt überwiegend in Sherryfässer, der Ballechin, unsere neue, stark getorfte Variante, vor allem in Firstfill-Bourbonfässer.«

Edradour gehört zur kleinen, aber wachsenden Gruppe unabhängiger Abfüller, welche McCagherty zufolge Techniken und Destillerien am Leben erhalten, die ansonsten schon verschwunden wären.

Ebenfalls in Pitlochry brennt Blair Athol, heute Teil des Diageo-Imperiums, seit 1798 Whisky. Ab 1933 gehörte das Haus Arthur Bell, der den Whisky in seinen Betrieben meist ähnlich erzeugte: trübe Würze, kurze Gärzeiten und Kondensatoren, was einen nussigen, würzigen Stil ergab. Der Blair Athol ist am extrem schweren Ende dieses Spektrums angesiedelt und schwingt sich in Ex-Sherryfässern zur Bestform auf.

BLAIR ATHOL – Verkostungsnotizen

NEW MAKE

Nase Intensiver Malzextraktcharakter. Viehfutter, dunkle Gerste. Samen und Nüsse, dann Karbolseife.
Geschmack Angekohlt und malzig. Schwer und kraftvoll.
Abgang Knochentrocken.

8 JAHRE REFILL-FASS, FASSPROBE

Nase Müsli: dunkle Trauben, Haferflocken. Reich und breit, die Frucht kristallisiert sich heraus.
Geschmack Scharf, körperreich und leicht erdig. Schwer und nach wie vor angebrannt/trocken. Sein Potenzial liegt in der Kraft.
Abgang Trocken und lang.
Gesamteindruck Das Schwergewicht braucht Zeit und aktive Fässer, die ihm seine Geheimnisse entlocken.

12 JAHRE, FLORA & FAUNA 43%

Farbe Dunkles Bernsteinbraun.
Nase Geröstetes Malz, Veilchen. Malzbrot mit Rosinen. Leicht wächsern, Anflug von Pflaumen. Mit Wasser süßer.
Geschmack Schwer, süß. Trockene malzig-nussige Tiefe, obenauf Rosinen. Die angekohlte Note ist nun in die Eiche integriert, was Tiefe und Fülle gibt. Mit Wasser Malzmilch.
Abgang Bitterschokolade.
Gesamteindruck Europäische Eiche beschert diesem großen, malzigen Brand die zusätzlichen Lagen, die er braucht, um ins Gleichgewicht zu kommen.

Stil Reichhaltig und rund
Ähnlich Macallan 15 Jahre Sherry, Fettercairn 33 Jahre, Glenfiddich 15 Jahre, Dailuaine 16 Jahre

EDRADOUR – Verkostungsnotizen

EDRADOUR NEW MAKE

Nase Schwer wie der Edradour, mit einer etwas ausgeprägteren Getreidenote und Holzrauch (Birke).
Geschmack Von Anfang an rauchig, die tiefe Frucht und Öligkeit tarieren diesen Einschlag allerdings aus.
Abgang Ölig, aber fruchtig. Ein großer, jedoch ausbalancierter Whisky.

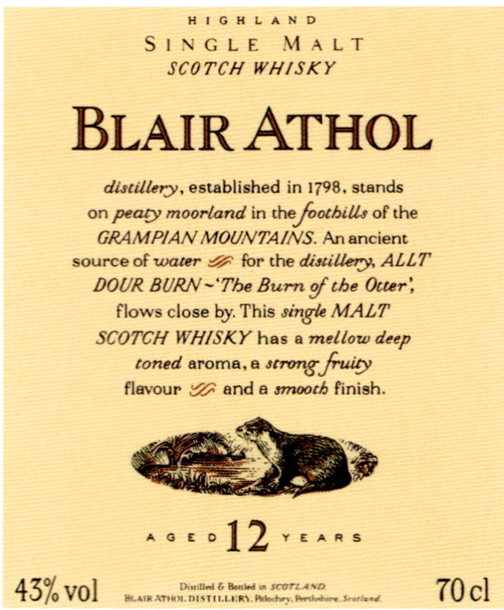

BALLECHIN NEW MAKE

Nase Schwer. Sauber. Honigartig, leicht ölig, dunkle Früchte, Bananenschalen, Wiesenheu/Heuboden. Gerste.
Geschmack Süßer Auftakt, dann Leinöl und Johannisbeerfrucht. Viskos und muskulös. Fester Getreideunterbau.
Abgang Lang. Austrocknend.

1996, OLOROSO FINISH 57%

Farbe Intensiv golden.
Nase Haselnussöl, Heu, Hauch von Gewürzen. Leichte Erde. Geröstete Nüsse. Mit Wasser Kräuter, Mandeln.
Geschmack Zunächst nussig, dann bringt ihn die Öligkeit voran. Im Mittelteil Süße. Belegt den Gaumen, generös.
Abgang Leichte Anisnote.
Gesamteindruck Interessant, erinnert an Lepanto-Brandy.

Stil Fruchtig und würzig
Ähnlich Dalmore 12 Jahre

1997 57,2%

Farbe Kupfer.
Nase Zurückhaltender als der 1996er. Anklänge an Fruchtkompott. Pflaume und Obstkuchen. Mit Wasser ein Anflug von Grafit und eingekochte Birnen in Rotwein.
Geschmack Honigartige Süße hat das Regiment übernommen. Frische rote Früchte, getrocknete Himbeeren, Erdbeeren, eine Andeutung an Schokolade.
Abgang Süß.
Gesamteindruck Faszinierender weiniger Charakter.

Stil Reichhaltig und rund
Ähnlich Dalmore 15 Jahre, Jura 21 Jahre

Royal Lochnagar

BALLATER • WWW.DISCOVERING-DISTILLERIES.COM/ROYALLOCHNAGAR • GANZJÄHRIG GEÖFFNET, NÄHERES SIEHE WEBSEITE

Fährt man von Moulin aus nach Norden über einen hohen Pass am Glenshee-Tal, erreicht man nach etwa einer Stunde die Deeside. Nur zu leicht lässt die Landschaft aus dunkelgrünen Wäldern und blitzsauberen Städtchen den Besucher im Glauben, er befände sich an einem Hort bürgerlicher Ehrbarkeit. Aber der Eindruck täuscht: An der Dee verbarg man sich einst vor der Obrigkeit. Viehhändler trieben ihre Rinder über die Berge zu den Märkten, doch wurden dieselben Routen auch von Whiskyschmugglern genutzt, die von der Speyside oder den nahen illegalen Brennhütten der Deeside kamen. Gerade weil die Gegend so abgeschieden war, ließen Königin Viktoria und Prinz Albert hier Balmoral Castle errichten.

Das Hinterland ist durchsetzt mit Hütten und alten Brennereien. Nur zu leicht kann man sich verlieren in einer so geheimniskrämerischen Landschaft. Nichts ist, wie es scheint. Die erste Destillerie an der Upper Deeside wurde angeblich von Schwarzbrennern angezündet, als ihr Besitzer James Robertson, auch er ein illegaler Whiskyalchemist, direkt am Fluss bei Crathie eine legale Anlage errichtete. Royal Lochnagar wurde 1845 gegründet – den Segen als Hoflieferant erteilte dem Haus Königin Viktoria, die sich gern einen Mix aus Whisky und rotem Bordeaux genehmigte. Der Betrieb – er liegt wie alles in diesem Teil der Welt gut versteckt – befindet sich über dem Fluss Dee auf einem Miniplateau. Seine dicken Mauern sind aus Granitsteinen, deren Glimmer- und Feldspatanteile die Wände nach Regenfällen in der Sonne glitzern lassen.

Royal Lochnagar ist die kleinste Brennerei im Diageo-Stall. Ein Blick auf die beiden kleinen Stills und ihre Worm Tubs lässt zwar vermuten, dass aus ihnen Schwergewichte fließen, doch bildet Lochnagar wie Glen Elgin (siehe Seite 86) eine Ausnahme von der Regel, denn der Kupferkontakt wird extrem in die Länge gezogen.

Man arbeitet hier recht entspannt. Die Brennblasen sind nur zweimal in der Woche in Betrieb. Dazwischen lässt man Luft hinein, damit sich das Kupfer verjüngen kann. Was eigentlich schwefelig sein sollte, gerät daher grasig, aber wegen des brennereitypischen Charakters ist dieses Gras nicht grün, sondern trocken. Wie gut der Whisky für lange Reife taugt, offenbart seine Festigkeit im Mittelteil. An der Upper Deeside ist eben nichts, wie es scheint.

ROYAL LOCHNAGAR – Verkostungsnotizen

NEW MAKE

Nase Trockenes Heu, etwas Birne und überreife Früchte mit einer winzigen Andeutung von Rauch. Schwer, grasig.
Geschmack Frisch und sauber, mit deutlichen Rauchnoten im festen Mittelteil. Belegt die Zunge.
Abgang Sauber.

8 JAHRE REFILL-FASS, FASSPROBE

Nase Hat vom Fass Vanille und weiße Schokolade mitbekommen. Der Heu- bzw. Strohcharakter ist nach wie vor präsent, doch wird die Frucht weicher. Leichter Rauchton.
Geschmack Überraschend zitrusgetönte Apfelnote zum Auftakt, dann kommt das süße Stroh zum Vorschein. Der Brand hat sich die gute Fülle am Gaumen bewahrt und beginnt Geschmack zu entwickeln.
Abgang Birnenartig. Wieder trockenes Gras.
Gesamteindruck Die Worm Tubs haben diesem grasigen Malt zusätzliche Tiefe beschert.

12 JAHRE 40%

Nase Sauber. Grasschnitt mit einem Anflug von Getreide im Hintergrund. Recht frisch, mit spröder Note. Mit der Zeit melden sich Heu, Haselnüsse, leichte Anklänge an Kreuzkümmel und Zitrone.
Geschmack Süßer, als man erwartet. Leichter bis mittlerer Körper, findet jedoch in ein Gleichgewicht zwischen Trockenheit (Malz, Heu) und Süße (Pralinen, leichte Fruchtnoten). Zimt.
Abgang Mild und sauber.
Gesamteindruck Frisch und ansprechend.

Stil **Fruchtig und würzig**
Ähnlich Glengoyne 10 Jahre, Yamazaki 12 Jahre

SELECTED RESERVE NAS 43%

Nase Reichlich Sherry-Einfluss. Süßes Trockenobst, etwas Rum, Rosinen und Melasse.
Geschmack Obstkuchen mit einer Prise Piment. Das Grasige ist verflogen, aber dank seiner Tiefe hält der Brand dem Holz stand.
Abgang Lang und süß.
Gesamteindruck Eine markante, ausdrucksvolle Persönlichkeit, in der der Brennereicharakter lediglich eine Nebenrolle spielt.

Stil **Reichhaltig und rund**
Ähnlich Glenfiddich 18 Jahre, Dailuaine 16 Jahre

Dalwhinnie

DALWHINNIE • WWW.DISCOVERING-DISTILLERIES.COM/DALWHINNIE • GANZJÄHRIG GEÖFFNET, NÄHERES SIEHE WEBSEITE

Nach dem Umweg über Deeside kommen wir zur letzten Destillerie im mittleren Hochland. Sie thront abgeschieden auf einem Hochplateau zwischen den Bergketten Cairngorm und Monadhliath in einer spektakulären, aber doch etwas überraschenden Umgebung. Denn die höchstgelegene Brennerei Schottlands – sie teilt sich diesen Titel mit Braeval – steht zudem in der kältesten Siedlung von ganz Großbritannien. Früher gehörte zur Anlage eine Schlafbaracke. In ihr fanden Arbeiter, die wetterbedingt den Heimweg nicht mehr antreten konnten, aber auch liegen gebliebene Autofahrer Unterschlupf.

Warum wurde die Brennerei gerade hier errichtet? Die Antwort findet man auf der Seite, die die meisten Besucher für die Rückwand der Destillerie halten, die aber eigentlich die Vorderseite ist: Dort führt nämlich die Bahnlinie vorbei. Mit dem 1897, also in der späten viktorianischen Epoche, gegründeten Haus wollte man auf der damaligen Blending-Welle mitschwimmen und sich den problemlosen Zugang zum Central Belt zwischen Glasgow und Schottland zunutze machen. Ob hier schon vorher Whisky entstand, lässt sich heute nicht mehr sagen. Aber der Standort an einer Kreuzung von Triftwegen legt die Vermutung nahe, dass im Lauf der Jahre reichlich Schwarzgebranntes vorbeigeschafft wurde.

Die Honignote, die in einigen Brennereien der Central Highlands anklingt, findet in Dalwhinnie ihren konzentriertesten Ausdruck. Mit seiner typischen Textur präsentiert sich der reiche, dicke und süße Single Malt des Hauses als Whisky, der unter Frosteinfluss eine neue Dimension bekommt. Ein Schnüffeln am New Make indes deutet zunächst nicht auf Honig hin. Den Schlüssel zum Geheimnis der Brennerei findet man an der Zufahrt zur Straße: Hier stehen die großen runden Holzbottiche mit den Worm Tubs für die beiden Brennblasen (siehe Abbildung Seite 113).

Der Rohwhisky kommt nur wenig mit Kupfer in Kontakt und verlässt die Worms daher so schwefelig wie Autoabgase. Seltsam, die Whiskyerzeugung auf diese Weise anzugehen. Warum brennt Diageo den Dalwhinnie nicht ohne Schwefel? Die Technologie dafür hätte man. »Das ist der Preis, den man in diesem Stadium zahlt, wenn man echten Destilleriecharakter haben möchte«, verrät Douglas Murray, Brenn- und Blending-Guru bei Diageo. »Würden wir den Schwefel herausholen wie bei Royal Lochnagar, bekämen wir einen grasigen oder fruchtigen Brand. So aber gerät er leicht und zart. Schwefel ist anfangs nur ein Marker – der echte Charakter liegt dahinter verborgen.«

Allerdings ziemlich lange. Ein Dalwhinnie schlummert jahrelang unter seiner Schwefeldecke, weshalb die Hauptmarke erst nach 15 Jahren abgefüllt wird. Ein anderer Vorteil der langen Reife: Die im New Make nur angedeutete Honignuance bekommt Zeit, sich zu konzentrieren. Was eine weitere Frage aufwirft: Wo hat der Honig seinen Ursprung?

»Honig ist eine Art Zwischending«, meint Murray. »Der Einfachheit halber sprechen wir beim New Make immer von wächsern oder grasig oder fruchtig. Aber wenn man auf eine wächserne Note hinarbeitet, ohne es zu weit zu treiben, bekommt man einen angenehmen, süßen Buttereinschlag.« Ein süßer, wächserner Ton kann in jungen Whiskys als Bienenwachs und in reiferen Vertretern als Honignote empfunden werden – Aberfeldy oder Deanston sind gute Beispiele.

Hier, zwischen nichts als Mooren und Bergen, scheint die Zeit langsamer zu verstreichen. Und kaum atmen Besucher durch, haben sie damit schon den entspannten Rhythmus des Dalwhinnie übernommen.

Der New Make von Dalwhinnie fließt durch Worm Tubs in den Spirit Safe.

WORM TUBS ODER KONDENSATOREN?

Früher wurde das Destillat mit Worm Tubs kondensiert. Im 20. Jahrhundert setzten sich allerdings Shell and Tube Condensers, Rohrbündelkondensatoren, durch. Sie arbeiten effizienter, verändern aber auch den Charakter des Whiskys, indem sie ihm die Tiefe nehmen. Entdeckt wurde das hier auf Dalwhinnie, als man die alten Worm Tubs abbaute und mit ihnen der »Dalwhinnie« verschwand. Flugs installierte man sie wieder – und schon war der alte »Dalwhinnie« wieder da.

Dalwhinnie ist nicht nur Schottlands höchstgelegene Brennerei, sondern muss auch mit dem kältesten Klima Großbritanniens zurechtkommen

DALWHINNIE – Verkostungsnotizen

NEW MAKE

Nase Erbsensuppe, Sauerkraut. Unmengen Schwefel. Schwer, mit etwas Torfrauch. Autoabgase.
Geschmack Trocken und tief, Süße als Unterlage. Schwer.
Abgang Schwefel.

8 JAHRE REFILL-FASS, FASSPROBE

Nase Laubnuancen, etwas Holz und noch immer Schwefelspuren (Brokkoli), auch flüssiger Honig und heiße Butter.
Geschmack Potenzielle Geschmacksnoten schimmern undeutlich durch. Schläfrige Schwere mit Einschüben von Honig, Heidekraut und weichen Früchten.
Abgang Stumpf und rauchig.
Gesamteindruck Schlummert noch. Interessant ist der Vergleich mit gleichaltrigen Whiskys, die als New Make schwefelig waren, etwa Speyburn, anCnoc oder Glenkinchie. Muss noch seinen reifen Charakter entwickeln.

15 JAHRE 43%

Nase Weich, mit üppiger Süße und reichlich amerikanischer Eiche/Crème brûlée. Ein Anflug von Rauch. Honigartig, Zitrusschale. Mit Wasser pollenartiger. Gutes Gewicht.
Geschmack Jäher, dicklicher Auftakt. Schwache, aber spürbare Rauchnote. Guter Mix aus dessertartiger Süße/griechischem Joghurt mit Akazienhonig und frischem Holz.
Abgang Lang und weich.
Gesamteindruck Endlich hellwach. Hat den schwefeligen Umhang abgestreift und zeigt sich in honigsüßer Livrée.

Stil **Fruchtig und würzig**
Ähnlich The Balvenie 12 Jahre Signature

DISTILLER'S EDITION 43%

Farbe Tiefgolden.
Nase Fett und cremig, mit einer neuen Mandarinenmarmeladenote. Duftender und weicher als der 15-Jährige. Eine nussige Nuance ist hinzugekommen, während sich der Rauch verflüchtigt hat. Tafeläpfel und süße Birnen mit dezentem Honigton.
Geschmack Rund und süß. Die gerösteten Nüsse sorgen für zusätzlichen Grip und machen den Geschmack interessanter. Orangenblütenhonig und Mandeln.
Abgang Länger und etwas dicker.
Gesamteindruck Leicht saftiger und interessanter. Ausgewogen.

Stil **Fruchtig und würzig**
Ähnlich Glenmorangie The Original 10 Jahre, The Balvenie 12 Jahre Signature

1992, MANAGER'S CHOICE, SINGLE CASK 50%

Farbe Kräftig golden.
Nase Angetrocknete Sattelseife. Dahinter schwere Blütendüfte (Lilien), Johannisbeerblätter und etwas Schwefel.
Geschmack Reif und fruchtig, erinnert an die Döschen mit Brotaufstrichen in schottischen Pensionen. Schwache Hinweise auf Aprikosen, etwas Mandarinenmarmelade, ein Bienenhäppchen Honig. Leicht.
Abgang Schlagsahne. Kurz.
Gesamteindruck Ein nicht ganz so aktives Fass; der Schwefel ist noch präsent.

Stil **Fruchtig und würzig**
Ähnlich Aberfeldy 12 Jahre

1986, 20 JAHRE SPECIAL RELEASE 56,8%

Farbe Glühendes Bernsteinbraun.
Nase Reich und reif. Anfangs schwache Moorfeuernuancen, dazu getrocknetes Farnkraut. Dann geht das Aroma in die Tiefe: eingekochte Herbstfrüchte, getrocknete Pfirsiche, Heidehonig über Pfannkuchen, Rosinenkuchen, Pfirsichtarte, Toffee-Pudding. Mit Wasser karamellisierter Fruchtzucker und feuchter Rohrzucker mit Pfefferminzbonbons.
Geschmack Weich. Leichte Rauchschwaden und eine bislang verborgene Würze. Die Zeit scheint ihn zu verlangsamen, zu vertiefen und die Geschmacksnuancen – Gewürze, Bitterorange – süßer werden zu lassen.
Abgang Generös und lang. Reifes Obst.
Gesamteindruck Die Charaktertiefe kommt zum Vorschein.

Stil **Fruchtig und würzig**
Ähnlich Balblair 1979, Aberfeldy 21 Jahre

EASTERN HIGHLANDS

Obwohl dieser Teil Schottlands fruchtbar ist, sind seine Brennereien relativ dünn gesät. Die Gründe dafür sind ebenso kompliziert wie erstaunlich, was auch für die Whiskys gilt. Wie immer aber lassen sich nur schwer generelle Aussagen über den Regionalstil machen. So ist etwa der rauchigste Exponent der östlichen Highlands zugleich einer der duftendsten.

Bei Macduff schlängelt sich der Fluss Deveron in den Moray Firth.

Glencadam

BRECHIN • WWW.GLENCADAMDISTILLERY.CO.UK

North Port in Brechin, Glenury-Royal in Stonehaven und alle Destillerien in Aberdeen – sie und viele weitere Whiskymanufakturen in den östlichen Highlands existieren nur noch in der Erinnerung. Unser Exkurs beginnt in Montrose, das sich einst dreier Brennereien rühmte: Glenesk bzw. Hillside, Lochside und Glencadam. Mit der Stilllegung des Trios schien der Untergang der Ostküste als Whiskylandschaft besiegelt. Doch dann wurde Glencadam im Jahr 2003 von Angus Dundee aufgekauft. Als die Brennerei noch Stoff für Ballantine's und die Cream-of-the-Barley-Blends von Stewart lieferte, kannte sie kaum jemand. Inzwischen aber haben sich ihre Whiskys als Offenbarung erwiesen.

Wie reich dieses Land mit Rohstoffen gesegnet ist, beweisen Glenesk und Lochside, die beide Grain-Whisky erzeugten, wobei erstere Brennerei sogar eine eigene Trommelmälzerei betrieb. Warum aber lichteten sich die Reihen der Destillerien dann derart? Manche führen den Schwund auf einen Mangel an Wasser zurück, doch die Ursache könnte auch wirtschaftlicher Natur gewesen sein. Bei Malts dreht sich alles um Individualität. Häufen sich Lagerbestände an, fragt man sich unweigerlich: Ist dieser Whisky individuell genug? Alle Destillerien an der Ostküste waren Kleinbetriebe in der Hand großer Blender und – da gibt es nichts zu beschönigen – geschmacklicher Überschuss. Denn Grains konnten auch andernorts erzeugt werden und die Malts ähnelten denen größerer Brennereien. In Krisenzeiten, wie der Whisky sie Ende der 1970er durchlebte, stößt man Nichtwesentliches ab.

Der Glencadam aber hat überlebt. Sein duftiger, blumiger Charakter ist nicht weit vom Linkwood (siehe Seite 92–93) entfernt. Der leichte Stil lässt sich nach Ansicht von Lorne MacKillop, Blender bei Angus Dundee, auf den aufsteigenden Verlauf der Lie Pipes zurückführen, was den Rückfluss erhöht. »Der Single Malt von Glencadam war unbekannt«, so MacKillop. »Wir wollten das Blumige betonen, weshalb wir auf Kaltfiltrierung und Karamellzusatz verzichteten.« Die Ostküste befindet sich nicht gerade im Aufwind. Aber sie lebt.

GLENCADAM – Verkostungsnotizen

NEW MAKE

Nase Duftend/blumig mit etwas Obstschnaps (Williamsbirne), grüne Trauben, darunter etwas Popcorn.
Geschmack Sehr süß. Grün, scheint sich auf der Zungenmitte zu sammeln und wird nach hinten zu immer blumiger.
Abgang Sauber und leicht.

10 JAHRE 46%

Farbe Hellgolden.
Nase Zart, mit Blüten, dann frischen Aprikosen. Gerade reif gewordene Birnen. Zitrone.
Geschmack Weich und mild. Süß, Vanille, Muskatnuss, dann Cappuccino. Wieder sammeln sich die Fruchtnoten in der Mitte, bevor das Blumige hervortritt.
Abgang Apfelblüten.
Gesamteindruck Zart, aber mit Substanz.

Stil **Duftig und blumig**
Ähnlich Glenkinchie 12 Jahre, Speyburn 10 Jahre, Linkwood 12 Jahre

15 JAHRE 46%

Farbe Golden.
Nase Süß, leicht zurückhaltend, ein Hauch von getrocknetem Laub. Der Blütenduft ist etwas schwerer geworden, das Holz hat einen ausgewogenen Nusston beigesteuert.
Geschmack Fester als der 10-Jährige, belegt die Zunge aber nach wie vor. Nüsse, Datteln, reife Früchte.
Abgang Die Frucht kämpft sich frei.
Gesamteindruck Frisch, mit angenehmem Biss, aber so konzentrierter Süße, dass das Holz nicht dominieren kann.

Stil **Fruchtig und würzig**
Ähnlich Scapa 16 Jahre, Craigellachie 14 Jahre

1978 46%

Farbe Dunkles Bernsteinbraun.
Nase Voll, Sherrynote, mit Rancioeinschlag. Die Früchte nehmen nun eine spätherbstliche Reife an, die grünen Äpfel bekommen eine Glasur. Reichlich Schokolade, Schokocreme, dann Zigarrenschachtel/Humidor.
Geschmack Fest, aber glatt. Kastanie und Schokolade, aber nach wie vor mit inhärenter Reife. Karamell.
Abgang Weich und nussig.
Gesamteindruck Hat sich für einen leichten Whisky gut gehalten.

Stil **Reichhaltig und rund**
Ähnlich Glengoyne 17 Jahre, Glenfiddich 15 Jahre, Hakushu 25 Jahre

Fettercairn

FETTERCAIRN • WWW.FETTERCAIRNDISTILLERY.CO.UK • GEÖFFNET MAI–SEPT MO–SA

Die Howe of the Mearns ist Schauplatz von Lewis Grassic Gibbons Trilogie *Scots Quair*. Darin werden die Veränderungen in Schottland vom goldenen Zeitalter der Landwirtschaft bis zur Industrialisierung im 20. Jahrhundert nachgezeichnet. Obwohl das Werk um 1930 entstand, kann es der Romantik zugerechnet werden, denn es feiert eine mystische Verbindung zum Land und hat den Verlust der Wurzeln, des Glaubens und der politischen Überzeugungen zum Thema. Seine Handlung verläuft parallel zum Aufstieg des Whiskys.

Die Brennerei steht küstennah vor den Toren eines hübschen Städtchens auf flachem Land, jedoch mit einer Bergkulisse im Hintergrund. Bis Royal Lochnagar fährt man nicht weit, muss aber hügeliges Terrain überwinden. Die Anlage scheint ganz auf traditionelle Erzeugung ausgerichtet und sogar den Geist der alten Schwarzbrennertage zu atmen, als die Schmuggler mit ihren Waren von Deeside herunterkamen: Da stehen ein offener Maischbottich und Brennblasen mit seitlichen Seifenmühlen – Seife reduziert die Oberflächenspannung und damit die Schaumbildung in der Wash Still, bleibt aber geschmacksneutral. Erst in den Lagern zeigt sich die modernere Seite dieser Brennerei.

Fettercairn gehört zu den Versuchsanlagen, in denen sich Master Blender Richard Paterson von Whyte & Mackay mit Holz – hier vor allem mit frischer Eiche – befasst. Mit gutem Grund: Der verbrannte, gemüseartige Ton jüngerer Abfüllungen soll beseitigt werden. »Es ist ein Kampf«, so Paterson. »Von 1995 bis 2009 wurden hier Edelstahlkondensatoren eingesetzt, die dem Malt eine brandige Note mitgaben und ihn etwas hart machten. Er braucht jedoch die Süße amerikanischer Eiche.«

Die üppige Landschaft der Mearns umrahmt die ehemalige Farmbrennerei.

Der Fettercairn ist ein Missetäter, der sein störrisches Wesen erst nach langer Zeit ablegt. Gelangt er aber erst einmal zur Reife, scheint er die Lehren aus seiner etwas aggressiven Vergangenheit zu ziehen und bewährt sich als Whisky, mit dem man sich befassen kann. Ob Sie das tun, bleibt Ihnen überlassen. Geringschätzung indes verdient er nicht.

FETTERCAIRN – Verkostungsnotizen

NEW MAKE

Nase Mehlig, Gemüse, leichter Anflug von Schwefel und Süße.
Geschmack Fest, etwas fruchtig, mit Gewicht. Wirkt verschlossen.
Abgang Spröde und kurz.

9 JAHRE FASSPROBE

Nase Eingemachte Zitronen und Steckrüben. Leicht angebrannte Note. Reichlich Fasseinfluss. Vanille und Eichenschnipsel.
Geschmack Besser als die Nase, mit süßem Karton und etwas roten Äpfeln.
Abgang Nüsse.
Gesamteindruck Absorbiert die Eiche noch und leistet ihr Widerstand. Selbst nach neun Jahren weigert sich der Fettercairn weiterhin, erwachsen zu werden.

16 JAHRE 40%

Farbe Helles Bernstein.
Nase Größer und süßer, mit einer Kokos-Sultaninen-Mischung und einer Andeutung von Rauch. Ausgewogener.
Geschmack Etwas Holzrauch mit Assam-Tee-Noten, ein paar Rosinen. Paranuss.
Abgang Toffees, recht rund.
Gesamteindruck Braucht Süße und eine klare Linie.

Stil **Reichhaltig und rund**
Ähnlich Dalmore 15 Jahre, The Singleton of Glendullan 12 Jahre

21 JAHRE FASSPROBE

Nase Leicht balsamisch. Saftig, leichte Trebernote.
Geschmack Mächtige Tannine. Ähnelt einem Manzanilla Pasada. Mandeln, dann brennendes Gras. Mit Wasser ein Anflug von Rauch.
Abgang Fest und straff.
Gesamteindruck Viel Fasseinfluss – ein harter Brocken.

30 JAHRE 43,3%

Farbe Bernstein.
Nase Anfangs sehr weich, mit einem Hauch Sahne, doch entwickelt sich eine erdige, ledrige Note. Früchte. Rauch.
Geschmack Dunkle Früchte, Obstkuchen, Zigarre. Ledrig.
Abgang Etwas fragil, aber ausgewogen.
Gesamteindruck Der jugendliche Rebell ist erwachsen geworden und gibt nun den Onkel im Ledersessel.

Stil **Reichhaltig und rund**
Ähnlich Benrinnes 23 Jahre, Tullibardine 1988

Glen Garioch

OLD MELDRUM BEI ABERDEEN • WWW.GLENGARIOCH.COM • GANZJÄHRIG GEÖFFNET OKT–JUN MO–SA, JULI–SEPT MO–SO

»An der Spitze der Garioch, nicht weit von Leith Hall, lebte ein dreckiger Landmann, so knausrig wie schmal …« Dieses derbe Bauernlied, eine typische schottische *bothy ballad*, wurde erstmals zu Beginn der landwirtschaftlichen Revolution gesungen. Es erzählt vom harten Leben eines Tagelöhners in der Garioch – *gierie* gesprochen –, jenem knapp 400 Quadratkilometer großen, fruchtbaren Landstrich um Inverurie, der um 1800 »verbessert« wurde. Gut möglich, dass sich der Verfasser des Liedes, nachdem er mit seiner Arbeit bei dem anscheinend nicht sonderlich wohlgenährten Bauern fertig war, dem Whisky einer der drei Brennereien in der Garioch zuwandte.

Dabei könnte es sich sehr wohl um die älteste Destillerie der Gegend, Glen Garioch, gehandelt haben. Der 1798 gegründete Betrieb ging im 20. Jahrhundert im Diageo-Vorläuferkonzern DCL auf und setzte zusammen mit Nachbar Ardmore auf vor Ort gestochenen Torf, womit man einen ungewöhnlichen Stil kreierte: den rauchigen Highlander-Whisky. 1968 benötigte DCL mehr davon für Blends, behauptete aber, für eine Erweiterung von Glen Garioch sei zu wenig Wasser vorhanden. Also legte man die Brennerei still und holte dafür Brora in den nördlichen Highlands aus der Versenkung.

Zu wenig Wasser in dieser an Quellen reichen Gegend? Bowmore-Besitzer Stanley P. Morrison war da anderer Meinung. Er kaufte Glen Garioch und heuerte einen einheimischen Wünschelrutengänger an, der tatsächlich fündig wurde. Heute bereitet die winzige Destillerie einen torffreien Brand, die Fülle des einstigen Whiskys aber hat man bewahrt. In den kleinen Stills entsteht ein Elixier mit ordentlichem Punch. »Ich strebe einen New Make mit einer fleischigen, talgigen Note an, die sich verflüchtigt hat, sobald ich den Whisky für den Founder's Reserve brauche, sodass Reichhaltigkeit und Tiefe zurückbleiben«, verrät Iain McCallum, Master of Malts von Morrison Bowmore Distillers. »Für mich ist der Glen Garioch ungestüm und robust.« Schmal wie der knausrige Bauer aus der *bothy ballad* ist er jedenfalls nicht.

Nach jahrelangem Schattendasein ist Glen Garioch nun mit neuen Abfüllungen, neuen Stilen und klarem Potenzial durchgestartet. McCallum: »Die Brennerei wirkt im Stillen, bringt aber Beachtliches zuwege. Sie gehört zu den unentdeckten Juwelen.«

Die Stills stehen in einem wintergartenartigen Brennhaus und liefern einen süßen Whisky.

GLEN GARIOCH – Verkostungsnotizen

NEW MAKE

Nase Gekochtes Gemüse: Kohl, gekochte Nesseln. Bratensauce, dann Vollkornbrotteig. Mit Wasser süßer Treber und Kuhstall.
Geschmack Mehlig, süß und lang. Gutes Gewicht und eine Schwefelnote.
Abgang Nussig.

FOUNDER'S RESERVE NAS 48%

Farbe Hellgolden.
Nase Kein Schwefel mehr, dafür Sandelholz und eine krautige, heidekrautartige Wurzelnote. Honig. Mit der Eiche sind ein paar Andeutungen an Crème brûlée mit Orangengeschmack und Kiefernsaft dazugekommen.
Geschmack Trockener, knuspriger Auftakt. Gutes Mundgefühl dank Festigkeit und Holz. Mit Wasser Keks mit Butter.
Abgang Lang. Weich.
Gesamteindruck Mit Substanz, aber süß.

Stil **Malzig und trocken**
Ähnlich Auchroisk 10 Jahre

12 JAHRE 43%

Farbe Kräftig golden.
Nase Geröstetes Getreide. Die treberartige Süße setzt sich fort. Fleischig, Anflug von Muskatnuss und Heidekraut.
Geschmack Paranuss, etwas Pfeffer. Kräftig fruchtiger, reicher Mittelteil. Mit Wasser eine leichte Bienenwachsnuance, dann kehren die Kräuter zurück.
Abgang Lang und leicht nussig.
Gesamteindruck Kräftig und generös.

Stil **Fruchtig und würzig**
Ähnlich The Glenrothes Select Reserve, Tormore 12 Jahre

Ardmore

KENNETHMONT • WWW.ARDMOREWHISKY.COM

Die zweite Brennerei im Garioch-Bunde ist einer jener Betriebe, die nur entstanden, weil Blender ihre Whiskyzulieferer selbst besitzen wollten. Dewar etwa hob Aberfeldy aus der Taufe, während Johnnie Walker Cardhu übernahm. Der in Glasgow ansässige Verschneider Adam Teacher wiederum gründete 1898 Ardmore bei Kennethmont. Mit stattlichen Brennereien wie dieser verschafften sich Blender damals Zugang zum niederen Landadel. Teacher entdeckte den Standort, als er Colonel Leith-Hay in Leith Hall einen Besuch abstattete, und benannte den Betrieb nach seinem eigenen Landsitz am Firth of Clyde.

Teacher entschied sich aus drei Gründen für Kennethmont: Hier hatte er Zugang zu Rohmaterial (Gerste aus den Feldern im Umkreis, Torf aus Pitsligo), es gab reichlich Wasser und Kennethmont lag an der Great-North-of-Scotland-Bahnlinie zwischen Inverness und Aberdeen.

Die ausgedehnte Anlage, zu der einst sogar eine Kastenmälzerei gehörte, wirkt wie ein Schwerindustriebetrieb und daher in dieser ländlichen Gegend etwas fehl am Platz. Ihr letztes Überbleibsel aus der viktorianischen Gründerzeit war die Kohlebefeuerung, die man erst 2001 entfernte. Ardmore ist ein Whisky der Paradoxe. Aus unerfindlichen Gründen gelingt es ihm, zugleich stark getorft und duftig zu sein. Zudem zeichnet ihn sein bei Blendern begehrter »Lagerfeuer-im-Apfelhain«-Charakter aus. Eine so abgeschiedene Destillerie hätte kaum überlebt, wenn sie nicht etwas so Ungewöhnliches jenseits der Norm zu bieten gehabt hätte.

Die hölzernen Gärbottiche mögen einen Einfluss auf die Persönlichkeit des Ardmore haben, dem Geheimnis seines Stils aber geht man am besten im Brennhaus auf den Grund. »Die Befeuerung mit Kohle musste aus rechtlichen Gründen weg«, erklärt Geschäftsführer Alistair Longwell. »Das Schwierige für uns war, den Charakter – Kohle macht Whisky schwer – nach dem Umstieg auf Dampf zu erhalten. Wir haben sieben Monate gebraucht, bis uns das gelungen ist.«

Obwohl inzwischen auch eine ungetorfte Version, der Ardlair, entsteht, zeichnet sich der Whisky vor allem durch seine Rauchnote aus. »Alle anderen haben sich stilistisch von uns wegbewegt«, so Longwell. »Ardmore war entscheidend für den Teacher's-Blend.« Er überlegt. »Wir sind die letzte Brennerei, die von den Teacher's-Zulieferern noch übrig ist.« Das Paradoxe hat in dieser bäuerlichen Gegend Tradition.

ARDMORE – Verkostungsnotizen

NEW MAKE

Nase Holzrauch und eine leicht ölige Note mit grasigem Hintergrund. Später Apfelschalen, Limetten und ein Hauch von Getreide.
Geschmack Süß und rauchig. Gutes Gewicht, ölig mit einer feinen Zitrusnuance und getrockneten Blüten. Ein komplexer Rohwhisky, dem man sich auf vielerlei Weise nähern kann.
Abgang Leichte Rauchnote. Sauber.

TRADITIONAL CASK NAS 46%

Farbe Kräftiges Gold.
Nase Süße Eichennuancen, brennendes Laub, getrocknete Gräser, leicht exotisch. Weihrauch, Apfelmus, Grasschnitt auf einem Lagerfeuer. Neues Holz.
Geschmack Fruchtiger als der New Make. Die Rauchnote wird unterdrückt, aber wenn sie durchschlägt, ist ein Anflug von Räucherfleisch, später auch Pfeffer mit dabei. Etwas ölig, dann süßer und mehr von Vanille dominiert.
Abgang Pfefferiger Holzrauch.
Gesamteindruck Ein in Quarter Casks mit ca. 125 Litern ausgebauter Whisky, der eine Ardmore-typische Fusion aus leichter Frucht und Rauch bietet.

Stil **Rauchig und torfig**
Ähnlich Junger Ardbeg, Springbank 10 Jahre, Connemara 12 Jahre, Bruichladdich Port Charlotte PC8

TRIPLE WOOD (EIN »WORK IN PROGRESS«) 55,7%

Nase Eichendominiert, cremige Vanillenote, Holzrauch und Obstkuchen. Gut integrierter Rauchton, dann greift Limettensirup ins Geschehen ein.
Geschmack Die Fässer scheinen ihm das Ölige genommen und die Zitrusnoten des New Make betont zu haben.
Abgang Erst jetzt steigt Rauch auf.
Gesamteindruck Hält dem dreifachen Holz (5 Jahre im Ex-Bourbon, 3,5 Jahre im Quarter Cask und 3 Jahre im europäischen Puncheon-Fass) stand.

25 JAHRE 51,4%

Farbe Blassgolden.
Nase Trockener Rauch, Apfelholz, erdig, Zeder, Nussschälchen, Torf, dann Garam masala. Volatil.
Geschmack Ein klassischer Ardmore. Die Obertöne sind nun voll entwickelt, die grünen Apfelschalen zu alten Früchten mutiert. Voll integrierter Rauchton. Wirkt zart, doch die Schwere im Mittelteil bringt die komplexen Stränge zusammen.
Abgang Lang und rauchig.
Gesamteindruck Durch den Aufenthalt im Refill-Fass etwas farblos geworden. Deutlicher Bezug zum New Make.

Stil **Rauchig und torfig**
Ähnlich Longrow 14 Jahre

1977, OLD MALT CASK BOTTLING 30 JAHRE 50%

Nase Rinderatem und süßes Heu, aromatischer Rauch. Zitrone. Reif. Wird allmählich frischer und grüner. Liguster.
Geschmack Sauber, Laub und säuerliche Energie. Baumobst, dann Haselnuss und Rauchnuance. Ausgewogen.
Abgang Fest und rauchig.
Gesamteindruck Reif und ausgewogen. Zwar rauchig, aber auf eine aromatische Art und Weise.

Stil **Duftig und blumig**
Ähnlich Hakushu 18 Jahre

The GlenDronach

FORGUE BEI HUNTLY • WWW.GLENDRONACHDISTILLERY.COM • GANZJÄHRIG GEÖFFNET OKT–APR MO–FR, MAI–SEPT MO–SO

Der Letzte im Garioch-Bunde hat sein Domizil im Dorf Forgue. GlenDronach wurde 1826 von einem Konsortium örtlicher Bauern errichtet und blieb – ganz und gar ungewöhnlich in einem Sektor, in dem Zusammenschlüsse seit je üblich sind – bis 1960 in privater Hand. Erst dann übernahm den Betrieb das Blending-Haus Teacher's, dem auch die nahe gelegene Ardmore-Destillerie gehört.

Der Blend aus dem Hause Teacher ist ein muskulöses Konstrukt, für das sich der GlenDronach gut eignet. Im New-Make-Entwicklungsstadium zeigt sich der große Brand gewichtig und offenbart einen butterigen Zug, der sich auf die ganze Zunge legt. Er hält einem langen Ausbau stand und nimmt es auch mit Ex-Sherryfässern auf. Obwohl der frühere Besitzer den GlenDronach zu einer Single-Malt-Marke umfunktionieren wollte, blieb er ein Geheimtipp. 2006 kaufte BenRiach-Besitzer Billy Walker den Betrieb (siehe Seite 88). Heute liegt der Schwerpunkt wieder auf Single Malts. Die Kraft des Brands ist Geschäftsführer Alan McConnochie zufolge auf das Festhalten an traditionellen Methoden wie dem Umwälzsystem im Maischbottich zurückzuführen.

»Wir arbeiten mit demselben Malt wie BenRiach. Aber wenn man den Kopf in den Bottich steckt, riecht es dort völlig anders. Es heißt, das Wasser spiele keine Rolle. Ich bin nicht so sicher.« Die lange Gärdauer zieht eine langsame Destillation nach sich. McConnochie: »Wir haben wenig Rückfluss und kommen ohne das Hoch und Runter in den Stills aus.« Als 2005 die Kohlebefeuerung abgeschafft wurde, stellte er keinen Geschmacksunterschied fest.

Der GlenDronach ist ein Malt mit ernster Miene, der mit 12 Jahren kurz jugendlichen Überschwang hervorkehrt, dann aber an Tiefe gewinnt und zur schweren Erde seiner Anfangszeit zurückkehrt.

Farbtief und aromatisch: Der GlenDronach ist mit seiner Fülle prädestiniert für Ex-Sherryfässer.

Der neue Besitzer gesteht ihm heute fünf Jahre in ehemaligen Bourbonfässern zu, bevor er ihn in Oloroso-Sherry-Holz lagert und von dort mitunter sogar noch in PX-Fässer umsiedelt. »Die Whiskywelt verbindet GlenDronach immer mit Sherry. Mit Holz bekommt man ihn nicht klein. Wenn wir sonst keine Probleme haben!«, schmunzelt McConnochie. Die Kraft der ländlichen Herkunft schimmert wieder einmal durch.

THE GLENDRONACH – Verkostungsnotizen

NEW MAKE

Nase Schwer, aber süß und reich. Leicht erdige Frucht.
Geschmack Robust, aber gleichzeitig mit buttriger Textur, was ihm Gewicht und Geschmeidigkeit verleiht.
Abgang Sehr lang und fruchtig. Pflaumen.

12 JAHRE 43%

Farbe Tiefgolden.
Nase Süß, mit Sherryton. Tweedstoff mit leichten Andeutungen an Pflaumenkerne. Staubige Getreidenote.
Geschmack Groß, reich, getrocknete Früchte, bereits gut konzentriert. Öliges Mundgefühl, dann Haferpflaumen. Mit Wasser ein plötzlicher Auftrieb bei grasiger Note.
Abgang Erde und rußiger Rauch.
Gesamteindruck Schon jetzt voll und tief, aber noch mit einem Funken jugendlicher Dreistigkeit.

Stil **Reichhaltig und rund**
Ähnlich Glenfiddich 15 Jahre, Cragganmore 12 Jahre, Glenfarclas 12 Jahre

18 JAHRE ALLARDICE 46%

Nase Ernsthafter, klassischer Sherryduft. Vielschichtig und samtig, mit allerlei roten Trockenfrüchten, Moschus, Rosinen und spritiger Tiefe. Mit Wasser animalische Noten.
Geschmack Melassetoffees, Süßholzwurzelsüße und Tiefe. Leichter Grip.
Abgang Lang und süß, mit konzentrierter Frucht.
Gesamteindruck Ein unverfälschter Single Malt vom alten Schlag.

Stil **Reichhaltig und rund**
Ähnlich Karuizawa (1980er), The Macallan 18 Jahre

21 JAHRE PARLIAMENT 48%

Nase Holzöl, Eiben, leicht staubig. Große, vielschichtige Trockenobstnote mit Rosinen, Feigen und Datteln. Anklänge an Kaffeepulver, Mokka und Melasse.
Geschmack Anfangs reif, voll und recht fest. Braucht etwas Wasser, das die tiefe, leicht rauchige Süße freispült. Mit Wasser außerdem eine Wildnote.
Abgang Gebackenes Obst, Länge, Gewicht.
Gesamteindruck Kraftvoll und komplex.

Stil **Reichhaltig und rund**
Ähnlich Karuizawa (1970er), Glenfarclas 30 Jahre

anCnoc & Glenglassaugh

ANCNOC • KNOCK • WWW.ANCNOC.COM / GLENGLASSAUGH • PORTSOY • WWW.GLENGLASSAUGH.COM • GEÖFFNET MAI–SEPT MO–SO, OKT–APR MO–FR

Eine Brennerei, die sich nicht entscheiden kann, wie sie heißen will und zu welcher Region sie gehört? Merkwürdig. Knockdhu im Dorf Knock wurde 1893 von John Haig & Co. gegründet, einem damals überaus mächtigen Blender. Als man den Betrieb auf Single Malts einschwor, befand der neue Besitzer, Inver House, dass der Name zu sehr Knockando ähnelte. Also wurde anCnoc daraus.

AnCnoc steht unweit von der Grenze zur Speyside. Die aber ist nichts weiter als eine Verwaltungslinie und folgt keiner geografischen Logik. Daher gehört Knockdhu zu den Highlands. Doch es wird komplizierter: Die Destillerie stellt einen Whisky her, der Master Blender Stuart Harvey von Inver House zufolge »typisch für die Speyside ist, ja, er ist sogar mehr Speyside als die meisten Speysider!«

Wer eher an ein apfelduftiges, leichtes Getränk gewöhnt ist, wird überrascht vom New Make sein, einem Angehörigen der Schwefelbrigade mit intensivem, zitrusfruchtigem Hintergrund. Gerade dieser Charakter kommt in der Flasche voll zum Tragen. »Er ist sogar etwas schwerer als der Old Pulteney«, erklärt Harvey, »weil wir in den Stills weniger Rückfluss haben, während die Worm Tubs für eine pflanzliche Note sorgen. Scotch hat sich am stärksten verändert, als die Brennereien die Wurmkühler durch Kondensatoren ersetzten. Sie mögen effizienter arbeiten, aber da sie den Schwefel herausholen, können sie dem Brand auch etwas Gewicht und Komplexität nehmen.« Schwefel ist nun einmal ein Marker für die dem Whisky zugrunde liegenden Wesenszüge. Derzeit wird auch noch eine stark getorfte Version erzeugt, die aber nur in Blends zum Einsatz kommt.

Glenglassaugh wurde 1878 während des Blend-Booms im 19. Jahrhundert errichtet und bald von Highland Distillers übernommen. Wie viele Brennereien der späten Ära überlebte sie jedoch die erste Krise nicht. Als die Blender gezwungen waren, ihre Lagerbestände den Markterfordernissen anzugleichen, legten sie nicht ganz so etablierte neuere Destillerien mit einem weniger vielfältigen Fundus still.

Die Brennerei schloss 1907 und wurde noch eine Weile als Bäckerei geführt, bis in den 1950er-Jahren die Nachfrage aufs Neue zu steigen begann, wofür vor allem die USA verantwortlich waren. 1960 ging Glenglassaugh wieder in Betrieb. Gleichwohl war die Zukunft alles andere als gesichert. Der Glenglassaugh galt als Problemwhisky – ein unverträglicher Solist, der sich Blends verweigerte. Hätte es damals schon einen Single-Malt-Markt gegeben, wäre sein Werdegang vielleicht anders verlaufen. Doch als die Branche in den 1980er-Jahren in die nächste Krise schlitterte, schlug der Brennerei abermals die Stunde.

2007 holte man sie aus der Versenkung und nahm ein Jahr später den Betrieb auf. Mit einer so riesigen Bestandslücke zurechtzukommen ist schwer, doch geschickt verteilte Freigaben von Works in Progress (Revival, Evolution) und ausgewählte Editionen älterer Abfüllungen von Spitzenqualität sicherten den Nachschub. 2013 wechselte die Anlage einmal mehr den Besitzer und kam zur The BenRiach Distillery Company, die sich mit der Wiederbelebung alter, vergessener Brennereien einen Namen gemacht hat. Dort ist sie bestens aufgehoben.

ANCNOC – Verkostungsnotizen

NEW MAKE

Nase Kohl-/Brokkoli-artige Schwefelnote, aber mit intensivem Grapefruit- und Limetteneinschlag.
Geschmack Wieder Schwefel. Mittleres Gewicht, dann Zitrusschalen mit duftigen Tönen.
Abgang Sauber und lang. Überraschendes Gewicht.

16 JAHRE 46%

Nase Deutlichere Eichennuancen, doch scheinen die Aromen parallel dazu ebenfalls intensiver zu werden. Apfelblüten, Schnittblumen, Limetten und etwas Minze.
Geschmack Süß und etwas voller, mehr Eichenextrakt. Grüne Trauben, frisch (mehr Sancerre als Absinth).
Abgang Staubig/kalkig, dann ein Rückgriff auf die grünen Kräuter des 12-Jährigen.
Gesamteindruck Frische heißt das Motto, doch geht sie mit einem geschmeidigen Mundgefühl einher.

Stil **Duftig und blumig**
Ähnlich The Glenlivet 12 Jahre, Teaninich 10 Jahre, Hakushu 12 Jahre

GLENGLASSAUGH – Verkostungsnotizen

NEW MAKE 69%

Nase Sehr saftig, mit Fruchtsaftnoten, die in Richtung Weingummi gehen. Hinter dem sauberen, süßen Drive steckt Kraft. Ein wenig Saft von Schwarzen Johannisbeeren und Gewächshausaromen.
Geschmack Nicht ganz trocken. Hat Biss. Mit Wasser sauber und etwas Renekloden.
Abgang Cremig und leicht malzig. Straff.

EVOLUTION 50%

Nase Hat sich saubere Eiche zugelegt. Süß, mit heißem Sägemehl. Die Renekloden sind geblieben, werden aber mit mehr Vanille austariert. Mit Wasser Johannisbeeren.
Geschmack Vom Fass geprägt; reichlich Vanillin, aber auch Banane und frische, reife Früchte.
Abgang Saftig und fest.
Gesamteindruck Hat als direkter Abkömmling des New Make den passenden Namen.

Stil **Fruchtig und würzig**
Ähnlich Aultmore, Balblair 2000

REVIVAL 46%

Nase »Geeicht«, oxidativ. Der Malz des New Make hat sich intensiviert. Datteln. Wird mit Wasser aufgefrischt.
Geschmack Reif, mit einem Anflug von Sherryfass (beim Finishing dabei). Fast laktische, dosenmilchartige Note.
Abgang Etwas fest und starr.
Gesamteindruck Gut im Mittelteil. Brennereicharakter.

Stil **Fruchtig und würzig**
Ähnlich The Glenrothes Select Reserve

30 JAHRE 44,8%

Nase Robust, mit Mandeln und Trockenfruchtaromen. Reif, Laubmulchnoten; stark konzentriert.
Geschmack Sehr reif, reich, mit kandierten Schalen. Lang.
Abgang Das Alter macht sich geringfügig bemerkbar.
Gesamteindruck Noch immer Frucht und Festigkeit.

Stil **Reichhaltig und rund**
Ähnlich Kavalan Solist, Glenfarclas 30 Jahre

Macduff

MACDUFF • PORTSOY

Die östlichen Highlands enden am Moray mit einer weiteren Küstendestillerie, Macduff. Die scheint sich wie Knockdhu in einer Identitätskrise zu befinden, füllte sie doch einst unter dem Pseudonym Glen Deveron und heute als The Deveron ab. Nicht dass der Name unpassend wäre: Die Brennerei steht dort, wo sich der Deveron ins Meer ergießt. Flussaufwärts findet man Lachse und Meerforellen, die den Wasserlauf zu einem der wichtigsten Fischgewässer der Highlands gemacht haben.

Eine siebenbogige Brücke überspannt die Flussmündung und trennt Macduff vom Nachbarort Banff, in dem früher ebenfalls eine Brennerei stand. Sie schloss 1983 ihre Tore, nachdem sie zeit ihrer Geschichte vom Schicksal gebeutelt worden war wie vermutlich keine andere Destillerie. Sie brannte zweimal, wurde einmal ausgebombt und ein weiteres Mal durch eine Explosion zerstört. Selbst nach ihrer Schließung fingen die Lager noch einmal Feuer! Das Unheil scheint aber nicht auf das andere Ufer des Deveron übergegriffen zu haben, denn Macduff hatte wesentlich mehr Glück.

Zwischen beiden Städten herrscht – wer hätte das gedacht? – eine beträchtliche Rivalität. Banff erachtet sich als der mondänere Ort und sieht auf die jüngere Nachbarin herab, die im Jahr 1783 als Modellstadt von James Duff, Earl of Fife (siehe Seite 62), angelegt wurde. Dank der geschützten Lage des Hafens avancierte Macduff zu einem bedeutenden Heringsumschlagplatz.

Die im ehemaligen Garten des Duff House errichtete Brennerei Macduff steht auf einem überraschend großen Gelände. Ihre inzwischen leider leeren Lager ziehen sich die ganze Hügelflanke hoch. Die Anlage selbst, in den Erkennungsfarben von John Dewar & Sons – Bernstein und Rot – gehalten, ist ein moderner Komplex. Er wurde 1962 und 1963 von Brodie Hepburn gebaut, einem Glasgower Whiskybroker, der auch Anteile an Deanston und Tullibardine hielt. Wozu? Um vom neuen Zeitalter der Blends zu profitieren. Passenderweise beauftragte er den modernistischen Brennereiarchitekten William Delmé-Evans (siehe Kasten unten) mit der Planung der neuen Küstendestillerie.

Macduff ging durch die Hände mehrerer Broker wie Block, Grey & Block und Stanley P. Morrison, bevor die Anlage 1972 ein Teil von William Lawson's wurde, weil man dort einen Kern-Malt für den gleich-

WILLIAM DELMÉ-EVANS, ARCHITEKT DER SONDERKLASSE

William Delme-Evans (1929–2003) gilt gemeinhin als einer der bedeutendsten Brennereiarchitekten des 20. Jahrhunderts. Alle seine Destillerien sind sowohl in architektonischer als auch technischer Hinsicht energiesparend ausgelegt. Zum Whiskygeschäft stieß er, als er im Jahr 1949 eine aufgegebene Brauerei in Blackford erwarb und Tullibardine errichtete, das er später an Brodie Hepburn verkaufte. Auf sein Konto gehen außerdem Jura (1963) und Macduff. Den Schlusspunkt seiner Karriere setzte er mit seinem modernistischsten Entwurf, Glenallachie (1967).

namigen Blend brauchte. 1980 übernahm der Martini-Konzern, der ein Dutzend Jahre später mit Bacardi fusionierte, bevor Dewar's dazukam. Viele Herren, sicher, aber im Gegensatz zu Banff überlebte Macduff.

Während Lawson's sich zu einem viele Millionen Kisten schweren Blend mauserte (der größte Markt ist heute Russland), wurde der Glen Deveron als Billig-Malt in Frankreich vermarktet.

Auf Macduff findet man das ganze technische Arsenal, das man von einer Sechzigerjahre-Brennerei erwartet: Läuterbottiche, Gärtanks aus Edelstahl, Kondensatoren, dampfbetriebene Stills, kurzum, alles, was darauf hindeutet, dass hier ein leichter, harmloser Brand entsteht. Doch der Whisky hat Tiefe – und ist ein ganz eigentümliches Geschöpf.

Eingemaischt wird nur kurz, vergoren auch nicht länger, aber sieht man die Stills, kratzt man sich unweigerlich am Kopf. Zunächst einmal sind da nur fünf: zwei Wash Stills und drei Spirit Stills. Die fünfte wurde 1990 unter der Ägide von Lawson's aufgestellt. Nicht klar ist, ob man eine sechste plante oder sich an der Dreifachdestillation versuchen wollte. Aber weil die Nummer sechs nie kam, ist Macduff heute eine von nur insgesamt zwei Brennereien mit dieser ungeraden Konstellation. Die andere ist Talisker.

Alle Stills sind mit leicht aufsteigenden Schwanenhälsen ausgestattet, die auf halbem Weg abrupt nach rechts abbiegen. Damit will man bestimmte Geschmacksnuancen hervorrufen. Wirkung verspricht man sich ferner vom Winkel der Kondensatoren. Die Rohrbündelkondensatoren liegen waagrecht und sind an Nachkühler angeschlossen, sodass sie wärmer gehalten werden können und das Kupfer länger auf den Brand einwirken kann. Der resultierende Malt ist malzig, keine Frage, aber keineswegs leicht und keksig. Vielmehr hat er Gewicht und wirft auch Frucht in die Waagschale. Ein komplexes Werk also.

Im Fass scheinen Whiskys wie der Macduff zu ihren Wurzeln zurückzukehren. Es ist, als müsste die Malzschale noch einmal aufgebrochen werden, um die darin gefangene Süße und Frucht vollständig herauszulassen. Das dauert seine Zeit.

Blender und Single-Malt-Abfüller haben zudem andere Prioritäten. Der schwere, nussig-würzige Charakter des jungen Brands kann in Blends von größtem Nutzen sein, ist im Single Malt aber zu exponiert.

Beim Ausbau melden sich einige ziemlich abgefahrene Aromen: Restschwefel aus der Destillation, Bohnen, Cannabis. Der Whisky braucht die Hilfe aktiver Fässer. Die als The Deveron firmierenden neuen Abfüllungen beweisen, dass man diese Lektion gelernt hat.

Dank seines geschützt liegenden Hafens entwickelte sich Macduff zu einem Heringszentrum.

MACDUFF – Verkostungsnotizen

NEW MAKE

Nase Grün, malzig. Erdnussöl und Dicke Bohnen mit schwerer Getreidenote im Hintergrund.
Geschmack Fett und dick. Ein Hauch von Schwefel, später intensive Johannisbeernuancen.
Abgang Trocknet plötzlich aus.

1982, THE DEVERON FASSPROBE 59,8 %

Nase Viskos und süß, mit Trockenobst- und Paranusstönen. Geht über in Futterpellets für Rinder und schwere, röstige Malztöne. Mit Wasser trockenes Farnkraut, reichlich Ingwer und Muskatwürze.
Geschmack Dicke, viskose, süße Malzigkeit, die Nuss-Nugat-Creme auf Toast heraufbeschwört. Leichte Tannine.
Abgang Reif und lang.
Gesamteindruck Ein massiver, malziger Mundvoll Whisky.

1984, BERRY BROS & RUDD BOTTLING 57,2 %

Farbe Mahagoni.
Nase Anis und Malz. Die Johannisbeerblätter sind zu Stinktier und Cannabis mutiert.
Geschmack Etwas paradox, weil er recht trocken beginnt, aber später die fetten Früchte im Mittelteil konzentriert.
Abgang Sehr nussig, eine Prise weißer Pfeffer.
Gesamteindruck Bis zum Schluss eigenwillig.

Stil **Malzig und trocken**
Ähnlich Deanston 12 Jahre

NORTHERN HIGHLANDS

Die vergessene Küste der schottischen Whiskylandschaft verläuft von Inverness bis Wick hoch im Norden. Ihre Malts sind größtenteils eher unbekannt, obwohl man dort einige der größten Marken und eigenständigsten Brennereien findet. Aroma, Geschmack und Textur werden in den nördlichen Highlands auf die Spitze getrieben.

An der Thurso Bay endet das vergessene Whiskyland. Die Reise aber kann noch weitergehen – zu den Orkneyinseln am Horizont.

Tomatin

TOMATIN • INVERNESS • WWW.TOMATIN.COM • GANZJÄHRIG GEÖFFNET MO–SO

Wer sehen möchte, wie sich die Stimmungsschwankungen in der Scotch-Industrie auf Brennereien auswirken, stattet Tomatin einen Besuch ab. Die Destillerie wurde 1897 mit zwei Brennblasen gegründet. 1956 stockte man auf vier, 1958 auf sechs, 1961 auf zehn und 1974 auf 14 Stills auf. Als in den frühen 1980er-Jahren allenthalben Whiskyhäuser stillgelegt wurden, erhöhte Tomatin 1986 auf 23 Stills. Damals gehörte das Haus dem japanischen Hersteller Takara Shuzo, der Stoff für seine Blends brauchte.

Heute arbeitet man mit sechs Paar Brennblasen. Der Ausstoß, der in Spitzenzeiten zwölf Millionen Liter im Jahr erreichte, liegt derzeit bei zwei Millionen Liter. Dennoch hört man kein Klagen. »Ich würde sagen, dass es mit den Jahren definitiv eine Verbesserung gegeben hat«, meint Verkaufsdirektor Stephen Bremner. »Zurückzuführen ist das auf eine Verlagerung der Produktion von Blending Malts zu Single Malts guter Qualität.« Was im Grunde wiederum der Marktentwicklung entspricht. Der New Make ist duftig und intensiv, er gibt esterige Fruchtnoten und ein bisschen Gewürze frei. Verantwortlich dafür sind die lange Gärdauer und die Destillation in kleinen Brennblasen mit langen Hälsen, deren Kondensatoren in der kalten Luft stehen. Eine der wichtigsten Verbesserungen war der vermehrte Einsatz von Firstfill-Bourbon- und Sherryfässern (Tomatin hat eine eigene Küferei).

So entstand ein neues Repertoire an Single Malts, in denen herausgearbeitet wurde, auf was die Käufer jahrzehntelang verzichten mussten. Die Richtung wird von Master Distiller Douglas Campbell vorgegeben, der 1961 zu Tomatin stieß. Konstantes Thema ist die Frucht, die durch unterschiedliche Eichentöne variiert wird und nach Jahrzehnten zu tropischer Üppigkeit heranreift. Dieses weiche Herz lässt sich sogar im leicht getorften Cù Bòcan ausmachen.

TOMATIN – Verkostungsnotizen

NEW MAKE

Nase Intensiv. Obstschnaps. Williamsbirne. Blumig.
Geschmack Leicht vegetabil, was auf eine anstehende Gewichtszunahme hindeutet, aber ätherisch und süß.
Abgang Scharf.

12 JAHRE 40%

Nase Typisch intensiver Brennereicharakter mit energiegeladenem Auftakt. Jung und noch etwas fest, mit gelber Frucht und Eiche in der Aufbauphase.
Geschmack Sehr leicht und sauber, im Mittelteil seidig zart, später in Honig und karamellisierten Zucker übergehend.
Abgang Geschnitzte Holzstöcke.
Gesamteindruck Ein leichter, sauberer Aperitif.

Stil **Duftig und blumig**
Ähnlich Teaninich 12 Jahre

18 JAHRE 46%

Nase Unverkennbar Tomatin. Mit einer Mischung aus reifem Apfel, leichtem Honig, dunklen Trauben, Kastanienhonig und feinen Holzrauchschwaden.
Geschmack Reife, oxidierte Tiefen, Anklänge an Pfirsich, Oolong-Tee, Honigfülle, dann etwas Kaffee.
Abgang Schoko-Orangen.
Gesamteindruck 18-jährige Whiskys aus Refill-Fässern werden in Ex-Sherryfässern zusammengebracht, was sich in raffinierter Tiefe niederschlägt.

Stil **Fruchtig und würzig**
Ähnlich The Glenrothes 1993

30 JAHRE 46%

Nase Tropische Früchte, Passionsfrucht, überreife Mango, Guave. Etwas Sahne und entspannte Eiche. Mit Wasser Ingwer und sogar ein bisschen trockenes Gras.
Geschmack Durchweg weiche Früchte mit kribbelnder Würze. Sauber und lang, gute Komplexität.
Abgang Die Eiche wird fester und trocknet mild.
Gesamteindruck Die klassischen Noten eines milden, reifen alten Whiskys.

Stil **Fruchtig und würzig**
Ähnlich Tomintoul 33 Jahre

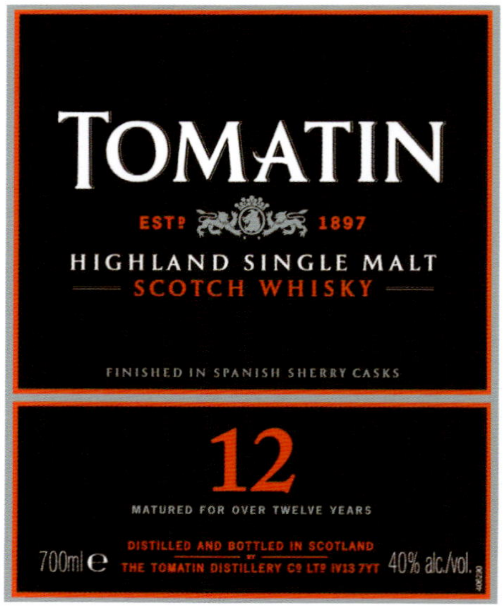

CÙ BÒCAN 46%

Nase Milde Holzrauchtöne. Trockener als die Standardpalette. Pfefferiger, erdiger Charakter. Mit Wasser leicht balsamisch.
Geschmack Steigt sofort mit glühender Kohle und süßer Eiche ein. Grünes Laub. Mit Wasser Süße.
Abgang Zarte Rauchnoten.
Gesamteindruck Diese getorfte Variante präsentiert sich ausgewogen, leicht, aber mit Brennereicharakter.

Stil **Rauchig und torfig**
Ähnlich The BenRiach Curiositas

Royal Brackla

ROYAL BRACKLA • NAIRN

Erreicht man Royal Brackla, steckt man schon tief in einer blutgetränkten Landschaft. Die Schlacht bei Culloden wogte in der Gegend, und auch bis Cawdor Castle, wo Shakespeare zufolge Macbeth den König meuchelte, ist es nicht weit. Die »dürre Heid« muss also ganz in der Nähe liegen. Zum Glück ist Royal Brackla nicht von Tod, Mord und Spuk durchdrungen, sondern ein Ort der Beschaulichkeit.

Betritt man das Brennhaus vom Bottichraum her, muss man eine wuchtige Sicherheitstür aufschieben. Sie gibt den Blick frei auf den von Schwänen bevölkerten See, der sich zwischen zwei der vier Stills erstreckt. Der Duft der diesjährigen Gerste mischt sich mit den schweren Dämpfen aus dem Spirit Safe.

Clearic, Rohwhisky, entsteht in diesem idyllischen Ort seit 1812, als Captain William Fraser seine Brennerei gründete – sehr zum Leidwesen der Einheimischen, die damals an Schwarzgebranntem ganz gut verdienten. Fraser aber machte sich mit seinem Whisky einen Namen und wurde 1835 von König Wilhelm IV. als erste Brennerei zum Hoflieferanten ernannt. Von da an war sein Ruf gesichert.

In einer Royal-Brackla-Reklame von 1836 heißt es: »Des Königs Whisky, gebrannt in Frasers Royal Brackla speziell für Seine Majestät, ist der vielleicht einzige Malt, der nach dem Geschmack von Kennern jedes Landes sein dürfte und sich stärkend auf sie auswirkt. Er ist torfig, aber keineswegs vulgär, kräftig, aber nicht feurig, und liefert einen höchst exquisiten Punsch oder Grog.« Leider ist das Wissen um seine Qualität kaum je aus den Laboren der Blender hinausgedrungen. Wie viele Single Malts der Spitzenklasse hat er sich selbst hintangestellt, um Blends wie Dewar's (dessen Besitzern gehört die Brennerei) Komplexität zu verleihen. Unverständlich bleibt, warum kein Eigentümer je das touristische Potenzial der Anlage erkannte.

Die Herstellung des intensiven, esterigen New Make (Torf kommt heute nicht mehr zum Einsatz) läuft so beschaulich ab, wie die Anlage aussieht. Eine langsame Maischung, die klare Würze liefert, und die lange Gärung mit anschließender entspannter Destillation zur Förderung des Rückflusses ergeben im Zusammenspiel einen esterigen, volatilen, intensiven Rohbrand, der aber alles andere als leicht ist, sondern vielmehr Präsenz zeigt. Royal Brackla hat der Wirkung europäischer Eiche durchaus etwas entgegenzusetzen.

Erfreulicherweise empfängt die Brennerei inzwischen Besucher und bietet »des Königs Whisky« wieder als offizielle Abfüllung an.

Royal Brackla gehört zu den idyllischsten Brennereien Schottlands.

ROYAL BRACKLA – Verkostungsnotizen

NEW MAKE

Nase Fruchtig/ölig mit porzellanartiger Kühle. Gurke.
Geschmack Nadelspitz. Ananas, grüner Apfel und unreife Früchte. Sehr sauber und leicht ölig.
Abgang Grasig.

15 JAHRE REFILL-FASS, FASSPROBE

Nase Nachdrückliche Würze aus dem Fass. Reifer Apfel und Zimt/Muskatblüte. Nach wie vor Gurke.
Geschmack Hat sich seine Reinheit bewahrt. Leicht und (flieder-)blumig. In der Mitte der Zunge konzentriert, mit einem Anflug von Crème brûlée beim Abschied. Später etwas Calvados und süßes, angekohltes Holz.
Abgang Reif, mit Sahnetoffees und frischem, säuerlichem Finale.
Gesamteindruck Hat Sekundär- und Tertiärnoten entwickelt. Braucht nun eine behutsame Behandlung.

25 JAHRE 43%

Nase Sandelholz, süßes Malz, Kirschen, Gewürze und Erdnussschalen. Konditorcreme.
Geschmack Süße Früchte (Melone, Aprikose). Die süße Vanillesauce drängt sich, unterlegt von einer nussigen Nuance, nach vorn. Feste Eichennote.
Abgang Trocken und nussig.
Gesamteindruck Etwas malziger als der New Make, aber die Süße dominiert.

Stil **Fruchtig und würzig**
Ähnlich Macallan 18 Jahre Fine Oak

1997 FASSPROBE 56,3%

Nase Leichte Strohnoten. Intensiv und esterig. Recht fest, Linde und Kiefernnadeln/Fichtenknospen im Verbund mit grünem Apfel. Frisch und energiegeladen.
Geschmack Reintönig, mit etwas Kiwi und sogar einem Anflug von Gurke. Ultrafrisch. Wasser bringt eine geringfügige fleischige Note ans Tageslicht und stößt eine sanfte Entwicklung an.
Abgang Fest. Sauber. Säurebetont.
Gesamteindruck In seiner Intensität typisch Brackla.

Glen Ord & Teaninich

GLEN ORD • MUIR OF ORD BEI INVERNESS • WWW.DISCOVERING-DISTILLERIES.COM/GLENORD • GANZJÄHRIG GEÖFFNET, NÄHERES SIEHE WEBSEITE / TEANINICH • ALNESS, ROSS-SHIRE

Black Isle, die »Schwarze Insel«, ist weder eine Insel noch schwarz. Mit ihrem fruchtbaren Boden bietet die Landzunge zwischen Moray und Cromarty Firth ideale Bedingungen für den Anbau von Gerste, weshalb hier eine der bemerkenswertesten frühen Brennereien entstand. Ferintosh wurde im späten 17. Jahrhundert vom Landbesitzer Duncan Forbes gegründet. Weil er Wilhelm von Oranien im Kampf gegen den katholischen König Jakob II. unterstützt hatte, gewährte ihm der protestantische Herrscher das Privileg, steuerfrei Whisky aus Getreide zu brennen, das er auf seinem eigenen Land anbaute. Schließlich betrieb Forbes vier Destillerien und verdiente 18.000 britische Pfund jährlich – nach heutigen Maßstäben 2,6 Millionen Euro. Schätzungsweise zwei Drittel des in Schottland verkauften Whiskys gingen auf das Konto von Ferintosh, bevor dem Betrieb 1784 die Brennerlaubnis entzogen wurde.

Die ersten Ferintosh-Anlagen gibt es längst nicht mehr. Nachfolger des Gründungsunternehmens ist die Brennerei Glen Ord, die einzig wegen der Qualität der Gerste hier steht. Sie ist Selbstversorger und mälzt ihr eigenes Rohmaterial, liefert aber zusätzlich auch noch Malz für sechs weitere Diageo-Destillerien, darunter Talisker.

Für eine Brennerei zwischen grünen Feldern ist es nur natürlich, dass sie einen grasigen Brand mit torfiger Note erzeugt. Man hat bereits mehrmals versucht, ihn als Single Malt zu vermarkten. Zuletzt fügte Diageo ihn der Singleton-Serie hinzu und steckte ihn in Sherryfässer.

Wegen des grasigen Tons ist Glen Ord wesensverwandt mit der ersten Destillerie an diesem Küstenstrich, auf die man Richtung Wick stößt. Teaninich erzeugt einen etwas öligeren Whisky, was von einem Maischefilter, der eine ultrasaubere Würze hervorbringt, aber auch von den bauchigen Stills mit maximalem Kupferkontakt herrührt. Eine merkwürdige Exotik mit grünem Tee, Zitronengras und Mariengras prägt sein Aroma. Während sich der mittelkörperreiche Ord jedoch harmonisch mit dem Fass arrangiert, verweigert sich der messerscharfe Teaninich allen Versuchen, ihn mit Holz zu zähmen. Im Zuge der Produktionssteigerung bei Diageo wurde die Kapazität beider Brennereien verdoppelt.

GLEN ORD – Verkostungsnotizen

NEW MAKE

Nase Frisch gemähtes Gras und leichter Rauchton. Mit Wasser frisch geschnittene Hecken.
Geschmack Gutes Gewicht dank der Gras- und Ligusternote. Man hat das Gefühl, frisches Frühlingslaub und grüne Erbsensprossen zu kauen. Mit Wasser eine Andeutung von Rauch.
Abgang Gärender Weißwein.

THE SINGLETON OF GLEN ORD 12 JAHRE

40%

Farbe Tiefes Bernsteinbraun.
Nase Marmelade aus grünen Feigen, frische Datteln, Gartenbindfaden, Gartenfeuer in der Ferne. Paranüsse. Süß und pflaumig. Verdünnt mit einer Lebkuchennote.
Geschmack Obstkompott, leicht am Gaumen, bis im Mittelteil Rauch und Cashewnüsse auftauchen. Rosinenkuchen. Zum Schluss hin Vanille. Dick.
Abgang Leicht grasig.
Gesamteindruck Der Destilleriecharakter ist gerade noch zu erkennen, das Thema wird jedoch stark variiert.

Stil **Reichhaltig und rund**
Ähnlich Macallan 10 Jahre, Aberlour 12 Jahre, Aberlour 16 Jahre, Glenfarclas 10 Jahre

TEANINICH – Verkostungsnotizen

NEW MAKE

Nase Duftend, aromatisch, Buchsbaum, Rasenmäher, japanischer grüner Tee und grüne Ananas.
Geschmack Intensiv und sehr grün und säuerlich. Wird mit Wasser geringfügig weicher. Hat Substanz.
Abgang Liguster. Kurz und scharf.

8 JAHRE REFILL-FASS, FASSPROBE

Nase Intensiv, sauber, nun chinesischer weißer Tee, Mariengras, Zitronengras. Mit Wasser etwas Gummibaum.
Geschmack Messerscharf und leicht spröde. Narzissen und Gras. Nasser Bambus. Mit Wasser weichere Textur.
Abgang Sauber und weich-minzig.
Gesamteindruck Sehr eigenwillig und »asiatisch«.

10 JAHRE, FLORA & FAUNA 43%

Nase Nach wie vor exotisches Zitronengras, aber nun chinesischer grüner Tee. Weiter spröde, doch etwas cremiger als der 8-Jährige. Mit Wasser Anis.
Geschmack Weicher Auftakt mit Kräutern und Gewürzen. Mittelteil zurückhaltend, mit Wasser weicher.
Abgang Kräuterwürzig.
Gesamteindruck Leicht, aber komplex.

Stil **Duftig und blumig**
Ähnlich Glenburgie 15 Jahre, anCnoc 16 Jahre, Hakushu 12 Jahre

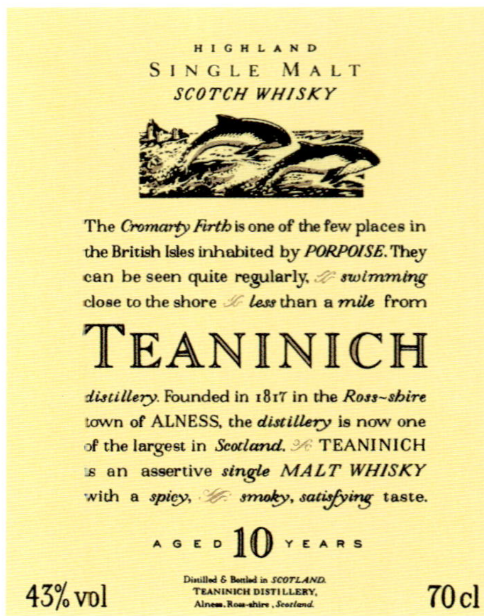

Dalmore & Invergordon

ALNESS • WWW.THEDALMORE.COM • GANZJÄHRIG GEÖFFNET APR–OKT MO–SA, NOV–MÄR MO–FR / INVERGORDON • MILTON

Individualität spielt bei allen Whiskys an der Nordostküste Schottlands eine große Rolle. Dalmore ist weit entfernt von der Stahligkeit des Teaninich – Fülle und Tiefe sind sein Credo. Wo der Teaninich von einem ewig kalten Frühling erzählt, vermittelt der Dalmore von den Gestaden des Cromarty Firth den Eindruck, als herrsche bei ihm das ganze Jahr über Herbst. Er füllt den Mund mit Beerensaft.

Dalmore wurde 1839 aus der Taufe gehoben. Sein Destillationsverfahren scheint den Launen eines skurrilen Gründers entsprungen zu sein. Die Wash Stills haben ein abgeflachtes oberes Ende, während die Schwanenhälse aus den Seiten herausragen. Den Hals der Spirit Stills wiederum hat man mit Kühlwasserkragen versehen. Noch komplizierter wird alles durch die unterschiedliche Größe der Brennblasen. Während die beiden Wash Stills im alten Stillhouse unterschiedlich groß sind, haben sie im neuen zwar die gleiche Größe, aber eine andere Auslegung. Stärke und Charakter der Rohbrände unterscheiden sich also. Und auch bei den Spirit Stills gilt: gleiches Design, unterschiedliche Größe. Es können sich gleichzeitig ein starker Nachlauf aus der Spirit Still und ein starker Rohbrand aus der Wash Still bilden. Aber auch ein schwacher Nachlauf und ein schwacher Rohbrand oder ein starker Nachlauf und ein schwacher Rohbrand sind möglich.

Selbst auf die Holzstrategie von Dalmore wirkt sich das Gewicht des Whiskys aus. Unter Einwirkung von Ex-Sherryfässern wächst der Brand über sich hinaus. Sie geben ihm Struktur und transportieren die Süße in geheimnisvolle Tiefen. Mit fünf Jahren ist der Brand gerade dabei, das Holz zu absorbieren, hält sich aber noch bedeckt, und auch beim 12-Jährigen hat man den Eindruck, als würden sich die Mächte der Finsternis hinter den Eichentoren fürs Erste nur formieren. Erst mit 15 Jahren beginnt der Dalmore geläutert in die Welt hinauszutreten.

In den letzten Jahren wurde dieser vergessene Gigant neu erfunden und hat sich mit extrem lang ausgebauten, hochpreisigen Abfüllungen einen Platz im Premiumsegment gesichert. Der Sirius, der Candela und der Selene harren mehr als ein halbes Jahrhundert im Fass aus und sind erfüllt von den exotischen, konzentrierten Ranciodüften der Reife.

Fünf Kilometer küstenaufwärts, auf dem Areal von Schottlands nördlichster Grain-Brennerei, Invergordon, duftet es nach gekochtem Getreide. Einen »städtischen« Whisky in einer so ländlichen Umgebung anzutreffen scheint auf den ersten Blick ungewöhnlich, doch hat Invergordon eine lange Geschichte als Industriestandort. Bis in die 1950er-Jahre gab es eine Werft und bis 1981 eine Aluminiumhütte. Heute werden hier Windturbinen und Ölplattformen gefertigt und repariert.

Als die Werft schloss, musste ein neuer Arbeitgeber her. Das Land der Umgebung lieferte Rohstoffe und eine willige Arbeiterschaft. So nahm die Brennerei Invergordon 1960 den Betrieb mit einer Coffey Still auf; bald waren vier Sätze in Betrieb. Heute changiert man zwischen Weizen und Mais und stößt jährlich etwa 36 Millionen Liter eines würzigen, leicht milchigen Brands aus. Er kommt vor allem in Blends des Besitzers Whyte & Mackay zum Einsatz. Es gab sogar kurz einen Single Grain namens The Invergordon und von 1965 bis 1977 eine Malt-Brennerei namens Ben Wyvis. Ihre Brennblasen stehen heute in Glengyle (siehe Seite 189).

DALMORE – Verkostungsnotizen

NEW MAKE

Nase Süße dunkle Früchte mit einem Schuss Orangen- bzw. Kumquatsaft. Johannisbeeren.
Geschmack Reif und schwer, mit Getreide als Basis.
Abgang Wird nach und nach zitrusfrischer.

12 JAHRE 40%

Nase Anfangs recht zurückhaltend und frisch. Deutlichere Malznote. Etwas Trockenobst.
Geschmack Sauber, dann reichlich englischer Weihnachtskuchen, Orangenschalen und Johannisbeerblätter.
Abgang Lang und fruchtig.
Gesamteindruck Wird schon süßer, sucht aber noch nach dem rechten Weg.

Stil **Fruchtig und würzig**
Ähnlich Edradour 1996 Oloroso Finish

15 JAHRE 40%

Nase Süß, viel Sherry-Einfluss. Marmeladig, Heckenobst (das Laub ist zu Früchten mutiert). Substanz und Gewicht.
Geschmack Weich, mild. Trockenobst, Orange-Pekoe-Tee.
Abgang Kumquats.
Gesamteindruck Sherryfasseinfluss. Brennereistil und Holz arbeiten hart am Gleichgewicht der Kräfte.

Stil **Reichhaltig und rund**
Ähnlich The Singleton of Dufftown 12 Jahre

1981 MATUSALEM 44%

Nase Rund und reich, mit Maulbeeren, Kaffee und einer geringen käseartigen Rancionote, Walnüsse. Orangen.
Geschmack Lang, weich und kraftvoll.
Abgang Lang, mit leichtem Grip.
Gesamteindruck Ist dank ernsthafter Einflussnahme durch das süße Sherryfass intensiver und kraftvoller geworden.

Stil **Reichhaltig und rund**
Ähnlich Aberlour 25 Jahre, The Macallan 18 Jahre Sherry

INVERGORDON – Verkostungsnotizen

INVERGORDON 15 JAHRE FASSPROBE 62%

Nase Süß-sauer und leicht vegetabil. Blumenstand, etwas Käserinde, Grasschnitt.
Geschmack Ähnelt Trinidad-Rum. Süß, aber auch leicht phenolisch (nicht rauchig). Offenbart festen Getreidecharakter mit interessanter brandiger Note.
Abgang Bitterschokolade.
Gesamteindruck Der Individuellste unter Schottlands Grain-Whiskys.

Glenmorangie

TAIN • WWW.GLENMORANGIE.COM • GANZJÄHRIG GEÖFFNET, NÄHERES SIEHE WEBSEITE

Auf einem Feld bei Hilton of Cadboll steht eine von Bildhauer Barry Grove geschaffene Nachbildung des größten Piktensteins, der je gefunden wurde. Er zeigt Spiralmuster und Reiter in einem Rahmen mit stilisierten Vögeln, die zu ihrem Pendant auf der gegenüberliegenden Seite jeweils leicht versetzt platziert sind. »Die Pikten mochten es asymmetrisch«, so Grove, »und schufen trotzdem ein ausgewogenes Motiv.«

Glenmorangie hat sich das Muster aus miteinander verflochtenen Spiralen im unteren Teil des Steins zum Markenzeichen erkoren. Das Motiv schafft nicht nur eine Verbindung zwischen der Brennerei und dem geschichtsträchtigen Ort, sondern symbolisiert auch die asymmetrischen Wirbel, die entstehen, wenn Whisky mit Wasser verdünnt wird oder Wasser durch den sandigen Boden der Tarlogie Springs sprudelt, die Glenmorangie als Quelle nutzt.

Dieses harte Wasser mit hohem Magnesium- und Kalziumgehalt könnte durchaus den Charakter des Whiskys beeinflussen. Produktionsleiter Dr. Bill Lumsden meint allerdings: »Das Wasser ist für höchstens fünf Prozent der Geschmacksnuancen eines Glenmorangie verantwortlich.«

Die roten Sandsteingebäude, in denen einst eine Brauerei untergebracht war, ziehen sich den Hügel zum Dornoch Firth hinunter. Dahinter verbirgt sich ein praktisches System mit Gefällezuführung aus dem 19. Jahrhundert, bei dem Gerste oben am Hügel in die Anlage eingespeist wird und unten als reiner Brand wieder herauskommt.

Die Metamorphose beginnt in funktionalen Maisch- und Gärbottichen aus Edelstahl. Wie in jeder Brennerei muss man aber auch hier den Geschmacksfaden finden und ihn entwirren wie einen Strang auf dem Stein von Cadboll.

Auf den ersten Knoten trifft man im Brennhaus, wo hohe, schlanke Stills wie Supermodels aufgereiht stehen und ihre Hälse abschätzig in Kondensatoren stecken. Unmengen von Kupfer sind da mit im Spiel, handelt es sich doch um die höchsten Brennblasen der Whiskyindustrie. Der Mittellauf beginnt mit sehr viel flüchtiger Säure, reichlich Nagellack und Gurke und bewegt sich dann in eine frische Richtung mit Anklängen an Zitrus, Banane, Melone, Fenchel und weiche Früchte. Gleichzeitig durchzieht den aromatischen, frischen, sauberen Brand eine dezente Getreidenote, die ihm einen kernig-spritzigen Unterton verleiht und verhindert, dass er in eine zu saftige,

In der Brennerei aus rotem Sandstein war früher die Gemeindebrauerei untergebracht.

fruchtige Richtung abdriftet. Dazu hat Lumsden den Schnitt verkürzt.

Dann führt die Geschmacksspur in die Lager. Die Bedeutung von Eiche wird heute in allen Brennereien erkannt, doch Lumsden ist förmlich fixiert auf dieses Fassholz. In einem feuchten Lager mit Lehmboden erklärt er, warum er alle Secondfill-Fässer hier lagert. »In ihnen findet eine stärkere Oxidation über das Holz statt – die Bandbreite komplexer Aromen wird dadurch größer.«

The Original, wie der 10-Jährige heißt, badet zu 100 Prozent in amerikanischer Eiche, einer Kombination aus Firstfills, »zuständig für die Kokos- und Vanillenote«, und den in den Lagern gealterten Secondfills, »die Honig und Minze beisteuern«. Während der Glenmorangie seinen Charakter langsam verändert und allmählich süß-fruchtig wird, tritt ein drittes Element hinzu: Ein Teil des Whiskys wird in speziell gefertigten Fässern aus langsam gewachsener, luftgetrockneter amerikanischer Eiche ausgebaut. Voll zur Geltung kommen diese teuren Babys im ganz von Popcorn, Eukalyptus und Crème brûlée erfüllten Astar, einem »Original auf Steroiden«, wie Lumsden ihn nennt.

Lumsden war ein Pionier des Finishing, der Zweitreifung im aktiven Fass. Klappt diese Behandlung, verleiht sie dem Whisky eine neue geschmackliche Dimension, doch kann man damit auch leicht zu weit gehen. »Holz erschafft den Whisky, kann ihn aber auch kaputtmachen«, weiß Lumsden. Ausgewogenheit ist, wie stets, der Schlüssel zum Erfolg. Ein Glenmorangie lässt sich mit den piktischen Verzierungen vergleichen: Er erreicht ein asymmetrisches Gleichgewicht, in dem sich Brennereistil und Fass gegenseitig auszuspielen versuchen. Das Holz drückt die Früchte sanft, die Säfte fließen, Eiche kommt ins Spiel, aber dahinter bleibt stets der ursprüngliche Charakter erhalten. Wie ein piktisches Muster, das einen zum Anfang zurückführt.

Maßgeschneiderte Fässer in einem der vielen Lagerhäuser von Glenmorangie. Nur wenige Brennereien befassen sich so intensiv mit dem Einfluss von Holz auf Whisky.

GLENMORANGIE – Verkostungsnotizen

NEW MAKE

Nase Intensiv. Blumig. Kandierte Früchte. Fruchtkaubonbons. Zitrus- und Bananennote. Fenchel.
Geschmack Süß und intensiv, reine Frucht. Blüten mit geringem Nusston als Kulisse. Kalk und Zuckerwatte.
Abgang Sauber.

THE ORIGINAL 10 JAHRE 40%

Farbe Blasses Gold.
Nase Weiche Früchte, süße Sägespäne, weißfleischiger Pfirsich, Nesseln, leichte Minzenote, Vanille, Bananensplit und Kokoseis, Mangosorbet, Mandarine.
Geschmack Ein Touch Eiche. Vanille und Sahne, dann Zimt. Ansatzweise Passionsfrucht.
Abgang Minzig und kühl.
Gesamteindruck Eiche dient als sehr subtile, aromatisch harmonisierende Stütze.

Stil Fruchtig und würzig
Ähnlich Glen Elgin 12 Jahre, Aberfeldy 12 Jahre

18 JAHRE 43%

Nase Crème brûlée, Schokolade, Eukalyptus, Kiefernharz, Himbeere, Honig, Crème caramel und Jasmin.
Geschmack Trockenobst, Minze. Reif; dicklich am Gaumen, ein Anflug von Pflaume und harten Toffees.
Abgang Piment und Langpfeffer. Vetivergras.
Gesamteindruck Das Alter hat ihm größere Geschmackstiefe beschert: Das Holz ist integriert, aber der Brennereicharakter schimmert noch durch.

Stil Fruchtig und würzig
Ähnlich Longmorn 16 Jahre, Glen Moray 16 Jahre, Yamazaki 18 Jahre, Macallan 15 Jahre Fine Oak

25 JAHRE 43%

Nase Reif, tief und süß. Honigwaben, Wachs und Zitrusschalen mit etwas Marzipan, Nüssen und Zigarrendeckblättern. Rote Früchte mit Kräutern, Pfirsichkerne. Eine Andeutung von Gewürznelken. Die Passionsfrucht meldet sich wieder. Üppige Toffeenote. Süße Orangenschalen.
Geschmack Belegt den Gaumen. Honig. Muskatnuss, rote Paprikaflocken. Beginnt süß, wird im Mittelteil tiefer und offenbart eine leichte Eichenstruktur. Crème brûlée mit Orangengeschmack, Erdbeere, Orangenblütenwasser. Komplex.
Abgang Toffee, Himbeerlaub und gewürzter Honig. Grog.
Gesamteindruck Vielschichtig.

Stil Fruchtig und würzig
Ähnlich Longmorn 1977, Aberfeldy 21 Jahre, The Balvenie 30 Jahre

Balblair

EDDERTON, TAIN • WWW.BALBLAIR.COM • GEÖFFNET APR–SEPT MO–SA, OKT–MÄR MO–FR

Auf dem Weg von Tain nach Norden prägen wie schon seit Dingwall Felder mit dunkler Erde die Landschaft, doch werden sie immer mehr zwischen Berg und Küste eingezwängt. Das ständig wechselnde, vom Wasser des Meeresarms zurückgeworfene Licht zaubert Schatten auf die verwitterten, heidebedeckten Hügel. Eingebettet in diese moorige Landschaft steht Balblair. Eine Brennerei ist im Dorf Edderton seit 1798 bezeugt, doch verlagerte man die Produktion 1872 neben die Bahnlinie.

Die kleine Destillerie umgibt eine Aura der Dauerhaftigkeit, die auch in der Bereitungsphilosophie zum Tragen kommt. Wie Glenmorangie mit seinen 20 Angestellten beschäftigt Balblair für heutige Verhältnisse relativ viel Personal. »Wir sind zu neunt«, verrät der stellvertretende Geschäftsführer Graeme Bowie. »Ich ziehe das Manuelle vor. Freilich verstehe ich, wenn manche auf automatische Fertigung umsteigen. Ich finde aber, traditionell arbeitet sich's am besten.«

Und mit »traditionell« ist der Betrieb auch treffsicher beschrieben. Balblair gehört zur Kategorie der gemütlichen alten Brennereien und ist ein von Energie und Wärme beseelter Entstehungsort von Aromen. »Destillerien können wie moderne Brauereien geführt werden«, meint Stuart Harvey, Master Blender von Inver House, zu dessen Portfolio Balblair gehört. »Man kann es mit der Sterilität aber auch übertreiben. Und dann geht der Charakter verloren.«

Die Gärbottiche sind zwar aus Holz, am meisten Aufschluss über die Balblair-DNA indes geben die Brennblasen. »In unserem Whisky manifestiert sich eine natürliche Würze. Die Maische ist klar, weshalb wir die Entstehung blumiger und zitrusfruchtiger Ester fördern, aber auch Tiefe und Frucht anstreben.« Und da kommen die gedrungenen Stills ins Spiel. Im Brennhaus stehen drei, doch nur zwei sind in Betrieb.

»Balblair ist unser einziger Betrieb mit Kondensatoren. Aber diese Brennblasen liefern einen komplexen, körperreichen Brand. Wir streben einen schwefeligen Whisky an, der im Fass mit dem Holz reagiert und Karamell- und Toffeenoten entwickelt.« Der schwerere New Make braucht allerdings länger für seine Zwiesprache mit dem Fass. Obgleich der Balblair und Glenmorangie fruchtig sind, unterscheiden sie sich doch: Während der Glenmorangie zu den leichteren Vertretern gehört und von einer Eichenwelle getragen wird, präsentiert sich der Balblair voller und reicher. Daher bedingt er sich auch mehr Zeit aus.

Sein Weg zum Spitzen-Malt zog sich hin. Früher nahmen Blender den Betrieb sehr in Beschlag. Seine Neupositionierung in einer modernen Flasche mit Piktensymbol und Jahrgangs- statt Altersangabe war überaus aufschlussreich. Die Hinweise auf Frucht und Toffees bleiben stets präsent, mit zunehmender Reife drängen jedoch exotische, betörende Gewürze nach vorn. Als langsam reifender Whisky gibt er sich im Mund entsprechend behäbig. Wieder ein ganz anderer Stil also.

»Diese Malts aus dem Norden sind Individualisten«, befindet Harvey. »Ich glaube, sie haben eine unverwechselbarere Identität als die Whiskys von der uneinheitlichen Speyside.« Das findet auch der Autor und Whiskyliebhaber Neil M. Gunn, der aus der Gegend stammt. Im Old Pulteney, so Gunn, könne er »das nördliche Temperament wiedererkennen«. Was im Grunde für jeden Whisky von der Nordostküste gilt.

BALBLAIR – Verkostungsnotizen

NEW MAKE

Nase Schwefeliges Gemüse (Kohl) mit fruchtigen, scharfen, schweren Noten; trockenes Leder. Mit Wasser cremig.
Geschmack Leicht nussig, aber von Gewürzen und Frucht dominiert.
Abgang Würzig.

2000 FASSPROBE

Farbe Blassgolden.
Nase Sauber, süß und würzig, eine Prise Ingwer und Muskatblüte neben geringen Kokos- und Marshmallow-Einsprengseln. Sehr süß. Mit Wasser Talkum und Zitronen.
Geschmack Ausgesprochen würziger Auftakt. Ras el-Hanout. Leicht, tanzt auf der Zunge. Unreife Frucht als Unterbau. Süß und weich. Reich ich Brennereicharakter.
Abgang Schwungvoll. Intensiv würzig.
Gesamteindruck Braucht zwar noch etwas Zeit, damit die Früchte weicher werden, doch ist die Balblair-typische Würze schon voll entwickelt.

1990 43%

Farbe Blassgolden.
Nase Tropische Früchte und Getreide. Üppig-saftig, einige gerade reif gewordene Aprikosen, Sandelholz. Duftig. Orangenschokolade. Orangenschalen.
Geschmack Mehr Interaktion mit Eiche, daher dickeres Mundgefühl und mehr Grip. Vanilleschote und viel süße Gewürze. Die Früchte sind nun gebacken, der Zitruston verklingt. Mit Wasser Crème brûlée, Rosenblütenblätter.
Abgang Bockshornklee. Trockenes Eichenholz.
Gesamteindruck Das Holz verschmilzt mit der Frucht, macht sie weicher und verleiht dem Whisky mithilfe der leichten Getreidenote Grip und einen Röstton.

Stil Fruchtig und würzig
Ähnlich Longmorn 1977, Glen Elgin 12 Jahre, Miyagikyo 1990

1975 46%

Farbe Satter Bernsteinton.
Nase Tief, leicht harzig und komplex. Die Gewürze – Kardamom, Koriandersamen – haben das Regiment übernommen. Butter. Eine ledrige Altersnote mit schwerem Jasminduft. Etwas rauchig. Mit Wasser Lack.
Geschmack Groß und rauchig. Harz, Melasse, Kardamom und Ingwer, in seiner Intensität fast japanisch. Pur am besten. Etwas Zigarre, Blei und Antiquitätenladen.
Abgang Weiter Gewürze. Zeder und Rosenspritzmittel.
Gesamteindruck Der Whisky lebt vom Zusammenspiel aus Gewürzen und Früchten.

Stil Fruchtig und würzig
Ähnlich The BenRiach 21 Jahre, Glenmorangie 18 Jahre, Tamdhu 32 Jahre

Clynelish

BRORA • WWW.DISCOVERING-DISTILLERIES.COM/CLYNELISH • GANZJÄHRIG GEÖFFNET, NÄHERES SIEHE WEBSEITE

Caithness wird von breiten *straths*, Tälern, zerschnitten, die sich tief in sein Inneres graben. Nicht so leicht auszumachen sind die von Menschen hinterlassenen Spuren: ein paar Steinhaufen und Linien im Gras, die auf frühere Bodenarbeiten hindeuten. Auf der Straße nach Brora kommt man an Dunrobin Castle vorbei, dem Sitz des Herzogs und der Herzogin von Sutherland. Sie und ihr Landverwalter Sellar vertrieben einst die Menschen von ihrem Grund, ersetzten sie durch Schafe und Wild, zwangen Familien an die Küste und steckten sie in Häuslerhöfe. Weil deren Land nicht für eine Selbstversorgung reichte, verlegten sich einige auf die Heringsfischerei, während andere in die neuen Kohleminen des Herzogs geschickt wurden.

Die Kohle veränderte Brora von Grund auf. Man errichtete eine Backsteinbrennerei, eine Dachziegelfabrik, eine Weberei, Salzbecken – und 1819 auch eine Destillerie, um das Getreide der Häusler sowie die von ihnen geförderte Kohle zu verwerten und dem Herzog einen stattlichen Gewinn zu sichern. Ende des 19. Jahrhunderts war der Clynelish der teuerste Whisky auf dem Markt und ständig vergriffen. Aufgrund seiner Beliebtheit musste 1967 eine neue Anlage her.

Schon 1969 allerdings ging die alte Brennerei wieder in Betrieb. Wegen einer Trockenperiode war nämlich auf Islay die Produktion zum Erliegen gekommen. Weil die Distiller Company Ltd. aber einen stark getorften Malt brauchte, mussten die Pot Stills der alten, inzwischen in Brora umbenannten Clynelish-Anlage erneut in Dienst genommen werden. Die torflastige Phase dauerte bis 1972, als Islay wieder voll im Geschehen mitmischen konnte. 1983 kam dann das endgültige Aus.

Ein Brora gibt sich meist rauchig, ölig und pfefferig mit einem grasigen Unterton. Der New Make des Clynelish hingegen riecht nach soeben ausgeblasenen Kerzen und nassem Ölzeug – die für die Nachbarbrennereien typische flüchtige, aber offenherzige Aromatik muss zugunsten der Textur zurückstehen. Deren wächserner Charakter entsteht im Vor- und Nachlaufbehälter, in dem sich mit der Zeit Öle ansammeln. In den meisten Brennereien entfernt man sie, nicht jedoch hier.

Vom Brennhaus mit seinem Panoramafenster aus hat man einen Blick auf die alte Brora-Anlage, die von Flechten geschmückt vor sich hindämmert und verfällt – gleichsam als industrielles Äquivalent der verlassenen Bauernhütten in den *straths*.

CLYNELISH – Verkostungsnotizen

NEW MAKE

Nase Siegelwachs, Mandarine. Sehr sauber. Erloschene Kerze und nasses Ölzeug.
Geschmack Deutlich wächsernes, leicht belegendes Mundgefühl. Vollmundig. Wird immer breiter und tiefer. In diesem Stadium steht eher die Textur als der Geschmack im Vordergrund.
Abgang Lang.

8 JAHRE REFILL-FASS, FASSPROBE

Nase Der starke Wachston in der Nase scheint verflogen zu sein. Dafür treten Aprikosenmarmelade, Kiefer, süße Zitrusschalen und, mit Wasser, eine Duftkerzennote hervor.
Geschmack Sauber und weich. Nach wie vor merklich texturiert, aber mehr süße Früchte, Kokosnuss und reichlich Orangen. Etwas Eiche.
Abgang Das Wachs kehrt zurück.
Gesamteindruck Öffnet sich bereits, wird sich aber weiter entwickeln.

14 JAHRE 46%

Nase Nach wie vor erloschene Kerzen (mit Orangenduft). Ölig und sauber, duftendes Gras und Siegelwachs. Offen und frisch. Ingwer. Mit Wasser Küstenfrische.
Geschmack Gutes Mundgefühl. Noch immer mehr Textur als spezifische Geschmacksnoten. Später eine wächserne, leicht blumige Note, ein Hauch von Zitrus und Salzlake.
Abgang Lang und sanft.

Gesamteindruck Aromatisch geringfügige Veränderungen gegenüber dem 8-Jährigen, besser integrierte Eiche und mehr Geschmackstiefe.

Stil **Fruchtig und würzig**
Ähnlich Craigellachie 14 Jahre, Old Pulteney

1997, MANAGER'S CHOICE, SINGLE CASK

58,8%

Farbe Kräftig golden.
Nase Aromatisch und leicht krautig (Salbei und Majoran) mit ätherischen Zitrustönen (Kumquats und Zitrone), dann reifes Sommerobst (Apfel, Quitte).
Geschmack Sehr würziger Auftakt neben weichen, milden Fruchtnoten und einem maritimen Anflug. Wasser fördert buttrige Eiche mit Crème brûlée zutage.
Abgang Lang und weich, mit Zitrusnuancen.
Gesamteindruck Stark wächserner Vertreter; die Quitte scheint ebenfalls ein typisches Stilelement zu sein.

Stil **Fruchtig und würzig**
Ähnlich Old Pulteney 12 Jahre

Wolfburn

THURSO • WWW.WOLFBURN.COM

Das Ende einer Straße zu erreichen hat etwas Erhebendes. Der Himmel scheint sich zu weiten, der Horizont aufzutun. Die Symbolkraft eines solchen Orts ist hoch: Neue Möglichkeiten eröffnen sich, der Blick geht nach vorne, nicht zurück. Das gilt auch für Thurso, die nördlichste Stadt auf dem britischen Festland. Von ihren Klippen aus sieht man über das wild bewegte Wasser des Pentland Firth zu der vom Sonnenuntergang roten Felsküste der Orkneyinsel Hoy hinüber. Es ist ein Land der Schmuggler, Strandräuber, Surfer und Brenner.

Kaum merklich verändert sich zudem etwas auf dem Weg in den äußersten Norden. Man verlässt das Land der Pikten und dringt auf Wikingerterritorium vor. Im tiefen Naturhafen von Thurso lagen ihre Langschiffe einst geschützt vor Anker. Sogar der Name der Stadt ist nordisch: Er leitet sich vom altnorwegischen *Thjórsá* ab und bedeutet »Fluss des Bullen«. Überhaupt scheinen die Wikinger gern Gewässer nach Tieren benannt zu haben, denn der Name Wolfburn als klangvolle Bezeichnung für eine der jüngsten Brennereien Schottlands ist keine Erfindung überreizter Marketingfachleute, sondern vom nahegelegenen Bach abgeleitet.

Schon von 1821 bis in die 1860er-Jahre hinein stand hier eine Destillerie, die während ihrer kurzen Existenz immerhin die größte Brennerei der Grafschaft Caithness war. Der Nachfolgebetrieb nahm am 25. Januar 2013 die Arbeit auf – nach nur fünf Monaten Bauzeit.

An der Spitze von Wolfburn steht Shane Fraser, der seine Whiskykarriere auf Royal Lochnagar unter Mike Nicolson begann, bevor er Geschäftsführer der Großbrennerei Glenfarclas wurde. »Shane hatte eine sehr konkrete Vorstellung vom Charakter«, erinnert sich Geschäftsentwicklungsmanager Danel Smith. »Er setzte auf klare Würze, eine lange Gärung, um Komplexität zu bekommen, und ein Brennverfahren, das die duftende Frucht mit einem Anflug von Malz hinterlegt. Ich habe noch nie einen glücklicheren Menschen gesehen, als er den Schnitt beim allerersten Mal gleich optimal hinbekam.«

Der New Make wird zu 85 Prozent in Ex-Bourbonfässer und zu 15 Prozent in Sherryfässer gesteckt. Geringe Mengen kommen ab 2016 auf den Markt, 80 Prozent aber sind für den langfristigen Ausbau bestimmt. Nach den begeisterten Reaktionen auf die ersten Freigaben steht zu erwarten, dass das Gros in Thurso konsumiert werden wird.

WOLFBURN – Verkostungsnotizen

WOLFBURN FASSPROBE 60%

Nase Sauber und süß. Hinweise auf pochierte Früchte: roter Apfel und Vereinsdechantsbirne. Leicht kräuterwürzig, mit einer geringfügigen Rosennote im Hintergrund.
Geschmack Voll, üppig und nicht aggressiv. Melone und Birne. Mit Wasser seidig.
Abgang Malzbonbonsüße.
Gesamteindruck Ein Whisky, der zu 90 Prozent aus Ex-Bourbonfässern und zu 10 Prozent aus Sherryfässern stammt. Natürlich noch jung, aber schon gut ausgewogen.

WOLFBURN

Shane Fraser (rechts) und Iain Kerr arbeiten an einem neuen Kapitel in der Geschichte des nordschottischen Whiskys.

Old Pulteney

WICK • WWW.OLDPULTENEY.COM • GANZJÄHRIG GEÖFFNET OKT–APR MO–FR, MAI–SEPT MO–SA

Die Stadt Wick, wo die nördlichste Brennerei des Festlands steht, ist im Grunde eine Insel, getrennt vom übrigen Schottland durch das Flow Country, einen Landstrich aus schwarzen Teichen, Torfmooren und Schilfdickichten. Terroir ist weit mehr als ein rein geografisches Areal, es hat auch eine psychische Komponente. Kein Wunder, dass Wick, wenn es um Whisky geht, einen eigenen Weg geht.

Die Brennerei hat ihren Namen von Pulteneytown, das einst von Thomas Telford errichtet wurde. Benannt ist der Ort nach Sir William Pulteney, der sich Ende des 18. Jahrhunderts für einen neuen Fischerhafen im entlegenen Norden starkmachte. Sein Projekt bot größeren Schiffen Platz, die mehr Fisch anlanden konnten. Im 19. Jahrhundert war Wick das Klondike Schottlands, nur dass Männer statt nach Gold nach lebenden Meeresschätzen suchten.

Männer aber brauchten Whisky. Da trat James Henderson auf den Plan. Der vornehme Brenner hatte sich schon auf seinem Familiensitz in Stemster der Erzeugung von Whisky gewidmet. Nun verlegte er die Produktion in die blühende, durstige Stadt.

Andere Destillateure nutzten solche Umzüge, um ihre Anlage zu verändern. Nicht so Henderson. Seine Stills hatten, wie Alfred Barnard 1886 schrieb, »eine Auslegung, wie sie älter nicht hätte sein können und die dem Brennkessel eines alten Whiskyschmugglers ähnelte.« Noch heute steht vor Ort eine voluminöse Wash Still mit flacher Oberseite, während die Spirit Still mit Purifier und gewundenem Schwanenhals wie ein Tier auf einem Piktenstein anmutet. Aber sie funktionieren. »Der Schlüssel zum Pulteney-Charakter liegt in der Wash Still«, weiß Stuart Harvey, Master Blender bei Inver House. »Man erzielt damit einen enormen Rückfluss und fängt die Ester von ganz oben ein, bekommt allerdings auch eine Ledernote. Ein Pulteney offenbart weniger Gewürze und mehr Aromen als der Balblair, ist aber öliger.« Ein eigenwilliger Geist eben. Aber was will man an einem Ort wie diesem erwarten?

Der Hafen von Wick entstand, um die Heringsflotte zu versorgen. Genau wie Old Pulteney.

OLD PULTENEY – Verkostungsnotizen

NEW MAKE

Nase Schwer. Frisch angezündete Streichhölzer mit fast cremiger Öligkeit. Leinsamenöl. Leicht salzig, Gewürze. Zitrus- bzw. Orangensteige.
Geschmack Dick und ölig, saftige weiche Früchte. Anflug von Vanille.
Abgang Fruchtig.

12 JAHRE 44%

Nase Die Frucht drängt nun nach vorn. Kakifrucht und Pfirsich. Leicht salzig und ölig. Mispelgelee, Melone.
Geschmack Geschmeidiges Mundgefühl. Dick ölig. Saftig, aber leicht grüne Früchte.
Abgang Duftig.
Gesamteindruck Ist dick und belegt die Zunge.

Stil **Fruchtig und würzig**
Ähnlich Scapa 16 Jahre

17 JAHRE 46%

Nase Leicht brotig (Butterbrot), Quitte und angeröstetes Holz. Stärker vom Fass beeinflusst.
Geschmack Breiter als der 12-Jährige. Etwas cremiger.
Abgang Saftig und lang.
Gesamteindruck Das Fass hat für mehr Drive gesorgt und das Ölige verdrängt.

Stil **Fruchtig und würzig**
Ähnlich Glenlossie 18 Jahre, Craigellachie 14 Jahre

30 JAHRE 44%

Nase Groß, harzig. Pferdestall mit Sattelseife, Huföl und süßen Nüssen. Zeder. Ein Anflug von Hefe. Sauber.
Geschmack Marzipan. Wieder Zitrus, doch ist das Ölige mit Nachdruck zurückgekehrt.
Abgang Dick.
Gesamteindruck Sonderbar komplex, typisch Pulteney.

Stil **Fruchtig und würzig**
Ähnlich Balmenach 1993, Glen Moray 30 Jahre

40 JAHRE 44%

Farbe Bernstein.
Nase Enorm parfümduftig. Eingemachte Zitronen, Zimt und wieder dieser Hinweis auf Sattelseife. Leichte Andeutungen an Rauch und Trockenblüten. Spät erblüht.
Geschmack Rosmarin. Intensiv, dann eine typische Pulteney-Öligkeit, die die Zunge belegt. Eine neue Dimension durch die Rauchnote.
Abgang Duftend und lang.
Gesamteindruck Konzentriert und zugleich verhalten.

Stil **Fruchtig und würzig**
Ähnlich Longmorn 1977

WESTERN HIGHLANDS

Willkommen in Schottlands kleinster Whiskyregion. Obwohl sie sich die lange, buchtenreiche Westküste Schottlands entlangzieht, umfasst sie gegenwärtig nur zwei Destillerien. Überlebt haben sie nicht allein wegen der guten Verkehrsverbindungen, sondern auch, weil sie Whiskys von ganz eigener Persönlichkeit brennen und an die Vorzüge traditioneller Bereitung glauben.

Das kleine Eiland Seil liegt nicht weit entfernt von Oban, dem Tor zu den Inseln vor der Westküste.

Oban

OBAN • WWW.DISCOVERING-DISTILLERIES.COM/OBAN • GANZJÄHRIG GEÖFFNET, NÄHERES SIEHE WEBSEITE

Als betreibe sie ein Metier, dem man eher im Verborgenen nachgeht, steht Obans Brennerei eingezwängt zwischen einer Klippe und Hafengebäuden, mit denen die Stadt der Welt gleichsam ein anderes Gesicht zeigt. Nicht ohne Grund: Ehrbarkeit war im calvinistischen Schottland ein wichtiger Faktor – und der Genuss von Alkohol in den Augen mancher definitiv nicht ehrbar. John und Hugh Stevenson allerdings kümmerte das nicht, als sie im späten 18. Jahrhundert ein Angebot des Duke of Argyll annahmen. Dieser sicherte jedem, der ein Haus baute, ein 99 Jahre gültiges Lehen zu. Die Stevensons errichteten gleich eine ganze Stadt mitsamt Brauerei, die 1794 in eine lizenzierte Destillerie umgewandelt wurde. Für sie war die Brennerei ein durch und durch ehrbares Geschäft. Ihre Familie führte den Betrieb bis 1869.

Zwar wurden an diesem Küstenstrich noch weitere Brennereiprojekte gestartet, doch scheiterten sie alle an Transportproblemen. Die Stadt Oban hingegen war als wichtiges Drehkreuz mit Kopfbahnhof, Fährhafen und der Lage am Ende bzw. Anfang der Straße zwischen Glasgow und den Inseln im Westen ein idealer Standort. Heute gehört Oban zu jenen Brennereien, in denen der Schein trügt. Ihre zwei kleinen, zwiebelförmigen Brennblasen sind mit Worm Tubs verbunden, was der Whiskylogik zufolge auf einen schweren, womöglich schwefeligen New Make hindeutet.

Stattdessen entsteht hier ein intensiv fruchtiger Brand mit Zitruseinschlag. Er kommt zustande, weil zwischen den Destillationsläufen Luft in die Stills gelassen wird, damit sich das Kupfer erholt und die schwefeligen Verbindungen einfängt, bevor sie sich durch die Schwanenhälse davonschleichen können. Wärmere Worm Tubs intensivieren den Kontakt zwischen Dampf und Kupfer, was die Frucht hervorholt und dem Rohwhisky einen würzigen Pfiff verleiht, den man durchaus als Salznote deuten kann.

Ursuppe der Whiskybrennerei: In einem der Gärbottiche der Oban-Destillerie setzt der Fermentationsprozess ein.

OBAN – Verkostungsnotizen

NEW MAKE

Nase Fruchtig. Anfangs Anklänge an Rauch mit Wurzelduft. Gebackene Pfirsiche und ein starker Zitrus- bzw. Orangenton. Wohlriechend und komplex. Hat Tiefe.
Geschmack Cremig und sanft. Dann kommen Orangenschalen ins Spiel und verteilen sich über die Zunge.
Abgang Rauch

8 JAHRE REFILL-FASS, FASSPROBE

Nase Erdig, duftend, grüne Bananen/Orangen, Duftblüte. Gewichtig und leicht salzig.
Geschmack Süß und dicht. Intensive Zitrustöne. Konzentriert. Stark.
Abgang Mit einer Ahnung von Rauch.
Gesamteindruck Vermittelt den Eindruck von Frische und Gewicht. Braucht vielleicht Zeit, hält aber einem aktiven Fass stand.

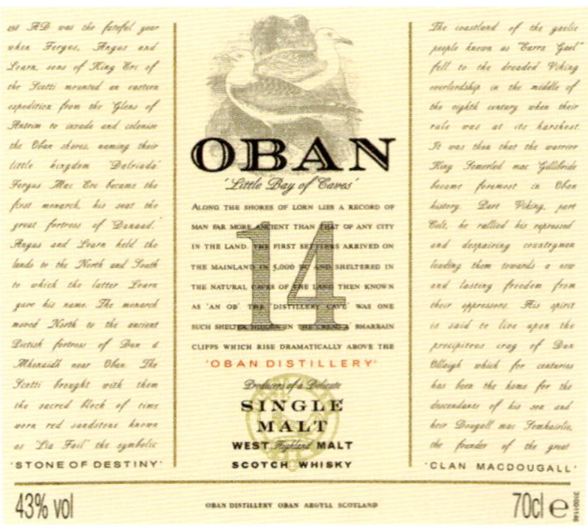

14 JAHRE 43 %

Nase Sauber und frisch. Etwas Vanille, Milchschokolade und reichlich süße Gewürze. Duftend, mit einer zarten Andeutung an Rauch. Getrocknete Schalen. Feste Eiche.
Geschmack Weicher, süßer Auftakt und ein pikanter Einschlag vom Anfang bis zum Ende. Sehr sauber, mit Orangennoten, Minze und Sirup.
Abgang Sehr würzig und prickelnd.
Gesamteindruck Sauber, ausgewogen, hat sich jetzt geöffnet.

Stil **Fruchtig und würzig**
Ähnlich Arran 10 Jahre, The BenRiach 12 Jahre

Ben Nevis & Ardnamurchan

FORT WILLIAM • WWW.BENNEVISDISTILLERY.COM • GANZJÄHRIG GEÖFFNET, NÄHERES SIEHE WEBSEITE / ARDNAMURCHAN • GLENBEG

Wenn alte Brennblasen, wie wir bereits vorsichtig gefolgert haben, einen schwereren Brand ausstoßen, dann bestätigt die Brennerei Ben Nevis diese These aufs Trefflichste. Abgesehen davon scheint es nur natürlich, dass ein Betrieb am Fuß von Großbritanniens höchstem Berg einen kraftvollen Brand liefert. Etwas Leichtes, Ätherisches wäre in dieser Umgebung schlicht fehl am Platz.

Die im Jahr 1825 ganz legal gegründete Destillerie blickt auf eine faszinierende Geschichte zurück. Einmal betrieb sie sogar eine Coffey Still und war Schottlands einzige Brennerei, die für ihre Blends Grain- und Malt-Komponenten vor der Reifung im Fass zusammenmischte.

Als der japanische Destillateur Nikka den Betrieb 1989 aufkaufte, prophezeiten viele eine neue Phase moderner Whiskyerzeugung. Doch das Gegenteil war der Fall. Der »Traditionswhisky« von Ben Nevis basiert auf Knowhow der alten Schule und präsentiert sich reich, fruchtig, viskos und mit einer faszinierenden Ledernote, die sich im Alter noch vertieft.

Dazu passt, dass der langjährige Geschäftsführer Colin Ross ein stolzer Traditionalist ist. »Ich bin mit altbewährten Brennverfahren großgeworden und habe versucht, sie hier um jeden Preis zu bewahren.« Das Festhalten an klassischen Werten bedeutet im Fall von Ben Nevis: Rückgriff auf hölzerne Gärbottiche und Brauhefe. Damit strebt man einen ganz speziellen Geschmack an.

»Gut möglich, dass diese beiden Faktoren einen Beitrag zum Charakter leisten«, mutmaßt Ross. »Mein erster Produktionsleiter hat mir immer wieder eingetrichtert, dass die Gärung das A und O ist. Doch es gibt so viele weitere Faktoren.« Geografisch mag Ben Nevis eine Randerscheinung sein, mit seiner Bereitungsphilosophie aber steht der Betrieb im Zentrum traditioneller Whiskyherstellung.

Die winzige Unterregion bekam 2014 mit Adelphis Brennerei Ardnamurchan auf der gleichnamigen Halbinsel ein drittes Mitglied im Whiskybunde. Damit kehrte ein Unternehmen in den Kreis der Brandhersteller zurück, das im 19. Jahrhundert große Anlagen in England, Irland und Schottland betrieben, sich in letzter Zeit aber als unabhängiger Abfüller spezialisiert hatte.

Ardnamurchan wurde als Standort ausgewählt, weil zwei der Eigentümer dort Land besitzen – passenderweise in der Nähe einer MacLean's Nose genannten Felsnase, die denselben Namen trägt wie der Consultant der Firma, Charles. So abgelegen die Brennerei stehen mag (man erreicht sie am besten per Schiff), bei einem geplanten Ausstoß von 500.000 Liter getorften und ungetorften Brandes aus Gerste vom Hof des Verkaufs- und Marketingdirektors Alex Bruce in Fife dürfte langfristig mit Ardnamurchan zu rechnen sein.

BEN NEVIS – Verkostungsnotizen

NEW MAKE

Nase Reich und ölig, mit einer schwachen fleischigen Schwefelnote. Im Hintergrund Frucht.
Geschmack Dick und süß. Schwerer Mittelteil. Sehr viskos und sauber. Reichhaltig. Weniger Fleisch am Gaumen, dafür mehr rote Lakritze und rote Früchte.
Abgang Dick.

10 JAHRE 46%

Farbe Intensiv golden.
Nase Ein Mix aus Kokosnuss und sogar ein wenig Wildleder. Hat die fette Art des New Make. Dicke, fast sirupartige Fruchtpaste. Die Eiche steuert einen nussigen Hintergrund bei.
Geschmack Auch hier Kokosnuss – diesmal als Kokoscreme. Weiter dickes Mundgefühl mit Karamellsüße.
Abgang Lang, leicht nussig.
Gesamteindruck Ein markanter Whisky, der die Zuwendung ziemlich aktiver Fässer mit Freude erwartet.

Stil **Fruchtig und würzig**
Ähnlich The Balvenie 12 Jahre Signature

15 JAHRE FASSPROBE

Farbe Blassgolden.
Nase Ätherisch sauber und leicht duftend, als manifestiere sich eine neue Zartheit, doch herrscht weiter Leder vor. Schwer und süß. Anflug von Torfrauch.
Geschmack Dick und viskos, aber nun noch mit Kastanienhonignote. Mit Wasser relativ cremig und mit Andeutungen an gebrannte Mandeln.
Abgang Geschmeidig und lang.
Gesamteindruck Bleibt ein kräftiger Malt, der weiter annimmt, was das Fass ihm zuträgt.

25 JAHRE 56%

Farbe Dunkles Bernsteinbraun.
Nase Reichhaltig, mit Sahnebonbons. Ein Anflug von Trockenobst. Das Leitmotiv ist Leder; es wird variiert von weichem Wildleder bis zu altem Ledersessel.
Geschmack Enorm konzentriert. Bittere Toffees, dunkle Schokolade, Schwarzkirsche. Ähnelt einem sehr alten Bourbon.
Abgang Trockene Kokosnuss. Süß und lang.
Gesamteindruck Seine süße Kraft lässt ihn gut altern.

Stil **Reichhaltig und rund**
Ähnlich The GlenDronach 1989, Glenfarclas 30 Jahre

LOWLANDS

Drumchapel, Bellshill, Broxburn, Airdrie, Menstrie, Alloa. Was aussieht wie eine Aufzählung schottischer Drittliga-Fußballclubs, ist in Wirklichkeit eine Liste heimlicher Machtzentren der Scotch-Industrie. Sie befinden sich alle in den Lowlands, wo das Gros der schottischen Whiskys erzeugt, ausgebaut und verschnitten wird.

Die Lowland-Brenner haben seit je eine andere Mentalität als ihre Kollegen in den Highlands offengelegt. Sie waren stets auf Volumen aus, denn sie mussten mehr Menschen versorgen und gleichzeitig auf dem Markt bestehen. Als ihre Nachbarn im Norden und Westen im 18. Jahrhundert Whisky für den Konsum vor Ort brannten, exportierten Lowland-Destillerien wie die Haigs und Steins bereits nach England. Ihre Erzeugnisse wurden in den Süden geschafft, rektifiziert und rannen schließlich als Gin durch die Kehlen der Spelunkenbesucher in den anrüchigen Londoner Vierteln Spitalfields und Southwarks.

Mit der Ausfuhr nach England ließ sich gutes Geld verdienen, doch Lizenzen dafür zu bekommen war schwer. Da außerdem eine hohe, volumenabhängige Steuer auf Brennblasen erhoben wurde – der Höchstsatz belief sich auf erstaunliche 54 Pfund pro Gallone, nach heutigen Maßstäben rund 1.500 Euro pro Liter! –, konnten sie nur im Geschäft bleiben, wenn sie rascher brannten. 1797 vermeldete die schottische Zollbehörde, dass eine 1.100-Liter-Brennblase in der Destillerie Canonmills »binnen zwölf Stunden 47 Chargen lieferte«. Dem Kupfer blieb also verdammt wenig Zeit für die Umwandlung!

Der Brand schmeckte entsprechend verbrannt und enthielt Unmengen Fuselöle. Nach der Rektifizierung mag ein akzeptables Getränk herausgekommen sein, aber was, wenn der einheimische Lowland-Konsument so etwas pur hinunterschüttete? Die Qualität von schwarzgebranntem Highland-Malt hätte wohl kaum den heutigen Ansprüchen genügt, wesentlich besser als diese Machwerke war er aber allemal. Als nach 1823 die neuen gewerblich erzeugten Single Malts in Umlauf kamen, steigerten die Lowland-Brenner abermals die Produktion, diesmal jedoch mit Brennblasen, die Menge und Qualität unter einen Hut brachten. 1827 erfand Robert Stein aus Kilbagie eine »kontinuierliche« Brennblase und schon 1834 legte Aeneas Coffey mit seiner Patent Still nach; sie wurde in Grange im schottischen Alloa erstmals installiert. Die Lowlands avancierten zum unbestrittenen Zentrum der Grain-Erzeugung.

Es wäre jedoch falsch zu glauben, dass die Geschichte des Lowland-Whiskys allein von Grain handelt. Hunderte Malt-Brennereien haben seit dem 19. Jahrhundert ebenfalls eröffnet (und wieder geschlossen). Nichtsdestotrotz sind die Lowlands wenn schon nicht unbekannt, so doch unterbewertet geblieben. Lowland-Malt entspricht einfach nicht dem Image von Bergen, Heiden und wild-urwüchsiger Natur.

Stilistisch tut man ihn nur zu oft als »leicht« ab, ein anderes Wort für »ausdruckslos«. Bei näherer Betrachtung indes ist in den Lowlands jeder Stil vertreten. Es wird dreifach destilliert und es riecht nach Torfrauch. Mehr noch: Die Lowlands sind Schottlands Malt-Region mit den höchsten Zuwachsraten. Aisla Bay, Daftmill, Annandale und Kingsbarns sind bereits in Betrieb, Inchdairnie wird es bald sein. Zudem ist eine Grain- und Malt-Anlage in den Borders sowie je eine in Glasgow, Portavadie und Lindores geplant.

Alle werden ihren eigenen Weg finden und mit der Zeit lernen, was ihre Brennereien hergeben. Sie verleihen den Lowlands wieder Gewicht. Denn ja, dort entsteht viel Whisky. Ja, dort ist die Realität des Scotch – Blends – zu Hause. Ja, Glasgow ist ebenso sehr eine Whiskykapitale wie Dufftown. Ja, Lowland-Whisky ist städtisch, findet aber nun wieder zu seinen ländlichen Wurzeln.

Hetzen Sie nicht einfach nach Norden. Machen Sie unterwegs Halt, bleiben Sie und erkunden Sie die Lowlands.

Grenzland: Blick vom Carrick Point über die Wigtown Bay auf den Ben John und Cairnharrow.

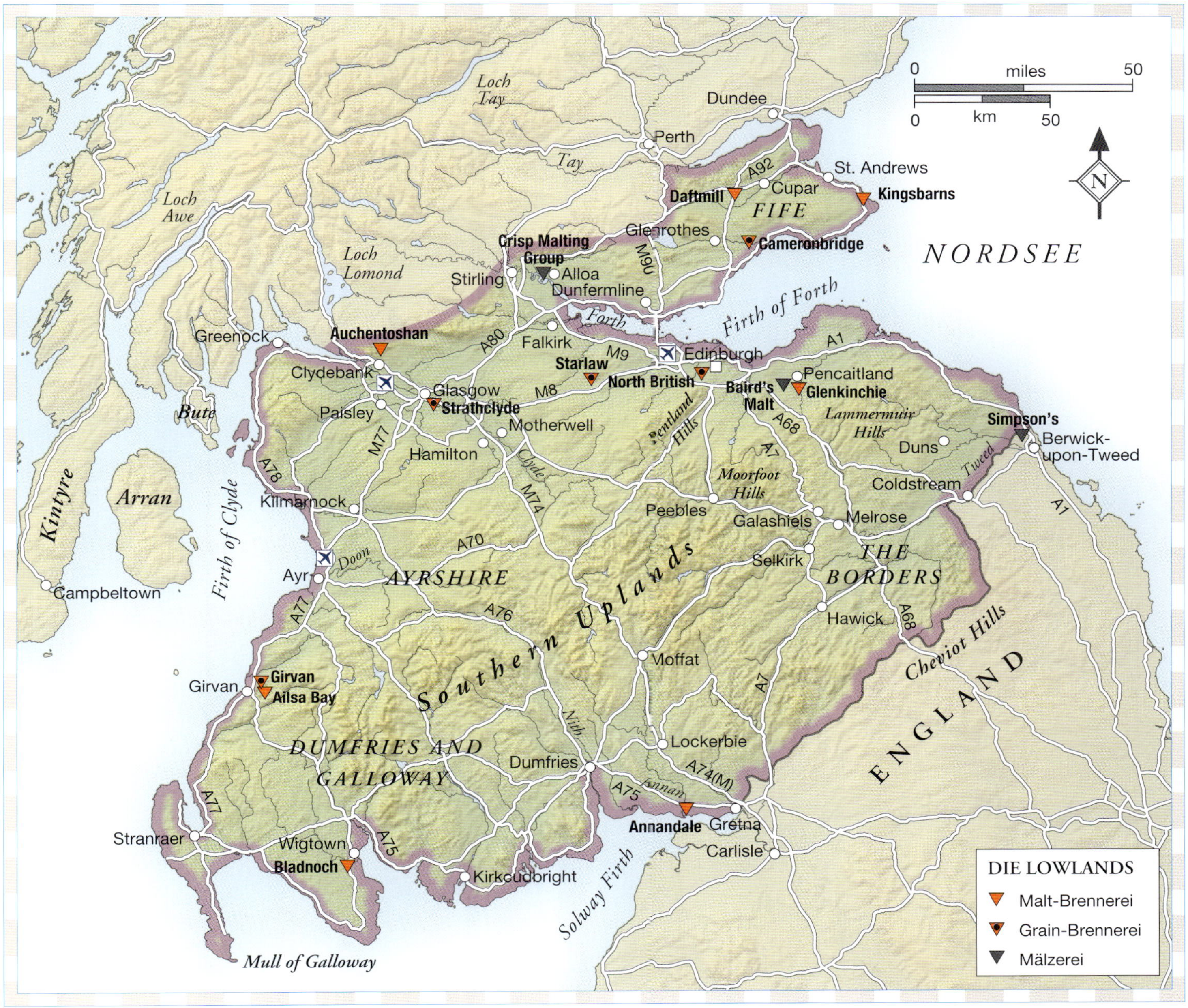
DIE LOWLANDS
Malt-Brennerei
Grain-Brennerei
Mälzerei
0 miles 50
0 km 50
N
NORDSEE
ENGLAND
Loch Tay
Loch Awe
Loch Lomond
Tay
Perth
Dundee
St. Andrews
Kingsbarns
Daftmill
Cupar
A92
FIFE
Glenrothes
Cameronbridge
Crisp Malting Group
Alloa
Stirling
Dunfermline
M90
Forth
Firth of Forth
Greenock
Auchentoshan
A80
Falkirk
M9
Starlaw
Edinburgh
North British
Clydebank
Glasgow
Strathclyde
M8
Paisley
Motherwell
M77
Hamilton
Bute
Kintyre
Arran
Firth of Clyde
A78
Kilmarnock
Clyde
M74
Pentland Hills
Baird's Malt
Pencaitland
Glenkinchie
A1
A68
Lammermuir Hills
Simpson's
Berwick-upon-Tweed
Duns
A7
Moorfoot Hills
Tweed
Coldstream
Peebles
Galashiels
Melrose
Selkirk
THE BORDERS
Hawick
A68
Cheviot Hills
A1
Campbeltown
Ayr
Doon
A70
AYRSHIRE
A77
A76
Southern Uplands
Moffat
A7
Girvan
Ailsa Bay
DUMFRIES AND GALLOWAY
Nith
Lockerbie
Dumfries
A74(M)
Annan
A75
Annandale
Gretna
Carlisle
A77
Stranraer
Wigtown
Bladnoch
Kirkcudbright
Solway Firth
Mull of Galloway

Eine Landschaft, beschaulich und sanft – gerade so wie der Single Malt von Wigtown.

Grain-Brennereien in den Lowlands

STRATHCLYDE • GLASGOW / CAMERONBRIDGE • LEVEN / NORTH BRITISH • EDINBURGH • WWW.NORTHBRITISH.CO.UK
GIRVAN • WWW.WILLIAMGRANT.COM/EN-GB/LOCATIONS-DISTILLERIES-GIRVAN/DEFAULT.HTML

Welche Ironie: Schottlands meistproduzierter Whiskystil ist gleichzeitig sein unbekanntester. Grain entstand im 19. Jahrhundert, als die großen Lowland-Brennereien mehr Whisky effizienter erzeugen mussten – anfangs für den Export nach England, wo man Gin daraus machte, und ab der Jahrhundertmitte als Hauptingredienz schottischer Blends.

Heute arbeiten in den Lowlands sechs der insgesamt sieben schottischen Grain-Destillerien: Girvan, Loch Lomond, Strathclyde, Starlaw, The North British und Cameronbridge. Ihr Gesamtausstoß beläuft sich auf über 300 Millionen Liter jährlich.

Grain ist ein alkoholstarker, aber kein neutraler Brand. Sein Charakter hängt von der verarbeiteten Getreidesorte ab: Girvan, Strathclyde und Cameronbridge verwenden Weizen, Starlaw und Loch Lomond sowohl Weizen als auch Mais und North British nur Mais. Loch Lomond nutzt sogar Gerstenmaische als Rohmaterial. Die Brennereitechnologie unterscheidet sich ebenfalls von Betrieb zu Betrieb. Die Palette reicht von zwei Brennsäulen im Coffey-Stil bis hin zu Vakuumdestillationsanlagen wie bei Girvan und Starlaw.

Auch beim Ausbau geht man unterschiedliche Wege. Diageo bevorzugt für Cameronbridge eher Firstfill-Fässer, während Edrington seinen North British genau wie Grant seinen Girvan vorwiegend in Refill-Fässer steckt. Entsprechend groß ist die Palette der neuen und reifen Whiskys.

Grain ist daher in Blends ein geschmacksgebendes, kein verwässerndes Element. »Grain ist die Basis, die unseren Blends ihren Charakter verleiht«, weiß Brian Kinsman, Master Blender bei William Grant & Sons. »Es wäre schwierig, wenn nicht sogar unmöglich, einen Grant's ohne einen Grain von Girvan hinzubekommen. Der Grain gibt in Blends die Richtung vor, während die Malts den Stil prägen.«

Davon ist auch Kirsteen Campbell, oberste Blenderin bei Edrington, überzeugt. »Jeder möchte sich auf die Malts konzentrieren. Aber wenn man keinen hochwertigen Grain verwendet, dann kann man den ganzen Blend vergessen.« Allmählich beginnt man sogar, sie separat abzufüllen. Der Cameron Brig ist seit Langem erhältlich. Girvan nahm seinen Black Barrel zwar vom Markt, doch 2013 erschien eine Reihe neuer Varianten. Edrington hat den Snow Grouse. Und Diageo schickte 2014 in Zusammenarbeit mit David Beckham den Haig Club ins Rennen. Mit einem Mal liegt Grain im Trend. Empfehlenswert sind unabhängige Abfüller wie Clan Denny oder Blender wie Compass Box.

GRAIN-BRENNEREIEN IN DEN LOWLANDS – Verkostungsnotizen

STRATHCLYDE 12 JAHRE 62,1%

Nase Zitrusfruchtig und intensiv, mit zartem Blumenaroma im Hintergrund. Fest und grün, etwas Marshmallows.
Geschmack Derselbe straffe, geringfügig feste Fokus. Zitrone und Mandarine. Süß und geschmeidig.
Abgang Straff und fest.
Gesamteindruck Es tut sich viel.

Stil **Duftig und blumig**

CAMERON BRIG 40%

Nase Jung, mit süß-saurem Zwischenspiel. Aprikosenkerne, dann sahnige Karamellbonbons. Mit Wasser ein bisschen erdig.
Geschmack Schokolade und süße Kokosnuss. Leicht fleischig; das ölige Gewicht steht mit frischer amerikanischer Eiche in Verbindung. Dickliche Textur.
Abgang Grün und säuerlich.
Gesamteindruck Unterschätzte Marke, unterschätzter Stil.

Stil **Fruchtig und würzig**

NORTH BRITISH 12 JAHRE FASSPROBE 60%

Nase Mild, aber auch der schwerste unter den Grains. Butterig und cremig, leicht volatil infolge eines Anteils Restschwefel.
Geschmack Kraftvoll und fett, dick und viskos. Mit Wasser deutlichere Vanilletöne, reife weiche Früchte und ein Anflug von Artischocke.
Abgang Mitteltrocken.
Gesamteindruck Der größte und komplexeste Grain.

GIRVAN »OVER 25 YEARS OLD« 42%

Nase Frisch und zart. Kühl und präzise, mit leicht blumigem/kräuterwürzigem Element und etwas Schokolade. Verhaltene Holz- und Zitrusnote.
Geschmack Weich, mit weißer Schokolade, Vanille, Zitronenglasur. Wird geringfügig säuerlich.
Abgang Würzig.
Gesamteindruck Energiegeladen und blitzsauber.

Stil **Duftig und blumig**

HAIG CLUB 40%

Nase Unmittelbare Süße. Limetten- und Zitronenschale, Bratbutter und Muskatblüte. Dann grüner Apfel und gekochte Süßigkeiten, Wildblumen, gekohlte/getoastete Eiche und Zuckerwatte. Wasser fördert Geranienblätter und leichte Ahornsirupnoten zutage.
Geschmack Erinnert an Rum. Andeutungen von Zitrusfrüchten und Kochbananen. Genug weiche Süße im Mittelteil, um am Gaumen zu haften.
Abgang Schlagsahne und Zitrone.
Gesamteindruck Äußerst vielseitig. Typisch für den neuen Grain-Stil.

Stil **Fruchtig und würzig**

Daftmill & Fife

DAFTMILL • CUPAR • WWW.DAFTMILL.COM / KINGSBARNS • ST. ANDREWS • WWW.KINGSBARNSDISTILLERY.COM
INCHDAIRNIE • GLENROTHES / LINDORES ABBEY DISTILLERY • NEWBURGH • WWW.THELINDORESDISTILLERY.COM

Der durchschnittliche Brite mittleren Alters ist mit Erzeugnissen aus Fife aufgewachsen. Die schottische Region lieferte Kohle für die Öfen, Fisch für die Mahlzeiten, Linoleum für den Küchenboden und Ledergürtel für Lehrer, die Kindern Benehmen beizubringen hatten. Heute ist die Industrie größtenteils verschwunden, die Bergwerke sind stillgelegt, die Gürtel als Erziehungsmittel verboten. Fife hat nur noch schwindende Fischbestände, Landwirtschaft, eine florierende Musikszene – und Whisky. In den letzten Jahren zeichnete für Letzteren ausschließlich die Brennerei Cameronbridge verantwortlich (siehe Seite 144), im 19. Jahrhundert indes waren 14 Malt-Destillerien dort aktiv. 1782, als die Schmugglerära anbrach, wurden 1940 Brennblasen beschlagnahmt.

Die meisten dieser Brennereien, ob legal oder illegal, entstanden vermutlich auf Bauernhöfen. Da war es nur angemessen, dass 2003 die beiden Landwirte und Brüder Francis und Ian Cuthbert um eine Konzession für die Umwandlung von drei Gebäuden ihres Hofs Daftmill in eine Destillerie ansuchten. Den Namen, übersetzt etwa »närrische Mühle«, erhielt das Anwesen übrigens, weil der Bach auf dem Grundstück bergauf zu fließen scheint – nicht nur nach ein paar Schluck zu viel.

Damals galt die Gründung einer neuen Brennerei als wagemutiges, um nicht zu sagen närrisches Unterfangen. Inzwischen aber gelten die Cuthberts als Pioniere einer neuen Whiskybewegung, die das Brennen zu seinen Ursprüngen zurückführt. Die Gerste stammt von hofeigenen Feldern, mit dem Treber füttert man das Vieh und gebrannt wird so viel, wie man sich leisten kann – im Durchschnitt 20.000 Liter jährlich.

Bei Redaktionsschluss war noch kein Tropfen freigegeben worden. »Wir hatten 2014 anvisiert«, so Francis, »weil wir dachten, dass wir uns angesichts der vielen neuen Brennereien sputen mussten.« Gleichzeitig meldete sich der Perfektionist in ihm zu Wort. »Als der erste Spirit aus der Blase kam, jubelten wir: Jetzt ist er da! Aber heute, acht Jahre später, finde ich, dass er noch immer besser werden kann.« Inzwischen hat sich jedoch bereits ein Brennereicharakter manifestiert. »Ich entdecke eine Kräuternote, die sich erst nach und nach entwickelt. Das gilt auch für das cremige, butterige Mundgefühl. Es braucht eben alles seine Zeit.«

Der Ausstoß ist nicht deshalb so gering, weil man sich halbherzig ans Werk gemacht hat. Francis ist mit ganzem Herzen dabei. Allerdings hat er erkannt, dass man Geduld braucht, um den Charakter zu verstehen. So spricht nicht nur ein Bauer, so spricht ein echter Whiskymann.

2014 gesellte sich zu den Cuthberts die Brennerei Kingsbarns des unabhängigen Abfüllers Wemyss, auch sie eine umfunktionierte Farm, die einheimische Gerste verwendet. Anvisiert wird ein leichter Single Malt. Eine dritte Malt-Brennerei in Fife, Inchdairnie, wird gerade vom indischen Brennunternehmen Kyndal in Glenrothes errichtet. Sie soll Brände für Indien und Asien liefern. Lindores plant ebenfalls für 2016 die Inbetriebnahme einer Anlage. Kohle, Linoleum und Gürtel mögen verschwunden sein, aber Golf, Strände, Musik und Whisky sind da.

DAFTMILL – Verkostungsnotizen

2006 FIRSTFILL-BOURBONFASS
FASSPROBE 58,1 %

Nase Sauber und süß, wie Rührteigkuchen. Leichte Fruchtnoten: Erdbeere und süßer Tafelapfel. Wiesenblumen. Mit Wasser reichlich Birne, Sahne und Holunderblüten.
Geschmack Leicht, zart und süß ohne Anzeichen von Unreife. Milder, weicher Mittelteil.
Abgang Süß und lang.
Gesamteindruck Schon jetzt ausgewogen und charaktervoll.

2009 FIRSTFILL-SHERRYFASS
FASSPROBE 59 %

Nase Süße Reife (schon jetzt!) mit Unmengen Rosinen, Karamellbonbons, Vanille und Crème caramel. Mit Wasser eine parfümduftige Veilchen- bzw. Blütennote.
Geschmack Dichte. Rote Frucht neben etwas Zimt. Geringer Grip und sehr fruchtiger Unterbau.
Abgang Süß und elegant.
Gesamteindruck Frühreif.

Vorbild für alle Kleinbrennereien: Daftmill versteht, wie wichtig es ist, dem Whisky Zeit zu lassen.

Glenkinchie

PENCAITLAND • WWW.DISCOVERING-DISTILLERIES.COM/GLENKINCHIE • GANZJÄHRIG GEÖFFNET, NÄHERES SIEHE WEBSEITE

Die Lowlands sind ein weites Land – vor allem in der Whiskygeografie. Um von Auchentoshan oder einer der anderen Brennereien nach Glenkinchie zu gelangen, muss man schon ein gehöriges Stück Wegs zurücklegen und sich weit nach Osten wagen. Hier herrscht Ackerland vor, weshalb es wenig Versorgungsprobleme gab, als die Familie deQuincey – »Kinchie« – ihren Betrieb 1825 gründete.

Der um 1890 umgebaute Betrieb vermittelt heute den Eindruck solider bürgerlicher Ehrbarkeit. Aus seinen hohen Ziegelgebäuden spricht Wohlstand und Zielstrebigkeit. Diese Anlage, das sieht man auf den ersten Blick, wurde gebaut, um Whisky zu produzieren – reichlich Whisky. Und ihre Besitzer hatten vor, viel Geld damit zu machen.

Daher verwundert es nicht, dass schon beim Betreten des Brennhauses der Blick auf ein Paar riesiger Töpfe fällt: Die Wash Still ist mit einem Fassungsvermögen von 32.000 Litern die größte ihrer Art in der Scotch-Industrie. Stil und Größe erinnern ein bisschen an die Ausführungen, die Irlands Brenner ungefähr zur selben Zeit installierten, als Glenkinchie saniert wurde. Mit zunehmender Nachfrage wuchsen auch die Brennblasen – und damit wiederum veränderte sich der Charakter der Whiskys von schwer zu leicht. Wenn in den Lowlands milde Brände entstehen, so ist das nicht auf die Umgebung, sondern ganz allein auf die Kräfte des Marktes zurückzuführen.

Mild ist jedoch nicht unbedingt das Wort, das einem beim Nosing des Rohwhiskys in den Sinn kommt – eher denkt man an Kohlsuppe. Den Ursprung dieses Zugs findet man wieder im Stillhouse. Diese fetten Riesen vom Land sind mit Schwanenhälsen versehen, die in Worm Tubs führen. Der Glenkinchie ist wie der Dalwhinnie, Speyburn und anCnoc ein leichter, reifer, anfangs schwefeliger Whisky. Wichtiger ist aber das, was sich hinter dem Schwefel verbirgt. Der Kohlton verfliegt schneller als der des Dalwhinnie; zurück bleibt ein sauberer, zarter Brand mit grasiger Note, aber gutem Gewicht. Seit Kurzem wird die Standardabfüllung nicht mehr mit zehn, sondern mit zwölf Jahren herausgegeben, was sich als vorteilhaft erwiesen hat, denn in den beiden Jahren verflüchtigt sich der letzte Schwefelrest, während sich Gewicht aufbaut und der volle, reife Charakter zutage tritt.

Ein steiler Pfad: Bedauerlicherweise ziehen es viele vor, Lowland-Whiskys zu ignorieren.

GLENKINCHIE – Verkostungsnotizen

NEW MAKE

Nase Frisch entzündetes Streichholz und ein Anflug von Kohlwasser. Im Hintergrund parfümduftig. Ländliche Aromen.
Geschmack Anfangs viel Schwefel, dann trockenes Gras, gekochtes Gemüse. Was verbirgt sich darunter?
Abgang Schwefel.

8 JAHRE REFILL-FASS, FASSPROBE

Nase Feuchtes Heu, dann Klee, gewaschenes Leinen. Der Schwefel ist fast völlig verflogen. Mit Wasser Obstgelee (Guaven).
Geschmack Intensiv süß. Rein und sauber, eine Andeutung an Trockenblumen, dann noch einmal Restschwefel.
Abgang Sanft, ein Hauch von frisch entzündetem Streichholz.
Gesamteindruck Ein schlüpfender Schmetterling.

12 JAHRE 43%

Nase Sauber, wiesenartig. Leicht blumig, Apfel, Orange.
Geschmack Süß, ein bisschen Nüsse, aber generell eine gute, seidige Textur. Direkt und sauber, etwas Vanille.
Abgang Mit Auftrieb. Zitronenkuchen und Blüten.
Gesamteindruck Einnehmend, mit Substanz. Der Schmetterling entfaltet seine Flügel.

Stil Duftig und blumig
Ähnlich The Glenlivet 12 Jahre, Speyburn 10 Jahre

1992, MANAGER'S CHOICE, SINGLE CASK 58,2%

Nase Frühsommerliche Anklänge an Thymian, Melisse, grüne Melone, Muskatellertrauben, Abendlevkojen.
Geschmack Mild, auch hier Blüten, eine cremige Note und frische Feigen.
Abgang Leicht bitter. Zitrone.
Gesamteindruck Ein leichter, duftiger Vertreter.

Stil Duftig und blumig
Ähnlich Bladnoch 8 Jahre

DISTILLER'S EDITION 43%

Nase Fetter als der 12-Jährige, mit reiferen, halbgetrockneten Früchten. Bratapfel. Trockene Eiche. Mehr Substanz. Ein bisschen likörartiger. Biskuitkuchen, Sultaninen im Hintergrund. Kein Schwefel.
Geschmack Anfangs nicht ganz so offenkundig süß. Trockenaprikosen, schwerere Blütentöne. Fleischig, etwas tropischer im Charakter.
Abgang Leicht, süße Gewürze und Zitrusöle.
Gesamteindruck Der Ausbau hat ein neues Element ins Spiel gebracht, ohne den Brennereistil zu verändern.

Stil Fruchtig und würzig
Ähnlich Balblair 1990

Auchentoshan

AUCHENTOSHAN • CLYDEBANK • WWW.AUCHENTOSHAN.COM • GANZJÄHRIG GEÖFFNET MO–SO

Auchentoshan zwischen dem Fluss Clyde und der Hauptstraße von Glasgow zum Loch Lomond mag zu den weniger romantisch gelegenen Brennereien der Lowlander-Whiskygemeinde gehören, dafür hat das Haus seine ganz eigene Methode, einen leichten Brand zu erzeugen: die Dreifachdestillation. Im 19. Jahrhundert war dieses Verfahren vor allem im Lowland-Gürtel verbreitet – vielleicht wegen des Einflusses irischer Einwanderer oder weil man auf den damaligen Modezug aufspringen wollte. Heute indes ist »Auchie« die einzige schottische Destillerie, die noch daran festhält.

Durch das dreifache Brennen erzielt Auchentoshan einen alkoholreichen, leichten Whisky, der in seiner New-Make-Jugend frisch und enorm fokussiert daherkommt. Die Charge für die dritte Brennblase, die Spirit Still, setzt sich aus den alkoholstarken Läufen aus der Intermediate Still zusammen. Das Ergebnis des letzten Destillationsdurchgangs hat 80 bis 82 Volumenprozent (siehe Seite 14–15).

»Der Posten bleibt nur etwa 15 Minuten in der Spirit«, erläutert Ian McCallum, Blender der Morrison-Bowmore-Gruppe, zu welcher der Betrieb gehört. »Das beschert uns einen leichten Brand. Neutral aber will ich ihn nicht haben. Ein Auchentoshan sollte süß, malzig und zitrusfruchtig sein und mit zunehmendem Alter ins Nussige gehen.« Wegen des eher zarten Charakters muss man Eiche mit Fingerspitzengefühl einsetzen. »Ein so leichter Whisky wird schnell vom Holz erschlagen. Ich will jedoch, dass der Charakter des Brands durchschlägt.« Leicht, aber mit Mumm – eine weitere Facette des oft unterschätzten Lowland-Stils.

Geschicktes Austarieren ist daher gefragt, damit der junge Brand durch das Holz ordentlich Effet bekommt – gerade so viel, dass sein zartes Wesen von Geschmackslagen unterpolstert wird. Bei älteren Editionen geht es darum, eine sanfte Eichennote klingen zu lassen.

Dank seiner Leichtigkeit ist ein Auchie zudem flexibler als kraftvollere Muskelpakete. Deshalb arbeitet der Betrieb intensiv mit Bartendern zusammen, um seinen Brand als Basis für Cocktails zu etablieren.

Man geht andere Wege am Clyde-Ufer. Aber nicht um eines sinnlosen Andersseins willen, sondern weil es funktioniert.

AUCHENTOSHAN – Verkostungsnotizen

NEW MAKE

Nase Sehr leicht und intensiv. Rosa Rhabarber, süßer Pappkarton, Bananenschale, Laub.
Geschmack Fest und scharf. Leichte Keksnote, intensiver entgegenkommender Zitruston.
Abgang Kurz. Apfel.

CLASSIC NAS 40%

Farbe Hellgolden.
Nase Süße Eiche. Leicht staubig, mit blumigem Einschlag; eichenbedingte Anklänge an Kokosfasermatten.
Geschmack Süß und nussig. Reichlich Vanille manövriert den Geschmack auf schokoladiges Terrain. Das Flüchtige, Entgegenkommende des New Make ist noch präsent.
Abgang Frisch.
Gesamteindruck Die Eiche hebt den Charakter hervor.

Stil **Malzig und trocken**
Ähnlich Tamnavulin 12 Jahre, Glen Spey 12 Jahre

12 JAHRE 40%

Nase Eiche gibt wieder den Ton an. Heißwecken, geröstete Mandeln mit Paprikagewürz. Zitrusfruchtiger Auftrieb.
Geschmack Weich und sauber; die Getreidenuance spielt nun in Gewürze hinein. Nach wie vor Laub.
Abgang Knusperfrisch und sauber.
Gesamteindruck Eindeutig ein Auchie.

Stil **Malzig und trocken**
Ähnlich Macduff 1984

21 JAHRE 43%

Nase Etwas kuriose Reife. Konzentrierte dunkle Früchte, dann trockene Gewürze (Koriander) und geröstete Maronen, aber wieder diese intensive Staubnote und Frische.
Geschmack Reichhaltig und Likör-artig. Lavendel.
Abgang Duftig.
Gesamteindruck Ein leichter Brand, der sich selbst mit 21 Jahren noch behauptet.

Stil **Fruchtig und würzig**
Ähnlich The Glenlivet 18 Jahre, Benromach 25 Jahre

Bladnoch, Annandale & Ailsa Bay

WIGTOWN • WWW.BLADNOCH.CO.UK • GANZJÄHRIG GEÖFFNET, NÄHERES SIEHE WEBSEITE

ANNANDALE • ANNAN • WWW.ANNANDALEDISTILLERY.CO.UK / AILSA BAY • GIRVAN

Gut einen Kilometer vor Wigtown am Ufer des mäandernden Flusses, der dem Ort seinen Namen gibt, erstreckt sich ein weitläufiges Betriebsgelände, dessen stattlicher Lagerhauskomplex sich bis in die Felder hinter der Brennerei zieht. Nach einem Spaziergang durch das Anwesen bleibt man mit dem Gefühl zurück, jedes Gebäude nur durch die Hintertür betreten zu haben. Gibt es manchmal vielleicht gar keine Vordertür?

Bladnoch ist nicht so sehr eine eigens zu Destillierzwecken errichtete Anlage, sondern eher eine Zusammenstellung schiefergedeckter Gebäude, von denen eines zufällig Brennausrüstung beherbergt. In den anderen befinden sich ein Laden, ein Café, Büros sowie eine Bar und eine alte Darre, die beide gern als Versammlungsort genutzt werden. Zudem gehört zum Areal ein Campingplatz. Bladnoch ist also weniger eine Brennerei als vielmehr ein Treffpunkt, der seit 1817 als Dorfzentrum genutzt wird.

Schon im Maischhaus, in das man durch einen Seiteneingang gelangt, bekommt man das Gefühl, dass jeder Raum eine Überraschung birgt. Die leicht trübe Würze befindet sich in sechs Bottichen aus Douglaskiefernholz, wo sie gemächlich vor sich hinbrodeln darf – »vier Stunden länger, und es wären drei Tage«, gibt Besitzer Raymond Armstrong Auskunft über die Gärdauer. Das Brennhaus ist eher ein Brennzimmer. Vergebens sucht man die üblichen Streben, Leitern und Geländer um die aus dem Boden ragenden Brennblasen. Stillman John Herries regelt den Ablauf von einem wackligen Tisch aus, neben dem sich ein hölzerner Kasten mit Schaltern und Ventilen befindet.

Allein die Tatsache, dass das funktioniert, ist schon eine Überraschung. Von 1938 bis 1956 lag die Destillerie brach, dann wurde sie bis 1992 – zum Schluss als Bestandteil von Bell's – wieder betrieben, um 1993 erneut eingemottet zu werden. Ein Jahr später erwarb sie Armstrong, ein aus Belfast stammender, beeidigter Landvermesser. Zunächst plante er, das Anwesen zu einem Feriendomizil umzubauen, doch dann fand er großen Gefallen an der Anlage. Vor einer erneuten Inbetriebnahme musste der redselige Ire allerdings Diageo beknien, um die Produktion überhaupt wieder starten zu dürfen. Schließlich gestattete man ihm eine Jahresproduktion von 100.000 Litern. Erst 2000 allerdings floss tatsächlich wieder Brand durch die Rohre, denn vorher galt es noch rechtliche Probleme zu klären und die Anlage umzugestalten.

»Kurz vor der Stilllegung wurde alles im Eiltempo durchgespült«, erinnert sich Herries. »Heute gehen wir das Brennen entspannter an.« Das würde den nussigen Charakter älterer Abfüllungen und auch die Anklänge an nektarschwere Blüten von Whiskys der Armstrong-Ära erklären. »Viele wissen die subtilen Feinheiten und die Eleganz der Malts aus den Lowlands gar nicht zu schätzen«, meint der Whiskyevangelist. »Also müssen wir sie überzeugen.«

AILSA BAY: NEWCOMER MIT EINER MISSION

Eine Stunde nördlich von Bladnoch gelangt man am Firth of Clyde zu William Grants Grain-Brennerei, auf deren Gelände sich auch eine der jüngsten Malt-Destillerien Schottlands befindet: Ailsa Bay. Sie wurde jedoch nicht als neue »Lowland«-Anlage errichtet, wie Grants Master Blender Brian Kinsman erläutert, sondern »als flexibler Betrieb, in dem wir das nachahmen konnten, was wir in Dufftown brannten.« Ailsa Bay, nach dem Vorbild von Balvenie konzipiert, ist dazu da, das Malt-Geschäft auszubauen. »Mit den Stills haben wir uns an Balvenie orientiert, weil sie Single Malt produzieren, aber auch eine Zutat für unsere Blends liefern sollen.« Doch selbst das genügt noch nicht. Auf Ailsa Bay entstehen vier Stile: esterig, malzig, leicht und schwer getorft.

Schottlands südlichste Brennerei hat alles ein Café, einen Versammlungsraum für das Dorf und sogar einen Campingplatz.

Zwischen den Durchläufen lässt man die Stills ruhen. Das bewahrt das Duftige im Bladnoch.

Zum Zeitpunkt der Drucklegung war Bladnoch unter Zwangsverwaltung. Mehrere Käufer haben Interesse an der Brennerei bekundet.

David Thomson, einstiger Getreidechemiker, Geschmacksexperte und Marktforscher, sattelte 2014 auf Brenner um und erweckte die stillgelegte Hofbrennerei Annandale nach 93-jährigem Schlaf zu neuem Leben. Mit ihr haben Whiskyfreunde nun einen weiteren Grund, sich nach links zu wenden, sobald sie die Grenze überschritten haben. Dank seines reichen Erfahrungsschatzes hat Thomson einen klaren langfristigen Plan für sein neues Baby: »Es gibt noch 100 andere schottische Brennereien. Wir müssen zeigen, warum wir anders sind.«

Bislang steht nur fest, dass dabei Rauch im Spiel sein wird. »Wir sitzen in einem Torfmoor«, so Thomson, »und der Whisky war auch früher schon rauchig.« Das entspricht so gar nicht den Erwartungen an einen typischen Lowland-Whisky. Aber Brennereien sprechen nun einmal ihre eigene Sprache.

BLADNOCH – Verkostungsnotizen

NEW MAKE

Nase Frisch und mild, saubere blumige Nuancen und eine leichte Zitrusnote.
Geschmack Sauber und pikant, gute Säure, Blüten und ein Hauch von Honig.
Abgang Sauber und kurz.

8 JAHRE 46%

Farbe Hellgolden.
Nase Marshmallows, Schnittblumen und süßer Apfel mit einer Ahnung von Bienenwachs. Zitronenkekse. Mit Wasser eine langsam aufsteigende Kleehonigwabennote.
Geschmack Sauber und leicht butterig. Weicher Mittelteil mit duftenden Blüten und dem bereits festgestellten Honigeinschlag. Zum Ende hin etwas würzig.
Abgang Leicht und sauber.
Gesamteindruck Frisch wie ein Frühlingstag.

Stil **Duftig und blumig**
Ähnlich Linkwood 12 Jahre, Glencadam 10 Jahre, Speyside 15 Jahre

17 JAHRE 55%

Farbe Hellgolden.
Nase Breiter und nussiger. Der süße Unterton ist nach wie vor präsent, erinnert aber nun eher an Maische als an Honig. Frisch gebackenes Brot und Aprikosenkonfitüre. Heißes, butterbestrichenes Toastbrot.
Geschmack Leicht duftig, dann Honig-Nuss-Cornflakes.
Abgang Würzig und etwas seifig.
Gesamteindruck Typisch für die letzten Tage des alten Reichs.

Stil **Duftig und blumig**
Ähnlich The Glenturret 10 Jahre, Strathmill 12 Jahre

AILSA BAY – Verkostungsnotizen

Weder ist bislang ein reifer Brand erschienen, noch haben die New Makes schon Namen. Hier sechs Kostproben der jeweiligen erzeugten Varianten.

1.

Nase Leicht und esterig. Sesam. Ananas mit einer geringen Blechnote. Trocken.
Geschmack Sehr reintönig. Auch hier der esterige Ananaston, Birne, Kaugummi und Melone.
Abgang Weich und mild.

2.

Nase Sauber, leicht, frisch, schwacher Getreideunterton.
Geschmack Blitzsauber. Sehr reintönig mit Hinweisen auf grünes Gras. Im Mittelteil fett.
Abgang Knackig frisch.

3.

Nase Nussig, ein Anflug von gekochtem Gemüse (Schwefel). Treber. Schwerer.
Geschmack Fetter. Reif und schwer. Linsen.
Abgang Breit und reif.

4.

Nase Getreide und Aceton. Grüne Mandeln. Nicht so getoastet wie Nr. 3.
Geschmack Reintönig. Viel Nuss mit Früchten im Hintergrund. Anflug von Nussschalen. Trocken und sauber.
Abgang Plötzliche Süße. Wird sich interessant entwickeln.

5.

Nase Duftender Torfrauch. Wurzeln, Zigarre, ein Hauch Schinken. Brennendes Holz, Birne und neue Turnschuhe.
Geschmack Vom ersten Moment an offenbart sich trockener Rauch. Fest, jedoch mit süßem Kern. Massiv.
Abgang Rauch steigt auf und liegt sanft in der Luft.

6.

Nase Gartenfeuer mit einem Anflug von Ölen. Schwer und trocken.
Geschmack Kraftvoll und leicht erdig. Sauber, aber etwas verschwommen.
Abgang Lang.

ISLAY

Die See ist ruhig vor der Südküste Islays. Kaum gelingt es dem Kielwasser des Bootes, den trägen, bronzeroten Seetang gegen die Kette aus Kleininseln zu schieben, die das Ufer vor dem Drängen des Meeres bewahren. Robben beobachten uns mit großen Augen. Weißer Sand zieht unter dem Kiel vorbei, während sich schwarze Lettern auf einer weißen Wand ins Blickfeld schieben. Wir legen an. Man kann nach Islay fliegen, doch um das Eiland in seiner ganzen Schönheit zu erfassen, muss man mit dem Schiff übersetzen.

Stellen Sie sich vor, Sie sitzen bei Sonnenuntergang an Islays Westküste auf dem Opera House Rock und sehen aufs Meer hinaus. Das Wasser brandet unter einem blauen bis türkisgrünen Himmel heran. Durch das Machair-Grasland streicht der Wind. Die Welt ist in weiches Licht getaucht. Alles glüht, als würde es von einem inneren Leuchten erhellt. Jenseits des Atlantiks liegt Kanada. Sie befinden sich am Ende der Welt.

Islay ist schon seit 10.000 Jahren besiedelt, seine moderne Geschichte aber setzt an der Küste ein – dort, wo heute die winzige Kapelle St. Ciaran (Kilchiaran) steht. Irlands Mönche erwählten sich einst die Inselödnis im Norden zum Rückzugsort.

Es wäre ideal gewesen, wenn jemand wie St. Ciaran die Kunst des Destillierens aus Irland mitgebracht hätte, doch verankerte sich das Brennen erst im 11. Jahrhundert in der abendländischen Gedankenwelt. Immerhin kann Islay für sich in Anspruch nehmen, geistige Geburtsstätte der Destillation in Schottland zu sein. Zu verdanken ist das der Familie MacBeatha alias Beaton. Die MacBeathas gehörten zum Gefolge von Aine O'Cathain, die auf die Insel kam, um sich mit Angus MacDonald zu vermählen. Im Jahr 1300 avancierten sie sogar zu Leibärzten der Lords of the Isles, der MacDonalds.

Bis zum 15. Jahrhundert hatte sich das Brennen von Whisky etabliert. Der hatte allerdings wenig mit seinem modernen Pendant zu tun. Man fertigte ihn aus den verschiedensten Getreidearten, süßte ihn mit Honig und würzte ihn mit Kräutern, doch war er wohl schon damals rauchig. Überhaupt kommt man um Torf auf Islay nicht herum. Er ist in der DNA der Malts fest verankert. Das Terroir macht sich auf dem Eiland nicht nur bemerkbar, es schreit seinen Anspruch förmlich hinaus.

Die Malts der Insel werden im Torfmoor geboren. Ihre Aromen sind das Ergebnis einer vieltausendjährigen Zersetzung. Zudem ist Islay-Torf anders als sein Pendant vom Festland – die Seetang-, Medizinal- und Bücklingsaromen in den Whiskys könnten durchaus von ihm stammen.

Wie es ist, als Außenstehender auf die Insel zu kommen, habe ich Mike Nicolson gefragt, Ex-Geschäftsführer von Lagavulin. »Die Beziehung zwischen Direktoren und der Gemeinschaft ist enger. Man denkt langfristiger, schließlich gehört man zu einer Gemeinde, die schon seit sehr langer Zeit hier ist. Das ruft einem aber auch ins Bewusstsein, dass das Leben kurz ist und man nur in die Fußstapfen derer tritt, die hier schon früher einen außergewöhnlichen Brand zuwege brachten.«

Oben: Islays Destillerien befinden sich alle an der Küste. Hier kam Rohmaterial an und ging Whisky hinaus in die Welt.

Unten: Die Ufer des seichten Meeresarms Loch Indaal sind wie geschaffen dafür, mit einem Glas Whisky in der Hand den Sonnenuntergang und Islays Zauber zu genießen.

ATLANTISCHER OZEAN
Nave Island
Ardnave Point
Carraig Bhan
Sanaigmore
Opera Rocks
Loch Gruinart
Sgarbh Breac
Bunnahabhain
Sound of Islay
JURA
Caol Ila
Port Askaig
Loch Finlaggan
Ballygrant
Loch Gorm
B8017
A846
Sorn
Kilchoman
A847
Bridgend
Machir Bay
Bruichladdich
Bowmore
Laggan
Loch Indaal
Port Charlotte
ISLAY
Rhinns of Islay
Beinn Bheigeir
Duich
Beinn Bhan
A846
B8016
Laggan Bay
Claggain Bay
Portnahaven
Port Wemyss
Rinns Point
Glenegedale
Beinn Sholum
Loch Uigedail
Leorin Lochs
Ardbeg
Port Ellen
The Oa
Lagavulin
Laphroaig
Texa
Kildalton Coast
A846
Loch Kinnabus
N
0 miles 10
0 km 10
ISLAY
Malt-Brennerei
Südküste
Ostküste
Mitte und Westen
Mälzerei
Flughafen
Fährhafen

SÜDKÜSTE

Islays südliche Gestade sind geprägt von Riffen und Felseninseln vor der Küste, von winzigen, von Robben bevölkerten Buchten und von alten, keltisch-frühchristlichen Überresten menschlichen Wirkens. Gleichzeitig findet man in diesem Teil des schottischen Eilands aber auch das legendäre

Islay lockt nicht nur Whiskyfreunde an, die Insel ist auch ein Paradies für Vogelbeobachter.

»Kildalton Trio«: drei Brennereien, die den mächtigsten, torfigsten Whisky überhaupt bereiten. Dennoch sollte man sich vom ersten Eindruck nicht täuschen lassen: Unter der rauchigen Hülle ihrer Erzeugnisse schlägt ein süßes Herz.

Ardbeg

PORT ELLEN • WWW.ARDBEG.COM • GANZJÄHRIG GEÖFFNET, NÄHERES SIEHE WEBSEITE

Ruß kommt einem in den Sinn. Ein Schornstein, der gekehrt wird, aber auch eine Zitrusnuance – oder ist es Grapefruit? Ebenfalls bemerkbar macht sich Tang auf Felsen, ein Anflug von Veilchen, dann Bananen und wilder Knoblauch. Ardbegs New Make ist ein Balanceakt zwischen Rauch und Süße, Ruß und Frucht. Der Geruch begleitet einen auf dem ganzen Weg durch die Brennerei, er scheint schon in den Ziegeln vorhanden. Und woher stammt die Süße? Aus dem Brennhaus.

Ein Rohr verbindet den Schwanenhals der Spirit Still mit ihrem Bauch und leitet die kondensierte Flüssigkeit in die Brennblase zurück. Dieser Rückfluss erhöht nicht nur die Komplexität des Brands, sondern macht ihn auch leichter, weil der Dampf mehr Kupferkontakt bekommt. Das Ergebnis? Süße.

In der jüngeren Geschichte Ardbegs spiegeln sich die Widrigkeiten der Whiskyindustrie beispielhaft wider. Das Brennen ist ein langfristig angelegtes Geschäft; bei der Lagerhaltung spielen Erfahrungen und optimistische Markteinschätzungen eine Rolle. Ende der 1970er-Jahre hingegen herrschte blinder Optimismus vor. Obwohl die Verkaufszahlen zurückgingen, wurden die Lager weiter gefüllt. 1982 führte der Whiskysee zu einem Massensterben unter den Brennereien, das auch Ardbeg erfasste.

In den 1990er-Jahren war Ardbeg eine vergessene Geisterdestillerie. Wenn man in einem solchen Betrieb die Heizung abschaltet, bleibt eine Kälte zurück, die einem bis in die Seele dringt.

Kurz vor der Jahrtausendwende allerdings ging es mit Malt wieder aufwärts. 1997 kaufte Glenmorangie den Betrieb mitsamt den Lagern für umgerechnet etwa zehn Millionen Euro. Ein paar weitere Millionen sind seither für die Instandsetzung ausgegeben worden. Auch hat man einige Neuerungen eingeführt. »Die Gärdauer wurde ausgedehnt«, verrät Dr. Bill Lumsden, Brennereidirektor und Whisky Creator von Glenmorangie. »Kurze Gärzeiten verleihen dem Brand eine scharfe Rauchnote, während ihn eine lange Fermentation cremiger macht und ihm etwas mehr Säure mitgibt. Die Brennblasen und das Torfen

TORF UND RAUCH

Einen Ardbeg als stark getorft zu bezeichnen ist zwar nicht falsch, aber dennoch zu sehr vereinfachend. Auch ein Lagavulin, Laphroaig und Caol Ila sind in etwa gleich stark getorft, und doch unterscheiden sich die Rauchnoten bei allen sehr stark. Warum? Größtenteils wegen des Destillationsverfahrens. Die Form und Größe der Stills, die Dauer der Durchläufe und vor allem der Schnitt (siehe Seite 14–15) spielen eine wesentliche Rolle. Phenole entstehen nicht nur am Ende des Mittellaufs, sondern ständig. Außerdem verändert sich ihre Konzentration und Zusammensetzung. Mit dem Schnitt versucht man spezielle Phenole einzufangen – oder zu vermeiden.

Die Lager mit Runddach stehen direkt am Ufer. Welche Auswirkungen mag der Standort auf den Charakter des Whiskys haben?

Islay-Torf spielt bei der Entstehung des Ardbeg-Charakters eine entscheidende Rolle.

bleiben gleich, nur den Lauf in der Spirit Still haben wir geringfügig justiert.« Außerdem greift neuerdings ein Holzmanagement. Der Anteil der Firstfill-Fässer aus amerikanischer Eiche wurde erhöht. »Wichtigste Veränderung war die Verbesserung der Fassqualität«, so Lumsden. »Damit nehmen wir dem Brand das Rohe.«

Es war ein langer Weg zwischen dem Verkauf der Brennerei und der Freigabe des ersten Whiskys unter der Ägide von Glenmorangie. Verfolgt werden konnte die Entwicklung anhand von Abfüllungen mit Namen wie »Sehr jung«, »Noch jung« oder »Fast reif«, die den schrittweisen Fortschritt widerspiegelten. »Mein Ziel war es, den ursprünglichen Hausstil wieder hinzubekommen «, erinnert sich Lumsden. »Die junge Palette war ein nicht allzu ernst gemeinter Versuch, sie zeigte aber, worauf wir hinauswollten. Früher war ein Ardbeg rußig und teerig, doch wechselte die Qualität von Jahr zu Jahr. Wir brauchten Beständigkeit.« Das Problem: Genau wegen dieser Unberechenbarkeit waren die Ardbeg-Abfüllungen so beliebt. Whiskyhäuser mögen etwas gegen Jahrgangsschwankungen haben, Whiskyfanatiker aber lieben sie. Beiden Seiten gerecht zu werden war ein Balanceakt. Man bewältigte ihn mit einer Kernpalette, die um eine Selektion »herrlicher Kuriositäten« ergänzt wurde, wie Lumsden die Sonderabfüllungen nennt. Dazu gehört der stark getorfte Supernova.

Weil das Lager naturgemäß Lücken hat, mussten zudem neue Wege beim Blending gefunden werden. Das nutzte man, um gleich alle Altersangaben über Bord zu werfen. Lumsden: »Der Uigeadail sollte einen Eindruck vom früheren Stil vermitteln und der Corryvreckan zeigen, wie ein Ardbeg sich in französischer Eiche verhält. Der Airigh nam Beist wiederum war meine Hommage an den alten 17-Jährigen.«

Ardbeg ist heute stolz auf den eingeschlagenen Weg. »Eine empirisch begründete Angabe darüber zu machen, wie sehr eine Brennerei Einfluss auf ihren Whisky hat, ist schwer«, räumt Lumsden ein. »Ich würde sagen, 30 Prozent machen wir, der Rest ist Terroir und Geschichte.«

ARDBEG – Verkostungsnotizen

NEW MAKE

Nase Süß und rußig, ein Anflug von Nori-Algen bzw. Lappentang und Felspfützen am Meer. Leicht ölig, dann Torfrauch, unreife Bananen, Knoblauch, Veilchenwurzeln, Tomatenlaub. Mit Wasser Teeröl und chinesische Hustenmedizin, Lösungsmittel.
Geschmack Kräftig, rußig, intensiv, leicht pfefferig. Süße Mitte. Moosiger Torf, Grapefruit.
Abgang Haferplätzchen.

10 JAHRE 46%

Nase Rauchig, aber auch süß und zitrusfruchtig, mit Esternoten. Seetang und Ozonfrische, gemischt mit feuchtem Moos, Szechuanpfeffer und Zimt.
Geschmack Merklich süßer Auftakt. Limettenschokolade, Menthol, Scheinbeeren und Eukalyptus im Verbund mit großem, reichem, rußigem Rauch.
Abgang Lang und torfig.
Gesamteindruck Lässt die erforderliche Ausgewogenheit zwischen trockenem Rauch und süßem Destillat erkennen.

Stil **Rauchig und torfig**
Ähnlich Stauning Peated

UIGEADAIL 54,2%

Nase Reif und rauchig, mit der konzentrierten Süße dunkler Früchte und einer erdigen Note. Etwas Lanolin und Tinte, geringfügig fleischig. Wasser spült grünen Tee, Wasserminze und Melasse nach vorn
Geschmack Ausladend und elementar. Wieder Süße; Alkohol durchbricht den dicken Rauch und lichtet den komplexen Mix aus schwelendem Torf, Pedro-Ximénez-Sherry, Küste, Teeröl und Trockenobst.
Abgang Lang und rosinig.
Gesamteindruck Ardbeg in seiner massivsten Form.

Stil **Rauchig und torfig**
Ähnlich Paul John Peated Cask

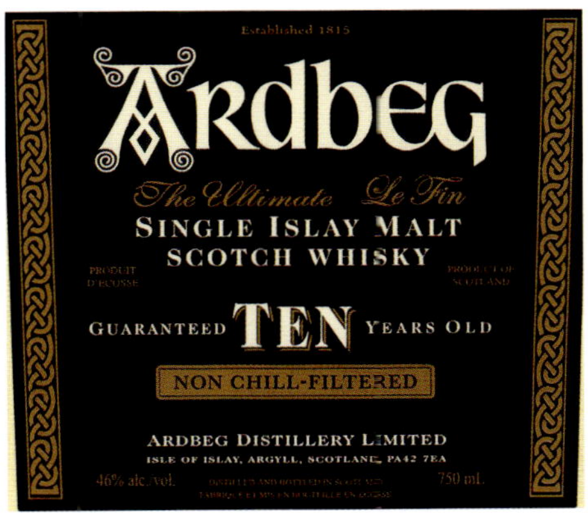

CORRYVRECKAN 57,1%

Nase Brütend, mit unterschwelliger Kraft. Etwas gekohlte Eiche, rote Früchte, erloschenes Feuer. Weniger Ozon, dafür mehr Fleisch.
Geschmack Teer, Latakia-Tabak, Pfeifenrauch, Öle. Tiefgründig und teerig. Sehr dick, aber im Mittelteil macht sich echte Fruchtpastillensüße bemerkbar. Mit Wasser rauchiger und mit leichten Säureanwandlungen.
Abgang Erfrischend sauer – und rauchig.
Gesamteindruck Massiv und rauchig, aber gleichzeitig ausgewogen.

Stil **Rauchig und torfig**
Ähnlich Balcones Brimstone

Lagavulin

PORT ELLEN • WWW.DISCOVERING-DISTILLERIES.COM/LAGAVULIN • GANZJÄHRIG GEÖFFNET, NÄHERES SIEHE WEBSEITE

Die Kildalton Coast – ein Ort der Verstecke und verstohlenen Machenschaften – ist von vielen kleinen Felsbuchten zerklüftet. Von hier aus hat man einen Blick über die Wiege der Destillation: Kintyre erstreckt sich auf der anderen Seite der Meeresstraße im Dunst, während die blauen Hügel von Antrim in Nordirland weiter südlich am Horizont aufragen. Über die Lagavulin Bay wachen die Ruinen von Dunyvaig Castle, wo im Jahre 1300 Aine O'Cathain mit ihrem Gefolge zur Hochzeit eintraf (siehe Seite 150).

Während Ardbeg die Bucht ausgreifend in Beschlag nimmt, scheint Lagavulin am Ufer förmlich eingezwängt zu werden. Seine Gebäude streben in die Höhe … Gegenwart triumphiert über Vergangenheit … weiße Wände überragen die schwarzen Mauerreste der Schlossruine … eine stumme Glocke steht auf einem Hügel. Die Tage der Lords sind längst vorüber, scheint sie zu verkünden, nun ist die Ära des Whiskys angebrochen.

Die Szenerie war wohl kaum so erhebend, als die beiden legalen Brennereien, die einst hier standen, 1816 und 1817 auf der Lagavulin Farm gegründet wurden. Die Bucht galt als Produktionszentrum der Insel. Sie beherbergte zehn illegale Destillerien, bevor die Obrigkeit dagegen vorging. 1835 war nur noch eine einzige übrig – aus ihr entwickelte sich bis Ende des Jahrhunderts Islays größte Brennerei.

Aus Lochs in den Hügeln rauscht Wasser den *lade*, Kanal, hinunter in das Maischhaus. Was aussieht wie spätviktorianische Büros, sind in Wirklichkeit die dezent renovierten Original-Mälzscheunen. Atmen Sie ein. Auch hier hängt Rauch in der Luft – ein früherer Geschäftsführer schlug, als er frisch vom Festland kam, den Feuermelder ein, weil er glaubte, ein Brand sei ausgebrochen. Dennoch riecht es anders als auf Ardbeg. Das gesamte Malz von Lagavulin wird in Port Ellen getorft und gehört zu den rauchintensivsten Vertretern seiner Art.

Die Rauchfährte führt durch den von Kohlendioxid erfüllten Bottichraum vorbei an dem nach heißem Weetabix duftenden Maischbottich

PORT ELLEN MALT WHISKY: UNVERGESSEN

Diageo besitzt nicht nur Lagavulin, sondern auch Caol Ila und die Mälzereien in Port Ellen, die getorftes Malz für einige Brennereien der Insel herstellen. Bis 1983 betrieb der Konzern ferner eine dritte Destillerie, deren Reste heute im Schatten der Mälzereien stehen: Port Ellen. Der Betrieb wurde 1830 errichtet und schickte seinen Single Malt im 19. Jahrhundert in den Export, doch die Expansion von Caol Ila kurz nach 1970 und die Rezession Ende des Jahrzehnts besiegelten sein Schicksal. Heute wird er als Kultwhisky verehrt.

In der Bucht von Lagavulin stand einst eine der Burgen der Lords of the Isles.

Einer der Schlüssel zur Komplexität des Lagavulin liegt in der sehr langsamen zweiten Destillation.

Wo der Ardbeg rußig riecht, erinnert der Lagavulin an ein Strandfeuer, offenbart jedoch einen intensiven, süßen Kern.

Kein Zweifel: Für den Unterschied sind die Brennblasen verantwortlich. Die riesigen Wash Stills haben spitzwinkelige Schwanenhälse, die in die Kondensatoren führen (Lagavulin ist die einzige der »klassischen Sechs« von Diageo ohne Worm Tubs). Eingebaute Schwere? Die Spirit Stills fallen wesentlich kleiner aus und haben eine breite Basis. In ihnen wird zu viel Wärme vermieden, was zu maximalem Rückfluss und einer Bereinigung des Brands führt: Das Rauchige bleibt erhalten, der Schwefel dagegen wird herausgeholt. Mit chirurgischer Präzision wird die Schwere seziert, der süße Kern langsam freigelegt – er bildet das Herz jedes rauchigen Brands, der ausgewogen und reif sein will.

in eine kurze überdachte Passage. Hier scheint sich der Rauch aufzutürmen, auf halbem Weg aber verändert sich das Aroma. Nach wie vor ist die Rauchnote präsent, doch kommen nun eine überwältigende Süße und eine exotisch-scharfe Nuance hinzu. Gießen Sie sich einige Tropfen des New Make auf die Hand und inhalieren Sie den Duft.

Der Single Malt wird unter der Aufsicht von Iain MacArthur in Refill-Fässern ausgebaut. Er führt uns mit Fassproben vor Augen, wie das Feurige der Jugend nach und nach von der Eiche gemäßigt wird und eine neue Komplexität entsteht. Wir enden auf dem Pier, wo wir zum Schloss blicken und an Aine mit ihrer Prozession von Booten denken.

LAGAVULIN – Verkostungsnotizen

NEW MAKE

Nase Rußiger Rauch. Holzfeuer. Dicht und nebelig. Darre. Enzian, Fischkiste, Seetang. Schwefel.
Geschmack Groß, komplex, mit entgegenkommender Aromatik; fast blumige Noten, die aber von erdigen Nuancen und Küstenrauch im Zaum gehalten werden.
Abgang Lang und torfig.

8 JAHRE REFILL-FASS, FASSPROBE

Nase Komplex. Trocknende Krabbenkörbe. Seetang. Nasser Torf, ein Hauch von gummiartiger Unreife, Pfeifenrauch. Darre. Süß und rauchig. Schwer, mit Auftrieb.
Geschmack Rußig. Ersticktes Feuer. Reife Früchte. Heidekraut und Heidelbeeren, Seetang. Lebendig, tief.
Abgang Explosiv. Torf. Gewürze, Haferplätzchen.
Gesamteindruck Trinkreif.

12 JAHRE 57,9%

Nase Intensive Rauchnote. Karbolseife, leicht geräucherter Schellfisch, aber auch süß. Sumpfmyrte.
Geschmack Trocken, anfangs intensive Rauchnuancen. Fest und gleichzeitig spritzig. Enorm duftig. Wasser legt das süße Herz frei – und auch die Jugend.
Abgang Fest und trocken geräuchert.
Gesamteindruck Intensiv, komplex rauchig und süß.

Stil **Rauchig und torfig**
Ähnlich Ardbeg 10 Jahre

16 JAHRE 43%

Nase Groß, robust und komplex. Ernsthaft rauchig, Pfeifentabak, Darre, Strandfeuer, Räucherkammer mit reifer Fruchtnote. Anflug von Teeröl und chinesischem Rauchtee.
Geschmack Leicht ölig und selbstbewusst rauchig. Am Anfang Früchte mit medizinalem Touch und Sumpfmyrte, gegen Ende zu zieht konstant Rauch herauf. Elegant.
Abgang Langer und komplexer Mix. Seetang und Rauch.
Gesamteindruck Öffnet sich rasch. Der flüchtige Charakter beginnt sich zu einer Küstentorfigkeit zu verdichten.

Stil **Rauchig und torfig**
Ähnlich Longrow 14 Jahre, Ardbeg Airigh nam Beist 1990

21 JAHRE 52%

Nase Riesig und komplex. Kombiniert Sattel, dunkle Schokolade, Pu-Erh-Tee, schwelenden Ofen, Geranien und Samt.
Geschmack Wildnoten und Melasse. Der Rauch ist vollständig integriert, das Feuer nur noch glühende Kohlen. Die Eiche gibt Struktur, dominiert aber nicht. Massiv, dicht, vielschichtig, komplex.
Abgang Lang, fruchtig und rauchig.
Gesamteindruck Im Firstfill-Sherryfass ausgebaut.

Stil **Rauchig und torfig**
Ähnlich Yoichi 18 Jahre

DISTILLER'S EDITION 43%

Farbe Mahagonibraun.
Nase Holziger als der 16-Jährige und leicht weinig. Die dunklen Früchte sind getrocknet. Weniger definierte Aromatik, als sei die fast paradoxe Komplexität ausgebügelt worden. Fast zurückhaltend, öffnet sich mit der Zeit – und mit Wasser.
Geschmack Der Rauch scheint sich nach vorne verzogen zu haben, weshalb der Abgang wesentlich süßer ausfällt. Eine gute Mischung aus reichhaltigem Brand, Trockenobst und einem Anflug von Zimttoast.
Abgang Dick und nur leicht rauchig. Generös und süß.
Gesamteindruck Ein Lagavulin mit zusätzlicher Süße.

Stil **Rauchig und torfig**
Ähnlich Talisker 10 Jahre

Laphroaig

PORT ELLEN • WWW.LAPHROAIG.COM • GANZJÄHRIG GEÖFFNET MÄR–DEZ MO–SO, JAN–FEB MO–FR

Die letzte Brennerei des Kildalton-Trios liegt nur wenige Kilometer von Lagavulin entfernt. Auch ihr Whisky ist rauchig – doch wieder ist dieser Rauch ganz anders als der ihrer Nachbarn. Ein Laphroaig präsentiert sich schwer und rußig; er nimmt einen mit auf einen Spaziergang über eine frisch geteerte Küstenstraße an einem heißen Tag.

Es gab einmal eine Zeit, da wurde die Destillerie vom Nachbarn Sir Peter Mackie um diesen Whisky beneidet. Der Besitzer von Lagavulin grollte, weil man ihm 1907 das Vertriebsrecht für die Laphroaig-Whiskys entzogen hatte. Er errichtete eine Kopie namens Malt Mill, verwendete dasselbe Wasser, dieselben Stills und – dank finanzieller Anreize – sogar denselben Brennmeister. Trotzdem kam ein anderer Whisky dabei heraus. »Nicht einmal Wissenschaftler können das erklären«, so Laphroaig-Geschäftsführer John Campbell. »Charakter hat mit dem Ort zu tun. Es kann an der Höhe, an der Nähe zur See, an der Luftfeuchtigkeit liegen – ich weiß es nicht. Aber es ist eine Tatsache.«

Sicher spielt auch der Herstellungsprozess in der Brennerei eine Rolle. Laphroaig unterhält eine eigene Tennenmälzerei, die bis zu 20 Prozent des Bedarfs deckt. Allerdings ist sie nicht nur für die Touristen da, wie Campbell versichert. Eine Hausmälzerei senkt die Fixkosten und verändert den Charakter. »Wir bekommen mit unserem eigenen Malz eine andere Rauchnote als mit Material aus Port Ellen. Wir darren anders, torfen und trocknen anschließend bei niedrigen Temperaturen. Das beschert uns einen höheren Anteil an Kresol, einem wichtigen Phenol, das dem Brand eine teerige Note verleiht. Ohne unsere Tennenmälzerei würde dieses Wesensmerkmal fehlen.«

Auch das Brennhaus hat eine ganz eigene Auslegung. Das beginnt schon bei der Anzahl der Brennblasen: Insgesamt sieben sind in Gebrauch. Bei den Spirit Stills arbeitet man überdies mit zwei unterschiedlichen Größen – ein Exemplar ist zweimal so groß wie die übrigen drei. »Wir erzeugen zwei Brände, die wir aber vor dem Ausbau mischen«, erläutert Campbell.

Ardbeg und Lagavulin setzen auf den Rückfluss, um dadurch süßere Esternoten zu bekommen. Campbell jedoch geht in die andere Richtung: Er möchte die teerige Schwere erhalten. Das gelingt ihm mit dem längsten Vorlauf der Whiskybranche. Er dauert 45 Minuten und sorgt dafür, dass die süßen Ester vom Beginn des Laufs wieder in den Kreislauf eingespeist und nicht gesammelt werden (siehe Seite 14–15). »Wir setzen den Schnitt bei 60 Prozent an, was nicht ganz so tief ist wie bei anderen Brennereien. Aber weil wir weniger esterige Noten bekommen, haben wir einen höheren rauchigen Anteil. Das lässt den Brand schwerer erscheinen.«

Die Süße, die auch bei einem Laphroaig vorhanden ist, lässt sich auf die Fässer aus amerikanischer Eiche zurückführen, die alle von Maker's Mark stammen. »Aus Gründen der Einheitlichkeit«, rechtfertigt Campbell ihren ausschließlichen Einsatz. Ihr Vanilleton glättet die harten Kanten des New Make und gibt dem reifen Brand eine subtile, süße Kraft. Ein gutes Beispiel ist der Quarter Cask, wo ein junger Laphroaig zusätzlich für kurze Zeit in neuen, winzigen »Quarter«-

Ebbe vor Laphroaig, einer der großen Kildalton-Brennereien. Das Ufer ist mit Seetang übersät.

Auf Laphroaig ist man davon überzeugt, dass die typischen Geschmacksnuancen zum Teil auf die hauseigene Tennenmälzerei zurückzuführen sind.

Fässern aus amerikanischer Eiche gereift wird. Die Vanille- und Rauchkomponenten sind in diesem Stadium am ausgeprägtesten.

Trotz allem Aufwand ist der Laphroaig Campbell zufolge mehr als nur ein Produkt der Technik. »Menschen prägen den Stil und die Erzeugung, vor allem Ian Hunter, dem die Anlage von 1924 bis 1954 gehörte. Er schuf das Rezept, nach dem wir heute noch arbeiten. In den 1920er-Jahren probierte er viel herum. Erst 1940, nach dem Ende der Prohibition, begann er sich Ex-Bourbonfässer zu beschaffen und den Whisky vor Ort auszubauen.« Womit wir wieder beim Terroir wären. »Ein traditionelles Lager gibt dem Whisky mehr Körper mit, vielleicht weil die Oxidation in feuchten Häusern mit Lehmboden stärker ist als in Stapelhallen. Wir haben beides – daher weiß ich, dass sie sich unterschiedlich auswirken.« Vielleicht hätte man das auch Sir Peter Mackie sagen sollen.

LAPHROAIG – Verkostungsnotizen

NEW MAKE

Nase Schwer, teeriger Rauch. Öliger als die Whiskys der Nachbarbrennereien. Leicht medizinale Note (Jod, Krankenhaus), dazu eine knusprige Malznuance und Enzianwurzel. Komplex.
Geschmack Holzglut, danach breitet sich ein reicher Rauchton aus. Düster und sauber zugleich. Heiße Straße an einem Sommertag am Meer.
Abgang Trocken-sauber, rauchig. Frisch.

10 JAHRE 40 %

Farbe Sattgolden.
Nase Der Rauch wird von der süßen Eiche sowohl gedämpft als auch verändert. Holzöle, Kiefernholz. Küstenaromen, Wintergrün. Nussige Kulisse. Mit Wasser Jod.
Geschmack Glatter, weicher Auftakt mit reichlich Vanilleakzenten, später zieht Rauch heran, wobei die ausgewogene Eichennote erhalten bleibt. Zum Schluss teerig.
Abgang Lang, leicht pfefferiger Rauch.
Gesamteindruck Das Gleichgewicht zwischen trockenen (Rauch-) und süßen (Eiche-)Tönen ist hier entscheidend.

Stil **Rauchig und torfig**
Ähnlich Ardbeg 10 Jahre

18 JAHRE 48 %

Farbe Sattgolden.
Nase Verhalten und mild. Der Rauch ist nach der langen Einwirkung von Eiche moosig geworden und hat neben dem cremigen Eichenton einen würzigeren Einschlag bekommen. Leichte Jodnuancen und jene Andeutung an Wurzeln, die schon im New Make vorkam.
Geschmack Nussiger Anfang. Walnüsse und in Whisky getränkte Rosinen. Eine leichte Zitrusnote hebt sich über die etwas zurückhaltenden Raucharomen.
Abgang Geräucherte, gesalzene Cashewkerne.
Gesamteindruck Ein verhaltener Vertreter.

Stil **Rauchig und torfig**
Ähnlich Caol Ila 18 Jahre

25 JAHRE 51 %

Nase Der Rauch ist zurückgekehrt! Sojasauce, Fischkisten, getrockneter Teer, schwerer Tabak, brennende Hummerkörbe.
Geschmack Nach dem denkwürdigen Auftritt des Dufts fast mild. Das Alter hat den Geschmack dicker gemacht. Ist stimmig geworden, sodass der Brennereicharakter und die Eiche mitsamt dem neuen exotischen Einsprengsel nun bestens harmonieren; daher auch gute Komplexität.
Abgang Nach wie vor teerig.
Gesamteindruck Der Rauch verzieht sich nicht, er wird konzentrierter und vom Gesamtcharakter absorbiert.

Stil **Rauchig und torfig**
Ähnlich Ardbeg Lord of the Isles 25 Jahre

OSTKÜSTE

Von den Brennereien an der Ostküste Islays hat man einen weiten Blick. Er reicht von den hügeligen Gestaden der fast zum Greifen nahen Insel Jura auf der anderen Seite des Sound of Islay mit seinem schnellen Gezeitenstrom bis zu den weiter entfernten Ufern von Colonsay und Mull hoch droben

Blick hinüber zu den hoch aufragenden Küstenhügeln der Nachbarinsel Jura. Von den Destillerien an der Ostküste Islays genießt man ein spektakuläres Panorama.

im Norden. Der abgeschiedene Standort der beiden Betriebe mag ein bisschen verwundern, sind sie doch die größten Whiskyproduzenten der gesamten Insel – gleichzeitig allerdings auch die vielleicht am wenigsten bekannten.

Bunnahabhain

PORT ASKAIG • WWW.BUNNAHABHAIN.COM • GANZJÄHRIG GEÖFFNET, BESICHTIGUNGEN APR–SEPT NACH ANMELDUNG

Islays Nordostküste war im späten 19. Jahrhundert, als die Islay Distillery Company (IDC) sie zum Standort erwählte, ein verlassener Ort. Doch wurde hier nicht nur eine neue Anlage errichtet, sondern gleich ein ganzes Dorf mit Straße, Anlegestelle, Häusern, einem Gemeindesaal – und natürlich einer stattlichen Brennerei. Bunnahabhain ist ein schönes Beispiel für die Aufbruchstimmung in der Scotch-Branche um 1880 und den patriarchalischen Stil der neuen Whiskyunternehmen.

Das Projekt der Islay Distillery Company fand die Zustimmung von Alfred Barnard, als er der Insel 1886 einen Besuch abstattete. »Dieser Teil des Eilands war öde und menschenleer«, schrieb der erste Chronist der Whiskywelt, »aber das Unterfangen der Destillierindustrie hat ihn in eine lebendige, zivilisierte Kolonie verwandelt«. Bunnahabhain wurde errichtet, um Whisky für Blends zu erzeugen. Sechs Jahre nach der Gründung fusionierte das Unternehmen mit The Glenrothes zu den Highland Distilleries. Dieser Schritt bewahrte die leistungsfähige Anlage auf der abgeschiedenen Insel zweifellos vor dem Untergang, als der Whiskysektor im ersten und vierten Jahrzehnt des 19. Jahrhunderts in Turbulenzen geriet.

Obwohl sich Bunna', wie die Brennerei gern salopp abgekürzt wird, in den späten 1980er-Jahren an die Erzeugung von Single Malt wagte, bekam sie damit nie die erforderliche – und verdiente – Anerkennung. Ihre riesigen Stills lieferten einen sauberen, leicht ingwertönigen New Make, dem Torffanatiker die kalte Schulter zeigten.

Als Burn Stewart den Betrieb 2003 übernahm, reagierte er sofort. Heute wird alljährlich ein stark getorftes Produkt herausgegeben – ein Stil, von dem der Vorbesitzer behauptete, dass es ihn hier nie gegeben hätte. »Unsinn!«, schimpft Master Blender Ian MacMillan. »Der Bunnahabhain war bis in die frühen 1960er-Jahre torfig. Das hat man nur geändert, weil man für die Blends Rauchiges nicht brauchen konnte. Ich will wieder einen Brand wie in der Anfangszeit – und den Leuten zeigen, dass ein Bunna' das Zeug zu einem echten Islay-Whisky hat.« Warum auch nicht: Der Einfluss der Insel ist selbst bei milden, ungetorften Vertretern deutlich zu spüren.

Es fällt nicht schwer zu glauben, dass Bunnahabhain die entlegenste Brennerei der Insel ist. Hier der Blick von der Anlegestelle zu den Paps of Jura, einem Bergtrio auf der Nachbarinsel.

BUNNAHABHAIN – Verkostungsnotizen

NEW MAKE

Nase Süß und voll, leicht ölig und mit einem Anflug von Hefe und Schwefel. Später ein würziges, an Tomatensauce erinnerndes Aroma. Mit Wasser verdünnt viel Malz.
Geschmack Veilchenartiger Wurzelton, süß und schwer im Mittelteil, trocknet aber danach ziemlich aus.
Abgang Ingwerartige Würze.

12 JAHRE 46,3%

Nase Reichlich Sherry, Reminiszenzen an Brandy de Jerez. Dunkle Früchte, ein Tropfen Lack und eine zarte Rauchschwade. Obstkuchen und Nüsse.
Geschmack Reichhaltig und süß, mit kristallisierter Ingwerschokolade und Kaffee. Aromatisch mit Likörpralinen.
Abgang Recht würzig.
Gesamteindruck Hat eine nicht altersgemäße Dichte.

Stil **Reichhaltig und rund**
Ähnlich Macallan Amber

18 JAHRE 46,3%

Nase Verhalten, mit Sherrytiefe. Marzipan, Zuckerglasur, Ingwerwurzel und getrocknete Johannisbeeren. Leicht erdig.
Geschmack Melassetoffees. Moosig, eingelassenes Holz und kalter Assam-Tee. Deutliche Oxidationstöne. Leichter Grip.
Abgang Lang, leicht biskuitartig.
Gesamteindruck Größer und süßer als der 12-Jährige.

Stil **Reichhaltig und rund**
Ähnlich Yamazaki 18 Jahre

25 JAHRE 46,3%

Nase Sehr süß, Toffees und Sherry. Johannisbeeren und dunkle Früchte. Komplex, üppig, mit echter Tiefe.
Geschmack Geschichtete Süße, dann rosinige Fülle. Lang.
Abgang Ausgewogen und lang.
Gesamteindruck Hat mehr Gewicht und Körper als früher.

Stil **Reichhaltig und rund**
Ähnlich Mortlach 25 Jahre

TOITEACH 46%

Nase Anflug von Süße, recht verhaltene Rauchnoten. Fester, gerösteter Vanilleton wie junger Sémillon mit heidekräuterigem Rauch im Hintergrund.
Geschmack Ausgewogen. Der süße Kern tritt voll zutage, bevor der Rauch durch die Ritzen dringt. Weiche Früchte, schwache Andeutungen an Getreide.
Abgang Haferplätzchen.
Gesamteindruck Teil eines laufenden Experiments, in dem es um die Torfung des Bunnahabhain geht. Die reifenden Bestände werfen allmählich Süße in die Waagschale.

Stil **Rauchig und torfig**
Ähnlich Caol Ila 12 Jahre

Caol Ila

PORT ASKAIG • WWW.DISCOVERING-DISTILLERIES.COM/CAOLILA • GANZJÄHRIG GEÖFFNET, NÄHERES SIEHE WEBSEITE

Obwohl Caol Ila nur einen Steinwurf von Port Askaig, einem der beiden Fährhäfen auf Islay, entfernt ist, bemerkt man den Komplex erst nach dem Auslaufen. Die Brennerei wurde 1846 von Hector Henderson errichtet, der es nach zwei gescheiterten Versuchen, eine Destillerie zu gründen, in der von Klippen eingefassten Bucht an einer der schnellsten Gezeitenströmungen Schottlands noch einmal mit Whisky probierte.

Islay-Whisky war schon damals als Single Malt beliebt. Im Lauf des Jahrhunderts wuchs seine Bedeutung sogar noch, als die Verschneider erkannten, dass eine geringe Rauchnote ihrem Blend mehr Komplexität verleiht und ihn mit dem Hauch des Geheimnisvollen umgibt. Blends sind Caol Ilas Lebenssaft. Das Haus ist die leistungsstärkste, in vielerlei Hinsicht aber auch unbekannteste Brennerei der Insel – das stille Wasser einer Gruppe von Inselbetrieben, in der einige robuste Persönlichkeiten ständig miteinander um Aufmerksamkeit konkurrieren. Perfekt verkörpert wird diese zurückhaltende Unternehmenspolitik von Geschäftsführer Billy Stitchell. Wegen ihrer Bedeutung für die Blending-Branche wurde die alte Destillerie 1974 vergrößert. Kein Stillhouse in ganz Schottland bietet einen schöneren Ausblick: Eingerahmt von riesigen Stills breitet sich der Sound of Islay mit den Paps of Jura als Kulisse vor einem aus.

Der Malt von Caol Ila lässt sich nicht leicht in eine Schublade stecken. Rauch ist vorhanden, hält sich aber bedeckt. Die für die Kildalton Coast typische Teeröl- und Seetangnote wurde durch Räucherschinken, Muscheln und einen frisch-grasigen Einschlag ersetzt. Sonderlich torfig gerät der Whisky nicht, obwohl dieselbe gemälzte Gerste wie auf Lagavulin verwendet wird. Auch sonst ist auf Caol Ila alles anders: das Maischverfahren und die Gärung, vor allem aber die Größe der Stills und die Trennpunkte beim Schnitt. Wer den Anteil der für das Torfige zuständigen Phenole in Teilen pro Million kennt, gewinnt vielleicht beim TV-Wissensquiz, hat sonst aber nichts davon, da dieses Aroma bei der Herstellung sowieso verloren geht. Mitunter ist auch gar kein Torf aufzuspüren, weil ein paar Monate im Jahr überhaupt nicht getorft und anders destilliert wird. Gelegentliche Abfüllungen offenbaren einen Malt mit frisch-grünem Melonencharakter. Stille Wasser gründen eben tief.

Die riesige Anlage der Brennerei Caol Ila wirkt wie eingezwängt in diese winzige Bucht an der Küste von Islay.

CAOL ILA – Verkostungsnotizen

NEW MAKE

Nase Duftend, rauchig. Wacholder, nasses Gras. Kabeljauleber und nasser Kilt. Leicht malzig, mit Küstenfrische.
Geschmack Trockener Rauch, dann eine Eruption von Öl und Kiefer. Scharf.
Abgang Grasig und rauchig.

8 JAHRE REFILL-FASS, FASSPROBE

Nase Der grasige Ton und die Wacholdernote haben sich erhalten, das Ölige wurde zu Schinkenspeck. Fett, rauchig – ein Mix aus Süßem, Öligem und Trockenem.
Geschmack Ölig und viskos. Salziger als der New Make. Birne und Ozon. Salzige Haut und frisches Obst.
Abgang Intensiv rauchig.
Gesamteindruck Alle Komponenten sind vorhanden, doch steht der Rauch im Vordergrund.

12 JAHRE 43%

Nase Eine ausgewogene Melange aus Ozonfrische, Räucherschinken und einem Hauch Seetang. Sehr sauber und leicht rauchig, mit einer gewissen Süße im Hintergrund.
Geschmack Ölig, die Zunge belegend. Birne und Wacholder. Trocknet zum Schluss hin aus, obwohl der Rauch ständig präsent bleibt und etwas Duftiges sowie ein austrocknendes, harmonisierendes Element beisteuert.
Abgang Leicht geräuchert.
Gesamteindruck Ausgewogenheit ist wieder das beherrschende Thema.

Stil **Rauchig und torfig**
Ähnlich Glann ar Mor, Kornog (Frankreich), Highland Park 12 Jahre, Springbank 10 Jahre

18 JAHRE 43%

Nase Intensiv. Salzlake/Küste, Räucherfisch, Hasenglöckchen, Räucherschinken. Süße Hölzer.
Geschmack Weich, relativ reich und nicht mehr so ölig. Der Rauch hat sich etwas verzogen, während Holz und Früchte verschmolzen sind.
Abgang Leicht rauchig und krautig.
Gesamteindruck Ein aktiveres Fass hat den torfigen Zug gedämpft.

Stil **Rauchig und torfig**
Ähnlich Laphroaig 18 Jahre

MITTE UND WESTEN

Drei Brennereien bilden diese Gruppe im Zentrum und Westen von Islay. Zwei stehen direkt am Ufer des Loch Indaal, einer riesigen Meeresbucht, während die dritte den Titel der am westlichsten gelegenen Destillerie Schottlands für sich in Anspruch nehmen kann und obendrein auch noch eine der neuesten im Land ist.

Sonnenuntergang am Loch Indaal, ein Bild der Beschaulichkeit. Jetzt umblättern …

Willkommen auf der Halbinsel Rhinns of Islay mit einer ungewöhnlichen runden Kirche im Dorf Bowmore, einer der ältesten Felsformationen in ganz Schottland, rastloser Innovationstätigkeit – und dem Ort, an dem sich vielleicht die ersten Whiskybrenner des Landes niedergelassen haben.

Bowmore

BOWMORE • WWW.BOWMORE.COM • GANZJÄHRIG GEÖFFNET, NÄHERES SIEHE WEBSEITE

Die Brennereimauern von Bowmore bilden einen Teil der Schutzwälle, die das gepflegte, weiß getünchte Dorf am Ufer des Loch Indaal vor dem Ansturm des Meeres schützen sollen. Der Ort selbst wurde erst 1768 zu einer Zeit gegründet, als Schottlands Landschaft durch die aufkommenden landwirtschaftlichen Fortschritte ihr Gesicht immer stärker veränderte. 1726 kaufte Daniel Campbell aus Shawfield, genannt der »Große«, die Insel Islay. Er bezahlte sie mit den 9.000 Pfund Entschädigung, die er bekommen hatte, weil bei den gewalttätigen Protesten gegen die Malzsteuer in Glasgow sein Haus niedergebrannt worden war. Seine Bemühungen um Aufwertung der Landwirtschaft auf Islay setzte Enkel Daniel der Jüngere fort, der auch Bowmore errichten ließ. Die Insel wurde wie ein Unternehmen geführt.

Die Campbells bauten auf Islay Flachs für die Leinenweberei an und errichteten sogar eine eigene Fischereiflotte. Außerdem führte man auf den großen, modernisierten Farmen zweizeilige Gerste ein, die höhere Erträge lieferte und sich besser mälzen ließ, wodurch die Brennerei konkurrenzfähiger wurde. Für Bowmore wählte man also keine entlegene Küste, wo man einen guten Zugang zum Meer hatte oder ungestört seinem illegalen Handwerk nachgehen konnte, sondern das Zentrum der kleinen Insel. Die Abwärme des Betriebs heizt heute den Swimmingpool in einem ehemaligen Lagerhaus. Bowmore ist hier fest verwurzelt.

Der Rauch aus den Pagodendächern beweist, dass sich Bowmore eine eigene Mälzerei bewahrt hat. »Wir decken damit 40 Prozent unseres eigenen Bedarfs«, erklärt Iain McCallum, Master of Malts der Muttergesellschaft Morrison Bowmore Distillers (MBD). »In der Branche wird viel über Traditionen geredet, aber wir hier arbeiten wirklich noch wie früher. Deshalb haben wir auch so viele Besucher.« Es gibt allerdings noch einen pragmatischen Grund: Tennenmälzereien halten die Brennerei in Betrieb, wenn der Nachschub an Gerste vom Festland witterungsbedingt stockt.

Bowmore-Whisky hat wie der aus den übrigen Destillerien auf Islay seinen ganz eigenen Torfcharakter. Obwohl der Brand nicht zu den torfigsten Vertretern der Insel gehört, ist er doch eindeutig am rauchigsten und offenbart obendrein den klarsten Torfgeruch. Während Betriebe auf dem Festland den Schwefel in ihren New Makes nutzen, um etwas zu kaschieren, überlagert hier Torf Untertöne, die erst mit zunehmender Reife zutage treten.

Im Fall von Bowmore sind es tropische Früchte. Sie werden in der Jugendzeit des Whiskys von Firstfill-Sherryfässern verschleiert, um später in Refill-Fässern plötzlich wieder zu erblühen. Das gibt diesem Getränk von der kleinen kühlen Hebrideninsel einen exotischen karibischen Touch und wird von Bowmore-Fans seit je geschätzt.

Nicht selten rennen am Loch Indaal Stürme gegen die Lager von Bowmore an, die für den Ort auch eine Art Schutzwall vor den Fluten bilden.

Bowmore mälzt einen beträchtlichen Anteil seiner Gerste nach wie vor selbst. Was nicht über Torf getrocknet wird, beginnt allerdings zu keimen, wie man hier sieht!

»Einige der 1970er-Abfüllungen sind heute so gut wie die legendären Flaschen aus den 1960ern«, schwärmt McCallum. »Wir haben fantastische Whiskys, verstehen es aber nicht so recht zu vermitteln, worin wir gut sind. Früher waren wir Blends und Füllware, heute sind wir Single Malt. So können wir uns auf unser Sortiment konzentrieren, es verschlanken und einige besondere Kreationen herausgeben.« Es dauert, bis man eine Brennerei auf neuen Kurs bringt, doch scheint die verbesserte Holzpolitik von MBD nun Früchte zu tragen – nicht nur aromatisch.

»Unsere Single Malts reifen alle auf Bowmore«, versichert McCallum. »Wir stehen direkt am Wasser und haben ein eigenes Mikroklima. Ein Bowmore war von jeher salzig. Zwar weiß ich als Chemiker, dass im Grunde kein Salz drin ist. Aber auch ich schmecke es heraus. Vielleicht passiert in diesen feuchten, niedrigen Gewölben ja etwas Magisches.«

BOWMORE – Verkostungsnotizen

NEW MAKE

Nase Enorm süß, duftender Torfrauch, Ginster/Erbsenhülsen, ein Anflug von nassem Gras, Gerste und Vanille. Mit Wasser Lederfett, im Hintergrund konzentriertes Fruchtgelee.
Geschmack Dichter, feuchter Torfrauch belegt die Zunge. Nussiger Sog. Mit Wasser Süße. Haselnuss.
Abgang Duftender Rauch.

DEVIL'S CASK 10 JAHRE 56,9%

Nase Kräftig. Pflaumen, Trockenfeigen, Salztoffees, Schuhleder, Rosenblütenblätter, pikante Meeresnoten. Maggi-Würze und Rauch.
Geschmack Verhaltene Süße. Eine Dreieinigkeit aus Schwarzkirschen, Pfeifentabak und Gewürznelken.
Abgang Rauchig und tief.
Gesamteindruck Ein XL-Bowmore aus Firstfill-Sherryfässern.

Stil **Rauchig und torfig**
Ähnlich Paul John Peated Cask

12 JAHRE 40%

Farbe Sattgolden.
Nase Wieder geröstete Eiche, Datteln. Dicker; getoastetes Fassholz verschmilzt mit Torf. Anklänge an Mangokaubonbons. Reif und fleischig. Orangenschalen.
Geschmack Tiefer, fruchtiger. Süße Kräuter, Toffees, leicht salzig. Der Rauch verlagert sich in den Hintergrund.
Abgang Rauch und leichtes Röstmalz bauen sich auf.
Gesamteindruck Ausgewogen und immer harmonischer.

Stil **Rauchig und torfig**
Ähnlich Caol Ila 12 Jahre

15 JAHRE DARKEST 43%

Farbe Bernstein.
Nase Tief, Sherrynote, erinnert an Kirschen mit Schokoladenüberzug, Melasse, Orangenschalen, Uferfeuer.
Geschmack Konzentriert, eine Anspielung an Lavendel. Sherry aus der Pedro-Ximénez-Traube, bitter-salzige Schokolade und Kaffee. Die Öligkeit des New Make kehrt dank der Sherryfässer zurück.
Abgang Dick und lang. Der Rauch ist nun voll präsent, die tropische Frucht dafür weg.
Gesamteindruck Reich, kraftvoll, ausgewogene Rauchnote.

Stil **Rauchig und torfig**
Ähnlich Laphroaig 18 Jahre

46 JAHRE, DISTILLED 1964 42,9%

Nase Betörende Tropenfruchtintensität: Guave, Mango, Ananas, Grapefruit. Anflug von Torfrauch.
Geschmack Konzentriert, selbst bei geringem Alkoholgehalt. Seidig, voll, eindringlich. Hält sich im Glas ewig.
Abgang Elegant adstringierend.
Gesamteindruck Ein klassischer alter Bowmore.

Stil **Fruchtig und würzig**
Ähnlich Tomintoul 33 Jahre

Bruichladdich & Kilchoman

BRUICHLADDICH • WWW. BRUICHLADDICH.COM • GANZJÄHRIG GEÖFFNET, NÄHERES SIEHE WEBSEITE

KILCHOMAN • BRUICHLADDICH • WWW.KILCHOMANDISTILLERY.COM • GANZJÄHRIG GEÖFFNET NOV–MÄR MO–FR, APR–OKT MO–SA

Es hat sich viel getan seit dem 29. Mai 2001, als sich nach sieben Jahren Auszeit die gusseisernen Tore von Bruichladdich wieder öffneten. Bei einem Spaziergang durch die Anlage 13 Jahre später bekommt man jedoch den Eindruck, als ob sich nur wenig verändert hätte. Die Mühle sieht noch immer aus wie das komplizierte Modell von 1881, der Maischbottich ist nach wie vor offen, die Gärbehälter wurden aus Douglaskiefernholz gezimmert und das Brennhaus hat einen Holzboden. Dann aber bemerkt man Absonderlichkeiten wie die Lomond Still in der Ecke, in welcher der Botanist Gin der Brennerei entsteht.

Auch wird man hie und da einen französischen Akzent vernehmen. 2012 pumpte Rémy Cointreau 58 Millionen britische Pfund in die Destillerie. Einen deutlicheren Beweis, wie sehr das Renommee von Whisky in gut zehn Jahren gestiegen ist, gibt es kaum. Nur elf Jahre zuvor hatte der Konzern Bruichladdich für sechs Millionen Pfund erworben.

Rémys von großer Zuversicht getragene Investition verbesserte nicht nur die Vertriebsmöglichkeiten, sondern gab dem Betrieb überdies eine neue Richtung. Bruichladdich, von Anhängern auch liebevoll »Laddie« genannt, steht seither finanziell auf soliden Füßen; für Investitionen ist genug Geld vorhanden. Jahrelang hatte das Team, allen voran Technikzauberer Duncan MacGillivray, die Anlage irgendwie am Laufen gehalten. Nun kann aus einer Vision Wirklichkeit werden.

Bruichladdich ist auf Träumen gebaut, die immer schon größer zu sein schienen als die Brennerei selbst. Die Entscheidung, vor Ort abzufüllen, schlug sich in höheren Kosten nieder, schuf aber auch Arbeitsplätze. Neun Landwirte vor Ort bauen inzwischen Gerste für den Whisky von Bruichladdich an (und decken damit 25 Prozent des Bedarfs), was es schon seit Ende des 19. Jahrhunderts nicht mehr gegeben hat. Auch das ist teuer, passt aber zur langfristigen Strategie einer tief reichenden Ergründung des unbekannten, unausgeschöpften Terroirs von Islay.

Der Basiswhisky bleibt eine süße Honig-Zitronen-Gersten-Zucker-Formation, während die getorften Vertreter Port Charlotte und Octomore ihre jugendliche Kraft abgelegt haben und zu nachdenklichen, wenngleich etwas ungestümen Jugendlichen herangereift sind.

Die Vielzahl der Varianten wurde ausgelichtet und das Holz ist nun besser, womit nicht mehr so oft umgefüllt werden muss. Das heißt, dass ein klar identifizierbarer Markencharakter notwendig wird – aber nicht, dass der experimentierfreudige Jim McEwan, den die neuen Besitzer kurz vor dem Ruhestand wieder mit ins Boot holten, nicht aufregende frische Kreationen aus dem Ärmel zaubern darf.

Wie viele »neue« Brennereien hat sich auch Bruichladdich den großen, wichtigen Fragen gestellt: »Wer bin ich? Was kann ich tun?« Und ist zu folgendem Schluss gekommen: »Ich bin vieles. Ich kann alles und alles spiegelt Islay wider.«

Mir ist 2013 Merkwürdiges passiert. Ich hatte eine Probe der neuen Kilchoman-Abfüllung von 2007 bekommen. Nach dem Nosing schrieb ich gedankenlos: »Klassischer Kilchoman«. Obwohl ein Unterschied zwischen Alter und Reife besteht, kann es in einem ordentlichen Fass mindestens zehn Jahre dauern, bis ein Whisky das Erwachsenenalter erreicht hat. Kilchoman dagegen ist schneller volljährig geworden als gedacht.

Diese derzeit jüngste und kleinste Brennerei Islays (eine weitere ist auf Gartbreck am Loch Indaal geplant) war allerdings von jeher frühreif. Ihr Ziel war es, Whisky zu seinen bäuerlichen Wurzeln zurückzuführen.

Kilchoman steht fernab der Küste auf fruchtbarem Ackerland. Im Spätsommer raschelt zu beiden Seiten der Zufahrtsstaße die Gerste, die bald darauf vor Ort gemälzt und destilliert wird. Geführt wird die Brennerei aktuell von John MacLellan, der früher bei Bunnahabhain arbeitete und ein Vertreter jener Generation von Einheimischen ist, die mit dem Stechheber in der Hand geboren wurden. Er leitet die Erzeugung des rauchigen New Make mit Küstencharakter und Gewürznelken sowie weicher Frucht im Repertoire. Doch obwohl der Rohbrand vom Start weg in einer oberen Liga spielt, muss er wie jeder Spirit vom Holz ins Gleichgewicht gebracht und veredelt werden.

Offene Maischbottiche gibt es nicht mehr viele in der Branche. Bruichladdich hat sie noch.

In Bruichladdich an der Küste werden derzeit zahlreiche Whiskyexperimente durchgeführt.

Dabei geht es jedoch nicht nur um die simple Gleichung Brand plus Fass, denn das Ergebnis ist ein verwobenes Ganzes. Strandnoten spielen in Brackwasser und Meerfenchel hinein, die Früchte werden weich und reif, die Kräuter entwickeln sich und im Abgang manifestiert sich eine Festigkeit, die zeigt, dass da noch viel mehr zu erwarten ist.

Getragen wird die Kilchoman-Palette vom Machir Bay, einem in Ex-Bourbonfässern ausgebauten Vatting, dessen Ingredienzen zum Teil in Olorosofässern einen kurzen letzten Schliff bekommen haben. Es gibt Vintage-Abfüllungen und einmal im Jahr eine 100-prozentige Islay-Version. Alle werden in limitierter Auflage herausgegeben. Ganz ohne Exzentrik indes geht es trotzdem nicht, was beweist, dass sich bäuerliches Denken noch nicht völlig verflüchtigt hat. Bei einem Besuch fiel mir auf, dass man Flaschen für eine Single-Cask-Abfüllung mit einer alten Teekanne befüllte. Auch das ist 100 Prozent Islay.

BRUICHLADDICH – Verkostungsnotizen

ISLAY BARLEY, 5 JAHRE 50%

Nase Frisch. Agavensirup, leicht buttrig, mit Anklängen an Maiglöckchen und Zitronenbiskuitkuchen.
Geschmack Verhaltener Getreidecharakter, ein gekohlter Anflug am Gaumen, dazu Banane, Mandarine, Kassie und rosa Marshmallows.
Abgang Blumiges blüht spät auf, dazu etwas weißer Pfeffer.
Gesamteindruck Aus Gerste von der Rockside Farm.

Stil **Duftig und blumig**
Ähnlich Tullibardine Sovereign

THE LADDIE, 10 JAHRE 46%

Nase Sehr mild und süß, mit typischer Brennereifrische. Blumig, etwas Vanille, Zitronenschale, Melone und Honig.
Geschmack Cremig, von Gerste durchsetzt, bleibt frisch, aber belegt die Zunge. Weiche Früchte.
Abgang Süß und mild.
Gesamteindruck Eine für das neue Team sehr wichtige, wegweisende Abfüllung.

Stil **Duftig und blumig**
Ähnlich Balblair 2000

BLACK ART 4, 23 JAHRE 49,2%

Nase Reife Bienenwachs- und Kirchgestühlnoten, ein Spritzer Rosenwasser, getrocknete Mango, Hagebuttensirup und Potpourri.
Geschmack Veilchen, unterlegt von einem Hauch Lavendel. Fleischiges mischt sich mit den exotischen Einsprengseln von Manuka-Honig, getrockneten Zitronen und Granatapfel.
Abgang Aprikosenkerne und getrocknete Zitronen.
Gesamteindruck Mix aus Fässern, Lack und wer weiß was.

Stil **Reichhaltig und rund**
Ähnlich Hibiki 30 Jahre, Mackmyra Midvinter

PORT CHARLOTTE SCOTTISH BARLEY 50%

Nase Strandfeuer, heißer Sand, ein Hauch von Luftballons, Olivenöl, eingemachten Zitronen und Eukalyptus.
Geschmack Dick, süß, Süßigkeiten mit Erdbeergeschmack, die den Torf zurückdrängen.
Abgang Lagerfeuerrauch.
Gesamteindruck Jung, aber mit Substanz.

Stil **Rauchig und torfig**
Ähnlich Caol Ila 12 Jahre, Mackmyra Svensk Rök

PORT CHARLOTTE PC8 60,5%

Farbe Golden.
Nase Röstige Torfnote. Holzrauch, brennendes Laub mit trockenem Gras. Duftend. Jung.
Geschmack Intensiver Heidecharakter. Dichter Rauch durchzieht den Mund.
Abgang Glimmende Holzkohle.
Gesamteindruck Sauber, entwickelt sich interessant.

Stil **Rauchig und torfig**
Ähnlich Longrow CV, Connemara 12 Jahre

OCTOMORE, COMUS 4.2, 2007, 5 JAHRE 61%

Nase Als ob man neben einer Darre steht. Die brennereitypische Süße hat sich erhalten und tritt hier unter einem Ananas- und Bananendeckmantel auf.
Geschmack Eukalyptusbonbons und eine leichte Malznote, bevor die Laddie-typische Dicke alles noch süßer macht.
Abgang Lang und rauchig.
Gesamteindruck Kraftvoll, aber ausgewogen.

Stil **Rauchig und torfig**
Ähnlich Ardbeg Corryvreckan

KILCHOMAN – Verkostungsnotizen

MACHIR BAY 46%

Nase Rauch, Meerfenchel und fleischige Früchte; Muscheln und hellfleischige Pfirsiche. Mit Wasser meerumspülter Fels, Blütennuancen und heißer Sand.
Geschmack Süß, sauer und rauchig, mit kalkigem und pfefferigem Einschlag. Wasser spült Blüten und etwas Pulverdampf ans Tageslicht.
Abgang Leicht rauchig. Süß.
Gesamteindruck Frisch und rauchig.

Stil **Rauchig und torfig**
Ähnlich Chichibu Peated

KILCHOMAN 2007 46%

Nase Ein Mix aus Muscheln und frischem Seetang mit zerlassener Butter, Treibholz und brennendem frischem Torf.
Geschmack Meerfenchel, Torf, süße Gerste und ein kräuterwürziger Kick.
Abgang Leicht rauchig, etwas Gewürznelken.
Gesamteindruck Die Eiche und der Brennereicharakter haben sich bestens arrangiert.

Stil **Rauchig und torfig**
Ähnlich Talisker 10 Jahre

INSELN

Inseln faszinieren uns. Die Vorstellung, von der Welt abgeschnitten zu sein, hat etwas Aufregendes. Auf ein Eiland zu gelangen erfordert nicht nur eine physische, sondern auch eine psychische Reise. Wir verlassen das Vertraute und begeben uns in ein »Land dort drüben«. Befindet sich der Ausgangspunkt an der Küste Schottlands, liegen einige der besten Segelgründe überhaupt vor uns – eine Welt aus jadegrünem Wasser, rosa Granit, altem, körnigem, zebragestreiftem Gneis und Lavagestein … mit hohen Ufern, Winden und geschützten Buchten … eine überaus lebendige Landschaft, Heimat von Orkas, Minkwalen, Delfinen, Tölpeln und Seeadlern.

Inseln riechen nach nassen Tauen und salziger Gischt, nach Heidekraut und Sumpfmyrte, nach Guano, Seetang und Altöl, trocknenden Krebsschalen, Farnkraut und Fischkisten. Ihre Geheimnisse bergen sie aber auch im Boden und dem, was darauf wächst und liegt: dem fruchtbaren Machair mit seinen Heidekräutern und Küstengräsern, dem vom Wind verwehten Sand und dem aus verdichteter Vegetation entstandenen Torf, der auf Orkney ganz anders ist als auf Islay.

Auf jeder Insel der Hebriden wurde früher schon einmal Whisky bereitet – ob von Bauern, die ihn für ihre Gemeinde destillierten, oder von kommerziellen Betrieben. Tiree, das westlichste Eiland der Inneren Hebriden, trug zwei lizenzierte Brennereien, die ihre Produkte im 18. Jahrhundert sogar exportierten. Auch Mull und Arran galten als Whiskyinseln; selbst auf den Äußeren Hebriden wurde destilliert.

Und heute? Überall findet man Brennereien, doch sind sie eher die Ausnahme als die Regel. Die Clearances, also die Vertreibung der einfachen Landbevölkerung, bereiteten einem Großteil der Bauerndestillerien ein Ende – allein auf Tiree hob man 157 Schwarzbrenner aus, von denen viele das Eiland verlassen mussten. Gleichzeitig entstanden größere Anlagen wie Talisker und Tobermory. Etliche Neugründungen scheiterten, weil die Inseln im 19. Jahrhundert für gewerbliche Brennereien ein teures Pflaster wurden. Was sie übrigens heute noch sind.

Fasziniert vom Inselleben übersehen wir, was das Dasein an einem so abgeschiedenen Ort eigentlich bedeutet: Die Kommunikation ist schwierig, Rohstoffe lassen sich nicht so einfach beschaffen und auch die Fixkosten sind höher als auf dem Festland, wo selbst Alltägliches leichter zu bekommen ist. »Wenn ich mir eine neue Hose kaufen will, muss ich bis Inverness reisen«, klagte mir ein ehemaliger Geschäftsführer von Talisker einmal sein Leid. Wer schnell reich werden will, merkt rasch, dass man hier nicht reich wird – und schon gar nicht schnell. Nicht zuletzt, weil die Zeit auf Inseln langsamer zu vergehen scheint. Was allerdings dem Whisky zupass kommt. Das Inselleben mag herrlich sein, aber es ist auch hart.

So verwundert es kaum, dass an der schottischen Westküste entstandene Brände, so generös sie ausfallen, etwas von dieser kompromisslosen Landschaft an sich haben. Wenn man sich auf sie einlässt, dann nur nach ihren Bedingungen. Gerade deshalb sind sie so erfolgreich. Inselwhiskys mit ihren Aromen, die von der Landschaft selbst zu stammen scheinen, lassen sich kaum von Marktzwängen beeinflussen. Sie sind, wie sie sind. Man kann sie so nehmen. Oder es lassen.

Die zerklüftete, unverwechselbare Landschaft der schottischen Inseln kommt in der kompromisslosen Art ihrer Whiskys zum Ausdruck.

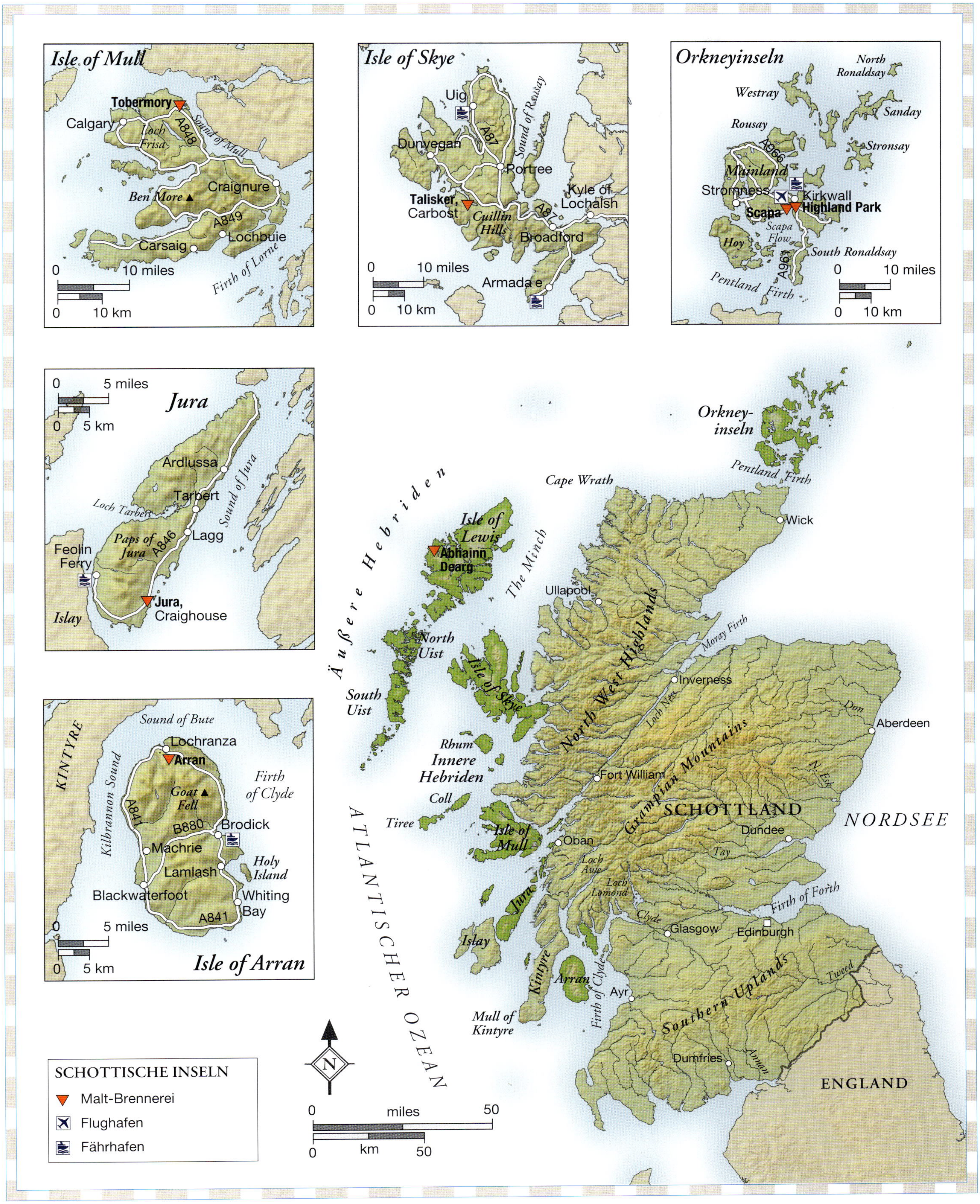
Isle of Mull
Tobermory
Calgary
Loch Frisa
A848
Sound of Mull
Ben More
Craignure
A849
Lochbuie
Carsaig
Firth of Lorne
0 10 miles
0 10 km
Isle of Skye
Uig
A87
Sound of Raasay
Dunvegan
Portree
Kyle of Lochalsh
Talisker, Carbost
Cuillin Hills
A87
Broadford
Armadale
0 10 miles
0 10 km
Orkneyinseln
North Ronaldsay
Westray
Sanday
Rousay
A966
Stronsay
Mainland
Stromness
Kirkwall
Scapa
Highland Park
Scapa Flow
Hoy
South Ronaldsay
A961
Pentland Firth
0 10 miles
0 10 km
Jura
0 5 miles
0 5 km
Ardlussa
Tarbert
Loch Tarbert
Sound of Jura
Paps of Jura
A846
Lagg
Feolin Ferry
Jura, Craighouse
Islay
Isle of Arran
Sound of Bute
KINTYRE
Lochranza
Arran
Firth of Clyde
Kilbrannon Sound
Goat Fell
A841
B880
Brodick
Machrie
Holy Island
Lamlash
Blackwaterfoot
Whiting Bay
A841
0 5 miles
0 5 km
SCHOTTISCHE INSELN
Malt-Brennerei
Flughafen
Fährhafen
Orkney-inseln
Pentland Firth
Cape Wrath
Wick
Äußere Hebriden
Isle of Lewis
Abhainn Dearg
The Minch
Ullapool
North Uist
Isle of Skye
Moray Firth
North West Highlands
Inverness
South Uist
Loch Ness
Don
Aberdeen
Rhum
Innere Hebriden
Grampian Mountains
N. Esk
Fort William
Coll
Tiree
SCHOTTLAND
NORDSEE
Isle of Mull
Oban
Dundee
Tay
Loch Awe
Loch Lomond
Firth of Forth
Jura
Clyde
Glasgow
Edinburgh
Islay
ATLANTISCHER OZEAN
Kintyre
Arran
Firth of Clyde
Ayr
Tweed
Southern Uplands
Mull of Kintyre
Dumfries
Annan
ENGLAND
N
0 miles 50
0 km 50

Loch Scavaig und die Hintertür zu den Cuillin Hills auf der Insel Skye. Hinter den mächtigen Felsriesen arbeitet die Brennerei Talisker.

Arran

LOCHRANZA • WWW.ARRANWHISKY.COM • GANZJÄHRIG GEÖFFNET MITTE MÄR–OKT MO–SO, IM WINTER WECHSELND

Schon als Insel lässt sich Arran schwer einordnen, geschweige denn als Whisky. Der Anfangspunkt des Highland Boundary Fault, eines Grabenbruchs, ist ein Paradies für Geologen und bietet Granitintrusionen, metamorphes Dalradian-Gestein, Sedimentschichten, von Gletschern gegrabene Täler und Hochufer. Der Norden besteht aus einer zerklüfteten Gebirgslandschaft, der Süden aus sanft gewellten Weiden. Ist das nun Highland oder Lowland? Vielleicht ist es einfach nur Schottland im Kleinformat. Komplexer hingegen erscheint die Whiskygeologie. Die Brennerei steht in Lochranza im Norden und gehört daher offiziell zu den Highlands, befindet sich aber auf einem Eiland und läuft daher als Inselwhisky.

Arran war seit je verwirrend und aufschlussreich zugleich. In Lochranza entdeckte der Vater der modernen Geologie, James Hutton, »Diskordanzen«, bei denen junges Gestein horizontal auf stärker erodierten, vertikalen Schichten liegt, was die immensen Zeitabschnitte veranschaulicht, in denen geologische Abläufe stattfinden.

Die Brennerei Arran wurde 1995 eingeweiht – eine sehr späte Rückkehr zum Whisky für eine Insel, die einst für ihre Schwarzbrenner bekannt war. Warum aber entstand die neue Anlage nach fast 160 Jahren whiskyloser Zeit ausgerechnet im Norden statt im Süden, wo einst die meisten Destillerien angesiedelt waren? »Die Besitzer hatten ein Dutzend Standorte ins Auge gefasst«, erinnert sich der erste Geschäftsführer, die Whiskylegende Gordon Mitchell. Lochranza wurde schließlich wegen seines Wassers ausgewählt. »Unser Reservoir ist der Loch na Davie. Der See liefert uns Volumen und einen guten pH-Wert, der die Gärung unterstützt. Außerdem schwimmen in ihm keine toten Schafe!«

Wie in den meisten neuen Brennereien wurde auch bei Arran die Anlage in eine einzige Halle gepackt. Früher kaufte man das Mahlgut, inzwischen betreibt man eine eigene Mühle. »Ich möchte die Kontrolle über den ganzen Prozess haben«, erklärt Geschäftsführer James MacTaggart. Er stammt aus Islay und brachte 30 Jahre Erfahrung aus Bowmore mit. Kein Wunder, dass jedes Jahr eine getorfte Variante entsteht.

Ein Arran versprüht vom ersten Tag an ein intensives Zitrusaroma, was einen frischen Gegenpol zur Unterlage aus sprödem Getreide bildet. MacTaggart: »Schwer zu sagen, woher es stammt. Ich lasse unsere winzigen Stills sehr langsam laufen und gebe ihnen reichlich Zeit für den Rückfluss. Das könnte die Zitrusnote verursachen.«

Die Entscheidung, einen leichten Brand zu produzieren, erfolgte aus kommerziellen Erwägungen. Arran wurde kurz vor dem Siegeszug der jungen, torfigen Whiskys gegründet. Der Markt verlangte nach einem relativ rasch reifenden Vertreter. Mitunter wird der Arran als »unkompliziert« beschrieben, doch würdigt man ihn damit nicht angemessen. Selbst nach 19 Jahren wächst die Destillerie weiter. In den letzten Jahren hat ihr Whisky gezeigt, dass er sogar Sherryfässern standhält.

Ein weiterer positiver Schritt war die Reduzierung der Finishing-Varianten. Zudem ist der Whiskymanufaktur das Schwierigste überhaupt gelungen: Sie hat überlebt. Mit »nonkonformistisch« ist das Haus nur unzureichend beschrieben. Arran ist weder klassisches Highland noch Lowland oder das, was man gemeinhin eine Inselbrennerei nennt. Arran – die Insel wie auch der Whisky – ist eben Arran.

ARRAN – Verkostungsnotizen

NEW MAKE

Nase Sehr zitrusfruchtig und volatil: frischer Orangensaft, unreife Ananas mit einer Kleie-/Hafernote. Grün.
Geschmack Fast prickelnd. Sauber, Unmengen an Zitrusfrucht. Sehr fokussiert und süß. Getreide.
Abgang Sauber und intensiv.

ROBERT BURNS 43%

Nase Volatil und aromatisch, recht esterig, mit Zwetschgen- und Mirabellennoten. Der Arran-typische Zitruston manifestiert sich hier als Pampelmuse. Mit Wasser parfümduftig.
Geschmack Schlägt in eine ähnliche Kerbe wie der Duft. Obstblüten und Schnittblumen. Spritzig, mit leichter Kalknuance.
Abgang Lebendig und zitrusfruchtig.
Gesamteindruck Jung, aber schon ausgewogen.

Stil **Duftig und blumig**
Ähnlich The Glenlivet 12 Jahre

10 JAHRE 40%

Nase Offenbart ein bisschen mehr getreidigen Charakter, verfeinert durch Mandarine und etwas Banane. Mit Wasser weich-sahnig.
Geschmack Verhalten; ein klassischer Arran-Mix aus Getreide und Frucht. Wasser macht ihn weicher.
Abgang Würzig: Ingwer und Thai-Ingwer.
Gesamteindruck So jung und schon so selbstbewusst.

Stil **Fruchtig und würzig**
Ähnlich Clynelish 14 Jahre

12 JAHRE FASSSTÄRKE 52,8%

Nase Ausgewogen, süß. Die Kreide vereint sich hier mit Zitronenkernen und frisch gesägtem Eichenholz.
Geschmack Süß und konzentriert. Entspannt; blumige Noten, Zitrustöne und reife Haselnüsse in schöner Eintracht beisammen.
Abgang Zitronenmalzbonbons.
Gesamteindruck Der Charakter kaschiert den Alkohol.

Stil **Fruchtig und würzig**
Ähnlich Strathisla 12 Jahre

14 JAHRE 46%

Nase Mild, warm, geröstete Eiche. Leicht und grün, etwas Fenchel, Zitronengras und Süße.
Geschmack Leicht süß. Reift gut, mit mehr ausgewogenen Eichennoten. Vanillesoße und Yuzu.
Abgang Noch immer leicht angespannt.
Gesamteindruck Die Festigkeit beim Abschied zeigt, dass der Brand noch viel in petto hat.

Stil **Duftig und blumig**
Ähnlich Yamazaki 12 Jahre

Jura

CRAIGHOUSE • WWW.ISLEOFJURA.COM • GEÖFFNET MAI–SEPT MO–SA, BESUCHE NUR NACH VORANMELDUNG

Eine Brennerei auf Jura aufzuziehen ist keine schlechte Leistung. Die Insel gehört nicht gerade zu den bevölkerungsreichsten der Hebriden, und die Transportwege – alles muss über Islay herbeigeschafft werden – treiben die Fixkosten in die Höhe. In Craighouse gab es einst eine Destillerie, die im Lauf der Zeit Namen trug wie Caol nan Eilean, Craighouse, Small Isles oder Lagg. Als sie 1910 dichtmachte, sah es ganz danach aus, als müssten die Insulaner ihren Whisky künftig aus dem benachbarten Islay holen.

1962 allerdings begannen sich Robin Fletcher, der Vermieter von George Orwell während dessen Aufenthalt auf der Insel, und Tony Riley-Smith, dessen Neffe das *Whisky Magazine* herausgibt, Gedanken über den Bevölkerungsschwund auf der Insel zu machen und beauftragten William Delmé-Evans mit dem Bau einer neuen Brennerei.

Wenn es auf Jura etwas im Überfluss gibt, dann Torf. Dennoch kam bis vor Kurzem keiner zum Einsatz. Small Isles brannte zwar stark getorften Whisky, doch Fletcher und Riley-Smith hatten als Hauptkunden Scottish & Newcastle, die für ihre Blends leichte, ungetorfte Ausführungen brauchten. Also erzeugten sie diesen Stil – wie die meisten Destillerien um 1960 – und installierten dazu riesige Brennblasen.

Eines seiner prägenden Aromen bekommt der Inselwhisky indes von dem, was sich über dem Torf befindet: Farne, die in den feuchten Sommerwäldern wachsen und eine getreidige Sprödheit beisteuern. Der Jura ist zäh. »Er muss sich erst setzen, bevor man ihn ins Sherryfass schicken kann«, erklärt Richard Paterson, Master Blender der Muttergesellschaft Whyte & Mackay. »Fast gibt er einem zu verstehen: Ich fühle mich im Anzug wohl, nicht aber im Nerzmantel. Füll mich zu früh ins Sherryfass und ich stapfe in die falsche Richtung davon.«

Dieser langwierige Prozess nimmt einen gehörigen Teil der ersten 16 Jahre seines Lebens in Anspruch und erreicht seinen Höhepunkt mit frühestens 21 Jahren. Inzwischen ist Torf nicht mehr wie früher tabu; die intensiv getorften Single-Cask-Abfüllungen offenbaren Kiefern- und Farnkrautdüfte, während der grasige Superstition eine Alternative dazu anbietet – und obendrein auch noch komplexer gerät. Langfristig tut Jura vermutlich gut daran, mit der Natur zu arbeiten und nicht gegen sie.

Jura, das singuläre Eiland: eine Straße, ein Dorf, ein Whisky.

JURA – Verkostungsnotizen

NEW MAKE

Nase Staubig, trocken, grünes Farnkraut. Leicht grasig.
Geschmack Intensiv und leicht, mit einem Anflug von Parfüm im Mittelteil, dann Mehl. Sehr fest.
Abgang Mit seiner Süße eine harte Nuss.

9 JAHRE FASSPROBE

Farbe Golden.
Nase Mehl und Staub haben sich als grünes Malz mit Haselnuss im Hintergrund konkretisiert. Zitrus (Zitrone) schlägt durch, während der grüne Farn neben einer schwachen Nugatnote Bestand hat. Nach wie vor spröde.
Geschmack Sehr trocken und fest. Mandelsplitter, unreife Frucht, Malz.
Abgang Beginnt sich ganz zum Schluss zu öffnen und gibt einen süßen Kern preis.
Gesamteindruck Einfach, eine klare Fortsetzung des New Make. Noch immer mit festem Unterbau.

16 JAHRE 40%

Farbe Bernstein.
Nase Reiche, extrahierte Holztöne: Vanille, süßes Trockenobst, Pflaumen, Kastanien und Brombeergelee. Leicht milchiger Touch. Ein trockenes Grundthema.
Geschmack Rundlicher und weicher als der 9-Jährige. Seidiges Mundgefühl, mild. Reifes Obst mit trockenem Gras (eine geschmackliche Fortsetzung des grünen Farnkrauts).
Abgang Ein Mix aus süßem Sherry und fester Spirituose.
Gesamteindruck Das aktive Fass hat dazu beigetragen, die zugrunde liegende Süße hervorzuholen.

Stil **Reichhaltig und rund**
Ähnlich The Balvenie 17 Jahre Madeira Cask, The Singleton of Dufftown 12 Jahre

21 JAHRE FASSPROBE

Farbe Mahagonibraun.
Nase Reif, englischer Christmas Pudding mit Piment, Ingwer, Rosinen und getrockneten Schalen. Dann Melasse, eine tweedartige Note (vielleicht verfliegt das Trockene endgültig). Beginnende Konzentration.
Geschmack Gewaltiger Sherryeinfluss (Palo Cortado). Süß-pikant. Obstkuchen und Walnuss. Weich und lang.
Abgang Reife süße Früchte.
Gesamteindruck Die verführerische Würze macht sich in der Entwicklung des Jura spät bemerkbar.

Tobermory

TOBERMORY • WWW.TOBERMORYMALT.COM • GANZJÄHRIG GEÖFFNET MO–FR

Wer Schottlands Westküste schon einmal befahren hat, weiß, dass sie zwar eines der spektakulärsten Segelreviere der Welt ist, dass man hier aber auch mit den widrigsten Witterungsbedingungen fertig werden muss. Tobermory, Hauptstadt der Isle of Mull, gehört zu den wichtigsten Anlaufstellen für Skipper, die nach einer Auseinandersetzung mit den Elementen Erholung suchen. Während man die Anlegestelle Richtung Mishnish Hotel entlangwankt, wird man als Erstes von einem Gebäude begrüßt, das in einem ähnlichen Zustand wie man selbst ist: von den Wellen gebeutelt und von der Gischt gepeitscht.

Tobermory, man muss es sagen, ist nicht die schönste Brennerei Schottlands. Ihre Geschichte hat gewisse Parallelen zu der Historie der Inseln selbst. Gegründet wurde sie im späten 18. Jahrhundert als Brauerei. Anschließend hatte sie zahlreiche Besitzer, die sie so schlecht behandelten wie viele Hausbesitzer ihre Mieter auf den Hebriden. Bis 1993 herrschte zudem eine klare Ausbauphilosophie: »Wenn das Fass aus Holz ist, taugt es völlig.« Heute steht sie unter der Obhut von Burn Stewart und gehört zu jenen Anlagen, denen sich Ian MacMillan (siehe Deanston, Seite 104) angenommen hat. Es gelang ihm, sie wieder wachzuküssen. Obwohl der ölige, gemüseartige New Make etwas sonderbar wirkt, ist ihm ein interessanter moosiger Zug eigen, der sich parallel zur roten Frucht entwickelt. Mehr als nur etwas sonderbar hingegen sind die Stills mit einer S-förmigen Biegung am obersten Punkt des Schwanenhalses. »Diese Schleife ist der Clou«, so MacMillan. »Sie beschert uns reichlich Rückfluss, der die zugrunde liegende Leichtigkeit fördert.«

Das Leichte ist auch in der stark getorften Abfüllung des Hauses zu spüren. Ledaig (»Lietschik« gesprochen) bietet einen New Make voller Senf, Napfschnecken und Rauchnoten wie von einem Dampfschiff. Die 30+-Versionen beider Whiskys offenbaren jedoch, wie finessenreich sie werden können. Beide sind Individualisten, die Zeit brauchen. »Sie kommen schwer in die Gänge«, räumt MacMillan ein, »aber das ist nun einmal der Stil. Wer sagt denn, dass Whisky in fünf Minuten fertig sein muss?«.

Der Giebel von Tobermory ist für viele erschöpfte Schiffer ein willkommener Anblick.

TOBERMORY – Verkostungsnotizen

NEW MAKE

Nase Ölig. Gemüse und merkwürdigerweise Lakritze. Verzieht sich dieser Ton, kommen Moos und Messing, Artischocke und Kleie zum Vorschein.
Geschmack Ölig. Anfangs fett und fest, zum Schluss aber knochentrocken.
Abgang Hart und kurz.

9 JAHRE FASSPROBE

Nase Sehr fruchtig (Fruchtbonbons und Limettensirup), Kaubonbons mit Erdbeergeschmack. Dann nasse Kekse, Bockshornklee, ölig und zum Schluss eine Sherrynote.
Geschmack Leinsamenöl. Statt Frucht tut sich nun eine Vollkornnuance auf, die immer süßer wird. Mit Wasser etwas Balsaholz.
Abgang Spröde.
Gesamteindruck Das Süße und das Trockene aus dem New Make befehden sich noch immer.

15 JAHRE 46,3%

Farbe Dunkles Bernsteinbraun.
Nase Große Sherrywirkung mit Sultaninen über den grünen Noten, die sich schon im Rohwhisky manifestiert haben. Minzschokolade; zudem entwickelt sich ein reifer, marmeladiger Zug.
Geschmack Würzig, etwas Kirsche (und Sherry). Die rote Frucht entwickelt sich in eine interessante Richtung. Haselnuss.
Abgang Trocken, mit einem Tropfen Rübensirup.
Gesamteindruck Das Fass hat ihm die Kanten abgeschliffen, doch bekommt man den Eindruck, dass er noch seine Zeit braucht.

Stil **Reichhaltig und rund**
Ähnlich Jura 16 Jahre

32 JAHRE 49,5%

Nase Reif, Holunderbeeren, Rosinen, leicht rauchig, Herbstwald, Laubhumus und wieder Moos.
Geschmack Fester Grip mit nachdrücklichen, schweren Sherrynoten. Zeder und eine milde, weiche Cremigkeit.
Abgang Anhaltend.
Gesamteindruck Findet endlich zu sich selbst.

Stil **Reichhaltig und rund**
Ähnlich Tamdhu 18 Jahre, Springbank 18 Jahre

Abhainn Dearg

ABHAINN DEARG • CARNISH, ISLE OF LEWIS • WWW.ABHAINNDEARG.CO.UK • GANZJÄHRIG GEÖFFNET MO–FR

Besucher, die von den Äußeren Hebriden zurückkehren, wissen, dass man dort einer kulturellen Errungenschaft huldigt, deren Ursprünge viele Jahrhunderte zurückreichen: dem begeisterten Konsum schottischer Brände. Umso mehr verwundert es, dass die lange Inselkette aus Vorposten der Zivilisation zwischen 1840 und 2008 keine eigene Brennerei auf die Beine gestellt hat – zumindest nicht offiziell. Die letzte Brennerei auf der Inselkette hieß Shoeburn.

Sie pumpte beträchtliche Mengen an Spirituosen in den Hauptort der Insel Lewis. Aber nur wenig gelangte über die Insel hinaus. Wie gesagt, die Begeisterung für Kultur …

2008 beschloss Marko Tayburn, etwas dagegen zu tun. Der Bau einer Brennerei ist kompliziert und braucht Geduld, Visionen, volle Taschen und, um mit Marko zu sprechen, »viel Zeit, in der man auf dem Hintern sitzt und Formulare ausfüllt«. Schon die Gründung einer Destillerie auf dem Festland hat ihre Tücken. Soll sie aber auch noch an der Nordwestküste einer der westlichsten britischen Inseln erfolgen, wird es richtig verzwickt. Trotzdem zog Marko es durch. Er trieb eine alte Fischfarm am Red River *(Abhainn Dearg)* auf, entwarf die Stills selbst, besorgte sich einheimische Gerste und machte sich an die Arbeit. Das Ziel der Selbstversorgung ist im Grunde Inselrealität. Muss etwas getan werden, tut man es eben.

Über seinen kraftvollen, torfigen Brand sagt er: »Er ist anders und er hat Charakter – genau das will man ja. Er ist die Summe aller Einzelteile. Aber«, er hält inne, »er ist auch ein Stück der Hebriden mit ihrem Machair-Boden, dem Torf, dem Sand, dem Wasser und den Bergen.«

»Die großen Anlagen sind ja schön und gut«, fügt er hinzu, »ich mag jedoch die kleinen Brennereien, die andere Orte und Menschen widerspiegeln.« Kein Gespräch mit Marko, in dem nicht die Landschaft, ihre Menschen und sein Stolz, Hebrider zu sein, zur Sprache kommen. Der Abhainn Dearg ist daher mehr als nur ein Produkt. Er ist Ausdruck einer ganz bestimmten Haltung.

So entlegen die Brennerei sein mag, so ist sie doch fest mit der großen Whiskywelt verknüpft, denn es kommen ungewöhnlich viele Besucher nur wegen ihr nach Lewis. Inzwischen reifen sogar Pläne, auch auf Harris und Barra Anlagen zu gründen. Erleben wir etwa gerade die Entstehung einer neuen hebridischen Whiskykultur?

ABHAINN DEARG – Verkostungsnotizen

SINGLE MALT 46 %

Farbe Dunkles Bernsteinbraun.
Nase Reif, Holunderbeeren und Rosinen. Leicht rauchig. Ein Hauch Herbstwald, Laubhumus und wieder Moos.
Geschmack Durchweg eine Rauchnote. Ein schweres Destillat, das auf der Zunge liegt. Heißer Senf, Öl, Lederfett.
Abgang Getreidig.
Gesamteindruck Jung, mit faszinierendem Mix aus Gewicht und Leichtigkeit. Braucht Zeit in aktiven Fässern.

Stil **Fruchtig und würzig**
Ähnlich Kornog

Abhainn Dearg hat auf den Äußeren Hebriden eine Whiskyrenaissance angestoßen.

Talisker

TALISKER • CARBOST • WWW.DISCOVERING-DISTILLERIES.COM/TALISKER • GANZJÄHRIG GEÖFFNET, NÄHERES SIEHE WEBSEITE

Kaum eine schottische Destillerie kann sich eines schöneren Standorts rühmen als Talisker am Loch Harport im Dorf Carbost. Berg und Meer treffen hier aufeinander. Hinter der Brennerei erheben sich die Cuillin Hills, deren narbiger Kamm eine Barriere nach Süden zu bildet. Stellen Sie sich ans Ufer und atmen Sie tief ein: Seetang und Salzwasser. Nun wenden Sie sich dem New Make zu: Rauch, Hummerschalen, Austern. Talisker destilliert sich selbst. Natürlich ist das romantische Spinnerei, von der man an einem so extremen Ort befallen wird – einer Insel, auf der einem die eigene Bedeutungslosigkeit bewusst wird.

Hugh MacAskill, genannt »Big Hugh«, baute seine Destillerie hier jedoch nicht aus irgendwelchen metaphysischen Gründen. Der Neffe eines Landbesitzers auf Mull, dessen Gut Mornish er einmal erben sollte, ging 1825 nach Talisker und zwang den dort lebenden Menschen – zumindest denen, die nach der Vertreibung durch den vorherigen Landbesitzer Lauchlan MacLean noch übrig waren – rücksichtslose »Verbesserungen« auf. Talisker ist also wie Clynelish (siehe Seite 133) eine jener Brennereien, die im Zuge der »Clearances« entstanden sind. Die Landbevölkerung hatte die Wahl, in Carbost zu bleiben und in der dortigen Destillerie zu arbeiten oder sich wegzuscheren und in die Kolonien zu gehen. Die menschenleere Schönheit von Skye beruht nicht allein auf geologischen Gegebenheiten, sondern auf der frühkapitalistischen Rücksichtslosigkeit des 19. Jahrhunderts. »Skye ist nicht unbevölkert«, schreibt der britische Schriftsteller Robert MacFarlane. »Die Insel wurde entvölkert.«

Auch der Whisky scheint sich zunächst nicht aus abstrakten Einflüssen zu speisen. Rückfluss, Purifier und Torf – die Verarbeitungsprozesse selbst stehen im Mittelpunkt. Und doch führt einen das Defilee der Geschmacksnuancen letztlich wieder zurück zu den geologischen Bedingungen an der Küste. Dank des dünnen Bodens von Skye wird die Brennerei aus 21 Quellen gespeist. Die Gerste ist getorft und stammt heute aus Glen Ord; vergoren wird lange und obendrein in Holz. Mit der Maische beschickt man zwei ansprechend geformte Brennblasen.

Bei diesen hohen Pot Stills muss man ansetzen, wenn man das Geheimnis von Talisker ergründen will. Der Rückfluss läuft in einem Schwanenhals mit U-förmiger Biegung ab. Er kehrt über ein Purifier-Rohr in die Brennblase zurück, während der Schwanenhals dahinter wieder nach oben schwingt, eine Wand durchstößt und sich in eine kalte Worm Tub senkt. Dann fließt der Rohbrand in drei unspektakuläre Spirit Stills (vielleicht ein Überbleibsel aus der Zeit, als auf Talisker dreifach destilliert wurde) und wird schließlich zum komplexen New Make.

Zwischen Meer und Cuillin Hills: Talisker ist eine der am schönsten gelegenen Brennereien in ganz Schottland.

Natürlich darf Rauch nicht fehlen, doch macht sich auch Schwefel bemerkbar, bedingt durch die Kombination aus Worm Tubs und erschöpftem Kupfer. Der Rückfluss in die Wash Still sorgt überdies für ölige Süße. Irgendwann zieht sich der Schwefel in den hinteren Gaumenbereich zurück und macht den Weg frei für die Talisker-typische Pfeffernote.

Ist Talisker also eine reine Whiskyfabrik oder verkörpern die weißen Gebäude auch ein Terroir? »Natürlich kann man den Ort im Whisky einfangen«, ist sich Douglas Murray, Master Distiller und Blender bei Diageo, sicher. »Der Brand lässt sich nicht destillieren, ohne das Wesen des Terroirs einzufangen. Hier gibt es etwas, was einen Talisker zu dem macht, was er ist. Was, werden wir nie erfahren.«

In den letzten Jahren ist die Talisker-Familie stark gewachsen. Sie reicht nun von kraftvoll-torfigen Vertretern wie 57° North, Storm und Dark Storm bis zu Stammspielern wie dem 25- und 30-Jährigen. Allen ist die Mischung aus Land, Meer und Küste eigen. Skye in der Flasche eben.

Alle Inselwhiskys haben nur überlebt, weil ihre Macher pragmatisch dachten und die überwiegend vom Torf induzierten Wesenszüge so kompromisslos sind wie die Landschaft selbst. So gibt Whisky nicht nur über seine Herkunft, sondern auch über seine Schöpfer Auskunft.

Brand-Spuren: Ein pfefferig-rauchiger Talisker befindet sich während seiner Verweildauer in Eiche in ständigem Austausch mit dem Holz, das ihn sanft umschmiegt.

TALISKER – Verkostungsnotizen

NEW MAKE

Nase Etwas Rauch zum Auftakt. Sehr süß, im Hintergrund Schwefel. Austern-Salzlake, Hummerschale. Zum Ausklang duftender Rauch.
Geschmack Trocken rauchig und schwefelig. Leichte Teernote. Neues Leder. Weiche Früchte. Salzig.
Abgang Lang, rauchig und pfefferig, Schwefel als Basis.

8 JAHRE REFILL-FASS, FASSPROBE

Nase Duftend. Heidekrautige/erdige Torfnote. Weißes Pfefferkorn; entwickelt medizinale Nuancen. Noch immer der salzlaken- bzw. austernartige Ton des New Make. Jod und getrocknete Minze. Mit Wasser erscheinen Sumpfmyrte und Lärche.
Geschmack Weiße Pfefferkörner im großen Stil. Meeresnoten. Feste, dicke Textur mit etwas Öl. Komplex.
Abgang Trocken, dann süß, anschließend wieder trocken und pfefferig.
Gesamteindruck Geht schon in eine reife Richtung.

10 JAHRE 45,8%

Farbe Golden.
Nase Feuer mit viel Rauchentwicklung. Heidekraut, Süßholzwurzel und Heidelbeere. Erdiger Rauch (Lagerfeuer), Schweinebratenkruste und ein Anflug von Seetang. Darunter Süße. Ausgewogen. Leicht komplex.
Geschmack Direkt. Reicher, komplexer Mix aus Paprikaflocken, dann eine deutlich süße, weiche Frucht mit rußiger/moosiger Rauchnote. Andeutung von Schwefel. Melange aus Meer und Küste, Süßem, Scharfem und Rauchigem.
Abgang Pfefferig und trocken.
Gesamteindruck Ein Gleichgewicht aus Gegensätzen.

Stil **Rauchig und torfig**
Ähnlich Caol Ila 12 Jahre, Springbank 10 Jahre

STORM 45,8%

Nase Rauchig und salzig. Brandung und ein volatiler Einschlag vom schwefeligen New Make. Wasser beruhigt den Sturm etwas und lässt der sirupigen, fruchtigen Süße Raum, bevor der salzige Rauch zurückkehrt.
Geschmack Typisch Talisker, lullt mit Süße ein, um anschließend kräftig und bestimmt Rauchzeichen zu geben.
Abgang Salzig und pfefferig.
Gesamteindruck Ein NAS (ohne Altersangabe), der das Torfelement in den Vordergrund rückt.

Stil **Rauchig und torfig**
Ähnlich Springbank 12 Jahre

18 JAHRE 45,8%

Farbe Golden.
Nase Komplex, brennendes Heidekraut, süßer Tabak, alte Lagerhalle, erloschenes Lagerfeuer. Darunter Marzipan-Nugat-Butterkekse und eine leicht krautige Anwandlung. Reichlich Rauch. Reich und komplex.
Geschmack Kommt nur langsam in die Gänge, dann Pfeffer, etwas Räucherfisch, vor allem aber süßer Fruchtsirup, der ein ausgleichendes Element ins Spiel bringt. Baut sich phasenweise zu einem explosiven Schluss auf.
Abgang Rote Pfefferkörner.
Gesamteindruck Hat sich die Talisker-typische Angriffslust bewahrt, doch wird das süße Herz immer größer.

Stil **Rauchig und torfig**
Ähnlich Bowmore 15 Jahre, Highland Park 18 Jahre

25 JAHRE 45,8%

Nase Duftend, Veilchen mit nassem Seil, Salzlake auf Leinwand, grüner Farn und leichte Ledernoten. Küstenaromen, Gartenfeuerglut.
Geschmack Enorm komplex. Erdbeeren mit zerstoßenen schwarzen Pfefferkörnern, Lorbeerblatt, Seetang und Rauch.
Abgang Salzige Schokolade.
Gesamteindruck Ausgewogen, reif, geheimnisvoll. Ein klassischer Talisker.

Stil **Rauchig und torfig**
Ähnlich Lagavulin 21 Jahre

ORKNEYINSELN

Die Orkneyinseln hoch droben im Norden sind anders als das übrige Schottland. Auf dem Archipel, gegen dessen Klippen eine unbarmherzige See ohne Unterlass anstürmt, findet man aufrechte Megalithen ebenso wie jungsteinzeitliche Grabkammern und uralte Rundhausanlagen. Fast könnte man den Eindruck

Das Gestern ist auf Orkney weiter lebendig – was sich erschmecken lässt.

bekommen, als seien Wikingersagen hier immer noch Gegenwart. Alles existiert Seite an Seite auf dieser magischen Inselgruppe, deren zwei Whiskybrennereien einen jeweils eigenen Weg gefunden haben, ihr Terroir zum Ausdruck zu bringen.

Highland Park & Scapa

HIGHLAND PARK • KIRKWALL • WWW.HIGHLANDPARK.CO.UK • GANZJÄHRIG GEÖFFNET, NÄHERES SIEHE WEBSEITE

SCAPA • KIRKWALL • WWW.SCAPAMALT.COM

Als die Propeller die Wolken zerschneiden, tut sich weit unten eine gewellte Küste auf, die von dieser Höhe mehr wie ein sanfter Walzer von Land und Meer als das trunkene Taumeln der schottischen Westküste anmutet. Die Orkneys – ihre Landschaft und Kultur, ihre Menschen und ihr Whisky – sind anders als das übrige Schottland. Der Archipel aus flachen grünen Scheiben ist ein Außenposten nordischer Kultur geblieben, ohne wirklich skandinavisch zu sein, und gehört zu Schottland, ohne wirklich schottisch zu sein. Die beiden Destillerien auf den Inseln, Highland Park und Scapa, stehen für zwei unterschiedliche Ansätze der Brennkunst: einen naturalistischen und einen technologischen.

Highland Park steht, wie der Name schon andeutet, hoch oben auf einem Hügel über Kirkwall. Mit ihren dunklen Steinmauern sieht die Brennerei aus, als sei sie direkt aus dem Fels gewachsen. Geht man durch das verzierte Tor, über dem groß das mutmaßliche Gründungsjahr 1798 steht, fühlt man sich, als würde man in eine andere Dimension eintreten: in ein Reich aus gepflasterten, verwinkelten Gassen zwischen Gebäuden, die mit den veränderten Bedürfnissen der Brennerei organisch gewachsen zu sein scheinen.

Die hauseigene Tennenmälzerei liefert 20 Prozent des benötigten Rohstoffs. Sie wird täglich anders befeuert – einmal mit Torf, dann mit Koks, was dem Whisky einen mittleren bis schweren Charakter verleiht. Anschließend wird mit ungetorftem Malz vom Festland gemischt. Bei der ausgedehnten Gärung kommt Trockenhefe zum Einsatz, die Destillation erfolgt langsam. So entsteht ein New Make, der duftende Rauchnoten mit Zitrusfrische verbindet. Ein »HP« ist vom ersten Augenblick an süß – und oszilliert zeit seines Lebens zwischen Rauch, Süße, Orangen und reichhaltigen Früchten. Manchmal gewinnt Torf die Oberhand, dann wieder drängt die Süße nach vorn. Im Alter wiederum verschmelzen beide Elemente zu einer dichten, honigartigen Einheit.

SCAPA: EINE STILVARIANTE

Über Scapa Flow steht rund eine Meile Luftlinie von Highland Park entfernt die Brennerei Scapa. Die Whiskys beider Betriebe könnten nicht unterschiedlicher sein. Dem ungetorften saftig-fruchtigen Scapa-Stil geht man im Brennhaus, genauer gesagt in der Lomond Still dort, auf den Grund. Obwohl deren Platten im Inneren entfernt wurden, sorgen der breite Hals und der Purifier für reichlich Kupferkontakt. Die vom neuen Besitzer Chivas Brothers renovierte hübsche Destillerie und ihr ausgesprochen süffiger New Make werden endlich bekannter.

Entscheidend aber ist nicht nur der Anfang, sondern auch das Ende der Whiskywerdung. Wie es sich für eine Edrington-Brennerei gehört, befehligt ein eigener Master of Wood, George Espie, den Holzeinsatz. Seit 2004 werden keine Bourbonfässer mehr befüllt – der Whisky reift in Ex-Sherryfässern aus vierjähriger, luftgetrockneter europäischer und amerikanischer Eiche. »Mit dieser Strategie erreichen wir stilistische

Mit seinen steilen, gepflasterten Gassen erinnert Highland Park an eine geschlossene mittelalterliche Stadt.

Beständigkeit«, erklärt Markenbotschafter Gerry Tosh. »Das ist die größte Herausforderung, wenn man vom 12- bis zum 50-Jährigen sieben Varianten hat.« Während sich Espie und Whiskymeister Max MacFarlane mit der Schlussphase befassen, kümmert sich Orkney um den Start.

Wer sich ins Hobbister Moor wagt, dem die Brennerei 350 Tonnen Torf im Jahr entnimmt, bemerkt das ganz eigene Aroma des Landes: einen kiefernartigen, krautigen Duft, der auch im Whisky zu erkennen ist. Wenn man wissen will, warum ein HP wirklich anders ist, fährt man zu den Klippen von Yesnaby, wo die vom Flugzeug aus vorgegaukelte Illusion eines sanften Küstentanzes jäh weggeblasen wird. Über den von Wellen bearbeiteten, vielfarbenen Gesteinsschichten erreicht der Wind an 80 Tagen im Jahr Geschwindigkeiten von mehr als 160 km/h. »Hier nimmt alles seinen Anfang«, verrät Tosh. »Wegen der salzigen Winde gab es nie Bäume auf Orkney, sondern nur Heidekräuter. Deshalb ist auch der Torf anders – und mit ihm sein Rauch. Er prägt den Highland Park.« Dessen Charakter wurzelt in seinem Entstehungsort.

HIGHLAND PARK – Verkostungsnotizen

NEW MAKE

Nase Rauch und Zitrus. Viel Auftrieb, sehr süß. Frisch, Kumquatschale und ein bisschen saftige Frucht.
Geschmack Etwas Nuss. Ausladende süße Zitrusnote, dann drängt duftender Rauch heran.
Abgang Wird immer süßer. Birne zum Ausklang.

12 JAHRE 40%

Farbe Hellgolden.
Nase Die Frucht schlägt durch und macht den Torf weicher. Nach wie vor viel Zitrus, saftiger Obstkuchen, Beeren und Olivenöl. Mit Wasser gebackene Früchte und milder Rauch.
Geschmack Weich und mild, mit Andeutungen von Sultaninen und Torf, der langsam vom Mittelteil aus heranzieht. Alles konzentriert sich auf der Zungenmitte.
Abgang Süßer Rauch.
Gesamteindruck Schon offen. Wird komplexer.

Stil **Rauchig und torfig**
Ähnlich Springbank 10 Jahre

18 JAHRE 43%

Farbe Kräftig golden.
Nase Reif. Fetter als der 12-Jährige, mit fleischigerer Frucht anstelle der Schalen des 12-Jährigen. Madeirakuchen, Süßkirsche und mehr Gewürze. Karamellbonbon und heller Honig. Rauch, der im offenen Kamin verfliegt.
Geschmack Die dichtere Progression hält an. Getrocknete Pfirsiche, Honig, polierte Eiche, Walnuss. Saftig, etwas Orangenmarmelade.
Abgang Eingebundene Rauchnote.
Gesamteindruck Klare Familienähnlichkeit. Die Eiche gibt ihm mehr Gewicht.

Stil **Reichhaltig und rund**
Ähnlich The Balvenie 17 Jahre Madeira Cask, Springbank 15 Jahre, Yamazaki 18 Jahre

25 JAHRE 48,1%

Farbe Bernstein.
Nase Üppig, mit Unmengen von süßem Trockenobst. Mehr heidekrautartiger Rauch und Heidehonig als der 18-Jährige. Der Beginn einer Rancionote mit Möbelpolitur und feuchter Erde.
Geschmack Melasse und konzentrierter Fruchtzucker. Piment, Muskatnuss. Bleibt süß.
Abgang Getrocknete Orangenschale und duftender Rauch. Darjeeling-Tee.
Gesamteindruck Kommt allmählich in ein gesetztes Alter, der Brennereistil ist jedoch noch zu erkennen.

Stil **Reichhaltig und rund**
Ähnlich Springbank 18 Jahre, Jura 21 Jahre, Ben Nevis 25 Jahre, Hakushu 25 Jahre

40 JAHRE 43%

Nase Reif. Leichte Rancionoten. Sehr exotisch. Wildleder und eine sinnliche, schweißige Muskatnuance. Rauch im Hintergrund, dann ein Rückgriff auf Karamellbonbon-/Tablettensüße. Wächst mit Wasser und unterhält noch stundenlang, nähert sich dabei duftendem Rauch (Moorfeuer) und einem Anflug von Iriswurzel.
Geschmack Trockener Auftakt, wird dann ölig und belegt die Zunge. Das Leder kehrt mit Hinweisen auf Bittermandeln, Rosinen und getrockneten Obstschalen zurück. Später zieht Rauch heran und übernimmt die Führung.
Abgang Spröde, dann süßer.
Gesamteindruck Reif und entwickelt, aber unverkennbar Highland Park.

Stil **Rauchig und torfig**
Ähnlich Laphroaig 25 Jahre, Talisker 25 Jahre

SCAPA – Verkostungsnotizen

NEW MAKE

Nase Esterig, Bananen, grüne Erbsen, Quitte, Zwetschge. Etwas feuchte Erde im Hintergrund und ein Hauch von Wachs.
Geschmack Süß und leicht ölig. Fruchtgummi.
Abgang Sauber. Kurz.

16 JAHRE 40%

Farbe Golden.
Nase Wird von reichlich amerikanischer Eiche überlagert. Banane und Fruchtkaubonbons. Leicht und aromatisch, ein Anflug von frischem Thymian.
Geschmack Noch immer eine verhalten ölige Note. Reichlich fettes Mundgefühl und doch luftig. Geringe Rösttöne aus dem Eichenholz. Die Frucht verankert ihn auf der Zungenmitte.
Abgang Geschmeidig und reif.
Gesamteindruck Lebhaft und entgegenkommend.

Stil **Fruchtig und würzig**
Ähnlich Old Pulteney 12 Jahre, Clynelish 14 Jahre

1979 47,9%

Farbe Golden.
Nase Integrierter, mit einem Touch Kakao und zerdrückten bzw. schwarzen Bananen. Die Quitte kehrt zurück. Voll und lebendig.
Geschmack Komplex und reich. Bourbon-Kekse, Guave. Gekohlte Eiche. Süß.
Abgang Mild würzig. Frucht.
Gesamteindruck Noch immer reichlich Destilleriecharakter, aber ruhiger als der springlebendige 16-Jährige. Braucht Zeit, bis er erwachsen ist.

Stil **Fruchtig und würzig**
Ähnlich Craigellachie 14 Jahre

CAMPBELTOWN

»Campbeltown Loch, ach, wärst du doch nur Whisky«, heißt es in einem alten schottischen Lied. In gewisser Weise ging dieser Traum sogar in Erfüllung, denn in der Kleinstadt auf der Halbinsel Kintyre gab es einmal 34 Brennereien. Davon verschwanden 15 während der Krise in den 1850er-Jahren, doch im ausgehenden 19. Jahrhundert war Campbeltown Malt ein begehrtes Gut und mit seinem öligen, rauchigen Charakter ein fester Bestandteil von Blends. Der Ort boomte.

Ein Beweis für den einstigen Reichtum der Stadt sind die Villen an der Ostseite der Bucht. Campbeltown war ein Whiskyparadies: Es hatte einen tiefen Naturhafen, ein Kohleflöz vor Ort und 20 Mälzereien in der näheren Umgebung, die lokale Gerste und andere Getreidesorten aus Irland sowie Südwestschottland verarbeiteten. In die Straßen und Gassen zwängte man etliche Brennereien. Ende der 1920er-Jahre indes war nur noch eine, Riechlachan, in Betrieb, und auch sie schloss 1934 ihre Pforten – gerade als die einzigen, die bis heute überlebt haben, den Betrieb wieder aufnahmen: Springbank und Glen Scotia.

Warum die übrigen 17 untergingen, wurde nie ganz geklärt. Es kursieren mehrere Theorien. Überproduktion, so heißt es, habe zu einem Abfall der Qualität geführt, wenngleich man die Behauptung, dass der Whisky sogar in Heringsfässer gefüllt wurde, in das Reich der Legenden verweisen kann. Andere machen die Unfähigkeit, die Abwässer loszuwerden, für das Scheitern verantwortlich – oder auch das Versiegen der Kohlevorkommen von Machrihanish. All das spielte eine Rolle, doch gibt es keinen singulären Faktor für das Verschwinden der Destillerien. Campbeltown ist einfach nur ein exponierter Landstrich, der von einem Sturm zwangsläufig am härtesten getroffen wird.

In den 1920er-Jahren konzentrierten sich Blender auf ihre beliebtesten Stile; die rauchigen, öligen Campbeltown-Vertreter waren nicht mehr so gefragt. Zudem hatte man mit den Auswirkungen der gesunkenen Nachfrage im Ersten Welkrieg und dem Rückgang der Produktion zu kämpfen. Zu allem Übel waren die britischen Steuern 1918 und 1920 stark angehoben worden, doch verbot man den Brennereien, dies an die Verbraucher weiterzugeben. Auch das Exportgeschäft lief wegen der Prohibition in den USA und der Weltwirtschaftskrise schlecht. Mit steigenden Kosten auf der einen und sinkenden Absatzzahlen auf der anderen Seite wurde die Whiskyherstellung unwirtschaftlich – besonders für kleine, unabhängige Häuser.

Gern vergessen wird allerdings, dass der gesamte Sektor betroffen war. In den 1920er-Jahren schlossen in ganz Schottland 50 Destillerien. 1933 arbeiteten im ganzen Land nur noch zwei Anlagen mit Pot Stills. Als die Krise schließlich vorbei war, hatte die Distillers Company Ltd. die Branche rationalisiert (etwas, was man schon um 1850 erlebt hatte und was sich nach 1980 wiederholte). Campbeltowns meist kleine Betriebe passten einfach nicht mehr in die neue Whiskywelt. Die Vorstellung, dass Scotch von jeher ein sorgloses Leben lebte, ist falsch.

Und doch gibt es ein Happy End. Campbeltown ist inzwischen wieder als eigene Whiskyregion rehabilitiert und beherbergt heute drei Brennereien, die fünf Varianten abfüllen. Einer der Erzeuger dient als Vorbild für die neue Welle kleiner, unabhängiger Destillerien, ein anderer wurde wiederbelebt. Von einem Whiskysee muss die Stadt weiter träumen, doch mischt sie zumindest wieder im Geschehen mit.

Oben: Mit seiner tiefen, geschützten Bucht avancierte Campbeltown zu einem wichtigen Fischereihafen und Whiskyort, der einen raschen Zugang zu den Lowland-Märkten bot.

Unten: Von hier aus verschifften einst 34 Destillerien ihre Erzeugnisse. Heute sind davon lediglich noch drei übrig.

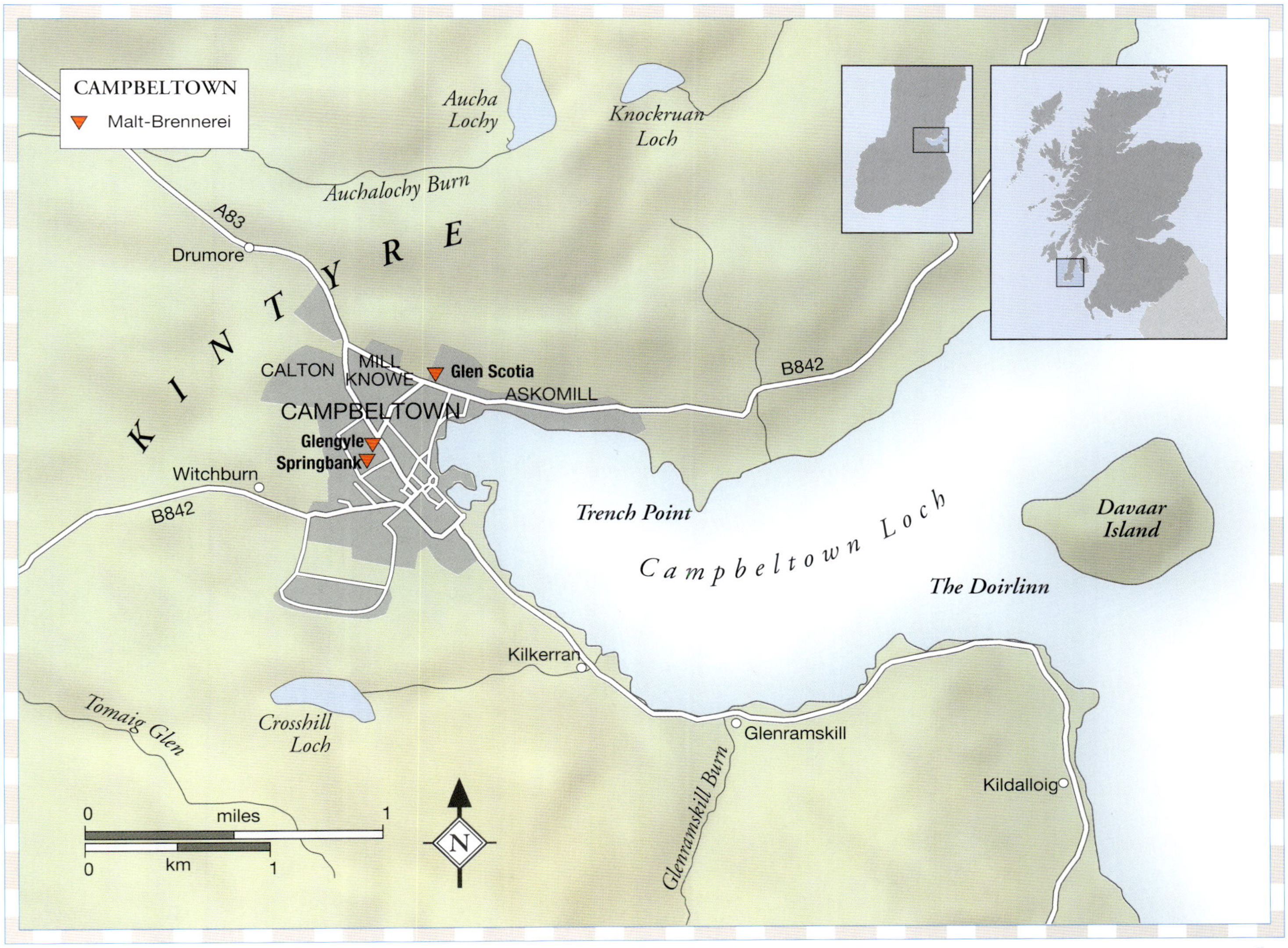
CAMPBELTOWN
Malt-Brennerei
Aucha Lochy
Knockruan Loch
Auchalochy Burn
A83
Drumore
KINTYRE
CALTON
MILL KNOWE
Glen Scotia
ASKOMILL
B842
CAMPBELTOWN
Glengyle
Springbank
Witchburn
B842
Trench Point
Campbeltown Loch
Davaar Island
The Doirlinn
Kilkerran
Glenramskill
Crosshill Loch
Tomaig Glen
Glenramskill Burn
Kildalloig
0 miles 1
0 km 1
N

Springbank

CAMPBELTOWN • WWW.SPRINGBANKWHISKY.COM • GANZJÄHRIG MO–SA GEÖFFNET, ANMELDUNG ERFORDERLICH

Die in einer engen Gasse hinter einer Kirche versteckten Gebäude von Springbank sind seit 1828 im Besitz ein und derselben Familie – Rekord in der Scotch-Industrie. Autarkie ist hier das Schlagwort: Vor Ort wird gemälzt, destilliert, ausgebaut und abgefüllt. Damit ist Springbank die einzige schottische Brennerei, in der alles unter einem Dach geschieht. Diese vollkommene Unabhängigkeit ist allerdings relativ neu. Wie andere Betriebe mit Vertragspartnern wurde das Haus von der Krise der 1980er-Jahre getroffen und reagierte darauf mit einer Rückkehr zu den wesentlichen Dingen. Springbank wollte sein Schicksal selbst in die Hand nehmen und nicht mehr von den Großen abhängig sein.

Dieses Gleichgewicht zwischen der Wahrung alter Werte und Zukunftsorientierung fasziniert am meisten. Man braucht sich nur anzusehen, was im Inneren der Gärbehälter abläuft. »Wir versuchen immer, mit unseren Brennverfahren so weit in der Zeit zurückzugehen, wie es uns aufgrund alter Aufzeichnungen nur möglich ist«, erläutert Produktionsleiter Frank McHardy. Das heißt, man arbeitet mit niedriger Stammwürze (knapp 12,5 Grad Plato), langer Gärung (100 Stunden) und einer dünnen Maische (zwischen 4,5 und 5 Prozent – der Standard liegt bei 8 bis 9 Prozent). »Die ausgedehnte Gärung in Lärche fördert die Entstehung von Fruchtnoten, die geringe Stammwürze die Bildung von Estern.«

Insgesamt drei Brennblasen arbeiten in Springbank, eine direkt befeuerte Wash Still und zwei Low Wines Stills, von denen eine in ein Worm Tub führt. Sie bringen drei unterschiedliche New Makes hervor. Der eigentliche Springbank wird 2,5-fach destilliert; die Wash Still liefert also den Rohbrand und die Low Wines Still den Nachlauf, während sich das Endergebnis aus der zweiten Low Wines Still zu 20 Prozent aus Rohbrand und 80 Prozent aus Nachlauf zusammensetzt. Dabei entsteht ein großer New Make, der zu den komplexesten seiner Art im Scotch-Universum gehört, sich lange ausbauen lässt und den Eindruck vermittelt, als seien alle schottischen Stile zu einem einzigen verschmolzen.

Springbank ist ein Wahrer traditioneller Whiskywerte geblieben – und gleichzeitig zum Vorbild für viele Neugründungen geworden.

Springbank ist die einzige Brennerei, die alles unter einem Dach mälzt, destilliert, ausbaut und abfüllt.

»Diese Herstellungsmethode gibt es, so weit unsere Unterlagen zurückreichen«, macht McHardy klar. »Wir wissen ziemlich sicher, dass Springbank in Campbeltown als einzige Brennerei mit diesem Verfahren gearbeitet hat.« Vielleicht hat sie deshalb überlebt.

Von den beiden anderen Stilen orientiert sich der duftige, apfelfruchtige, ungetorfte, dreifach destillierte Hazelburn an den Lowlands oder an Nordirland, wo McHardy 13 Jahre lang als Geschäftsführer von Bushmills gearbeitet hat. Der stark getorfte Long Row wiederum ist zweifach destilliert, aber vielleicht dem ursprünglichen Campbeltown-Entwurf näher. Dem in seiner Jugend kraftvollen Brand fehlt die gummiartige Unreife, die junge getorfte Whiskys mitunter verdirbt. Auch er kann später komplexer werden (siehe Seite 188). Alle drei Vertreter verweigern sich trotzig jeder Linearität. Der Geschmack schlägt Haken und läuft der Norm zuwider. Gleichzeitig sollte man Springbank nicht als Museum der Brennkunst missverstehen. Der Glaube an alte Methoden, aber auch die straffe Holzpolitik und die Autarkie haben das Haus zum Vorbild für neuere Brennereien gemacht.

Springbank ist nicht nur Vergangenheit, sondern auch Zukunft. Überlebt hat das Haus nur, weil es seiner Zeit immer voraus war.

SPRINGBANK – Verkostungsnotizen

NEW MAKE

Nase Riesig, üppig und komplex. Gebackene, weiche Frucht, etwas Vanille, ein Hauch von Frisiercreme und eine sehr leichte Getreidenote. Süß, reich und schwer. Mit Wasser Rauch und etwas Hefe.
Geschmack Schwer, ölig. Sehr körperreich, kräftige Rauchnote, leicht salziges Prickeln. Erdig und reif.
Abgang Erdig, voll.

10 JAHRE 46%

Farbe Hellgolden.
Nase Leichte Eichenschnipselnote. Rauch, reife Früchte, Extra-Vergine-Olivenöl und aromatisches Holz. Reich und gekohlt. Toastig, mit schwachem Zitruseinschlag.
Geschmack Süßer Auftakt, dann schlägt eine Andeutung von schwarzen Oliven durch, bevor sich salziger Rauch auftürmt. Nach wie vor straff.
Abgang Rauch. Lang.
Gesamteindruck Hat sich seit dem New Make langsam und sanft entwickelt. Wie junger weißer Burgunder oder Riesling. Sehr süffig, hat aber noch enorm viel in petto.

Stil **Rauchig und torfig**
Ähnlich Ardmore Traditional Cask, Caol Ila 12 Jahre, Talisker 10 Jahre

15 JAHRE 46%

Nase Rauch und Salzlake. Der Geruch von Strand nach einem Sturm. Schwarze Oliven, eine leicht grasige Nuance, dann geröstete Mandeln, Melone, saure Pflaumen und ein stetiger Zuwachs an öliger Tiefe.
Geschmack Ausgewogen und reichhaltig. Die höhere Alkoholstärke verleiht dem Rauch mehr Wirkung. Reich fruchtig, ölig und tief, mit Zitruseinschlag.
Abgang Lang, mild geräuchert.
Gesamteindruck Ausgewogen, komplex, vielschichtig.

Stil **Rauchig und torfig**
Ähnlich Talisker 18 Jahre

HAZELBURN – Verkostungsnotizen

NEW MAKE

Nase Sauber und würzig. Etwas flüchtige Säure und Limetten, ein Hauch von Stärke im Hintergrund. Intensiv und reintönig. Grüner Apfel.
Geschmack Leicht und mit messerscharfer Intensität, aber gutes, weiches Mundgefühl.
Abgang Renekloden.

HAZELBURN 12 JAHRE 46%

Farbe Kräftig golden.
Nase Sherrynoten: Amontillado-artige Nussigkeit mit Melasse, Pflaume und Sultaninen. Dahinter echte flüchtige Süße.
Geschmack Weich. Das Holz liegt schwerer auf der Zunge, aber die durchdringende Intensität durchschneidet die Eiche und legt eine pikante Schicht darüber. Der Zitruston wird mit der Zeit kräftiger. Orange und süßes Trockenobst.
Abgang Sauber.
Gesamteindruck Brennereicharakter und Eiche finden zu einem vollen, ausgewogenen Ganzen zusammen.

Stil **Fruchtig und würzig**
Ähnlich Arran 12 Jahre

LONGROW – Verkostungsnotizen

NEW MAKE

Nase Sehr süß. Cassis. Erdiger Rauch. Nasser Schiefer.
Geschmack Intensiver, süßer Auftakt, bis eine riesige Rauchwolke heranzieht. Würzige Tomatensauce.
Abgang Knochentrocken, Rauch und ein Anflug von prickelndem Salz.

14 JAHRE 46%

Nase Rund. Offenkundiger, aber nicht dominanter Raucheinschlag, da mehr Holz zum Tragen kommt – Moor und Kamin, Flieder und Farnkraut. Lagerfeuer und nasser Schiefer deuten an, dass da noch mehr dahintersteckt.
Geschmack Groß, leicht malzig. Trockener Holzrauch, dann kommen schon die reifen dunklen Früchte des New Make zum Zug und mischen sich mit süßen Datteln.
Abgang Der Rauch schwillt an und bleibt präsent.
Gesamteindruck Befindet sich im Höhenflug.

Stil **Rauchig und torfig**
Ähnlich Yoichi 15 Jahre, Ardbeg Airigh nam Beist 1990

18 JAHRE 46%

Nase Geröstete Gerste, karamellisierte Noten, dann Rauch und schwere Süße. Mit Wasser Teeröl, heißes Treibholz, Lakritze und Sesam.
Geschmack Eruptiver Rauch. Kraftvoll und erdig, mit Unmengen Frucht.
Abgang Lang anhaltend, ölig und reich.
Gesamteindruck Die Kombination aus direkt befeuerter Worm Tub und Torf liefert einen reichen, kraftvollen Malt.

Stil **Rauchig und torfig**
Ähnlich Yoichi 15 Jahre

KILKERRAN – Verkostungsnotizen

NEW MAKE

Nase Sauber, nasses Heu. Bäckerei und leichter Schwefel. Hefig und ein unsicheres Gewicht.
Geschmack Ähnlich schwer wie der Nachbar, ist aber fetter und erinnert eher an Marshmallows. Anfangs fruchtig, dann trockener und malzig.
Abgang Duftend.

3 JAHRE FASSPROBE

Farbe Sattgolden.
Nase Frühreif. Reichlich Kokosnuss. Süßes, feuchtes Heu/Raffia und Gebäck.
Geschmack Reif und süß, von Mango austarierte Eiche und ein getreidiger Grip. Mundfüllend.
Abgang Lang und süß.
Gesamteindruck Hat von einem aktiven Fass viel Unterstützung bekommen, bewegt sich nun aber zügig voran.

WORK IN PROGRESS NO 4 46%

Nase Sauber und süß. Gute Präsenz, süße Zitrusfrucht, gekochter Rhabarber und Dosenpfirsiche.
Geschmack Sehr leichte Kleienoten. Dick und viskos. Orangenschale und Vanille. Karamellbonbons. Zum Schluss eine säuerliche Nuance.
Abgang Ein Hauch Estragon. Die Süße hält an.
Gesamteindruck Der süße, fruchtige Brennereicharakter schlägt nur voll durch.

Stil **Fruchtig und würzig**
Ähnlich Oban 14 Jahre, Clynelish 14 Jahre

Glengyle & Glen Scotia

CAMPBELTOWN • WWW.KILKERRAN.COM • BESUCHE NUR NACH VORHERIGER ANMELDUNG

Der Niedergang des Whiskys von Campbeltown lässt sich an den Bauwerken der Stadt ablesen. Man stößt auf bizarre Spuren einstiger Brennereien: ein verblichenes Schild, die Form der Fenster eines Wohnblocks, ein Supermarkt mit Pagodendach – faszinierende und zugleich ernüchternde Erfahrungen, welche die Instabilität der Whiskybranche offenlegen. Dennoch würde man der Stadt einen schlechten Dienst erweisen, wollte man nur über ihrer Vergangenheit brüten. Denn Campbeltown ist nicht ein Ort für Whiskyarchäologen, sondern für Whiskyfreunde.

Im Jahr 2000 erwarb Hedley Wright, dessen Familie die Brennerei Springbank seit ihrer Gründung 1828 besitzt, die Nachbardestillerie Glengyle, die 80 Jahre lang stillgelegt war. Man baute die verbliebene Gebäudehülse um und stattete sie mit einer über eine einzige Ebene verteilten Anlage aus. Die beiden Brennblasen wurden von Frank McHardys erster Brennerei Ben Wyvis übernommen, die für kurze Zeit in der Grain-Destillerie Invergordon in Betrieb gewesen war. »Wir mussten sie geringfügig umbauen«, erinnert sich McHardy. »Der Kupferschmied veränderte die Helmform und flachte den Winkel der Brennblasenschulter etwas ab. Gleichzeitig wurde der Schwanenhals nach oben gewinkelt, um einen gewissen Rückfluss in den Stills zu erreichen.« Dabei entsteht, wie die ersten Abfüllungen zeigen, ein leicht getorfter, mittelschwerer Whisky. Er kommt unter der Bezeichnung Kilkerran auf den Markt, da der Markenname Glengyle der dritten Campbeltown-Brennerei, Glen Scotia, gehört. Als Alfred Barnard dem Ort einen Besuch abstattete, schrieb er, dass das damals noch Scotia genannte Haus »sich zu verstecken scheint, als sei die Kunst des Whiskybrennens … ein dunkles Geheimnis«.

Seitdem hat sich nicht allzu viel verändert. Glen Scotia zählt nach wie vor zu den schwer definierbaren Brennereien Schottlands. Berühmt geworden ist sie nicht zuletzt, weil ihr ehemaliger Eigentümer Duncan MacCallum angeblich in den Mauern herumspukt. Inzwischen gehört der Betrieb den Loch Lomond Distillers. Er steht seit 1999 wieder in voller Produktion, allerdings ganz ohne die Unterstützung von Springbank. Bei Redaktionsschluss wurde der Glen Scotia gerade frisch konfiguriert. Man verpasste ihm eine neue Verpackung und eine frische Markenstrategie mit einer 10- und einer 12-jährigen Abfüllung.

Links: Von den Toten auferstanden: Glengyle wurde 1999 aus 80-jährigem Schlaf wiedererweckt.

GLEN SCOTIA – Verkostungsnotizen

10 JAHRE 46%

Nase Leicht minzig, mit milder, frischer Vereinsdechantsbirne im Hintergrund. Beizeiten etwas Narzisse. Mit Wasser eine mineralische Note.
Geschmack Weich und leicht ölig, eine zentrale Süße. Geschmeidig. Das Blumige kehrt lilienartig zurück.
Abgang Weich, aber etwas kurz.
Gesamteindruck Ein verhaltener, ausgewogener Einstieg.

Stil **Duftig und blumig**
Ähnlich Chichibu Almost There

12 JAHRE 46%

Nase Robust und erdig, mit Hinweisen auf Nüsse, Getreide (Treber) und alte Münzen. Mit Wasser etwas nasse Steine und eine Gemüse- bzw. Steckrübennote.
Geschmack Voll, von Getreide getragen und ölig. Braucht Wasser, um weicher zu werden und seine leicht nussige Seite hervorzukehren.
Abgang Kalkig.
Gesamteindruck Ein Glen Scotia im alten Stil.

Stil **Malzig und trocken**
Ähnlich Tobermory 10 Jahre

Links: Eine Nase für Whisky. Edringtons Master Blender Gordon Motion bei der Arbeit.

Rechts: Das Personal mag gewechselt haben, doch der Blending-Prozess ist derselbe geblieben.

SCOTCH BLENDS

Single Malt mag ein typisches schottisches Produkt sein, doch würde es die meisten Erzeugerbetriebe überhaupt nicht geben ohne die heimischen Verschnitte: Sie zeichnen für 90 Prozent sämtlicher weltweit verkauften Scotch Whiskys verantwortlich. Wenn die Welt Scotch sagt, meint sie Blends. Und die haben durchaus ihre eigene Geschichte zu erzählen.

Bei Blends geht es nicht so sehr um das Terroir, sondern um Gegebenheiten und Geschmacksvorlieben. Scotch hat im Lauf seiner Geschichte zahlreiche Krisen erlebt, sich aber jedesmal durch Anpassung neu erfunden. In den 1830er-Jahren galt das Brennen von Whisky als gute Strategie, um schnell reich zu werden. Nach zwei Jahrzehnten allerdings produzierte die Branche bereits Überkapazitäten. Schottlands bevorzugte Spirituose war Rum, und sogar irischer Whiskey verkaufte sich besser als Scotch – in Schottland, wohlgemerkt. »Schuld war in erster Linie die Gleichförmigkeit«, erinnerte einst William Ross, Master Distiller des Schlüsselkonzerns Distillers Company Ltd. (DCL), den 1908 eingerichteten Königlichen Ausschuss für Whisky und andere Branntweine.

Per Gesetzesänderung war 1853 das Verschneiden von Whisky unterschiedlichen Alters aus ein und derselben Destillerie »unter Zollverschluss«, also vor der Versteuerung, zugelassen worden. Damit blieb nun mehr Raum für Experimente. Innerhalb eines Jahres kam Usher's Old Vatted Glenlivet auf den Markt. Die Blending-Häuser, wie wir sie heute kennen, entstanden um 1860 mit der ersten Vergabe von Lizenzen, die Gemischtwarenanbietern den Verkauf gestatteten. Einzelhändler vom Schlage eines John Walker und seines Sohnes Alexander, die Chivas Brothers oder Weinhändler wie John Dewar, Matthew Gloag, Charles Mackinlay, George Ballantine und William Teacher waren es denn auch, die die Gelegenheit zu nutzen verstanden.

Das Zusammenführen mehrerer Geschmacksnuancen und Texturen zu einem Ganzen war für sie nichts Neues. Entscheidend war allerdings nicht nur das Verschneiden, bei dem das wilde Temperament der Single Malts mit leichterem Grain aus Patent Stills beruhigt wurde, sondern das Beschriften der Etiketten mit dem Namen der Händler als persönlicher Qualitätsgarantie. Fortan sicherten Blends die Zukunft des Scotch und prägten Blender die Geschmacksmoden.

Ende des 19. Jahrhunderts wurden neue Malt-Brennereien speziell zur Bedienung der Blend-Märkte oder auf Betreiben der Verschneider selbst errichtet – vor allem an der Speyside, wo man einen milderen Stil anstrebte. Warum? Weil der Markt danach verlangte.

Findige Blender wie die Familien Walker und Dewar oder James Buchanan gingen nach England, erkannten, was die Mittelklasse trinken wollte, und stimmten ihre Blends passgenau darauf ab. So lief es auf der ganzen Welt ab. Blends wurden für einen bestimmten Zweck oder Anlass – Whisky Soda, Aperitif oder Drink vor dem Theaterbesuch – erzeugt. Scotch wurde zum Symbol des Erfolgs.

Das ging auch während der Prohibition und in der Nachkriegszeit so weiter. Die Verschnitte fanden den Weg von London zu den Beach Bars in Brasilien, den Nachtclubs von Schanghai oder den Spelunken von Soweto. Blends sind per definitionem fließend: Sie passen sich an Veränderungen des Geschmacks an. Sie leben im Hier und Jetzt.

Die Kunst des Blending

CHIVAS BROTHERS • WWW.CHIVAS.COM • SIEHE AUCH WWW.MALTWHISKYDISTILLERIES.COM

DEWAR'S • ABERFELDY • WWW.DEWARSWOW.COM • GANZJÄHRIG GEÖFFNET MO–SA

JOHNNIE WALKER • WWW.JOHNNIEWALKER.COM / WWW.DISCOVERING-DISTILLERIES.COM/CARDHU • GANZJÄHRIG GEÖFFNET, NÄHERES SIEHE WEBSEITE

GRANT'S • DUFFTOWN • WWW.GRANTSWHISKY.COM • WWW.WILLIAMGRANT.COM

Dass Geschichte von den Siegern geschrieben wird, gilt nicht für Scotch. In seiner Welt erzählt man sich, wie Single Malts von minderwertigen Kreaturen namens Blends vom Thron verdrängt wurden und erst nach einiger Zeit die natürliche Ordnung wiederherstellen und die Herrschaft zurückerobern konnten. Die Sache hat nur einen Haken: Bei 90 Prozent des weltweit verkauften Scotch Whisky handelt es sich um Verschnitte, Tendenz steigend. Blends sind die Sieger.

Auch das aber ist eine falsche Sichtweise. Blends und Malts leben in friedlicher Koexistenz. Sie brauchen einander und besetzen in der Whiskywelt jeweils eigene Nischen. Einer ist nicht besser als der andere, sie sind nur anders. Bei Malts dreht sich alles um die Intensität des Charakters. Single-Malt-Abfüllungen rücken diese Besonderheit noch stärker in den Fokus. Bei Blends aber geht es ums große Ganze.

Im Prinzip sind Blends schnell gemacht. Man nimmt ein paar Grains und Malts und mischt sie so, dass ein akzeptabler Geschmack dabei herauskommt. Man kann das auch selbst machen und eine Flasche als Unikat zusammenstellen. Aber was, wenn jedes Jahr Millionen Flaschen abgefüllt werden sollen? Ein solcher Blend muss jedesmal gleich schmecken, obwohl die einzelnen Bestandteile variieren, da jedes Fass nun einmal anders ist. Blender müssen die verfügbare Geschmackspalette in- und auswendig kennen. Sie müssen nicht nur wissen, wie Whisky A schmeckt, sondern auch, wie er schmeckt, wenn er mit Whisky B, C und D zusammentrifft. Sie müssen sich so viele Optionen wie möglich offenhalten um Beständigkeit zu erreichen. Denn der Hausstil muss um jeden Preis gewahrt werden.

Weil der Single Malt als Siegermacht gilt, wollen Whiskyfreunde angesichts eines Blends meist wissen, welche Malts in ihm enthalten sind, wie viele Eingang in die Legierung gefunden haben und wie alt sie sind. Die einfache Antwort lautet: die richtigen Malts, die passende Anzahl und das optimale Reifeniveau. Bei Blends sind Geschmack und Beständigkeit entscheidend. Wie man dorthin gelangt, spielt keine Rolle.

Die Malts werden danach ausgesucht, wie sie mit anderen Whiskys interagieren. Manche steuern Obertöne bei, andere Grip und wieder andere Weichheit, Fülle oder Rauch. Einige stammen vielleicht aus entspannten Fässern, was ihre Energie erhöht, andere sind – aus Malt-Sicht – überlang in der Holzklasse gereist, damit sie Grip bekommen.

Beteiligt sind genau so viele, wie man braucht, um das spezielle Geschmacksprofil und die optimale Reife hinzubekommen. Das ist etwas anderes als Alter. Alter drückt sich in Zeit aus, Reife im Zusammenspiel aus Holz, Brand und Luft. Unterschiedliche Reifegrade heißt unterschiedliche Geschmacksnoten. Blending ist keine Zahlenspielerei, sondern eine Geschmacksspielerei. Bedient man sich verschiedener Stile, Fasstypen und Reifegrade, bekommt man Komplexität.

Dann wäre da noch der Grain. Jim Beveridge, Master Blender bei Johnnie Walker, betont stets die gestalterische Kraft des Grain, der nicht nur selbst Geschmack beisteuert, sondern ihn auch den beteiligten Malts entlockt. Grain leistet seinen Beitrag zur Textur und macht Blends einheitlicher und stimmiger. Er ist für das weiche, die Geschmacksknospen streichelnde Element verantwortlich, das den Geschmack mitzuziehen scheint. Grains decken die verborgenen Komplexitäten im Malt – und damit auch im Blend – auf.

»Manchmal kann ein einzelnes Element in einem Malt stark dominieren, etwa Rauch«, weiß Brian Kinsman, Master Blender von William Grant & Sons. »Grain dämpft diese Dominanz und lässt Sekundär- und Tertiärnoten Raum. Der wesentliche Brennereicharakter ist noch vorhanden, aber nun schwingt mehr mit. Wesentlich ist das ausgewogene Verhältnis von Malt und Grain – und damit meine ich nicht den Anteil. Ein Blend ist nicht schlecht, nur weil er viel Grain enthält. Er ist schlecht, wenn ihm die Ausgewogenheit fehlt.«

Jede Grain-Brennerei hat ihren eigenen Stil. Blender legen ihren Mischungen zwar einen bestimmen Grain zugrunde, aber sie machen sich auch andere wegen ihrer jeweiligen Vorzüge zunutze.

»Der New Make von North British hat ölige, butterige Noten, weil Mais dabei ist,« so Kirsteen Campbell, Master Blender bei Cutty Sark. »Diese Noten werden mit zunehmender Reife süßer und vanilleartiger. Mit der Öligkeit ergeben sie ein angenehmes, weiches Mundgefühl. Das ist das süße Herz der Edrington-Blends. Keinen guten Grain einzusetzen ist wie billiges Mehl zum Backen zu verwenden. Vor allem aber macht Grain den Verschnitt weich, was gut zum kräftigeren Geschmack der Malts passt. Lässt man Grain länger reifen, wird er sehr komplex und bekommt reichere Eichentöne und subtile Gewürznoten.«

Dabei geht es aber nicht darum, unterschiedliche Geschmacksnuancen und Texturen einfach zusammenzuwerfen, sondern darum, diese scheinbar gegensätzlichen Elemente in Einklang zu bringen und das Gesamtergebnis für einen bestimmten Zweck bzw. Anlass maßzuschneidern. 1930 schrieb Aeneas MacDonald über Blends: »Durch Blending ist es möglich, einen Whisky zuwege zu bringen, der sich für ein anderes Klima und eine andere Klientel eignet. Der Exporthandel basiert fast ausschließlich auf der Flexibilität, die das Blending mit sich bringt.«

Diese Flexibilität ist nach wie vor entscheidend. Ein Blender überlegt nicht nur, was in seinen Verschnitt hineinmuss, sondern auch, wie er konsumiert werden wird. In der Regel sind Blends nicht dazu da, allein getrunken zu werden. Sie funktionieren meist in Cocktails am besten.

Blends sind vielseitig. Sie sind faszinierend. Sie sind der Grund, warum Whisky ein weltumspannendes Getränk ist.

SCOTCH BLENDS – Verkostungsnotizen

ANTIQUARY 12 JAHRE 40%

Nase Süß, mit britischem Sirup-Pudding, weich, pfirsichartige Frucht, ein Hauch von Vanille, popcornartiges Getreide.
Geschmack Mild, aber mit Tiefe. Der Grain offenbart leichte Milchschokoladenuancen. Süße Gewürze.
Abgang Lang und süß.
Gesamteindruck Ausgewogen und ausgeklügelt.

Stil **Fruchtig und würzig**

BALLANTINE'S FINEST 40%

Nase Lebendig und volatil. Gebäcknoten. Grasig und esterig. Subtile Süße mit grünem Einschlag.
Geschmack Frisch und parfümduftig. Helle Blüten, grüne Früchte und ein saftiger Mittelteil.
Abgang Knackig frisch.
Gesamteindruck Delikat, wird von Ginger Ale zum Leben erweckt.

Stil **Duftig und blumig**

BUCHANAN'S 12 JAHRE 40%

Nase Üppig: ganz Mango und Papaya, mit nachgiebiger Getreidenote und cremiger Eiche.
Geschmack Saubere Eiche steuert etwas Struktur und eine leichte Röstnote bei. Ein Hauch Kokosnuss. Bleibt fruchtig.
Abgang Leicht adstringierend und würzig.
Gesamteindruck Weich und generös.

Stil **Fruchtig und würzig**

CHIVAS REGAL 12 JAHRE 40%

Nase Leicht und getreidig. Heu, Ahornsirupsüße. Etwas Vanille.
Geschmack Frisch. Ananas und rote Früchte. Anklänge an Sultaninen geben den Heuelementen Tiefe.
Abgang Frisch und trocken.
Gesamteindruck Scheint zart, hat aber Substanz.

Stil **Duftig und blumig**

CUTTY SARK 40%

Nase Strahlend und prickelnd. Blanchierte Mandel, Zitronenkäsekuchen, Vanille und etwas grüne Birne bzw. grüner Apfel.
Geschmack Die vibrierende Energie aus dem Duft plus etwas seidiger Grain, der für Tiefe sorgt.
Abgang Pikant.
Gesamteindruck Sehr à point – und am besten mit Soda oder Ginger Ale zu genießen.

Stil **Duftig und blumig**

DEWAR'S WHITE LABEL 40%

Nase Sehr süß: zerdrückte Banane und schmelzendes Weiße-Schokolade-Eis. Mildes Getreide, etwas Honig. Bekommt mit seinen Andeutungen an Gewürznelken und Muskatblüte gerade den richtigen würzigen Effekt.
Geschmack Mild und cremig. Griechischer Joghurt, Zitrus und Tafelapfel.
Abgang Gewürznelken und Muskatblüte.
Gesamteindruck Der Süßeste unter den großen Blends.

Stil **Fruchtig und würzig**

THE FAMOUS GROUSE 40%

Nase Ausgewogen, pikante Orangenschale, reife Banane, eine Andeutung an grüne Oliven, Toffees.
Geschmack Weich, mit leicht nussiger Note, reife Früchte, Toffees, dann sorgen leichte Anklänge an Rosinen für Tiefe.
Abgang Leicht würzig, mit süßem Ingwer.
Gesamteindruck Mittelkörperreich und elegant.

Stil **Fruchtig und würzig**

GRANT'S FAMILY RESERVE 40%

Nase Frische mit seidigem Grain als Unterbau, geröstete Marshmallows, Mandelflocken, leicht blumige Note.
Geschmack Mehr Substanz, wächsern, dunkle Schokolade, rote Früchte und Karamell.
Abgang Lang, etwas Trockenobst.
Gesamteindruck Mittelschwer, ausgewogen.

Stil **Fruchtig und würzig**

GREAT KING STREET 46%

Nase Amerikanische Vanillelimonade, Birnen, Maiglöckchen und milder Grain. Recht blumig.
Geschmack Üppig und weich, mit Hinweisen auf grünen Kardamom, Anis, Zitrone und Nektarine.
Abgang Mild und recht lang.
Gesamteindruck Relativ hoher Malt-Anteil und mehr Einsatz von Firstfill-Fässern. Als Highball probieren.

Stil **Fruchtig und würzig**

OLD PARR, 12 JAHRE 40%

Nase Ledrig, reich und reif. Rosinen, Datteln und Walnuss, in die Flieder, Veilchen und etwas Zitrustöne mit Leichtigkeit und Duftigkeit – hier in Gestalt von flambierten Orangenschalen, Kümmel und Koriander – eine Bresche schlagen.
Geschmack Dicke, fruchtige Johannisbeerviskosität, dazu Kümmel- und Koriandersamen. Das Leder kehrt zurück.
Abgang Sherry-artig und tiefgründig.
Gesamteindruck Ein reichhaltiger Blend alter Schule.

Stil **Reichhaltig und rund**

JOHNNIE WALKER BLACK LABEL 40%

Nase Dunkle Früchte: Brombeeren, gekochte Pflaumen, Rosinen, etwas Obstkuchen. Mit Wasser eine leicht maritime Rauchnote.
Geschmack Weich und reich, mit Sherrytiefe und etwas Zitrusmarmelade, die Schwung in den Trockenobstreigen bringt.
Abgang Leicht rauchig.
Gesamteindruck Komplex und reichhaltig.

Stil **Reichhaltig und rund**

IRLAND

Im ersten Jahrzehnt des neuen Jahrtausends war irischer Whiskey großteils in Vergessenheit geraten – ausgerechnet in einem Land, das vermutlich schon vor Schottland eine Spirituose aus Gerste gebrannt hatte und dessen Liebe zu diesem Geist so groß war, dass Shakespeare im 16. Jahrhundert schrieb: »Lieber will ich ... einem Irländer meine Aquavitflasche ... anvertrauen als meine Frau sich selbst.«

Dennoch wurden die Iren einst nicht mit *aqua vitae* berühmt, sondern mit *usquebaugh*. Gemäß einem Zeitgenossen Shakespeares, dem Reiseschriftsteller Fynes Moryson, war er »unserem eigenen [englischen] *aqua vitae* vorzuziehen, weil Weintrauben, Fenchelsamen und anderes hineingemischt wurde«. Das aromatisierte Destillat auf Whiskeybasis war bis ins 19. Jahrhundert eine geschätzte irische Spezialität.

Wie in Schottland wogte damals ein Kampf zwischen dem meist ländlichen, schwarzgebrannten Whiskey, *poitin*, und dem mit staatlicher Genehmigung erzeugten Whiskey aus Cork, Galway, Bandon, Tullamore und vor allem Dublin, das sich gerade zu einem wichtigen Handelsplatz mauserte. Die Arbeitsamen konnten dort ein Vermögen machen, etwa in der keimenden Whiskeybranche. Männer wie John Jameson und seine Söhne profitierten von der neuen Gesetzgebung aus dem Jahr 1823, die Investitionen in Destillationsanlagen den Boden bereitete und Dublin zur Whiskeykapitale der Welt machte.

Allerdings gingen die Iren die Sache anders an als ihre Kollegen – und Verwandten – in Schottland. Der leichte Brand aus Aeneas Coffeys Patent Stills war ihre Sache nicht; sie bevorzugten Pot-Still-Whiskeys aus gemälzter und ungemälzter Gerste, aber auch aus Roggen und Hafer, und sorgten dafür, dass sie mit dem beständig gleichen Geschmack und in ausreichender Menge auf den Markt kamen. Wer um 1850 Whiskey trank, hatte in der Regel Irish Single Pot Still im Glas.

Damit war irgendwann Schluss. Von allen großen Whiskynationen ging es im 20. Jahrhundert mit Irland am stärksten bergab. Die Brenner spürten nicht nur die Wirtschaftskrisen mit aller Wucht, sondern bekamen auch die negativen Folgen der Unabhängigkeit dreifach zu spüren: Der britische Markt brach weg, vom US-amerikanischen schnitten sie sich freiwillig ab, weil sie nicht illegale Händler beliefern wollten, und durch die isolationistische Politik des Landes kollabierte die heimische Destillationsbranche. In den 1930er-Jahren waren nur noch drei Brennereien in Betrieb. Rund 30 Jahre später bündelten sie ihre Kräfte und schlossen sich zu den Irish Distillers Limited (IDL) zusammen.

Mit der Markteinführung eines neuen Blends von Jameson und der Eröffnung der Zentraldestillerie in Midleton im County Cork in den 1970ern indes begann sich das Schicksal erneut zu wenden.

Bei Drucklegung dieser Ausgabe lagen den Ämtern 19 Anträge auf Eröffnung einer Brennerei vor. »Wir kommen gerade von der ersten Sitzung des neuen Whiskeyverbands, der Irish Whiskey Association«, berichtet Noel Sweeney, Master Distiller von Kilbeggan Distilling (früher Cooley). »Seit dem 19. Jahrhundert hat es wohl keine so große Zahl irischer Brenner in einem Raum mehr gegeben.«

»Es ist eine Schande, dass wir nur drei Brennereien hatten und uns nie groß um unser Whiskey-Erbe gekümmert haben«, schimpft Oliver Hughes, Besitzer der neuen Destillerie Dingle. »Dabei hat das Land die berühmteste Whiskeykultur der Welt!«

Was also ist irischer Whiskey im 21. Jahrhundert? Einfach Whiskey aus Irland. Ein Getränk mit vielen Facetten – wie das Land selbst. Er ist Grain, Malt, Blend, Single Pot Still, rauchig und nicht rauchig. Er stammt von großen Brennereien und kleinen Manufakturen. Er wird im ganzen Land gemacht und pur, warm, als Longdring und geschüttelt getrunken.

Vorherige Doppelseite: Bis ins 19. Jahrhundert hinein wurde der Löwenanteil des irischen Whiskeys von Kleinbauern gebrannt.

Unten: Im ländlichen Irland ist die Erzeugung von Whiskey seit Jahrhunderten verwurzelt.

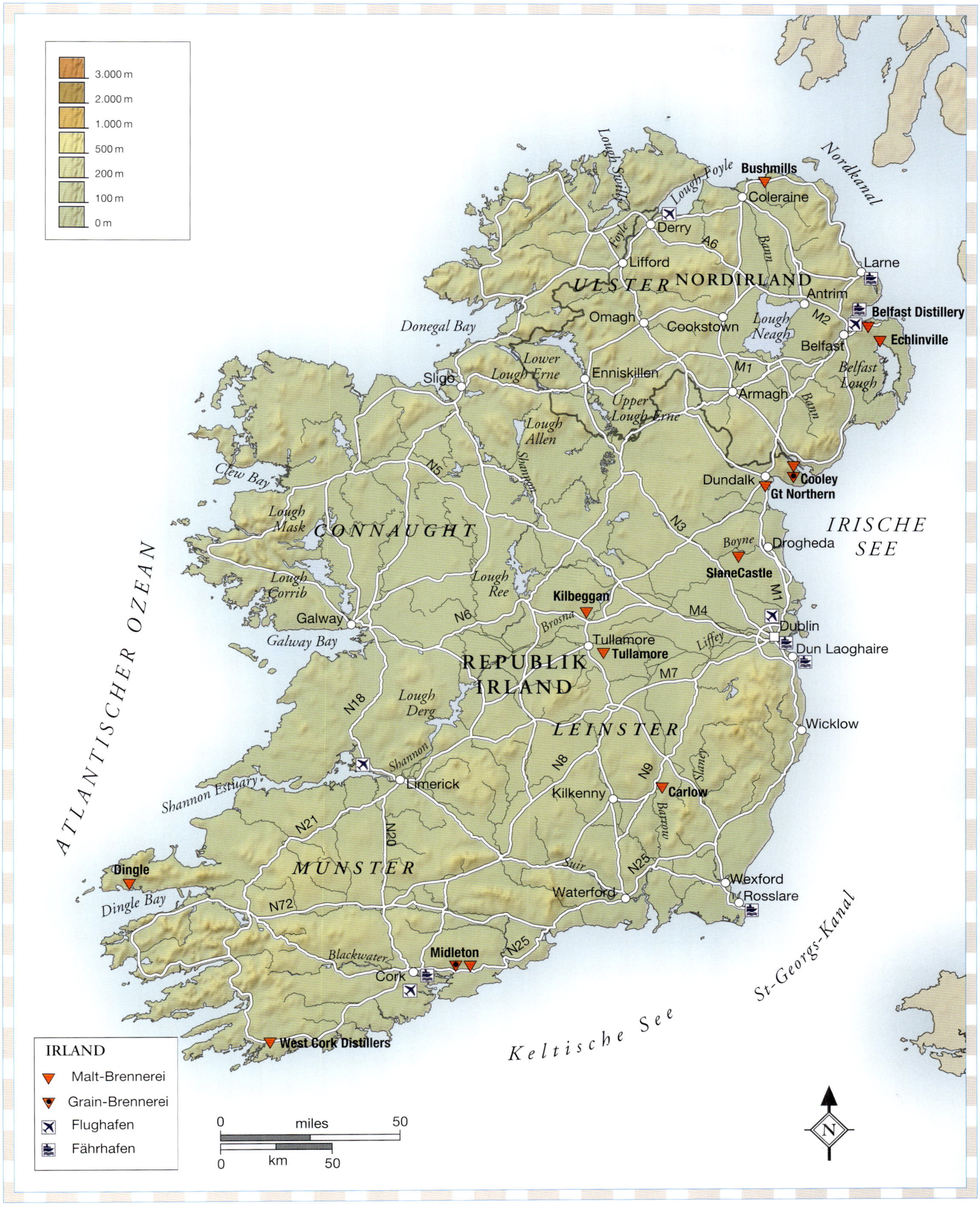
3.000 m
2.000 m
1.000 m
500 m
200 m
100 m
0 m
IRLAND
Malt-Brennerei
Grain-Brennerei
Flughafen
Fährhafen
0 miles 50
0 km 50
N
ATLANTISCHER OZEAN
IRISCHE SEE
Keltische See
St-Georgs-Kanal
Nordkanal
ULSTER
NORDIRLAND
CONNAUGHT
REPUBLIK IRLAND
LEINSTER
MUNSTER
Bushmills
Coleraine
Derry
Lifford
Larne
Antrim
Belfast Distillery
Echlinville
Belfast
Belfast Lough
Omagh
Cookstown
Lough Neagh
Enniskillen
Armagh
Sligo
Donegal Bay
Lough Swilly
Lough Foyle
Foyle
Bann
Lower Lough Erne
Upper Lough Erne
Lough Allen
Shannon
Dundalk
Cooley
Gt Northern
Drogheda
Boyne
SlaneCastle
Clew Bay
Lough Mask
Lough Corrib
Lough Ree
Kilbeggan
Brosna
Galway
Galway Bay
Tullamore
Dublin
Dun Laoghaire
Liffey
Lough Derg
Wicklow
Limerick
Shannon Estuary
Kilkenny
Carlow
Slaney
Barrow
Suir
Dingle
Dingle Bay
Waterford
Wexford
Rosslare
Blackwater
Cork
Midleton
West Cork Distillers
A6
M1
M2
N3
M4
N5
N6
M7
N8
N9
N18
N20
N21
N25
N72

Die Kunst der Destillation breitete sich möglicherweise von Irlands felsiger Küste nach Schottland aus.

Bushmills

BUSHMILLS • WWW.BUSHMILLS.COM • GANZJÄHRIG GEÖFFNET, NÄHERES SIEHE WEBSEITE

Der Nordkanal ist seit Langem eine viel befahrene Wasserstraße zwischen Irland und Schottland. Die beiden Länder teilten sich über viele Jahre hinweg Geschichten, Gesänge und Gedichte, ja, sogar eine gemeinsame Politik und Wissenschaft. Wie ein Gezeitenfluss wogten von jeher Menschen und Ideen zwischen ihnen hin und her. Auch Whiskey gehörte dazu. Brach von hier aus die Brennkunst, verkörpert von der Familie Beaton, im Jahr 1300 zu den Ufern von Islay auf?

Um zu den Fakten zu gelangen, muss man jedoch zunächst die Halbwahrheiten wegfegen. So wurde das Haus gar nicht 1608 gegründet. Damals vergab man zwar in der Gegend Brennlizenzen, doch Erwähnung fand Bushmills mitsamt seinen zwei kleinen Pot Stills erst 1784. Im Jahr 1853 bekam das Haus nach mehreren »Verbesserungen« elektrisches Licht, das aber nur zwei Wochen brannte, weil ein Feuer die ganze Destillerie vernichtete. Ob das eine mit dem anderen zusammenhängt, ist nicht überliefert. Als Whiskeychronist Alfred Barnard um 1880 vorbeischaute, vermeldete er begeistert, dass die inzwischen vergrößerte Anlage »mit allerlei modernen Erfindungen ausgestattet ist«. Dreifach gebrannt wurde der Whiskey damals jedoch noch nicht. Damit begann man erst nach 1930, als der Schotte Jimmy Morrison geholt wurde, um die Qualität zu verbessern. Er schlug »eine Art dreifacher Pot-Still-Destillation vor, wie sie sonst nirgends praktiziert wird«. Bis in die 1970er-Jahre hinein wurde der Bushmills außerdem getorft.

Heute entstehen auf Bushmills neben einem leichten, grasigen, dreifach gebrannten Malt noch Blends wie der reiche, fruchtige Black Bush und der frische Original mit Ingwernote. Sie sind zugänglich, süffig und komplex zugleich – im Grunde genau das, was man von einem so wandlungsfähigen Betrieb erwartet.

Neun scheinbar wahllos im Brennhaus verstreute Stills spucken den Brand aus. Ihre schlanken Hälse zwingen den Dampf zu einem innigen Austausch mit dem Kupfer und erhöhen den Rückfluss.

Angestrebt wird ein leichter Whiskey, was man durch eine Dreiteilung des Brands aus den Intermediate Stills erreicht. Der Vorlauf fließt in den Low Wines Receiver, den Rohbrandbehälter. Dann wird ein Mittellauf gewonnen, der in den Strong Feints Receiver kommt, während der Rest, die Weak Feints, im Low Wines Receiver endet (siehe Seite 17). Die beiden Brennblasen für den Mittellauf werden anschließend mit jeweils 7.000 Litern Strong Feints beschickt. Nur ein winziger Schnitt – von 86 Prozent bis hinunter auf 83 Prozent – wird als Feinbrand gesammelt. Die Destillation setzt sich jedoch fort, wobei das restliche Destillat als Strong Feints aufläuft. Die Weak Feints und der Überschuss aus der Spirit Still werden erneut destilliert, geschnitten, wieder destilliert und aufgefüllt.

Statt sich aber mit den Details zu befassen, macht es wesentlich mehr Spaß, im Brennhaus zu stehen und zu schauen, zu riechen und zuzuhören. Der Brennmeister sieht inmitten seiner Spirit Safes aus wie ein Dirigent im Konzertsaal. Er bestimmt den Rhythmus aus zischendem Dampf und widerhallenden Ventileinsätzen, die die verwobenen Melodien aus schweren und leichten Aromen, aus Bass und Diskant, begleiten. Bushmills ist nicht linear und geordnet. Sein Geschmack ist im Fluss, überlappt sich, verzweigt sich und findet wieder zusammen.

Bei der Reifung kommt ein hoher Anteil von Firstfill-Fässern zum Einsatz. »Der Whiskey ist leicht und komplex, enthält aber weniger

Whiskey on the rocks: Von Bushmills zu den Basaltsäulen des Weltnaturerbes Giant's Causeway ist es ein Katzensprung.

Das große, weitläufige Gelände von Bushmills hat eine lange, bewegte Geschichte hinter sich.

Fuselöle«, so Geschäftsführer Colum Egan. »Wenn man einen zarten Brand hat, steckt man ihn nicht in schlechte Fässer.«

Alles in der Brennerei und in den reifenden Whiskeys deutet darauf hin, dass man sehr selbstkritisch zu Werke geht. Man hat es sich nie leicht gemacht, aber vielleicht gerade deshalb überlebt. Hier entstand nie so recht »irischer Whiskey«, sondern ein Bushmills. Sein Geschmack und seine Entstehung erzählen von einer eigenen Geschichte und einem kulturellen Terroir. Die stillen Straßen von Antrim und die zerklüftete Küste brachten talentierte Brenner mit forschendem Geist und dem Glauben an den Sinn von Sonderwegen hervor.

BUSHMILLS – Verkostungsnotizen

ORIGINAL, BLEND 40%

Farbe Hellgolden.
Nase Sehr frisch, mit delikatem Kräutereinschlag. Heißer Ton und duftende Gräser.
Geschmack Süß, leicht staubig. Süße Mitte mit ein paar Orangenblüten und Honig, der nach hinten zu grasig wird.
Abgang Spröde, ingwergetönt.
Gesamteindruck Wie geschaffen für das Verschneiden – und das meine ich als Kompliment!

Stil **Duftig und blumig**

BLACK BUSH, BLEND 40%

Farbe Kräftig golden.
Nase Saubere Eiche. Gewürze und Galiamelone mit etwas Datteln, schwarzer Traubensaft, dann Kokosnuss und Zeder. Mit Wasser Pflaumen-Clafoutis und Rhabarberkompott.
Geschmack Saftig, fruchtig, reif. Obstkuchen, Malzbonbon. Tief. Sammelt sich auf der Zungenmitte.
Abgang Cremig und lang.
Gesamteindruck Mit einem einzigen Eiswürfel servieren.

Stil **Reichhaltig und rund**

10 JAHRE 40%

Farbe Golden.
Nase Grünes Gras, das in leichtes Heu hineinspielt, Malztruhe, dann frischer Gips, Balsaholz. Klee.
Geschmack Spröde, aber mit der Vanillesüße von Ex-Bourbonfässern. Schwach duftig.
Abgang Getrocknete Gräser und Gewürzpulver.
Gesamteindruck Etwas voller als früher.

Stil **Duftig und blumig**
Ähnlich Cardhu 12 Jahre, Strathisla 12 Jahre

16 JAHRE 40%

Farbe Dunkles Bernsteinbraun.
Nase Großer süßer Sherrycharakter, reichlich konzentrierte dunkle Früchte, Pflaumen, aber auch süße Eiche. Hat sich das Saftige bewahrt. Rosinen und Teegebäck.
Geschmack Reif, weinig. Maulbeerkonfitüre, Johannisbeeren, Tannin, Schwarzkirschen und schließlich Karamell.
Abgang Wieder Trauben.
Gesamteindruck Reift in drei Eichentypen, aber noch ohne Grip.

Stil **Reichhaltig und rund**
Ähnlich The Balvenie 17 Jahre Madeira Cask

21 JAHRE, MADEIRA CASK FINISH 40%

Nase Groß und generös. Kuchen mit Butterglasur. Erinnert mit Wasser an eine Sherry-Bodega. Dann Minze, Zitrusschale und frisch gegerbtes Leder. Getreidesüße.
Geschmack Süß und adstringierend, dunkles Trockenobst, Sirup, rote Lakritze.
Abgang Fest, nussig und sauber.
Gesamteindruck Die doppelte Fasskur hat ihm Gewicht gegeben.

Stil **Reichhaltig und rund**
Ähnlich Dalmore15 Jahre

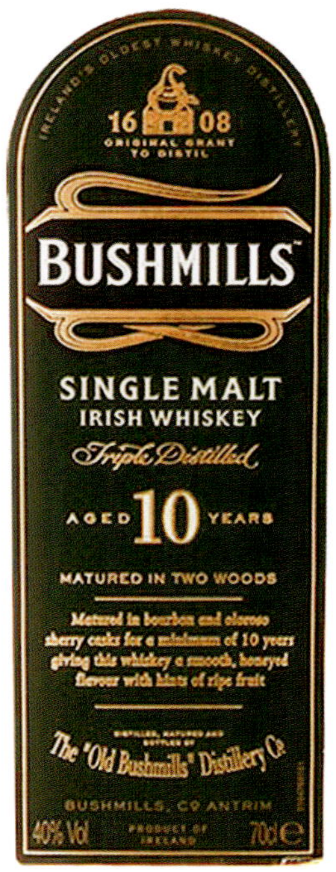

Echlinville & Belfast Distillery

ECHLINVILLE • KIRCUBBIN • COUNTY DOWN

Nach der Schließung von Coleraine 1978 hatte Nordirland nur noch eine Brennerei: Bushmills. Wie in der benachbarten Republik Irland war auch im britischen Teil der Insel die Whiskytradition in Vergessenheit geraten. Wenn die Brennblasen erkalten, verfliegen auch die Erinnerungen wie Aromen im Glas. Einst bekannte Namen wie Dunvilles existieren nur mehr als verblasste Etiketten und rostige Reklameschilder.

Das war nicht immer so. Zu Anfang des 19. Jahrhunderts erzeugte der Norden Irlands erkleckliche Mengen Pot Still Whiskey. Ende des Jahrhunderts firmierte er sogar als bedeutender Grain-Produzent. Was sich letztlich als sein Verhängnis erwies. Es wurmte die Distillers Limited (DCL) in Schottland nicht wenig, dass nordirischer Grain preiswerter zu haben war als Scotch – schließlich hatte sie in Schottland praktisch das Monopol auf diese Art von Whisky. Als dann in den 1920er-Jahren Überproduktion und schwache Verkaufszahlen die Brennereien in Bedrängnis brachten, begann DCL eine Shoppingtour im Norden. Zwischen 1922 und 1929 erwarb der Konzern Avonviel und Connswater in Belfast sowie Waterside und Abbey in Derry – und legte sie allesamt still. Um 1935 war Royal Irish in Belfast (Heimat von Dunville's) noch der einzige große Erzeuger, doch 1936 machte er trotz Gewinn aus unerklärlichen Gründen dicht.

Inzwischen nimmt im ehemaligen Stall eines herrschaftlichen Hauses in Echlinville auf der Halbinsel Ard eine mögliche Renaissance ihren Anfang. 2013 ging die zweite legale Brennerei Nordirlands in Betrieb. Sie ist ein Projekt von Shane Braniff, der zuvor mit Bestand von Cooley schon seine eigenen Abfüllungen namens Feckin Irish Whiskey und Strangford Gold auf dem Markt positioniert hatte. Als ihm durch den Verkauf von Cooley an Beam die Versorgung abgeschnitten wurde, löste er das Problem einfach dadurch, dass er seine eigene Brennerei aufmachte.

»Ich hatte das schon immer vorgehabt«, räumt er ein. »Sobald ich von meinen Marken sieben Container im Jahr verkaufe, habe ich gesagt, mache ich meinen eigenen Betrieb auf.« Er säte 40,5 Hektar Gerste an und steigt zudem auf Tennenmälzerei um. »Wenn eines Tages ›Vom Acker ins Glas‹ auf meinen Etiketten steht, dann stimmt das auch.«

Braniff weiter: »Mir geht es vor allem um Qualität. Aber heute zählt nur noch eines: der Preis. Trotzdem denke ich, wenn ich einen der besten Whiskeys der Welt brenne, wird sich das auch auszahlen.«

Damit steht er nicht allein. Bei Redaktionsschluss sollte gerade eine neue Anlage in Betrieb gehen. Der mutige Gründervater ist Peter Lavery, der einen Teil seines Lotteriegewinns aus dem Jahr 2001 in den Bau einer Malt-Brennerei im ehemaligen Belfaster Zuchthaus Crumlin Road Goal steckte. Dort sollen einmal jährlich 300.000 Liter eines dreifach destillierten Single Malt entstehen.

Braniff möchte einen neuen Whiskey namens Titanic ins Leben rufen, hat aber auch die erloschene Belfaster Marke McConnell's aufgekauft. Mit seiner Übernahme der Marke Dunville's besteht nun kein Zweifel mehr, dass sich der Norden wieder im Aufwind befindet und dabei gleichzeitig die Whiskey-Geschichte neu zu interpretieren gedenkt.

In diesem schlossähnlichen Domizil ist die Echlinville Distillery zu Hause.

Cooley

COOLEY • DUNDALK • WWW.KILBEGGANDISTILLINGCOMPANY.COM

Die Halbinsel Cooley im County Louth ist nicht nur Heimat einer Brennerei, sondern auch Schauplatz des mittelalterlichen Epos *Táin Bó Cúailnge*, in dem ein König und eine Königin über einen sagenhaften Stier in Streit geraten. Im Jahr 1988 nahm ein ähnlicher Kampf um die Seele des irischen Whiskeys seinen Anfang.

Damals gründete John Teeling seine Brennerei mit dem Ziel, irischen Whiskeykonsumenten eine Alternative zu bieten. Seit 1966 hatte es nur IDL gegeben. Was als irischer Whiskey zu gelten hatte, wurde damit unweigerlich von IDL vorgegeben und bedeutete: Er musste dreifach destilliert und ungetorft sein. Die nächsten 30 Jahre etablierte sich Cooley mit zweifach gebranntem Malt, getorftem Malt, Single Grain und Blends. Irischer Whiskey hatte damit seine Vielfalt wiedergefunden.

Bei der Wahl der Betriebsanlagen allerdings spielten ästhetische Erwägungen keine Rolle. Die zweckmäßigen Betonklötze hatten einst eine von fünf staatlichen Destillerien beherbergt, in denen Kraftstoff aus Kartoffeln gebrannt wurde. So hässlich die Brennerei aber auch aussieht, so herrlich duftet es in ihr. Man wird empfangen vom süßen Aroma von Maisbrot und Popcorn – eine Note, die sich im Single Grain Greenore wiederfindet. Der üppige Spirit auf Maisbasis entspringt einer Barbet-Kolonne mit 28 Platten. Am Brenngeschehen sind ferner zwei Pot Stills beteiligt, deren nach oben zeigende Schwanenhälse innen mit Kühlrohren versehen sind, um den Rückfluss zu fördern. Selbst der getorfte Connemara ist damit von einer Zartheit geprägt, die ein Gegengewicht zu den gewichtigen, torfartigen Phenolen bildet.

Blends waren von Anfang an Teil des Geschäfts: Weil die Malt-Anteile ihnen etwas Gewicht mitgeben sollten, führte man die Zweifachdestillation ein. Seit der Übernahme durch Jim Beam 2011 und der Umbenennung in Kilbeggan liegt der Schwerpunkt auf der gleichnamigen Marke. »Wir haben aufgehört, unseren Brand für Hausmarken und vertragsfreie Ware herzugeben«, erklärt Master Distiller Noel Sweeney. »Inzwischen fahren wir volle Kapazität für Kilbeggan.«

Mit ihrem ansehnlichen Arsenal aus frischen Bourbonfässern steht die Kilbeggan Distilling Company angesichts der momentanen Holzknappheit besser da als viele andere. Trotzdem ist die Versorgungslage angespannt. Sweeney: »Ich habe dem Forstminister neulich gesagt, dass er das ganze Fichtenzeugs vergessen und lieber Eichenwälder pflanzen soll. Dann könnten wir Selbstversorger sein!«

Das alte Cooley-Feuer brennt noch.

COOLEY – Verkostungsnotizen

CONNEMARA 12 JAHRE 40%

Nase Duftend, Rasenschnitt, Bambusblätter, getrocknete Äpfel und etwas Torf. Wie beim New Make hält sich der Torf verzagt zurück …
Geschmack … aber nicht am Gaumen, wo er sich unter Mandeln, Fenchelsamen und Bananen mischt.
Abgang Geräucherte Paprika. Torfrauch.
Gesamteindruck Ausgewogen.

Stil **Rauchig und torfig**
Ähnlich Ardmore Traditional Cask, Bruichladdich, Port Charlotte PC8

KILBEGGAN 40%

Nase Enorm ölig, mit Unmengen neuer Eiche, einem Aroma, das an neu gekaufte Turnschuhe erinnert, und einem intensiven, rauchigen Hickoryholzton.
Geschmack Dick, reichlich frische Eiche. Süße Energie.
Abgang Leicht, weiche Früchte. Eichen-Grip. Ölig.
Gesamteindruck Groß und kräftig.

Stil **Fruchtig und würzig**
Ähnlich Chichibu Chibidaru

Rechts: Die massiven Investitionen in Holz erwiesen sich für Cooley als Segen.

Kilbeggan

KILBEGGAN • TULLAMORE • WWW.KILBEGGANWHISKEY.COM • GANZJÄHRIG GEÖFFNET, NÄHERES SIEHE WEBSEITE

Eine Rundreise zu Irlands Brennereien war früher nicht viel mehr als Mausoleen-Besichtigung. Zum Schluss bekam man ein Glas und zollte den Gefallenen Respekt. Die Iren verstehen es, Geschichte zu präsentieren, trotzdem blieb der Besuch eine traurige Erfahrung. Kilbeggan steht beispielhaft dafür.

Matthew McManus hatte als einer der Ersten erkannt, dass sich mit gewerbsmäßiger Brennerei Geld verdienen ließ. 1757 errichtete er im Städtchen Kilbeggan in den Irish Midlands eine Destillerie. 1843 kaufte sie John Locke, dessen Familie sie bis in die 1940er-Jahre betrieb. Wie die meisten irischen Anlagen geriet sie während der Whiskeykrise im 20. Jahrhundert ins Trudeln und schloss 1953 ihre Tore. Bis zur Wiedereröffnung als Brennereimuseum 1982 lag sie meist brach.

Kilbeggan zu besuchen war faszinierend und bedrückend zugleich. Man hatte eine perfekt erhaltene Brennerei aus dem 18. Jahrhundert vor sich: Ein Mühlrad trieb zwei massive Mühlsteine an, der Maischbottich war ein breiter, offener Bottich, eine Dampfmaschine lieferte die Energie und draußen standen drei dickbauchige, mit Grünspan überzogene Brennblasen.

1988 kaufte Cooley die Anlage, zunächst um seine Lagerfläche zu erhöhen und sich den Markennamen zu sichern. 2007 aber entdeckte man eine uralte, winzige, ballförmige Pot Still und begann unter Verwendung von Rohbrand aus dem Hauptbetrieb zu brennen. 2010 war die Produktion bereits wieder voll hochgefahren worden und eine zweite Still aufgestellt. Kilbeggan hatte seine Brennerei wieder.

Eine Weile lief sie als Pilotanlage, in der man mit Single Pot Still Whiskey und Rye herumprobierte. Inzwischen aber liefert sie Rohstoff für den Kilbeggan und ist offizieller Entstehungsort der Marke.

Jim Beam hat klare Ziele: Er möchte das Volumen so hochschrauben, dass Kilbeggan mit den Hauptakteuren der Branche konkurrieren kann. Man veränderte den Brand leicht, präsentierte ihn in neuer Aufmachung und versucht nun, ihn auf dem US-Markt zu etablieren.

Der Umstieg von Cooley – dem Außenseiter, der sich offen weigerte, das Spiel mitzuspielen – zur markenfokussierten Kilbeggan Distilling Company war bemerkenswert. Der einstige Wilde ist nun Teil des Establishments. Und was ist mit den Änderungen? »Teeling muss für viel geradestehen«, scherzt Master Distiller Noel Sweeney. »In ganz Irland hat ein Meinungswandel stattgefunden. Während wir bis vor Kurzem die Einzigen waren, die einen anderen Weg gingen, ist heute die ganze Branche aktiv im Umbruch. Man setzt auf neue Produkte, Innovation und Diversifizierung.« Eine ganz neue Generation von Brennern tritt derzeit auf den Plan und stellt dieselben Fragen wie Teeling in den 1980ern: »Was kann man aus irischem Whiskey machen?«

Gute alte Zeit: Kilbeggan war vor der Krise im 20. Jahrhundert eine berühmte Marke.

Tullamore D.E.W.

TULLAMORE D.E.W. • WWW.TULLAMOREDEW.COM • GANZJÄHRIG GEÖFFNET, NÄHERES SIEHE WEBSEITE

»Jedem seinen DEW« – mit diesem Slogan formulierte Daniel Edmund Williams, Geschäftsführer und später auch Besitzer der Brennerei Daly in Tullamore, einst seine Vision. Er war es, der den Betrieb 1887 auf Vordermann brachte und ganz bescheiden gleich seine eigenen Initialen nutzte, um dem Tullamore einen neuen Namen zu geben.

Tullamore blieb während sämtlicher Wirrungen des 20. Jahrhunderts Eigentum der Familie, wenngleich der Betrieb von 1925 bis 1937 ruhte. 1947 stellte die Familie eine Patent Still auf und begann mit der Erzeugung eines leichteren Blends, um sich auf den veränderten Geschmack der amerikanischen Klientel einzustellen. Dieser Mix aus Single Pot Still, Malt und Grain war damals ein innovatives Gebräu, kam aber zu spät. 1954 musste man die Produktion erneut einstellen, weil die Marke von Powers übernommen und von IDL nach dem ursprünglichen Rezept weiterproduziert wurde (siehe Seite 207). 1994 reichte man sie an Cantrell & Cochrane weiter. Bis 2010 war das Schicksal der Brennerei nicht weiter ungewöhnlich. In diesem Jahr allerdings kaufte Willam Grant & Sons die Marke auf und gab sogleich den Bau einer Destillerie bekannt – in Tullamore. Langjähriger Markenbotschafter ist John Quinn, der das Haus seit 1974 vertritt.

»Seit sich C&C die Marke sicherte, war das Gerücht umgegangen, dass man den Brennbetrieb wieder aufnehmen würde. Aber als Grant es dann tatsächlich bekannt gab, sträubten sich mir die Nackenhaare. Das ist für mich, aber auch für die Stadt etwas ganz Besonderes. Wir sind unglaublich stolz.« Whiskey stiftet Identität und gibt dem Leben einen Sinn. Er ist mehr als ein Getränk.

In Tullamore steht eine Pot-Still-Brennerei, die Malt und Single Pot Still produziert. In Phase zwei wird eine Grain-Anlage dazukommen, sodass man alles für den Blend im Haus produzieren kann. »Wir wollen dasselbe erzeugen wie in Midleton, allerdings mit kleineren Brennblasen, weil der Verbraucher Beständigkeit braucht«, so Quinn. »Es wäre interessant, etwas völlig Neues anzufangen. Aber Geschmacksvorlieben lassen sich nun einmal nicht ändern.«

Auch Single Pot Still, jahrezehntelang eine exklusive IDL-Spezialität, hat man im Visier. »William Grant versteht es, Whiskey zu brennen. Das Unternehmen hat Destillerien.« Mehr lässt sich Quinn nicht entlocken.

Mit den drei Stilen im Repertoire hat man zudem die Möglichkeit, die Angebotspalette zu erweitern. »Früher hätten wir das mit Sicherheit nicht gemacht«, lacht er. »Aber jetzt können wir es. Warten Sie's ab.«

TULLAMORE D.E.W. – Verkostungsnotizen

TULLAMORE D.E.W. 40%

Nase Sehr frisch und grasig, Zitrone und ein paar feste Getreidetöne. Mit Wasser grüne Oliven, Trauben und gekohlte Eiche.
Geschmack Sauber. Leicht bis mittelschwer. Ziemlich fest, mit rotem Apfel und Milchschokolade.
Abgang Geringfügig säuerlich.
Gesamteindruck Frisch und wie gemacht für Longdrinks.

Stil Duftig und blumig
Ähnlich Lot 40

12 JAHRE SPECIAL, RESERVE BLEND 40%

Nase Üppig und generös. Fruchtig und cremig: Mango, Pfirsich und Vanille. Amerikanische Eiche, Toffees, ein Hauch von Ingwer und Teegebäck mit Butter.
Geschmack Reife Früchte, gekochter Rhabarber im dezenten Eichenrahmen. Wasser ruft Schwarze Johannisbeeren und zerdrückte Früchte auf den Plan.
Abgang Würzig und fest.
Gesamteindruck Bindet seine Elemente in ein komplexes Gefüge aus Frucht, Frische und Eiche ein.

Stil Fruchtig und würzig

PHOENIX SHERRY FINISH, BLEND 55%

Nase Moosig. Grüne-Feigen-Konfitüre, pochierte Birnen. Breit und komplex. Sherry, Likörpralinen, Brombeeren.
Geschmack Der höhere Alkoholgehalt gibt dem Whiskey Biss und verhindert, dass er zu weich wirkt. Sherry sorgt für Struktur und oxidierte Nussnoten. Etwas Sevilla-Orangen. Johannisbeeren.
Abgang Ingwer, Gewürze.
Gesamteindruck Hat Gewicht, Kraft und Klasse.

Stil Reichhaltig und rund

SINGLE MALT, 10 JAHRE 40%

Nase Frisch und grün in der Nase: Sauvignon-blanc-ähnliche Stachelbeernoten, geringfügige Zuckersüße und verhaltene Eichentöne. Mit Wasser tropische Frucht, Grafit und eine gewisse schwere, reife Fruchtigkeit.
Geschmack Unmengen von Frucht: Hecken, Johannisbeeren, Heidelbeeren. Weiche Pfirsichreminiszenzen neben Sultaninen. Das Holz ist gebändigt.
Abgang Rund, lang und mild.
Gesamteindruck Früchte über Früchte.

Stil Fruchtig und würzig
Ähnlich Langatun Old Deer

Dingle

DINGLE • WWW.DINGLEDISTILLERY.IE • BESUCHE NUR NACH VORHERIGER ANMELDUNG, NÄHERES SIEHE WEBSEITE

Oliver Hughes, Besitzer der Brennerei Dingle weit im Südwesten von Irland, ist ein echter Pionier. Im Jahr 1996 richtete er in der Temple Bar von Dublin die erste Kneipenbrauerei Irlands ein. Erst vor Kurzem aber nahm die Craft-Bier-Szene im Land so richtig Fahrt auf. »Vielleicht bin ich immer zu früh dran«, scherzt er. »Sicher fühlt sich Pioniersein gut an. Dabei sollte man aber nicht vergessen: Die Pioniere der Neuen Welt wurden von den Indianern umgebracht. Dann erst kamen die Siedler und nahmen sich das Land!«

Trotzdem hat er schon wieder die Nase vorn. Dingle war die erste von vielen Brennereien, die in Irland derzeit wie Pilze aus dem Boden schießen. »Das Brennen ist doch die logische Fortsetzung des Brauens«, so Hughes. »Es gibt nun einmal eine Nachfrage nach irischem Whiskey. Und weil ich 30 Jahre lang immer wieder in Dingle war, wusste ich, dass die Stadt sich hervorragend als Standort eignet und eine ganz eigene irische Identität hat. Sie verdiente eine Brennerei.«

Von einer eigenen Destillerie zu träumen ist eine Sache, sie zu realisieren eine andere. Die irischen Größenordnungen mögen verglichen mit den schottischen klein sein, doch sind einige ernsthafte Akteure mit von der Partie. »Man muss allerdings differenzieren«, erklärt Hughes. »Wir fahren mehrgleisig und erzeugen nicht nur verschiedene Produkte – auch Gin und Wodka sind im Programm –, sondern auch unterschiedliche Whiskeystile.«

»Als wir anfingen, hatte ich lange Diskussionen mit unserem Berater John McDougall. Von ihm erfuhr ich, dass irischer Whiskey in der Regel etwas süßer ist als schottischer und wir daher Boil Bulbs an den Stills brauchen. Alles ist darauf ausgelegt, besondere Geschmacksnuancen hervorzubringen.« So entsteht Hughes zufolge ein Whiskey mit »Luxusflair«. Als am 18. Dezember 2012 die ersten Fässer befüllt wurden, war der Anteil an Ex-Sherry- und Ex-Portfässern ziemlich hoch.

Außerdem hat Hughes begonnen, das westliche Terroir zu nutzen. »Ich möchte den Ausbau an unterschiedlichen Orten auf der Halbinsel und den vorgelagerten Inseln vornehmen. Darüber hinaus habe ich weitere Sonderabfüllungen geplant.«

Hilft dabei eine Craft-Brauer-Mentalität? »Ja, weil man auch in der Craft-Szene innovativ denken muss. Wir haben ein Starkbier mit elf Prozent in Whiskeyfässern gelagert. Diese Fässer möchte ich jetzt wieder für den Ausbau von Whiskey verwenden. Für Starkbier nehme ich unterschiedliche Malzarten – wie wäre es, wenn ich sie destillieren würde? Dunkles Malz kann sehr interessant sein.«

Dingle ist nicht mehr allein. Alltech aus Kentucky hat in Carlow gebrannt, zieht aber nach Dublin um. Die Familie Teeling hat die ehemalige Heineken-Brauerei in Dundalk aufgekauft und plant dort eine Grain- und Malt-Anlage sowie in Dublin eine Mikrobrennerei. Eine weitere Destillerie entsteht gerade in Slane Castle.

In Irland tut sich viel im Moment.

In Dingle nahm die irische Craft-Whiskey-Bewegung ihren Anfang.

DINGLE – Verkostungsnotizen

NEW MAKE

Nase Enorm süß, mit Vanillesoßenoten. Apfelstreuselkuchen und Himbeerblätter. Mit Wasser eine leichte Getreidenote.
Geschmack Sehr fruchtig, dann geröstetes Getreide. Kraftvoll und positiv. Der Butterton ist noch vorhanden.
Abgang Reife Früchte.

BOURBON FASSPROBE 62,1%

Nase Vanille drängt sofort nach vorn. Karamellpudding. Die süße Himbeerfrucht ist noch vorhanden, muss sich den Platz aber mit Bananen teilen.
Geschmack Der leichte Fasseinfluss bringt die Zitrusobertöne zum Klingen. Leicht und sauber. Süß.
Abgang Fest und grün.
Gesamteindruck Sauber, gut gemacht und ziemlich frühreif.

FORT FASSPROBE 61,5%

Nase Johannisbeerstrauch und -blätter. Geschmeidig. Später reichlich Cranberry- und Himbeersaft. Mit Wasser aromatisch.
Geschmack Beeren, mit Cranberry-Biss. Geringfügiger Erdton (vielleicht eicheninduziert). Delikat.
Abgang Jung, frisch und säuerlich.
Gesamteindruck Das Fass gibt dem Brand viel mit, der aber Kalt dem Holzhammer stand. Eine Brennerei, die man im Auge behalten sollte.

IDL & West Cork Distillers

MIDLETON • WWW.JAMESONWHISKEY.COM/UK/TOURS/JAMESONEXPERIENCE • GANZJÄHRIG GEÖFFNET MO–SO, NÄHERES SIEHE WEBSEITE
WEST CORK DISTILLERS • SKIBBERREEN • WWW.WESTCORKDISTILLERS.COM

Whiskey und das County Cork sind untrennbar verbunden. In Midleton, der Whiskeyhauptstadt des County, locken bemerkenswerte Trinklokale. Hier kann man bei einem abendlichen *raic*, wie in Irland das gemütlich-gesellige Beisammensein genannt wird, etliche Gläser Whiskey genießen, um sie dann mit feinem Craft-Starkbier hinunterzuspülen. Die Stadt hat aber auch eine lange Brenntradition.

1867 fusionierten vier ihrer Anlagen – North Mall, Watercourse, John Street und The Green – mit Midleton zur Cork Distilleries Company (CDC). Aus Letzterer ging schließlich der Dreh- und Angelpunkt irischer Whiskeyerzeugung hervor. Die Brennerei Old Midleton hatte enorme Dimensionen. Ursprünglich eine alte Mühle aus Holz, kauften sie die Gebrüder Murphy 1825 und investierten viel. Bald drängten sie CDC ins Abseits. Wie? Mit Qualität und Quantität. 1887 erzeugte Midleton jährlich 4,5 Millionen Liter und hatte die größte Pot Still der Welt.

Als die Irish Distillers Ltd (IDL) um 1970 ihre letzten beiden Brennereien in Dublin – John's Lane und Bow Street – schlossen, verlagerte man die Produktion nach Midleton. 1975 nahm eine neue High-Tech-Destillerie auf den Feldern hinter der alten Anlage den Betrieb auf.

In der Midleton-Brennerei wurde intensiv über die IDL-Whiskeys nachgedacht. Einerseits musste man die Konfiguration der Marken bewahren. Andererseits hatte man mit der neuen Anlage nun unendlich viele Möglichkeiten. Sicher, die Vergangenheit musste in Form eines Single Pot Still fortgeführt werden, aber es war auch an der Zeit, neue Wege zu gehen und ein aufgeklärtes Holzmanagement einzuführen. Als die Scotch-Branche noch der Meinung war, Holz sei schon gut genug für den Ausbau, wenn es nur vom Baum käme, setzte IDL bereits auf maßgeschneiderten Fassausbau.

Whiskey braucht Zeit und Geduld. Also machten sich Barry Crockett, Barry Walsh, Brendan Monks, Dave Quinn, Billy Leighton und andere ans Werk. Die neue Brennerei konnte man bei einer Besichtigung der

DIE WEST CORK DISTILLERS: IRLAND INNOVATIV

2013 nahm die zweite Brennerei im County die Arbeit auf. Die West Cork Distillers in Irlands südlichster Stadt Skibbereen erzeugen eine breite Palette von Spirits, viele davon auf der Basis von Verträgen mit Abfüllern. Außerdem baut man einen doppelt destillierten Single Malt aus Holstein-Brennblasen aus und verwertet unter der fachkundigen Führung von Dr. Barry Walsh, ehemals Master Blender bei IDL, zugekaufte ältere Bestände. Mitbesitzer John O'Connell, der sich schon bei Kerry und Unilever seine Sporen verdient hat, weiß um die Vorteile des Einsatzes unterschiedlicher Hefen und Techniken. »Wir müssen innovativ sein«, erklärt er. »Einer der Gründe für das Scheitern des irischen Whiskeys im 20. Jahrhundert war die Weigerung, mit der Zeit zu gehen. Den Fehler können wir nicht noch einmal machen.«

»New« Midleton gehört zu den bemerkenswertesten Brennereien der Welt. Einst eher aus der Not geboren, war sie es, die letztlich die irische Whiskeyfahne hochhielt.

IDL führte viele Neuerungen im Fassmanagement ein, die in der Whiskywelt inzwischen gang und gäbe geworden sind.

stimmungsvollen Gebäude von Old Midleton nur von außen sehen. Während aber in der stumm gewordenen Anlage vom goldenen Zeitalter erzählt wurde, formte man im Feld nebenan die Zukunft des irischen Whiskeys.

Inzwischen können die Früchte langer Vorbereitung geerntet werden. Nach einer 120-Millionen-Euro-Investition durch Eigentümer Pernod-Ricard stehen die Tore nun offen. Man kann das neue Brauhaus, das Pot-Still-Haus und die Grain-Brennerei besichtigen, mit der Midleton seine Kapazität auf unglaubliche 60 Millionen Liter jährlich hochschraubte. Die Pot Stills stehen hinter riesigen Panoramafenstern. Von dort aus führt ein Weg zu der alten Anlage. Die Stücke wurden zusammengefügt, Vergangenheit und Gegenwart miteinander verknüpft. Jetzt gilt es die Zukunft ins Auge zu fassen.

Für die meisten Spirits-Liebhaber ist irischer Whiskey gleichbedeutend mit Jameson. Die Neuformulierung der Marke 1972 als leichter Blend sollte den Stil retten. Dazu musste man ihn verändern. Das hatte nichts mit Prinzipienlosigkeit zu tun, sondern war eine behutsame Neupositionierung des irischen Whiskeys auf einem internationalen Markt, der sich von schweren Stilen abgewandt hatte. Wenn sich der globale Geschmack wandelt, hat es keinen Sinn, Verbrauchern Single Pot Still aufzuzwingen. So frustrierend das für alle war, die Power's, Green Spot, Crested Ten und Redbreast schätzten, so zahlte sich diese Strategie doch aus. Durch langfristige, konsequente Werbung und ständige Unterstützung gelang es, Jameson als internationale Marke zu etablieren.

Das Entscheidende aber waren die Möglichkeiten, die sich durch die neuen Midleton-Brennereien eröffneten. Der Läuterbottich lieferte klarere Würze, sodass man mehr esterige Noten bekam. Single Pot Still ließ sich unterschiedlich schwer brennen, aber für den neuen Blend benötigte man auch einen leichten, sauberen, aromatischen Grain. Diesen wiederum lieferten die drei neuen Column Stills. Einmal mehr also diente Grain als Geheimwaffe.

Dann wurde die Jameson-Palette nach und nach erweitert. Mit jedem Neuzugang erhöhte sich das Gewicht. Die älteren Varianten enthielten mehr Single Pot und kamen auch aus unterschiedlichem Holz: Für den Gold verwendete man neue Eiche, für den Vintage Portfässer und für den Select amerikanische Fässer. Jameson war nun auch eine Brücke zum Single Pot Still. Irland hingegen blieb dem Power's treu. Die alte Dubliner Marke enthielt einen höheren Prozentsatz Single Pot Still als der Standard-Jameson (und war nicht so stark in Firstfill-Eichenfässern gebadet worden), was sich in einem fetteren, saftigeren, hedonistischeren Brand niederschlug. In Cork wiederum hielt man am Lokal-Blend Paddy fest, benannt nach einem Verkäufer bei CDC, Paddy Flaherty, der in Pubs ging und jedem ein Glas von »seinem« Whiskey spendierte. Bald wollten alle ein Glas Paddy's. Leider gab Flaherty so viel für Lokalrunden aus, dass nie ein Bonus für ihn blieb.

»Wir mussten experimentieren«, erklärte Barry Crockett rückblickend. Nein. Man *wollte* experimentieren. Und legte damit den Grundstock für den neuen irischen Whiskeymarkt.

SINGLE POT STILL

Das Herz aller neuen IDL-Blends blieb Single Pot Still, jener Stil, der gleichzeitig als Schicksalsbarometer für irischen Whiskey generell diente (siehe Seite 17). Obwohl irische und schottische Destillierer gemälzte und ungemälzte Gerste, aber auch Roggen und Hafer viele Jahre lang wild gemischt hatten, wurde der Stil 1852 formell aus der Taufe gehoben. Der Grund: Irlands Großstadtbrenner wollten die hohen Steuern auf gemälzte Gerste umgehen.

Mit der Getreidemischung veränderte sich auch das Geschmacksprofil beträchtlich. Ungemälzte Gerste gab dem Brand eine öligere Textur, eine saftig dicke Qualität und einen würzigen, frischen Abgang. Irland hatte seinen Whiskeystil. Er blieb bis in die 1950er-Jahre hinein der Inbegriff des irischen Whiskeys.

Die Einführung eines neuen Jameson und davor des Tullamore D.E.W. war der Versuch, von einem Stil wegzukommen, der dem modernen Konsumenten als zu schwer erschien. Whiskeyliebhaber waren zwar anderer Meinung, trotzdem wurden sie seiner eine Zeit lang nur schwer habhaft. Bestenfalls bekamen sie einen Redbreast (den Jameson für Gilbey's gebrannt hatte) oder einen Green Spot (den dasselbe Unternehmen für Mitchell's in Dublin erzeugte) zu fassen. Ansonsten suchten sie Trost in schwereren Pot-Still-Blends wie Crested Ten oder Powers.

Der Stil war aber nach wie vor präsent. Vielleicht sollte man besser von *den* Stilen sprechen, denn Midleton produziert nicht einen einzigen Single Pot Still, sondern mehrere und gewichtet dabei die Textur sowie die Apfel-, Gewürz- und Johannisbeernoten unterschiedlich. Durch Veränderung der Getreidemischung und des Destillationsverfahrens – Füllhöhen, Destillatsstärke, Trennpunkte – werden insgesamt vier Stile erzeugt: ein leichter, zwei mittelschwere und ein schwerer. Hinzu kommen unterschiedliche Fasstypen: Teil der Holzpolitik war der Einsatz von maßgeschneiderten Fässern – eine Weltpremiere. So erweiterte man das Spektrum zusätzlich um neue Texturen, Geschmacksnuancen und Intensitäten. Sie alle fanden einen Platz in der wachsenden Familie der IDL-Blends.

2011 wurde alles anders. Redbreast und ein umgestalteter Green Spot bekamen Gesellschaft in Form eines Powers John's Lane und eines Barry Crockett Legacy. Seither sind zwei neue Redbreast-Varianten und ein Yellow Spot erschienen. In den nächsten zehn Jahren soll mindestens eine Neuerscheinung im Jahr herauskommen. Damit ist das Fundament für die irische Whiskeyrenaissance gelegt.

Der neue Stil hat Suchtcharakter. Er verführt, lädt zum Verweilen ein und flüstert »nur ein Glas noch« ins Ohr. Man erliegt unweigerlich. Wer würde das nicht?

IDL & WEST CORK DISTILLERS – Verkostungsnotizen

JAMESON ORIGINAL, BLEND 40 %

Farbe Kräftig golden.
Nase Stark duftend. Kräuter, warme Erde, Johanniskraut, aromatisches Holz und kandierter Apfel. Met. Frisch und schwungvoll.
Geschmack Weich, mit reichlich Vanille. Saftiger Mittelteil, trocknet dann aber aus und wird geringfügig feiner. Die Gewürze treten langsam auf den Plan.
Abgang Kreuzkümmel, Balsaholz. Sauber.
Gesamteindruck Ausgewogen und aromatisch.

Stil **Duftig und blumig**

JAMESON 12 JAHRE, BLEND 40 %

Nase Nicht so duftend wie die Basisversion, mehr Honig, etwas Sultaninen, Sahne- und Karamellbonbons. Bratapfel. Getrocknete Kräuter und heißes Sägemehl.
Geschmack Saftiger und voller als die Basisversion, mit mehr Kokosnuss, Vanille und einem Anflug von Trockenobst. Eine Andeutung von Kampfer.
Abgang Piment.
Gesamteindruck Der höhere Pot-Still-Anteil bringt mehr Gewicht und Textur ins Spiel.

Stil **Fruchtig und würzig**

JAMESON 18 JAHRE, BLEND 40 %

Farbe Kräftig golden.
Nase Anfangs etwas verschlossen, aber dann beginnt sich ein stärkerer Pot-Still-Einschlag bemerkbar zu machen. Der geschliffenste, öligste (Leinsamenöl) Whiskey des Trios. Etwas Harz, aber auch ein entgegenkommender Wesenszug, der in inzwischen in getrocknete Kräuter hineinspielt.
Geschmack Viskos und voll, mehr Sherrynoten. Eher Rosinen als Sultaninen. Mit Wasser süße Lebkuchen.
Abgang Wieder würzig, diesmal Muskatblüte mit Kastanienhonig.
Gesamteindruck Ist eindeutig mit den anderen aus der Familie verwandt, aber schwerer.

Stil **Reichhaltig und rund**

POWERS 12 JAHRE, BLEND 46 %

Nase Groß, sukkulent. Blütenduft. Stärkere Pfirsichnote. Frisch-fruchtiger und fetter als der Jameson.
Geschmack Reichlich Milkshake mit Bananen, der mit Pfirsichnektar und Honig gesüßt wurde. Dicke Textur, dann eine Cashew- und Pistaziennote. Mundfüllend.
Abgang Reif, anschließend Koriander und Kurkuma.
Gesamteindruck Geschmeidig.

Stil **Fruchtig und würzig**

REDBREAST 12 JAHRE 40 %

Nase Reichhaltig, weiche Früchte. Geschmeidig und leicht, nasses Fensterleder, Backmischung, Ingwer und Tabak. Im Hintergrund ein Nusston und eine Andeutung an Vanillepuddingpulver, dann eine Hinwendung zu Johannisbeerblättern.
Geschmack Sauber. Zigarre und dunkle Früchte, aber der frische, leichte Pot sorgt für Energie. Belegt die Zunge, enorme Präsenz.
Abgang Trockene Gewürze.
Gesamteindruck Der Single Pot Still, an dem sich alle messen lassen müssen.

Stil **Reichhaltig und rund**
Ähnlich Balcones Straight Malt

REDBREAST 15 JAHRE, 100 % POT STILL 46 %

Nase Riesig. Schwarze und rote Herbstfrüchte. Karamell und etwas Leder, Sandelholz. Pollen. Polierte Eiche. Reich.
Geschmack Fett, rund. Fensterleder, dann viel Gewürze. Komplexes, vielschichtiges Ganzes aus Kreuzkümmel, Ingwer, frischem Leder, Trockenobst und Bratapfel.
Abgang Lang, reif, verweilt am Gaumen.
Gesamteindruck Typischer Pot Still – ein gedopter Jameson.

Stil **Reichhaltig und rund**
Ähnlich Old Pulteney 17 Jahre

POWERS JOHN'S LANE 46 %

Nase Voller als der Redbreast, deutlichere ölige Note neben Pfeffer, Leder und alten Rosenblütenblättern. Sauerkirschen mit Schokoüberzug, gegerbtes Leder und ein Mix aus Sandelholz, Humidor und Schwarzen Johannisbeeren.
Geschmack Reif, fett und ölig, mit klassischer Powers-Pfirsichnote, etwas Mango und Passionsfrucht. Reich, geschmeidig und tiefgründig. Starker Charakter.
Abgang Koriandersamen. Erdige Trockenheit.
Gesamteindruck Gaumenbelegend und dick.

Stil **Fruchtig und würzig**
Ähnlich Collingwood 21 Jahre

GREEN SPOT 40 %

Nase Lebendig und süß. Sogleich Andeutung an Öl mit etwas Apfelschale, Birne, Trockenaprikose und Bananenchips. Ein Anflug von süßer Eiche.
Geschmack Frischer Auftakt. Wird weicher und beschwört dann Johannisbeeren, Gewürznelken und Fenchel herauf. Mit Wasser würziger. Sesam und Rapsöl, dann Weiße Johannisbeeren.
Abgang Curryblätter und Sternanis.
Gesamteindruck Der leichteste Vertreter.

Stil **Fruchtig und würzig**
Ähnlich Wiser's Legacy

MIDLETON BARRY CROCKETT LEGACY 46 %

Nase Honig, süße Haselnuss, frische Gerste. Ein Hauch von Limette, Gras, Johannisbeerblättern, grüner Mango, Conference-Birne, Vanille und Eiche.
Geschmack Seidig, entspannt und honigartig. Bergamotte und frische Zitrusnoten. Weicher Mittelteil, dann viel Kardamom und Muskatnuss.
Abgang Lang, Kokosnuss, Eiche und dunkle Früchte.
Gesamteindruck Zurückhaltend und elegant.

Stil **Fruchtig und würzig**
Ähnlich Miyagikyo 15 Jahre

JAPAN

Bei einem Besuch in der Brennerei Karuizawa bemerkte ich das Bild eines finster dreinblickenden Mannes mit dicken Brillengläsern und langem Ziegenbart. Wie sich herausstellte, handelte es sich um den Haiku-Dichter Santoka, der hier gar nicht so fehl am Platz war. Denn Santoka war bekannt für seine Liebe zum Alkohol. Und ist nicht auch ein Haiku ein Destillat aus Wörtern, die Essenz einer Erfahrung? Oder, um mit Santoka zu sprechen, »der tiefe Atem des Lebens«? Whisky ist ein Haiku. Bei seiner Entstehung mag es um die Konzentration von Geschmack gehen, doch hinter dem technischen Vorgang manifestiert sich eine Kultur.

Für einen *gaijin*, einen Fremden, ist es unmöglich, die Kultur Nippons in ihrer Gänze zu verstehen, doch macht ein gewisses Gespür für die Empfindsamkeit dieses Volkes den Entstehungsprozess japanischer Whiskys verständlicher. Japans Whiskygeschichte hat etwas von einem Märchen. Es beginnt mit der Ankunft westlicher Spirituosen in Form einer Kiste Old Parr, die 1872 von den Teilnehmern der Iwakura-Mission in ihre Heimat zurückgebracht wurde, und setzt sich fort mit dem Versuch einer Nachempfindung ausländischer Alkoholika in japanischen Labors, der Gründung von Kotobukiya 1899 durch den jungen Shinjiro Torii und der Entsendung von Masataka Taketsuru 1918 zum Chemiestudium nach Glasgow. Taketsuru war fasziniert von Schottland, heiratete Rita Cowan, ging bei Hazelburn und Longmorn in die Lehre und ließ sich 1923 von Torii-san anstellen, der Leute für Japans erste Brennerei in Yamazaki anwarb. Später trennten sich ihre Wege: Torii gründete Suntory und Taketsuru Nikka.

Weil sich Japan an schottischen Vorbildern orientierte, hört man oft, sein Whisky sei eine Kopie. Das ist falsch. Von Anfang an war ein eigener Stil geplant. Ebenso heißt es, Japans Erzeugnisse seien technische Whiskys ohne Bezug zum Terroir. Auch das stimmt nicht.

Sicher bedienten sich Nippons Whiskymacher der Wissenschaft, um für ihre Probleme Lösungen zu finden. Was hätten sie denn sonst tun sollen? 200 Jahre warten, bis alles Eingang in das kollektive Wissen gefunden hätte? Als Shinjiro Torii 1923 die erste nur für die Whiskyerzeugung gedachte Brennerei des Landes, Yamazaki, gründete, fingen er und sein Brennmeister Masataka Taketsuru bei null an. Sie waren beide Visionäre. Ihre Unternehmen, Suntory und Nikka, dominieren bis heute die japanische Whiskylandschaft.

Anfangs mag Wissenschaft die Grundlage des Whiskys gewesen sein. Doch irgendwann kam das Land mit seinem Klima, seiner Wirtschaft, seinem Essen, seiner Kultur und seinen Menschen, die nach dem langen Arbeitstag Entspannung suchten, zum Zug. So waren – und sind – die Whiskys des Landes an japanischen Empfindsamkeiten ausgerichtet.

Japanischer Whisky ist nicht unbedingt leichter als schottischer, zeichnet sich jedoch durch die größere Klarheit seiner Aromen aus. Auch das Fehlen eines getreidigen Hintergrunds und der Einsatz der intensiv aromatischen japanischen Eiche unterscheiden ihn von seinem britischen Vetter. Wo schottischer Single Malt ein wilder Gebirgsbach ist, dessen Geschmacksnoten Aufmerksamkeit heischen, präsentiert sich japanischer Malt als klarer, ruhender Teich, in dem alles sichtbar ist. Bei seiner Entstehung geht es um die Konzentration des Geschmacks, aber hinter all den technischen Aspekten manifestiert sich auch eine umfassendere Kultur. Wenngleich ein *gaijin* die Kultur Japans nie in ihrer Gänze begreifen wird, so erkenne ich doch in den Whiskys zunehmend die Verbindung zur japanischen Ästhetik.

Japanischer Kunst, Lyrik, Keramik, Gestaltung und Küche ist eine Reinheit und scheinbare Einfachheit eigen. Das zugrunde liegende Prinzip heißt *shibusa* und bezeichnet eine schlichte, unaufdringliche, doch tiefe und natürliche Ästhetik. In der »Transparenz« japanischer Whiskys schwingt *shibusa* mit. Nicht zufällig, wie ich meine.

Shibusa ist eng mit dem noch tiefgreifenderen ästhetischen Konzept *wabi-sabi* verwoben. Es misst zwar dem Einfachen und Natürlichen ebenfalls einen hohen Stellenwert bei, preist aber das Unvollkommene der Dinge als das, was eigentlich ihre Schönheit ausmacht.

Was das mit Whisky zu tun hat? Mit Destillation fängt man das Wesen – das Geistige – des Getränks ein, doch geht man dabei nicht so weit, nur noch einen neutralen Geist übrig zu lassen. Whisky hat seine Unreinheiten. Die »Mängel« machen ihn so faszinierend. Sie prägen den Geschmack. Sie sind sein *wabi-sabi*.

Diese Philosophie wurzelt so tief in der japanischen Ästhetik, dass sie unbewusst geworden ist, aber die Entstehung des japanischen Whiskys geprägt hat. Als er auf den westlichen Märkten auftauchte, fanden sein Stil, sein Geschmack und die Herstellungsmethoden mit Recht großen Anklang. Dennoch ist Japan das einzige in diesem Buch erwähnte Land, in dem die Zahl der Brennereien nicht gestiegen ist. Suntory, Nikka und die winzige Destillerie Chichibu sind im Export aktiv, aber die Bestände von Karuizawa und Hanyu werden bald zur Neige gehen. Eigashima brennt nur zwei Monate im Jahr, Gotemba ist selbst in Japan kaum wahrnehmbar und Mars hat erst kürzlich den Betrieb wieder aufgenommen. Japan braucht dringend neue Destillerien. Nur eine in der Präfektur Okayama ist neu auf den Plan getreten. Das Land muss aufpassen, dass sein Einfluss nicht schwindet.

Vorherige Doppelseite: Ein bisschen vertraut und doch so anders – die japanische Landschaft spiegelt sich in den Whiskys des Landes wider.

Links: Kontemplativ, ruhig – und auch etwas rätselhaft. Die Welt entdeckt derzeit die Geheimnisse des japanischer Whiskys.

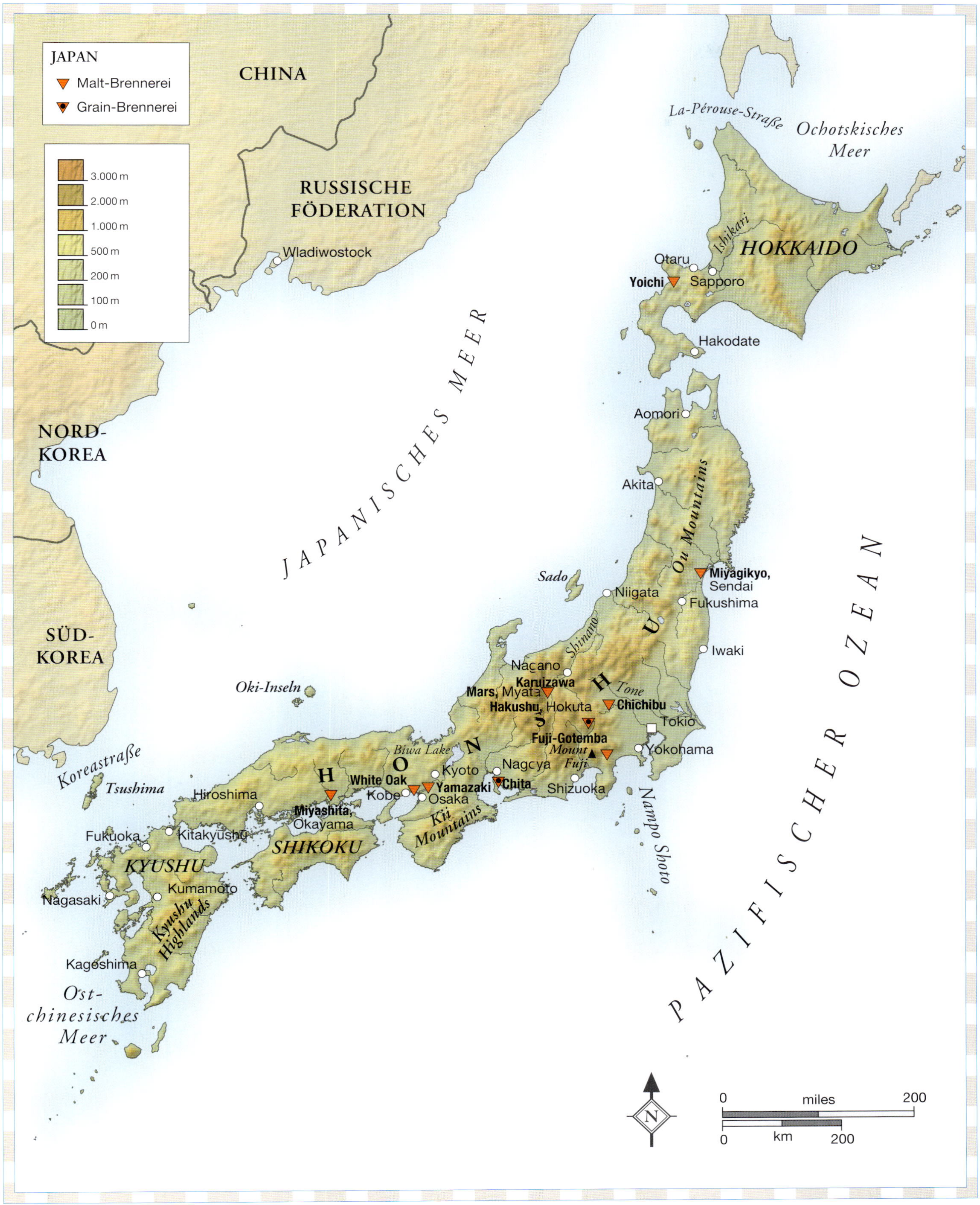
JAPAN
Malt-Brennerei
Grain-Brennerei
3.000 m
2.000 m
1.000 m
500 m
200 m
100 m
0 m
CHINA
RUSSISCHE FÖDERATION
Wladiwostock
NORD-KOREA
SÜD-KOREA
JAPANISCHES MEER
La-Pérouse-Straße
Ochotskisches Meer
HOKKAIDO
Ishikari
Otaru
Yoichi
Sapporo
Hakodate
Aomori
Akita
Ou Mountains
Miyagikyo, Sendai
Sado
Niigata
Fukushima
Iwaki
Shinano
HONSHU
Nagano
Karuizawa
Mars, Myata
Hakushu, Hokuta
Tone
Chichibu
Tokio
Fuji-Gotemba
Mount Fuji
Yokohama
Nagoya
Chita
Shizuoka
Nampo Shoto
Biwa Lake
Kyoto
White Oak
Yamazaki
Kobe
Osaka
Kii Mountains
Oki-Inseln
Koreastraße
Tsushima
Hiroshima
Miyashita, Okayama
SHIKOKU
Fukuoka
Kitakyushu
KYUSHU
Kumamoto
Nagasaki
Kyushu Highlands
Kagoshima
Ost-chinesisches Meer
PAZIFISCHER OZEAN
N
0 miles 200
0 km 200

Yamazaki

OSAKA • WWW.THEYAMAZAKI.JP/EN/DISTILLERY/MUSEUM.HTML • GANZJÄHRIG GEÖFFNET, NÄHERES SIEHE WEBSEITE

Alles begann neben der alten Straße zwischen Kyoto und dem Hafen von Osaka, auf der anderen Seite der Bahnlinie, über die heute Hochgeschwindigkeitszüge brausen – ein Ort, an dem sich drückende Sommerschwüle und Winterkälte abwechseln. Aus gutem Grund wählte ihn Torii-san 1923 als Standort für seine Brennerei Yamazaki. Zum einen war die Lage zwischen zwei wichtigen Märkten mit besten Verkehrsverbindungen wirtschaftlich von Vorteil, zum anderen trafen drei Flüsse zusammen, sodass Wasser im Überfluss vorhanden war. Darüber hinaus aber hallt hier auch noch das Wirken von Sen Rikyu wider, der im 16. Jahrhundert die Teezeremonie einführte.

Es heißt, Sen Rikyu habe sein erstes Teehaus wegen der Wasserqualität an dieser Stelle errichtet. Sie war eben mehr als nur ein günstig gelegenes Stück Flachland neben den Gleisen. So geschichtsträchtig der Ort aber auch sein mag, er lässt sich von der Vergangenheit nicht in ein Joch zwängen. Japans Brenner zeigen eine fast beunruhigende Bereitschaft, Altes über Bord zu werfen und von vorn zu beginnen. Yamazaki ist schon dreimal neu errichtet worden – das letzte Mal 2005. Beim jüngsten Umbau wurde das Brennhaus komplett neu ausgestattet; man ersetzte die Stills durch kleinere Modelle, führte offenes Feuer wieder ein und veränderte den Charakter des Whiskys. Gerade die Neuschöpfung von Stilen ist ein weiteres Beispiel für Japans Fähigkeit, pragmatisch und zugleich kreativ zu denken.

In Schottland gibt es 118 Malt-Destillerien. Damit können die Blender des Landes aus einer enormen Vielfalt von Stilen auswählen, die sie untereinander austauschen. In Japan betreiben die großen Zwei, Suntory und Nikka, vier Malt-Anlagen – und tauschen gar nichts aus. Wenn sie eine Variante für ihre Verschnitte brauchen, erzeugen sie sie selbst. Yamazaki arbeitet mit zwei Maischbottichen. Hier wird stark gedorfte Gerste bei niedrigen Temperaturen eingemaischt, was eine verblüffend klare Würze ergibt (daher fehlen im Brand auch die Getreidenoten). Diese Würze wird mit einer Mischung aus zweierlei Hefen entweder in Holz- oder Edelstahlbottichen vergoren, wobei Holz als vorteilhafter für die längere, geschmacksgebende Milchsäuregärung gilt. Wer zum ersten Mal hierherkommt, staunt über das Brennhaus mit seinen sechs Paar Stills, die alle unterschiedliche Form und Größe haben. Die Wash Stills werden direkt befeuert – eine ist sogar mit einer Worm Tub versehen. Für den Ausbau werden fünf Arten von Fässern

Yamazaki war Japans erste professionelle Brennerei.

Kleine Fahrt im Fass: eine neue Ausbaumethode – oder eine Folge der Brennereigröße?

Auf Yamazaki entstehen allerlei Whiskystile.

verwendet: Sherry aus amerikanischer und europäischer Eiche, Ex-Bourbon, neues Holz und japanische Eiche.

Damit wird ein völlig anderer Single-Malt-Ausbau möglich. In Schottland produziert jede Brennerei in der Regel einen einzigen Stil. Der Unterschied zwischen einem 18- und einem 15-Jährigen sind, vereinfacht ausgedrückt, drei Jahre. Bei Yamazaki unterscheiden sich schon die Bestandteile: Der 18-jährige Yamazaki ist nicht nur sechs Jahre älter als der 12-jährige, er setzt sich auch aus anderen Whiskytypen zusammen.

Faszinierend ist jedoch der trotz aller Vielfalt gemeinsame Wesenszug des Yamazaki, der spürbar wird, wenn er auf der Zungenmitte verweilt und die Frucht hervortritt. Er hält Sherryfässern ebenso stand wie der nach Weihrauch duftenden *mizunara* (japanische Eiche), deren intensive, säuerliche Art die Fülle des Brands austariert. So verkörpert er den Weg des japanischen Whiskys von den Anfängen, als Shinjiro Torii nach Leichtigkeit strebte, bis zur neuen Malt-Mode, die von Verbrauchern auf der Suche nach mehr Charakter angestoßen wurde.

Trotz aller technischen Neuerungen ist Yamazaki ein Ort der Beschaulichkeit geblieben, an dem die typisch japanische Verschmelzung gegensätzlicher Elemente – Mode und Tradition, Intuition und Wissenschaft – völlig natürlich erscheint.

YAMAZAKI – Verkostungsnotizen

NEW MAKE MITTELSCHWER

Nase Mild, süß, fruchtig, mit intensiv blumigen Anteilen (Lilien), Apfel, Erdbeere.
Geschmack Rund, mit der Yamazaki-typischen Konzentration auf der Zungenmitte (siehe Haupttext). Fruchtig, mit würzigem Einschlag. Lebendig.
Abgang Weich und lang.

NEW MAKE SCHWER

Nase Tief und reich, sehr leichte Gemüsetöne. Reiche Frucht.
Geschmack Viskos und voll, mit einem dicken Schlag Vanille. Belegend und reif. Dick, ein Anflug von Rauch.
Abgang Etwas verschlossen.

NEW MAKE STARK GETORFT

Nase Sauber. Iris und Artischocke. Fester, duftender Rauch.
Geschmack Süß und dick (die beherrschenden Charaktereigenschaften). Rauch vor allem im Schlussteil. Lagerfeuer am Strand.
Abgang Würzig.

10 JAHRE 40%

Farbe Hellgolden.
Nase Frisch, weitere würzige Facetten. Eiche mit Röstnoten. Esterig.
Geschmack Sauber und schwungvoll, leichte Zitrusnuance und ein Anflug von *tatami* (japanische Grasmatte). Grüne Frucht.
Abgang Weich, dann spröder.
Gesamteindruck Zart und sauber. Eignet sich für *soda-wari* (on the rocks mit Soda). Frühlingshaft.

Stil **Duftig und blumig**
Ähnlich Linkwood 12 Jahre, Strathmill 12 Jahre

12 JAHRE 43%

Farbe Golden.
Nase Die Frucht beginnt sich bemerkbar zu machen. Reife Melone. Ananas, Grapefruit und blumige Einsprengsel. Wieder etwas *tatami* und ein bisschen Trockenobst.
Geschmack Süße Früchte. Sukkulente Textur, Sirup, Aprikose im Mittelteil und ein Hauch Vanille.
Abgang Leicht rauchig; wieder Trockenobst.
Gesamteindruck Mittelkörperreich, aber sehr charaktervoll. Ein Sommerwhisky.

Stil **Fruchtig und würzig**
Ähnlich Longmorn 16 Jahre, Royal Lochnagar 12 Jahre

18 JAHRE 43%

Farbe Helles Bernsteinbraun.
Nase Herbstfrüchte: reife Äpfel, halbreife Pfirsiche, Rosinen. Laubmulch und ein bisschen mehr Rauch. Die blumigen Noten sind tiefgründiger geworden. Duftender.
Geschmack Hölzer. Vollere Sherrynoten, Walnuss und Haferpflaume. Leicht moosig. Belegt nach wie vor die Zungenmitte. Komplex.
Abgang Süße Eiche. Reich.
Gesamteindruck Eine Reise tiefer ins Holz. Herbstlich.

Stil **Reichhaltig und rund**
Ähnlich Highland Park 18 Jahre, Glengoyne 17 Jahre

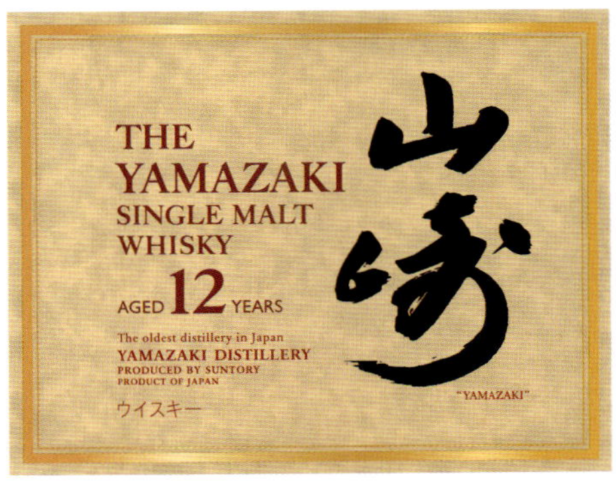

Hakushu

HOKUTO CITY • WWW.SUNTORY.CO.JP/FACTORY/HAKUSHU/GUIDE • GANZJÄHRIG GEÖFFNET, INFOS UNTER LINK »ENGLISH«

Ein kühler Wind streicht durch den Kiefernwald, der sich die Granithänge des Kaikomagatake-Bergs in den Japanischen Alpen hochzieht. Zwischen den Bäumen stehen Lager und andere Brennereigebäude. Wie weitläufig die Hakushu-Anlage von Suntory ist, erkennt man erst, wenn man durch den Glaskorridor geht, der die beiden Turmspitzen über dem Museum verbindet. Auf dem riesigen Areal – teils Nationalpark, teils Betriebsgelände – lagern über 450.000 Fässer. Sie erzählen von den Ambitionen japanischer Brenner in den 1970ern, als eine boomende Wirtschaft und der scheinbar unstillbare Durst nach Blends zum Bau von Hakushu führten, die eine Zeit lang die größte Malt-Destillerie der Welt war.

Wasser lockte Suntory hierher. Das weiche Nass aus Bergquellen – inzwischen wird es sogar als Mineralwasser abgefüllt – war in einer Menge vorhanden, die zu den ehrgeizigen Zukunftsplänen des Unternehmens passte. Leider sollte es dann doch anders kommen. Japans Whiskyboom ebbte kurz nach 1990 ab, als die Finanzkrise in Asien eine Deflation in Gang setzte, durch die das Land noch heute wie ein Zombie wankt. Welche Folgen der Niedergang für den Whisky hatte, wird hinter zwei riesigen Eisentoren im westlichen Teil der Anlage augenfällig. Nachdem Chef-Blender Shinji Fukuyo sie aufgedrückt hat, betreten wir ein kühles Mausoleum. Im Schatten massiver Pot Stills aus Kupfer erzählt er, dass in den beiden Brennhäusern – das eine im Westen, das andere im Osten des Geländes – einst 30 Millionen Liter jährlich entstanden.

Inzwischen wurde die Produktion in den Osten verlagert und um ein Drittel zurückgefahren. Die Marktwirren führten dazu, dass sich Hakushu wie Yamazaki anpassen musste. Die größte Neuordnung fand 1983 statt. Im westlichen Brennhaus hatte Fukuyo vor dessen Stilllegung experimentiert. Eine der Stills zeichnet sich durch ein abgeflachtes oberes Ende aus. »Ja, das stammt von mir«, räumt er unbekümmert ein. »Ich wollte einen anderen Stil und dachte: Mal sehen, was passiert.« Seine Haltung ist typisch für Japans Brenner, die selbst einschneidende Veränderungen ohne mit der Wimper zu zucken umsetzen.

Hakushu ist sogar noch radikaler als Yamazaki. Man verwendet vier verschiedene Arten von Gerste, angefangen von ungetorfter bis hin zu stark getorfter. Der klaren Würze wird eine lange Gärdauer in hölzernen Bottichen zugestanden; zum Einsatz kommt ein Mix aus Brenn- und Brauhefe. »Hölzerne Fermenter und Brauhefe fördern die Entstehung von Milchsäurebakterien«, erklärt Fukuyo. »Sie wiederum unterstützen die Bildung von Estern und ergeben einen cremigen Brand.« Brände, um genauer zu sein. Insgesamt werden sechs Paare direkt befeuerter Hochglanz-Stills in den unterschiedlichsten Formen

Entscheidend für die Qualität des japanischen Whiskys ist ein fast fanatischer Holzkult. Links wird ein Fass neu angekohlt, rechts eine Probe abgezogen.

Malerische Umgebung: Hakushu befindet sich in einem Naturpark in den Japanischen Alpen.

und Größen betrieben: hoch, dick, dünn, winzig, mit nach oben und unten verlaufenden Schwanenhälsen oder solchen, die verändert und in Wurmkühler bzw. Kondensatoren umgeleitet werden können.

Ein Hakushu hat selbst in seinen schwersten, torfigsten Ausprägungen eine fokussierte, direkte Art, die ihn vom tiefgründigen Yamazaki unterscheidet. In seiner Jugend gibt er sein Terroir bereitwillig preis und outet sich als Single Malt mit grüner Seele, der nassen Bambus, frisches Moos nach Regen und eine cremige Art offenbart, die der Vorliebe für amerikanische Eichenfässer und möglicherweise auch der längeren Gärung geschuldet ist. Torf ist vorhanden, aber fast nebensächlich. Allerdings könnte der Hakushu-Stil auch durch die Umgebungstemperatur bedingt sein. »Wir haben hier eine Bandbreite zwischen 4 und 22 Grad Celsius«, erklärt Fukuyo. »Auf Yamazaki sind es 10 bis 27 Grad und eine höhere Luftfeuchtigkeit im Sommer.« Nichts am kiefernfrischen 10-Jährigen deutet darauf hin, dass ein Hakushu längeren Ausbau verträgt. Der 25-Jährige ist schwerer und torfiger, hat aber immer noch diese frische Direktheit und einen Hauch von kühler Minze.

2010 wurde eine Column Still installiert, zunächst nur zu Experimentierzwecken. Sie wird überwiegend mit Mais beschickt, doch hat man auch andere Getreidesorten wie Weizen und Gerste ausprobiert.

HAKUSHU – Verkostungsnotizen

NEW MAKE LEICHT GETORFT

Nase Sehr sauber. Gurke, Fruchtkaubonbons. Leicht grasig, helle Birne, Wegerich. Sehr feine Rauchnote.
Geschmack Süß und intensiv. Grüne Melone. Viel Säure. Frisch. Der Rauch zieht in den Hintergrund …
Abgang … und kehrt im Nachhall wieder zurück.

NEW MAKE STARK GETORFT

Nase Robust und fest, mit einem Anflug von Nuss. Nicht so »nebelig« wie die Torftöne eines Scotch. Klarer, leicht aromatisch. Nasses Gras und Zitrone.
Geschmack Schwungvoll und zitrusfruchtig mit auftürmendem Rauch.
Abgang Verklingt sanft.

12 JAHRE 43,5%

Farbe Strohgelb.
Nase Kühl, grün und leicht parfümduftig. Chypre. Grasig und etwas blumig, ein Hauch von Kiefer und Salbei. Grüne Banane.
Geschmack Weich und seidig, leicht minzig, grüner Apfel. Bambus und nasses Moos. Lindenblüte und Kamille.
Abgang Ein winziger Anflug von Rauch.
Gesamteindruck Frisch und scheinbar zart, aber mit Substanz. Fokussiert.

Stil **Duftig und blumig**
Ähnlich Teaninich 10 Jahre, anCnoc 16 Jahre

18 JAHRE 43,5%

Farbe Golden.
Nase Keksig, mit Ingwer und Mandeln bzw. Marzipan. Leicht wächsern, Pflaumen, süßes Heu. Grünes Gras, grüner Apfel. Johannisbeerlaub.
Geschmack Mittelkörperreich und sauber (wieder gute Säure). Mango, reife Cantaloupe-Melone. Noch immer grasig. Feiner Holzrauch und angeröstete Eiche.
Abgang Sauber und leicht rauchig.
Gesamteindruck Harmonisch. Nach wie vor zurückhaltend, aber mit etwas mehr Rauch.

Stil **Duftig und blumig**
Ähnlich Miltonduff 18 Jahre

25 JAHRE 43%

Farbe Bernstein.
Nase Intensiv, reichlich Trockenobst und gewachste Möbel. Leicht kandierte Früchte. Bratapfel, Sultaninen, Farn, Moos und Pilze. Getrocknete Minze, Rauch.
Geschmack Groß, reif, generös, mit dem größten Spektrum der Palette. Weinig, seidig, leichtes Tannin. Praline.
Abgang Rauch durchzieht einen Wald.
Gesamteindruck Markant, nach wie vor mit der brennereitypischen Säure.

Stil **Reichhaltig und rund**
Ähnlich Highland Park 25 Jahre, Glencadam 1978

THE CASK OF HAKUSHU STARK GETORFT 61%

Farbe Golden.
Nase Intensiv und appetitanregend, mit ozonartiger Frische. Nelke, Frühlingszwiebel. Im Hintergrund dräut Rauch, der mit Wasser erst richtig freigesetzt wird. Aromatisch. Fleischiges Obst und feuchter Torf.
Geschmack Ebenso intensiv – zum Teil durch den Alkohol bedingt, zum Teil brennereitypisch. Verteilt sich auf der Zunge. Melone und viel Rauch.
Abgang Grün und lang.
Gesamteindruck Ausgewogen und eigenständig.

Stil **Rauchig und torfig**
Ähnlich Ardmore 25 Jahre

Miyagikyo

SENDAI • WWW.NIKKA.COM/ENG/DISTILLERIES/MIYAGIKYO/INDEX.HTML • GANZJÄHRIG GEÖFFNET

Die erste der beiden Malt-Brennereien von Nikka befindet sich im Nordwesten von Honshu etwa 45 Minuten westlich der Stadt Sendai. Nur selten kommen Fremde in diese Gegend mit gewundenen Straßen und zerklüfteten, von Ahornbäumen bedeckten Hügeln. In den Bergtälern spucken entlegene *onsen*, Thermalquellen, heißes Wasser aus. Die Brennerei war nicht, wie es in manchen Berichten hieß, vom Tsunami 2011 oder der Strahlenbelastung durch die Nuklearkatastrophe von Fukushima betroffen.

Einmal mehr spielt Wasser eine wichtige Rolle bei der Gründung einer Destillerie. Ende der 1960er-Jahre suchte Masataka Taketsuru nach einem neuen Standort für eine Brennerei. War der Mitbegründer der japanischen Whiskyindustrie, der um 1930 bereits Nikka aus der Taufe gehoben hatte, bei seiner ersten Expedition noch schnurstracks in den kalten Norden gegangen (siehe Yoichi, Seite 224), so sah er diesmal in ganz Japan ein Potenzial. Den Unternehmensannalen zufolge bereiste er das Land drei Jahre lang, bis er das Miyagi-Tal (Miyagikyo) entdeckte, in dem der Nikkawa und der Hirose zusammenfließen. Er ging über das graue Kieselbett am Ufer, trank das Wasser und befand es für gut. 1969 nahm die Sendai-Brennerei die Produktion auf.

Unter Brennern ist es nicht unüblich, genau wie Taketsuru der Wasserqualität viel Aufmerksamkeit zu widmen. Obwohl sich das Nass vermutlich nicht auf den Geschmack auswirkt, so muss es doch in großen Mengen vorhanden sein und die richtige Temperatur (kühl) haben. Zudem hat sein Gehalt an Mineralien Auswirkungen auf die Gärung. Als Taketsuru 1919 seine Ausbildung bei Longmorn begann (siehe Seite 87), bezogen sich zwei seiner 13 anfangs gestellten Fragen an den Geschäftsführer auf das Wasser. »Haben Sie je das Wasser analysiert?«, fragte er. Nein, wurde ihm beschieden. Ob es Brennereien in Schottland gab, in denen ein Mikroskop im Einsatz war, bohrte er nach. Wieder hieß es: »Ich glaube nicht.« Man kann sicher sein, dass er das Wasser von Miyagikyo untersuchen ließ, nachdem er es probiert hatte. Heute wird nichts dem Zufall überlassen.

Miyagikyo wurde inzwischen zweimal erweitert und umfasst eine Malt- und eine Grain-Anlage. In der Malt-Brennerei arbeitet man nach dem japanischen Mehrstromprinzip, Nikka indes setzt auf eine andere Technik als Suntory. Verwendung findet überwiegend ungetorfte Gerste, doch gibt es auch mittelstark und gelegentlich sogar

In dieser Landschaft aus Kuppen, Wäldern und heißen Quellen wählte Taketsuru das Miyagi-Tal wegen seiner Wasserqualität aus.

Die vier klar unterscheidb<aren Jahreszeiten haben durchaus ein Mitspracherecht bei der Entwicklung des Miyagikyo im Fass.

stark getorftes Material für eine meist klare oder trübe Würze. Bei der Gärung kommt eine Kombination aus verschiedenen Hefetypen zum Einsatz. Die Stills mit hoher Kapazität, breitem Bauch, einer kugelförmigen Verdickung (Boil Bulb) obenauf und dicken Hälsen haben alle die gleiche Form und ähneln denen von Longmorn.

Bei der Verkostung eines Miyagikyo erkennt man deutlich Taketsurus Absichten. Auf Yoichi brannte er einen schweren, rauchigen Single Malt mit reicher Textur, hier hingegen ist Leichtigkeit Trumpf. Während sich der Yoichi als Winterwhisky mit viel Rauch und Ledersesseln präsentiert, ist der Miyagikyo erfüllt von spätsommerlichen Früchten. Die Grain-Anlage rundet das Ganze ab und belegt, dass Japans Brennereien trotz ihrer steten Suche nach neuen Methoden bewahren, was sich bewährt hat.

Neben einer modernen Column Still ist noch ein Paar in Glasgow gefertigter Coffey Stills mit von der Partie. Sie liefern drei verschiedene Arten Grain: einen ganz aus Mais, einen zweiten aus Mais und gemälzter Gerste und einen dritten ausschließlich aus Gerstenmalz. Letzterer Brand wird nur in kleinen Mengen als Coffey Malt abgefüllt und wegen seiner Qualität zu Recht gerühmt. Er ist zudem ein typisches Beispiel für japanische Innovationskunst. Coffey Malts wurden übrigens in ganz Schottland bereitet, als Taketsuru dort studierte. Vielleicht war das nur eine weitere Technik, die er im Sinn behielt, bis der rechte Moment für ihren Einsatz gekommen und der passende Ort gefunden war. Wie diese Landschaft, in der karminrotes Herbstlaub in den Wirbeln des Flusses tanzt und fröhliches Kindergeschrei die kühle Luft erfüllt.

MIYAGIKYO – Verkostungsnotizen

15 JAHRE 45%

Farbe Kräftiges Gold.
Nase Weich und süß. Reichlich weicher Karamell, Milchschokolade und reife Persimonen.
Geschmack Der milde Charakter des 10-Jährigen mit seiner flüchtigen Säure bekommt etwas mehr pfirsichfruchtige Tiefe und Effet mit einem Anflug von Sherrynoten. Leicht rosinig, Kiefernnuancen.
Abgang Lang und fruchtig.
Gesamteindruck Ein süßer, unbeschwerter Trinkgenuss.

Stil **Fruchtig und würzig**
Ähnlich Longmorn 10 Jahre

1990, 18 JAHRE SINGLE CASK 61%

Nase Oolong-Tee, eingemachte Zitronen, leicht und sauber. Harter Karamell, dann Erdbeere, Eichenlaktone, andeutungsweise ölig. Mit Wasser Schokokekse, duftende Eiche.
Geschmack Unmittelbar und direkt. Ziemlich fett, marmeladig und die Zunge belegend. Intensiviert sich zum Ende hin beständig. Apfelkompott und Weiße Johannisbeeren. Weitet sich zu Thymian und Zitrus. Leicht säuerlich.
Abgang Leichte Eichennote.
Gesamteindruck Sammelt sich angenehm am Gaumen.

Stil **Fruchtig und würzig**
Ähnlich Balblair 1990, Mannochmore 18 Jahre

NIKKA SINGLE CASK COFFEY MALT 45%

Nase Sonnencreme, Milchkaffee. Macadamianüsse. Süß; reife Tropenfrüchte. Später aromatisches Holz und Schuhleder. Wasser arbeitet einen leicht blumigen Touch mit karamellisiertem Fruchtzucker heraus. Ausgewogen, mit einer gewissen Komplexität.
Geschmack Anfangs fast cremig, dann flambierte Bananen und weiße Schokolade.
Abgang Lang und geschmeidig.
Gesamteindruck Ein echter Individualist.

Stil **Fruchtig und würzig**
Ähnlich Crown Royal

Karuizawa & Fuji-Gotemba

KARUIZAWA • NAGANO • WWW.ONE-DRINKS.COM

FUJI-GOTEMBA • MT FUJI • WWW.KIRIN.CO.JP/BRANDS/SW/GOTEMBA/INDEX.HTML • GANZJÄHRIG GEÖFFNET

Karuizawa ist eine kleine, sehr schicke Stadt auf rund 800 Meter Höhe in der Präfektur Nagano. Vom 17. bis zum 19. Jahrhundert florierte sie als Poststation an der Nakasendo-Straße zwischen Kyoto und Edo. Später diente sie christlichen Missionaren als Zuflucht, avancierte zum Badeort für die japanische Oberschicht und ist heute als Wintersportort sowie für seine luxuriösen Thermalquellen, *onsen*, bekannt. Überragt wird die Stadt vom Asama, dem aktivsten Vulkan Japans.

Die Brennerei der Gemeinde war ursprünglich ein Weingut, wurde aber im Jahr 1955 umfunktioniert, weil man vom aufkommenden Whiskyboom des Landes profitieren wollte. Single Malt hatten ihre Macher allerdings nie im Sinn. Vielmehr sollte die Destillerie das Fundament eines Blends namens Ocean liefern. Bereitet wurde ein einziger Stil. Man setzte auf Golden-Promise-Gerste, viel Torf, klare Würze, eine lange Gärung, kleine Brennblasen und einen Ausbau überwiegend in Ex-Sherryfässern. Alles war auf Schwere ausgerichtet, doch sollte dabei der Geschmack nicht zu kurz kommen. Das Ergebnis konnte nur ein japanischer Brand sein. Der Rauch ist rußig; ältere Abfüllungen offenbaren eine harzige Tiefe mit einer wilden, animalischen Seite. Man findet exotische Gewürze – Kardamom und Piment –, die sich mit Sojanoten vereinen, all dies jedoch im Rahmen eines sehr fokussierten, intensiven japanischen Stils.

Obwohl der Betrieb später stillgelegt wurde, bildete sich ein Kult um ihn. Seine Anhänger gaben die Hoffnung nie auf, dass der Hype Besitzer Kirin zur Wiedereröffnung veranlassen würde. Stattdessen verkaufte er die Destillerie an eine Immobilienfirma. Die gute Nachricht: Die Bestände sicherte sich die Number One Drinks Company, die nun die letzten Tropfen als Single-Cask-Abfüllungen und ein Vatting namens Mount Asama herausbringt. Mit Karuizawa ist einer der großen Whiskys der Welt verschwunden.

FUJI-GOTEMBA

Karuizawa mag im Schatten eines aktiven Vulkans kauern, noch ungewöhnlicher aber ist der Standort von Fuji-Gotemba zwischen dem Fuji, der ebenfalls wieder zum Leben erwachen könnte, und einer Schießanlage der japanischen Streitkräfte. Stilistisch trennen Karuizawa und Fuji-Gotemba Welten. Das 1973 gegründete Joint Venture zwischen Kirin und Seagram erzeugt ähnlich wie Gimli (siehe Seite 275) Malt und Grain, wobei der Grain hier voller ausfällt. Der Single Malt wird ausschließlich in amerikanischer Eiche ausgebaut und ist so konfiguriert, dass er zur japanischen Küche passt. Damit hätte er das Zeug zum Bestseller. Leider wird er zu schwach beworben – und bekommt daher nicht die Beachtung, die er verdient.

FUJI-GOTEMBA – Verkostungsnotizen

FUJI SANROKU 18 JAHRE 40%

Nase Flüchtige Säure und Ester. Recht verhalten. Geschliffenes Holz, Pfirsichkerne, Veilchen. Mit Wasser weiße Blüten, Grapefruit.
Geschmack Süß, duftend, honigartig. Sehr schwacher Grip, etwas Zitrone und heiße Sägespäne.
Abgang Mild. Litschi.
Gesamteindruck Sehr sauber und präzise.

Stil **Duftig und blumig**
Ähnlich Royal Brackla 15 Jahre, Glen Grant 1992 Cellar Reserve

18 JAHRE SINGLE GRAIN 40%

Farbe Golden.
Nase Sehr süß und intensiv, butterig und fett. Reichlich Honig, Sesam und Kokoscreme.
Geschmack Dick, weich und süß. Die fette Maisnote behauptet sich neben gebackenen Bananen.
Abgang Lang und sirupig.
Gesamteindruck Mild, weich und süß. Sehr zugänglich.

Stil **Duftig und blumig**
Ähnlich Glentauchers 1991, The Glenturret 10 Jahre

KARUIZAWA – Verkostungsnotizen

1985 FASS NR. 7017 60,8%

Farbe Taubenblutrot.
Nase Tief, leicht animalisch, umgegrabene Erde mit Melasse, Geranien, Cassis und Zedern, dann Pflaumen mit lange gezogenem Assam-Tee. Mit Wasser feuchter Kohlenkeller, Firnis und Schwefel.
Geschmack Groß, recht teerig, Rauch mit leichter Gumminuance. Grip und reichlich Eukalyptus. Mit Wasser wird der Schwefel wieder penetrant.
Abgang Rußig und lang.
Gesamteindruck Ein klassischer Karuizawa. Kompromisslos.

Stil **Reichhaltig und rund**
Ähnlich Glenfarclas 40 Jahre, Benrinnes 23 Jahre

1995 NOH-SERIE FASS NR. 5004 63%

Nase Harzig. Firnis, Balsam/Tiger Balm, Geranien, Schuhcreme, Pflaumen, stark geöltes Holz. Berberitze und Rosenholzschatulle. Mit Wasser Kohlerauch und Leder.
Geschmack Unverdünnt leicht adstringierend, Holzöl, spielt ins Bittere hinein. Mit Wasser Eukalyptus. Seltsame Dinge gehen hier vor sich, es könnte sich um einen rauchigen Armagnac handeln. Seine Duftigkeit verhindert, dass er zu viel Grip bekommt.
Abgang Fest und exotisch.
Gesamteindruck Trinken oder die Brust damit einreiben?

Stil **Reichhaltig und rund**
Ähnlich Benrinnes 23 Jahre, Macallan 25 Jahre, Ben Nevis 25 Jahre

Chichibu

CHICHIBU • EIGASHIMA • KOBE • WWW.EI-SAKE.JP • BESUCHE NUR NACH VORHERIGER ANMELDUNG

Nachhaltigkeit und Umweltschutz sind normalerweise keine Themen, über welche man auf dem Gelände einer Brennerei diskutiert. In Chichibu ist das anders. Aber Besitzer Ichiro Akuto ist auch kein normaler Brenner. Seine Familie produziert in dem beschaulichen Ort seit 1625 Alkoholisches. Zuerst fertigte sie Sake, dann widmete sie sich der Shochu-Produktion. In den 1980er-Jahren begann Akuto in der Industriestadt Hanyu Whisky zu bereiten. Dazu ließ er Wasser für das Einmaischen mit Lastwagen aus Chichibu herbeischaffen. Leider kam die Gründung des Unternehmens gerade zur falschen Zeit: Der Whiskymarkt kollabierte. 2000 stand Akuto-san vor den Trümmern seines Projekts und saß auf 400 Fässern unverkaufter Ware (die 2014 mit der Card-Serie letztmals aufgelegt wurden).

2007 ging Akuto zurück nach Chichibu, kaufte ein Stück Land und hatte nach einem Jahr wieder eine winzige Destillerie auf die Beine gestellt. Sie ist mit einem Team begeisterter junger Angestellter unter der Führung des ehemaligen Karuizawa-Brennmeisters bemannt und besteht aus einem einzigen großen, blitzsauberen Raum. Noch nie zuvor musste ich in einer Destillerie vor dem Betreten Gummipantoffeln anziehen.

Akutos Vision einer Brennerei mit engen Beziehungen zu einheimischen Erzeugern nimmt langsam Formen an. Schon zehn Prozent des Malzes werden vor Ort angebaut. Das hört sich nach wenig an, ist aber ein Riesenschritt in einem Sektor, der bis dato völlig von Importen abhing. Zum Einsatz kommt ferner einheimischer Torf.

Akuto experimentiert zudem mit unterschiedlichen Stilen und Ausbauformen. Eine Abfüllung entstand aus Gerste, die er und sein Team eigenhändig in einer Tennenmälzerei in Norfolk brennreif machten: Der Brand hat einen ganz unjapanischen getreidigen Schwerpunkt. Akuto erzeugt drei Destillate – auch ein stark getorftes – durch Veränderung der Kondensatortemperatur: kalt für schweren, heiß für leichten Brand. Der New Make reift in verschiedensten Fässern, von roter Eiche über heimische Mizunara-Eiche bis hin zu 500-Liter-Fässern aus amerikanischer Eiche, Weinfässern und den winzigen *chibidarus*. Die letzten Karuizawa-Fässer bieten ein interessantes Refill-Profil, da sie langsam geleert werden. Gerade entsteht außerdem eine Küferei.

Akuto denkt ganzheitlich – nach 385 Jahren Erfahrung gelangt man nun einmal an diesen Punkt. Was aber hat ihn am meisten überrascht? »Das miteinander verwobene System aus Waldbau, Landwirtschaft und Destillieren, das nötig ist, um guten Whisky zu erzeugen. Früher dachte ich, dass das Fass entscheidend sei. Letztendlich aber ist es das Zusammenwirken sämtlicher Faktoren.«

CHICHIBU – Verkostungsnotizen

ICHIRO'S MALT, CHICHIBU ON THE WAY
2010 GEBRANNT 58,5%

Nase Bambussprossen, dann rosa Rhabarber, bevor blumige Töne im Verbund mit Erdbeerkonfitüre und Sahne in Erscheinung treten. Mit Wasser Ananas und Melone.
Geschmack Das typische Chichibu-Mundgefühl, ein rasches, aber sanftes Dickwerden am Gaumen. Erdbeere und Vanille machen noch einmal ihre Aufwartung, bevor eine jugendliche Kalknote übernimmt.
Abgang Blütenartig.
Gesamteindruck Süß; wird komplexer.

Stil **Duftig und blumig**
Ähnlich Mackmyra

THE FLOOR MALTED 3 JAHRE 50,5%

Nase Malzig, aber eher spreuartig als nussig. Das Blumige ist präsent, zudem Traubenmost, Verjus und Kräuter.
Geschmack Ein Mix aus sehr süßen Früchten und eine ungewöhnliche trockene Getreidenote. Leicht, saure Pflaumen.
Abgang Frisch und fest.
Gesamteindruck Aus Gerste, die in Norfolk gemälzt wurde.

Stil **Malzig und trocken**
Ähnlich St George EWC

PORT PIPE 2009 54,5%

Nase Jung, aber die Eiche macht sich schon bemerkbar. Pur leicht scharf, mit merklicher Himbeer- und Cranberryfrucht, Nesseln, Gras und – mit Wasser – Kreide.
Geschmack Auf der Zungenspitze süß. Himbeer-Sahne-Mix und einige Karamellnoten aus dem Fass.
Abgang Fest. Leicht saftig.
Gesamteindruck Ausbau in Ex-Portfässern mit 500 Liter Fassungsvermögen. Sammelt sich allmählich.

Stil **Fruchtig und würzig**
Ähnlich Finch Dinkel

CHICHIBU CHIBIDARU 2009 54,5%

Nase Verbindet jugendliche Intensität mit Zitronen-Baiser-Kuchen, Pampelmuse und Nacht-Levkoje.
Geschmack Schmackhafter Zitruscharakter und weiche Süße mit Tendenz zu Muskatblüte und Erdbeere.
Abgang Knallzucker.
Gesamteindruck *Chibidaru* ist japanisch und bedeutet salopp »klein«, was angesichts der geringen Fassgröße durchaus angemessen ist.

Stil **Fruchtig und würzig**
Ähnlich Miyagikyo 15 Jahre

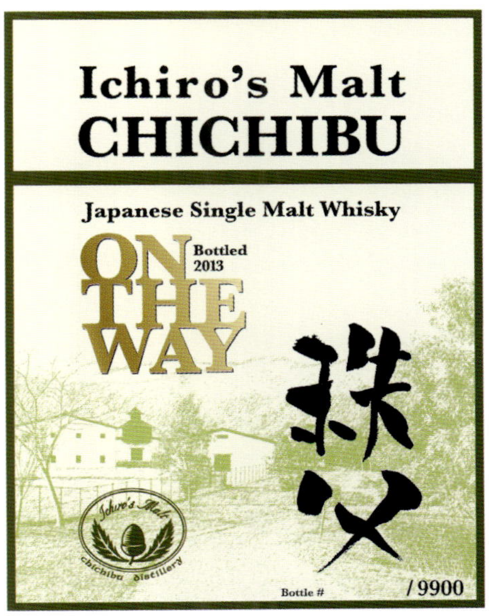

Mars Shinshu

MARS SHINSHU • MIYATA VILLAGE • KAGOSHIMA PREFECTURE • WWW.WHISKYMAG.JP/HOMBO-MARS-DISTILLERY

Hoch oben in den japanischen Alpen zwischen Bergen, die wie mit grünem Samt bespannt scheinen, steht diese Brennerei mit einem ganz und gar ungewöhnlichen Namen. Ihr Werdegang ist untrennbar mit den Anfängen des japanischen Whiskys verbunden. Erfährt man ihn, fragt man unweigerlich: »Was wäre gewesen, wenn …?« Die Geschichte dreht sich jedoch nicht um eine Destillerie, sondern um deren drei.

Das Mutterunternehmen Hombo sicherte sich schon 1949 eine Lizenz zum Brennen von Whisky. Aber erst 1960 begann man tatsächlich mit der Produktion – und auch nicht hier, sondern in einer speziell dafür gebauten Anlage in Yamanashi. Sie wurde von Kijiro Iwai betrieben, der zur Jahrhundertwende Masataka Taketsurus direkter Vorgesetzter gewesen war. Beide hatten für dieselbe Firma, Settsu Shozu, gearbeitet, die vorgehabt hatte, Japans erste Whiskybrennerei zu errichten. Leider stand sie unter Konkursverwaltung, als Taketsuru zurückkehrte. Also ging er zu Yamazaki, gründete Nikka – und der Rest ist Geschichte.

Iwai war offenbar ebenfalls ein Whiskymann. Als die Anlage in Yamanashi ihren Betrieb aufnahm, orientierte er sich an Taketsurus Originalbericht. Heraus kam, nicht verwunderlich, ein schwerer und rauchiger Brand. Yamanashi erzeugte neun Jahre lang Whisky, und als die Produktion auf Wein umgestellt wurde, verlegte man das Brenngeschäft nach Kagoshima im Süden der Insel Kyushu, wo zwei winzige Pot Stills ebenfalls einen schweren, rauchigen Brand lieferten.

1984 wurde die Produktion erneut verlagert, diesmal in die aktuelle Mars-Anlage, die wegen der großen Höhenlage sowie der Verfügbarkeit von weichem, granitgefiltertem Wasser ausgewählt wurde. Außerdem erfolgte ein stilistischer Richtungswechsel: Leicht war nun angesagt.

Damals entstand, wie die wenigen verbliebenen Posten offenbaren, Japans süßester Whisky voll weicher, honigartiger Frucht. Er hätte sich gut verkaufen sollen, kam aber zum falschen Zeitpunkt. Die japanische Whiskybranche brach zusammen, und weil Exporte keine Option waren, schloss Mars 1995 seine Pforten.

Zum Glück hat Hombo klarere Vorstellungen als der Vorbesitzer von Karuizawa. Weil Whisky sich im In- und Ausland wieder gut verkauft, wurde die Brennerei 2012 aufs Neue in Betrieb genommen. Sie bereitet zwei Stile, einen ungetorften und einen getorften. Mars macht mobil.

MARS – Verkostungsnotizen

NEW MAKE LEICHT GETORFT 60 %

Nase Grüne Birne und ein Anflug von Rauch. Im Hintergrund ein Anflug von Schwefel.
Geschmack Süß, mit volatiler Rauchnote. Im Mittelteil ein Touch Schwefel, der schön reifen wird.
Abgang Zuckerig.

KOMAGATAKE SINGLE MALT 2,5 JAHRE 58 %

Nase Unverschämt fruchtig. Glasierte helle Pfirsiche, Melonenschale, Fruchtsirup und ein sehr zarter Eichenton.
Geschmack Enorm süß. Jung und würzig, doch findet er allmählich ins Gleichgewicht.
Abgang Die unreifen Früchte beweisen, dass er noch Zeit braucht.
Gesamteindruck Als wäre er nie weg gewesen. Der Brennereicharakter war sofort wieder da.

Stil **Fruchtig und würzig**
Ähnlich Arran 14 Jahre

Mars Shinshu in den japanischen Alpen wurde nach 17-jährigem Schlaf wiedererweckt.

White Oak

EIGASHIMA • KOBE • WWW.EI-SAKE.JP

White Oak ist ein Rätsel. Möglicherweise entstand in der Brennerei an der Akashi-Meerenge Japans allererster Whisky. Sie besaß schon 1919 die Lizenz zum Brennen, begann damit aber erst in den 1960er-Jahren – und auch da nur gelegentlich. Außerdem konzentrierte man sich ganz auf Blends. Als der Whiskymarkt schrumpfte, wurde sie ähnlich wie Hanyu und Mars vom Abwärtssog ins Verderben gerissen. Inzwischen wird zwar wieder produziert, doch entstehen nur geringe Mengen.

Eigentümer Eigashima Shuzo ist auf die Erzeugung von Shochu, Umeshu, Wein und Weinbrand spezialisiert. Whisky musste sich seinen Platz im schon etablierten Portfolio und dem ziemlich vollen Brennkalender daher hart erkämpfen. Angesichts der Vielzahl an Spirituosen werden ihm die Anlagen nur zwei Monate im Jahr reserviert – vorher war es sogar nur ein Monat gewesen. Die Stills verlässt ein ungetorfter Whisky, der in Ex-Wild-Turkey- und Sherryfässern unterkommt.

Kürzlich besuchte Stefan van Eycken vom Nonjatta-Blog über japanischen Whisky die Anlage. Er berichtete von einem komplexeren Holzmanagement als vermutet. Ausgebaut wird in Weißweinfässern aus der Yamanashi-Anlage des Unternehmens und vor allem einigen Ex-Shochu-Fässern aus der Gesägten Eiche *(Quercus serrata)*. 2013 erschien sogar ein limitierter Whisky aus letzterem Holz. Der unabhängige Abfüller Duncan Taylor baut zudem etwas White Oak in Schottland aus.

Die meisten Abfüllungen der letzten Zeit waren junge Versionen, ich teile jedoch die Auffassung der Freunde japanischen Whiskys, die der Meinung sind, dass dieser Brand eine sanfte und lange Fassmassage braucht, um sich ganz zu öffnen. Allerdings haben kommerzielle Erwägungen mitunter mehr Gewicht als die Wünsche von Whiskyfans, und so scheint man die Politik der schnellen Freigabe – und leider auch der begrenzten Produktion – fortzusetzen. Das Unternehmen macht nun einmal sein Geld vor allem mit Shochu und Sake.

Ein weiterer Shochu-Erzeuger, Miyashita, begann 2012 in seiner Anlage in Okayama mit dem Brennen von Whisky in geringen Mengen. Er baut ihn aktuell in einem Mix aus verschiedenen Fässern aus.

WHITE OAK – Verkostungsnotizen

5 JAHRE, BLEND (ABFÜLLUNG FÜR NUMBER ONE DRINKS) 45%

Nase Leicht und sauber. Geringe Wachsnote. Öffnet sich mit einer duftenden, volatilen Engelwurznuance, dann stößt Stachelbeerkonfitüre hinzu, bevor sich gerösteter Tee ausbreitet. Wasser legt Hefetöne, Gurke, Borretsch und Limette frei.
Geschmack Süß, Vanillesoße und eine süße Ingwernote, die in reife Birne übergeht.
Abgang Mild und leicht.
Gesamteindruck Zart, aber ausgewogen.

Stil **Duftig und blumig**

Die Brennerei White Oak bei Kobe bekam als erstes Unternehmen in ganz Japan die Lizenz zum Brennen von Whisky.

HANYU

Die Familie von Ichiro Akuto (siehe Chichibu, Seite 221) ist schon seit 1625 in der Produktion alkoholischer Getränke tätig, die meiste Zeit als Sake-Brauer. In den 1940er-Jahren sicherte sie sich eine Lizenz für eine neue Brennerei in der Stadt Hanyu. Erst 1980 aber nahm sie den Betrieb dort tatsächlich auf. Der kräftige Stil fand jedoch in einem Markt, der leichte Erzeugnisse favorisierte, keinen Anklang. Als in den 1990er-Jahren auch noch der japanische Whiskymarkt zusammenbrach, war das Schicksal von Hanyu endgültig besiegelt. 2000 wurde die Anlage abgerissen. Allerdings konnte sich Ichiro die letzten 400 Fässer sichern. Am beliebtesten ist heute die in Single Casks gereifte sogenannte »Kartenreihe«, auf deren Etikett jeweils eine Spielkarte abgebildet ist. Ichiro zufolge hat die Zuweisung einer bestimmten Karte zum jeweiligen Stil allerdings keinerlei Bedeutung. Die Reihe endete 2014 mit zwei »Joker«-Editionen.

Yoichi

YOICHI • WWW.NIKKA.COM/ENG/DISTILLERIES/ YOICHI.HTML • GANZJÄHRIG GEÖFFNET, FÜHRUNGEN NUR AUF JAPANISCH

Obwohl alle japanischen Malt-Brennereien über die Mitte und den Norden von Honshu verstreut sind, kann man sie von Tokio aus leicht erreichen. Das kommt nicht von ungefähr: Gute Verkehrsverbindungen und der Zugang zu Hauptmärkten sind für Destillerien das A und O. Wo aber liegt Yoichi? Man muss weit in den Norden nach Hokkaido gehen, also mit der Fähre von Aomori nach Hakodate übersetzen und nach Nordwesten bis zur Küste fahren, wo man 50 Kilometer westlich von Sapporo auf Yoichi stößt. Hier ist nördliches Terrain: Wladiwostock liegt auf gleicher Höhe gegenüber.

Warum musste der Mitbegründer der japanischen Whiskyindustrie ausgerechnet bis hierher in den Norden vordringen, wo doch alle anderen auf Honshu blieben? Masataka Taketsuru hatte von jeher vorgehabt, Whisky auf Hokkaido zu erzeugen, ja, er sah die Insel sogar als idealen Standort für seine Brennerei an. Als er in Hazelburn arbeitete und sich über die Wasserqualität in Japan Gedanken machte, schrieb er: »Selbst in Schottland herrscht bisweilen ein Mangel an gutem Wasser. Daher ist es ganz und gar unangemessen, eine Pot-Still-Anlage in Sumiyoshi [Osaka] zu bauen, wo man nur an Wasser gelangt, wenn man einen Brunnen gräbt. Angesichts der japanischen Geografie braucht man einen Ort, an dem beständig Wasser guter Qualität, aber auch Gerste, Kraftstoff, Kohle oder Holz und außerdem eine Bahnverbindung und ein Hafen vorhanden sind.«

Alles deutete seiner Ansicht nach auf Hokkaido hin, doch sein Vorgesetzter, der pragmatisch denkende Shinjiro Torii, bemängelte, dass es fernab aller Märkte lag. Also wurde Yamazaki zum Standort erkoren. Woran die Beziehung zwischen beiden Männern letztlich zerbrach, weiß man nicht; vielleicht ist es auch nur ein Zufall, dass Taketsuru im selben Jahr als Leiter einer Brauerei in Yokohama ein-

Schottland oder Japan? Yoichi war Masataka Taketsurus Hommage an seine geistige Heimat, aber auch einer der Betriebe, in denen ein durch und durch japanischer Whiskystil entstand.

Kohlebefeuerte Brennblasen sind für den schweren, öligen Stil des Yoichi entscheidend.

gesetzt wurde, in dem sein Whisky, der Shirofuda, debütierte – und floppte. Er war zu schwer, zu rauchig, nicht japanisch genug.

Als sein Vertrag 1934 auslief, gingen Taketsuru und seine schottische Frau Rita mit finanzieller Unterstützung von Förderern aus Osaka nach Hokkaido – angeblich, um Apfelsaft zu erzeugen. In Wirklichkeit aber machte er im kleinen, von Bergen gesäumten Fischerhafen Yoichi am großen grauen, kalten Japanischen Meer seinen Traum wahr.

Und der 1940 erschienene Whisky? Er war groß und rauchig, nicht jedoch »japanisch«. Heute stoßen die hohen, rot gedeckten Türme der Darren nicht mehr den Rauch des Torfs aus, der in der Ishikari-Ebene gestochen wurde: Das Malz kommt aus Schottland. Es entstehen etliche Whiskys, von ungetorften bis stark getorften Versionen über Varianten mit unterschiedlichen Hefestämmen, Gärzeiten und Schnittpunkten.

Von anderen japanischen Brennereien unterscheidet sich Yoichi durch die Kohlebefeuerung unter dem Quartett klobiger Wash Stills. Sie ist eine Kunst, denn der Brennmeister muss vorausahnen, was passiert, die Hitzezufuhr verändern und offenes Feuer unter Kontrolle halten. Aber die Mühe wird durch eine besondere Dichte im Whisky belohnt. Einen Beitrag leisten überdies die Worm Tubs und das Reifetemperaturprofil, das von -4 Grad im Winter bis 22 Grad im Sommer reicht.

Ein Yoichi ist groß, ölig, rauchig und doch duftend. Er zeichnet sich durch Tiefe, aber auch durch eine stilistische Klarheit aus, die seine Vielschichtigkeit hervorhebt. Sein Gewicht reicht nicht an das des vierschrötigen Karuizawa heran. Ein leicht salziger Einschlag ist unverkennbar. Gelegentlich ähnelt er dem Ardbeg, doch kommen schwarze Oliven ins Spiel. Und der Rauch erinnert nicht an Islay, sondern an Kintyre. Man denkt an Campbeltown, wo Taketsuru einst arbeitete. Natürlich ist der Yoichi keine Kopie, aber eine Wesensverwandtschaft lässt sich nicht leugnen.

Taketsuru bleibt ein Rätsel. War er Pragmatiker oder Romantiker oder sogar beides? Entschied er sich aus rein praktischen Gründen für Hokkaido oder wollte er damit auch eine physische Distanz zur Vergangenheit schaffen, die Meeresluft spüren, Raum zum Atmen haben?

YOICHI – Verkostungsnotizen

10 JAHRE 45 %

Farbe Hellgolden.
Nase Sauber und frisch. Lebendiger Rauch. Rußig und leicht salzig. Braucht Wasser, um seine echte Tiefe und die ölige Basis zu offenbaren.
Geschmack Das Ölige lässt die Geschmacksnuancen auf der Zunge kleben. Leicht eichengetönt, knackig-frische Apfelnoten hinter dem vielen Rauch.
Abgang Wieder ein säuerlicher Einschlag.
Gesamteindruck Ausgewogen und jung – mit Mineralwasser trinken.

Stil **Rauchig und torfig**
Ähnlich Ardbeg Renaissance

12 JAHRE 45 %

Farbe Kräftig golden.
Nase Sogleich salzig angehauchter Rauch mit einem Touch Marzipan im Hintergrund. Gewichtiger als der 10-Jährige, schweres Blütenaroma, gebackene Pfirsiche, Apfel und erste Andeutungen von Kakao.
Geschmack Ölig, eine Bratapfelnuance macht sich bemerkbar. Süß und kuchenartig, etwas Butter, dann Cashewnüsse und Rauch.
Abgang Das Rauchige entwickelt sich.
Gesamteindruck Zwischen Küste und Obstgarten angesiedelt.

Stil **Rauchig und torfig**
Ähnlich Springbank 10 Jahre

15 JAHRE 45 %

Farbe Tiefgolden.
Nase Nicht so offenkundig rauchig; hat mehr von der tiefen, reichen Öligkeit, wie sie für die New Makes der Brennerei typisch ist. Zigarre, Zeder und Walnusskuchen. Ein Touch schwarze Oliven im Hintergrund.
Geschmack Wirft die gesamte brennereitypische Charakterdichte in die Waagschale. Wieder heftet die Öligkeit die Geschmacksnuancen an die Zunge. Sherrynoten, Eugenol (Gewürznelken) und die Kakaonote, die schon den 12-Jährigen gekennzeichnet hat, sind nun zu Bitterschokolade geworden.
Abgang Leicht salzig.
Gesamteindruck Robust, aber elegant.

Stil **Rauchig und torfig**
Ähnlich Longrow 14 Jahre, Caol Ila 18 Jahre

20 JAHRE 45 %

Farbe Bernstein.
Nase Intensiv und mit Meeresnoten. Trocknende Fischernetze, nasser Seetang, Bootsöl, Hummerschale, Sandelholz und intensive, dichte Frucht. Tapenade, Sojasoße. Mit Wasser würziger: Bockshornklee und Currylaub.
Geschmack Tief und harzig. Der Rauch beginnt sich durch einen Vorhang aus dicker schwarzer Öligkeit aufzutürmen. Leichte Ledernoten mit überraschend frischem Oberton.
Abgang Leinsamenöl und eine Prise Gewürze, bevor der Rauch zurückkehrt.
Gesamteindruck Kraftvoll und widersprüchlich.

Stil **Rauchig und torfig**
Ähnlich Ardbeg Lord of the Isles 25 Jahre

Rechts: Die Vielfalt der Stile auf Yoichi ist enorm.

1986 22 JAHRE STARK GETORFT 59 %

Farbe Golden.
Nase Orangenschalen, Weihrauch und Torfrauch. Fleischige Früchte, schwarze Oliven mit eindringlichem Rauch, Sommerflieder, harte Karamellbonbons und angeröstete süße Gewürze. Die balsamische Nuance deutet auf ein fortgeschrittenes Alter hin.
Geschmack Viel Rauch und eine solide Melange aus Obstkuchen und teerigem Bindfaden. Gehaltvoll und komplex, braucht jedoch einen Spritzer Wasser, um seine milde, fruchtige Seite hervorzukehren.
Abgang Die komplexen Geschmacksnoten bauen sich zu einem geschmeidigen Crescendo auf.
Gesamteindruck Bleibt kraftvoll.

Stil **Rauchig und torfig**
Ähnlich Talisker 25 Jahre

Japanische Blends

NIKKA • WWW.NIKKA.COM/ENG/PRODUCTS/WHISKY_BRANDY/NIKKABLENDED/INDEX.HTML • SIEHE YOICHI & MIYAGIKYO

HIBIKI • WWW.SUNTORY.COM/BUSINESS/LIQUOR/WHISKY.HTML

Japanischer Whisky gründet sich wie schottischer auf Blends. Gerade die Bedürfnisse der Verschneider erforderten in den Single-Malt-Brennereien technische Innovationen, die heute das Wesen japanischer Whiskys ausmachen. Obwohl eine neue Generation die Malts für sich entdeckt hat, bilden Blends nach wie vor das Gros der Abfüllungen – und sind auch der Grund für die facettenreiche Produktpalette einzelner Destillerien. Während sich aber die Blending-Verfahren nicht von denen in Schottland unterscheiden, geben Klima und Kultur in Japan den Stil vor. Blends sind ein Spiegel der Gesellschaft.

Japans erster Blend hieß Shirofuda (White Label). Er erschien 1929 und präsentierte sich schwer und rauchig. Ein Erfolg war ihm nicht beschieden. Also ging Shinjiro Torii wieder an das Reißbrett und schwenkte auf leichte Brände um. Seine nächste Schöpfung, der Kakubin, ist bis heute einer der meistverkauften Whiskys Japans geblieben.

Torii hatte eine wichtige Erfahrung gemacht, die ihm nach dem Krieg, als sich die japanische Wirtschaft wieder erholte, sehr zugute kam. Denn plötzlich gab es Bars voller hart arbeitender Angestellter, die etwas brauchten, um zu entspannen und Dampf abzulassen. Was sollten sie trinken? Bier hat in Japan einen ähnlichen Status wie in Deutschland, ist also eine Art Grundnahrungsmittel. In Geschäftshotels wird ein »Frühstücksbier« serviert, ohne dass sich jemand daran stört. Whisky? Nun ja. Im schwülwarmen Japan brauchte man eher etwas Leichtes und Erfrischendes. Die Lösung: der Whisky *mizuwari*, ein Blend, eisgekühlt und mit reichlich Wasser verdünnt. Heute wäre so etwas vielleicht ein Fauxpas, aber damals bedeutete *mizuwari*, dass man viel trinken konnte – sehr viel.

Der japanische Markt für Blends war riesig. In den 1980er-Jahren verkaufte Suntory Old 12,4 Millionen Kisten im Inland – fast so viel, wie Johnny Walker derzeit weltweit absetzt. »Gestern und Heute kann man nicht vergleichen«, meint Suntorys Chef-Blender Seiichi Koshimizu. »Unsere Verkaufsschlager waren der Red, White bzw. Old, Kakubin, Gold, Reserve und Royal. Sie bildeten eine Pyramide mit einheitlichem Suntory-Stil. Auch in der Gesellschaft gab es eine Pyramide. Wer befördert wurde, stieg auf einen höherwertigen Whisky um.«

Wer sagt, das Verschneiden sei einfach? Hier stehen dem japanischen Blender eine Vielzahl von Flaschen und unendliche Geschmackskombinationen zur Verfügung.

Und das ist jetzt anders? »Das Hierarchiebewusstsein ist verschwunden. Wenn heute jemand einen ›besseren‹ Whisky trinkt, dann einfach deshalb, weil er ihn probieren möchte! Selbst junge Einsteiger kaufen sich einmal einen Premiumwhisky bzw. einen Malt.«

Interessanterweise zeichnen sich derzeit zwei Tendenzen ab. Die junge Generation, darunter überdurchschnittlich viele Frauen, die keinerlei Interesse an dem hatte, was ihre Väter tranken, und stattdessen Shochu bevorzugte, findet im Augenblick wieder zu Whisky zurück. Während die einen ihn aber in Form von Single Malts trinken, konsumieren ihn die anderen stark verdünnt in Highballs.

Aktuell werden neue Premium-Blends entwickelt. Hibiki, die 1989 eingeführte Spitzenlinie von Suntory, hat mit einem 12-jährigen, durch Bambuskohle gefilterten Verschnitt und einem in Pflaumenlikörfässern gereiften Malt Zuwachs bekommen. Der From The Barrel aus dem Hause Nikka bietet Malt-Liebhabern Zugang zu einer Welt, von der sie bislang nichts wissen wollten. Und der Blender's Bar desselben Herstellers zeigt die Möglichkeiten auf, die das Verschneiden eröffnet, umfasst jedoch sehr unterschiedliche Whiskys, da dieselben Komponenten in variierenden Anteilen zusammengebracht werden.

Das Blending mag nüchtern-analytisch erscheinen, ist jedoch eine äußerst kreative Tätigkeit. »Wir sind Kunsthandwerker«, meint denn auch Shinji Fukuyo, ein weiterer Blender im Suntory-Team. »Jeder wünscht sich, schöpferisch tätig zu sein, doch nicht jeder ist dazu in der Lage. Wir sind verantwortlich dafür, dass Neues entsteht, müssen aber gleichzeitig auch die Qualität unserer Erzeugnisse bewahren – und damit ein Versprechen halten.«

Pflichtprogramm auch in Japans Brennereien: Verkostung und Bewertung.

JAPANISCHE BLENDS – Verkostungsnotizen

NIKKA FROM THE BARREL 51,4%

Nase Wald im Frühling: Rinde, Moos und grünes Laub, leicht blumig unterlegt, außerdem Rosmarinöl. Neues Auto. Mit Wasser dichter. Kuchen.
Geschmack Zurückhaltend und weich mit Melone, Pfirsich, süßer Persimone. Trocknet gegen Ende aus, dann kommt die moosige Note wieder zum Vorschein.
Abgang Feste Eiche.
Gesamteindruck Intensiv und ausgewogen. Ein Blend für Malt-Freunde.

Stil **Fruchtig und würzig**

NIKKA SUPER 43%

Farbe Kupfer.
Nase Fleischig und spröde, ein Anflug von Trockenobst, Karamell und rauchige Nuancen. Himbeere mit leichter, wurzeliger, blumiger Note.
Geschmack Sauber und schlank, geschmeidiges Getreide fördert den Geschmacksfluss. Leichter Zitruston. Süßer als in der Nase.
Abgang Mittellang, sauber.
Gesamteindruck Ein ordentlicher Blend, der sich auch zum Mixen eignet.

Stil **Duftig und blumig**

HIBIKI 12 JAHRE 43%

Nase Gewürze (pulverig, Muskatnuss). Grüne Mango und Viktoriapflaume. Ananas und Zitrone.
Geschmack Mild, süß. Vanilleeis, Pfirsich. Würzig.
Abgang Stangenpfeffer, Menthol, dann Koriandersamen.
Gesamteindruck Höchst innovative Verschnittkunst.

Stil **Fruchtig und würzig**

HIBIKI 17 JAHRE 43%

Nase Weiche, milde Früchte mit Hinweisen auf Zitronenmelisse und Orangenblätter, dann Kakao, Aprikosenkonfitüre, Banane und Haselnuss.
Geschmack Die milde Getreidenote sorgt für einen üppigen karamellisierten Charakter, unterlegt von Trockenobst. Schwarzkirsche und Rosinenkuchen. Lang und reif.
Abgang Geschmeidig und honiggetönt.
Gesamteindruck Seine Vielschichtigkeit allein rechtfertigt schon den japanischen Weg der Whiskyerzeugung.

Stil **Fruchtig und würzig**

CHITA SINGLE GRAIN 48%

Nase Butterig. Braucht Wasser, um Karamell, Orangenschalen, Crème brûlée und grüne Bananen an die Oberfläche zu spülen.
Geschmack Zähe Toffee-Creme-Süße, die von säuerlichen roten Früchten austariert wird.
Abgang Entspannt und süß.
Gesamteindruck Kopenhagener Gebäck mit Alkohol.

Stil **Weicher Corn**

USA

Brenner nehmen, was um sie herum wächst. Erschließen sie ein neues Land, passen sie sich der veränderten Umgebung an, suchen sich einen anderen Rohstoff und improvisieren damit. In Mexiko machten die Siedler aus Agaven Tequila, in der Karibik aus Zuckerrohr Rum. In den Pioniertagen der nordamerikanischen Kolonien verwendete man zunächst Äpfel und andere Früchte für die Schnapsbrennerei. Erst Mitte des 18. Jahrhunderts begannen vor allem Einwanderer aus Deutschland, Holland, Irland und Schottland in Maryland, Pennsylvania, West Virginia sowie North und South Carolina größere Mengen Whiskey zu erzeugen. Sie pflanzten Roggen, der zur Grundlage des ersten eigenen amerikanischen Whiskeystils wurde.

Brände aus Mais entstanden erst ab 1776, als in den unerschlossenen Gebieten von Kentucky Genehmigungen zum Anlegen von Maisfeldern vergeben wurden. Die Pioniere nutzten das »indianische Korn« prompt als Ausgangsmaterial für die Destillation. Nicht ohne Grund: Ein Scheffel Mais brachte 50 Cent ein, während die 23 Liter Whiskey, die man daraus gewinnen konnte, mit zwei Dollar zu Buche schlugen.

Um 1860 war mit der industriellen Revolution bereits eine veritable Whiskeybranche entstanden. Die Brennereien wurden größer und das Bahnnetz ermöglichte den Verkauf im ganzen Land. Vor allem aber stieg dank wissenschaftlicher Fortschritte die Qualität. Pionierdienste leistete in dieser Hinsicht insbesondere James Crow in der Destillerie Old Oscar Pepper in Kentucky (siehe Seite 232 und 236–237).

Was wäre aus der Whiskywelt geworden, wenn die USA nicht einen Kreuzzug gegen den Alkohol gestartet hätten? Vermutlich wären heute sie und nicht Schottland das Whiskyland Nummer eins. 1915 lagen schon 20 US-Bundesstaaten völlig trocken, darunter auch Kentucky. 1917 wurde die Whiskeyproduktion ganz gestoppt und auf die Erzeugung von Industriealkohol für den Krieg umgestellt. Drei Jahre später, am 17. Januar 1920, trat die Prohibition in Kraft.

Obwohl Sozialhistoriker darauf verweisen, dass während der »großen Trockenheit« mehr Spirits getrunken wurden als zuvor, mussten Amerikas Brenner zusehen, wie eine neue Generation auf Scotch und kanadischen Whisky umstieg. Nach der Aufhebung des Alkoholverbots 1933 verfügten sie nicht nur kaum über Bestände, auch der Geschmack der Verbraucher hatte sich gewandelt. Vielleicht wäre es sogar gelungen, die Bevölkerung wieder an Rye und Bourbon zu gewöhnen, hätte der Zweite Weltkrieg nicht erneut zur Schließung der Produktion geführt. Danach war US-Whiskey praktisch ein Fremder im eigenen Land.

Langsam kämpfte er sich zurück. Dabei musste er allerdings geduldig warten, bis sich das Modefähnlein zu seinen Gunsten drehte – mit Versuchen, sich ins leichte Lager zu schlagen, verwässerten die US-Brenner nur ihren Stil. Erst als geschmackliche Schwergewichte wieder en vogue waren, begann man heimische Destillate neu zu entdecken.

Inzwischen ist Rye zurück und die Bourbon-Industrie in eine Phase fiebriger Kreativität getreten. Die Craft-Bewegung hat Fuß gefasst, sogar in der geistigen Bourbon-Heimat Kentucky. Bourbon, Corn, Rye und Wheat werden in den gesamten Vereinigten Staaten hergestellt. Hinzu kommt ein neuer Markt für aromatisierte Whiskeys und eine nostalgische Rückkehr zu Schwarzgebranntem. Die Frage »Was ist Whiskey?« wird auch hier gestellt.

Oben: Der kalkige Untergrund von Kentucky eignet sich nicht nur für die Erzeugung von Bourbon, sondern auch für die Pferdezucht.

Vorherige Seite: Die Rocky Mountains, vom Sweet Grass County in Montana aus gesehen.

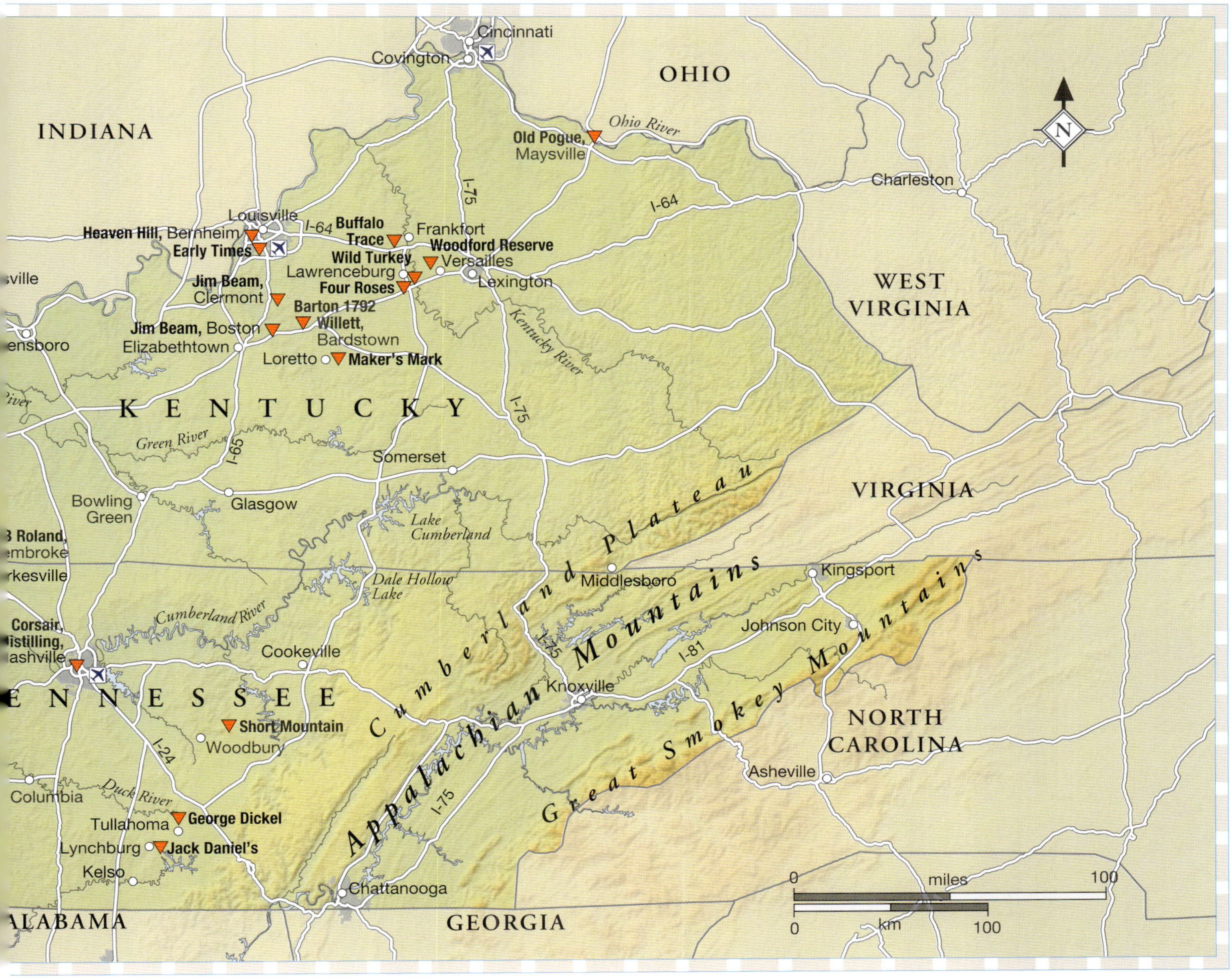

Cincinnati
Covington
OHIO
INDIANA
Ohio River
Old Pogue, Maysville
Charleston
I-75
I-64
Louisville
Heaven Hill, Bernheim
Early Times
I-64
Buffalo Trace
Frankfort
Woodford Reserve
Wild Turkey
Versailles
Lawrenceburg
Lexington
Four Roses
Jim Beam, Clermont
Barton 1792
Willett, Bardstown
Jim Beam, Boston
Elizabethtown
Loretto
Maker's Mark
WEST VIRGINIA
Kentucky River
KENTUCKY
I-75
Green River
I-65
Somerset
Bowling Green
Glasgow
VIRGINIA
Lake Cumberland
Cumberland Plateau
Dale Hollow Lake
Middlesboro
Kingsport
Cumberland River
Appalachian Mountains
Johnson City
Cookeville
I-75
I-81
Knoxville
Short Mountain
Woodbury
Great Smokey Mountains
NORTH CAROLINA
I-24
Asheville
Duck River
Columbia
George Dickel
Tullahoma
Lynchburg
Jack Daniel's
Kelso
I-75
Chattanooga
GEORGIA
0
miles
100
0
km
100
N

KENTUCKY

Bourbon darf überall in den USA gebrannt werden, seine Heimat aber ist Kentucky. Alle Neubrenner, die sich an ihm versuchen, nehmen den Whiskey dieses Bundesstaats als Vorbild. Sie erweisen damit den Pionieren, die Amerikas Vorzeigestil prägten, ihre Ehrerbietung. Aber warum gerade Kentucky?

Den Siedlern des 18. Jahrhunderts war unentgeltlich Land überlassen worden, damit sie dort Mais anbauten. Somit hatte Kentucky alle Voraussetzungen, in der Whiskeyproduktion die Führung zu übernehmen. Bereits zu Beginn des 19. Jahrhunderts transportierten Schiffe Fässer mit Whiskey den Ohio und Mississippi hinunter bis New Orleans.

Zugegeben, es war ein grobkalibriges Getränk, das man nur so lange ausbaute, bis es eben in den Verkauf gelangte. Dennoch kann man sagen, dass es der erste in Holz gereifte Stil war. Es brauchte einen Schotten, um die Dinge voranzubringen. James Crow, der von 1825 bis zu seinem Tod 31 Jahre später Whiskey brannte, ging die Produktion mit wissenschaftlicher Genauigkeit an und führte Sauermaische, Saccharometer und pH-Tests ein. Er sorgte für gleichbleibende Qualität.

Mit besserem Brand und verändertem Markt wurden Holzausbau und neue, gekohlte Fässer zur Norm. Dabei – wie auch bei der Sauermaischung – könnte Amerikas erster Spirit, Rum, eine Rolle gespielt haben. Dessen Erzeuger wussten um den Einfluss von Holz auf Rohbrand und verwendeten getoastete Fässer schon seit dem 17. Jahrhundert.

Durch jede weitere Verfeinerung des Bourbon-Herstellungsverfahrens wurden die geschmacklichen Vorgaben strenger. Heute darf »Straight Bourbon« mit höchstens 80 Prozent Alkohol destilliert werden; er muss aus vergorener Maische mit mindestens 51 Prozent Maisanteil entstehen, mit höchstens 62,5 Prozent Alkohol ins Fass kommen und wenigstens zwei Jahre lang in neuer getoasteter Eiche reifen.

Natürlich gibt es einen Spielraum: Die Fassgröße ist ebenso wenig vorgeschrieben wie der Holztyp. Die Untergrenze von 51 Prozent Mais erlaubt unterschiedlichste Getreideanteile: Man kann durch Veränderung des Mais-Roggen-Verhältnisses Gewürznoten oder einen fetten Maischarakter erzielen; Weizen durch Roggen ersetzen, um den Stil zu glätten; verschiedene Hefetypen verwenden, damit spezielle Aromen entstehen.

Zu alledem kommt noch Kentucky selbst ins Spiel. Bourbon entstand in Kentucky und überlebte wegen Kentucky. Das harte Wasser erfordert Sauermaischung. Aus Wildhefen entwickelten Brennereien eigene Hefestämme; der Boden liefert Mais und Roggen und auch das Klima hat ein Wort mitzureden. Schließlich gibt es noch ein kulturelles Terroir in Form der Whiskey-Dynastien: der Beams, Samuels, Russells und Shapiras.

In ganz Kentucky erhöhen die Brennereien ihre Kapazitäten und versuchen so, mit der wachsenden Nachfrage Schritt zu halten. Die Bourbon-Macher testen aus, was man mit dem Whiskey machen kann, woher er seine Geschmacksnuancen bekommt, wie viel Einfluss der Ausbau hat. Im Mittelpunkt steht das Holz, zum einen, weil wissbegierige Menschen am Werk sind, zum anderen, weil man sich sorgt, ob die Natur noch genug liefern kann. Darüber hinaus kommen fast wöchentlich neue Geschmacksvarianten auf den Markt. Noch nie zuvor hat Kentucky eine so große Bandbreite an Whiskeys hervorgebracht.

Die Bourbon Street in New Orleans. Hier trafen die Whiskeys aus Kentucky ein.

Maker's Mark

LORETTO • WWW.MAKERSMARK.COM • GANZJÄHRIG GEÖFFNET MO–SA, MÄR–DEZ MO–SO

1844 schrieb die Zeitung Nelson Record, Taylor William Samuels' Brennerei in Deatsville, Kentucky, sei »gut konstruiert und mit allen modernen Gerätschaften der Destilleriebranche ausgestattet«. Taylor William führte eine lange Familientradition fort, denn die Samuels von schottisch-irischer Herkunft hatten vermutlich schon seit 1780 Mais in Whiskey verwandelt. Daran hat sich bis heute nichts geändert.

Tradition und Beharrlichkeit bilden die Leitmotive in den Annalen von Maker's Mark. Gleichzeitig aber ist die Firmengeschichte mit den für alle Brennereien in diesem Teil der Welt typischen Widrigkeiten durchsetzt. Gespeist wird sie von Familiensagen, Halbwahrheiten und Mutmaßungen, die sich zu einem nostalgischen Patchwork zusammenfügen. Historiker mögen darüber die Nase rümpfen, doch ist solch ein Legendenwerk vorzügliches Marketing. Immer wieder gern erzählt wird, wie der Brenner sich nach der Prohibition ein Herz fasste, das alte Rezept entstaubte und sich erneut an die Arbeit machte. Derlei Begebenheiten sind sehr amerikanisch, sehr rühmlich und oft wahr.

Als Bill Samuels senior 1953 beschloss, die Familientradition auf der Star Hill Farm wieder aufleben zu lassen, wich er gleichzeitig von ihr ab. Er sah sich um und beschloss: »Diesmal machen wir es anders.« Nicht nur wollte er völlig von Neuem beginnen, sondern auch zurück zu den Wurzeln gehen. Die Bourbons auf dem Markt waren ihm zu hart, zu rau und zu billig – und verkauften sich vor allem schlechter als Scotch. Wenn Bourbon eine Zukunft haben sollte, so mutmaßte er, müsse man die Qualität verbessern und den Geschmack verändern.

In einer waldigen Senke am Hardin Creek wollte er in einer 1805 gegründeten Brennerei einen einzigartigen Whisky – er bevorzugte die schottische Schreibweise – erzeugen. Statt Roggen sollte Weizen in die Getreidemischung kommen (allerdings ist der Maker's Mark entgegen dem allgemeinen Glauben nicht der einzige Bourbon mit Weizen auf dem Markt). Samuels beriet sich mit dem größten Befürworter des Weizenstils, Pappy Van Winkle, und tüftelte einen Mix aus 70 Prozent Mais, 16 Prozent Weizen und 14 Prozent gemälzter Gerste aus. »Er hat vieles versucht«, so Jane Conner, Markenrepräsentantin von Maker's. »Wenn etwas schlecht lief, probierte er das Gegenteil aus.« Wie findig

Gekohlte Fässer sind für den Charakter des Maker's Mark von entscheidender Bedeutung.

er dabei vorging, kann man noch heute sehen. Ein Umwälzwerk verhindert, dass das Getreide versengt wird. Man kocht den Mais langsam in offenen Siedern. Außerdem kommt ein eigener Hefestamm zum Einsatz. Die Destillation auf 65 Prozent läuft in drei kupfernen Bierkolonnen mit Doubler ab. Dabei entsteht ein angenehm fokussierter White Dog, wie der New Make in den Vereinigten Staaten genannt wird.

Conner: »Die Reifung ist entscheidend. Unsere Eiche wird zwölf Monate luftgetrocknet und relativ schwach angekohlt. Wir wollen keine klebrige Süße, sondern einen geschmeidigen Brand. Manche rümpfen die Nase, wenn sie ›unbeschwerter Trinkgenuss‹ hören, aber was ist schlimm daran, wenn ein Whisky süffig gerät?«

Maker's baut seine Erzeugnisse in schwarzen, über das Gelände verstreuten Lagerhäusern aus. Die Fässer werden regelmäßig umgelagert. Conner zufolge sorgt das für konstante Qualität. Aber wenn nur ein einziger Bourbonstil erzeugt wird, wäre da ein Mischen der Posten nicht einfacher? »Das funktioniert mit nur einem Lager. Aber wir haben 19 davon – und jedes ist anders. Die Rotation der Fässer ist sinnvoll, denn der Reifungsprozess schlägt in Kentucky Kapriolen.«

Maker's bleibt seinem milden, klaren Stil seit 1953 treu, gab aber 2010 zusätzlich den Maker's 46 heraus. Sein Ziel war es, die Wirkung des Holzes zu erhöhen, ohne den Whisky aus dem Gleichgewicht zu bringen. Gemeinsam mit der Küferei Independent Stave fand er die Lösung: Die Dauben aus französischer Eiche wurden nicht gekohlt, sondern nur leicht angesengt, um die Tanninabgabe zu drosseln und gleichzeitig die Karamellisierung zu fördern.

Beim Finishing des Standardwhiskys lässt man den Brand die letzten drei, vier Monate mit zehn zusätzlichen Innendauben reifen. Als John Glaser vom Scotch-Hersteller Compass Box seinen Whisky ähnlich behandelte, verbot man ihm, das Ergebnis Whisky zu nennen. In Amerika scheint man da offener zu sein.

Der Kontrast zwischen dem etwas düsteren, abweisenden Betrieb und seinem ausgesprochen offenherzigen Bourbon könnte nicht größer sein.

MAKER'S MARK – Verkostungsnotizen

WHITE DOG 90°/45%

Nase Süß, mild und reintönig, mit guter maistypischer Öligkeit. Schwere Blütendüfte. Apfel und Verbandmull.
Geschmack Fleischig und reif, mit roten Sommerfrüchten. Aromatisch, weiche Textur. Sehr klar und dynamisch.
Abgang Fokussiert, etwas Fenchel.

MAKER'S 46 94°/47%

Nase Zimttoast, Ahornsirup, Muskatnuss, ein Hauch Kardamom. Kopenhagener Gebäck, Kirsche, Vanille.
Geschmack Reif, voll. Viel Karamell, kandierte Orangenschalen, Toffees und weiche rote Beeren sowie Baumobst.
Abgang Würzig und süß.
Gesamteindruck Sauber, süß, konzentriert. Gewürze.

Stil **Reichhaltig und eichengetönt**
Ähnlich Four Roses Single Barrel

MAKER'S MARK 90°/45%

Nase Weich, mit butteriger Eiche. Cremig. Maraska-Kirsche, Sandelholz, freimütige Apfelnote. Die Früchte sind inzwischen voll ausgereift. Mit Wasser blütenduftiger. Ausgewogener Holzton.
Geschmack Geschmeidig, süß und mild. Recht viskos. Etwas Lorbeer, Sirup, Kokosnuss.
Abgang Weich.
Gesamteindruck Nicht Roggen sorgt hier für Grip, sondern die Eiche darf den weichen Brand sanft aufrauen.

Stil **Süßer Wheat**
Ähnlich W L Weller Ltd Edition, Crown Royal 12 Jahre

Early Times & Woodford Reserve

EARLY TIMES • LOUISVILLE • WWW.EARLYTIMES.COM
WOODFORD RESERVE • VERSAILLES • WWW.WOODFORDRESERVE.COM • GANZJÄHRIG GEÖFFNET

Louisville bietet eine faszinierende Melange aus prachtvollen alten Villen und Arbeitersiedlungen, mit Schmiedearbeiten verzierten, eindrucksvollen Ziegelgebäuden, einem Museum für Baseballschläger und Hotels mit Geheimgängen für Schmuggler. Muhammad Ali wurde in Louisville geboren und eine stille Revolution der amerikanischen Musik nahm hier ihren Anfang. Im Vorort Shively stehen die Reste von Lagern und alten Fabriken, in denen einst mächtige Whiskeyproduzenten residierten.

Auch die beiden aktiven Brennereien von Louisville, Bernheim von Heaven Hill und Early Times von Brown-Forman, haben in Shively ihren Standort. In der Early-Times-Anlage entstehen die Marken Early Times und Old Forester. »Zwei sehr unterschiedliche Whiskeys«, betont Master Distiller Chris Morris. »Der Early Times ist entspannt, der Old Forester klar umrissen.« Der »altmodisch-ländliche« Stil des Early Times basiert auf der Getreidemischung mit 79 Prozent Mais, 11 Prozent Roggen und 10 Prozent Gerstenmalz. »Wir verwenden den Hefestamm IA, der schon seit 1920 in Gebrauch ist«, erklärt Morris. »Das ergibt ein niedriges Begleitstoffprofil, was mitverantwortlich ist für den milden Charakter. Und wir säuern auf 20 Prozent [das heißt, dass 20 Prozent der Maische aus dem Rückstand der ersten Destillation bestehen]. Der Old-Forester-Mix hat einen höheren Roggenanteil von 18 Prozent, das fördert die würzige Note. Auch er bekommt eine eigene Hefe, wird aber nur auf 12 Prozent gesäuert.«

Das Sourmashing sorgt mitunter für Verwirrung. Viele Bourbon-Freunde ziehen »Sourmash«-Whiskeys vor, auf deren Etikett speziell auf dieses Verfahren hingewiesen wird. Dabei entstehen alle Straight Whiskeys nach dem Sourmash-Verfahren. Kentucky und Tennessee erstrecken sich auf einer Kalksteinbank, weshalb das Wasser hart und alkalisch ist. Durch Hinzufügen der Rückstände, Backset genannt, macht man die Maische etwas saurer, verhindert eine Vermehrung von Bakterien und erleichtert die Gärung.

Der Anteil der Sauermaische wirkt sich nicht unwesentlich auf den Geschmack aus, wie Morris erklärt. »Je mehr Rückstände man einsetzt, desto weniger Zucker steht den Hefen zur Verfügung. Mit einem 20-prozentigen Anteil Sauermaische und einer dreitägigen Gärung wie beim Early Times bekommt man einen geringeren Begleitstoffgehalt, während die 12 Prozent Sauermaische und die fünftägige Gärung beim Old Forester mehr Geschmack und ein frischeres Bier erbringen, da der Hefe mehr Material zur Verfügung steht. Das Bier des Old Forester riecht nach Rosenblättern, das des Early Times nach Tortilla-Chips.« Während der Early Times mit seiner Rolle als Hauswhiskey (oder, sofern er in Refill-Fässern reift, als Kentucky Whiskey) zufrieden ist, legt der Old Forester mehr Ambitionen an den Tag, wie die Birthday-Barrel-Selektion aus älteren Bourbons zeigt.

Woodford Reserve, die zweite Brennerei im Brown-Forman-Portfolio, befindet sich unweit von Glenn's Creek im Woodford County. Hier heuerte Oscar Pepper um 1830 James Crow, den Vater des modernen Bourbon, an. Die Kalksteingebäude beherbergen eine einzigartige Bourbon-Brennerei, die mit Pot Stills dreifach destilliert. Morris: »Die Brennerei steht in der Tradition von Pepper und Crow, erzeugt aber kein bloßes Imitat eines Whiskeys aus dem 19. Jahrhundert.« Vielmehr setzt Woodford Reserve Crows Tradition fort, das Mögliche so weit es geht auszureizen. Die Getreidemischung ist dieselbe wie beim Old Forester, die Sauermaische hat aber nur einen Anteil von sechs Prozent, es kommt

Hinter den dicken Kalksteinmauern von Woodford Reserve reiht sich Fass an Fass.

eine andere Hefe zum Einsatz und die Gärung dauert eine Woche. Der White Dog verlässt die dritte Brennblase mit 79 Prozent, doch hat Pot-Still-Whiskey mehr Geschmack als sein Pendant aus Kolonnen. In den Distiller's Select kommt stets ein Bourbon von Shively hinein, während der Double Oaked ein Blend aus Standardfässern ist und in leicht gekohltem, aber stark getoastetem Holz reift.

Crows »Warum-nicht?«-Einstellung schlägt sich auch in der limitierten Master's Collection nieder. »Wir haben fünf Geschmacksquellen: Getreide, Wasser, Gärung, Destillation und Ausbau. Destillation und Wasser sind Konstanten, wenn man etwas verändern will, muss man sich also mit den anderen drei befassen.« Bislang erschienen in der Reihe ein Whiskey aus vier Getreidearten, ein süßer Mash, eine in Ex-Chardonnay-Fässern gereifte Version, ein Rye, ein »Four Wood« aus vier Hölzern (Ausbau in Bourbonfässern, dann Finishing in Oloroso-, Port- und Ahornfässern) und zwei Single Malts, Straight Malt genannt, aus 100 Prozent gemälzter Gerste. Crows Vermächtnis lebt.

Mit Woodford Reserve, der einstigen Oscar Pepper Distillery, führte James Crow in der Kunst des Bourbon-Brennens eine wissenschaftliche Arbeitsweise ein.

EARLY TIMES & WOODFORD RESERVE – Verkostungsnotizen

EARLY TIMES 80°/40%

Farbe Golden.
Nase Parfümduftig und honigartig, Zuckerwatte und süßes Popcorn. Kokosnuss.
Geschmack Mittleres Gewicht, weich. Der Mais ist präsent und mischt sich mit Vanilletoffees. Unerwartete Seriosität durch tiefere Tabaknote im Hintergrund.
Abgang Mild und lang.
Gesamteindruck Ein süßer, unbeschwerter Trinkgenuss.

Stil **Weicher Corn**
Ähnlich George Dickel Old No.12, Jim Beam Black Label, Hedgehog (Frankreich)

WOODFORD RESERVE DISTILLER'S SELECT 86,4°/43,2%

Farbe Dunkles Bernsteinbraun.
Nase Wächserne Honignoten, Zitronenthymian, intensive Zitrustöne. Apfelkompott, Muskatnuss und Zitronenkuchen. Die Eiche induziert einen sirupartigen Gerstencharakter. Mit Wasser angekohltes Holz, Maisblatt und Holzöle.
Geschmack Zum Auftakt sauber und leicht. Präzise und fast kantig. Schwungvoll und frisch. Wieder Thymian. Zitrusschalen. Roggen stiehlt sich unauffällig dazu.
Abgang Ein Mix aus Zitrus und süßen Gewürzen.
Gesamteindruck Ausgewogen und sehr sauber.

Stil **Würziger Rye**
Ähnlich Tom Moore 4 Jahre, Maker's Mark

Wild Turkey

LAWRENCEBURG • WWW.WILDTURKEYBOURBON.COM • GANZJÄHRIG GEÖFFNET MO–SA, APR–NOV MO–SO

Wild Turkey steht, mit schwerer Eisenlivrée geschmückt und dunkel gestrichen, an einem Abhang über dem Kentucky River. Lange Zeit war das Haus eine Brennerei gewordene Metapher der Vergangenheit der Bourbon-Branche. Dass es überlebt hat, ist Master Distiller Jimmy Russell, seit 60 Jahren Brenner, zu verdanken. Vielleicht haben sich die Vorzüge traditioneller Bourbons nur dank Destillateuren aus Russells Generation erhalten, die Veränderungen ablehnten, wenn damit qualitative Abstriche verbunden waren.

Jimmy und Wild Turkey leben in einer Art Symbiose: Ihr Whiskey ist ein großer Bourbon, der mit seiner dicken, reichen Physis verlangt, dass man sich für ihn Zeit nimmt. Er steht für eine langsamere, weniger hektische Zeit. Sein Mentor wiederum ist ein Brenner vom alten Schlag, der für Wissenschaftler nur höfliche Geringschätzung übrig hat und sich amüsiert zeigt, wenn man von ihm etwas über die DNA seines Turkey wissen will. Ich mache es so, wie ich es immer gemacht habe, scheint er allen zu verstehen zu geben, so hat man es mich gelehrt und so habe ich es an meinen Sohn Eddie weitergegeben (der inzwischen auch schon 35 Jahre in der Destillerie arbeitet).

Beim Wild Turkey geht es vor allem darum, Geschmack zu schaffen und im Mund zu verankern. »Wir bewegen uns beim Maisanteil bei knapp über 70 Prozent und kommen beim kleinkörnigen Getreide daher auf etwas unter 30 Prozent«, erklärt Jimmy. »Manche Konkurrenten gehen bis auf knapp 80 Prozent, andere bewegen sich um 75 Pro-

Oben: Eddie (links) und Jimmy Russell sind die Hüter des Wild-Turkey-Whiskyschatzes.
Unten: Typisch für die Russell-Brände ist die Abfüllung mit niedrigem Alkoholgehalt.

zent. Ein paar setzen sogar Weizen ein. Aber beim Mais haben wir den geringsten Anteil. Wir sind traditionell ausgerichtet, unser Bourbon offenbart mehr Körper, Geschmack und Charakter.«

Zurückzuführen ist das auf die offenen Getreidekocher und die Vergärung mit einem einzigen Hefestamm. »Wie alt der Stamm ist? Ich bin jetzt 55 Jahre hier und er war schon da, als ich dazugekommen bin«, meinte Jimmy schon vor Jahren. »Er wirkt sich auf den Geschmack aus und macht den Bourbon schwerer.«

Der White Dog wird mit 62 bis 63 Prozent abgezogen und kommt mit 55 Prozent ins Fass. Jimmy: »Ich habe den Eindruck, je höher der Alkoholgehalt ist, desto weniger Geschmack hat der Whiskey. Weil wir ihn mit niedrigem Gehalt ins Holz stecken und mit 50,5 Prozent abfüllen, verlieren wir kaum Geschmack. Daher der traditionelle Stil.«

Vielleicht würden ihn sogar die Gebrüder Ripy wiedererkennen. Sie zogen 1905 mit ihrer Brennerei von Tyrone, Pennsylvania, wo sie seit 1869 Whiskey erzeugt hatten, nach Lawrenceburg. In den 1940ern erwarb Austin Nichols die Anlage und benannte sie in Wild Turkey um, nachdem ihr Bourbon bei der jährlichen Truthahnjagd der Direktoren zu deren Lieblingsdrink avanciert war. Irgendwann landete die Brennerei im Pernod-Ricard-Portfolio. Der Konzern schien jedoch nie ganz zu begreifen, welches Potenzial in ihr steckte, weshalb man sie 2009 an Campari verkaufte. Dort konnte Jimmy unbehelligt seinem Stil treu bleiben – was sich auszahlte, denn inzwischen ist er wieder im Kommen.

»Nicht nur die ältere Generation trinkt Wild Turkey«, weiß Jimmy, »auch Whiskynovizen suchen nach einem Bourbon mit Körper und Geschmack. Womit wir wieder bei der Zeit vor der Prohibition angelangt sind.« Selbst Rye, ein Stil, den nur wenige Brennereien – darunter auch Turkey – bewahrt haben, ist zurück. Hat er je darüber nachgedacht, den Stil zu ändern, als leichte Bourbons gefragt waren? »Wir hätten in diesem Markt nicht konkurrieren können. Es waren wohl zum Teil wirtschaftliche Überlegungen der Bosse und zum Teil meine Philosophie. Wir wollten keinen verwässerten Bourbon.«

Die Süße amerikanischer Eiche vereint sich mit der Fülle von Mais und Roggen – und ein bisschen Magie – zum Wild Turkey.

Campari hat 100 Millionen Dollar in ein neues Besucherzentrum und eine Verpackungsanlage sowie weitere 55 Millionen Dollar in die Erweiterung der Brennerei investiert, die ihre Kapazität damit mehr als verdoppelt hat. Jimmy Russells Strategie hat sich ausgezahlt.

WILD TURKEY – Verkostungsnotizen

101 101°/50,5%

Nase Toffee, Karamell und üppige Früchte. Recht saftig, mit Trockenkirschen, Kastanientoffees, würzigem Roggen und guter Tiefe. Jugendliche Frische.
Geschmack Kandiszucker und eine fast ledrige Reife. Dick, lang und süß. Leichte Tanninanwandlungen.
Abgang Kakaobutter.
Gesamteindruck Ein verhaltenerer Turkey als der alte 8-Jährige.

Stil Weicher Corn
Ähnlich Buffalo Trace

81 81°/40,5%

Nase Zugänglich und recht delikat. Süß, mit Ahornsirupnoten, Backobst und ein bisschen Schärfe vom würzigen Roggen.
Geschmack Mild. Hat noch das brennereitypische Gewicht, das den Mittelteil verankert. Zitronen und volatile Fruchttöne.
Abgang Mild.
Gesamteindruck Turkey light.

Stil Weicher Corn
Ähnlich Wiser's Deluxe

RUSSELL'S RESERVE BOURBON 10 JAHRE 90°/45%

Nase Mächtig und süß, Vanille, Schokolade, Karamell. Gebackener Pfirsich, Fruchtsirup, dann Kastanienhonig wie beim 101, griechischer Kiefernhonig. Dicke, fast wächserne Textur. Mit Wasser mehr Roggen. Muskatnuss.
Geschmack Wie in der Nase, zusätzlich jedoch türkischer Honig und reichlich Eiche, die die Likör-artige Dicke unterstützt. Mandeln. Süß.
Abgang Roggenartiger Auftrieb, wird aber von seinem bloßen Gewicht in der Waage gehalten. Zimt. Tabak.
Gesamteindruck Komplex und vielschichtig.

Stil Reichhaltig und eichengetönt
Ähnlich Booker's

RARE BREED 108,2°/54,1%

Farbe Tiefes Bernstein mit kupfernen Reflexen.
Nase Nicht so dick wie der Russell's Reserve und auch mit saubererer Süße. Orange und Piment mit einer bislang nicht in Erscheinung getretenen Ledernote. Aromatisch und – für einen Turkey – subtil.
Geschmack Deutlich würzig. Lack, Tabakblätter, Roggen.
Abgang Lang, mit einer Mischung aus süßem Toffee und Gewürzen.
Gesamteindruck Ein Blend aus mehreren 6- bis 12-jährigen, unverdünnt abgefüllten Bourbons.

Stil Reichhaltig und eichengetönt
Ähnlich Pappy Van Winkle Family Reserve 20 Jahre

RUSSELL'S RESERVE RYE 6 JAHRE 90°/45%

Farbe Hellgolden.
Nase Anfangs intensive Hinweise auf Roggen, dahinter jedoch viel Honig. Nicht so staubig wie mancher Rye, aber trotzdem markant, mit grünen Fenchelsamen, Fichte und Gärtnergarn. Mit Wasser Kampfer, Sauerteig und süße Eiche.
Geschmack Kommt langsam mit einer Honignote ins Rollen. Bonbons, dann ein trockener Roggenton, der die Süße in eine saubere Säure verwandelt.
Abgang Limonadige, prickelnde Würze.
Gesamteindruck Ein recht milder Rye.

Stil Würziger Rye
Ähnlich Millstone Rye 5 Jahre (Niederlande)

Heaven Hill

LOUISVILLE • WWW.HEAVEN-HILL.COM • HERITAGE CENTRE: BARDSTOWN • GANZJÄHRIG GEÖFFNET MO–SA, MÄR–DEZ MO–SO

Lagerhäuser, so weit das Auge reicht. Riesige, metallverkleidete Whiskeygebäude verteilen sich über die wogende Hügellandschaft von Kentucky, als habe ein herumirrender Tornado Wohnsilos verstreut. Das Volumen der Hallen macht deutlich, wie viel Whiskey in den Heaven-Hill-Brennereien entsteht. Schließlich hat der Konzern in seinem Unternehmensportfolio die umfangreichste Sammlung an Whiskeymarken zusammengetragen.

Die Szenerie wird von einer Aura der Beständigkeit durchdrungen. Hier ist die Hochburg des Bourbon. Zwei seiner Marken – den Evan Williams und den Elijah Craig – hat Heaven Hill nach legendären Brennern benannt. Dabei ist die Geschichte des Unternehmens relativ jung. Sie begann nach der Prohibition, als die Whiskeylandschaft einer Wüste glich. Nur ein Bruchteil der vielen Hundert Betriebe, die vor dem Alkoholverbot aktiv gewesen waren, nahm nach seiner Aufhebung die Tätigkeit wieder auf.

Daneben gab es jedoch auch einige Neueinsteiger, die ihre Chance witterten. Zu ihnen gehörten die Shapira-Brüder, ihres Zeichens Ladenbesitzer. Sie kauften in den 1930er-Jahren ein Stück Land vor Bardstown und begannen 1935 mit dem Destillieren. Ihr Unternehmen nannten sie Heaven Hill – nicht aus romantischen Erwägungen, sondern weil der frühere Besitzer William Heavenhill hieß. Als das Geschäft nach dem Krieg florierte, brauchten sie einen Brennmeister. Und niemand war damals in Kentucky besser dafür geeignet als ein Beam, genauer gesagt, Earl Beam, Jims Neffe. Inzwischen sind Earls Sohn Parker und sein Enkel Craig für die Whiskeyproduktion zuständig, während die Familie Shapira nach wie vor Eigentümerin ist.

Auf dem Bardstown-Areal befinden sich die Firmenzentrale, ein Besucherzentrum und die Ausbauhallen – aber keine Brennerei mehr. 1995 schlug der Blitz in ein Lager ein, sodass sich ein Strom aus brennendem Whiskey nach unten in die Destillerie ergoss, die daraufhin explodierte.

DIE KLUFT ZWISCHEN BOURBON UND SCOTCH

Die Bourbon-Branche unterscheidet sich von der Scotch-Industrie durch ihre sehr eigenständigen Stile. Wegen der Prohibition mussten Amerikas Produzenten praktisch ganz von vorn beginnen. Die dabei entstandenen Whiskeys waren in erster Linie Schöpfungen der Brenner. Parker bekam sein Know-how vom Vater, er konnte sich nicht wie seine Kollegen in Schottland an jahrhundertealten Überlieferungen orientieren. In den Vereinigten Staaten sind die Bourbon-Macher physisch und emotional eng mit ihren Produkten verbunden. Manchmal ist nicht das geografische Terroir, sondern der Mensch ausschlaggebend.

Keine Mietskasernen, sondern ein Teil des riesigen Lagerhauskomplexes von Heaven Hill.

Sobald der Bourbon voller Farbe und Leben ist, tritt er in die nächste Phase seines Werdegangs ein: Er kommt in die Flasche – und irgendwann in Ihr Glas.

Heute werden alle Heaven-Hill-Marken in der ehemaligen Bernheim-Brennerei von UDV (jetzt Diageo) in Louisville erzeugt, die der Getränkemulti 1999 schloss. Produktionsverlagerungen sind kein Pappenstiel, wie Parker mit typischem Understatement erklärt: »Es gab einige Probleme, die wir ausbügeln mussten, bevor wir den Heaven-Hill-Charakter wieder hinbekommen haben.«

Bernheim wurde komplett auf Computersteuerung umgestellt. Doch Parker und Craig waren gewohnt anzupacken. »Whiskey ist eine handwerkliche Angelegenheit«, so Parker. »Die persönliche Handschrift ist wichtig. So haben wir immer gearbeitet. Wir können wahrscheinlich gar nicht anders.« Er mag seine Whiskeys reif. Selbst das Flaggschiff des Hauses, der Evan Williams, wird erst mit sieben Jahren freigegeben, ein ordentliches Alter für einen Bourbon.

Die Brände von Vater und Sohn decken das ganze uramerikanische Whiskeyrepertoire ab: Bourbon auf Mais- und Roggenbasis wie Evan Williams und Elijah Craig, solche mit Mais und Weizen wie der Old Fitzgerald, Straight Ryes wie Rittenhouse und Pikesville und gar eine Neueinführung, Bernheim Wheat rein aus Weizen. Aus ihnen allen spricht die ruhige Persönlichkeit ihrer Schöpfer Parker und Craig.

HEAVEN HILL – Verkostungsnotizen

BERNHEIM ORIGINAL WHEAT 90°/45%

Nase Mild, Butter und frische Backwaren, rote Früchte und Piment. Sauber und klar definiert.
Geschmack Ein Hauch frisch gehobelter Eiche. Erinnert an geschmolzenen Kandiszucker mit einem Anflug von Karamellbonbons und einer Mentholnote. Sehr fein.
Abgang Mild und exotisch. Großartig.
Gesamteindruck Mild und gefährlich süffig. Ein Universum an Möglichkeiten eröffnet sich.

Stil **Süßer Wheat**
Ähnlich Crown Royal Ltd Edition

OLD FITZGERALD 12 JAHRE 90°/45%

Nase Komplexe erdige Töne mit Lakritze, Zigarrenrauch, Leder und Walnusskuchen.
Geschmack Ein tiefer, brütender Bourbon mit Buttertoffee- und Vanilleuntertönen. Einnehmendes Zusammenspiel aus Honig und Schokolade. Holz ist präsent, jedoch nussig eingefärbt.
Abgang Von Eiche geprägt, aber ausgewogen.
Gesamteindruck Tief und kraftvoll. Verlangt nach einer Zigarre als Begleitung.

Stil **Reichhaltig und eichengetönt**
Ähnlich W L Weller, Pappy Van Winkle

EVAN WILLIAMS SINGLE BARREL 2004 86,6°/43,3%

Farbe Helles Bernstein.
Nase Die markentypischen süßen Gewürze, rauchige Zitrusnoten und unmittelbare Roggentöne mit einer mild verhaltenen, reifen Süße als Gegengewicht. Mit Wasser etwas Wintergrün und Honig.
Geschmack Weich, süß und delikat, mit Orangenblütenhonig. Schlägt zum Ausklang, wenn sich die Gewürze melden, einen sauren Ton an. Wasser lässt ihn fast perlen.
Abgang Frisch und sauber.
Gesamteindruck Reif, aber nie zu eichenlastig. Eine bemerkenswerte Reihe.

Stil **Würziger Rye**
Ähnlich Four Roses Yellow Label

RITTENHOUSE RYE 80°/40%

Nase Eine aufreizende Süß-Sauer-Melange. Kampfer, Terpentin, Lack, reiche Eichennote. Enorm würzig. Mit Wasser Nüsse, Holzschnipsel und flambierte Orangenschale.
Geschmack Intensiv würzig, fester Grip und adstringierende Tannine überlagern die überraschende Süße. Duftende Zitrone, getrocknete Rosenblütenblätter.
Abgang Lang und herrlich bitter. Roggen!
Gesamteindruck Großartiger Einstieg für Rye-Neulinge.

Stil **Würziger Rye**
Ähnlich Wild Turkey, Sazerac

ELIJAH CRAIG 12 JAHRE 94°/47%

Nase Süß und dicht. Aprikosenkonfitüre, Obstkompott, angekohlte Eiche. Vanillesoße, Zeder und ein wenig Tabakblätter.
Geschmack Rund. Sehr süßer Auftakt mit Lakritze, bevor zum Schluss würzige Äpfel übernehmen.
Abgang Süß. Bonbons. Eiche.
Gesamteindruck Süß und reich. Ein zugänglicher Bourbon vom alten Schlag.

Stil **Reichhaltig und eichengetönt**
Ähnlich Old Forester, Eagle Rare

Buffalo Trace

FRANKFORT • WWW.BUFFALOTRACE.COM • GANZJÄHRIG GEÖFFNET MO–SA, APR–OKT MO–SO

Zuerst waren die Bisons da. An einer Biegung des Kentucky River fanden sie eine Furt für ihre Wanderungen. Dann kamen die Gebrüder Lee, die 1775 den Handelsposten Leestown errichteten. Heute steht hier eine mächtige Brennerei, die im Lauf ihrer Geschichte ungewöhnlich häufig den Namen gewechselt hat. Sie hieß schon OFC, Stagg, Schenley, Ancient Age, Leestown – und nun Buffalo Trace.

Die Anlage könnte als Vorführbetrieb für die Destillation von Straight Whiskey durchgehen: Mit seiner Vielfalt ist Buffalo Trace das krasse Gegenteil von Maker's Mark, wo man mit nur einem Rezept arbeitet. Das Haus bereitet Wheated Bourbon (W L Weller), Rye (Sazerac, Handy), Corn und Rye Bourbon (Buffalo Trace) sowie Single Barrels, also Einzelfassabfüllungen (Blanton's, Eagle Rare). Auch die Pappy-Van-Winkle-Serie wird vor Ort produziert. Darüber hinaus erscheint jährlich die Antique Collection in limitierten Auflagen und mit dem einen oder anderen Experimentier-Bourbon. Fast bekommt man den Eindruck, als wolle Buffalo Trace die Zahl der Bourbon-Marken im Alleingang wieder auf den Wert aus der Zeit vor der Prohibition erhöhen.

Trotz des vielfältigen Aufgabenbereichs wirkt Master Distiller Harlen Wheatley bemerkenswert entspannt. »Wir haben fünf Grundrezepturen«, verrät er, »arbeiten aber immer nur mit jeweils einer. So produzieren wir zum Beispiel sechs bis acht Wochen Wheated Bourbon, dann Rye/Bourbon und schließlich eine von drei Rye-Varianten. Ein bisschen was von allem eben!«

Obwohl die genauen Spezifikationen geheim sind, erfährt man, dass beim Kochvorgang, der unter Druck abläuft, kein Backset hinzugefügt wird. »Das bewahrt die Süße und gewährleistet eine konstantere Gärung.« Verwendung findet nur ein einziger Hefestamm, doch sind die Fermenter unterschiedlich groß, sodass mehrere Gärumfelder entstehen. Auch die Destillationsabläufe der einzelnen Marken unterscheiden sich stark voneinander; Rückfluss und Alkoholstärke variieren.

Die Destillation aber ist nur die halbe Geschichte. Zur breiten Palette von White Dogs kommt eine große Zahl unterschiedlicher Ausbaubedingungen hinzu. Jedes Fass ist anders und das gilt auch für das Mikroklima in den Lagern. Wer das begriffen hat, kann die Komplexität nach oben schrauben.

»Uns stehen 75 Ebenen zur Verfügung«, erläutert Wheatley. »Sie verteilen sich auf drei Standorte und Häuser aus Ziegel und Stein. Manche sind beheizt und in einigen stehen mehrstöckige Holzgestellsysteme. Weil jede Ebene und jedes Gebäude andere Bedingungen hat, spielt der Lagerort der Fässer eine wichtige Rolle.«

»Der Weller etwa soll ein 7-Jähriger werden, also legen wir ihn weder auf die oberste noch auf die unterste Ebene. Den 23-jährigen Pappy wiederum müssen wir sehr genau im Auge behalten, dieser kommt wahrscheinlich in ein zweites oder drittes Stockwerk, während der Blanton sogar ein eigenes Haus für sich hat.«

Keine Brennerei der Welt befasst sich mit so forensischer Genauigkeit mit Holz und Fassausbau. Man hat eine neue Mikrodestillerie eingerichtet, experimentiert mit Fassstärken und untersucht, ob ein Unterschied zwischen Holz vom oberen und unteren Bereich des Baumstamms besteht. Denn die komplexe Holzphysiologie ist von Abschnitt zu Abschnitt unterschiedlich: Die höhere Ligninkonzentration am Ansatz liefert mehr Vanillin, während nach oben zu der Tanningehalt steigt, was dem Brand mehr Struktur gibt und die Esterifizierung fördert.

Weil Buffalo Trace die unterschiedlichsten Stile beherrscht, ist die Brennerei zu einer Art Bourbon-Universität avanciert.

Also ließ man 96 Bäume fällen und aus jedem je zwei Fässer böttchern. Man füllte sie mit Whisky derselben Getreidemischung, aber bei unterschiedlichen Fassstärken, und baute sie in getrennten Lagern aus. Das Experiment läuft noch. Eine weitere radikale Neuentwicklung ist Warehouse X, das entstand, nachdem ein Tornado das Dach von einem Lager gefegt hatte und die Fässer dort monatelang Luft und Licht ausgesetzt waren. Der so entstandene Bourbon unterschied sich merklich von anderen. In Warehouse X liegen 150 Fässer in vier Kammern und einem Lüftungsraum. In jeder Kammer herrschen andere Lichtbedingungen. Die Luftfeuchtigkeit ist exakt geregelt, nur im Lüftungsraum herrscht ein natürlicher Zug. »Das Lager gibt Geschmack«, wusste einst Elmer T. Lee. Wie viel, wird sich in den nächsten 20 Jahren herausstellen.

Nach dem Befüllen sind die Flaschen bereit für ihren Weg in die weite Welt.

BUFFALO TRACE – Verkostungsnotizen

WHITE DOG, MASH NO 1

Nase Süß und fett. Maismehl/Polenta. Scharf, mit Lilien und nussigem geröstetem Mais bzw. Gerste. Mit Wasser eine pflanzliche Rhum-agricole-Note.
Geschmack Mit Auftrieb. Bonbons mit Veilchengeschmack, dann eine viskose, ausgreifende Maisnote.
Abgang Lang und geschmeidig. Keine Ecken und Kanten.

BUFFALO TRACE 90°/45%

Farbe Bernsteinbraun.
Nase Mix aus Kokosfett/Kokosnuss und einer duftenden Veilchen- bzw. krautigen Note. Anflug von Aprikose und Gewürzen. Sauberer Eichenton. Gewürzter Honig, Karamellbonbons und Mandarine.
Geschmack Würzige Ouvertüre mit süßer Zitrusnote, dann Vanille und Eukalyptus, anschließend Peychaud's Bitters. Fett und generös. Mittlerer Körper. Im Geschmacksverlauf kommt frische geriebene Muskatnuss dazu.
Abgang Leichter Grip und Roggenwürze.
Gesamteindruck Reif und reichhaltig. Ausgewogen.

Stil **Weicher Corn**
Ähnlich Blanton's Single Barrel, Jack Daniel's Gentleman Jack

EAGLE RARE SINGLE BARREL 10 JAHRE 90°/45%

Farbe Bernsteinbraun.
Nase Tiefer als der Buffalo Trace, mehr dunkle Schokolade und getrocknete Orangenschalen, außerdem eine fein duftende Note, die zu den Erkennungsmerkmalen der Brennerei gehört. Melasse und lebhafte Gewürze, etwas Hustenmedizin mit Kirschgeschmack, Sternanis. Weicher Eichenton. Mit Wasser gewachster Holzboden.
Geschmack Weich und sehr dick. Ganz anders als der Buffalo Trace, mehr Tannin und eine sprödere Eiche. Vetiver.
Abgang Trocken, dann eine plötzliche säuerliche Wendung.
Gesamteindruck Insgesamt aussichtsreicher.

Stil **Reichhaltig und eichengetönt**
Ähnlich Wild Turkey, Ridgemont Reserve 1792 8 Jahre

W L WELLER 12 JAHRE 90°/45%

Nase Sauber und leicht. Geriebene Muskatnuss, Pergamentpapier, Röstkaffeebohnen. Honigwaben und Rosenblütenblätter mit einem Hauch schwerer Blütendüfte.
Geschmack Ein sehr sauberer, stark honiggetönter Geschmack mit spröden Gewürzen aus der Eiche, der zu geschmolzener Schokolade zerfließt.
Abgang Sandelholz.
Gesamteindruck Ein Wheated Bourbon mit der charakteristischen milden, weichen Art von Weizen.

Stil **Süßer Wheat**
Ähnlich Maker's Mark, Crown Royal Ltd Edition

BLANTON'S SINGLE BARREL NO 8/H WAREHOUSE 93°/46,5%

Nase Mehr Obstkompott und Karamell. Reichlich Vanilleschoten, Mais und Pfirsichkerne. Süß, sauber, leicht würzig.
Geschmack Zu Beginn Stärke, dann ein floraler Auftrieb, der der Jasmin- und Liliennote des White Dog entspricht. Das Holz wird fester, bekommt aber einen Karamelleinschlag. Fast rauchig und angekohlt.
Abgang Kurkuma und trockene Eiche.
Gesamteindruck Im Vergleich zum Eagle rund.

Stil **Weicher Corn**
Ähnlich Evan Williams SB

PAPPY VAN WINKLE'S FAMILY RESERVE 20 JAHRE 90,1°/45,2%

Farbe Sattes Bernsteinbraun.
Nase Reif und »geeicht«. Süße Fruchtkonfitüre, schwerer Ahornsirup. Gewürze. Mit Wasser jene kuriose Pilznote, die man bei fassgereiften Bränden beobachten kann.
Geschmack Eiche, trockenes Leder. Zigarre, dann Mottenkugeln, trockene Minze, Trockenkirschen und Lakritz.
Abgang Sanfter Biss und Eiche.
Gesamteindruck Alt und holzlastig.

Stil **Reichhaltig und eichengetönt**
Ähnlich Wild Turkey Rare Breed

SAZERAC RYE & SAZERAC 18 JAHRE 90°/45%

Nase Beim Jüngeren Staub, Veilchenbonbons, Sauerteigbrot, Orange Bitter, rote Kirschen. Beim 18-Jährigen ferner parfümiger Duft; weniger Überschwang, dafür gut eingebundene Leder- und Firnistöne. Jetzt schwarze Kirschen.
Geschmack Flintig und intensiv, viel Kampfer. Klassisch schwungvoll. Beim 18-Jährigen mehr Eiche und frisches Roggenbrot; eher ölig als flintig, aber nach wie vor duftig.
Abgang Piment, Ingwer. Der 18-Jährige hat sich Ingwer bewahrt und Anis sowie klebrige Süße hinzugefügt.
Gesamteindruck Der Roggen wird wie die Torfnote bei schottischen Whiskys absorbiert.

Stil **Würziger Rye**
Ähnlich **Jung:** Eddu (Frankreich), Russell's Reserve Rye 6 Jahre; **Alt:** Four Roses 120th Anniversary 12 Jahre, Four Roses Mariage Collection 2009, Rittenhouse Rye

Jim Beam

CLERMONT • WWW.JIMBEAM.COM • GANZJÄHRIG GEÖFFNET MO–SO

Schottlands Destillateure sind zu Recht stolz auf ihre Whiskytradition, doch gibt es in ihrem Land keine Dynastie wie die Beams. Den Familienannalen zufolge begann Jacob Beam, der ursprünglich Böhm hieß, 1795 im Washington County mit der Brennerei. 1854 verlagerte sein Enkel David M. Beam die Anlage in die Nähe der Eisenbahn in Clear Springs, wo seine Söhne Jim und Park ihr Handwerk lernten. Bis dahin eine ganz normale Geschichte. Bemerkenswert wird sie erst nach dem Ende der Prohibition.

1933 beantragte Jim, inzwischen bereits 70 Jahre alt, eine Brennlizenz und errichtete einen neuen Betrieb in Clermont. Später übergab er ihn seinem Sohn Jeremiah, dann folgte Enkel Booker Noe. Inzwischen hat dessen Sohn Fred das Ruder übernommen. Wenn man bedenkt, dass Parker und Craig Beam, die für Heaven Hill arbeiten, ebenfalls Parks Enkel sind, dann fragt man sich, ob der Bundesstaat nicht vielleicht umbenannt werden sollte.

Bei einem Blick auf die lange Stammlinie beginnt man zu begreifen, warum sich ein alter Mann noch einmal die Mühe machte, das Familienunternehmen wiederzubeleben. James Beauregard Beam blieb einfach nichts anderes übrig: Er hatte Bourbon im Blut.

Führte er Neuerungen ein? Ja und nein. Die süße, hopfige Hefe, die die Beams zu Hause züchteten, war der ursprünglichen nachempfunden. Bei der Destillation allerdings nutzte Beam durchaus die technischen Errungenschaften des 20. Jahrhunderts. Ich erinnere mich noch gut an Booker Noes schallendes Gelächter, als ich prustend einen fuselschweren, von einem anderen Unternehmen gebrannten Bourbon aus der Zeit vor der Prohibition verkostete. »Ich mag echte Bourbons«, knurrte er. »Aber wissen Sie, manches musste einfach geändert werden.« Die Geschichte des Hauses seit Aufhebung des Alkoholverbots in den Staaten ist geprägt vom Mittelweg zwischen wirtschaftlichen Marktzwängen und Bookers Festhalten am guten alten Bourbon. Dieses kreative Spannungsverhältnis bescherte der Welt den meistverkauften Bourbon, aber auch den Booker's, eine kompromisslose Marke »direkt aus dem Fass«, und vier Jahre später die Small Batch Collection.

Nachteil des Status als Whiskeygigant: Kenner sind geneigt, über die ganze Palette pauschal die Nase zu rümpfen. Dabei ist in den beiden Brennereien in Clermont und Boston genauso viel schöpferische Energie vorhanden wie in jeder anderen Destillerie. Allerdings macht man nicht viel Aufhebens um geheime Getreidemischungen als Geschmacksgeber. »Sicher ist die Hefe wichtig«, räumt Markenbotschafter Bernie Lubbers ein. »Und wir haben auch mehr als nur ein Mischrezept. Aber bei Bourbon sollte man grundsätzlich erst nach Alkoholgehalt und Lagerbedingungen fragen. Man braucht sich nur Scotch anzusehen: Der wird ganz aus Gerste gemacht, und doch bekommt man Hunderte Geschmacksvarianten. Das liegt nicht nur an der Getreidemixtur!«

Beam reizt das Geschmackspotenzial von Alkoholstärke und Lagerhaltung voll aus. Der White und der Black Label verlassen die Stills mit 67,5 Prozent, werden mit 62,5 Prozent ins Fass gepumpt und lagern über die Hallen verstreut in oberen, mittleren, unteren und

In Clermont hat sich mit großer Sicherheit einiges geändert, seit die Beams hier mit dem Brennen von Whiskey begannen.

JIM BEAM – Verkostungsnotizen

WHITE LABEL 80°/40%

Nase Frisch und schwungvoll. Jugendliche Energie. Leichte Roggen-Zitrus-Würze, dann Ingwer und Tee. Duftend und lebendig.
Geschmack Nach der kecken Nase beginnt der Geschmack sehr seidig und zeigt eine deutliche Mentholnote. Mentholzigaretten. Sahnekaramellbonbons. Knackig frisch.
Abgang Süß.
Gesamteindruck Ausgewogen und lebendig.

Stil **Weicher Corn**
Ähnlich Jack Daniel's

BLACK LABEL 8 JAHRE 80°/40%

Nase Weich, etwas Sirup, gewürzte Orange und eine ähnlich frische Würze wie beim White Label. Kakao und Zigarrenasche.
Geschmack Die Eichentöne verweilen. Zeder und Holzkohle mit kräftigem Brand als Gegengewicht. Würziger als der White Label.
Abgang Melasse.
Gesamteindruck Eiche und Kraft.

Stil **Weicher Corn**
Ähnlich Jack Daniel's Single Barrel, Buffalo Trace, Jack Daniel's Gentleman Jack

KNOB CREEK 9 JAHRE 100°/50%

Farbe Bernsteinbraun.
Nase Reichhaltig und süß. Reine Frucht. Karamellisierter Fruchtzucker, Agavensirup. Geringe Kokosnote, Aprikose. Zigarrenblatt.
Geschmack Groß, süß und üppig. Körperreich, reichlich Zimt, Brombeere und Zuckerwatte.
Abgang Eiche und Butter.
Gesamteindruck Reich, aber mit typischer Beam-Energie.

Stil **Reichhaltig und eichengetönt**
Ähnlich Wild Turkey Rare Breed

BOOKER'S 126,8°/63,4%

Nase Riesig, aber weich. Backobst, mit Sirup/Restmelasse. Tropische Früchte und dunkle Bananen. Tief und kraftvoll.
Geschmack Süß, fast Likör-artig. Der Brand hält dem Angriff der Eiche stand. Brombeermarmelade und Karamell. Orangenblütenhonig.
Abgang Holz und Wärme.
Gesamteindruck Eine gigantische, grenzenlose Erfahrung.

Stil **Reichhaltig und eichengetönt**
Ähnlich Russell's Reserve 10 Jahre

seitlichen Ebenen. Der Old Grandad enthält viel Roggen, wird sonst aber wie der White und Black behandelt. Relativ schwach fällt mit 63,5 Prozent der Rye aus – ins Fass kommt er sogar mit nur 62,5 Prozent. Noch größere Variationen offenbaren die Kleinauflagen. Der Knob Creek wird mit 65 Prozent destilliert und mit 62,5 Prozent gezogen. »Er ist ein 9-Jähriger, weshalb er nicht seitlich oder auf einer der obersten Ebenen lagert«, erklärt Lubbers. Der roggenlastige Basil Hayden wird mit nur 60 Prozent gebrannt und abgefüllt; er reift wie der Knob Creek in der Mitte der Lagerhallen. Der Baker's kommt auf 62,5 Prozent, doch liegt er sieben Jahre auf der obersten Ebene, »deshalb ist er so intensiv«. Und der Booker's schlägt mit 62,5 Prozent zu Buche; sein Aufenthaltsort sind die fünfte und sechste Ebene.

Lubbers: »Booker wäre ständig dort oben, würde nur stehen und sehen, was passiert.« Träumen, tüfteln … das ist der Faktor Mensch.

Four Roses

LAWRENCEBURG • WWW.FOURROSESBOURBON.COM • GANZJÄHRIG GEÖFFNET MO–SO

Eines der ersten Neonschilder am Times Square war in den späten 1930er-Jahren eine Four-Roses-Reklame. Warum verschwand die Marke, obwohl sie sogar die Prohibition überlebt hatte, später in der Versenkung? Ein Blick nach Norden gibt vielleicht Aufschluss. 1943 verleibte sich Seagram Four Roses als eine von fünf Brennereien in Kentucky ein, um sogleich auf eine sonderbare Linie umzuschwenken: Man konzentrierte sich auf den Export, fuhr aber den Verkauf in den Staaten herunter.

Warum? Vermutlich weil Seagrams Generaldirektor Edgar Bronfman Jr. dort lieber seinen kanadischen Whisky an den Mann bringen wollte. 1960 ersetzte man den alten Four Roses durch einen Blend, der zwar genauso aussah, aber sicher nicht genauso schmeckte. Sein Ruf ging in den Keller, bis der japanische Getränkekonzern Kirin das Haus rettete.

In Wirklichkeit wurde Four Roses allerdings von einem Bourbon-Mann vor dem Untergang bewahrt. Wie Jimmy Russell, Booker Noe und Elmer T glaubte auch Jim Rutledge an seinen Brand. Er bewahrte ihn und kann ihn nun wieder bedenkenlos vorzeigen. Die einzig positive Hinterlassenschaft aus der Seagram-Ära ist das fast besessene Hefemanagement. Im kanadischen Hauptsitz pflegte man 300 Stämme. Jeder Standort in Kentucky hatte zudem seinen eigenen Stamm. Sie alle sind erhalten geblieben.

In gewisser Weise kann Rutledge nicht mit einer, sondern mit zehn Brennereien experimentieren. Auf Four Roses stehen zwei Mashbills zur Verfügung: OE mit 75 Prozent Mais, 20 Prozent Roggen und fünf Prozent Gerstenmalz und OB mit einem 35-prozentigen Roggenanteil, der Rutledge zufolge der höchste unter allen Straight Bourbons ist. Jede Mashbill wird mit fünf Hefen vergoren: K sorgt für Würze und O für kräftige Frucht; mit Q bekommt man blumige, fruchtige Nuancen, mit F eine kräuterwürzige Note und mit V leichte, zarte Frucht. Alle zehn Destillate werden separat ausgebaut. Die Bandbreite bei der Zusammenstellung der Blends ist damit enorm. Weil jedes Fass seine eigene Persönlichkeit hat und selbst in eingeschossigen Lagern Unterschiede zwischen der untersten und der sechsten Stapelschicht erkennbar sind, kann Rutledge flexibel ein komplexes, beständiges Produkt und zugleich etliche Variationen komponieren. Für jede Reihe existiert ein anderer Blend: Der Yellow Label (in dem alle zehn Varianten enthalten sind) ist ganz anders als der Single Barrel (OBSV), während der Small Batch ein Blend aus unterschiedlich lange ausgebauten OBSK, OESK, OESO und OBSO ist.

Faszinierend an jeder Spielart ist die Wirkung des Roggens. Bourbon zeigt für gewöhnlich einen merklichen Unterschied zwischen dem verführerischen weichen Mais- und Eichenauftakt und dem würzigen Roggenschluss. Das fehlt hier gänzlich. An Roggen mangelt es nicht, doch vollzieht sich der Übergang von der Süße zur Würze nahtlos.

FOUR ROSES – Verkostungsnotizen

BARREL STRENGTH 15 JAHRE SINGLE BARREL 104,2°/52,1%

Nase Zuckerwattesüße, Reneklode, Eukalyptus, Eiche.
Geschmack Parfümduftig, seidig und süß, prickelnde Gewürze. Sukkulente Entwicklung mit Gewürzen und kandiertem Apfel als Gegengewicht.
Abgang Fest und würzig.
Gesamteindruck Ausgewogen und feingliedrig.

Stil **Würziger Rye**
Ähnlich Sazerac 18 Jahre

YELLOW LABEL 80°/40%

Nase Mild, leicht süß. Die typischen blumigen Elemente schlagen durch. Pfirsiche, dann subtile, süße Gewürznoten.
Geschmack Der weiche Charakter manifestiert sich auch hier mit Vanilleschoten, bevor der Gaumen mit Piment, Gewürznelken und Zitronenschalen gekitzelt wird. Weiche Frucht bekommt daraufhin einen Apfelbiss.
Abgang Entspannt wieder mit kurzem Roggenakkord.
Gesamteindruck Kontrolliert und charaktervoll.

Stil **Weicher Corn**
Ähnlich Maker's Mark, 157

BRAND 12 SINGLE BARREL 109,4°/54,7%

Nase Unmengen Menthol bzw. Eukalyptus, Gewürzpulver. Starke Roggenakzente, dann Marzipan und Kokosnuss. Intensiv und mit flüchtiger Säure.
Geschmack Parfümduftig, scharf, wieder viel Menthol. Die Eiche hat Grip und gibt Struktur. Bittere Orangenschalen und dunkle Schokolade, aber genügend Süße als Gegengewicht.
Abgang Süß, aber kraftvoll.
Gesamteindruck Liefert reichlich Geschmack ab.

Stil **Würziger Rye**
Ähnlich Lot 40

BRAND 3 SMALL BATCH 111,4°/55,7%

Nase Starke Roggenwürze: Piment, chinesisches Fünf-Gewürze-Pulver, starke Kampfernote und zerquetschte rote Früchte mit süßer Eiche im Hintergrund. Intensiv und betörend.
Geschmack Zum Auftakt Pfefferminze und Kirsch-Hals-Bonbons. Schafft es tatsächlich, den Kopf freizumachen. Im Mittelteil manifestiert sich eine angenehme Staubnote, hinter der sich Berge von Zitrusfrucht und gekochtem Obst auftürmen.
Abgang Gewürzter Apfel. Eiche.
Gesamteindruck Ausgewogen. Kraft mit Finesse.

Stil **Würziger Rye**
Ähnlich Wiser's Red Letter

Barton 1792

BARDSTOWN • WWW.1792BOURBON.COM • GANZJÄHRIG GEÖFFNET MO–SA

Versteckt in einer Schlucht arbeiten zu müssen, würde wohl den meisten Brennern gar nicht behagen, doch die Leute dieses Betriebs, der immer wieder den Namen wechselte, hatten damit nie ein Problem. Wo andere Häuser ihre Destillateure zu innovativen Neuschöpfungen getrieben hätten, hielten sich die Kerle in der Senke vor Bardstown einfach nur bedeckt und taten, was sie am besten konnten: verdammt guten Bourbon bereiten und ihn zu einem sehr anständigen Preis unter die Leute bringen. Nicht dass sie unfreundlich gewesen wären, sie sahen bloß keinen Sinn darin, den Marketingkasper zu spielen. In dieser Hinsicht waren sie wie eine der vielen Speyside-Destillerien, die lieber im Hintergrund wirken.

Der einstigen Muttergesellschaft, in deren Portfolio sich Barton 1792 früher befand, gehörten auch Loch Lomond und Glen Scotia. Errichtet wurde die Brennerei 1899 auf dem Areal des 1876 gegründeten Unternehmens Mattingly & Moore. Nach der Prohibition nahm sie den Betrieb 1944 wieder auf, als Oscar Getz – nach ihm ist das großartige Bourbon-Museum in Bardstown benannt – sie für Barton Brands aufkaufte. In den roten Backsteingebäuden aus den 1940er-Jahren arbeitet man mit mehreren Getreidemischungen, deren genaue Zusammensetzung geheim ist, ferner mit eigener Hefe und einer Bierkolonne mit einem Oberteil aus Kupfer. Der Brand durchläuft die Säule, bis der Doubler sich mit ihm befasst. Barton verkaufte 1999 an Constellation, das die Brennerei in Old Tom Moore umbenannte, bevor man sie an Sazerac weiterreichte, wo man wieder zur Bezeichnung Barton zurückkehrte, sie aber um den Zusatz »1792« ergänzte – jenes Jahr, da Kentucky der Union beitrat. Außerdem richtete man ein Besucherzentrum ein. Man scheint nun doch gesehen werden zu wollen.

Die Grundlage von Tom Moores Produktpalette bildet hochwertiger Mais. Auf dieser Basis lässt es sich trefflich mit Roggen und Eiche experimentieren.

BARTON 1792 – Verkostungsnotizen

WHITE DOG, FOR RIDGEMONT

Nase Süß, fett und sauber, mit festem Unterton. Maisöl; leicht staubig.
Geschmack Von Anfang an eindringlich würzig. Landet einen Wirkungstreffer am Gaumen, wird dann aber langsam weicher (und kehrt fast wieder auf ein normales Niveau zurück). Intensiv.
Abgang Fest. Der Brand braucht noch Zeit im Holz.

TOM MOORE 4 JAHRE 80°/40%

Nase Frisch, jung und eichenbetont. Holzplatz. Mit der Zeit Geranienlaub, Zeder und frisch umgegrabene Erde.
Geschmack Aromatisch, ganz Rosenholz und eine subtile Süße. Leicht, mit Popcorn.
Abgang Karamell.
Gesamteindruck Jung und kraftvoll. Ideal zum Mischen.

Stil Würziger Rye
Ähnlich Jim Beam White Label, Woodford Reserve Distiller's Select

VERY OLD BARTON 6 JAHRE 86°/43%

Nase Teeartig. Lackierte Eiche. Gewürzmischung zum Einreiben. Pulsierend frisch und trocken; typisch Tom Moore.
Geschmack Süßer, weicher Einstieg. Muskatnuss in Butter, Rosen, Grapefruit und Kaffee.
Abgang Zigarrenschachtel.
Gesamteindruck Knackig frisch und sauber.

Stil Würziger Rye
Ähnlich Evan Williams Black Label, Jim Beam Black Label, Sazerac Rye

RIDGEMONT RESERVE 1792 8 JAHRE 93,7°/46,8%

Nase Mit der tiefen, leicht öligen Nuance des White Dog, aber inzwischen von Eiche fein glänzend geschliffen.
Geschmack Reif, leichte frische Zitrustöne, ein Hauch Vanille, Teenote. Gewichtiger.
Abgang Zigarren – jetzt nicht mehr in der Schachtel.
Gesamteindruck Ein Bourbon, mit dem man Scotch-Freunde überzeugt.

Stil Reichhaltig und eichengetönt
Ähnlich Eagle Rare 10 Jahre Single Barrel

TENNESSEE

In gewisser Hinsicht nahm die Whiskeygeschichte von Tennessee und Kentucky einen parallelen Verlauf: Am Anfang war der Boom, dann kam die Prohibition und schließlich folgte eine langsame Erholungsphase. Während aber in Kentucky das Gros der wichtigen Destillerien in den 1930er-Jahren wieder auf der Bildfläche erschien, ist Tennessee seit 1910 weitgehend trockengelegt. Hinzu kam, dass der Bundesstaat schon vorher eine kleinere Whiskeyindustrie als Kentucky hatte. Deshalb stieg unmittelbar nach der Aufhebung des Alkoholverbots auch nur eine Brennerei umgehend wieder in das Geschäft ein: Jack Daniel's. Danach sollte es noch 25 Jahre dauern, bis die zweite legale Brennerei, George Dickel, eröffnete.

Das Wort »legal« steht hier nicht von ungefähr. Tennessee verkörpert beispielhaft Amerikas ambivalente Beziehung zum Alkohol. In der Landschaft aus Hügeln und Tälern verstecken sich nach wie vor zahlreiche Schwarzbrennereien, etliche davon unweit von fundamentalistischen Kirchen, die gegen das Übel Alkohol zu Felde ziehen. In der Musik – und der Bundesstaat verfügt über ein reiches musikalisches Erbe – wird Whiskey zugleich gefeiert und verdammt. So viele Lieder es über die Freuden des Trinkens auch gibt, noch häufiger taucht der Whiskey in Songs als Sinnbild des Verfalls, der Verzweiflung und der Realitätsflucht selbstmitleidiger Narren auf. Countrylegende George Jones, selbst einem Drink nie abgeneigt, brachte es in seinem Song *Just One More* auf den Punkt: »Stell die Flasche auf den Tisch, lass sie dort stehen, bis ich dein Gesicht nicht mehr überall, wo ich hingehe, sehe … ein Drink, nur noch ein zweiter … und dann noch einer.«

Deutlich zum Tragen kommt dieses Spannungsverhältnis auch in Lynchburg, als Heimat des meistverkauften amerikanischen Whiskeys die wohl berühmteste Kleinstadt der Welt. Dennoch kann man dort nicht einfach in eine Bar gehen und einen bestellen. Denn Lynchburg ist trocken. Selbst bei einer Besichtigung der Brennerei bekommt man keine Gelegenheit, ihn zu probieren. Mit anderen Worten: In Tennessee gehen die Uhren etwas anders, was auch für den Whiskey gilt.

So ist der Roggenanteil in der Mischung sehr gering. Ansonsten gelten dieselben Vorgaben wie für Straight Bourbon, weshalb der White Dog, um als Tennessee Whiskey firmieren zu dürfen, das Lincoln-County-Verfahren durchlaufen muss, also vor dem Ausbau mit Zuckerahornkohle filtriert wird. Das ergibt einen weicheren, leicht rußigen Brand.

Wurde diese Methode in Tennessee erfunden? Einiges spricht dafür, dass die Filtrierung schon 1815 in Kentucky eingesetzt, aber bald darauf wieder fallengelassen wurde. Warum? »Sie ist teuer«, räumt Jeff Arnett, Brennmeister bei Jack Daniel's, ein.

Die Bezeichnung »Lincoln County Process« indes deutet darauf hin, dass sie nicht nur eine Besonderheit aus Tennessee ist, sondern sich dort sogar auf eine bestimmte Gegend beschränkt, nämlich auf Cave Springs, wo die Jack-Daniel's-Destillerie heute ihren Sitz hat. Vor dem Umzug dorthin nutzte schon ein gewisser Alfred Eaton das Wasser aus dem Kalkgestein für die Whiskeybereitung – und begann 1825 mit der Kohlefiltrierung. Auch wenn er sie vielleicht nicht erfunden hat, umfassend genutzt hat er sie auf jeden Fall.

Kurzum: Niemand weiß Genaues über den Ursprung. Auch Wodka wurde damals mit Kohle gefiltert, aber sofern nicht ein eingewanderter Brenner das Verfahren mitbrachte, kam es wohl kaum aus Russland. So bleibt seine Herkunft eines von vielen Geheimnissen in Tennessee.

Links: Der Hauptunterschied zwischen Tennessee Whiskey und Bourbon besteht in der Kohlefiltrierung (hier bei Jack Daniel's).

Rechts: Jack Daniel's ist von jeher stolz auf seinen nostalgischen Reiz.

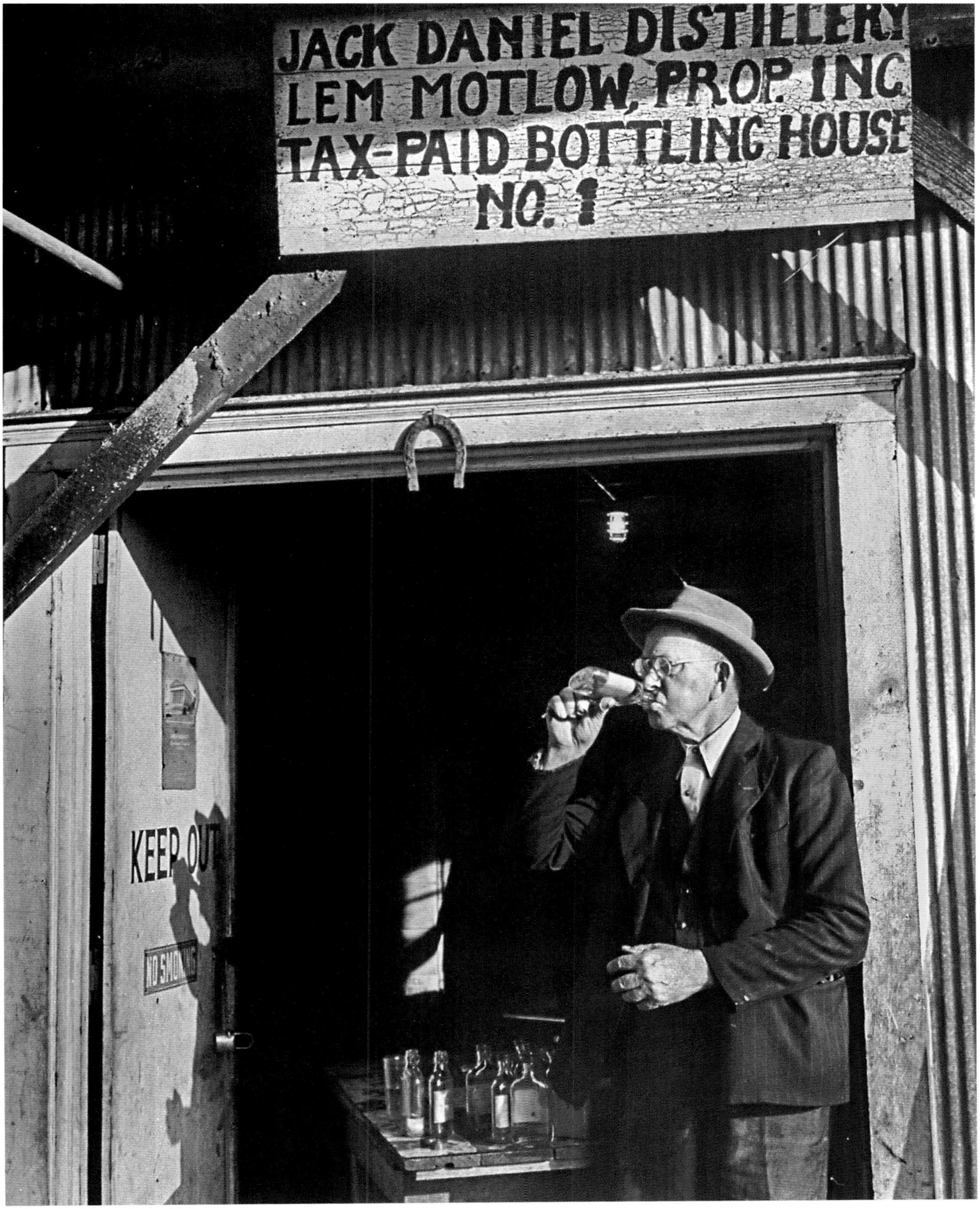
JACK DANIEL DISTILLERY
LEM MOTLOW, PROP. INC.
TAX-PAID BOTTLING HOUSE
NO. 1
KEEP OUT

Die Erzeugung von Holzkohle kostet Jack Daniel's jährlich eine Million Dollar – umgerechnet rund 800.000 Euro.

Jack Daniel's

LYNCHBURG • WWW.JACKDANIELS.COM • GANZJÄHRIG GEÖFFNET MO–SO

Der Begriff »Kult« wird in der Welt der Getränke heute inflationär verwendet. Gelegentlich aber hat er seine Berechtigung – etwa im Falle Jack Daniel's. Zahlreiche Rockstars haben der Marke zugesprochen, deren eckige Flasche mit dem schwarz-weißen Etikett inzwischen zum Sinnbild für hedonistisches Rebellentum und bodenständige Kleinstadtwerte zugleich geworden ist.

Schon die Gründung der Brennerei hat das Zeug zur Legende. Jack Daniel kam 1846 in Tennessee zur Welt, überwarf sich mit seiner bösen Stiefmutter und riss von zu Hause aus, um bei einem »Onkel« zu leben. Mit 14 arbeitete er bei einem Ladenbesitzer und einem Laienprediger namens Dan Call, der in Louse Creek eine Brennblase betrieb. Als Dan in den amerikanischen Bürgerkrieg zog, brachte ein alter Sklave namens Nearest Green Jack die Kunst des Whiskeybrennens bei. 1865 verließ Daniel Louse Creek (vielleicht hatte er schon einen Sinn für Marketing) und nahm Greens Söhne George und Eli mit.

Er pachtete die alte Eaton-Brennerei in Cave Springs bei Lynchburg, wo nach heute generell vorherrschender Auffassung der Lincoln County Process, ein »Weichmacherverfahren«, erfunden wurde (Lynchburg gehörte damals zum Lincoln County). »Wir sind einzigartig«, behauptet Jeff Arnett, Master Distiller bei Jack Daniel's. »Das fängt schon beim Wasser an. Es hat das ganze Jahr über 13 Grad Celsius und enthält Mineralien, die den Charakter des Whiskeys mitprägen. Hätten wir ein anderes Wasser, wäre auch unser Brand anders.« Das kühle Nass aus der Senke wird mit einer Getreidemischung zusammengebracht, die nur acht Prozent Roggen enthält, um pfefferige Noten im fertigen Produkt zu verhindern. Mithilfe der hauseigenen Hefe wird die gesäuerte Maische vergoren. Kupferbrennblase und Doubler liefern einen 70-prozentigen White Dog. Er wird anschließend jener Behandlung unterzogen, die aus dem »Jack« einen Tennessee Whiskey macht: die Filtrierung durch eine drei Meter dicke Schicht Zuckerahorn-Holzkohle.

Im Wald versteckt: eines der vielen Lager von Jack Daniel's.

Kupfer macht den White Dog leichter. Hier ein Blick auf die Bierkolonne.

Warum aber mussten Tennessee Whiskeys überhaupt weicher werden? »Ich schätze, damals gab es Dinge, die Jack einfach nicht unter Kontrolle hatte. Durch die Filtrierung bügelte man Probleme aus«, so Arnett. »Außerdem war schnell wachsender Zuckerahorn vor Ort verfügbar. Vieles hat er aus rein praktischen Erwägungen eingeführt.«

»Der White Dog direkt aus der Still schmeckt adstringierend, nach dem Filtern aber hat er eine andere, saubere und leichte Textur«, fügt er hinzu. »Wir müssen uns zwar heute nicht mehr mit den technischen Problemen wie Jack damals herumschlagen, doch die Kohle macht den Whiskey milder, weicher.« Wenn die Technik so vorteilhaft ist, warum hat sie sich dann nicht stärker verbreitet? »Sie ist teuer! Wir haben 72 Bottiche, und in jedem müssen wir die Kohle alle sechs Monate ersetzen. Das kostet uns eine Million Dollar im Jahr!«

Je mehr man sich mit Jack Daniel's befasst, desto deutlicher wird, dass sich alles um Holz dreht – ob in Kohle- oder Fassform. »Wir böttchern und kohlen unsere eigenen Fässer«, lässt uns Arnett wissen. »Wir haben einen Holzeinkäufer und unsere eigene Trockenanlage. Das alles trägt zum komplexen Charakter unserer Whiskeys bei und liefert uns jene direkte, röstige Süße, die das Erkennungsmerkmal des Jack ist.«

Die langjährige Werbekampagne des Hauses – mit dem Ruf als Partytrunk ist man nie hausieren gegangen – vermittelt den Eindruck, als käme der Jack Daniel's in einer Kleinbrennerei zur Welt. Das Gegenteil ist der Fall. Auf einem riesigen Areal entsteht ein einziger Whiskey, wenn auch in drei Ausführungen. In den letzten Jahren hat es Veränderungen gegeben. Man nahm den aromatisierten Tennessee Honey und Tennessee Fire sowie den nicht ausgebauten Tennessee Rye ins Programm auf. Als Hommage an einen der berühmtesten Whiskeytrinker erschien außerdem der Sinatra Select mit gekerbten Dauben, durch die sich die Kontaktoberfläche mit dem Holz erhöht. Vielleicht ist angesichts einer 103 Millionen Dollar teuren Kapazitätserweiterung ja eine späte Anerkennung von Nearest Green der nächste Coup?

JACK DANIEL'S – Verkostungsnotizen

BLACK LABEL, OLD NO.7 80°/40%

Farbe Golden bernsteinbraun.
Nase Rußig, karamellisierter Zucker und Filz, dann Iris. Eukalyptusholz auf dem Grill. Süß.
Geschmack Leicht süß und sauber, Vanille und Marmeladekuchen, darunter aber jung und fest.
Abgang Ein Anflug von Gewürzen, der von einer Bitternote austariert wird.
Gesamteindruck Unbeschwert süß, gut zum Mischen.

Stil **Weicher Corn**
Ähnlich Jim Beam White Label

GENTLEMAN JACK 80°/40%

Nase Nicht so rußig und eichengetönt wie der Standard-Jack, mehr cremige Vanillenoten. Lagerfeuer im Wald. Mehr Vanillesauce und reife Banane.
Geschmack Sehr geschmeidig und weich. Viskos, fleischige Früchte mit der Festigkeit der Standardversion als Unterbau.
Abgang Würzig.
Gesamteindruck Weicher und milder.

Stil **Weicher Corn**
Ähnlich Jim Beam Black Label

SINGLE BARREL 90°/45%

Farbe Dunkles Bernsteinbraun.
Nase Wieder Bananen. Größer und esteriger. Holz. Kiefernartig. Mit Wasser eine angekohlte Note.
Geschmack Hat die Energie der Standardausführung und die Süße des Gentleman, aber zusätzlich einen würzigen Auftakt. Ausgewogen.
Abgang Sauber und leicht würzig.
Gesamteindruck Das Beste beider Stile.

Stil **Weicher Corn**
Ähnlich Jim Beam Black Label

George Dickel

CASCADE HOLLOW, ZWISCHEN NASHVILLE UND CHATTANOOGA • WWW.DICKEL.COM • GANZJÄHRIG GEÖFFNET MO–SA

Durch ein Geflecht aus Erzählungen und Legenden, die sich seit je um Marken ranken, führt uns die Brennerei in Cascade Hollow. Die bewegte Geschichte des amerikanischen Whiskeys mit seinen Marken, die viele Male die Besitzer wechselten, seinen untergegangenen und an anderer Stelle mit neuem Namen wiederauferstandenen Brennereien, ganz zu schweigen von den Verheerungen der Prohibition, ließ kaum Unternehmensarchive übrig. Und was im 19. Jahrhundert normal war, ist im 21. Jahrhundert nicht unbedingt mehr respektabel, weshalb man gern den Schleier des Vergessens über die Wahrheit breitete.

So ist es auch mit George Dickel, dessen wahre, etwas verworrene Geschichte wesentlich interessanter ist als die offizielle, bereinigte Version. Darin fahren George und seine Frau Augusta 1867 in ihrer Pferdekutsche spazieren. Sie kommen nach Tullahoma und beschließen spontan, dort eine Brennerei zu errichten. In Wirklichkeit gehörte George Dickel die Cascade-Destillerie nie, und ebenso wenig hat er jemals Whiskey erzeugt. Dickel war ein deutscher Einwanderer, der 1853 in Nashville eintraf. Hier eröffnete er ein Schuhgeschäft, bevor er auf den Verkauf von Lebensmitteln, darunter Whiskey en gros, umstieg. Daraus wurde ein profitables Geschäft, zu dem sein späterer Schwager Victor Shwab und ein gewisser Meier Salzkotter hinzustießen. Sie brachten ihren Whiskey in Shwabs Climax Saloon in Nashville – ein nicht unpassender Name für eine der schlimmsten Lasterhöhlen der Stadt – unter die Leute. 1888 erwarb Victor Shwab zwei Drittel der 1877 gegründeten Cascade-Brennerei und überließ George Dickel das Exklusivrecht auf Abfüllung und Vertrieb des Brands.

Ein Jahrzehnt später gehörte Shwab die Destillerie vollständig. Geführt wurde sie von MacLin Davis, dem eigentlichen (und einzigen) Brenner. 1911, also ein Jahr, nachdem Tennessee durch das Alkoholverbot trockengelegt worden war, verlagerten die Familie Shwab und Dickels Witwe die Produktion von Cascade-Whiskey in die Stitzel-Brennerei in Louisville, Kentucky, wobei sie das Kohlefilterverfahren gleich mitnahmen. 1937 veräußerte George Shwab das Unternehmen an Schenley Industries, die 1958 Ralph Dupps nach Tennessee schickten, damit er dort die Produktion von George-Dickel-Whiskey in einer neuen Brennerei unweit der ursprünglichen Cascade-Anlage aufnahm. Das ist die wahre Geschichte – und ich danke Chuck Cowdery, der mir geholfen hat, sie aufzudecken.

Heute erstreckt sich das Gelände in einem engen, baumbestandenen Tal am Rand des Cumberland-Plateaus. Hier wird das Getreide unter Druck gekocht und drei, vier Tage lang mithilfe hauseigener Hefe vergoren. Da es sich um einen Tennessee-Whiskey handelt, wird er vor dem Ausbau im Fass kohlefiltriert, doch setzt man eine andere Technik ein als bei Jack Daniel's 30 Kilometer weiter südwestlich.

Bei Dickel unterzieht man den White Dog vor der Reinigung mit Kohle zusätzlich einer Kaltfiltrierung, was die Fettsäuren herausholt. Anschließend werden die Bottiche mit Rohwhiskey geflutet. Auf den Grund des Behälters und obenauf legt man Wolldecken: obenauf, um eine gleichmäßige Verteilung des White Dog zu gewährleisten, und auf den Grund, damit keine Kohle hineingelangt. Zehn Tage später kommt der Whiskey ins Fass. Die Kombination aus Mehrfachfiltrierung und Ausbau verleiht dem Dickel seine typisch weiche, geschmeidige Art.

Die Brennerei war zwischen 1999 und 2003 stillgelegt, inzwischen aber läuft die Produktion wieder auf vollen Touren, denn der Mutterkonzern Diageo scheint erkannt zu haben, dass er seit Jahren einen Weltklassewhiskey zur Verfügung hat.

Jetzt muss lediglich noch die Geschichte geraderückt werden. Shwab und MacLin Davis verdienen es.

Die Cascade-Brennerei hat sich nicht unwesentlich verändert seit den Tagen, als sie im Besitz von Victor Shwab war.

Ein Stapel Zuckerahornholz wartet darauf, zu Holzkohle verkohlt zu werden …

… mit der dann der White Dog aus dieser Still gefiltert wird.

GEORGE DICKEL – Verkostungsnotizen

SUPERIOR NO.12 90°/45%

Farbe Bernsteinbraun.
Nase Sehr süß und leicht wächsern. Apfelkuchen und Zitrone. Leichte Gewürznelkennuance und Zuckersirup.
Geschmack Sehr geschmeidig, ansatzweise krautige Töne: Thymian und getrockneter Oregano, dann Ingwer, Lindenblüten und Honig.
Abgang Sauber, weich. Bratapfel und zum Schluss Zimt.
Gesamteindruck Mild und weich, aber mit Charakter.

Stil Weicher Corn
Ähnlich Early Times, Hudson Baby Bourbon

8 JAHRE 80°/40%

Nase Deutlich süß und fruchtig, mit Aprikosen-Fruchtpastete, etwas zerdrückten Bananen und Pfirsichen. Subtil, mit reichlich Fruchtsirup. Im Verlauf immer mehr Eiche. Wasser bringt Mandarine, etwas rosa Grapefruit und süße Gewürze ans Tageslicht.
Geschmack Sauber, mehr Frucht. Leichte Eichennote. Ein kohliger Ton wird angedeutet, doch hält sich das Holz zurück. Ausgewogen und saftig.
Abgang Einfach und kurz.
Gesamteindruck Üppig und lang.

Stil Weicher Corn
Ähnlich Jameson Gold

12 JAHRE 90°/45%

Nase Reif. Die Frucht hat sich zurückgezogen und lässt der Eiche allmählich Raum. Eine Hinwendung zu etwas trockeneren Oolong-Tee- und karamellisierten Nektarinennoten.
Geschmack Sehr präzise, mit reichlich frischen Kirschen. Findet ein Gleichgewicht zwischen eidlichem Eichen-Grip und Kokosnuss einerseits und der Dickel-typischen milden, süßen Frucht andererseits.
Abgang Trocken geröstete Gewürze.
Gesamteindruck Reif und elegant.

Stil Fruchtig und würzig
Ähnlich The BenRiach 16 Jahre

BARREL SELECT 80°/40%

Nase Vanille gibt sich gemeinsam mit Mandarine, Wisterie und saftigen Früchten zu erkennen. Hat die Saftigkeit des 8-Jährigen, setzt aber noch Sahne und einen Anflug von in Butter gebratenem Zimt und Muskatnuss drauf.
Geschmack Offenbart einen leichten Obstschalenbiss, etwas Zitronenschale und Pfeffer.
Abgang Wird weicher.
Gesamteindruck Höflich und charmant.

Stil Weicher Corn
Ähnlich Forty Creek Copper Pot Reserve

RYE 90°/45%

Nase Rye in ausgesprochen entspannter, freundlicher Ausprägung. Mild und mit dem typisch süßen Dickel-Charakter. Kakipflaume und Pfirsichkern gehen in Salbe und Erdbeere über. Mit Wasser Gewürznelke.
Geschmack Milde Gewürze. Kein Rye, der einem Angst einjagt, sondern der einen verblüfft. Mit Wasser noch mehr Gewürze.
Abgang Parfümig.
Gesamteindruck Ein Frühstücks-Rye?

Stil Würziger Rye
Ähnlich Crown Royal Reserve

CRAFT-BRENNEREIEN

D A
Lake Superior
Lake Michigan
Lake Huron
Lake Ontario
Lake Erie
St. Lawrence
MINNESOTA
WISCONSIN
MICHIGAN
IOWA
ILLINOIS
INDIANA
OHIO
PENNSYLVANIA
NEW YORK
VT
NH
MAINE
MA
CT
R.I.
NJ
DE
MD
W. VIRGINIA
VIRGINIA
KENTUCKY
TENNESSEE
NORTH CAROLINA
SOUTH CAROLINA
GEORGIA
ALABAMA
MISSISSIPPI
LOUISIANA
ARKANSAS
MISSOURI
FLORIDA
Appalachian Mountains
Ohio
Mississippi
Arkansas
ATLANTISCHER OZEAN
Golf von Mexiko
Augusta
Minneapolis
Des Moines
Kansas City
Indianapolis
Detroit
Nashville
Memphis
Atlanta
Jackson
New Orleans
Houston
Tampa
Miami
Philadelphia
New York
Washington, D.C.
Penobscot Bay, Winterport
Sweetgrass, Union
New England, Portland
Sea Hagg, North Hampton
Ryan & Wood, Gloucester
Bully Boy, Nashoba, Boston
Damnation Alley, Belmont
Berkshire Mountain, Great Barrington
Triple Eight, Nantucket Is.
Sons of Liberty, South Kingstown
Long Island, Baiting Hollow
Tirado, Bronx
Breukelen Distilling, King's County, Noble Experiment, Brooklyn
Mountain Laurel Bristol
Cooper River, Camden
Catoctin Creek, Purcellville
Green Mountain, Stowe
Saratoga Galway
Nashoba Bolton
Finger Lakes, Berdett
Hillrock Estate Ancram
Delaware Phoenix, Walton
Catskill, Bethel
Tuthilltown, Gardiner
Nahnias & Fils, Yonkers
Pittsburgh Distilling
Pinchgut Hollow, Fairmount
Copper Fox, Sperryville
Mount Vernon, Smith Bowman, Fredericksburg
Belmont Farms, Stillhouse, Culpeper
Reservoir, Richmond
Virginia Distillery, Eades Hollow
Piedmont, Madison
Blue Ridge, Bostic
Dark Corner, Greenville
Ivy Mountain, Mt. Airy
Georgia Distilling Milledgeville
Thirteenth Colony, Americus
Smooth Ambler, Maxwelton
Isaiah Morgan, Summersville
W. Virginia Distilling, Morgantown
John McCulloch, Martinsville
Alltech
Barrel House, Lexington
Corsair, Bowling Green
Prichard's Distillery Inc., Kelso
Middle West, Watershed Columbus
Dancing Tree, Shade
Woodstone Creek, Cincinnati
Angostura, Lawrenceburg
Ernest Scarano, Gibsonsburg
Flat Rock, Fairbairn
Big Cedar, Sturgis
Red Cedar, East Lansing
New Holland, Holland
Civilized Spirits, Grand Traverse, Traverse City
Journeyman, Three Oaks
Koval, Chicago
Great Lakes, Milwaukee
45th Parallel, New Richmond
...th's Door, Old Sugar, Yahara Bay Madison
Aeppeltreow, Burlington
Northshore, Lake Bluff
FEW, Evanston
Quincy Street, Riverside
Cedar Ridge, Swisher
...mpleton
Mississippi River, Le Claire
McCormick, Weston
Pinkney Bend, New Haven
Square One, St Louis
Mad Buffalo, Shawneetown Spur
...k Horse, ...enexa
...ther, ...akis
...ns, ...on
Copper Run, ...alnut Shade
Rock Town, Little Rock
...D Witherspoon,
...as Distilleries, ...and
...& Robertson,
Cathead, Madison
Yellow Rose, Pinehurst

Es ist nun einmal eine unabänderliche Tatsache: Wer über die florierende Craft-Szene in den Vereinigten Staaten schreibt, wird niemals ganz auf dem neuesten Stand sein. Dazu verändert sich die Brennereilandschaft einfach zu schnell. Schon in der Zeit, da ich diesen Satz schreibe, haben möglicherweise zwei weitere Minidestillerien ihre Pforten geöffnet. Viel wichtiger als eine bloße Aufreihung bestehender Betriebe aber ist das Verständnis für die Beweggründe und die Motivation ihrer Macher.

Erfährt man, mit welcher Philosophie die Neubrenner ans Werk gehen, so wird deutlich, dass es sich nicht einfach um Pioniere des 21. Jahrhunderts handelt, die ausreizen, was möglich ist, sondern auch um ein Palimpsest des amerikanischen Whiskeys, das ein Ungleichgewicht beseitigt. Die Craft-Bewegung erschließt sich ein neues Feld durch Wiederentdeckung von Verlorengegangenem und empfindet nach, wie Whiskey vielleicht ausgesehen hätte, wenn die Prohibition, die Wirtschaftskrise und der Krieg nicht dazwischengekommen wären.

Das Land, welches das Prinzip der Marke perfektionierte, erlebt eine Revolution im Kleinen. Brenner knüpfen Beziehungen zu Farmern, die selbst außerhalb des etablierten agroindustriellen Systems existieren, alte Getreidesorten vor dem Untergang bewahren und eine ganzheitliche Beziehung zum Land haben. »Craft«, das ist ein Amerika, das sich selbst hinterfragt. Man kann es als nostalgisch abtun, als eine Rückschau durch die sepiagetönte Brille, aber wenn sich die Bewegung treu bleibt, dann ist sie eine eingehende Ergründung des Möglichen.

Das White-Whiskey-Phänomen haben wir schon erlebt – obwohl ich jenem Lager angehöre, das Whiskey als ausgebauten Brand definiert. Auch neue Interpretationen von Rye, Bourbon und Single Malt sind nichts Ungewöhnliches mehr. Es gibt neue Mischungen, Getreidesorten, Räuchermethoden und Fassgrößen. Man arbeitet mit noch nie dagewesenen Brautechniken und Hefen, testet die Wirkung von Höhenlagen und Solera-Systemen aus. Das Craft-Brennen lässt sich mit dem Craft-Brauen vergleichen, doch unterscheiden sich die beiden Strömungen in einem entscheidenden Detail: »Das Craft-Brauen war eine Reaktion auf Biere ohne Geschmack«, weiß Rich Blair von der Brennerei New Holland. »Bei Whiskey dagegen treten wir nicht gegen minderwertige Produkte an.«

»Craft« hat ebenso viel mit einer neuen Brennphilosophie wie mit Größe zu tun. »Trotzdem müssen Craft-Brenner ihr Handwerk erlernen«, erklärt Chip Tate von Balcones. »Sie müssen wissen, was bisher gemacht wurde, und dann etwas Neues hinzufügen, statt einfach nur das Alte zu kopieren. Man lernt von den Meistern, beginnt als Lehrling, wird Wandergeselle und bringt es schließlich eines Tages zum Handwerker. Alles eine Frage der Disziplin.«

Allerdings kann »Craft« auch ein undifferenziert, ja, sogar fälschlich vergebenes Prädikat werden. Große Destillerien sehen, was die Kleinen tun, und übernehmen einige ihrer Methoden, um eigene Produktlinien aufzubauen. Manche Craft-Betriebe werden einfach aufgekauft, wie es beim Craft-Brauen passiert ist. Am anderen Ende des Spektrums werden einige Kleinakteure sich weiterhin Brenner nennen, obwohl sie letztlich nur noch Abfüller sind. Mit anderen Worten: Was »Craft« ist und was nicht, wird strittig bleiben.

Erfolg haben werden diejenigen, die ein paar einfache Whiskey-Basics verstehen. Craft mag Craft sein, ist aber auch ein Geschäft. David Perkins von High West bringt es auf den Punkt: »Wir müssen auch Gehälter zahlen.« Aber Whiskey braucht Zeit.

Die zweite Hürde ist der Vertrieb. »Das amerikanische Vertriebssystem ist komplex, das begreifen manche nicht«, warnt David King von der Brennerei Anchor. »Man kann nicht einfach einen Whiskey in, sagen wir, Colorado entwickeln und ihn im ganzen Land vertreiben. In der Spirituosenbranche braucht man Geld. Viele werden scheitern – nicht wegen schlechter Qualität, sondern aus rein wirtschaftlichen Gründen.«

»Craft« ist widersprüchlich. Die Bewegung stellt sich gegen das Orthodoxe, was auch gut ist. Denn es springen schon jetzt Weltklassewhiskeys dabei heraus. Auf den nächsten Seiten finden Sie einen Querschnitt durch die Craft-Szene des Landes. All diese Brennereien sind eine Bereicherung für die Whiskeyszene.

Das Erstarrte infrage stellen – eine Grundhaltung des Craft-Brenners.

Tuthilltown

TUTHILLTOWN • GARDINER • WWW.TUTHILLTOWN.COM • GANZJÄHRIG GEÖFFNET, NÄHERES SIEHE WEBSEITE

Die handgroßen Hudson-Flaschen beginnen international ein vertrauter Anblick zu werden. Der Grund: 2010 fanden Whiskeygigant William Grant & Sons, der die Marke inzwischen besitzt und vertreibt, und Tuthilltown, der Hersteller des Brands, zusammen. Die Kooperation, die wohl kaum die einzige in der Branche bleiben dürfte, löst eines der Hauptprobleme der Craft-Brennereien: den Vertrieb.

Als sich Ralph Erenzo 2003 seine Lizenz zum Brennen besorgte, gründete er damit die erste legale Destillerie im Staat New York seit der Prohibition. Somit stellte sich für ihn auch die Frage: Welcher Stil soll es denn sein? »Wenn man Dad und Brian [Lee] danach fragt, erzählen sie, dass sie keine Ahnung hatten, was sie taten, und so etwas Neues entstand«, erzählt Ralphs Sohn Gable, Brenner und Markenbotschafter von Tuthilltown. Eine seiner Strategien ist der enge Bezug zur Umgebung. »Wir haben immer mit einheimischen Farmern zusammengearbeitet, die alte Maissorten für uns anbauen«, fügt er hinzu.

Ein weiterer Normbruch war der Einsatz kleiner Fässer. Zunächst arbeitete man mit Sieben- bis 18-Liter-Fässern, aber als die Produktionsmenge nach oben ging, erhöhte man das Volumen. »Heute haben die meisten Fässer ein Fassungsvermögen zwischen 50 und knapp 100 Litern. Außerdem haben wir einen Bestand an 200-Liter-Fässern. Sie ermöglichen uns ein breites Geschmacksspektrum. Aber nur große Fässer würden nicht zum Hudson-Profil passen.«

Auf Innovationen setzt man auch weiterhin. Man arbeitet mit einem Ahornsirupproduzenten vor Ort und bietet einen rauchigen Rye an, der als Rohbrand verkauft wird. Sogar aus Katastrophen macht man Tugenden. »Als wir 2012 gerade einige Fässer befüllt hatten, brannte es bei uns. Die Fässer, die wir retten konnten, bringen wir jetzt als doppelt gekohlten Whiskey heraus«, lacht Erenzo. Er hält inzwischen sogar Vorlesungen über Brennereisicherheit für das American Distilling Institute.

Ob Tuthilltown durch die Zusammenarbeit mit William Grant noch die Bezeichnung Craft-Brennerei verdient? »Solange wir hier den Hudson brennen, sind wir Craft«, erwidert er. »Selbst nach der Kapazitätserhöhung produzieren wir nur 225.000 Liter jährlich [die Obergrenze für »Craft« liegt bei 375.000 Liter]. Die Zusammenarbeit mit Grant hat vieles erleichtert. Wir bekamen Zugang zu Know-how, Verteilerkanälen und mehr als 100 Jahren Brennerfahrung.« Sein Ratschlag für Neueinsteiger: »Arbeitet mit dem, was vor Ort verfügbar ist. Versucht nicht der nächste Maker's Mark und eine Megamarke zu werden.«

Mit anderen Worten: Man kann auch klein glücklich werden.

TUTHILLTOWN – Verkostungsnotizen

HUDSON BABY BOURBON 92°/46%

Nase Trocken und leicht pulverig, geht in die Richtung von Maiskolbenhülsen, dann süßes Popcorn.
Geschmack Anfangs süß und reif, strotzt vor festem Baumobst. Später gibt das Holz dem Mittelteil etwas Struktur.
Abgang Wieder leicht staubig.
Gesamteindruck Ein überraschend ernsthaftes Baby.

Stil Weicher Corn
Ähnlich Canadian Mist

HUDSON NEW YORK CORN 92°/46%

Nase Klar, denn Whiskey aus Mais muss nicht ausgebaut werden. Süß, mit Popcorneinschlag und den wilden blumigen Düften, die der Mais mit sich bringt. Schweres Rosen- und Lilienaroma, dann Beerenobst.
Geschmack Maischig, aber mit Biss und Energie. Der Mais belegt den Gaumen mit einer fetten Art, die von grünen Maisblättern aufgelockert wird.
Abgang Nussig und puderig.
Gesamteindruck Frisch und charaktervoll.

Stil Weicher Corn
Ähnlich Heaven Hill Mellow Corn

HUDSON SINGLE MALT 92°/46%

Nase Getreidige Süße, Schrot und frische Eiche. Vollkornbrot mit etwas Trockenobst im Teig. Leicht zitrusfruchtig. Ein Hauch von Hefe. Mit Wasser stärkere Maischbottichund Jutenoten.
Geschmack Die Eiche schlägt durch. Staubig. Malzscheune. Im Hintergrund etwas Süße
Abgang Kurz und knackig.
Gesamteindruck Eine frische amerikanische Interpretation des Single-Malt-Kanons.

Stil Malzig und trocken
Ähnlich Auchentoshan 12 Jahre

HUDSON FOUR GRAIN BOURBON 92°/46%

Nase Etwas süßer als der Baby Bourbon und sogar leicht grasig. Schwarze Butter (eine würzige englische Früchtemarmelade), Maissüße und karamellisierte Früchte.
Geschmack Süß, kräftige Eichennoten, die die fast likörartige Dichte ausbalancieren. Brombeeren in Dosen. Im Mittelteil Roggentöne und ein frisches Grüner-Apfel-Element.
Abgang Leicht staubig.
Gesamteindruck Ein frischer, süßer Bourbon.

Stil Weicher Corn
Ähnlich Jameson Black Barrel

HUDSON MANHATTAN RYE 92°/46%

Nase Eibe. Kiefernwald mit Beeren im Unterholz. Süße und leicht krautige Nuancen, bis dunkle Trauben und zartbittere Aromen auftauchen.
Geschmack Leicht ölige Textur. Groß und reif. An den seitlichen Zungenrändern manifestiert sich eine ausgleichende Bitternote.
Abgang Säuerlich.
Gesamteindruck Charakterstark.

Stil Würziger Rye
Ähnlich Millstone 5 Jahre

Kings County

KINGS COUNTY • BROOKLYN, NEW YORK • WWW.KINGSCOUNTYDISTILLERY.COM • BESICHTIGUNG NUR SA

Als ich vor ein paar Jahren in Brooklyn eine Verkostung veranstaltete, bekam ich ein Fläschchen mit einer klaren Flüssigkeit aus der ersten Brennerei der Stadt vorgesetzt. Sie schien interessant und merkwürdig zugleich. Eigentlich schwingt beim Stichwort ›Craft‹ etwas Hinterwäldlerisches mit. Selbst die Karohemden und Bärte (zumindest bei den Jungs) deuten das an.

Deshalb hätte ich Craft-Whisky nicht im Traum in Brooklyn verortet. Nun allerdings habe ich von Nicole Austin, die mir die Flasche damals hinstellte, erfahren, dass inzwischen an die 18 Brennereien in New York aktiv sind. Damit ist Kings County, wo sie als Blenderin arbeitet, kein Paradiesvogel mehr, sondern liegt im Trend. Austin ist ausgebildete Chemikerin. Eine Karriere in der Whiskeybranche wäre ihr nie in den Sinn gekommen, aber als man ihr den Herstellungsprozess in einer Bar erläuterte, erkannte sie, dass das durchaus eine Option sein könnte. Zufällig hatte sie ihr Damaskuserlebnis gerade, als Kings County 2010 den Betrieb aufnahm. Sie ist eine Verfechterin kleiner Fässer, die ihr nicht nur in finanzieller, sondern auch in geschmacklicher Hinsicht sinnvoll erschienen. »Man sagte mir, dass man einen reifen Whiskey nur mit 200-Liter-Fässern hinbekäme. Wir arbeiten mit 20-Liter-Fässern, weil sie ebenfalls einen guten Brand liefern.«

Klein ist aber im Falle von Kings County nicht nur fein, sondern verringert auch die Fehlerquote. »Große Erzeuger können sich die Fässer beliebig aussuchen,« erklärt Austin. »Bei uns geht das nicht. Deshalb muss ich mit dem zurechtkommen, was mir zur Verfügung steht.« Die Arbeit innerhalb so eng gesteckter Grenzen birgt ihre Tücken, denn kleine Unterschiede haben große Wirkung. Andererseits ermöglicht sie nicht nur ein besseres Verständnis für die Gesetze des Ausbaus, sondern gibt auch den Kings-County-Stil vor. »Keiner konnte uns beibringen, was zu tun war«, fährt Austin fort. »Also taten wir, was wir konnten. Es dauerte ein bisschen, bis wir den rechten Weg gefunden hatten, aber wir mussten ungeachtet aller visionären Pläne auch mit den Realitäten des Marktes zurechtkommen.« Man vergisst leicht, dass das »bisschen« Zeit, von dem Austin spricht, auf vier Jahre hinauslief – eine Nanosekunde in der Whiskyhistorie. »Man sagte uns anfangs, dass wir überextrahieren würden, was mir ziemliche Bauchschmerzen bereitete. Aber man muss einfach lernen, dem eigenen Urteilsvermögen zu vertrauen. Ich will nur, dass unser Whiskey als hochwertig anerkannt wird.«

Die Erweiterung der Brennerei mit zwei neuen Stills vom Kupferschmid Forsyths aus Rothes in Schottland zeigt, dass man sich auf dem rechten Weg befindet. Zum Bourbon des Hauses ist nun auch ein aufschlussreicher Rye aus einheimischem Getreide hinzugekommen. Auch größere Fässer sind inzwischen im Einsatz. Kings County lernt gehen.

Mit der rasch expandierenden Brennerei Kings County kam nach langer Zeit der Whiskey wieder zurück nach Brooklyn.

KINGS COUNTY – Verkostungsnotizen

BOURBON FASSPROBE 90°/45%

Nase Leicht hefig, mit saftiger Fruchtigkeit, ein paar Zitrusandeutungen (Tangerinen). Spielt in Minzeschokolade und Kampfer hinein, leichte Zedernnoten, geschliffenes Holz und gepfefferter Mais. Mit Wasser volatil und abgerundet.

Geschmack Weicher Einstieg, dann rascher Übergang zu knackigem Roggen, der Energie und eine saure Note beisteuert und damit die unterschwellige Süße ausbügelt. Klebrig und lang, etwas Limettenschale.

Abgang Duftende Bittertöne.

Gesamteindruck Jung, aber sehr vielversprechend.

Corsair

CORSAIR • NASHVILLE, TN, & BOWLING GREEN, KY • WWW.CORSAIRARTISAN.COM • GANZJÄHRIG GEÖFFNET, SIEHE WEBSEITE

Kaum zu glauben, dass am Anfang der innovativsten, experimentierfreudigsten Brennerei der Whiskeywelt Darek Bells und Andrew Webbers Versuche standen, Biodiesel herzustellen. »Wir schwitzten gerade über einem Probelauf, als Andrew meinte, er wünschte, wir würden Whiskey brennen«, erinnert sich Bell. »Bald befassten wir uns mit Destillerien und der Kunst des Whiskeybrennens.« Kurz darauf wurde die Corsair Distillery gegründet. Heute gibt es schon zwei: eine in Kentucky, die andere in Tennessee.

Innovation kann auch heißen, dass man anders ist oder sich auf die forensische Suche nach der Antwort auf die Frage »Was wenn?« begibt. Niemand hat dieses Forschen weiter getrieben als Darek Bell – wenigstens, was Whiskey betrifft. Als Erstes knöpften Bell und Webber sich das Getreide vor. Jede Sorte wurde ausprobiert, angefangen von Gerste und Quinoa über Buchweizen und Amarant bis Roggen und Zwerghirse. Dann ging es weiter mit unterschiedlichen Röstverfahren, destillierten Bieren, Mälzungen und Räuchern. »Um mehr Erfahrung mit rauchigem Whiskeys zu sammeln, mussten wir unsere eigene Mälzerei bauen«, erinnert sich Bell. »Wir brannten 80 verschiedene Smoked Whiskeys und testeten jeden Rauch, den wir kriegen konnten – von Erlenholz bis Weißeiche.«

Als Nächstes machten sie sich an etwas, was kaum je mit amerikanischem Whiskey in Verbindung gebracht wird: Blenden. »Manche Raucharten eignen sich für die Nase, andere für den Geschmack und wieder andere für den Abgang, aber selten für alle drei zusammen«, findet Bell. »Ein mit Weißeiche geräucherter Malt gibt dem Geschmack ordentlich Punch. Obstholz wiederum eignet sich bestens für den Duft und eine angenehme Süße, während Ahornholz den Abgang veredelt. Durch Blenden dieser drei Varianten bekommt man einen mehrdimensionalen Whiskey mit viel Tiefe.«

»Wir können auch Amarant-Whiskey mit über Hickoryholz geräuchertem Malz zu einem bemerkenswert rauchigen Brand verschneiden. Mit diesem Repertoire als Grundlage haben wir mehr kreativen Spielraum, können bestimmte Geschmacksnuancen feinabstimmen und erarbeiten schneller neue Blends. Diese individuellen Brände sind die neuen Farben und Pinsel. Die Blends sind die Leinwand.«

Manchmal fragt man sich schon, ob Corsair ein Labor oder eine Brennerei ist. »Wir finden jährlich rund 100 neue Whiskeyrezepte, aber uns treibt an, ganz neue Stile zu finden – in Galaxien vorzudringen, die nie ein Whiskyfreund zuvor gesehen hat! Wir hatten von vornherein beschlossen, die Tradition zu achten. Aber wir machen Whiskeys, die alles andere als traditionell sind.« Noch so eine Gratwanderung.

»Ich würde gern eine neue Kategorie schaffen und anders beurteilt werden«, schließt Bell. »Aber mit wie vielen Quinoa-Whiskeys konkurrieren wir? Mit keinem einzigen.«

CORSAIR – Verkostungsnotizen

FIREHAWK (EICHE/MUIRA/AHORN) FASSPROBE 100°/50%

Nase Süßer und leicht ledriger Rauch, vegetabiler, laubiger Einschlag, Pfefferkörner. Leichter Honigton mit Zitruskulisse. Brombeere und Weihrauch. Mit Wasser Holzglut.
Geschmack Ein großer, trockener Räucherkammerauftakt, der in gegerbtes Leder übergeht. Gute Geschmacksverteilung; die Süße bildet ein Gegengewicht zur Rauchfahne.
Abgang Mittellang.
Gesamteindruck Ausgewogen, faszinierend.

NAGA (BERBERITZE/GEWÜRZNELKE) FASSPROBE 100°/50%

Nase Aromatisch, mit wurzeligen violetten Früchten, die Lakritznoten und erdige dunkle Fruchtigkeit beisteuern. Mehr Asche, wie ein erloschenes Feuer aus Gartenabfällen, in denen noch Laubreste glimmen. Trockene Wurzel und Gewürze.
Geschmack Sehr trocken. Ascherauch trägt Schwertlilienzwiebeln nach oben. Leichter Grip.
Abgang Trocken.
Gesamteindruck Gleicher Whiskey, anderer Rauch, völlig anderes Resultat.

BLACK WALNUT FASSPROBE 100°/50%

Nase Volatil, mit Maulbeerkonfitüre. Dichter Rauch und feine Frucht. Ein Anflug von Zigarrenasche. Groß und kraftvoll.
Geschmack Ein kräftiger Brand, etwas orthodoxer als der Rest der Palette. Legt süß los und wird im Mittelteil weich.
Abgang Ein bisschen kurz. Rauchig.
Gesamteindruck Mit reicher, tiefer, dunkler Kraft.

HYDRA (EIN BLEND AUS SMOKED WHISKEYS) FASSPROBE 100°/50%

Nase Süß und Likör-artig. Dicker Honig, etwas Sirup. Der Rauch wird im Zaum gehalten. Sehr fruchtig und mit Tabakblättern. Mit Wasser trocken.
Geschmack Ein Zusammenspiel aus trockenen und süßen Elementen. Lanolin wird dezent angedeutet. Eine gewisse Fülle im Mittelteil. Spät zieht duftender Holzrauch herauf.
Abgang Rauchig und ein bisschen trocken.
Gesamteindruck Ein faszinierendes Experiment.

Balcones

WACO, TEXAS • WWW.BALCONESDISTILLING.COM • GEÖFFNET, FÜHRUNGEN NACH VORANMELDUNG

Vor Jahren postulierte der mit mächtigem Bart geschmückte Chip Tate: »Wir machen nicht Whisky in Texas, wir machen texanischen Whisky.« Mit dieser Haltung liegt Tate auf der Linie vieler nachdenklicherer Brenner in aller Welt. Sie alle nutzen die Ressourcen vor Ort, haben begriffen, was sie zu etwas Besonderem macht, und lassen sich von den Bedingungen in ihrer Umgebung inspirieren.

Nachdem Tate schon eine erste Brennerei entworfen und gebaut hatte, arbeitete er bei Redaktionsschluss gerade an einer neuen Anlage. »Zum ersten Mal habe ich meine Vorstellungen für die Ingenieure auf Papier gebracht. Im Grunde handelt es sich um zwei neue Brennereien. Ich habe die ursprüngliche Anlage neu konzipiert, denn ich war es leid, nicht genügend Brennkapazität zu haben. Nun können wir die Nachfrage decken und das machen, was wir schon immer wollten. Mit Balcones wollte ich ein Lagerfeuer entfachen, aber inzwischen ist ein regelrechter Waldbrand daraus geworden.«

Seine Whiskys – Balcones verwendet als eine der wenigen US-Destillerien die Schreibweise ohne »e« – sind komplex, faszinierend kraftvoll und dennoch vielschichtig. Alle erzählen vom Terroir. Der Blue Corn aus Atole-Maismehl von Hopi-Indianern riecht nach gerösteten Nachos, während die Aromen des Brimstone harzigen Lagerfeuerrauch heraufbeschwören. Balcones ist Texas in der Flasche.

»Unsere Erkundung der texanischen Landschaft schreitet voran«, freut Tate sich. »Wir nutzen eine alte Maissorte, die von den Farmern ungern angebaut wurde, weil sie keine Versicherung dafür bekamen. Aber nun haben wir einen Landwirt, der Anwalt war und sich mit Umweltrecht auskennt. Atole und eine texanische Eichenart zu verwenden war richtig. Man muss für die Geschmacks- und Duftwelten um einen herum offen sein. Kann ich die großen immergrünen Eichen in Texas einsetzen? Wie unterscheidet sich das Klima in Texas von dem in Kentucky und wie beeinflusst es den Reifeprozess? Nutze wissenschaftliche Methoden, experimentiere und arbeite außerhalb der traditionellen Komfortzone, aber versuche nicht, aus einem Ackergaul ein Rennpferd zu machen.«

Gespräche mit Tate münden unweigerlich in philosophische Betrachtungen über Teleologie, Handwerkskunst und die Notwendigkeit, eine Lehre zu absolvieren. »Es ist wie mit der Jazztheorie«, so Tate. »Sie ist unglaublich technisch. Aber dann sieht man jemanden völlig intuitiv spielen. Theorie funktioniert nur, wenn sie in Beziehung zur Praxis steht. Dann wird etwas Intuitives, Künstlerisches daraus. Aber das braucht Zeit. Nur wenn wir das verstehen, bringen wir Craft-Whisky voran.«

BALCONES – Verkostungsnotizen

BABY BLUE 92°/46%

Nase Verführerisch und süß, mit weichen Eichennuancen und Honig bzw. Zuckerrübensirup. Maiskolbenhülsen und Maismehl sind nie weit weg und treten mit Wasser sogar noch stärker hervor; das Trockene schafft einen Ausgleich.
Geschmack Ausladend und kraftvoll, aber auch süß und frisch; das Gleichgewicht ist schwer zu erlangen. Mundfüllend, mehr Mais bricht durch.
Abgang Zartfruchtig.
Gesamteindruck Ein relativ milder Einstieg in die Balcones-Welt.

Stil **Weicher Corn**
Ähnlich Wiser's 18 Jahre

STRAIGHT MALT V 115°/57,5%

Nase Sinnlicher Holzeinfluss. Superreife wilde Beeren und etwas Sandelholz mit Andeutungen an Marmelade. Frisch geschliffenes Holz, Redwood und Mulch. Maulbeeren mit Armagnac-artiger Tiefe.
Geschmack Rund, reich und seidig. Dicht und kraftvoll, aber mit Samthandschuh. Duftig; mit Wasser eine leichte angekohlte Note und etwas mehr Getreide.
Abgang Lang und fruchtig.
Gesamteindruck Kraftvoll. Texanischer Malt im neuen Stil.

Stil **Reichhaltig und rund**
Ähnlich Redbreast 12 Jahre, Canadian Club 30 Jahre

STRAIGHT BOURBON II 131,4°/65,7%

Nase Eine Kirschbrandnote als Ouvertüre. Grobknochig und rund, aber trotz des hohen Alkoholgehalts nicht aggressiv. Reichlich rote und dunkle Früchte. Komplex, mti einem Anflug von trockener Rinde, die neben Kakao etwas Trockenheit ins Spiel bringt. Mit Wasser mehr duftendes Holz.
Geschmack Eine enorme Fruchtladung. Groß, aber erschlägt einen nicht. Vielschichtig und komplex.
Abgang Lang und fruchtig.
Gesamteindruck Ein Bourbon, aber einer, wie man ihn noch nicht erlebt hat.

Stil **Reichhaltig und eichengetönt**
Ähnlich Dark Horse

BRIMSTONE RESURRECTION V 121°/60,5%

Nase Groß und rauchig, aber mit dem Balcones-typischen Berg an dunklen Früchten im Hintergrund. Teerig und harzig. Eichenfeuer. Anschmiegend, ölig, geschmeidig. Räucherfleisch und -käse.
Geschmack Unmittelbare Feuernote, dann nähren Gewicht und Süße die Flammen.
Abgang Enzian, leicht adstringierend.
Gesamteindruck Kraftvoll und unerschrocken.

Stil **Rauchig und torfig**
Ähnlich Karuizawa, Edition Säntis

New Holland

NEW HOLLAND • HOLLAND, MICHIGAN • WWW.NEWHOLLANDBREW.COM • GANZJÄHRIG GEÖFFNET, FÜHRUNGEN NUR SA

Was 1996 als Craft-Brauerei in Holland im Bundesstaat Michigan seinen Anfang nahm, mauserte sich 2005 zu einer echten Brennerei, als Besitzer Brett VanderKamp sich in den Kopf setzte, »echten« Rum in den USA zu erzeugen. Um seinen Traum zu verwirklichen, musste er aber erst einmal den Gesetzgeber dazu bringen, geltendes Recht zu ändern, das nur Frucht als Rohstoff für Brennblasen zuließ.

Heute stößt New Holland zwar auch Rum aus, doch das Kerngeschäft ist der Whiskey, seit die Belegschaft feststellen musste, dass ihre Begeisterung für Rum vom Gros der Verbraucher nicht geteilt wurde. Zum Glück schmeckte den Neubrennern auch Whiskey.

»Viele glauben, dass Brauereien, die auch brennen, das nur zum Spaß tun«, beklagt der Chef der Kundenbetreuung bei New Holland, Rich Blair. »Aber wir haben dadurch einen echten finanziellen Vorteil. Statt Umsatz machen zu müssen, ließ es die Brauerei zu, dass wir zu dem Preis arbeiteten, den wir wollten.«

Die Erfahrung im Braugeschäft brachte auch ein intuitives Verständnis für die Möglichkeiten der Arbeit mit Malz mit sich. »Wir verwenden unsere eigene Brennhefe und lassen die Maische lange in geschlossenen, temperaturgeregelten Fermentern gären«, erläutert Blair. »Unser delikates Destillat stecken wir in Fässer, damit es Geschmack annimmt, und nicht, damit es weicher, weniger aggressiv wird.«

Ein Teil des Rohstoffs für den Rye und die Bourbon-Marken wurde als reifer Bestand von MGP in Lawrenceburg, Indiana, eingekauft, aber New Holland wird immer mehr zum Selbstversorger und erzeugt eigene Brände wie den zu 100 Prozent auf gemälzter Gerste basierenden Zeppelin Bend, der zehn bis 14 Tage lang »bedächtig gärt«, wie Blair es ausdrückt, oder Bill's Michigan Wheat aus Getreide, das von einem Farmer vor Ort angebaut und in einer Tennenmälzerei aufbereitet wurde.

Das Brenngeschäft wird zunehmend erweitert. 2011 kam eine alte Applejack-Brennblase dazu, die seit den 1930er-Jahren in einer Scheune in New Jersey gelegen hatte, bis VanderKamp sie kaufte und von Vendome Copper and Brass Works in Louisville, Kentucky, restaurieren ließ. »Innovation ist sehr wichtig«, so Blair, »hierin unterscheidet sich das Brennen kaum vom Craft-Brauen. Aber Innovation um der Innovation willen ist auch nicht gut. Wir haben einen erfolgreichen Pub, den wir als Testmarkt nutzen. Und wenn wir einmal etwas vermasseln, dann verfolgen wir es eben nicht weiter.«

Was aber schließlich tatsächlich auf den Markt kommt, offenbart eine immer engere Verknüpfung zwischen Brauen und Brennen. »Wir stellen viel Malt her«, so Blair. »Der Markt für US-Malts ist noch lange nicht erschlossen. Wir glauben, gut ausgebauter Malt ist die nächste große Modewelle. Aber Craft-Produkte brauchen Zeit.« Was »bedächtig« gärt, wird gut, könnte man sagen.

Aus der einstigen Rumdestillerie ist ein neuer Whiskeyspezialist hervorgegangen.

NEW HOLLAND – Verkostungsnotizen

ZEPPELIN BEND STRAIGHT MALT 90°/45%

Nase Sauber, mit Apfelweinelementen, Sägemühle, Tanne, milden Toffees und weißem Pfeffer. Später Assam-Tee. Wasser fördert saubere Getreidenoten, Kurkuma und Vanille zutage.
Geschmack Süß, mit deutlichem Rumelement: dunkle Früchte, Melasse, flambierte Zitrusfrüchte, Brombeeren.
Abgang Ein Anflug von fester Eiche, aber ausgewogen.
Gesamteindruck Ein eindrucksvoller neuer Malt-Stil.

Stil **Fruchtig und würzig**
Ähnlich Brenne

BEER BARREL BOURBON 80°/40%

Nase Sehr mild, entspannter Duft mit weicher Eiche, alten Bananen, Zuckerwatte, Sirup und dunklen Früchten. Riecht mit Wasser fast wie ein Schoko-Brownie.
Geschmack Groß und weich, verrät zwar noch ein bisschen seine Jugend, hat aber Mumm.
Abgang Sehr würzig, etwas Fenchel.
Gesamteindruck Lag drei Monate lang in dicken Fässern, hat jedoch funktioniert.

Stil **Reichhaltig und rund**
Ähnlich Edition Säntis, Spirit of Broadside

BILL'S MICHIGAN WHEAT 90°/45%

Farbe Helles Orange.
Nase Intensiv parfümig, mit getrocknetem Lavendel und Rosenblütenblättern. Sehr würzig, Muskatblüte dominiert, bis dunkle Schokolade Gewicht beisteuert.
Geschmack Wirkt jung. Frisch, Betonung auf Getreide. Fest. Acetonelemente. Zum Ausklang zuckerige Eiche. Mit Wasser wird alles stimmiger.
Abgang Scharf.
Gesamteindruck Lag nur 14 Monate im Fass. Gut gemacht, braucht aber Zeit, um komplexer zu werden.

Stil **Duftig und blumig**
Ähnlich Schraml WOAZ

High West

HIGH WEST • PARK CITY, UTAH • WWW.HIGHWEST.COM • GANZJÄHRIG GEÖFFNET, VORANMELDUNG RATSAM

Das Hochland von Utah mag einem nicht als Erstes in den Sinn kommen, wenn von der Geschichte des amerikanischen Whiskeys die Rede ist. Aber David Perkins, Besitzer und Brennmeister von High West, ist entschlossen, das Bild geradezurücken. »Whiskey im wilden Westen – war das nur der billige Fusel, mit dem sich Cowboys betranken? Oder gab es da noch etwas anderes?«, so seine rhetorische Frage. »Schon die Mormonen brannten Whiskey, wie der britische Forschungsreisende Sir Richard Burton berichtete.«

Zunächst machte Perkins Karriere als Chemiker, erfand sich später aber neu als Whiskeymissionar, nachdem er die Parallelen zwischen beiden Disziplinen erkannt hatte. Whiskey als rein biochemischer Prozess? Romantiker werden ob dieser Vorstellung erschaudern, aber keine Angst: Es ist nur ein Teil der Wahrheit.

Perkins hat auch begriffen, dass die Whiskeybranche ein langfristiges Geschäft ist. »Eines Tages sagte Jim Rutledge von Four Roses zu mir: ›Wie willst du Umsatz machen, wenn deine ganze Ware im Fass liegt?‹ Er riet mir, zu MGP in Indiana zu gehen, weil die den besten Rye der Welt machen. Ich habe ihnen einen Preis dafür bezahlt, für den man heutzutage nicht einmal mehr New Make bekommt. Hätten wir nur den ganzen Bestand gekauft!« High West begann Rye (Rendezvous), Bourbon (American Prairie) und Bourbon sowie getorften Scotch (Campfire) zu blenden, während seine eigenen Brände heranreiften.

Daneben feilte er jedoch weiter an ihnen und fasste besonders die Hefe ins Auge. »Wir legen viel Wert auf Hefe. Ich kann gar nicht glauben, dass man sie in Schottland nicht auch als wichtigen Geschmackgeber betrachtet. Wir haben 20 unterschiedliche Hefen ausprobiert.« Drei kommen im Rye zum Einsatz, der auf einem Rezept von 1840 basiert, als Vollgetreidewürze destilliert wird und als OMG (für Old Monongahela) erscheint. Zudem laufen gerade Experimente mit einer Rye-Solera. Im Sortiment finden sich mit dem Valley Tan und dem Western Oat außerdem zwei Haferwhiskeys, während sich ein Single Malt im Entwicklungsstadium befindet.

»Mit Malt befassen wir uns sehr ernsthaft«, verrät Perkins. Wie die übrigen Brände entsteht er aus nicht geläuterter Würze. »Jungunternehmen brauchen ein Alleinstellungsmerkmal – daher der Rye.« Aber auch Utah redet ein Wörtchen mit. »Wir befinden uns auf 2134 Meter Höhe. Die Siedetemperatur in den Stills ist niedriger, und wegen der Höhe und des trockenen Klimas läuft sogar die Reifung anders ab.«

Perkins: »1890 gab es in den USA 14.000 Brennereien. Auf diese Zahl bewegen wir uns gegenwärtig wieder zu.«

HIGH WEST – Verkostungsnotizen

SILVER WESTERN OAT 80°/40%

Nase Sehr duftig und mild medizinal: Salbe mischt sich mit Schnittblumen und Schlagsahne. Ein Touch Fenchel.
Geschmack Ein sehr leichter, süßer Oat ohne Ausbau. Esterige Confiseriewaren und cremiger Hafer mit Drive.
Abgang Rosa Pfefferkörner. Etwas kurz.
Gesamteindruck Bezaubernd.

Stil Duftig und blumig
Ähnlich White Owl

VALLEY TAN (OAT) 92°/46%

Nase Reichlich esterige Noten und sehr dezente Eiche. Riecht nach trocknendem Stein, dann Vanille, Bananenschale, ein Hauch Kiefernnadeln und gekochte Ananas.
Geschmack Süß, parfümduftig und saftig. Leichte Schärfe, aber mit blumigen Einsprengseln. Die cremige Hafernote spielt mit Wasser in Bananensplit hinein.
Abgang Leicht trocken.
Gesamteindruck Ausgewogen und sehr interessant.

Stil Duftig und blumig
Ähnlich Tullibardine Sovereign, Liebl Coillmor American Oak

OMG PURE RYE 98,6°/49,3%

Nase Frisch gebackenes Roggen-Sauerteigbrot – man riecht förmlich die würzige Kruste. Aromatisch. Trockenblumen, Rosenblütenblätter, Schale von Rotweintrauben.
Geschmack Trockener Einstieg. Knochentrocken, geht über in Roggenmehl und schlägt schließlich einen Haken zu schweren Gewürzen und Öl. Ausgewogen.
Abgang Aromatisch
Gesamteindruck Sauber und rein.

Stil Würziger Rye
Ähnlich Stauning Young Rye

RENDEZVOUS RYE 92°/46%

Nase Süß und elegant. Rund und ausgewogen. Steigt mit Rosenblütenblättern, heißem Ginster und duftendem Gesichtspuder in höhere aromatische Sphären auf.
Geschmack Die milde Nase weicht einem kraftstrotzenden Geschmack, in dem der Roggen voll entfaltet ist. Es kommen Kardamom, Fünf-Gewürze-Pulver und aromatische Bitters zum Vorschein.
Abgang Grüner Apfel und staubiger Roggen.
Gesamteindruck Ein stimmiges Bild.

Stil Würziger Rye
Ähnlich Lot 40

Westland

WESTLAND • SEATTLE, WASHINGTON • WWW.WESTLANDDISTILLERY.COM • GANZJÄHRIG GEÖFFNET MI–SA

Emerson Lamb war noch nicht einmal ein Teenager, als sich sein Vater mit ihm zusammensetzte, um mit ihm über Geschäfte zu reden. Die Familie war schon fünf Generationen lang im pazifischen Nordwesten ansässig gewesen und hatte sich dort ein erfolgreiches Holzgeschäft aufgebaut, aber der Markt veränderte sich. »Er erklärte mir, dass bald keiner mehr Kanthölzer kaufen würde. Also wuchs ich mit dem Gedanken auf, dass das Familienunternehmen bald nicht mehr existieren würde. Wir mussten umsatteln.«

Lamb tat sich mit seinem Schulfreund Matt Hofmann zusammen, der an der schottischen Heriot-Watt-Universität Brennereiwesen studiert hatte und auf der Suche nach Arbeit war. »Ich dachte mir: Hier im Bundesstaat Washington haben wir zwei Gerstenanbaugebiete von Weltruf, Wasser im Überfluss und ein in Nordamerika einmaliges Klima. Alle Voraussetzungen sind vorhanden, damit wir den Whiskeystil erzeugen können, den wir wollen.«

Die beiden bereisten acht Monate lang die Welt und besuchten 130 Brennereien. In dieser Zeit reifte in ihnen die Vorstellung von einer Verschmelzung schottischer Tradition, amerikanischem Fassmanagement und japanischer Bereitungsphilosophie. »Die Schotten prophezeiten uns, dass wir es vermasseln würden, weil Gerste weder den Körper noch die Komplexität hat, um zu viel Eiche standzuhalten.« Statt aber wie die Schotten einmal gebrauchte Fässer zu verwenden, peppten sie den Brand mit unterschiedlichen Röstungen auf, damit er der Intensität neuer Eiche etwas entgegenzusetzen hatte. Die Mashbill enthält nun Pilsener Malz, Münchner Malz, Extra-Special-Malz, Röstmalz, Pale-Chocolate-Malz und Brown Malt. Vor Kurzem kam eine getorfte Variante hinzu. Weil man langfristig denkt, werden zudem Refill-Fässer verwendet. »Der Whiskey kriegt nach vier, fünf Jahren die Kurve«, so Lamb, »aber nicht alle füllen wir so jung ab. Manche bekommen 40 Jahre Lagerung aufgebrummt.«

Westland im Zentrum von Seattle ist kein Kleinbetrieb. »Für schottische Verhältnisse sind wir vielleicht mittelgroß, aber für amerikanische ziemlich stattlich. Damit wir bestehen, müssen wir 20.000 Kisten im Jahr produzieren.« Mehrere Generationen lang hat Lambs Familie Bäumen beim Wachsen zugesehen, was ihm nun gut zustatten kommt. »Sich viel Zeit zu nehmen kostet Geld. Aber wir haben Erfahrung mit dem Warten. Ohne Geduld geht es nicht.«

WESTLAND – Verkostungsnotizen

DEACON SEAT 92°/46%

Nase Aromatisch. Enzian und Schokolade mit süßer geschliffener Eiche, Harziger Schmuckzypresse und Kirsche. Beizeiten geröstete Kokosnuss und Schwarzkirschen. Mit Wasser eine zusätzliche Etage. Fast Jamaikarummelasse.
Geschmack Sauber, gutes Mundgefühl und zitrusfruchtiger Auftrieb. Mit Wasser zeigt sich eine blumigere Note, die auch Erdbeertöne beisteuert. Robust.
Abgang Lang und reichhaltig.
Gesamteindruck Nur 27 Monate alt und schon mit Anzeichen von Reife.

Stil **Fruchtig und würzig**
Ähnlich Chichibu On The Way

FLAGSHIP 92°/46%

Nase Leicht, Aprikosenblüten und ein wenig süßes Getreide sowie zerdrückte Himbeeren. Ausladend, mit verhaltenen Eichentönen.
Geschmack Konzentrierte Früchte. Echte Süße, unterlegt mit dezent geröstetem Malz. Alte Bananen und ein Anflug von Tabak.
Abgang Harzige Schmuckzypresse.
Gesamteindruck Die Elemente finden zueinander.

Stil **Fruchtig und würzig**
Ähnlich Loch Lomond Single Blend

CASK 29 55%

Nase Gebäck und Süße. Der würzigste Vertreter des Sortiments; einige Bast- und Esternoten, ein Hauch von Farblack und etwas Zitrone.
Geschmack Mundfüllend, gekohlte, röstige Elemente. Leicht cremig. Die Zitrus- und Gewürznoten harmonieren mit dem geschmeidigen Mundgefühl. Mit Wasser ein saftiger Weingummiton.
Abgang Lang und schwungvoll.
Gesamteindruck Eine lebendige Version mit viel Potenzial.

Stil **Fruchtig und würzig**
Ähnlich Glenmorangie 15 Jahre

FIRST PEATED 92°/46%

Nase Lagerfeuer im Holz. Im Hintergrund Brennereicharakter mit geröstetem Malz und Zitrustönen. Andeutungen an Haferplätzchen und ein Hauch medizinaler Phenole. Leicht ölig.
Geschmack Minzige Kühle, Rauch, der langsam freigegeben wird, gutes Mundgefühl und Ausgewogenheit. Noch trocken, wird aber süßer werden.
Abgang Haferplätzchen und Rauch.
Gesamteindruck Der Brennereicharakter scheint festzustehen.

Stil **Rauchig und torfig**
Ähnlich Bunnahabhain Toiteach

Anchor, St. George und andere

ANCHOR BREWING • SAN FRANCISCO, CA • WWW.ANCHORBREWING.COM
ST. GEORGE • ALAMEDA, CA • WWW.STGEORGESPIRITS.COM • GANZJÄHRIG GEÖFFNET MI–SO
CLEAR CREEK DISTILLERY • PORTLAND, OREGON • WWW.CLEARCREEKDISTILLERY.COM • VERKOSTUNGSRAUM GANZJÄHRIG GEÖFFNET MO–SA
STRANAHAN'S • DENVER, COLORADO • WWW.STRANAHANS.COM • GANZJÄHRIG GEÖFFNET, VORANMELDUNG RATSAM

Die Craft-Welle überrollt weiter Amerikas Westküste. Eine neue Riege von Brennern tut es Pionieren wie Steve McCarthy von Clear Creek in Oregon oder Dry Fly in Spokane im Bundesstaat Washington gleich. Fast zwangsläufig geraten sie und andere Vorreiter inzwischen ins Abseits, da die Welt viel zu gebannt auf die jungen Wilden mit ihren absonderlichen Ideen blickt. Es wird nun Zeit für eine gebührende Wertschätzung früher Brenner wie Fritz Maytag von Anchor Brewing in San Francisco oder Lance Winters von St. George Spirits im kalifornischen Alameda.

»Fritz versuchte etwas zu beweisen«, meint David King, Präsident der Anchor-Brennereien. »Er befasste sich mit Whiskey aus Sicht des Historikers. Ihn faszinierte es zu erfahren, wie er zu George Washingtons Zeit schmeckte, als man sein eigenes Getreide – vermutlich 100 Prozent gemälzten Roggen – verwendete und den Brand sehr alkoholstark verkaufte, weil man keine Lust hatte, Wasser zu den Märkten zu transportieren. Die Fässer waren normalerweise reine Gefäße und eher geröstet als stark gekohlt. Da hatte keiner im Sinn, einen modernen Klassiker zu schaffen. Es war eben so.«

Das Ergebnis von Fritz' Betrachtungen war der Old Potrero, ein Single Malt im Stil des 18. Jahrhunderts. Er wird ein Jahr ausgebaut und mit 63,75 Prozent Alkohol abgefüllt. Der ölige, würzige Straight Rye wiederum ist eine Hommage an die Whiskeys des 19. Jahrhunderts und bleibt drei Jahre im Fass. Beide waren kompromisslose Whiskeys. »Es war praktisch unmöglich, mit dem ursprünglichen Old Potrero einen ausgewogenen Manhattan zu mixen«, räumt King ein. »Wir mussten ihn auf 51 Prozent bringen und ihn damit benutzerfreundlicher machen.«

Eher zweckmäßig als romantisch wirkt die Brennerei St. George in Kalifornien. Dafür aber ist reichlich Raum für Kapazitätssteigerungen vorhanden.

Beide werden nun in gekohlter Eiche ausgebaut, haben sich aber ihre Kraft bewahrt. Der Straight Rye wurde inzwischen auf 45 Prozent heruntergefahren; er ist nun süßer und steht unter Holzeinfluss. Ein Fass aus jedem Jahr wird beiseite gelegt und im zweiten Jahrzehnt seines Lebens als »Hotalings« abgefüllt.

»Fritz wollte wohl eher Pioniertaten vollbringen als erfolgreich sein«, mutmaßt King. »80.000 Fässer waren ihm lieber als eine große Marke. Qualität und Geschichte waren sein Ding: das erste kaltgehopfte IPA (India Pale Ale), der erste London Dry Gin, der erste zu 100 Prozent gemälzte Rye.« Maytag zog sich 2010 zurück. Anchor Distilling Company ist nun ein Joint Venture von Anchor, Preiss Imports und Berry Bros. & Rudd. Eine größere Brennerei mit mehr Brennblasen und einer umfangreicheren Palette an Spirits ist geplant. »Damit können wir das Spektrum erweitern und der Frage nachgehen, was Whiskey und andere Brände sind und was die Zukunft bringen wird.«

Ähnlich denkt auch Lance Winters von St. George Spirits. Sein Haus wurde 1982 von Jorg Rupf gegründet, der Eau de vie und Weinbrand mit Holstein-Brennblasen erzeugte. 1996 kam aber Lance mit einer Flasche selbst gemachtem Whiskey unter dem Arm an und fragte, ob eine Stelle frei sei. Ein Jahr später kam der erste Whiskey des Hauses ins Fass. Was heute als innovativ gefeiert wird – unterschiedliche Röstgrade für Gerste, das Räuchern über Buchen- und Erlenholz, der Ausbau in Refill-Bourbonfässern, französischer Eiche, Port- und Sherryfässern –, kam schon damals mit hinein.

Obwohl neuerdings der von St. George gebrannte Wodka Hangar One stärker ins Bewusstsein der Öffentlichkeit gerückt ist, bleibt der Whiskey eine faszinierende amerikanische Interpretation des Single Malt auf Gerstenbasis. Die Holstein-Brennblasen geben ihm eine Zartheit und blumige Noten mit, die unterschiedlichen Röstgrade Süße und Kaffee. Inzwischen sind auch immer mehr Altersgrade verfügbar, wobei jeder Posten durch größere Komplexität besticht.

Ich wollte wissen, ob Winters Whiskey in Kalifornien oder kalifornischen Whiskey bereitet. »Kalifornien ist für Innovation und Neuerfindung bekannt«, so seine Antwort. »Bei der Erzeugung eines kalifornischen Single Malt spielt die Philosophie der Neuerfindung in jeder Entstehungsphase eine Rolle. Ich habe mich nie gefragt: Hey, wie mache ich am besten einen echt kalifornischen Single Malt? Hätten wir ihn anderswo gebrannt, wäre er genauso geworden wie dieser hier. Wir haben in Kalifornien zwar zum Glück ein Publikum, das innovativere Whiskeys sehr bereitwillig akzeptiert. Aber beeinflusst hat das unsere Absichten kaum.«

Der West-Coast-Whiskey, er kam hier zur Welt.

ST. GEORGE – Verkostungsnotizen

ST. GEORGE CALIFORNIAN SINGLE MALT 86°/43%

Nase Aromatisch und intensiv fruchtig. Reine Mango- und Aprikosennote. Überschwänglich, süß und sauber, mit einer Andeutung von Rauch im Hintergrund.
Geschmack Die reife, fleischige, intensive Aromatik ist jetzt unterlegt von einer trockeneren, stärker vom Getreide beeinflussten Textur, wird jedoch weicher und spielt zum Mittelteil hin in amerikanisches Cream Soda (eine Vanillelimonade) hinein.
Abgang Fest, dabei saftig.
Gesamteindruck Ein verblüffender Single Malt, der offenbart, was alles möglich ist.

Stil Fruchtig und würzig
Ähnlich Glenmorangie, Imperial

LOT 13 86°/43%

Nase Die klassische St.-George-Aromatik mit parfümigen tropischen Früchten in Zuckerguss mit sehr dezentem blumigem Duft. Anklänge an Muskateller, Pollen, Schnittblumen, Melone und grüne Banane.
Geschmack Weich honigsüß, mit guter Tiefe. Etwas amerikanisches Cream Soda. Wasser ist nicht nötig. Frühlingsblüten, aber mit Substanz in der Mitte. Weizenbierakzente.
Abgang Leichte Schokoladennoten.
Gesamteindruck Ausbalanciert und elegant.

Stil Duftig und blumig
Ähnlich Compass Box Asyla

ANCHOR – Verkostungsnotizen

OLD POTRERO RYE 97°/48,5%

Nase Intensiv fruchtiger Rye mit Andeutungen an heiße Backwaren und feste Eiche. Ein Mix aus Süße und Gewürzen mit fast rauchigem Einschlag. Roggenmehl, Karamell, Wintergrün und Eiche.
Geschmack Weich und reintönig. Auf halbem Weg zündet eine feuerwerkartige Staubnote, veredelt mit bittersüßen Gewürzen. Dick, aber direkt.
Abgang Körperreich und würzig.
Gesamteindruck Ein dezidiert alter, aber paradoxerweise neuer Stil.

Stil Würziger Rye
Ähnlich Millstone 100°

WEITERE CRAFT-BRENNEREIEN

CLEAR CREEK, MCCARTHY'S OREGON SINGLE MALT BATCH W09/01 85°/42,5%

Nase Gras und Rauch zum Einstand. Dann Lagerfeuer im Wald, ein Anflug von Hickory- und Birkenrauch, dahinter mild und süß. Wirkt jung und frisch. Sehr viel Auftrieb.
Geschmack Sogleich zieht wieder Rauch heran, aber erneut unterscheidet der aromatische Auftrieb diesen Whiskey von einem Scotch. Lapsang Souchong.
Abgang Geräucherte Cashewnüsse.
Gesamteindruck Revolutionär.

Stil Rauchig und torfig
Ähnlich Chichibu Newborn, Kilchoman

STRANAHAN'S COLORADO STRAIGHT MALT WHISKEY BATCH 52 94°/47%

Nase Frisch und trocken, anfangs mit Röstnoten. Recht verhalten, dann klingen Orangen-, reiche Malz-, Zimt- und duftige Staubtöne an. Ebenfalls sehr viel Auftrieb. Mit Wasser Geranien, Karamell und Röstkaffee.
Geschmack Gekohlte Eiche mit leichter Rußnote. Fruchtig, Karamelleinschlag und reichlich süße Würze. Johannisbeer- oder Brombeerlikör, aber immer in einem Korsett aus fester Eiche.
Abgang Pikant.
Gesamteindruck Ausgewogen und sauber. Eine weitere neue, begrüßenswerte Whiskey-Interpretation.

Stil Fruchtig und würzig
Ähnlich Arran 10 Jahre

KANADA

Kanada ist der schlafende Riese der Whiskywelt. Obwohl das Land beim Produktionsvolumen an zweiter Stelle hinter Schottland liegt, wird es kaum wahrgenommen. Wie kann eine Nation mit solchem Ausstoß, Vermächtnis, Know-how und Verkaufserfolg nur so wenig Beachtung finden?

Liegt es womöglich daran, dass die Kanadier die nettesten Menschen der Welt sind? Weder brüllen sie gern herum noch machen sie viel Wirbel. Sie sind höflich witzig und sanft – wie ihre Whiskys. In einer Welt, in der es als positiv empfunden wird, wenn man vom Geschmack erschlagen wird, kann das allerdings bedeuten, dass man schlichtweg übersehen wird. Denkbar ist, dass durch die kanadische Höflichkeit ein ganz falscher Eindruck vom Wesen des kanadischen Whiskys entstanden ist – genau wie die Vorstellung, dass er nur aus Roggen gebrannt wird, dass immer noch eine andere Flüssigkeit mit dabei ist und dass unterschiedliche Getreidemischungen Verwendung finden.

Alles falsch. Das klassische kanadische Brennereiprodukt ist der Single Distillery Blend mit einem Basiswhisky, der meist aus Mais gemacht wird und eine Reihe geschmacksprägender Mitspieler (üblicherweise Roggen, aber auch Weizen, Mais und Gerste) enthält, die in der Regel separat ausgebaut und anschließend verschnitten werden. Jede Brennerei hat ihre eigene Persönlichkeit. Brenner und Blender schöpfen das Spektrum voll aus, um komplexe Kreationen anbieten zu können. Das ist auch der Grund, warum kanadischer Whisky so viel Genuss bereitet. Seine Vielfalt und Qualität sind weltweit konkurrenzfähig.

Derzeit herrschen goldene Whiskyzeiten, weshalb es sich Kanada nicht leisten kann, im Abseits zu stehen. Das Land muss ein Umdenken bei den Verbrauchern erreichen, indem es ein Premiumsegment entwickelt. Kanadischer Whisky ging viel zu lange viel zu billig über die Ladentheke. Selbst neue High-End-Abfüllungen werden buchstäblich verschenkt. Vielleicht hat die gnadenlose Kommodifizierung dazu geführt, dass Brenner schon gar nicht mehr erwarten, ernst genommen zu werden. Dabei besteht ein Unterschied darin, preisgünstig zu sein oder aber seine Ware so billig zu verschleudern, dass die Verbraucher mit guter Qualität überhaupt nicht mehr rechnen.

Trotz alledem gibt es positive Zeichen für einen Wandel. »Am vielversprechendsten sind die steigenden Verkaufszahlen zu Hause«, erklärt John K. Hall von Forty Creek. »Kanadier entdecken höherwertige Whiskys für sich und trinken sie auch. Es kommen mehr Neuerscheinungen auf den Markt und die Auswahl wird größer, was wiederum die Innovationsbestrebungen befeuert. Die Whiskyrenaissance, die wir uns erhofften, wenn die jüngeren Verbraucher reifer würden und von den aromatisierten Wodkas wegkämen, ist nun in vollem Gange.«

Aber selbst wenn die sehr restriktiven kanadischen Alkoholkontrollinstanzen, die Liquor Boards, es zulassen würden, könnte Kanada den ganzen eigenen Whisky niemals selbst konsumieren. Es hat sich von jeher darauf verlassen, dass der Nachbar das Gros schluckt. Ob es allerdings dem kanadischen Whisky förderlich ist, wenn man unter Export einfach nur das Bemühen versteht, Massenware durch die Whiskypipeline in die Staaten zu pumpen, sei dahingestellt.

Es gibt allerdings klare Anzeichen für eine Verlagerung des Schwerpunkts. Jede der acht wichtigsten Brennereien entwickelt ein Premiumsegment. Bemerkenswerte Neuerungen sind zu beobachten, und selbst wenn Holz noch kein großes Thema ist, so ist es womöglich nur noch eine Frage der Zeit, bis Kanada sich intensiver damit befasst. Auch die Craft-Bewegung nimmt Fahrt auf.

Vorherige Seite: Weizenfelder in Manitoba liefern Rohstoff für kanadischen Whisky.

Der kanadische Whiskyautor Davin de Kergommeaux hat enorm viel dazu beigetragen, mein Verständnis für die Brände des Landes zu vertiefen (und mir einige wertvolle Tipps für dieses Kapitel gegeben). Für ihn ist die Erweiterung der Palette von Premiumwhiskys mit kräftigeren,

markanteren Geschmacksstilen die Zukunft: »Während sich in den Köpfen der Verbraucher verankert, dass hochwertige Abfüllungen existieren, befassen sich talentierte Whiskymacher mit Ausbauformen, alternativen Getreidesorten und aromatisierten Whiskys.«

Indem Brenner ihren Stil definieren, befassen sie sich automatisch mit der Frage, was kanadischer Whisky eigentlich ist. Je intensiver sie das tun, desto größer wird die Bandbreite an Antworten sein. Kanada hat einige der großen Whiskys der Welt. Geben Sie ihnen eine Chance.

Alberta Distillers

ALBERTA DISTILLERS LIMITED • CALGARY

Als Alberta Distillers Limited (ADL) beschloss, sich auf Roggen zu konzentrieren, hatte das rein praktische Gründe. Die Brennerei war 1946 als Projekt zur Förderung einer strukturschwachen ländlichen Gegend entstanden und Roggen war dort das Hauptanbauprodukt. Inzwischen ist die Destillerie zwar nicht mehr von Feldern, sondern von Häusern umgeben, doch die Prinzipien sind dieselben geblieben. Der größte Rye-Spezialist der Welt erzeugt dreimal so viel Rye, wie Straight Rye in den USA entsteht.

Warum aber nennt er sich Rye, wo kanadischer Whisky doch üblicherweise auf Mais basiert? Weil ein kleiner Anteil von Rye in einem Blend mehr Wirkung auf das Ganze hat als Roggen in der Getreidemischung. Roggen ist Kanadas Markenzeichen. Sein Whisky ist von Roggen geprägt, aber kein reiner Rye. Bis man die Alberta Distillers entdeckt.

Jeder Brenner, der mit Roggen arbeitet, weiß, wie kapriziös er ist. Er lässt sich nur schwer mälzen, wird im Maischbottich klebrig und schäumt im Gärtank ungebührlich stark. Fast scheint es, als würde sich der kratzbürstige, nicht ganz stubenreine Geschmack dieses Getreides schon von Anfang an bemerkbar machen. Geschäftsführer Rob Tuer löste das Problem, indem er ein natürliches Enzym isolierte, das den Schaum bremste und die Viskosität reduzierte.

Wenngleich das Gros der ADL-Whiskys zu 100 Prozent aus Roggen besteht, kauft man auch Mais, Weizen, Gerste und Triticale ein – als Basis und zum Aromatisieren. Die Destillation läuft in der herkömmlichen kanadischen Konfiguration mit Bierstripkolonne und Extraktionskolonne ab, in der Wasser mit Alkohol gemischt wird, um die unlöslichen (und unerwünschten) Fuselöle von den erwünschten Verbindungen zu trennen. Der gesäuberte Mix wird durch eine Rektifizierkolonne geschickt und sammelt sich als Basisbrand mit 93 Prozent Alkohol. Die Flavouring Whiskys entstehen in einer Pot Still und werden mit 77 Prozent destilliert.

Ryes, vor allem ältere Semester, waren lange wesentlicher Bestandteil der ADL-Blends, aber der Charakter dieser geheimen Zutat wurde erst 2007 preisgegeben – und noch einmal 2011 mit dem Erscheinen des 100-prozentigen Rye Masterson's und Alberta Premium mit 25 bzw. 30 Jahren. Die komplexen, würzigen Abfüllungen offenbarten den reinen, reifen Rye-Charakter ohne die staubige Note, die zahlreichen US-Ryes eigen ist. »Roggen lässt Raum für Innovationen«, so Produktionsleiter Rick Murphy. »Diese Möglichkeit haben andere Brennereien nicht.«

ALBERTA DISTILLERS – Verkostungsnotizen

ALBERTA SPRINGS 10 JAHRE 40%

Farbe Feurig orange.
Nase Holz, trockenes Getreide, Backgewürze, Zeder, ein Anflug von heißem Senf.
Geschmack Reich, cremig. Die erfrischende Bitter-Lemon-Note hält den Karamell im Zaum, während frisch gesägtes Holz und ungemälzter Roggen den Pfeffer ausbalancieren.
Abgang Scharfe Pfefferminze mit Holz und Zitrusschalen.
Gesamteindruck Im Rampenlicht steht der 25-jährige Alberta Premium, in der Brennerei aber trinkt man diese Version.

Stil Würziger Rye
Ähnlich Kittling Ridge, Canadian Mountain Rock

DARK HORSE 40%

Nase Schwarzkirsche/Kirschwasser, Wermutaromen mit etwas Toffee. Mit Wasser grüner Roggen und Ligusterblüten.
Geschmack Groß, kraftvoll und leicht karamellisiert. Ein Hauch von holzinduzierten Phenolen. Mit Wasser saftig mit Andeutungen an Schattenmorellen.
Abgang Fruchtig, leichter Eichen-Grip.
Gesamteindruck Ein riesiger, kräftiger Rye.

Stil Würziger Rye
Ähnlich Millstone 100°

ALBERTA PREMIUM 25 JAHRE 40%

Nase Orangenmarmelade und geröstete Vanille. Die Roggenfrische ist noch vorhanden, aber die Eleganz des reifen Alters ist dazugekommen. Rote und dunkle Früchte, süße Gewürze und Karamellbonbons. Noch immer frisch.
Geschmack Geschmeidig, weich und elegant. Lang und saftig, fast marmeladig. Fülle im Mittelteil.
Abgang Würzige Roggennoten.
Gesamteindruck Reif und elegant.

Stil Würziger Rye
Ähnlich Jameson Distillers Reserve

ALBERTA PREMIUM 30 JAHRE 40%

Nase Mehr Sandelholz und Eiche. Würziger, mit freimütigerem Auftakt. Eine leicht ölige Note sorgt für Gewicht.
Geschmack Mild und süß, mit viel Piment. Wird im Schlusste l etwas fragil und eichig.
Abgang Knackig und trocken.
Gesamteindruck Nur ein bisschen alt.

Stil Reichhaltig und eichengetönt
Ähnlich Sazerac Rye

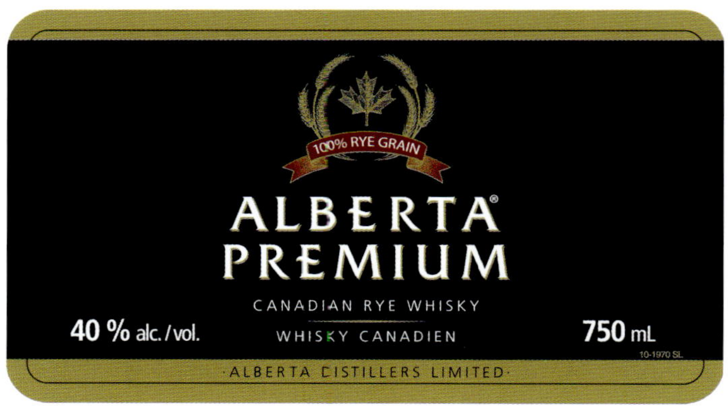

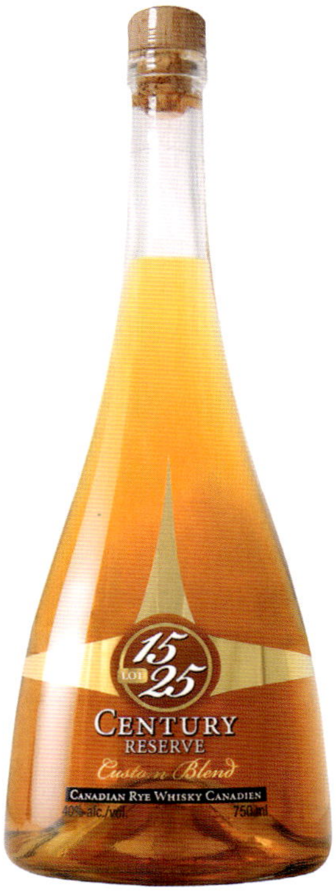

Highwood

HIGHWOOD • HIGH RIVER • WWW.HIGHWOOD-DISTILLERS.COM

Nur zu leicht übersieht man während der Fahrt durch High River die Brennerei Highwood. Sie nicht zu besuchen wäre allerdings schade, denn dann entginge einem einer der ungewöhnlichsten unter Kanadas acht Haupterzeugern von Whisky. Die Brennerei hat nicht ganz die Dimensionen von Hiram Walker, erkennt aber mit sicherem Gespür Marktlücken und füllt sie sofort. Sie schafft es, 350 Linien anzubieten, darunter sogar Portionenkapseln in unzähligen Geschmacksrichtungen.

Highwood ist ein weiterer Beleg für die These, dass jeder kanadische Brenner nach einem eigenen Verfahren Whisky erzeugt. Das Haus hat sich auf Weizen spezialisiert und bereitet daraus seine Basisbrände und Flavoured Whiskys. Man bezieht das Getreide von Bauern aus der Umgebung und kehrt damit zurück zu den Ursprüngen des kanadischen Whiskys selbst, denn Weizen wurde auch von den ersten Brennern des Landes im 19. Jahrhundert verwendet.

Etwas ungewöhnlich ist die Lösung der Weizenstärke durch Kochen unter Druck und das anschließende Spritzen der Brühe auf eine Metallplatte, um noch vorhandene ganze Körner zu zertrümmern. Auf eine 60-stündige Gärung folgt die Destillation in einer Kombination aus Bierkolonne und kupferner Pot Still. »Das ist eine alte Brennblase«, verrät Brenner Michael Nychyk. »Sie funktioniert wie eine Bratpfanne aus Gusseisen und liefert uns den Geschmack und Charakter, den wir brauchen.«

Bestseller des Hauses ist der cremige, kohlegefilterte White Owl. Die restliche Palette setzt sich aus Blends zusammen, wobei alle Ryes von ADL gekauft werden (siehe Seite 272) und die Maiskomponenten aus dem Inventar der Potter Distillery stammen, die Highwood 2004 kaufte.

Der Erfolg von Highwood basiert auf der Schnelligkeit, mit der die Brennerei auf Neues reagiert. Trotzdem erfordert Whisky langfristige Planung – und Eiche. Wie die meisten kanadischen Whiskys reifen auch die Highwood-Vertreter in Ex-Bourbonfässern. Sie liegen in einem Lager, in dem so dichter Alkoholdampf wabert, dass einem nach dem Einatmen schwindlig wird. Dort stößt man allerdings auf so bemerkenswerte Schätze wie einen 33-jährigen Corn Whisky aus den Potter-Beständen und einen nicht minder außergewöhnlichen 20-jährigen Wheat.

»Wir unterscheiden uns gar nicht so sehr von John K. Hall [siehe Seite 279]«, behauptet Verkaufsleiter Sheldon Hyra. »Kanada muss sich auf das Premiumsegment konzentrieren. Wir sind lange unterschätzt worden.«

HIGHWOOD – Verkostungsnotizen

WHITE OWL 40%

Nase Sehr mild und süß. Weiche, mit Schlagsahne aufgepeppte Früchte.
Geschmack Leicht, aber mit guter Struktur, sodass sich die zarten Früchte auf die Zunge legen können. Recht seidig.
Abgang Leicht und ziemlich kurz.
Gesamteindruck Der Fünfjährige ist der Bestseller des Hauses.

Stil Süßer Wheat
Ähnlich Schraml WOAZ

CENTENNIAL 10 JAHRE 40%

Farbe Helles Bernsteingelb.
Nase Ungewöhnlich. Gewürznelken, ein Hauch von Feuerstein, trockenes Getreide, sehr reife dunkle Früchte und gekochtes grünes Gemüse.
Geschmack Gewichtig. Toffees, Pfeffer, Sägemehl und ein paar Backgewürze, dann süße Limonade mit zartem Biss.
Abgang Lang, aber verhalten. Verklingt mit Toffees, süßen Gewürzen und Pfeffer.
Gesamteindruck Weich wie ein Wheat, aber mit Biss.

Stil Süßer Wheat
Ähnlich Maker's Mark, Bruichladdich Bourbon Cask, Littlemill

NINETY, 20 JAHRE 45%

Nase Mild, aber voll mit Honig/Sirup, roten Früchten und grünem Apfel. Ein Hauch von Zeder (durch den langen Ausbau) und grünen Pfefferkörnern.
Geschmack Voll und weich, mit süßer Eiche, die für leichten Grip sorgt. Dunkle Vielfruchtmarmelade, ein Minzezweiglein, Erdbeere und Pfirsich.
Abgang Roggenwürze mit reichlich Piment und Ingwer.
Gesamteindruck Ein Rye-schwerer Blend.

Stil Würziger Rye
Ähnlich Four Roses Single Barrel

CENTURY RESERVE 21 JAHRE 40%

Nase Die Ouvertüre aus gerösteter Eiche geht über in weichen Zuckermais, etwas Heu und einen Hauch trocken gerösteter Gewürze. Eine Andeutung von Apfelminze, dann Blutorange und Karamell.
Geschmack Schöner Auftakt mit runder Cremenote. Toffeesirup und dann ein Zitruspaukenschlag mit Zitronen im Vordergrund. Reif und voll. Verweilt auf den Zitrustönen.
Abgang Leicht pfefferig; ein Anflug von Eiche steuert geröstete Kakaonoten bei.
Gesamteindruck Durch und durch ein Corn. Lang und tief.

Stil Weicher Corn
Ähnlich Girvan Grain

Black Velvet

BLACK VELVET • LETHBRIDGE • WWW.BLACKVELVETWHISKY.COM

Jede der drei Brennereien in Alberta hat sich auf ein anderes Getreide spezialisiert. Wenn die eine Black Velvet, schwarzer Samt, heißt, dann liegt es auf der Hand, dass sie sich auf das weichste von allen – Mais – konzentriert. Das mag nicht verwundern, da Mais die Grundlage der meisten kanadischen Whiskys bildet. In Alberta aber ist das anders. Alberta ist das Land der kleinen Körner.

Warum also ausgerechnet dort eine Maisbrennerei? In den 1970er-Jahren hatte kanadischer Whisky in den Vereinigten Staaten Hochkonjunktur. Der britische Konzern IDV, dem die Marke Black Velvet gehörte, erzeugte sie und Smirnoff in Gilbey's Distillery in Toronto. Logistisch war es sinnvoll, auch eine Brennerei in Lethbridge, Alberta, zu errichten, um den Westen mit Whisky, Gin und Wodka zu versorgen. Als in den 1980er-Jahren schwere Whiskyzeiten anbrachen, erwartete man, dass Lethbridge bald zumachen würde. Man konnte aber den Bürgermeister der Stadt dazu bringen, sich bei IDV in London für die Anlage einzusetzen, und so blieb sie in Betrieb, während Toronto stillgelegt wurde.

Bei einem Rundgang mit Geschäftsführer James Mmbando bekommt man eine Vorstellung davon, was dynamisches Brennen ist: Hochdruck, Vakuum, Enzyminjektionen, Stärkeexplosionen, Rückführung des Rückstands aus der ersten Destillation in die Maismaische und eine heftige Gärung noch nach der Verzuckerung. Die Konfiguration mit vier Kolonnen liefert einen 96-prozentigen Whisky auf Maisbasis, während die Flavouring Whiskys aus Mais und Roggen aus der Bierkolonne stammen und jeweils 67 und 56 Prozent mitbringen.

Heraus kommt ein Dreier aus sauberem, süßem Basisbrand, intensivem, zitrusfruchtigem Rye mit Roggenbrotkruste und kraftvollem, schlankem Corn mit Mentholnote. Die Flavouring Whiskys werden separat zwei bis sechs Jahre ausgebaut, was dem Rye butterige Gewürze und dem Corn Blüten und Kokosnuss beschert. Dann werden sie mit frischem Basiswhisky zusammengeführt und liegen gemeinsam noch einmal drei Jahre im Fass.

Der Saft fließt in ehemalige Schenley-Marken wie OFC und Golden Wedding (siehe Seite 278) sowie eine Reihe von Blends Dritter, doch sollte man über Black Velvet deshalb nicht die Nase rümpfen. Der klassische, üppige Kanadier ist am besten im Verbund mit Ginger Ale.

Black Velvet ist eine weitere Brennerei, die sich mit ihren komplexen, schwungvollen Danfield-Marken auf Premiumterrain begibt – ein Beweis, wozu dieser Außenposten der Maislandschaft imstande ist.

Ein Truck mit Schüttgutcontainern liefert in der Brennerei Black Velvet in Lethbridge Getreide an.

BLACK VELVET – Verkostungsnotizen

BLACK VELVET 40%

Nase Üppiger, weicher Mais, karamellisierter Apfel, Limette, Himbeere, Karamellbonbons und ein dezenter Roggenhinweis.
Geschmack Mild, recht süß und ein bisschen staubig. Wird zum Ausklang fester.
Abgang Leicht und weich.
Gesamteindruck Unbeschwerter Genuss, hervorragend zum Mixen geeignet.

Stil **Weicher Corn**
Ähnlich Cameron Brig

DANFIELD'S 10 JAHRE 40%

Nase Reif und komplex, gute Tiefe. Leichte Eichennuancen mit fast phenolischem Einschlag. Allerdings auch kuschelweich. Leichte Zitrusnoten, Backobst und Buttermais.
Geschmack Weich und sauber, sehr feine Gewürzandeutungen im Mittelteil. Vanilleschoten. Komplex, aber zurückhaltend.
Abgang Spielt in staubige Gewürze hinein.
Gesamteindruck Ausgewogen und recht hochklassig.

Stil **Weicher Corn**
Ähnlich Johnnie Walker Gold Reserve

DANFIELD'S 21 JAHRE 40%

Nase Komplex, aber typisch zurückhaltend. Mehr Eiche als beim 10-Jährigen, außerdem Macadamia und butterige Anspielungen, karamellisierte Früchte, Minze, Haselnuss und Kakao bzw. heiße Schokolade.
Geschmack Zitrusfruchtiger Einstieg. Dick, süß, Crème caramel und trockene Eiche.
Abgang Trocken geröstete Gewürze. Sauber.
Gesamteindruck Komplex und elegant.

Stil **Weicher Corn**
Ähnlich Glenmorangie 18 Jahre

Gimli

GIMLI • MANITOBA • WWW.CROWNROYAL.COM

Brennereien findet man oft gebündelt, als wollten sie sich zusammenscharen. Das hat nichts mit gegenseitiger Unterstützung zu tun, sondern mit der Nähe zu Märkten oder dem Zugang zu Verteilernetzen. Daher sind viele kanadische Anlagen in den Großstädten konzentriert. Gimli aber ist anders. Der Betrieb sitzt in völliger Isolation weit weg von der Konkurrenz in Manitoba, 1.500 Kilometer von Calgary entfernt. Der einzige weitere Grund für den Bau einer Brennerei ist der Zugang zu Rohmaterial. Bei Gimli war das der Fall.

Das Unternehmen setzt von jeher auf Mais und Roggen aus der Umgebung. Sein Standort aber erzählt auch vom Whiskyboom in den 1960er-Jahren, als die Nachfrage größer war als das Angebot. Gimli-Besitzer Seagram betrieb damals bereits vier Brennereien in Kanada. Eine weitere konnte also nicht schaden.

Die Familie Seagram war 1878 in Waterloo, Ontario, in das Brenngeschäft eingestiegen. 1928 fusionierte das Unternehmen mit Bronfman in Montreal. Die Bronfmans waren Brenner und ausgesprochen erfolgreich im Vertrieb, was in jenen Tagen gleichbedeutend mit grenzüberschreitendem Verkehr zur Versorgung der trockenen amerikanischen Kehlen war. Sam Bronfman verleibte sich ein, was nur ging, denn er strebte nach Respektabilität. Davon künden auch die Namen seiner Whiskys: Chivas Regal, Royal Salute und sein erster Tribut an den Hochadel, Crown Royal, den er 1939 in Erinnerung an einen königlichen Besuch schuf.

Die Krise in den 1980er-Jahren dezimierte das Seagram-Portfolio und in den 1990ern war nur noch Gimli übrig. Inzwischen ist sogar Seagram verschwunden – die Brennerei gehört nun Diageo. Sie erzeugt Kanadas meistverkauften Whisky: Crown Royal.

Gimli ist ein perfektes Fallbeispiel für das typisch kanadische Phänomen des Single Distillery Blend. Ihm liegt das Prinzip zugrunde, in einer Brennerei möglichst viele Geschmacksvarianten zu erzeugen.

Die Basis des Crown Royal sind zwei Corn-Varianten. Bourbon und Rye entstehen aus einem einzigen Durchgang in der Bierkolonne, während der bemerkenswerte Coffey Rye aus einer Coffey Still stammt. Beim Ausbau kommen neue Eichenfässer (für die Flavouring Whiskys), Refill-Fässer und Cognac-Bütten zum Einsatz. Gimli ist ein Blender-Paradies, ausgerichtet auf Optimierung der Geschmacksoptionen für die Zusammenstellung des üppigen, weichen, honigfeinen Crown Royal.

GIMLI – Verkostungsnotizen

CROWN ROYAL 40%

Nase Riesig und süß, Crème brûlée, schwere, marmeladige rote und dunkle Früchte. Dann treten neues Holz, Gewürze und Orangenschale auf.
Geschmack Üppig und honigschwer, mit frischen Erdbeeren und einer Andeutung von Roggenwürze.
Abgang Roggen und Eiche schimmern durch und geben ihm etwas Biss.
Gesamteindruck Sanft, mild und absolut zugänglich. Man muss ihn einfach mögen.

Stil **Weicher Corn**
Ähnlich Glenmorangie 10 Jahre, Nikka Coffey Grain

CROWN ROYAL RESERVE 40%

Nase Holzeinfluss und reifes Material: Crème brûlée, Andeutungen an Sherry, Kassia und Brombeeren sowie ein Minzezweiglein als Garnitur.
Geschmack Erfüllt von überreifen Mangofrüchten. Süß und honigartig, bis der Rye mit Zitrusakzent und die geröstete Eiche etwas Säure und Grip beisteuern.
Abgang Leichte Roggenakzente.
Gesamteindruck Im süßen, seidigen Hausstil, aber mit zusätzlichem Grip.

Stil **Weicher Corn**
Ähnlich Tullamore D.E.W. 12 Jahre, George Dickel Rye

CROWN ROYAL LIMITED EDITION 40%

Farbe Bernsteinbraun.
Nase Gibt langsam Muskatnuss, Zimt, Apfelsaft, Karamellbonbons und etwas Vanille preis. Spröde.
Geschmack Eine komplexe Melange aus Malzbonbons, Roggengewürzen, Peperoni und Grapefruitschalen. Gutes Gewicht. Cremige Frucht. Würzig, Pfefferminze.
Abgang Mittellang, cremig, Pfeffer, Holz. Zitrusfinale.
Gesamteindruck Das Spitzenprodukt des Hauses.

Stil **Würziger Rye**
Ähnlich Crown Royal Black Label

Hiram Walker

HIRAM WALKER • HERITAGE CENTRE, WINDSOR • WWW.CANADIANCLUBWHISKY.COM • GANZJÄHRIG GEÖFFNET, NÄHERE INFORMATIONEN AUF DER WEBSEITE

Die Dimensionen der 33 Silos am Detroit River deuten bereits an, welche Bedeutung Hiram Walker hat. Kanadas, ja, womöglich sogar Nordamerikas größte Brennerei stößt jährlich 55 Millionen Liter aus und erzeugt, um es noch besser zu verdeutlichen, 70 Prozent des kanadischen Whiskys. Hier entstehen die Destillate für den Canadian Club und Gibon's Finest. Die verborgenen Schätze des Unternehmens aber sind die eigenen Marken wie der Wiser's, Lot 40 und der Pike Creek.

So groß die Anlage auch sein mag, man bekommt nicht das Gefühl, in einer Fabrik zu sein. Der forschende Geist in der Schaltzentrale ist Blender Dr. Don Livermore. Er steht für den Generationenwechsel in der kanadischen Whiskybranche. Die heutigen Brenner und Blender sind offen für die Vergangenheit, fragen aber auch, was sie tun können, damit die Menschen überhaupt auf Whisky aufmerksam werden.

Die Bandbreite an Bränden, die hier entsteht, ist enorm. Hiram kauft nicht nur Mais, sondern auch Roggen, Roggenmalz, Gerste, Gerstenmalz und Weizen auf. Die Gärung findet in riesigen Gärsälen statt. Hier wird durch Zugabe von Stickstoff in die Fermenter der Alkoholgehalt der Maismaische auf 15 Prozent und jener der Roggenmaische auf acht Prozent erhöht. Der Basisbrand für den Corn ist ein Drei-Kolonnen-Destillat, die Flavouring Whiskys werden klassifiziert als »Star«, wenn sie aus einer Wash Still stammen, oder als »Star Special«, wenn sie in einer Pot Still zweifach destilliert wurden. Aus jeder Getreidesorte mit Ausnahme von Mais erzeugt man zwei Brände, was die verfügbare Palette potenzieller Blending-Komponenten enorm erweitert.

Ein Wort nimmt Livermore häufiger als jedes andere in den Mund: »Innovation«. Jeder Aspekt der Produktion wird durchleuchtet. Er hat die Möglichkeit, mit Hefestämmen aus den 1930er-Jahren zu arbeiten. Außerdem untersucht er, welche Geschmacksprofile sich durch Einsatz von Rotem Winterweizen erzielen lassen. Als promovierter Holzfachmann hat Livermore seinem Betrieb gleich noch ein Fassmanagementprogramm verpasst. »Damit werden wir so flexibel, dass wir sogar in einer so großen Brennerei wie dieser Craft-Whiskys erzeugen können«, schwärmt er. Was er im Verkostungsraum zweifelsfrei beweist. Auch große Tiere können Pioniere sein.

HIRAM WALKER – Verkostungsnotizen

WISER'S DELUXE 40%

Nase Der Rye führt das Regiment, aber er tut es mit honigsanfter Milde. Sandelholz, heller Tabak und Fenchel.
Geschmack Ahornsirup eröffnet den Reigen, bevor Muskatblüte, roter Apfel und ein dezenter Eichenhintergrund dazustoßen.
Abgang Süßes Trockenobst.
Gesamteindruck Unbeschwert und behaglich.

Stil **Weicher Corn**
Ähnlich Wild Turkey 81°

WISER'S LEGACY 40%

Nase Typischer Wiser's-Stil, fasst den Roggenduft mit einem weichen Toffee-Vanille-Rahmen ein. Dann etwas Pollen, Gewürznelke und Stangenpfeffer, gefolgt von Himbeerkonfitüre und heller Eiche.
Geschmack Der pfefferige Roggen verklingt, aber etwas Pfirsich, Trockenaprikosen, ein Hauch Menthol und ein Zitruston ersetzen ihn.
Abgang Clean, Würziger Rye.
Gesamteindruck Größer, eichenlastiger, aber noch immer ein Wiser's.

Stil **Würziger Rye**
Ähnlich Green Spot

WISER'S 18 JAHRE 40%

Farbe Orangegolden.
Nase Frisch gesägtes Holz, würziger Roggen, Sauerteigbrot, trockenes Getreide, Zigarrenschachtel und Klebestift.
Geschmack Komplex, reich im Geschmack. Karamell, Holzplatz, weißer Pfeffer, parfümduftig, staubiger Roggen, dunkle Früchte, Backgewürze, etwas zusammenziehendes Eichentannin.
Abgang Lang und pfefferig. Die fruchtige Süße macht Eichentanninen und einer den Mund reinigenden Bitter-Lemon-Note Platz.
Gesamteindruck Zedernholzkiste, gefüllt mit süßen und würzigen Leckerbissen.

Stil **Reichhaltig und eichengetönt**
Ähnlich Gibson's Finest 18 Jahre, Alberta Premium 25 Jahre

PIKE CREEK, 10 JAHRE 40%

Nase Rote Früchte, Marzipan, leicht marmeladig, Himbeer-Coulis. Andeutung an süßen Zimt und Muskatnuss.
Geschmack Süßer und etwas vanilliger. Die Gewürze werden bitterer und zitrusfruchtiger; vor allem Koriander verschafft sich Aufmerksamkeit.
Abgang Mild, dann ein Zitrusbiss, bevor sich wieder rote Früchte zurückmelden.
Gesamteindruck Es handelt sich um die kanadische Version; sie ist älter als die Exportausgabe und wird in Portfässern ausgebaut.

Stil **Weicher Corn**
Ähnlich Chichibu Port Pipe

LOT 40 43%

Nase Überwältigender Roggenangriff. Leicht laubig, dann Roggenmehl und frisch gebackener Sauerteig. Wird süßer mit Küstenfelsen, Erdbeeren, grünem Apfel und Fenchelsamen. Reichhaltig.
Geschmack Würzig, Kerne von grünen Oliven, Piment und Koriander, etwas Gewürznelke. Mit Wasser drängt süße Eiche heran.
Abgang Kruste und Gewürznelke.
Gesamteindruck Aus 100 Prozent Rye.

Stil **Würziger Rye**
Ähnlich JH Special Nougat, Forty Creek Barrel Select

Canadian Club

CANADIAN CLUB • WINDSOR • WWW.CANADIANCLUB.CCM • GANZJÄHRIG GEÖFFNET, NÄHERES SIEHE WEBSEITE

Die ständigen Fusionen und Übernahmen in der kanadischen Whiskylandschaft des 21. Jahrhunderts machen die Markengeschichte einzelner Brennereien bisweilen unüberschaubar. Ein gutes Beispiel ist Canadian Club. Als die Besitzer, Allied Distillers, 2006 zerschlagen wurden, ging die Marke an Beam und die Brennerei an Pernod-Ricard. Vom Vermächtnis des CC-Gründers Hiram Walker blieb nichts weiter als die bemerkenswerten Bürogebäude aus dem 19. Jahrhundert, die jetzt als Besucherzentrum dienen.

Hiram Walker war der Charles Foster Kane der Whiskybranche. Der Palazzo Pandolfini in Florenz gefiel ihm, also baute er ihn als Bürogebäude nach. Er wollte heim nach Detroit, aber nicht auf eine Fähre warten, also baute er sich einen eigenen Hafen und unterhielt eine Privatfähre. Er hatte ein Landhaus 70 Kilometer flussaufwärts, also verlegte er eine Eisenbahnlinie dorthin. Sein Freund Henry Ford etablierte sich gerade als Autohersteller, also stellte er ihm eine Fabrik hin und verlangte 30 Prozent Anteil als Gegenleistung. Er besaß eine florierende Brennerei, also errichtete er gleich eine ganze Stadt für die Arbeiter dort und benannte sie nach sich selbst.

Walker war nach Detroit gekommen, um im Pelzhandel sein Glück zu versuchen. 1854 sattelte er um und begann Spirituosen örtlicher Brenner zu filtern, zu blenden und abzufüllen. 1858 wechselte er die Flussseite, ging nach Kanada und veräußerte von dort fortan kanadischen Whisky an seine Landsleute vom Ufer gegenüber. Bis Ende des Jahrhunderts verkauften sich seine Marken in Herrenclubs besser als Bourbon. 1882 hob er den Canadian Club aus der Taufe. Amerikanische Brenner, die gedacht hatten, dass die Erwähnung des Herkunftslands patriotische Whiskyfreunde vom Kauf abhalten würde, lagen falsch. Hiram Walkers milder, leichter, süßer Blend-Stil traf den Nerv der Verbraucher. Dank der Nähe zu Detroit wurde Windsor während der Prohibitionszeit eine wichtige Anlaufstelle. 1926 erwarb Harry Hatch, damals Besitzer der Brennerei Gooderham & Worts in Toronto, das Unternehmen und versorgte die durstigen Amerikaner jenseits der Grenze mit Scotch, Rum und kanadischem Whisky. Viel wurde unter Nonnenkleidern über den Fluss geschmuggelt.

Der Canadian Club ist nicht zur Legende geworden, dazu ist er zu artig und zu kanadisch. Aber seine Qualität kann sich sehen lassen.

CANADIAN CLUB – Verkostungsnotizen

CANADIAN CLUB 1858 40%

Nase Sehr weich und zitrusfruchtig: Orangenschalen, Orangenblütenhonig, Malzbonbons, Aprikosenkonfitüre, milder Corn und ein Spritzer Rye.
Geschmack Mittelschwer. Weicher Corn-Auftakt, dann Kakaobutter und weiße Schokolade. Saftige Früchte.
Abgang Leichte Roggennote. Ausgewogen.
Gesamteindruck Das Flaggschiff des Hauses. Ein idealer Ausgangspunkt für weitere Entdeckungen.

Stil **Weicher Corn**
Ähnlich George Dickel

CANADIAN CLUB RESERVE 10 JAHRE 40%

Nase Mehr Rye-Andeutungen, dazu Koriander- und Stangenpfefferaromen. Unterlegt von dezenter Süße. Leichte Toffeenoten und Getreidesüße. Wasser bringt eine exotische Fruchtigkeit zum Vorschein.
Geschmack Milder Auftakt mit kräftigen Buttertoffees, bevor der Rye wieder Fenchelsamen in die Waagschale wirft. Mit Wasser ein paritätischer Mix aus heller Birne, Kochapfel und Zimtgewürz.
Abgang Eine bittersüße Note, die mal vorhanden, dann wieder weg war, kommt zum Tragen.
Gesamteindruck Recht kraftvoll und vom Rye geprägt.

Stil **Würziger Rye**
Ähnlich Tullamore D.E.W.

CANADIAN CLUB 20 JAHRE 40%

Nase Lang, komplex und reif, mit fleischiger Frucht. Apfelsirup und frisch gesägtes Holz. Leichte, roggeninduzierte Gewürze machen das Bukett bis in seine reifen Tiefen hinein lebendig.
Geschmack Hebt mit Eiche an und geht über in reife Beeren, zwischen die sich immer wieder scharfe Zitrone und Piment aus der Rye-Ecke drängen. Wasser holt Gewürze und Dosenpflaumen hervor.
Abgang Feine Bitternote mit Gewürznelken und Kokosmatten.
Gesamteindruck Reif und komplex.

Stil **Reichhaltig und eichengetönt**
Ähnlich Powers John's Lane

CANADIAN CLUB 30 JAHRE 40%

Nase Fett und exotisch parfümiert: ein Mix aus Eiche, vom Rye beigesteuerten Gewürzen und der unvermeidlichen Oxidationsnote.
Geschmack Weich und fruchtig; hält das Holz auf Abstand. Toffees, Reifetöne und später plötzlich eine Gewürzmischung.
Abgang Etwas Orange und grüne Pfefferkörner.
Gesamteindruck Elegant und reichhaltig.

Stil **Reichhaltig und eichengetönt**
Ähnlich Redbreast 15 Jahre

Valleyfield/Canadian Mist

VALLEYFIELD • MONTREAL / CANADIAN MIST • COLLINGWOOD • WWW.CANADIANMIST.COM

Der Name der Stadt Salaberry-de-Valleyfield erzählt von einer *Entente cordiale* zwischen französischen und englischen Kanadiern. Wesentlich schwerer lässt sich ergründen, ob auch der Whisky dort französisch-kanadisch geprägt war. Unter amerikanischem Einfluss aber stand er auf jeden Fall.

Die Brennerei Valleyfield entstand 1945 als Tochter der Schenley-Gruppe und bereitete eine Zeit lang Old Crow und Ancient Age Bourbon, außerdem einheimische Marken wie Gibson's, Golden Wedding und OFC (Old Fine/Fire Copper, beide Begriffe kursierten). Inzwischen gehört sie zum Diageo-Portfolio und erzeugt den Seagram's 83 sowie den Seagram's VO. Letzterer wurde erstmals 1913 in Waterloo, Ontario, für Thomas Seagrams Hochzeit gebrannt. Auch einige Basiswhiskys für den Crown Royal stammen von hier. Heute werden zwei Basisbrände aus Mais erzeugt. Der leichtere der beiden läuft aus einer herkömmlichen mehrkolonnigen Anlage, der reichere mit stärkerem Mais-Öl-Akzent stammt aus Pot-Still-ähnlichen Kettle and Column Stills. Die Flavouring Whiskys kauft man von der Diageo-Anlage in Gimli ein.

Canadian Mist in Collingwood, Ontario ist eine relativ moderne, 1967 von Barton Brands errichtete Brennerei, die Brände für den US-Markt liefern sollte. Sie gehört inzwischen Brown-Forman, dem Besitzer von Jack Daniel's, und hat auf den ersten Blick ziemlich überschaubare Aufgaben: Es entsteht ein Basiswhisky aus Mais und ein Flavouring Whisky aus einer roggenlastigen Mischung. Letzterer bekommt eine lange Gärzeit zugestanden, damit möglichst viele Ester entstehen. Beide werden in Column Stills gebrannt, die trotz gegenteiliger Gerüchte reichlich aktives Kupfer enthalten.

Der Canadian Mist ist ein weiterer Exponent der ausgesprochen gefälligen kanadischen Whiskyfraktion. Gelegentlich fragt man sich, ob vielleicht gerade ihre Unbeschwertheit ein Grund dafür ist, dass sie von »ernsthaften« Whiskykennern verschmäht werden. Massentauglichkeit kann eben auch ihre Schattenseiten haben. Brown-Forman versuchte, mit dem Collingwood Gegensteuer zu geben, einem Blend, der sich vom Canadian Mist unterscheidet. Er kommt nach dem Ausbau noch einmal in Fässer mit Innendauben aus Ahornholz. Kanadischer kann's nicht werden.

CANADIAN MIST – Verkostungsnotizen

CANADIAN MIST 40%

Nase Leicht, frisch, mit geringer Staubnote an den Rändern. Unreife Banane, blonder Tabak. Delikat, mit typisch kanadischer Süße.
Geschmack Popcorn. Leichte Siruptöne und grüne Früchte, dann etwas Zitrone, vegetabile Nuancen und ein Hauch Ingwer.
Abgang Leichte Pfeffernoten.
Gesamteindruck Recht delikat. Gut für Cocktails.

Stil **Weicher Corn**
Ähnlich Black Velvet, Canadian Club 1858

SEAGRAM VO 40%

Nase Andeutungen an esterige Früchte, etwas zerdrückte Bananen und eine stahlige Roggennote.
Geschmack Anfangs recht fest, aber Wasser (oder, noch besser, Ginger Ale) macht ihn weich.
Abgang Leicht und würzig.
Gesamteindruck Wie gemacht für das Mixen.

Stil **Würziger Rye**
Ähnlich JH Rye

COLLINGWOOD 40%

Nase Esterig und volatil. Leicht, grüne Fenchelsamen, chinesischer grüner Tee, Chlorophyll und ein paar zarte Blütentöne. Frisch.
Geschmack Gesüßter grüner Tee ist allgegenwärtig. Etwas Jasmin, Rhabarber und Trockenaprikosen. Zarte Honignote.
Abgang Blumig. Adstringierend. Kandierter Ingwer.
Gesamteindruck Wird sich in China gut verkaufen.

Stil **Duftig und blumig**
Ähnlich Dewar's 12 Jahre

COLLINGWOOD 21 JAHRE 40%

Nase Reif. Unmittelbar weiche Rye-Noten mit reichlich gemahlenem Pfeffer und Kardamom, die für Auftrieb sorgen. Wilde Kräuter und Sternanis, dann gleitet der Duft in süßere Orangenlikör-, Ginseng-, Schokoladen- und Mangogefilde hinüber.
Geschmack Saftig und recht blumig, reichlich Gardenien und Rosen sowie eine Andeutung an Türkischen Honig. Leicht pulverig, bevor wieder die dicke Süße zurückkehrt.
Abgang Leicht mit Zimt bestäubt.
Gesamteindruck Ein bemerkenswertes Unikat. Mehr von dieser Sorte, bitte!

Stil **Würziger Rye**
Ähnlich Powers John's Lane

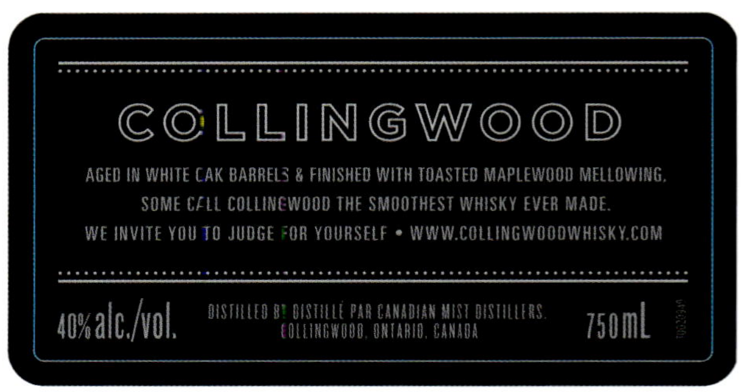

Forty Creek

FORTY CREEK DISTILLERY • GRIMSBY • ONTARIO • WWW.FORTYCREEKWHISKY.COM • GANZJÄHRIG GEÖFFNET, SIEHE WEBSEITE

Man könnte die Geschichte »Die Ballade von John K. Hall« nennen, was gar nicht so unpassend wäre, denn der Mann hinter Forty Creek ist tatsächlich kein schlechter Musiker. Sie würde von einem Pionier erzählen, der 1993 eine Kellerei bei Niagara kaufte, beschloss, Whisky zu brennen, als 15 Brennblasen stillgelegt wurden, und klein war, als alle größer wurden. Der einen Kampf gegen Riesen focht. Der zu internationalem Ruhm gelangte und als Gründervater der kanadischen Craft-Whisky-Bewegung gilt. Und der zu wagen fragte: »Was wäre, wenn ...?«

Das glückliche Ende der Ballade wäre der Verkauf seiner Brennerei an Campari für 185 Millionen kanadische Dollar im Jahr 2014. Indem John K. Hall die Frage stellte, was kanadischer Whisky sei, eröffnete er allen die Möglichkeit herauszufinden, was überhaupt im Bereich des Machbaren lag. »Als ich anfing«, erinnert Hall sich, »war kanadischer Whisky, der auf eine von Tradition, Innovation und aufregenden Entwicklungen geprägte Geschichte zurückblickte, schal und müde geworden. Er war abgehängt worden.« Hall reagierte darauf, indem er Methoden der Weinbereitung – Hefeauswahl, Behandlung von Getreide wie Rebsorten, die Beeinflussung des Geschmacks durch Rösten, Kohlen und verschiedene Eichensorten – übernahm und auf Whisky anwandte.

Er verzichtet auf einen Basiswhisky, hat aber drei Destillate: einen Corn aus Column Stills und stark gekohlten Fässern, einen Pot-Still-Gerstenbrand aus mittelstark gerösteten Fässern und einen aus denselben Brennblasen stammenden Rye, den er in leicht geröstetes Holz steckt.

War er gezwungen, neues Terrain zu erschließen, weil er neu im Geschäft war? »Innovation hat nichts mit Größe, sondern mit Leidenschaft zu tun«, so Hall. »Leidenschaft für unser Handwerk, für die Kunden und für die Leute, mit denen man arbeitet. Innovation geht aber einher mit Geduld.« Die Entwicklung von Forty Creek vergleicht er mit Musik. »Ein Songwriter schreibt seine Stücke größtenteils im stillen Kämmerlein – und auch die Fässer müssen lange liegen. Ein Lied braucht einen Anfang, der den Zuhörer fesselt, Seele, Rhythmus und ein zufriedenstellendes Ende. Genauso ist es mit großen Whiskys.«

Vor allem aber hat Forty Creek gezeigt, dass man neue Geschmacksstile heraufbeschwören kann, die mit der herkömmlichen Vorstellung von dem, was kanadischer Whisky ist, gründlich aufräumen.

FORTY CREEK – Verkostungsnotizen

BARREL SELECT 40%

Nase Mild und sehr fruchtig, mit im Ofen gebackenem Pfirsich und Aprikose. Dezenter süßer Rye stiehlt sich dazu. Langsam. Mit Wasser etwas Manuka-Honig und Gewürze.
Geschmack Mild und mittelkörperreich. Der Corn zeigt sich glatt und dick. Ausgewogen, Toffees und Karamell vermählen sich mit gebackenen Bananen.
Abgang Knackig frisch. Muskatnuss. Der Rye wird fester.
Gesamteindruck Ausgewogen und entspannt.

Stil **Weicher Corn**
Ähnlich Chita Single Grain

COPPER POT RESERVE 40%

Nase Groß, mehr dunkle Früchte, karamellisierter Fruchtzucker, Macadamianüsse mit Schokoüberzug und etwas Ahornsirup. Dick, kraftvoll und süß. Mit Wasser bekommen rote Früchte eine Chance.
Geschmack Eine klebrigere Version des Barrel Select mit mehr Karamell und süßen Nüssen sowie einer Prise süßer Gewürze.
Abgang Lang und süß.
Gesamteindruck Kraftvoll, breit und mundfüllend.

Stil **Weicher Corn**
Ähnlich George Dickel Barrel Reserve

CONFEDERATION RESERVE 40%

Nase Leicht, grüner Apfel und Eiche. Bittersüß mit etwas Lack und Öl. Bleibt haustypisch entspannt und süß, hat aber mehr Aceton und etwas säuerliche rote Früchte zu bieten.
Geschmack Der Corn leitet den Geschmack dick und langsam ein. Wesentlich viskoser, als die Nase vermuten lässt. Pikant.
Abgang Grüner Apfel.
Gesamteindruck Eine geringfügig leichtere Variante mit ausdrucksvollerem Getreide.

Stil **Würziger Rye**
Ähnlich Green Spot

DOUBLE BARREL RESERVE 40%

Nase Eiche übernimmt das Regiment. Andeutungen an Eichenseife, frisch gesägtes Holz, Honig und Nüsse. Braucht Zeit, sich zu öffnen. Rote und dunkle Früchte (Cassis).
Geschmack Komplex, spannt den Bogen von gekochten Zitrusfrüchten über frische Schalen und Lutschbonbons bis zu Eiche und schließlich Honig. Strukturiert.
Abgang Grüne Fenchelsamen. Knackig frisch.
Gesamteindruck Vielschichtig, eichengetönt, süß.

Stil **Reichhaltig und eichengetönt**
Ähnlich The Balvenie Double Wood 17 Jahre

FORTY CREEK WHISKY

Kanadische Craft-Brennereien

STILL WATERS • CONCORD, ONTARIO • WWW.STILLWATERSDISTILLERY.COM • BESICHTIGUNGEN NUR NACH VORANMELDUNG
PEMBERTON DISTILLERY • PEMBERTON, BRITISH COLUMBIA • WWW.PEMBERTONDISTILLERY.CA • BESICHTIGUNGEN NUR SA
LAST MOUNTAIN DISTILLERY • LUMSDEN, SASKATCHEWAN • WWW.LASTMOUNTAINDISTILLERY.COM

Wenn US-amerikanische Craft-Brenner nach Norden blicken und sich fragen, warum es in Kanada so wenig Nachahmer gibt, sollten sie sich die Umstände vergegenwärtigen, unter denen ihre Kollegen jenseits der Grenze arbeiten. Der kanadische Whiskyautor Davin de Kergommeaux bringt es auf den Punkt: »Die restriktiven Gesetze über Erzeugung und Verkauf von Spirituosen schrecken potenzielle Brenner ab. Es gibt kein einheitliches kanadisches Recht. Ein weiteres Problem ist der Ausbau. Kanadischer Whisky aus Getreide muss drei Jahre reifen, bevor er sich Whisky nennen darf. Kleinerzeuger aber werden zum Zeitpunkt der Destillation besteuert, nicht erst beim Verkauf.«

»Von den rund 30 Craft-Brennereien, die derzeit [2014] in Kanada aktiv sind, erzeugen ganze acht Whisky und nur drei füllen regelmäßig selbstgebrannten Whisky ab«, weiß de Kergommeaux. »Allerdings ist die kanadische Craft-Bewegung noch keine fünf Jahre alt und steht ganz am Anfang.« Eine der Destillerien, die die New-Make-Phase bereits hinter sich haben, ist Still Waters in Concord. Der Betrieb begann im März 2009 mit dem Destillieren und konnte als erste Craft-Brennerei in Ontario in einer Pioniertat die staatliche Branntweinbehörde überzeugen, worum es im Craft-Geschäft geht.

»Ich habe bald gemerkt, dass ich mich nicht nur mit der Whiskyerzeugung beschäftigen, sondern auch Politik machen muss«, erinnert sich Brenner Barry Bernstein und lächelt verschmitzt. Sein gepflegter Betrieb bereitet derzeit Rye, Single Malt und Corn, wobei Ersterer am meisten Schwierigkeiten bereitet. »Er schäumt schrecklich im Fermenter«, schimpft Bernstein. »Einmal kamen wir in das Gärhaus und standen knöcheltief im Roggenmatsch. Es war das absolute Chaos! Aber es hat herrlich gerochen.« Inzwischen läuft alles wesentlich kontrollierter ab. Er setzt Christian-Carl-Brennblasen mit beweglichen Rektifizierböden ein, die die Erzeugung von Bränden mit unterschiedlichen Charakteren und Alkoholstärken ermöglichen.

Der Rye duftet sehr intensiv, fast wie Gin, und entsendet Wintergrünnoten, während der unter der Bezeichnung Stalk & Barrel abgefüllte Single Malt mit Geranien und einem leichten butterigen Akzent auftrumpft. Bernstein aber meint: »Die eigentliche Herausforderung für uns lautet: Wie machen wir Gewinn?«

In Pemberton, British Columbia, geht Tyler Schramm das Brenngeschäft klassischer an. Er hat an der Heriot-Watt University in Edinburgh studiert und wollte nach seiner Rückkehr eigentlich Wodka aus Kartoffeln herstellen. Aber: »Schon in der ersten Woche stand mein Plan fest: Ich werde auch Whisky machen. Die schottische Leidenschaft und Tradition bei der Single-Malt-Bereitung haben mich fasziniert.«

Pemberton ist eine zertifizierte Biobrennerei und sehr traditionell ausgerichtet. »Ich würde mich zum traditionalistischen Lager zählen und versuche meinen Spirit auf die schottische Art zu brennen«, erklärt Schramm. »Das heißt aber nicht, dass wir unser Rezept nicht jedes Jahr ein bisschen verändern. Ich denke, unser Standort, unser Wasser, unsere einheimische Gerste und unsere Stills ergeben einen Whisky mit Terroir.«

Still Waters gehört zu den Pionieren der kanadischen Craft-Whisky-Szene.

Die eleganten Stills von Okanagan deuten an, wie vielfältig Kanadas Whisky geworden ist.

Auch Last Mountain in Saskatchewan denkt lokal. In der Prärie bietet sich Weizen an. »In Saskatchewan wächst mit der beste Weizen der Welt«, schwärmt Brenner Colin Schmidt, »also konzentrieren wir uns derzeit auf ihn.« Während sein eigener Whisky reift, treibt er andere Wheats auf, baut sie aus und blendet sie. »Ich stelle fest, dass das Blenden eine echte Kunst ist. Wir können einen dreijährigen Whisky nehmen und sein Geschmacksprofil binnen sechs Monaten völlig verändern. Dieselbe Methode nutzen wir auch für unseren eigenen Spirit, indem wir neue 37-Liter-Fässer verwenden und in Ex-Bourbonfässern verschneiden. Wir Kleinen müssen kreativ sein.«

Ist das die Geburt eines neuen kanadischen Whiskys? Für Schmidt auf jeden Fall. »John Hall [siehe Seite 279] hat es vorgemacht. Er konzentriert sich auf die Erzeugung komplexer Whiskys, die trotzdem echte kanadische Whiskys sind.« Tyler Schramm würde da nicht widersprechen. »Mit der Ausbreitung von Mikrobrennereien hier und besonders an der Westküste finden immer mehr unterschiedliche Getreidesorten Beachtung. Ich denke, die Menschen werden die Meinung darüber, was kanadischer Whisky ist, bald ändern. Bis jetzt gehen sie automatisch davon aus, dass Roggen dabei sein muss. Stimmt aber nicht.«

Schmidt weiter: »Die Craft-Bewegung ist meiner Meinung nach ein Segen für die Branche. Ich habe die Entstehung von Craft-Kellereien und Craft-Brennereien erlebt, die beide gut für ihren Sektor waren. Aber ich habe auch mitbekommen, dass die Spirituosenbranche rationalisiert. Nun machen junge Marken, die Entstehung einer neuen Kategorie – aromatisierte Whiskys – und die aufkommenden Craft-Betriebe die kanadische Whiskywelt wieder interessant und aufregend für die Kunden. Das war bislang nicht der Fall.« Kurzum: Es bildet sich eine facettenreiche Whiskylandschaft heraus. Der Riese schläft nicht mehr.

KANADISCHE CRAFT-BRENNEREIEN – Verkostungsnotizen

LAST MOUNTAIN FASSPROBE 40%

Nase Geringfügig grün, etwas Sellerie und Gras, dahinter eine warme, maischige Süße. Mit Wasser blumig und eine leichte Limettennote. Jung und sauber.
Geschmack Süß, mild, honigartig, etwas Basilikum, Sirup und eine Andeutung an Mandeln.
Abgang Mild und kurz.
Gesamteindruck Sauber und gut gemacht.

Stil **Süßer Wheat**
Ähnlich Last Mountain 45%

LAST MOUNTAIN PRIVATE RESERVE 45%

Nase Dunkler und Likör-artiger. Blütenblätter und konzentrierte Früchte. Ein Anflug von Nesseln. Mit Wasser verrät er seine Jugend, doch ist Substanz zu erkennen.
Geschmack Der parfümierte, blumige Charakter mit Hibiskus und Wiesenblumen offenbart sich. Leicht, trocken, etwas Mehl zum Ende hin.
Abgang Sauber und kurz.
Gesamteindruck Entwickelt sich sehr schön.

STILL WATERS STALK & BARREL, CASK #2 61,3%

Nase Frisches Brot, Marzipan, Cranberrys, Plätzchenteig und ein Hauch von Jasmin. Mit Wasser frische Feigen und etwas Sahne als Reminiszenz an das Fass.
Geschmack Sauber, einige frische Fassnoten. Leichter Grip mit Heu und aufkommenden Estertönen.
Abgang Sauber und etwas fest, aber hat Länge und verabschiedet sich würzig.
Gesamteindruck Gut gemacht und zwar noch jung, aber mit großem Potenzial für längeren Ausbau.

Stil **Duftig und blumig**
Ähnlich Spirit of Hven

DER REST DER WELT

Innovationen prägen die Brennereilandschaft in den klassischen Whiskyländern. Um aber ein vollständiges Bild von der sich rasch verändernden Whiskylandschaft zu bekommen und herauszufinden, wie ernst es Neubrenner mit der Antwort auf die Frage »Was ist Whisky?« meinen, muss man sich auch den Rest der Welt ansehen.

Besonders faszinierend ist die vielfältige Herkunft der frisch hinzugekommenen Erzeuger. Etliche mitteleuropäische Whiskys entstehen in Betrieben, die seit Generationen Obstbrände erzeugen. Die Wahl des Getreides ist dort nur eine weitere Option. Selbst wenn diesen Whiskys oft Gewicht im Mittelteil fehlt, so gewähren sie doch eine neue Sichtweise auf Gerste. Oder Hafer. Oder Roggen. Oder Dinkel.

In den Niederlanden ist Patrick Zuidams Whiskyinterpretation gerade wegen der langen Gin-Vergangenheit seines Unternehmens alt und ultramodern zugleich. Gin-Brenner waren die Ersten, die Roggen destillierten – darauf hat er zurückgegriffen. Zudem testet er die verschiedensten Räuchermaterialien aus, die in ganz Europa jahrhundertelang zum Haltbarmachen von Nahrung eingesetzt wurden, seien es Nesseln in Dänemark, Kastanien in Deutschland und im Alpenraum, Wacholder in Schweden oder Birke und Schafdung in Island. Derlei Varianten sind nicht nur deshalb wichtig, weil Whiskyfreaks wie ich sie aufregend finden, sondern weil sie Dogmen infrage stellen.

Jasmin Haider in Österreich bringt es auf den Punkt: »Es ist immer wichtig, dass man seinen eigenen Weg geht. Whisky ist so vielfältig wie der Geschmack der Menschen. Obendrein muss man innovativ sein. Aus neuen Ideen kann sich Großes entwickeln. Mit zunehmender Erfahrung brauchen wir außerdem Drive, damit wir uns weiterentwickeln. Das geht nicht ohne Mut und Durchhaltevermögen. Zudem schadet es nicht, ein bisschen verrückt zu sein!«

Innovationen sind nötig, weil diese Whiskys nicht mit Scotch konkurrieren können. Das sollen sie auch gar nicht. Sie zu verkosten macht vor allem deshalb Spaß, weil sie eine neue Sichtweise auf Whisky erlauben. Ihren Machern fehlt jegliche Angst, Neues auszuprobieren. Sie sehen Scotch nicht als Konkurrenz, sondern erkennen, dass seine Vormachtstellung zu anderen Ansätzen zwingt.

Ihr Whisky muss also mehr sein als nur interessant. Er muss faszinieren, eine andere Geschichte erzählen. Er darf nicht gekünstelt wirken, sondern muss ehrlich und offen sein und in sich ruhen. Das ist für alle schwierig, denn sie können auf keine Whiskytradition zurückgreifen. Die Neubrenner sind alle Pioniere – und damit exponiert. Mit jedem Fass lernen sie dazu. Das bedeutet auch, Fehler hinzunehmen und neu anzufangen, statt sie in den fadenscheinigen Mantel der Innovation zu hüllen. Das Bestreben wird stets Beständigkeit sein (was mit Single Casks schwer zu erreichen ist), aber auch Persönlichkeit. Das Ergebnis muss den höheren Preis rechtfertigen. Wie sagte ein Brenner: »Die großen Jungs können es sich leisten, 50 Euro für ihren Whisky zu verlangen. Wenn du 100 Euro verlangen willst, muss er besser sein!«

Den Besten gelingt das auch. Sie sind nicht Scotch, nicht Bourbon und nicht Irish. Sie sollten auch nicht mit ihnen verglichen werden. Sie sind etwas Neues, Aufregendes. Und manchmal auch ein bisschen verrückt. Bitte geben Sie ihnen eine Chance.

Vorherige Doppelseite: Whisky wird inzwischen in ganz Europa, von den Pyrenäen bis zur Donau und von Andalusien bis Skandinavien, erzeugt.

Rechts: Die spektakulären Brecon-Beacons-Berge dienen als Kulisse für die einzige Whiskybrennerei von Wales, Penderyn.

EUROPA
EUROPA
Brennerei
N
0
miles
400
0
km
400
ATLANTISCHER OZEAN
Golf von Biskaya
Färöer
Shetlandinseln
Norwegische See
Nordsee
Mittelmeer
Balearen
Korsika
Sardinien
Sizilien
MALTA
IRLAND
Dublin
GROSSBRITANNIEN
Lakes
Penderyn
St George's
Cotswolds
Adnams
London Distillery,
East London Liquor Co.
Hicks & Healey's
siehe Detailkarte
NIEDERLANDE
Amsterdam
Brüssel
BELGIEN
Luxemburg
Claeyssens
Northmaen
Warenghem
Glann ar Mor
Menhirs
Kaerilis
Paris
Pays d'Othe
Loire
FRANKREICH
Grallet Dupic
Hepp & Bertrand
Elsass
Holl
Meyer
Fevermont
Rouget de Lisle
Balthazar
Brunet
Michard
Bordeaux
Castan
Garonne
Rhône
Toulouse
Pyrenäen
Domaine des Hautes Glaces
ANDORRA
MONACO
Mavela
PORTUGAL
Lissabon
Douro
Destilerías y Crianza del Whisky
Segovia
Madrid
SPANIEN
Guadalquivir
Granada
Liber
Barcelona
NORWEGEN
Oslo
SCHWEDEN
Vänern
Vättern
Stockholm
Öland
Ostsee
DÄNEMARK
Kopenhagen
Hamburg
Elbe
Berlin
DEUTSCHLAND
Rhein
Frankfurt
POLEN
Prag
TSCHECHIEN
Wien
Bratislava
ÖSTERREICH
LIECH.
SCHWEIZ
Bern
ALPEN
UNGARN
Ljubljana
SLOW.
Zagreb
KROATIEN
BOSNIEN & HERZEGOWINA
Sarajevo
Po
ITALIEN
SAN MARINO
Rom
MONTENEGRO
Podgorica
KOSOVO

Groningen
Leeuwarden
Den Helder
Us Heit
NIEDERLANDE
Amsterdam
Den Haag
Vallei, Leusden
Utrecht
Gorter, Schiedam
Rotterdam
DEUTSCHLAND
Kampen, Bruinisse
Eindhoven
Zuidam, Baarle-Nassau
Antwerpen
Gent
Het Anker, Mechelen
Rhein
Filliers, Deinze
Brüssel
Owl, Grace-Hollogne
Rademacher, Raeren
Lille
Lüttich
BELGIEN
LUXEMBURG
0 miles 100
0 km 100
Diedenacher, Niederdonven
Luxemburg
FRANKREICH
Onegasee
Ladogasee
RUSSISCHE FÖDERATION
Moskau
Minsk
WEISSRUSSLAND
Volgograd
Kiew
Dnieper
UKRAINE
Rostov-on-Don
Praskoveyskoye
MOLDAWIEN
Chisinau
Karpaten
Krasnodar
Kaspisches Meer
Bukarest
Donau
Schwarzes Meer
BULGARIEN
Sofia
Istanbul
Ankara
TÜRKEI
Athen
SYRIEN
Bagdad
Nicosia
ZYPERN
Kreta
Beirut
Damaskus
IRAK
Milk & Honey
Amman
Jerusalem
ISRAEL
JORDANIEN

England

ST GEORGE'S DISTILLERY • EAST HARLING, NORFOLK • WWW.ENGLISHWHISKY.CO.UK • GANZJÄHRIG GEÖFFNET MO–SO / ADNAMS COPPER HOUSE DISTILLERY • SOUTHWOLD • WWW.ADNAMS.CO.UK • GEÖFFNET, NÄHERES SIEHE WEBSEITE / THE LONDON DISTILLERY CO • LONDON SW11 • WWW.LONDONDISTILLERY.COM / THE LAKES DISTILLERY • BASSENTHWAITE LAKE, CUMBRIA • WWW.LAKESDISTILLERY.COM

Dass es in der fruchtbaren Ebene von East Anglia zwei Brennereien gibt, wird kaum überraschen. Bemerkenswerter hingegen dürfte sein, dass sie beide neueren Datums sind. England wurde nie so recht vom Brennfieber erfasst. Es operierten im 19. Jahrhundert zwar große Destillerien in London, Liverpool und Bristol, doch zu Englands Nationalspirituose avancierte der Gin.

Whisky wurde in England zum Thema, als John und Andrew Nelstrop in Norfolk die St George's Distillery eröffneten. Die Frage, was englischer Whisky ist, ergründet seit 2007 Brennmeister David Fitt. Seine Anlage ist überschaubar: Da sind ein Maischbottich mit einem Fassungsvermögen von einer Tonne, drei Gärbottiche und zwei Forsyth Stills. Die Gärung verläuft lang und kühl, damit sich Ester bilden. Durch die Brennblasen mit ihren nach unten gezogenen Lyne Arms lässt man den Brand bestenfalls tröpfeln, damit ein süßer, zart fruchtiger, angenehm vielschichtiger New Make entsteht.

Alles wirkt recht orthodox, bis Fitt das Lager öffnet und ein paar Proben abzieht. Mit einem Mal schimmert seine Braumeisterausbildung durch. Da sind ein Grain Whisky aus gemälzter Gerste, Karamellmalz, Chocolate Malt, Hafer, Weizen und Rye, ausgebaut in neuer Eiche, ein dreifach destillierter getorfter Malt sowie Madeira- und Rumfässer. »Wir können hier andere Wege gehen als die Schotten«, erklärt Fitt. »Wenn man mir sagt, ich soll etwas Verrücktes machen, dann kann ich das!«

Ähnlich getaktet ist man 70 Kilometer weiter östlich in Southwold, wo Lokalbrauer Adnams zur Liga englischer Whiskyhelden dazugestoßen ist. Er verwendet eigene Hefe, bereitet eine klare Würze zu, vergärt die Maische drei Tage lang in temperaturgeregelten Tanks und erzeugt seinen Brand mit 52 Prozent. Zwei Mischungen – einmal zu 100 Prozent gemälzte Gerste und einmal ein Mix aus Gerste und Weizen – durchlaufen eine Abtriebskolonne mit festen Böden. Der New Make wurde kürzlich auf 85 Prozent verdünnt. »Mit 88 Prozent war er einfach zu sauber«, erklärt Brennmeister John McCarthy. »Man bekommt mehr Begleitstoffe, wenn man den Alkoholgehalt zurückfährt.« Die »Warum-nicht«-Haltung ist auch hier zu spüren. Für beide Varianten verwendet man Weinfässer von Radoux aus amerikanischer und englischer Eiche. Außerdem brennt man aus Bier eine Art Schnaps, den Spirit of Broadside. Der Rye befindet sich gerade in der Ausbauphase. Englischer Rye? »Natürlich!«, ruft McCarthy. »Alles ist möglich!«

Englands spät berufene Whiskybranche aber beschränkt sich nicht auf den Osten des Landes. Im Januar 2014 hat London nach mehr als 100 Jahren wieder eine Whiskybrennerei bekommen. Sie steht in einem Gewerbegebiet an der Themse. »Wir wollen zurück zum Jahr 1903 und herausfinden, wie Single Malt damals schmeckte, als London noch eine Whiskystadt war«, verrät der Geschäftsführer und Brennmeister der London Distillery Company, Darren Rook. »Wir beginnen mit den ältesten Gersten- und Hefesorten und arbeiten uns Jahrzehnt um Jahrzehnt voran. Zum Schluss werden wir feinjustieren und herauszufinden versuchen, welche Kombination den Single Malt liefert, der London am besten widerspiegelt. Wir möchten Londoner Whisky brennen.«

Der Standort ist dabei alles andere als unwichtig. »London hat eine lange Tradition«, weiß Rook. »Chaucer schrieb schon um 1390 von ›destillierter Würze‹. Aber noch immer herrscht die Ansicht vor, dass Whisky aus Schottland kommt. Wir haben hier schon früh Brennereien gehabt. Daher erwecken wir nur eine alte Tradition zu neuem Leben.«

Zum Zeitpunkt der Drucklegung steht ein weiterer Traum in Cumbria kurz vor der Erfüllung: Die Lakes Distillery mit Alan Rutherford als Berater versucht sich an einem »Roseisle«-Stil mit austauschbaren Stahl- und Kupferkondensatoren. Auch für Besitzer Paul Currie gilt: »Wir können, was die Schotten nicht können.« Allerdings: »Zu viel wollen wir auch nicht experimentieren, sonst verwirren wir die Kunden nur.«

Fitt: »Ich will gar nicht, dass englischer Whisky eine eigene Identität hat. Ich will, dass jede Brennerei eine hat.« Für Rook geht es nicht nur darum, eine Lizenz zum Brennen zu haben, sondern Fragen zu stellen.

Mit Healey & Hicks (H & H) ist eine weitere Destillerie in Cornwall aktiv. England scheint langsam eine Whiskynation zu werden.

ENGLAND – Verkostungsnotizen

H & H 05/11 FASSPROBE 59,11 %

Nase Leichte, geröstete Eiche mit einer geringen Nussnote und Andeutungen an süßen Calvados im Hintergrund. Frisch, aber tiefgründig und mit metartigem Honig aufgepeppt.
Geschmack Weiche Honignote, Glühwein mit Früchten, Beeren und Äpfel. Ausgewogen. Recht Likör-artig mit fast Bénédictine-artigem Kräuterschwung.
Abgang Birnen und Gewürze
Gesamteindruck Stark im Kommen.

EWC MULTI-GRAIN FASSPROBE (ALKOHOLSTÄRKE NICHT BEKANNT)

Nase Süß und reichhaltig, Holzöle mit sahnigen Toffees und heller Schokolade.
Geschmack Die Schokolade dominiert, dann kommen Sandelholz, cremige Haferflocken, Fichtenknospen und leichte Ölnoten zum Vorschein.
Abgang Lang und mild.
Gesamteindruck Ein Mix aus unterschiedlichen Röstgraden mit Hafer, Weizen und Roggen. Ein Scotch ist das auf jeden Fall nicht!

ADNAMS, SPIRIT OF BROADSIDE 43 %

Nase Aromatisch, dunkle Früchte, schwere Rosinen, gekochte Zwetschgen. Gerösteter Tee mit Zitrone. Malzig.
Geschmack Große, fruchtige Wirkung mit Kirschbonbons, Zwetschgen und Schwarzen Johannisbeeren. Schwer, im Mittelteil fett.
Abgang Süß, mit heller Eiche.
Gesamteindruck Hat Gewicht. Interessantes Potenzial.

Stil **Fruchtig und würzig**
Ähnlich Armorik Double Maturation, Langatun Old Bear

Wales

PENDERYN • WWW.WELSH-WHISKY.CO.UK • GANZJÄHRIG GEÖFFNET MO–SO

Zu einem eigenen Stil zu finden ist für neue Brenner stets eine Herausforderung mit interessanten philosophischen Dimensionen. Was nimmt man als Bezugspunkt? Orientiert man sich an bereits Bestehendem oder verwirft man den Ansatz der anderen und schafft etwas Eigenes? Was, wenn man wirklich ganz auf sich gestellt ist? Die Welsh Whisky Company (WWC) stand vor genau diesem Problem, als sie vor rund einem Jahrzehnt ihre Destillerie Penderyn im Brecon Beacons National Park gründete. Dass es keinen zweiten walisischen Whisky gab, mit dem man sich messen konnte, war Fluch und Segen zugleich. Walisischer Whisky wurde das, was die WWC daraus machte.

Warum beispielsweise musste man vor Ort mahlen, maischen und vergären, wenn doch die Brauerei Brains um die Ecke stand, die Wash nach ihren Vorgaben lieferte? Brains, so hieß es, sei ein Hefespezialist und habe eigene Stämme, die dem Bier einen fruchtigen Charakter geben würden.

Auch Pot Stills brauchte man nicht unbedingt. Stattdessen installierte man eine Anlage von Dr. David Faraday, eine Pot Still mit Rektifizierkolonne, die der Brand in einem Durchgang passiert. Die Rektifizierkolonne ist zweigeteilt, denn hätte man ihr ihre ursprüngliche Höhe belassen, hätte man das Brennhaus so hoch bauen müssen, dass es gegen geltende Bauvorschriften verstoßen hätte.

Die erste Kolonne enthält sechs Platten, die zweite 18. Der Brand wird an der siebten Platte abgezogen. Höher steigender Dampf fließt in die erste Kolonne und die Pot Still zurück. Zum einen ist das eine Einfach-, zum anderen auch eine Vielfachdestillation. Aus 2500 Liter Maische gewinnt man 200 Liter fokussierten, nach Chypre duftenden, blumigen New Make mit 86 bis 92 Prozent Alkoholgehalt.

2013 wurden eine neue Faraday Still und zwei Pot Stills eingerichtet. Damit erhöht man nicht nur das Ausstoßvolumen, sondern erweitert auch die Bandbreite an Stilen. Die Produktion leiten Laura Davies und Aista Jukneviciute, während für die Reifung WWC-Berater und Ausbauguru Dr. Jim Swan verantwortlich zeichnet. Auch hier pfeift man wieder auf Konventionen. Der Standardbrand Penderyn – keine Abfüllung hat eine Altersangabe, aber noch nie hat sich jemand darüber beschwert – wird in Ex-Bourbonfässern ausgebaut und bekommt sein Finishing in Ex-Madeirafässern. Der Sherrywood wird zu 70 Prozent in Ex-Bourbonfässern und zu 30 Prozent in Ex-Sherryfässern gebadet.

Außerdem gibt es eine getorfte Version, die allerdings zufällig entstand. Ursprünglich hatte man geplant, keinen Rauch in den Whisky zu lassen. Entsprechend lautete die Vorgabe für die Zulieferer der Refill-Fässer, dass sie nicht mit torfigem Malt in Berührung gekommen sein durften. Irgendwie aber schlüpften einige durch die Kontrollen. Als der Whisky als einmalige Abfüllung auf den Markt kam, war er bald vergriffen. Inzwischen hat er einen festen Platz im Portfolio.

Im Moment ist Penderyn noch die einzige walisische Brennerei. Es dürfte jedoch nur eine Frage der Zeit sein, bis sich das ändert.

WALES – Verkostungsnotizen

PENDERYN, NEW MAKE

Nase Intensiv und süß. Chypre (Bergamotte und frische Zitrusnoten). Minze und Tanne mit parfümigen Obertönen.
Geschmack Pur scharf und fest, mit Wasser aber erscheinen blumige Anklänge, Rose, frische Zitrusnuancen, grüne Früchte und schließlich knackiges Getreide.
Abgang Fleischig, aber sauber.

PENDERYN, MADEIRA 46%

Nase Saubere süße Eiche. Kiefer und Vanille. Frühlingslaub/grüne Rinde. Etwas Pflaume im Hintergrund.
Geschmack Saftig und sauber, reichlich Aprikosennektar und würzige Eiche, in der entspannten Schlussphase dann Lady-Grey-Tee.
Abgang Sauber und minzig.
Gesamteindruck Die grünen Noten des New Make sind weich geworden, aber zusammen mit einem ausgewogenen Eichenton erhalten geblieben.

Stil **Duftig und blumig**
Ähnlich Glenmorangie The Original 10 Jahre

PENDERYN, SHERRYWOOD 46%

Farbe Golden.
Nase Deutlich anders als die Standardabfüllung. Kleie mit Zitrusschale, etwas Nüsse und süßes Trockenobst (Datteln, Feigen). Mit Wasser Rebenblüten.
Geschmack Hat sich die blumigen Noten des New Make bewahrt und sie sogar vertieft. Ähnlich saftig wie die Standardversion, aber mit mehr Fruchtkompott.
Abgang Feigig und süß.
Gesamteindruck Ein leichter, aber ausgewogener Brand mit einem komplexen Spektrum eicheninduzierter Nuancen.

Stil **Reichhaltig und rund**
Ähnlich The Singleton of Glendullan 12 Jahre

Frankreich

GLANN AR MOR • LARMOR-PLEUBIAN • WWW.GLANNARMOR.COM / WARENGHEM • LANNION • WWW.DISTILLERIE-WARENGHEM.COM / DISTILLERIE DES MENHIRS • PLOMELIN • WWW.DISTILLERIE.FR/EN / DISTILLERIE MEYER • HOHWARTH • WWW.DISTILLERIEMEYER.FR / ELSASS • OBERNAI • WWW.DISTILLERIELEHMANN.COM / DOMAINE DES HAUTES GLACES • RHÔNE-ALPES • WWW.HAUTESGLACES.COM / BRENNE • COGNAC • WWW.DRINKBRENNE.COM

Bei jeder Diskussion mit der neuen Generation französischer Whiskybrenner – inzwischen sind es schon 22 an der Zahl – kommt unweigerlich die Brenngeschichte des Landes zur Sprache. Frankreich hat es bei der Erzeugung von Spirituosen aus Trauben (Cognac, Armagnac), Früchten (Calvados, Obstschnäpse), Kräutern aus alten Heiltrunken (Chartreuse, Absinth), Bränden zum Löschen des Dursts von Arbeitern (Pastis) und Likören zum Abschließen von Mahlzeiten zu großer Meisterschaft gebracht.

Angesichts dieser vielen Nationalschätze fragt man sich zu Recht, warum sich die Franzosen nun auch noch mit Whisky befassen sollten. Mit ebensolcher Berechtigung aber kann man sagen: warum nicht? Schließlich vervollständigt ein Getreidebrand das Spektrum. Überhaupt ist Frankreich eine Nation von Whiskytrinkern: Das Land konsumiert mehr Scotch als Cognac.

Mehr als anderswo ergründet man hier das Konzept des Terroirs, jenem fast schon philosophischen Bindeglied zwischen Produkt und Entstehungsort. Gleichwohl ist es gefährlich, von einem einheitlichen französischen Whiskystil auszugehen. »Das wäre, als würde man behaupten, es gäbe so etwas wie französischen Wein«, warnt Jean Donnay von Glann ar Mor, »wo es doch Weine aus Bordeaux, Burgund, von der Rhône, aus dem Elsass und der Champagne gibt.«

Wenn schon kein gemeinsamer Ansatz zu finden ist, dann vielleicht ein regionaler Stil, der hilft, beispielsweise Whisky aus der Bretagne und dem Elsass zu unterscheiden? Donnay: »Nein. Hier in der Bretagne arbeiten vier Erzeuger, die vier sehr unterschiedliche Whiskys herstellen.« Donnays Destillerie steht 120 Meter vom Meer entfernt in Pleubian im Norden der Bretagne. Obwohl sie neu ist, setzt sie auf alte Bereitungstechniken unter Einsatz moderner Ausbaumethoden. Direkt befeuerte Worm Tubs liefern einen New Make mit Textur und Gewicht. Er reift in Firstfill-Bourbon- und Ex-Sauternes-Fässern.

Inzwischen befasst Donnay sich mit der Wirkung des milden maritimen Klimas auf Gerste. Zwei Ernten von Feldern neben der Brennerei wurden vor Ort in einer Tennenmälzerei aufbereitet. »Wenn Sie mich fragen, ob die Herkunft der Gerste eine Rolle spielt: ja, auf jeden Fall!«, ist sich Donnay sicher. »Der New Make hatte einen erdigen, getreidigen Charakter.« Seine Abfüllungen, der ungetorfte Glann ar Mor und der rauchige Kornog, entwickeln sich verhalten und verbinden ein voluminöses Mundgefühl mit Schwung, Frische und ausgeprägter Salznote.

Donnays Ziel ist es, keltischen Whisky zu bereiten. Er sieht Glann ar Mor als Bindeglied zwischen Schottland, Irland, Wales und Cornwall (wo bleibt die galicische Verteterin?). Inzwischen unterstreicht er sein Anliegen mit dem Bau einer weiteren Brennerei, Gartbreck auf Islay.

Sein nächster Nachbar, Warenghem in Lannion, ist die älteste Destillerie der Bretagne. Ihr Blend WB – »Whisky Breton« – kam 1987 auf den Markt. Zwölf Monate später folgte Frankreichs erster Single Malt, der Armorik. In den letzten Jahren richtete Warenghem die Marke neu aus und investierte in Eiche, was sie enorm aufwertete.

Beide Brennereien orientieren sich am schottischen Vorbild, während sich der ehemalige Mathematiklehrer Guy le Lat intensiv mit typisch bretonischem Getreide befasste, als er seine Distillerie des Menhirs in Plomelin auf die Beine stellte. Er entschied sich für *blé noir*, Buchweizen, der häufig in *galettes*, der regionalen Crêpe-Variante, zum Einsatz kommt. Le Lat entdeckte bald, dass sogar Roggen wesentlich einfacher zu brennen ist als Buchweizen, der sich im Maischbottich zu einer betonharten Masse verfestigen kann. Doch er gab nicht auf. Das Ergebnis seiner Hartnäckigkeit ist der Eddu, ein würziger, frischer, komplexer Brand. Der Kaerlis von der Insel Belle-Île vervollständigt das bretonische Quartett.

Keine Rolle spielt Keltisches in den Whiskys der fünf elsässischen Brennereien. Die Region blickt auf eine lange Tradition der

Obstbranderzeugung zurück. Deshalb haben die Whiskys durchaus Ähnlichkeit mit deren Reintönigkeit im Charakter: Sie sind leichter, geringfügig fruchtig, verhalten. Der Schwerpunkt liegt auf dem Getreide, Holz spielt nur eine untergeordnete Rolle.

Der größte Erzeuger, Meyer in Hohwarth, destilliert seit 2007 Whisky. Im Sortiment hat er inzwischen Blends und Malts. Seit 2008 gibt es die Marke Elsass Whisky von der Familie Lehmann in Obernai, die seit Mitte des 19. Jahrhunderts Obst brennt. Sie verwendet französische Weißweinfässer aus Bordeaux, Sauternes und von den Coteaux du Layon. Wer ergründen will, wie sich einheimische Weinfässer auf hochprozentigen Inhalt auswirken, probiert die Destillate von Hepp in Uberach, die von Dennis Hans unter der Marke AWA abgefüllt werden.

Bei einem Spaziergang durch die französische Whiskylandschaft begegnet man allerlei Ansätzen und Geschmacksstilen. In Korsika haben sich die Brauerei Pietra und die Domaine Mavela, ein Weingut mit Brennerei, zusammengetan, um einige Whiskys mit weltweit einzigartigem Bukett zu erzeugen. Sie wirken eher wie ein Chartreuse auf Gerstenbasis, denn sie reifen zuerst in einer Mischung aus Ex-Malmsey- und Ex-Muskatellerfässern, um schließlich in ehemaligen Obstbrandfässern verschnitten zu werden.

Eine ähnliche Aromapalette generiert Michard, was vor allem auf den Einsatz einer außergewöhnlichen Brauhefe zurückzuführen ist. Der Ausbau findet in Limousin-Eiche aus dem Wald neben der Brennerei statt.

Den höchsten Stellenwert nimmt das Terroir bei Fred Revol und Jeremy Bricka ein, deren Domaine des Hautes Glaces im Departement Rhône-Alpes auf 900 Meter Höhe steht. Der 2009 gegründete Betrieb setzt auf Biogetreide, französische Eiche und das Räuchern über Kastanienholz, was vor Ort Tradition hat. »Wir nehmen den französischen Ansatz beim Mälzen, Vergären, Destillieren und beim Ausbau und interpretieren ihn für Whisky neu«, erläutert Revol. »Alles ist darauf ausgerichtet, den Brand mit dem Boden zu verknüpfen. Das Klima hier auf großer Höhe ist anders, das Getreide wächst auf einem Mix aus Vulkanböden und Kreide. Würden wir exakt dasselbe am Meer machen, käme ein anderer Brand dabei heraus.«

Die vorsichtige Erwähnung der Theorie von Gerste als Frucht stößt auf begeisterte Zustimmung. »Wir betrachten Gerste tatsächlich als Trockenfrucht«, so Revol. »Deshalb sind unsere Spirits sehr blumig und fruchtig.« Dabei darf man nicht zu sehr auf Erträge schielen. »Wenn wir keinen Alkohol [in der Maische] haben, dann haben wir mehr Ester, mit denen sich die Typizität des Getreides herausarbeiten lässt.« Was ein bemerkenswerter Rye in Condrieu-Fässern mit großer Intensität belegt.

Wenn es ein gemeinsames Merkmal französischer Brenner gibt, dann ist es der ähnlich behutsame Einsatz von Holz wie im Weinbau, wo Eiche dem Produkt Struktur gibt, statt der Hauptgeschmackslieferant zu sein. Revol: »Wenn wir schon den Boden in den Mittelpunkt rücken, können wir keinen Vanilletee herstellen.«

Whisky in Cognac zu brennen mag ketzerisch erscheinen, aber die Familie Brunet destilliert Getreide seit 2005. Trotzdem wäre ihr Whisky

Keltische Brüder im Geiste: Die Bretonen gründen an ihrer Küste immer mehr Brennereien.

vermutlich unbeachtet geblieben, hätte ihn nicht die Whiskymissionarin Allison Patel aus New York entdeckt, die ihrem eigenen Bekunden zufolge »eine Leidenschaft für Whiskys aus nicht traditionellen Ländern entwickelt«. Kurz nachdem sie eine eigene Importfirma dafür gegründet hatte, empfahl ihr jemand den Whisky der Brunets. »Ich war erstaunt«, erinnert sie sich. »Brennblasen und Hefe unterstreichen die Frucht.« Allerdings steckte sie den Brand noch zusätzlich in richtig alte Fässer. Wie das schmeckt, zeigt die Marke Brenne.

»Vielleicht ist die Vielfalt das Typische an französischem Whisky«, meint Fred Revol. »Was daran liegen kann, dass er keine Tradition hat.«

FRANKREICH – Verkostungsnotizen

BRENNE 40%

Nase Leicht, süße Früchte, etwas hochwertiger Weinessig, Kochpflaumen bzw. Pflaumenkompott und ein Hauch von Gebäck. Cognac-artiger blumiger, fruchtiger Auftrieb neben reifer Birne, Traubenschale und, mit Wasser, Sellerie.
Geschmack Sofort Kokosnuss und geschmolzene weiße Schokolade. Süß, dann Bananensplit. Wird mit der Zeit süßer. Wasser lässt süße Frucht und etwas Lakritze durchschimmern.
Abgang Mild und süß.
Gesamteindruck Die neue Eiche macht sich bemerkbar, aber das ist eindeutig eine Cognac-Interpretation von Whisky.

Stil **Fruchtig und würzig**
Ähnlich Hicks & Healey (mit der Zeit)

MEYER'S, BLEND 40%

Nase Intensiv aromatisch. Sehr traubig, erinnert an Muscat de Beaumes-de-Venise. Honig. Fast klebrig im Duft und sehr fruchtig.
Geschmack Intensiv parfümartig, Vanillin. Nach hinten zu leicht austrocknend. Ordentliche Länge.
Abgang Recht kurz.
Gesamteindruck Süß, macht aber Spaß.

Stil **Fruchtig und würzig**

MEYER'S PUR MALT 40%

Nase Leicht, von Getreide geprägt. Malzscheune und eine phenolische (nicht jedoch rauchige) Note, die an Feuerzeug erinnert. Mit Wasser Gartenbindfaden.
Geschmack Süß und kontrolliert, lang, überraschend tief. Zum Ende, wenn das Getreide durchschlägt, leicht scharf.
Abgang Geröstetes Getreide.
Gesamteindruck Ausgeprägterer mitteleuropäischer Stil mit luftigen Getreidenoten.

Stil **Malzig und trocken**
Ähnlich JH Single Malt

LEHMANN ELSASS, SINGLE MALT 40%

Nase Sauber, etwas Getreide. Verhalten und leicht, ein Anflug von Fahrradschlauch, dann Honig. Süß, leicht fruchtig, vor allem aber getreideinduziert.
Geschmack Weiter süß, etwas Sirup und gelbe Früchte. Sauber, mit sehr geringem Eichentouch.
Abgang Estragon und Marzipan.
Gesamteindruck Braucht durch die Leichtigkeit des Stils Gewicht im Mittelteil und Eiche als stützendes Element.

Stil **Malzig und trocken**
Ähnlich Liebl, Coillmor American Oak

LEHMANN ELSASS, SINGLE MALT 50%

Nase Größer und voller, etwas Trockenobst, Schwarzkirschen. Trockener, mit mehr Eiche und Substanz. Nussige Struktur.
Geschmack Leicht parfümiert, in Sirup eingelegte Kirschen, Marzipan; volatil. Wirkt jung. Kehrt zur Muscat-Süße und Duftigkeit zurück. Mit Wasser mehr Schokolade.
Abgang Fruchtig.
Gesamteindruck Mehr Süße, reift aber weiter mit klarem Stil und als Whisky.

Stil **Fruchtig und würzig**
Ähnlich Aberlour 12 Jahre, Teerenpeli Kaski

DOMAINE DES HAUTES GLACES S11 #01 46%

Nase Sehr blumig und zart fruchtig. Helle Früchte und gestärktes Leinen – leicht stärkeartig. Mit der Zeit etwas Heu und Wiesenblumen.
Geschmack Weiche Williamsbirne und Apfel. Gewinnt an Konzentration, hat aber noch die Frische der Jugend, dann Blüten und Süßgräser. Leicht mineralisch.
Abgang Sauber und süß, mit einem Hauch Anis und exotischen Gewürzen.
Gesamteindruck Zeigt Präsenz. Füllt die Mitte. Gutes Potenzial.

Stil **Duftig und blumig**
Ähnlich Kininvie (New Make), Teslington VI 5 Jahre

DOMAINE DES HAUTES GLACES L10 #03 46%

Nase Grasig und heuartig. Verhalten und kühl. Etwas flacher als der S11, mit mehr Getreide, Gestein und Erde.
Geschmack Leicht und zart, wieder blumige Noten. Wermut, Engelwurz und sogar ein Anflug von Lavendel.
Abgang Fest.
Gesamteindruck Jung, aber mit Potenzial.

Stil **Duftig und blumig**
Ähnlich Mackmyra Brukswhisky

DOMAINE DES HAUTES GLACES SECALE, RYE AUSBAU IM CONDRIEU-FASS 56%

Nase Exotisch und parfümiert, mit Fleisch aus dem Viognier-Fass, das mit Gewürzen, die der Roggen beisteuert, garniert ist. Gebackene Quitte. Delikat, phenolisch.
Geschmack Süß und gartenartig, aber würziger. Andeutung an Teer und Pfeffer, dann Menthol. Seidige Länge, etwas Fenchel. Die Dicke der Weinfässer schlägt durch.
Abgang Lang und fruchtig.
Gesamteindruck Schon im Gleichgewicht.

Stil **Würziger Rye**
Ähnlich Yellow Spot

WARENGHEM ARMORIK DOUBLE MATURATION 46%

Nase Reich, gekochtes Obst. Geringe Phenolnoten mit etwas Espresso, Zwetschgen und Getreide.
Geschmack Fließt schön, gute Tiefe. Positiv, mit Pflaumen, gekochtem Apfel und gut integrierter Eiche.
Abgang Mittellang und fruchtig.
Gesamteindruck Reichhaltiger als die leichte, gerstenbetonte Standardabfüllung. Fleischiger, mehr Gewicht und ein deutlicher Schritt nach vorn.

Stil **Reichhaltig und rund**
Ähnlich Bunnahabhain 12 Jahre

GLANN AR MOR TAOL ESA 2 GWECH 2013 46%

Nase Mild, jung und sauber. Hefig und esterig. Reichlich Frische.
Geschmack Reichhaltig und recht dick. Ölig, verrät die Worm Tubs und die direkte Befeuerung. Weiße Baumobstblüten. Leicht salzig.
Abgang Frisch und mild.
Gesamteindruck Die ungetorfte Version der Palette. Jung, aber beeindruckend.

Stil **Duftig und blumig**
Ähnlich Benromach

KORNOG, TAOUARC'H 48,5%

Nase Sehr milder Rauch mit ausgeprägt maritimem Einschlag. Gezuckerte Mandeln, Apfel. Williamsbirne.
Geschmack Salzig, Kerbel und Estragon; duftender Rauch. Ölig, mit gutem Gewicht in der Mitte, Zimt und süßen Keksen.
Abgang Dezenter Rauch.
Gesamteindruck Single-Cask-Whisky aus Ex-Bourbonfässern. *Taouarc'h* ist Bretonisch und bedeutet »Rauch«.

Stil **Rauchig und torfig**
Ähnlich Kilchoman Machir Bay, Inchgower

KORNOG, SANT IVY 58,6%

Nase Größer und kräftiger, mehr Holzöle und eine Ozonfrische mit Grapefruit-Einsprengseln. Der Rauch erinnert an ein fernes Heidekrautfeuer. Daneben echte Süße und eine winzige Andeutung an Teer.
Geschmack Maischig, mit reichlich Energie und Drive. Zitrusfruchtig und voll. Ölig.
Abgang Lang, dezent rauchumhüllt.
Gesamteindruck Ein Single Cask.

Stil **Rauchig und torfig**
Ähnlich Chichibu The Peated

Niederlande

ZUIDAM • BAARLE-NASSAU • WWW.ZUIDAM.EU • GRUPPEN NUR NACH VORHERIGER ANMELDUNG

Je nach Sichtweise ist holländischer Whisky jahrhundertealt oder aber eine ganz neue Erscheinung. Was ist Whisky? Ein in Holz gereifter Brand aus Getreide. Und was ist Genever, holländischer Gin? *Moutwijn*, vergorene Maische aus gemälzter Gerste, Mais und Roggen, in Pot Stills destilliert und mit Botanicals neu destilliert, verschnitten und ausgebaut. Kein Zweifel: Traditioneller Genever und der alte (aromatisierte) irische und schottische *usquebaugh* gehörten zur selben Familie.

Heute sind in den Niederlanden drei Whiskybrennereien aktiv: die kleine Destillerie Vallei in Leusden, das Brau-Brenn-Mischunternehmen Us Heit in Friesland und das international wohl bekannteste Haus, Millstone. Letzteres ist vermutlich am engsten mit Genever verknüpft. Es wurde 2002 vom Genever-Hersteller Fred van Zuidam gegründet. Inzwischen leitet Sohn Patrick den Betrieb, der in den letzten fünf Jahren seine Kapazität zweimal erhöht hat.

Für den talentierten Brenner – er erzeugt auch Genever, Gin, Wodka und Fruchtliköre – beginnt Whisky mit Getreide, das er in einer Windmühle mahlt. Er maischt es zu einem dicken Brei, den er in temperaturgeregelte Fermenter pumpt, wo er mithilfe mehrerer Hefestämme langsam gären darf. Die nicht minder langsame Destillation erfolgt in Holstein-Brennblasen mit Wasserbadbehältern und viel Kupfer.

Zuidam erweitert sein Sortiment stetig. Er hat einen Single Malt im Programm, den er sogar in einer getorften Version anbietet, obwohl er selbst von Rauch nichts hält. Furore aber machte er zum ersten Mal mit seinem sinnlich komplexen, würzigen Rye. »Er ist mein ganzer Stolz, weil er so schwer zu erzeugen ist«, lacht er. »Er schäumt – ich stand schon bis zu den Knien in Roggenmaische – und klebt. Ihn herzustellen ist Whiskybrennen extrem.«

Seine Liebe gehört aber auch noch einem Brand aus gleich fünf Getreidesorten: Weizen, Mais, Roggen, Gerstenmalz und Dinkel. »Durch den Dinkel bekommt er eine Babyölnote, der Weizen steuert Nussiges bei, der Mais Süße und der Roggen Gewürze. Zusammen ergeben sie eine Geschmackssinfonie, die mit drei Jahren optimal ist.«

Sein Getreide mahlt Zuidam in einer Windmühle, die zu Millstone gehört.

Ein so kurzer Ausbau ist hier jedoch nicht die Regel. Zuidam leitet ihn normalerweise in neuer Eiche ein, bevor er seine Whiskys in gebrauchte Fässer umfüllt, wo sie entspannt oxidieren können. »Wir können und wollen experimentieren«, verrät Zuidam. »In Schottland gibt es Geschrei, wenn man aus einer Tonne nicht 410 Liter Alkohol herausholt. Mir ist der Ertrag egal, solange der Brand gut ist. Wenn man herausragenden Whisky brennen will, braucht man Freiheiten.«

NIEDERLANDE – Verkostungsnotizen

MILLSTONE 10 JAHRE AMERICAN OAK 40%

Nase Glühweinnase mit getrockneten Orangenschalen, Engelwurz, Kiefernharz und ein paar blumigen Tönen. Oxidierte Nussnoten. Würzige Weihnachtsdüfte.
Geschmack Dick und viskos, spielt in verbrannte Orangenschalen hinein. Dann reine Frucht.
Abgang Leicht bitter, was die Komplexität weiter erhöht.
Gesamteindruck Fast japanisch in seiner verhaltenen Art und aromatischen Transparenz.

Stil Fruchtig und würzig
Ähnlich Yamazaki 18 Jahre, Hibiki 12 Jahre

MILLSTONE 1999, PX CASK 46%

Nase Wieder getrocknete Zitrusschalen, dazu Rosinen, englische Orangenmarmelade, Bergamotte/Earl-Grey-Tee. Strauchfrüchte im Hintergrund steuern weiche Süße bei.
Geschmack Dick und vielschichtig, ergründet intensiv Waldfrüchte. Rosinen, etwas Schwarze Johannisbeeren und Kirsche.
Abgang Tabak.
Gesamteindruck Sehr reif und verhalten.

Stil Reichhaltig und rund
Ähnlich Alberta Premium 25 Jahre, Cragganmore Distillers Edition

MILLSTONE RYE 100 50%

Nase Lagen aus üppigem rotem Samt über roggentypischer Lebhaftigkeit. Hat noch immer die notwendige Würze, vor allem Piment, aber auch Andeutungen an Kubeben-Pfeffer und Rosenblütenblätter, dann Kreuzdorn und eine dicke, mentholdurchsetzte Marmeladennote.
Geschmack Kratziger, Sazerac-ähnlicher Auftakt. Ein Hauch von Maraska-Kirschen, feste Eiche, dann weiche, süße Frucht mit getrockneten Kräutern und roten Früchten.
Abgang Gewürzt und süß.
Gesamteindruck Einer der größten, wenn nicht der größte Rye der Welt.

Stil Würziger Rye
Ähnlich Old Potrero, Dark Horse

Belgien

THE OWL DISTILLERY • GRÂCE-HOLLOGNE • WWW.BELGIANWHISKY.COM / RADERMACHER • RAEREN • WWW.DISTILLERIE.BIZ

Belgien ist die Heimat einer vielfältigen Palette an Premiumbieren und ein Hort großer Brauerfahrung. Warum also nicht Teil der Whiskyfamilie werden? Eine der wenigen Brennereien, Het Anker, vollzog vor Jahren diesen Schritt und begann mit der Umwandlung von Gouden-Carolus-Tripel-Bier in einen vier Jahre ausgebauten Whisky ähnlichen Namens. Inzwischen ist der Betrieb nach Blaasveld umgezogen.

Einen unterschiedlichen Ansatz verfolgt Radermacher in Raeren im Osten. Die Destillerie, die seit 175 Jahren Genever und andere Brände erzeugt, begann vor über zehn Jahren mit der Whiskybrennerei. Ihre älteste Abfüllung ist ein 10-jähriger Grain. Als größter Erzeuger indes firmiert The Owl. Seit der letzten Ausgabe dieses Buchs ist Brenner Etienne Bouillon aus dem Zentrum von Grâce-Hollonge in einen großen Bauernhof am Rande der Stadt umgezogen. Seine alte Obstbrennblase hat er halb stillgelegt, während zwei der Stills von der Brennerei Caperdonich im schottischen Rothes (siehe Seite 78) dazugekommen sind.

Der Orts- und Ausrüstungswechsel hat sich jedoch nicht auf Bouillons Arbeitsweise ausgewirkt, sondern ihn höchstens noch stärker an das Terroir gebunden, das den Kern seiner Bereitungsphilosophie bildet. »Es gibt im Boden etwas, das bei der Gärung Aromen und Geschmacksstoffe entstehen lässt«, ist er sich sicher. »Das Getreide, die Mineralien, sie schaffen neue, einzigartige Nuancen. Ich gewinne Alkohol und Geschmack mit Bezug zur Erde.«

Die Stills unterscheiden sich in Größe und Form radikal von den früheren. Bouillon: »Ich weiß, dass diese Änderung große Wirkung haben kann. Aber nach den Brennblasen kommt der Brenner. Ich richte mich beim Schnitt immer nach meiner Nase und meinem Gaumen und nicht so sehr nach Temperatur und Zeit. Zwei Wochen lang habe ich nach den Parametern gesucht. Jetzt hat der Brand etwas mehr Gerste, aber ich habe seine fruchtige, blumige Art bewahrt.«

Entsprechend soll der Ausbau in amerikanischen Firstfill-Eichenfässern den Terroircharakter bewahren und nicht hinter Vanille kaschieren. Bouillons einziges Problem war, dass die Bestände zu schnell vergriffen waren. »Ich konnte ihn einfach nicht länger ausbauen. Jetzt habe ich mehr Kapazitäten, um die Nachfrage zu befriedigen.«

Die Hügellandschaft um Lüttich avanciert allmählich zu einem Zentrum der Brennindustrie.

BELGIEN – Verkostungsnotizen

NEW MAKE AUS STILLS VON CAPERDONICH

Nase Sehr (unerhört) fruchtig und volatil. Schwere Blütendüfte. Pfirsich und gekochter Rhabarber. Sauber, aber schwer. Geschmeidig, Getreideöle.
Geschmack Süß, ausgewogen, mit schönem Auftakt. Hat Reife, Länge und ein volles, fleischiges Mundgefühl.
Abgang Mild.

THE BELGIAN OWL, NOT AGED
NICHT AUSGEBAUT 46%

Nase Süß und leicht honigartig, mit Pfirsichkernen und grünen Aprikosen. Pfirsichblüten und Gerste.
Geschmack Sauber, leicht, Honignote. Pfirsichschalen.
Abgang Eine Melange aus Blüten und Getreide.
Gesamteindruck Bereits weich und ausgewogen.

THE BELGIAN OWL 46%

Nase Leicht und frisch, mit Heubodennote als Basis für den Mix aus Biskuitkuchen, Vanillecreme und Wildblumen. Mit Wasser kommt Aprikose dazu. Reif.
Geschmack Seidig weich. Hat etwas Schärfe und eine Pfefferminzkühle, die sich zu süßem Getreide und verhaltener Eiche weitet. Fleischige Frucht.
Abgang Mild und vielschichtig.
Gesamteindruck Komplex und weich.

Stil Fruchtig und würzig
Ähnlich Glen Keith 17 Jahre

THE BELGIAN OWL, SINGLE CASK #4275922 73,7%

Nase Zu Anfang viel Toffee, Karamell und Schokoladebonbons. Die Reife des Brennereicharakters dämpft die Schärfe und lässt Baumobstnoten Raum. Mit Wasser karamellisierter Einschlag und Andeutungen an Hibiskus.
Geschmack Groß und süß. Sehr scharf und leicht würzig. Weich, großzügig, mit reifer süßer Frucht.
Abgang Andeutungen an Getreide.
Gesamteindruck Ausgewogen und leicht ungewöhnlich.

Stil Fruchtig und würzig
Ähnlich Glen Elgin 14 Jahre

RADERMACHER, LAMBERTUS 10 JAHRE GRAIN 40%

Nase Bohnerwachs und Banane. Esterig und fest, ein Anflug von (rosa) Marshmallows.
Geschmack Sehr süß und parfümig. Fruchtsirup.
Abgang Süß.
Gesamteindruck Ein einfacher Grain.

Stil Duftig und blumig
Ähnlich Elsass

Spanien

LIBER • GRANADA • WWW.DESTILERIASLIBER.COM • GANZJÄHRIG GEÖFFNET MO–FR

Während vieler Jahre war Spanien ein äußerst ergiebiger Scotch-Markt. Marken wie J & B, Ballantine's und Cutty Sark, in eisgefüllte Gläser gegossen und mit Cola gemischt, flossen auf der Iberischen Halbinsel wie Wasser. Das Land bewies, dass auch Jüngere Gefallen an Whisky finden konnten. Es befreite das Getränk von seinem verstaubten Ledersessel-Image und brachte Blends zurück auf die Bühne. Viele komplexe Faktoren, die weit über bloße Modeströmungen oder geschmackliche Vorlieben hinausgehen, führten zum rasanten Aufschwung. Blended Scotch war für das Spanien nach Franco ein Symbol, das zum Ausdruck brachte: »Wir sind demokratisch, wir sind europäisch und wir lehnen das Alte ab.«

In der protektionistischen Franco-Ära war Whisky teuer (obwohl Franco angeblich eine Schwäche für Johnnie Walker hatte). Für Durchschnittsspanier blieb er unerreichbar. Wenn wir schon auf Scotch verzichten müssen, warum brennen wir unseren Whisky dann nicht selbst?, dachte sich Nicomedes García Gómez, ein Erzeuger von Anislikör. 1958 und 1959 verwirklichte er seinen Traum, indem er in Palazuelos de Eresma eine große Mehrzweckanlage baute, zu der eine Mälzerei, ein Grain-Betrieb und eine Malt-Brennerei mit sechs Stills gehörten. 1963 ging Destilerías y Crianza (DYC) in Produktion. Die Nachfrage nach den Bränden war so groß, dass das Unternehmen 1973 die Lochside-Destillerie in Montrose kaufte, um sich Nachschub zu sichern. Doch damit war 1992 Schluss, als die schottische Anlage dichtmachte.

DYC, inzwischen Teil von Beam Global, füllt weiter »internationale« Whiskys aus spanischen und schottischen Quellen ab. Vor Kurzem kam allerdings ein 100-prozentiger spanischer Single Malt auf den Markt – 50 Jahre, nachdem der erste Brand die Pot Stills verließ. Er war beileibe nicht der erste Single Malt Spaniens. Dieser Titel gebührt dem Embrujo aus den Destilerías Liber in Padul bei Granada. Er wird mit Schmelzwasser aus der Sierra Nevada eingemaischt und in zwei Kupferbrennblasen mit ungewöhnlich flachem Kessel destilliert. Der Ausbau erfolgt – wie könnte es anders sein? – in Ex-Sherryfässern aus amerikanischer Eiche. Der Whisky, eine Idee von Fran Peregrino, entsteht mithilfe schottischer Technik, ist aber deutlich spanisch geprägt. Peregrino: »Ich habe Entscheidungen getroffen, die den Geschmack beeinflussen: die Auslegung der Stills, die Wahl der Fässer. Aber es spielen noch andere Faktoren mit, auf die man keinen Einfluss hat, etwa das Wasser und das Klima. Der Wechsel zwischen eisigen Wintern und heißen Sommern verleiht unserem Whisky Charakter und eine eigene Persönlichkeit.« Der Markt für Scotch Blends bricht zusammen, die neue Generation steigt auf Rum um. Single Malts indes boomen. Vielleicht sind Spaniens Brenner wieder einmal zur rechten Zeit am rechten Ort.

Die Sierra Nevada bildet die Kulisse zu Spaniens neuester Whiskybrennerei, Liber in Granada.

SPANIEN – Verkostungsnotizen

LIBER, EMBRUJO 40%

Nase Jugendlich, mit fast grasiger Frische, die von reichen, nussigen Sherrynoten ausbalanciert wird. Erinnert an Amontillado. Grüne Walnüsse, *madronos* (die aromatischen Früchte des Erdbeerbaums), dann Getreide. Mit Wasser etwas Malzmilch und Karamell.
Geschmack Röst- und Malznoten machen die Trockenobst- und Nussnoten aus der Eiche interessant. Viele Elemente scheinen zu verschmelzen. Sauberer Brand.
Abgang Leicht, dann ganz zum Schluss Rosinensaft.
Gesamteindruck Noch jung, hat aber das Zeug zu einer langen Entwicklung.

Stil **Reichhaltig und rund**
Ähnlich Macallan 10 Jahre Sherry

MITTELEUROPA

Die Erzeugung von Whisky erfordert mehr als die Auswahl eines Getreides und seine Destillation. Wer erfolgreich brennen will, muss ganz bewusst einige Weichen stellen. Verschiedene Einflüsse, Erfahrungen, Wünsche und – nicht minder wichtig – Dinge, die man bewusst vermeiden will, spielen dabei eine Rolle. Der Whiskymacher ist nie ein Nachahmer. Aber er kann sich Inspiration holen und inspiriert sein.

Wie ein Land an Whisky herangeht, wird immer von seiner Alkoholgeschichte geprägt sein. Das zeigt sich vielleicht am deutlichsten in den Whiskys, die derzeit in Deutschland, Österreich, der Schweiz, Liechtenstein und Italien entstehen. Was einst als interessante Kuriosität abgetan wurde, hat sich inzwischen zu 150 Brennereien ausgewachsen.

Wo aber liegen die Ursprünge dieser Whiskys? Ganz deutlich kommt der Einfluss der Obstbrennerei zum Tragen. Viele Destillieranlagen sind Familienbetriebe und können auf mehrere Generationen Erfahrung auf ihrem Gebiet zurückgreifen. Die verwendeten Brennblasen, die mit Bains-Marie sanft erhitzt werden, damit die dicke Obstmaische nicht verbrennt, und manchmal mit Rektifizierplatten im Hals ausgestattet sind, bringen einen leichten, klaren Brand hervor.

Dieser Ansatz kann auch als Ausgangspunkt für eine Stilphilosophie dienen. Das Rohmaterial ist nicht nur ein Getreide, das so und so viel Alkohol pro Liter liefert, sondern eine Frucht. Ziel der Destillation ist es, das Wesen dieser Frucht einzufangen. Damit steht dem Brenner ein breites Spektrum an Ausgangsstoffen zur Verfügung – neben Gerste unter anderem Weizen, Emmer, Roggen, Hafer, Mais und Dinkel.

Ebenfalls eine Rolle spielt, vor allem bei deutschen Whiskys, die Braukultur. Brauer sind vertraut mit Darrmethoden und kennen die Bedeutung der Hefe und die Wirkung temperaturgeregelter Gärung. Aus dem Weinbau steht ihnen ein Arsenal an hochwertigen Fässern mit den Geschmacksnuancen autochthoner Rebsorten zur Verfügung. Geräuchert wird vorwiegend über Holz statt Torf. Das sind völlig andere Bedingungen, weshalb es auch nicht verwundert, dass die Whiskys anders ausfallen als in den klassischen Erzeugerländern.

Sind die mitteleuropäischen Brenner also offener für neue Ideen? »Natürlich«, sagt der Südtiroler Jonas Ebensperger. »Selbst wenn man wie etwa in Japan nach Schottland blickt, passt man sich an die Bedingungen vor Ort an und macht etwas Eigenes.«

Personenbezogene Vielfalt ist auch Jasmin Haider in Österreich wichtig. »Als wir 1995 anfingen, hätten wir nie gedacht, dass sich in zwei Jahrzehnten eine so lebendige Whiskyszene entwickeln würde. Vielfalt ist das Schlüsselwort. Wichtig ist, den eigenen Weg zu gehen. Whiskys sind so unterschiedlich wie der Geschmack der Menschen.«

Auch Geduld ist nötig, bei Kunden wie bei Brennern. Stile kristallisieren sich erst langsam heraus, vor allem nationale Stile. Wir stehen zwar noch ganz am Anfang der Reise, aber sie ist schon jetzt aufregend.

Roggen- und Gerstenfelder im deutschen Saarland.

Deutschland

SCHRAML • ERBENDORF • WWW.BRENNEREI-SCHRAML.DE • BESICHTIGUNG NACH VEREINBARUNG / BLAUE MAUS • EGGOLSHEIM • WWW.FLEISCHMANN-WHISKY.DE • GANZJÄHRIG GEÖFFNET / SLYRS • SCHLIERSEE • WWW.SLYRS.DE • GANZJÄHRIG GEÖFFNET MO–SO / FINCH • NELLINGEN • WWW.FINCH-WHISKY.DE / LIEBL • BAD KÖTZTING • WWW.BRENNEREI-LIEBL.DE • GANZJÄHRIG GEÖFFNET, NÄHERES SIEHE WEBSEITE / TELSER • TRIESEN, FÜRSTENTUM LIECHTENSTEIN • WWW.BRENNEREI-TELSER.COM

Deutschlands Whiskygeschichte ist gar nicht so jung, wie man meint. Die Familie Schraml etwa erzeugt im bayerischen Erbendorf schon seit 1818 Getreidebrände und veredelt sie in Eiche. Ihr erstes Destillat wurde damals aus einer Mischung mehrerer Getreidesorten erzeugt und war ein ausgebauter brauner Korn. »Möglicherweise entstand er aus einer Notsituation heraus«, meint Gregor Schraml, Brenner in sechster Generation. »Damals war Getreide wie Weizen nicht immer verfügbar. Das Destillat lagerte man, um Lücken in der Versorgung zu überbrücken. Es kann durchaus sein, dass man mit der katalysatorischen Wirkung der Holzfässer gar nicht rechnete.«

Versuche seines Vaters Alois, in den 1950er-Jahren den braunen Korn als Steinwald-Whisky zu vermarkten, scheiterten, »... vermutlich wegen der regionalen Ausrichtung und weil sich kaum jemand für deutschen Whisky interessierte«. Aber man brannte ihn weiter und verkaufte ihn eben als »Bauernschnaps«. Als Gregor 2004 in die Firma einstieg, wagte er sich erneut an das Projekt Whisky und brachte den Stonewood 1818 Bavarian Single Grain Whisky heraus, den er – als Verweis auf die Vergangenheit – zehn Jahre in alten Weinbrandfässern aus Limousin-Eiche ausbaute. Seither hat er sein Sortiment um den von Weizenbier inspirierten, mit Weizenbierhefe vergorenen WOAZ – 60 Prozent gemälzter Weizen, 40 Prozent Gerstenmalz – sowie einen drei Jahre in Weißeiche ausgebauten »Straight« Single Malt namens Stonewood Dra erweitert.

Angesichts der rund 600 Brauereien in Bayern herrscht keinerlei Mangel an Brauwissen. Als ein Zollbeamter Robert Fleischmann vorschlug, dass er doch einmal versuchen sollte, die Biermaische zu destillieren, erschien das völlig logisch. Seit 1983 gibt es Fleischmanns Blaue Maus nun schon. Sie bereitet eine Reihe unterschiedlicher Malts in Original-Patent-Stills und hat seit 2013 auch eine neue Pot Still.

Die Familie Stetter produziert in ihrer Destillerie Lantenhammer seit 1928 Brände. Als Florian Stetter das Unternehmen 1995 übernahm, fuhr er erst einmal nach Schottland. Anja Summers, Marketingleiterin der Brennerei, weiß auch den Grund: »Er entdeckte viele Gemeinsamkeiten zwischen Schottland und Bayern – die Landschaft, den Dialekt, die Unabhängigkeit. Daraufhin wettete er mit seinen Freunden, dass es ihm gelingen würde, zu Hause guten Whisky zu brennen.«

Heute füllt Stetter jedes Jahr 20.000 Flaschen bayerischen Whisky ab. »Alles am Slyrs ist bayerisch«, fügt Summers hinzu.

Die Holstein-Brennblase in der Brennerei Blaue Maus.

»Die Gerste, die über Buchenholz geräuchert wird, ebenso wie unser Wasser, das aus Bergquellen stammt.« Die temperaturgeregelte lange Gärung verrät wieder den Rückgriff auf Brautraditionen.

Bauer Hans-Gerhard Fink stieg mit seiner Brennerei Finch im schwäbischen Nellingen in etwa zur selben Zeit ins Brenngeschäft ein wie Stetter mit Slyrs. »Als Getreidebauer fasziniert mich besonders die Reifung des Getreidedestillats«, erklärt er. Da er sein eigenes Getreide – Gerstenmalz, Weizen, Dinkel, Mais und die alte Weizenart Emmer – einsetzt, hat er »volle Kontrolle über die gesamte Produktionskette«. Sein Finch Classic aus Weizen reift in Rotweinfässern. Die Destillers Edition ist ein sechsjähriger Whisky aus Weizen mit einem Aufenthalt in Chardonnayfässern, während der Dinkel Port aus Dinkel gemacht wird.

In Bad Kötzting nahe der tschechischen Grenze erweiterte Gerhard Liebl junior die Familienbrennerei im Jahr 2006 um eine neue Destillerie. Sein Single Malt namens Collimór entsteht aus bayerischem Gerstenmalz unter Einsatz von Obstbrennblasen. »Diese Ausrüstung ist eines unserer Alleinstellungsmerkmale«, erläutert Liebl. »Wir visieren damit einen sehr reinen Brand an.«

LIECHTENSTEIN

Seine Liebe zu Schottland veranlasste den Liechtensteiner Marcel Telser, von Obst- auf Whiskybrenner umzusatteln. Acht Jahre lang allerdings musste er warten, bis er im 1888 gegründeten Betrieb der Familie Whisky zu destillieren beginnen konnte, denn die Erzeugung von Getreidebränden war in Liechtenstein bis 1999 verboten.

2006 nahm er die Produktion auf. So sehr er aber auf Schottland fixiert ist, sein Whisky ist fest in seiner Heimat verwurzelt. »Wirtschaftlich wäre es leichter, die Kopie eines schottischen Whiskys herauszubringen, aber Whisky ist nun einmal Teil der Region«, so Telser. Das bedeutet, dass er drei Gerstenmalzsorten verwendet, die er separat in holzbefeuerten Obstbrennblasen destilliert und vor dem Ausbau verschneidet. Sein Ziel ist ein sauberes Destillat. »Wenn ich zwei Gläser Whisky trinke, will ich kein Kopfweh bekommen«, lacht er. »Also gehe ich auf Nummer sicher und brenne gesunden Whisky!«

Beim Ausbau setzt er einheimische Pinot-noir-Fässer und Schweizer Eiche ein. »Das Terroir gibt der Eiche besondere Geschmacksnuancen mit«, begeistert er sich. »Sie bekommt eine fein mineralische, fast salzige Eigenschaft.« Mit rund 160 Quadratkilometer Fläche dürfte Liechtenstein die kleinste Whiskynation der Welt sein. Angesichts der engagierten Brennerei mit einem Jahresausstoß von 100.000 Litern aber sind seine Ambitionen riesig.

DEUTSCHLAND
Brennerei
0 miles 100
0 km 100
SCHWEDEN
DÄNEMARK
Nordfriesische Inseln
Ostfriesische Inseln
Hamburg
E26
Müritz
Elbe
Bremen
Preussische Whisky Destillerie
Schönemark
POLEN
Ems
Weser
Aller
Oder
BERLIN
Mittellandkanal
Hannover
NIEDERLANDE
Bielefeld
E51
Spreewalder, Schlepzig
Rhein
Hammerschmiede, Eisbach
Gelsenkirchen
Essen
Dortmund
E45
Duisburg
Märkische, Hagen
Düsseldorf
Sonnenschein
Leipzig
Uerige
Wuppertal
Saale
Augustus Rex, Dresden
Köln
Ziegler, Freudenberg
E40
Birkenhof, Nistertal
E41
DEUTSCHLAND
E51
Erzgebirge
BELGIEN
Anton Bischof, Wartmannsroth
E44
Höhler
Frankfurt
Faber
Schraml, Erbendorf
TSCHECHISCHE REPUBLIK
Main
Wiesbaden
Obsthof am Berg
Mößlein
Mosel
E45
LUXEMBURG
Bachgau, Schaafheim-Radheim
Blaue Maus
Nordpfalzer
Bayerischer Wald
Avadis, Wincheringen
Mannheim
Altstadthof, Nürnberg
Neckar
E50
Drexler
Liebl
E35
Kammer Kirsch, Karlsruhe
Rieger & Hoffmeister
Roder, Aalen-Wasseralfingen
E56
Donau
Stuttgart
Hohenheim
FRANKREICH
Krabbe-Nescht
Sigel
Doinich Daal
Theurer
Finch Whisky
Obst-Korn Zeiser
Augsburg
E52
Fitzke
E52
Herbolzheim
Bellerhof,
Bosch Edelbrand,
Gruel, Owen-Teck
Badischer Whisky, Biberach
München
Sloupitsl
Schwarzwald
Lanten-hammer
Styrs
ÖSTERREICH
Steinhauser, Kressbronn
Bodensee
SCHWEIZ
LIECHTENSTEIN

DEUTSCHLAND – Verkostungsnotizen

BLAUE MAUS, NEW MAKE

Nase Frisch und leicht süß. Trockenes Getreide, Heu, ein Hauch Grafit und eine geringfügig brandige Note. Schwer malzig.
Geschmack Scharf, etwas Fensterkitt.
Abgang Röstig und scharf.

BLAUE MAUS GRÜNER HUND, SINGLE CASK 40%

Nase Nugat und geschliffenes Holz. Etwas Harz und Holzlagerplatznoten mit Kräutern und Zimt als Stütze. Puderig. Mit Wasser Hefe und Brotteig, nasser Hund und Leder.
Geschmack Grün und leicht saftig, grüne Nüsse im Verbund mit Kastanienmehl und leichten Gewürzen – zuvorderst Zimt und Piment.
Abgang Scharf und sauber.
Gesamteindruck Saftig und sauber.

Stil **Malzig und trocken**
Ähnlich Hudson Single Malt, Millstone 5 Jahre

BLAUE MAUS SPINNAKER, 20 JAHRE 40%

Nase Sehr süß und Bourbon-artig. Süßes Holz und Karamell. Kandierte Äpfel und Muskatnuss. Noch immer leicht grüne Noten und eine kernartige Nussnuance.
Geschmack Leicht und getreidig. Trocken und fest, eine Kombination aus Getreide- und Eichentannin.
Abgang Leicht würzig.
Gesamteindruck Sauber und leicht.

Stil **Malzig und trocken**
Ähnlich Macduff

SLYRS, 2010 43%

Nase Sehr parfümduftig und fruchtig, Quitte, gelbe Pflaumen und Birnen. Parallel zum heißen Sägemehl entwickelt sich eine blumige Note.
Geschmack Leicht trockener Start mit etwas Wärme und geringem Fasseinfluss. Die gelben und grünen Früchte haben sich erhalten. Sauber und leicht.
Abgang Frisch und säuerlich.
Gesamteindruck Leicht und strahlend. Entwickelt sich.

Stil **Duftig und blumig**
Ähnlich Telser, Elsass Single Malt

FINCH, EMMER (WEIZEN), NEW MAKE

Nase Süß und parfümduftig, Anklänge an Babyöl. Leichte Getreidenuance; reintönig, aber mit etwas Substanz.
Geschmack Abgerundet; bringt Zartheit und ein lebendiges Mundgefühl unter einen Hut.
Abgang Wird geringfügig weicher.

FINCH, DINKEL PORT 2013 41%

Nase Fruchtig, starker Fasseinfluss. Himbeere und helle, süße Kirsche. Der duftige Dinkelcharakter schlägt durch.
Geschmack Süß; reichlich frische Frucht und ein Hauch Schlehe. Mild.
Abgang Weich und mild.
Gesamteindruck Wird in Portfässern ausgebaut.

Stil **Fruchtig und würzig**
Ähnlich Chichibu Port Pipe

FINCH, CLASSIC 40%

Nase Sehr kandiert. Jahrmarktdüfte: Zuckerwatte, Gummibärchen, Limettenfruchtgummis. Leichte Öle (Dinkel und Weizen). Mit Wasser stärkere Gummibärchennote.
Geschmack Die weiche Textur macht sich wieder bemerkbar. Mit Wasser getreidiger.
Abgang Leicht staubig, die konzentrierte Frucht hält sich.
Gesamteindruck Aromatisch und intensiv.

Stil **Fruchtig und würzig**
Ähnlich JH Karamell

SCHRAML, WOAZ 43%

Nase Offenbart die Reinheit des Weizens und seine Süße. Kandiertes und Zuckerguss. Sehr leichte Zitrusnote im Hintergrund, vor allem Zitrone. Trockener Getreidesog.
Geschmack Süß und leicht cremig. Präzise, kraftvoll, etwas Orange, feine Hölzer. Hat Energie.
Abgang Cremig und rund.
Gesamteindruck Die Getreidestruktur mit der delikaten Süße von Weizen ist unverkennbar.

Stil **Süßer Wheat**
Ähnlich Highwood White Owl

SCHRAML, DRÀ 50%

Nase Fein und kräuterwürzig. Sehr jung, ist gerade dabei, die Eiche zu verdauen. Süßer Apfel, grasige Noten. Mit Wasser etwas exponiert, aber sauberer Brand.
Geschmack Getoastet, geröstet. Wieder das feste Getreiderückgrat wie bei vielen deutschen Whiskys. Die Hinweise auf rote Früchte, die Wasser ihm entlockt, sind vielversprechend.
Abgang Leicht pfefferig.
Gesamteindruck 15 Monate in Eiche.

Stil **Fruchtig und würzig**
Ähnlich Fary Lochan (mit der Zeit)

LIEBL, COILLMÓR, AMERICAN OAK 43%

Nase Knackig frisch. Müsli und Cornflakes. Leicht und angenehm, etwas süßer als Gerstenbrände. Mit Wasser trockener Heuhaufen/Spreu. Eine gewisse Süße.
Geschmack Cremig. Wie Haferbrei, der mit Schokolade bestreut wurde. Im Mittelteil leicht. Grüner Farn.
Abgang Fest.
Gesamteindruck Ziemlich entschiedener Stil.

Stil **Malzig und trocken**
Ähnlich High West Valley Tan

LIEBL, COILLMÓR, PORT CASK 46%

Farbe Hellrosa.
Nase Fruchtig, Mispelgelee, Himbeeren. Mit Wasser Fenchelpollen und Kräuter. Wird duftender. Holunderbeeren.
Geschmack Süß, türkischer Honig. Ein wenig scharfer Alkohol. Wasser spült den Mittelteil etwas aus und fügt Wildfrüchte hinzu.
Abgang Sauber und leicht staubig.
Gesamteindruck Ansprechend und offen.

Stil **Fruchtig und würzig**
Ähnlich Finch Dinkel Port

LIECHTENSTEIN – Verkostungsnotizen

TELSER, TELSINGTON VI, 5 JAHRE SINGLE MALT 43,5%

Nase Auf cremige Art malzig und weich, mit geringem Fasseinfluss. Recht butterig, hat sich aber seine Intensität bewahrt. Trockenapfel und süße Pfirsiche, grüne Banane.
Geschmack Mineralisch. Intensiv, macht den Mund wässerig. Gute Gewürze und etwas süße weiche Früchte.
Abgang Leicht kräuterwürzig.
Gesamteindruck Kräftig und zurückhaltend zugleich.

Stil **Fruchtig und würzig**
Ähnlich Spirit of Hven

TELSER, TELSINGTON BLACK EDITION, 5 JAHRE 43,5%

Nase Weich und süß, Steinfrüchte. Fast salzig. Leicht staubiges Getreide und etwas Rauch. Mineralisch. Wildfrüchte.
Geschmack Scharf, mit Gewürzen, Curryblättern und Kurkuma. Fest und kraftvoll. Die Mineralität schlägt durch.
Abgang Fest und frisch.
Gesamteindruck Portfässer und französische Eiche haben ihm einen fruchtigen, würzigen Touch verliehen.

Stil **Fruchtig und würzig**
Ähnlich Green Spot, Domaine des Hautes Glaces

TELSER RYE, SINGLE CASK, 2 JAHRE 42%

Nase Intensiv und volatil, leicht mineralisch. Sehr reiner, leicht süßer und würziger Roggenausdruck. Etwas Minze.
Geschmack Rund, geschmeidiges Gewicht. Geht in die richtige Richtung. Kampfer, Piment und Puder.
Abgang Sauber und fest.
Gesamteindruck Sammelt sich.

Stil **Würziger Rye**
Ähnlich Rendezvous Rye

Österreich/Schweiz/Italien

HAIDER • ROGGENREITH, ÖSTERREICH • WWW.ROGGENHOF.AT • GANZJÄHRIG GEÖFFNET, NÄHERES SIEHE WEBSEITE
SÄNTIS • APPENZELL, SCHWEIZ • WWW.SAENTISMALT.COM / LANGATUN • LANGENTHAL, SCHWEIZ •
WWW.LANGATUN.CH / PUNI DESTILLERIA • GLURNS, ITALIEN • WWW.PUNI.COM

Wie Österreich an Whisky herangeht, bringt Eva Hoffmann von der Brennerei Reisetbauer auf den Punkt. Das Haus wagte sich 1995 an Whisky, nachdem »man aus der hauseigenen Gerste etwas Besonderes machen wollte«. Was in diesem Fall auch den Einsatz von Fässern umfasste.

Andernorts, in Wien, verkauft der Rabenbräu in einem alten Zollhaus an der ungarischen Grenze zwei dreifach destillierte Malts, den Old Raven und den Old Raven Smoky. Weutz in der steirischen Gemeinde Sankt Nicolai im Sausal bietet ein größeres Sortiment an. Es enthält unter anderem den Green Panther, dem man Kürbiskerne in die Maische gibt. Rogner in Roiten arbeitet mit Weizen, Roggen und Gerste unterschiedlicher Röstgrade, während die ebenfalls im Waldviertel ansässige Granit-Destillerie geräucherten Roggen, Dinkel und Gerste verwertet.

Wegbereiter dieses experimentellen Ansatzes war Johann Haider, der 1995 in Roggenreith mit der Whiskybrennerei begann. Sein erster Whisky, ein Rye namens J.H., kam 1999 heraus. Inzwischen besuchen die Brennerei und die Whisky-Erlebniswelt 80.000 Gäste jährlich. »Wir waren die erste österreichische Whiskybrennerei«, erklärt Johanns Tochter Jasmin, die die Leitung 2011 übernommen hat. Im Mittelpunkt steht Roggen, wobei leicht und stark geröstete, ja, sogar getorfte Posten zum Einsatz kommen. Mit dabei sind außerdem ein Roggen-Gersten-Mix und zwei Single Malts, von denen einer zwei unterschiedliche Röstgrade enthält. Als Nächstes will sich Haider stärker mit dem Ausbau befassen. Bislang wurde vor allem stark gekohlte Traubeneiche eingesetzt. Der Pioniergeist lebt fort.

»Klarheit« – das nannte Eva Hoffmann eines der Hauptmerkmale des österreichischen Stils. Es gilt für die gesamte Whiskylandschaft der Alpenrepublik, die sich rasch entwickelt. Klarheit im Stil und im Geiste.

Weil die Destillation von Getreide in der Schweiz bis 1999 verboten war, sind dort alle Whiskybrennereien relativ neuen Datums. Die bekannteste Marke ist Säntis, die Brennsparte der Appenzeller Brauerei Locher. Wie in vielen Schweizer Destillerien liegt ein Schwerpunkt auf dem Ausbau. Einmalig ist Säntis nicht nur, weil heimisches Getreide und Torfmaterial Verwendung findet, sondern auch, weil 60- bis 120-jährige alte, innen mit Harz versiegelte Bierfässer eingesetzt werden. Mit der Zeit wurde das Harz rissig, woraufhin sich die Dauben mit Bier vollsogen und die Fässer neu versiegelt werden mussten. Als man prüfte,

Punis Würfel enthält eine der bemerkenswertesten Brennereien Europas.

ob sie sich für den Ausbau eigneten, entfernte man das Harz und stellte fest, dass sie durch das jahrzehntelange Einsickern eine ganze Menge Geschmacksstoffe aufgenommen hatten.

Das Whisky Castle von Elfingen nahm 2002 den Betrieb auf. Es baut auf heimische Traditionen wie das Räuchern über Eiche, Brautechnik wie offene Fermenter, die die Entstehung von Estern fördern sollen, und ein breites Holzspektrum, das Kastanien, ungarische und Schweizer Eiche sowie eine Vielfalt von ehemaligen Weinfässern umfasst.

Auf eine Brauvergangenheit blickt auch Hans Baumberger zurück, der seine Brennerei Langatun in Langenthal 2005 aus der Taufe hob. »Ich möchte einen unabhängigen Whisky brennen, der keine schottische Kopie ist«, erklärt er, »aber durch einen vielschichtigen Charakter überzeugt.« Auch er legt auf das Fass wie auf das Destillieren gleichermaßen viel Wert. Sein Old Deer wird in Chardonnay- und Sherryfässer geschickt, während der leicht rauchige Old Bear seine Holzweihen in Châteauneuf-du-Pape-Fässern erhält.

Es erstaunt, dass ein so Scotch-verliebtes Land wie Italien bis 2010 warten musste, um seine erste Whiskybrennerei zu bekommen. Die Destillerie Puni befindet sich in einem spektakulären Tonwürfel in Glurns im Vinschgau. Was als Hobby begann, wurde bald zu umfangreich, um weiter in der Wohnung der Familie Ebensperger betrieben werden zu können. Da der Vinschgau Roggenland ist, versuchte man sich auch zuerst an diesem Getreide, obwohl es als zu geschmacksintensiv für den italienischen Gaumen empfunden wurde, der eher leichte, fruchtige Stile bevorzugt. Das Ergebnis waren 130 Posten, die im Verlauf von drei Jahren entstanden. Man probierte Getreide, Maischtempera-

turen, Gärzeiten und Destillationsverfahren aus, bevor man sich auf eine Mischung aus gemälztem Weizen, Roggen und Gerste festlegte. Als Ausbaukeller nutzte man zwei verlassene Bunker aus dem Zweiten Weltkrieg. Nichts entgeht dem forensischen Blick der Familie. Bei der Destillation kommen Heißwasserspulen statt Dampf zum Einsatz. »Wir untersuchten, wie sich unterschiedliche Temperaturen auf den Geschmack auswirkten, und erstellten einen Brennplan«, erinnert sich Jonas Ebensperger.

Alba, die erste Abfüllung der Destillerie, wurde überwiegend in Marsalafässern auf ihre Freigabe vorbereitet. Der Whisky macht mit einem außerordentlich intensiven Duft auf sich aufmerksam und ist ein bemerkenswertes Debüt.

ÖSTERREICH – Verkostungsnotizen

HAIDER, J.H. SINGLE MALT 40%

Nase Sauber, leichte, süße Heubodennoten. Geringfügig staubig, helle Früchte, subtil duftend. Geranien mit Getreideakzenten. Filz.
Geschmack Süß, mit heranrollenden Gewürzwogen: Zimt, Muskatnuss und etwas Gewürznelken. Trocknet an den Seiten aus. Leicht im Mittelteil. Sauber, helle Früchte.
Abgang Ingwer, scharf.
Gesamteindruck Delikat und frisch.

Stil **Fruchtig und würzig**
Ähnlich Meyer's Pur Malt, Hellyer's Road

HAIDER, J.H. SINGLE MALT KARAMELL 41%

Nase Pfefferig und krautig. Frühlingshaft. Feuchte Erde und grüne Triebe. Getreidebetont. Reichlich weiche Früchte.
Geschmack Volatil und parfümiert, mit mehr Wiesenblumen und Freesien, aber auch Gewürzen. Noch ein Whisky, der sehr auf der Höhe ist. In der Mitte Andeutung an Haribo-Süßigkeiten. Leicht nussig.
Abgang Säuerlich, ein wenig geröstete Gewürze.
Gesamteindruck Bringt das Gerstenthema mit parfümierten Früchten in Einklang.

Stil **Fruchtig und würzig**
Ähnlich Finch Classic

HAIDER, J.H. SPECIAL RYE NOUGAT 41%

Nase Leicht und recht cremig. Süß. Etwas abweisend, aber mit Kochgewürzen und grünen Fenchelsamen; Kümmel. Einnehmend, mit grünem Apfel und Backnoten.
Geschmack Süß und abgerundet, mit würzigem Auftakt und ausgewogener Bitternote. Harmonisch. Mit Wasser kommen Anisnuancen zum Vorschein.
Abgang Würzig und sauber.
Gesamteindruck Ein selbstbewusster junger Rye.

Stil **Würziger Rye**
Ähnlich Hiram Walker Lot 40

HAIDER, J.H. PEATED RYE MALT 40%

Nase Phenolisch, mit reichlich Wildwiese: Luzerne, Wiesenheu, feine Andeutungen an Pollen, leicht rußiger Rauch und Kreosot, altmodische Arznei. Mit Wasser gummiartig.
Geschmack Trocken, die Roggenwürze und der Torf halten sich die Waage. Gute Länge und sauber. Mit ausreichender Süße, um die Mitte zusammenzuhalten.
Abgang Würzig und phenolisch.
Gesamteindruck Es gibt nicht viele getorfte Ryes auf dem Markt, aber warum nicht?

Stil **Würziger Rye / Rauchig und torfig**
Ähnlich Balcones Brimstone

SCHWEIZ – Verkostungsnotizen

SÄNTIS, EDITION SÄNTIS 40%

Nase Duftend, geschliffene Eiche, intensive Malzklänge und gekochtes Obst, Schlehe und Veilchen, dann Geranien und Vanille.
Geschmack Nicht minder parfümduftig, Parmaveilchen und eine angenehme Staubnote, die in Lavendel übergeht. Leichte Curryblattnuancen.
Abgang Sauber und würzig.
Gesamteindruck Der Ausbau in alten Bierfässern sorgt für echte Tiefe.

Stil **Fruchtig und würzig**
Ähnlich Overeem Port Cask, Spirit of Broadside

SÄNTIS, EDITION ALPSTEIN VII 48%

Nase Würzig, mit reichlich Tamarindenwasser, Kardamom und der tiefen Frucht der Edition, die durchschlägt und sich mit Datteln und Feigen vermählt. Ausgewogen.
Geschmack Weich und pflaumig, Maulbeerkonfitüre und die exotischen Nuancen aus dem Duft. Etwas Tannin.
Abgang Sauber und klar.
Gesamteindruck Ein Vatting aus einem 5-jährigen Bierfass und einem 11-jährigen Sherryfass. Der eleganteste Vertreter im ganzen Sortiment.

Stil **Reichhaltig und rund**
Ähnlich Balcones Straight Malt

LANGATUN, OLD DEER 40%

Nase Leicht, frisch und schwungvoll, mit Grapefruitkernen und einer intensiven Süßsauernote, die einen tropischen Früchtemix heraufbeschwört. Ein Touch Muskatblüte und Birnensaft aus der Dose.
Geschmack Leichte Honignote. Sehr modern, frische, strahlende Säure und eine grüne weinige Art; Pinot blanc. Im Mittelteil leicht.
Abgang Frisch und pulsierend.
Gesamteindruck Gut eingebundene Eiche. Jung und frisch. Säuerlich.

Stil **Fruchtig und würzig**
Ähnlich Telser

LANGATUN, OLD BEAR 40%

Nase Erdig, mit gekochten Pflaumen und reifem Baumobst. Trockener als der Old Deer.
Geschmack Andeutungen an Rauch: Holzrauch und geräucherter Käse. Recht fest und jung. Rote Kirschen, aber noch immer jene leichte Frische im Mittelteil.
Abgang Leicht trocken.
Gesamteindruck Mehr Substanz. Ordentlich austariert.

Stil **Fruchtig und würzig**
Ähnlich Spirit of Broadside

ITALIEN – Verkostungsnotizen

PUNI, PURE 43%

Nase Vegetabil, mit einer Andeutung an Artischocken und etwas Zucchiniblüten. Gewächshaus, Tomatenranken. Süße Früchte. Fast sirupartig, bevor frische Getreidenoten übernehmen.
Geschmack Knochentrocken und kalkig, dann blumig. Leicht und kühl, mit frischen Früchten.
Abgang Austrocknend.
Gesamteindruck Duftend und schon ausgewogen.

PUNI, ALBA 43%

Nase Luftig und leicht, mit Mandeln. Rosenwasser erscheint, wächst, dominiert schließlich und mischt sich mit Nachtviolen und Jasmin, die mit Zimt bestäubt sind.
Geschmack Nuanciert, süß, volatil und duftig. Sehr sauber und süß.
Abgang Muskatnuss mit Hagebuttensirup.
Gesamteindruck Jung, aber schon voll entwickelt.

Stil **Duftig und blumig**
Ähnlich Collingwood, Rendezvous Rye

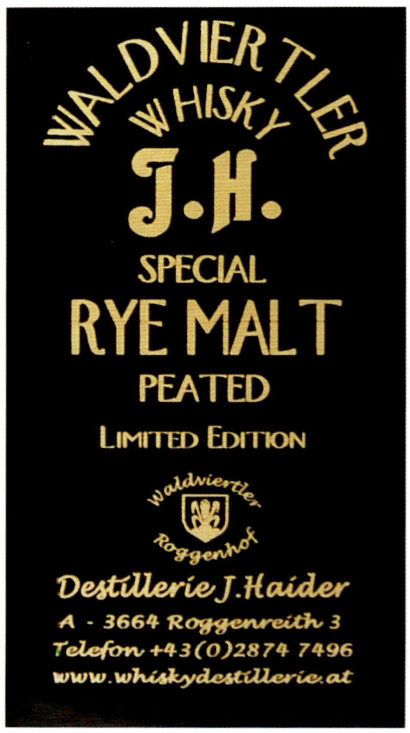

SKANDINAVIEN

Ihre tiefe Zuneigung zu Scotch hat Schweden und Norweger zu regelmäßigen Besuchern der Glasgower Whiskypubs gemacht. Reisekosten hin oder her – die Drinks waren dort noch immer billiger als zu Hause. Auch die Brennereishops in Schottlands Destillerien wissen ihre nordischen Besucher zu schätzen.

Es war nur eine Frage der Zeit, bis Skandinavien am Aufstieg des Whiskys teilhaben würde. Schließlich gibt es dort die höchste Konzentration an Whiskyclubs und -festivals auf der ganzen Welt – und mit dem Stockholm Beer & Whisky Festival die größte internationale Messe ihrer Art. Nachdem das staatliche Alkoholmonopol in Schweden, Norwegen und Finnland gefallen war, erschienen bald die ersten Destillerien auf der Bildfläche. Zum Zeitpunkt der Drucklegung erzeugen in Schweden zwölf, in Dänemark sieben, in Norwegen und Finnland drei und in Island eine Brennerei Whisky; weitere sind im Entstehen begriffen.

Seit dem ausgehenden 18. Jahrhundert waren Kartoffeln das wichtigste Rohmaterial in der schwedischen und norwegischen Spirituosenherstellung; man nannte die Knolle »die Weintraube Skandinaviens«. Getreidebrände waren eher eine Seltenheit – und holzgereifte erst recht. Als während des Monopols die Stile festgelegt wurden, blieben Variationen die Ausnahme. Was aber nicht heißt, dass man sich nie am Whiskybrennen versucht hätte. Ende der 1920er-Jahre erhielt ein Chemiker namens Bengt Thorbjørnson den Auftrag herauszufinden, ob das Brennen von Whisky in Schweden möglich war. Man entsandte ihn wie einst Masataka Taketsuru aus Japan (siehe Seite 212) nach Schottland. Er kehrte mit einer entsprechenden Analyse und den voraussichtlichen Kosten zurück, sein Bericht aber scheint ad acta gelegt worden zu sein. In den 1950er-Jahren entstand zwar tatsächlich etwas Whisky in Schweden und 1961 erschien der Blend Skepets, doch 1966 stellte man die Produktion bereits wieder ein.

Die skandinavische Whiskybranche ist also noch jung, ja, man kann noch nicht einmal von einer Branche sprechen. Ebenso wenig lässt sich derzeit schon ein einheitlicher nordischer Stil erkennen. Die Brenner im hohen Norden sind noch viel zu sehr mit dem Experimentieren, Entdecken, Schaffen und Ergründen beschäftigt.

Scotch und japanischer Whisky mögen ursprünglich als Inspiration gedient haben, aber das Gros der Brenner erkennt die Vorzüge einer eingehenden Analyse heimischer Gegebenheiten, ganz gleich, ob es sich um Getreide, Torf oder andere, verschiedenartige traditionelle Räucherverfahren handelt. Sie müssen das Klima, die Eichenwälder und die Beeren darin ergründen – und auch auf die bisher bereiteten Spirituosen und Weine einen Blick werfen.

Skandinavien und vor allem Dänemark sind eine Region, in der das »Einheimische« einen fast schon mystischen Beiklang bekommen hat. Die Menschen machen sich die Philosophie von Rene Redzepi vom Kopenhagener Restaurant Noma zu eigen, der an Regionalität und Saisonalität glaubt und dazu aufruft, »den Stimmungen im Jahreslauf zu folgen ... die Welt zu erspüren«. Diese Haltung spiegelt sich auch in den neuen nordischen Whiskys wider. »Ich denke, die Frage nach einem skandinavischen Stil wird in den nächsten Jahren beantwortet werden können«, so Master Blender Angela d'Orazio von Mackmyra. »Da wird zunächst ein einziger sein. Aber er wird sich verzweigen.«

Eine Maxime zumindest steht jetzt schon fest. Sie lautet: keine Kopien. »Jahrhundertelang hat man versucht, die Schotten nachzuahmen«, schimpft Ivan Abrahamsen, Brenner bei Arcus in Norwegen. »Warum? In den nächsten Jahren wird sich ein nordischer Stil herauskristallisieren. Man muss mit dem eigenen Whisky eine Geschichte erzählen. Was immer jetzt passiert, es wird spannend.«

Von Schwedens fruchtbaren Ebenen im Süden (hier bei Malmö) kommen die Ingredienzen für den keimenden Whiskysektor.

SKANDINAVIEN
Brennerei
N
0 miles 200
0 km 200
NORDPOLARMEER
Europäisches Nordmeer
NORWEGEN
SCHWEDEN
FINNLAND
RUSSISCHE FÖDERATION
ESTLAND
LETTLAND
LITAUEN
DÄNEMARK
DEUTSCHLAND
POLEN
WEISSRUSSLAND
Kaliningrad (RUSS. FÖD.)
Nordsee
Ostsee
Skagerrak
Kattegat
Bottnischer Meerbusen
Finnischer Meerbusen
Rigaischer Meerbusen
Hammerfest
Luleå
Oulu
Umea
Vaasa
Kuopio
Jyvaskyla
Tampere
HELSINKI
Trondheim
Alesund
Bergen
Haugesund
Stavanger
OSLO
Skien
Kristiansand
Orebro
STOCKHOLM
Norrkoping
Göteborg
Jonkoping
Aalborg
KOPENHAGEN
Malmö
Gavle
Lappland, Arvidsjaur
Bura & Tautra, Levanger
Box, Bjärtrå
Tevsjo, Jarvso
Old Buck, Port
Teerenpeli, Lahti
Arcus, Hamar
Mackmyra, Valbo
Gammelstilla, Torsåker
Norrtelje, Norrtälje
Agder Brenneri, Grimstad
Smögen, Hunnebostrand
Nordisk, Fjerritslev
Limfjorden, Øster Assels
Gotland, Romakloster
Gute Vinegard, Havdhem
Wannborga
Stauning
Fary Lochan
Trolden, Kolding
Ørbæk
Spirit of Hven
Braunstein
Vingården Lille Gadegård
Gotland
Oland
Bornholm
Saaremaa
Vanern
Vattern
Glama
Klaralven
Skelleftea
Ounasjoki
Kemijoki
Western Dvina
E4
E18
E22

Schweden

BOX • BJÄRTRÅ • WWW.BOXWHISKY.SE / SMÖGEN WHISKY • HUNNEBOSTRAND • WWW.SMOGENWHISKY.SE • WHISKY-SCHULE, BESICHTIGUNGEN SIEHE WEBSEITE / SPIRIT OF HVEN BACKAFALLSBYN • HVEN • WWW.HVEN.COM • SIEHE WEBSEITE

Schweden hat eine bemerkenswerte Wandlung vom Whiskyverbraucher zum Whiskyerzeuger durchgemacht. Brennereien gibt es inzwischen auf einer Länge von tausend Kilometern. Eine der nördlichsten ist Box in der Stadt Bjärtrå, deren Geschichte indirekt mit der Eröffnung einer Kunstgalerie durch zwei Brüder begann. »Sie merkten bald, dass die Nachfrage nach moderner Kunst im Norden Schwedens nicht sonderlich groß war«, schmunzelt Box-Markenbotschafter Jan Groth. Warum sie es als Nächstes ausgerechnet mit Whisky probierten? Man weiß es nicht.

2010 begannen sie mit dem ehemaligen Brauer Roger Melander als Brennmeister mit der Herstellung von Whisky. Melander richtete den Blick aber nicht nach Westen Richtung Schottland, sondern nach Osten ins ferne Japan. »Ich hatte von Anfang an klare Vorstellungen vom Box-Whisky«, erinnert er sich. »Ob ich mit dem New Make richtig lag, wird sich erst in rund 15 Jahren herausstellen. Aber ich bin sicher, dass wir auf dem richtigen Weg sind.« Und: »Wenn man den besten Whisky der Welt brennen will, gibt es keine Abkürzungen. Du musst die besten Zutaten bekommen, dir die ultimative Ausrüstung anschaffen, sie sorgfältig und kenntnisreich einsetzen. Wir beschnüffeln jedes Fass vor dem Befüllen und können diejenigen aussortieren, die nicht ganz perfekt sind. Die meisten werden nur einmal befüllt.«

Eine wichtige Rolle spielt der Standort. »Wir haben das wahrscheinlich kälteste Kühlwasser. Damit gewinnen wir saubere, reine Geschmacksnoten im Brand. Die Temperatur im Lager dagegen verändert sich im Lauf der Tage und Jahreszeiten sehr stark. Das zwingt den Brand, in die Eiche zu ziehen und erstaunliche Nuancen zu entwickeln.« Die ersten Proben lassen keinen Zweifel, dass da ein konzentrierter, fruchtiger Whisky mit viel Säure entsteht.

Für einen etwas klassischeren Ansatz hat sich Pär Caldenby in der winzigen Brennerei Smögen nördlich von Göteborg entschieden. »Der Charakter des Smögen-Whiskys bezieht seine Inspiration klar aus den Inseln und der Westküste Schottlands«, erklärt er und meint noch: »Die Nationalität eines Brands wird von seinem Entstehungsort vorgegeben. Nur weil wir schottisches Gerstenmalz verwenden, heißt das nicht, dass unser Whisky ein Schotte ist.«

Caldenby ist zwar vom schottischen Weg so überzeugt, dass er fordert, eine Spirituose, die in nicht traditionellen Pot Stills destilliert wird, sollte sich nicht Whisky nennen dürfen. Aber: »Nur weil man sich an das grundlegende Verfahren hält, heißt das nicht, dass man abkupfert. Es gibt noch genug Spielraum.« Seine Whiskys offenbaren bereits volatile Fruchtnoten, leichten Rauch und Schokoladenuancen sowie jene luftige Klarheit, die sich zu einem gemeinsamen Wesenszug nordischer Stile entwickeln könnte.

Henric Molins Brennerei auf der Insel Hven im Öresund zwischen Schweden und Dänemark nahm gerade den Betrieb auf, als die erste Ausgabe dieses Atlas in Druck ging. Damals erklärte Molin, er wolle eine Destillerie »der Wiesen, der Blumen und der Gerstenfelder, die verwoben sind mit Meeresstränden, Steinobstgärten und den Zitrusdüften der Rapsblüten«. Und heute? Sein Labor wird inzwischen auch von anderen Brennereien genutzt, während er selbst als Berater um die Welt reist. Hat er sich als ausgebildeter Chemiker von der poetischen Vorstellung verabschiedet, dass aus Whisky das Terroir spricht? »Ich wollte mein chemisches Fachwissen einsetzen, um das Beste aus dem erzeugten Material zu machen, neue Wege zu finden und neue Methoden zu ergründen«, erklärt Molin. »Dieses Wissen bekommt man nur, wenn man Grenzen auslotet.«

Das Ergebnis seiner langen Beschäftigung mit dem Potenzial von Whisky ist der Spirit of Hven mit esterigem Auftrieb und einem frischen, luftigen Gefühl im Verbund mit Früchten, duftenden Blüten und Meergrün. »Jeder kann in Schweden Whisky brennen. Damit es

Die Brennerei Box ist in einem alten, holzbeheizten ehemaligen Elektrizitätswerk untergebracht.

aber *schwedischer* Whisky wird, braucht man die spürbare Mithilfe des Terroirs. Gerste, Wasser, Hefe ... alles wirkt sich auf das Endprodukt aus, und sei es auch noch so schwach. Schwedischer Whisky sollte meiner Meinung nach aus schwedischen Rohstoffen bereitet werden [Pär Caldenby würde da widersprechen]. Auch die Reifung wird von der Umgebung beeinflusst. Wir erkennen einen klaren Einfluss des Ausbaustandorts auf den endgültigen Whisky.« Ist er also bei seinen ursprünglichen Ansichten geblieben? »Ja, dazu stehe ich.«

Kristallisiert sich gerade ein schwedischer Stil heraus? Es ist zu früh, dazu schon etwas zu sagen. »Es liegt mir sehr am Herzen, dass jede schwedische Brennerei einen perfekten Whisky macht«, verrät Roger Melander. »Wir brauchen das, wenn wir schwedischen Whisky als Marke auf dem Weltmarkt platzieren wollen. Deshalb unterstützen wir uns auch gegenseitig. Wir schulen bei Box Personal anderer Destillerien. Wir sind Kollegen, keine Konkurrenten.« Dieser Zusammenhalt wird Schwedens Stärke sein, wenn sich nationale Whiskyidentitäten entwickeln.

Brennblasen in der Brennerei Box. Die Gebrüder Per und Mats de Wahl erkannten die Eignung des einstigen Elektrizitätswerks für die Whiskyerzeugung. Nach jahrelangen Vorbereitungen lief am 18. Dezember 2010 der erste Single Malt aus den Stills.

SCHWEDEN – Verkostungsnotizen

SMÖGEN, NEW MAKE 70,6%

Nase Volatil und fruchtig, Getreide, Gewicht, Bananen, Schalen und Rauch. Mit Wasser Fensterkitt.
Geschmack Intensiv und scharf, gutes Mundgefühl. Etwas Haferplätzchen und Kleie. Mit Wasser verdünnt kommt süßer Tafelapfel zum Vorschein.
Abgang Sauber und trocken.

SMÖGEN, PRIMÖR 63,7%

Nase Sauber und leicht nussig. Paranuss und ein krautiger Ton mit exotischen Gewürzen. Ein Hauch von Emaillack und leichter Rauch. Brennendes Heu, duftende Gräser.
Geschmack Reichlich Eiche mit Kokosmilch und trocken gerösteten Gewürzen, allen voran Schwarzkümmel. Tariert süße und trockene Noten aus. Angedeutete Schokolade.
Abgang Frisch und noch fest, Getreide breitet sich aus.
Gesamteindruck Ein guter, sauberer Brand mit echtem Potenzial.

Stil **Rauchig und torfig**
Ähnlich Laphroaig Quarter Cask

SPIRIT OF HVEN, NO. 1, DUBHE 45%

Nase Rum-ähnliche Ester, etwas Ananas und eine offene Frische. Sehr leichte Holznoten, Zypresse und Fichtenknospen. Ein Hauch von Redwood-Rinde. Frisch, dann Kraftfutterpellets für Rinder, dunkles Getreide und Malzextrakt. Wasser fördert Butterbrot und Sultaninen zutage.
Geschmack Sauber, süßer Auftakt, leicht alkoholisches Kitzeln. Intensive Holznuancen und mehr rote Früchte.
Abgang Jung und frisch.
Gesamteindruck Bei aller Komplexität ist noch echte Frische vorhanden. Sehr viel Persönlichkeit.

Stil **Duftig und blumig**
Ähnlich Westland Deacon Seat

SPIRIT OF HVEN, NO. 2, MERAK 45%

Nase Strahlende Frucht, Kirschblüten. Säuerlich, mit leicht ozonartiger, mineralischer Qualität. Andeutung an weiße Pilze. Moos und Meergrün. Mit Wasser leichte Ölnote und Honig.
Geschmack Etwas verhaltener Einstieg mit Melone und Birne. Kaugummi und austarierte Eiche. Sehr modern. Mit Wasser Honigtiefe.
Abgang Säuerlich.
Gesamteindruck Frisch und süß, wird immer sukkulenter.

Stil **Duftig und blumig**
Ähnlich Chichibu Chibidaru

BOX UNPEATED FASSPROBE

Nase Straff, konzentriert und mit Auftrieb. Weingummis und esterige Anwandlungen. Zart hefig, frisches Baguette.
Geschmack Sauber und sehr intensiv, mit weichem Mittelteil, in dem Melonen, Äpfel und Ananas ihren Auftritt haben.
Abgang Sauber und kurz.
Gesamteindruck Jung, aber vielversprechend.

BOX HUNGARIAN OAK FASSPROBE

Nase Rauchig, mit mehr als einem Anflug von brennendem Mesquite-Holz. Braune Senfkörner und leichte, esterige Früchte.
Geschmack Wieder sehr sauber und süß, Rauch, geschliffene Eiche und konzentrierte Früchte.
Abgang Lang und frisch.
Gesamteindruck Spannungsreich und intensiv. Im Auge behalten.

Mackmyra

MACKMYRA • GÄVLE, SCHWEDEN • WWW.MACKMYRA.COM • BESUCHE NUR NACH VORANMELDUNG

Was hätte wohl Bengt Thorbjørnson aus der Brennerei Mackmyra gemacht? Sein Ziel war es, schottische Arbeitsweisen auf Schweden anzuwenden. Die Gründer von Mackmyra, die 1999 umsetzten, wovon andere lediglich träumten, hatten dagegen ganz anderes im Sinn. Sie waren zwar ebenfalls Scotch-Fans, ließen sich aber von Anfang an ebenso von Schweden wie von der Speyside inspirieren.

Bevor man über einen nordischen Stil diskutieren kann, müssen Brennereien erst eine Identität entwickeln. Mackmyra hatte immer eine. Liegt es daran, dass ihr Whisky in der Kühle einer verlassenen Mine ausgebaut wird? Oder am Einsatz skandinavischer Gerstensorten, der Verwendung von Torf aus dem Karinmossen-Moorgebiet bzw. den Wacholderästen, die zum Räuchern verwendet werden (die Folgen lassen sich aus dem Svensk Rök herauslesen)? Oder an den schwedischen Eichenfässern? Alles prägt den Whisky, aber genauso wichtig ist auf Mackmyra auch die Bereitungsphilosophie.

Obwohl man vor der ersten Freigabe 170 Rezepte durchprobierte, erwiesen sich die Mackmyras als Überraschung für alle an Scotch Gewöhnten. Sie waren leicht, volatil, reintönig, aber nicht fragil. Sie tragen eine kühle Zurückhaltung zur Schau, sind aber nie spröde.

»Wir wollten gar keinen Vergleich mit Scotch«, erinnert sich Master Blender Angela d'Orazio. »Die erste Reaktion derjenigen, die ihn nach seiner Freigabe verkosteten, war: Nein! So ist Whisky nicht gemeint!« Sie lacht. Nur zu leicht vergisst man in der heutigen Whiskywelt mit ihren raschen Entwicklungen, neuen Geschmacksnoten und modernen Verfahren, wie misstrauisch alles beäugt wurde, was die schottische Geschmackshegemonie zum Jahrtausendwechsel infrage stellte.

»Scotch ist wichtig, keine Frage«, fügt d'Orazio hinzu. »Wir sind ihm alle verpflichtet. Aber der Mackmyra-Stil stand schon bei den frühesten Abfüllungen fest.« Sie nennt ihn »anschaulich«, was ziemlich genau die ruhige Intensität des Mackmyra-Stils beschreibt. Holz stützt den Brand dezent. Schwedische Eiche mit ihrer kraftvollen kräuterwürzigen Öligkeit wird mit Bedacht eingesetzt. Manchmal bestehen die Fässer nur aus ihr, meist aber kommen Hybridfässer zum Einsatz, bei denen auch amerikanische Eiche mit von der Partie ist.

Die neue, größere, 2011 eröffnete Brennerei hat drei »klassische« Stile zu bieten, einen eleganten und zwei rauchige (mit Torf und Wacholder geräuchert). Dabei handelt es sich im Wesentlichen um den immer gleichen Brand, aber mit unterschiedlichen Cut Points.

»Es ist schön, dass es traditionelle und moderne Whiskys gibt«, findet d'Orazio. »Aber das muss kein Entweder-oder sein.«

MACKMYRA – Verkostungsnotizen

MACKMYRA VITHUND, NEW MAKE 41,4%

Nase Leicht, fast ätherisch, ein Hauch von Duftwicken und sogar Erbsensprossen. Leicht weinig (Sauvignon blanc), Nesseln und delikate Birne. Honigsorbet.
Geschmack Süß und zitrusfruchtig. Recht spritzig und volatil, mit Blütentönen. Fruchtig.
Abgang Delikat und süß.

MACKMYRA BRUKSWHISKY 41,4%

Nase Klarer Fortschritt hier. Zurückhaltend, kühl, unaufdringlich, sehr leichte Fruchtelemente, die sich mit Wasser stärker entfalten. Schwere Blütendüfte: Maiglöckchen.
Geschmack Mehr Substanz, als die Nase andeutet. Leichter Honigton, dann delikate Gewürze im Hintergrund. Relativ zart.
Abgang Mild und weich.
Gesamteindruck Eleganter Stil.

Stil **Duftig und blumig**
Ähnlich The Glenlivet 12 Jahre

MACKMYRA MIDVINTER 41,3%

Nase Sehr würzig. Beerenwürzig: Brombeeren mit reichlich Minze und Johannisbeerblättern. Gekocht. Veranstaltet trotz der zurückhaltenden Art eine wilde Früchteshow.
Geschmack Süßer Auftakt, wird später dezent dicker, wenn die Beeren durchschlagen.
Abgang Leicht marmeladig. Heckenpflanzen.
Gesamteindruck Ein süßer, fruchtiger Spaß.

Stil **Fruchtig und würzig**
Ähnlich Bruichladdich Black Art

MACKMYRA SVENSK RÖK 46,1%

Nase Leichte, violette Früchte und delikater Rauch als Kulisse. Preiselbeeren. Mit Wasser mehr duftender Rauch.
Geschmack Reif und zart fleischig, der Rauch zieht retronasal heran und erinnert an Holzfeuerglut. Recht fleischig.
Abgang Duftend, dezente Rauchnote.
Gesamteindruck Keine Rauchbombe, sondern dezent und ruhend.

Stil **Rauchig und torfig**
Ähnlich Getorfter Mars (mit der Zeit)

Der Whisky aus Schwedens Pionierbrennerei Mackmyra ist inzwischen auf der ganzen Welt erhältlich.

Dänemark/Norwegen

STAUNING • SKJERN, DÄNEMARK • WWW.STAUNINGWHISKY.DK • BESICHTIGUNG NACH VEREINBARUNG, NÄHERES SIEHE WEBSEITE / FARY LOCHAN • GIVE, DÄNEMARK • WWW.FARYLOCHAN.DK / BRAUNSTEIN • KOPENHAGEN, DÄNEMARK • WWW.BRAUNSTEIN.DK • SIEHE WEBSEITE / ARCUS • HAGAN, NORWEGEN • WWW.ARCUS.NO • BESUCHE NACH VEREINBARUNG

Obwohl Whisky Anfang der 1950er-Jahre schon einmal ein kurzes Gastspiel in Dänemark gab, wurde das Land erst nach 2000 zur Whiskynation. Inzwischen gibt es hier sieben Brennereien.

Eines der ersten Whiskysignale wurde von der Stadt Stauning im Westen Jütlands gesendet. Dort taten sich 2006 neun Scotch-Liebhaber zusammen und versuchten herauszufinden, ob sie Whisky brennen konnten. Bis 2009 wandelten sie einen Bauernhof in eine Brennerei um. Seither haben sie mit Erzeugerprinzipien alter Schule eine Tennenmälzerei eingerichtet, Torf in der Darre eingeführt sowie die Stills direkt befeuert. Ebenso wichtig aber ist für Besitzer Alex Hjørup Munch die Bedeutung der heimischen Zutaten Torf, Gerste und Roggen. Dass Torf zum Einsatz kommt, versteht sich von selbst. Im Gebiet von Bøllig Sø und den Sümpfen Mitteljütlands wird das Material schon seit der Jungsteinzeit gestochen.

»Jeder fragte sich, ob es überhaupt möglich sei, in Dänemark Whisky zu brennen«, erinnert sich Munch. »Natürlich ist es möglich. Jetzt will jeder im In- und Ausland diese verrückten Typen mit ihrer Tennenmälzerei und dem speziellen Maischbottich sehen. Wir sind sehr stolz, dass so viele Whiskyinteressierte zu uns kommen.«

Drei Stile werden erzeugt: ein rauchiger, ein ungetorfter und – für Nichtdänen vielleicht am überraschendsten – ein gemälzter Roggen. Rye bringt man sonst eher mit Nordamerika in Verbindung, aber Jütland ist fruchtbares Getreideterrain. Und wie immer bietet die Verwendung der Schätze, welche die unmittelbare Umgebung bereithält, eine gute Gelegenheit, sich von anderen abzuheben. Wirklich ungewöhnlich aber ist der Einsatz von gemälztem Roggen. »Das ist ein sehr kapriziöses Getreide. Aber weil wir handwerklichen Whisky brennen, haben wir einen speziellen Maischbottich nur für Roggen entwickelt, der sich inzwischen genauso einfach verarbeiten lässt wie andere Getreidesorten auch«, erläutert Munch. Selbst nach gerade einmal 18 Monaten in Eiche hat der Young Rye von Stauning schon eine innere würzige, fast Rum-artige Wärme und einen dazu passenden bittersüßen Abgang entwickelt. Eine deutliche Absichtserklärung.

Vom dänischen Whiskyliebhaber, der zum dänischen Whiskybrenner wird, erzählt auch Fary Lochan, die im Dezember 2009 gegründete Destillerie von Jens-Erik Jørgensen. »Ich habe angefangen, weil ich Whisky mag und von allem, was schwierig ist, magisch angezogen werde«, so Jørgensen. »Wir hatten vorher keine Whiskyvergangenheit.« Auch wenn er sich von Scotch inspirieren ließ, färbte er seinen Brand doch dänisch ein, indem er die Schwanenhälse verkürzte, um einen öligen, würzigen New Make zu bekommen. »Es hat Tradition auf der dänischen Insel Fyn, Käse mit Nesseln zu räuchern. Ich wusste, wenn

Die Mikrobrauerei und -brennerei Braunstein in der Hafenstadt Køge bei Kopenhagen.

ich alles den Schotten nachmache, bekomme ich eine bloße Kopie. Aber wer mag schon Kopien? Also mussten die Nesseln ran!«

Obwohl bei den frühen Editionen Quarter Casks mit 50 Liter zum Einsatz kamen, baut man heute die meisten Abfüllungen in Standardfässern mit 200 Liter aus – ein Hinweis darauf, dass man langfristig plant.

Braunstein wurde 2005 und 2006 als Ableger einer Mikrobrauerei der Gebrüder Poulsen gegründet. Die Holstein-Brennblasen liefern zwei Destillate: ein reiches und ein rauchiges. Man bevorzugt Sherryfässer. »Ich bin ein Freund der Vielfalt«, verrät Michael Poulsen, »und finde, dass jeder sein eigenes Ding machen sollte. Wir sind ein traditioneller, kleinhandwerklicher Betrieb und man beginnt uns allmählich ernst zu nehmen.« Wie es aussieht, sollte man dänischen Whisky im Auge behalten.

Die Spirituosenbrennerei in Norwegen hat eine wechselhafte Geschichte, die geprägt ist vom Umstieg von Getreide auf Kartoffeln, regem Privatbrennertum, einer Konsolidierung im 19. Jahrhundert, einer Prohibitionsphase von 1919 bis 1927 und einem staatlichen Monopol auf Herstellung (vor allem von Aquavit), Verkauf und Import von 1928 bis 2005. Der Staat kontrolliert zwar nach wie vor den Verkauf, doch das Einfuhrmonopol wurde 1996 aufgehoben. Eine unabhängige Erzeugung allerdings war erst ab 2005 möglich. Seither sind einige Whiskybrennereien entstanden wie Agder im Jahr 2009.

Die staatliche Brennerei Arcus ist inzwischen privatisiert und begann 2009 neben Wodka und Aquavit auch Whisky zu destillieren. »Wir wollten einfach sehen, ob wir dazu in der Lage waren«, erklärt Brennmeister Abrahamsen. »In der Herstellung von Spirituosen haben wir Erfahrung, aber Whisky hatten wir noch nie gebrannt. Deshalb haben wir ein Jahr lang unterschiedliche Malz- und Hefevarianten ausprobiert und eine kleine Pot Still mit herausnehmbaren Platten verwendet.«

Inzwischen kommen drei deutsche Malzsorten zum Einsatz: Pilsener Gerstenmalz, helles Weizenmalz und über Birke geräucherte Gerste. »Am Anfang überlegten wir, ob wir die Scotch- oder die Bourbon-Schiene fahren. Aber wir sind in Norwegen, also müssen wir es auf die norwegische Art machen.« Das heißt, dass man sich mit mehreren Malz- und Fassvarianten befassen muss.

»Wir spielen einfach ein bisschen herum«, so Abrahamsen. »Wer das nicht tut, ist nicht kreativ.« So könnte das norwegische Motto lauten.

DÄNEMARK – Verkostungsnotizen

FARY LOCHAN, CASK 11/2012 63%

Nase Leicht und sauber. Eine geringfügig grasige Note mit Vetiver entwickelt sich zu einem herzerwärmenden Duft nach alten Buchläden mit einer kalkigen Mineralität, die für Frische sorgt.
Geschmack Jung und frisch, Stall, sauberes Holz, dann nasses Pflaster und delikate Früchte.
Abgang Sauber und ein bisschen fest.
Gesamteindruck Das Räuchern über Nesseln könnte zum krautigen Charakter beigetragen haben. Eine gelungene, harmonische Einheit.

FARY LOCHAN, BATCH 1 48%

Nase Stark geschliffenes Holz, das in Bienenwachs hineinspielt. Dahinter baut sich echte Süße auf. Wieder Heu und Kräuter. Mit Wasser Andeutungen an Löwenzahn, Klette und Ginger Beer Plant (einen bei der Herstellung von Ginger Beer verwendeten Hefebrei). Holzöl.
Geschmack Mundfüllend, dezenter Eichenton. Mit Anis austariert.
Abgang Wieder krautig.
Gesamteindruck Frühreif und ein positiver Markt für die Zukunft.

STAUNING, YOUNG RYE 51,2%

Nase Ausgewogene, präzise Roggennoten. Leicht mild und süß, mit einer Röstnote, die fast an Honig erinnert. Saubere Gewürze, etwas Kümmel, grasig. Komplex und rund, mit der Energie der Jugend.
Geschmack Weicher Einstieg. Butter auf einem gewürzten Brötchen, dann Muskatnuss, Pfeffer und grüner Apfel. Mit Wasser süßer.
Abgang Leicht würzig, lang.
Gesamteindruck Wird sich zu einem Rye von Weltklasse entwickeln.

Stil Würziger Rye
Ähnlich Millstone 100°

STAUNING TRADITIONAL, OLOROSO 52,8%

Nase Vollkornkekse. Süß und leicht zuckerig, Anklänge an Süßholzwurzel mit süßen roten und schwarzen Früchten. Konzentriert, dann Sultaninen.
Geschmack Mild, etwas trocken und staubig. Ausgewogen, sauberer Alkohol, gutes Holz in Harmonie. Zimt.
Abgang Kurz, aber fruchtig.
Gesamteindruck Reift großartig – und schnell.

Stil Fruchtig und würzig
Ähnlich The Macallan Amber

STAUNING PEATED, OLOROSO 49,4%

Nase Milder Rauch, leicht teerig, kühler Teer, Hinweise auf Torfdarre – erinnert an Ardbeg. Andeutungen an Gras, schön cremig, was Süße ins Spiel bringt. Dezente Trockenobstnote. Recht dicht.
Geschmack Reife Frucht, Rotweintrauben und Rosinen mit Lagerfeuer.
Abgang Likörig und rauchig.
Gesamteindruck Ausgewogen, gut geräuchert.

Stil Rauchig und torfig
Ähnlich Ardbeg 10 Jahre

BRAUNSTEIN E:1 SINGLE SHERRY CASK, 62,1%

Nase Zu Beginn fest. Süß und weich. Angenehm duftend. Kastanienmehl und Heidelbeere. Obstkompott.
Geschmack Konzentriert, mit viel marmeladiger Frucht. Dann manifestiert sich trockenes Getreide und Trockenobst. Karamellbonbons. Gute Säure. Ausgewogen. Geschliffene Eiche.
Abgang Würzig und duftig. Ein exotisches Element.
Gesamteindruck Ein ebenso lang ausgebauter Single Cask offenbart einen intensiveren Minzton mit appetitanregender, faszinierender Wermutnote.

Stil Fruchtig und würzig
Ähnlich Benromach

NORWEGEN – Verkostungsnotizen

ARCUS, GJOLEID 3,5 JAHRE EX-BOURBONFASS 73,5%

Nase Leicht, frisch und sauber, mit reintönigem, süßem Drive. Ein Hauch Konfekt. Fokussiert und ausgewogen, leichte Zitrusnoten. Amerikanische Vanillelimonade wird angedeutet. Mit Wasser etwas Limonade.
Geschmack Leicht, mit Zitronennoten. Geht mit seiner hohen Alkoholstärke gut um und deutet bereits gute Harmonie an. Subtil, sauber, mit frühlingshafter Frucht.
Abgang Sauber und scharf.
Gesamteindruck Frühreif. Im Auge behalten.

Stil Fruchtig und würzig
Ähnlich Great King Street, The Belgian Owl

ARCUS, GJOLEID 3,5 JAHRE SHERRYFASS 73,5%

Nase Holzrauch und Ingwer, keksige Wärme. Heißer Grog mit Honig und Zimt, Kaffee. Mit Wasser Honig und frische Pilze im Verbund. Gerste im Hintergrund.
Geschmack Süß und rund, erste Anzeichen von Fülle. Jung, aber sauber. Ausgewogen. Milde Eiche.
Abgang Schokolade.
Gesamteindruck Unterschiedliche Fässer unterstreichen die unterschiedlichen Facetten des Brands.

Stil Fruchtig und würzig
Ähnlich Bunnabhabhain (mit der Zeit)

STAUNING
DANISH WHISKY

Finnland/Island

TEERENPELI • YHTIÖT OY, FINNLAND • WWW.TEERENPELI.COM
EIMVERK DISTILLERY (FLÓKI) • REYKJAVIK, ISLAND • WWW.FLOKIWHISKY.IS

Staatliche Einmischung spielt eine wichtige Rolle in den nordischen Whiskysagas. Finnland zum Beispiel gestattete bis 1904 nicht einmal den Import von Scotch. In einem begeisterten Brief, den der Whisky-Blog www.whiskyscience.blogspot.co.uk entdeckt hat, schrieb damals ein Journalist: »Nun wird alles anders. Die Tore der Whiskyzivilisation haben sich endlich auch für uns geöffnet!«

Mit der Begeisterung war es allerdings bald wieder vorbei. Die Regierung verhängte von 1919 bis 1932 ein Alkoholverbot und beließ auch nach seiner Aufhebung die Erzeugung wie in Norwegen in staatlicher Hand. In den 1930er-Jahren fragte man zwar bei Bengt Thorbjörnson an, ob man Whisky brennen könne. Doch er verneinte, was seltsam war, denn finnisches Getreide war von hoher Qualität.

In den 1950ern schlug schließlich die Geburtsstunde des finnischen Whiskys. Damals erzeugte die Staatsbrennerei Alko eine gewisse Menge, die zu einer gewürzten Abfüllung namens Tähkäviina oder, mit schottischen Anteilen, zu einem Brand namens Lion verschnitten wurde. Auf den ersten zu 100 Prozent finnischen Whisky von Alko allerdings mussten die Finnen bis in die 1980er-Jahre warten. Die Destillation wurde 1995 eingestellt; was noch an Beständen vorhanden war, floss bis ins Jahr 2000 in weitere finno-schottische Blends wie den Viski 88 und den Double Eight 88.

Erst vor zwei Jahren erlöste der Old Buck die Nation von den whiskylosen Zeiten. Der von Beer Hunter's in Pori mit einer Holstein-Brennblase erzeugte Whisky wird in Sherry- und in portugiesischen Fässern ausgebaut. Im gleichen Jahr begann auch das Restaurant Tampere's Teerenpeli mit dem Brennen – inzwischen hat sich ihr Whisky zur international bekanntesten finnischen Marke gemausert. Im Gegensatz zu vielen Neugründern kann Teerenpeli die hohen Startup-Kosten durch die Brauerei- und Restaurantkette etwas abfangen.

»Ich hatte mich immer gefragt, warum es in Finnland keine Whiskybrennereien gab«, erinnert sich Teerenpeli-Boss Anssi Pyssing, »wo doch die Region Lahti, in der wir unseren Standort haben, für ihr Brauwesen und ihre Mälzereien bekannt ist. Wir begannen 1995 mit dem Brauen, und danach war Whisky die logische Folge.« Logisch vielleicht, aber Priorität hatte auch die Frage, wie man etwas typisch Finnisches hinbekommen würde. Pyssing: »Irgendeinen Whisky kann schließlich jeder erzeugen und verkaufen. Aber wenn es ein finnischer sein soll, dann sind die Erwartungen hoch: Die Qualität muss besonders sein und die Marke einen hohen Erkennungswert haben. Die Finnen wollen stolz auf ihren Whisky sein. Deshalb sind mit dem Prädikat ›finnisch‹ Verpflichtungen verbunden.«

Ein erster Schritt war der Entwurf eigener Pot Stills, aber wenn man mit Pyssing spricht, wird klar, dass das Terroir von Lahti entscheidend war. Beteiligt sind Quellwasser aus dem Salpausselkä-Höhenzug, Gerstenmalz aus der Region, örtlicher Torf und, wie Pyssing herausstreicht, das finnische Klima. »Die Gerste wächst im kurzen, aber intensiven finnischen Sommer mit seinen langen Tagen. Auch durch die saisonalen Temperaturschwankungen und die Luftfeuchtigkeit unterscheiden sich die Bedingungen von denen in Schottland.«

Alle Variablen sind anders – finnisch sozusagen. Finnland gehört nun auch zur »Whiskyzivilisation«.

Grundsätzlich allerdings stellt sich bei skandinavischem Whisky nicht nur die Frage, wie weit man gehen kann, um etwas Heimisches zu schaffen, sondern wie weit nach Norden man gehen kann. Norwegens Brennerei Klostergården befindet sich am 63. Breitengrad, wird aber gerade noch übertroffen von Eimverk in der isländischen Stadt Garðabær am 64. Breitengrad. Damit ist Eimverk die nördlichste Brennerei der Welt (allerdings ist eine weitere auf der Insel Myken am 66. Breitengrad vor der Nordküste Norwegens geplant).

Hier geht es aber um mehr als Rekordhatz. Theoretisch könnte man sogar am Nordpol brennen, wenn man jedoch dem im Trend liegenden Wunsch nach Lokalcharakter entsprechen will, muss man klimatische Beschränkungen akzeptieren. Island befindet sich am Rand der Zone, in der Gerstenanbau noch möglich ist. Das ist auch einer der Gründe, warum ein Land, in dem das Bierbrauen von 1915 bis 1989 verboten, das Brennen jedoch erlaubt war, nie Whisky herstellte, sondern sich stattdessen auf *brennivín* aus Kartoffeln spezialisierte. Bis schließlich Eimverk mit seiner Marke Flóki kam.

»500 Jahre lang bauten die Wikinger Gerste an und brauten«, weiß Halli Thorkelsson von Eimverk. »Um das 13. Jahrhundert begann eine kühle Klimaperiode, die sich bis in das 20. Jahrhundert hineinzog. In dieser Zeit war der Anbau von Gerste nicht möglich, in den letzten 20 Jahren aber hatten wir stabile Erträge.« Mit den geeigneten Bedingungen kam auch der Whisky. »Wir begannen mit dem Brennen des Flóki, weil wir Whisky mögen und traditionell ausgerichtet sind. Nach fünfjährigem Experimentieren bauten wir aus verschrotteter Milchverarbeitungsausrüstung unsere Anlage.«

Gebrannt wird umweltschonend. Die Stills befeuert man mit Geothermie, beim Anbau der Gerste verzichtet man auf den Einsatz von Pestiziden. »Wir hatten gar nicht vor, den ersten ›grünen‹ Whisky zu brennen«, räumt Thorkelsson ein. »Es hat sich einfach so ergeben, weil wir die vor Ort verfügbaren Ressourcen nutzen.« Und weiter: »Wir brauchen winterharte, langsam wachsende Sorten. Sie müssen allerdings einen niedrigeren Stärke- bzw. Zuckergehalt haben als die Gerste, die die meisten Brenner heute verwenden. Der höhere Ölgehalt beeinflusst Geschmack und Textur.«

Das Klima und die Tradition Islands schlagen sich auch im verwendeten Räuchermaterial nieder. Weil es keinen Torf gibt, wurde für Spezialitäten wie *hangikjöt* (geräuchertes Schaffleisch) von jeher Schafdung verwendet. »Die Umwelt macht unseren Stil einzigartig«, erklärt Thorkelsson. »Es wäre schön, wenn der Flóki Pionier und Eckpfeiler einer echten isländischen Whiskyindustrie und -tradition würde. Unsere Vorgehensweise basiert auf nordischen Traditionen.«

Vielleicht kristallisiert sich tatsächlich ein nordischer Stil heraus.

FINNLAND – Verkostungsnotizen

TEERENPELI AËS 43 %

Nase Frisch und jung, mit einer malzigen Süße, die in Äpfel und Blüten hineinspielt. Sehr duftig und sauber. Etwas Schlagsahne und Apfelkuchen mit Jasmin. Mit Wasser volatil.
Geschmack Zu Beginn leichte Gerstennoten, aber weder dürr noch trocken, sondern eher warm und süß, mit blumigem Auftrieb.
Abgang Anis.
Gesamteindruck Legt die süße Seite des Getreides offen.

Stil **Duftig und blumig**
Ähnlich The Glenlivet 12 Jahre

TEERENPELI 8 JAHRE 43 %

Nase Breiter und etwas trockener, mehr Struktur als beim Aës. Etwas Malzzucker, Milchschokolade und Nüsse. Ausgewogen.
Geschmack Geröstet, mehr toastiger Malz. Gekocht und messingartig, ein bisschen Kastanien. Weich und sauber.
Abgang Etwas fest.
Gesamteindruck Nimmt Fassnoten an.

Stil **Malzig und trocken**
Ähnlich Auchentoshan 12 Jahre

TEERENPELI KASKI 43 %

Nase Malzbrot, feucht und bissfest, Johannisbeeren und gekochte Pflaumen, Schwarzkirschen. Mit Wasser Holzöl.
Geschmack Geschmeidig, glatt und weich. Ausgewogen und süß mit Honeycomb, einer englischen Süßigkeit aus Zuckersirup und Honig. Trockene Eiche/Malz als Ausgleich. Die Pflaumen melden sich wieder.
Abgang Kakao.
Gesamteindruck Der strukturierteste und am weitesten entwickelte Whisky des Trios.

Stil **Fruchtig und würzig**
Ähnlich Macduff

TEERENPELI, 6 JAHRE 43%

Nase Kleie. Geröstet und nussig. Sauber, mit einer leichten Öligkeit im Hintergrund, die in Richtung trockenes Gras und Mandelsplitter geht.
Geschmack Sehr nussig (Haselnuss). Jung und lebhaft, etwas Hyazinthe.
Abgang Weizenkeime.
Gesamteindruck Sauber, frisch. Ausgewogen und nussig.

Stil **Malzig und trocken**
Ähnlich Auchroisk

ISLAND – Verkostungsnotizen

FLÓKI, 5 MONATE EX-BOURBONFASS 68,5 %

Nase Süß, fest und frisch, leichte süße Getreidenoten und etwas Wildkräuter/nasses Gras. Kalkig und intensiv. Mit Wasser angenehme Bauernhofaromen, die in Bockshornklee und vegetabile Töne hineinspielen.
Geschmack Süß und nadelspitz. Sauber, frisch und säuerlich. Mit Wasser eine leichte jugendliche Sprödheit.
Abgang Sauber und fest.
Gesamteindruck Gut gemacht, luftig und frisch. Es lohnt sich, ihn im Auge zu behalten.

EIMVERK DISTILLERY
FLÓKI
ICELANDIC SINGLE MALT WHISKY

Der isländische Single Malt von Flóki wird in den selbstgemachten Pot Stills der Brennerei handwerklich und mit Stolz gebrannt.

SÜDAFRIKA

JAMES SEDGWICK • WELLINGTON • WWW.DISTELL.CO.ZA

DRAYMAN'S • PRETORIA • WWW.DRAYMANS.COM

Wenngleich Südafrika vor allem als Brandyerzeuger bekannt ist, so hat es sich doch mit Unterbrechungen seit dem späten 19. Jahrhundert immer wieder auch an Whisky versucht. Leider scheiterten die meisten Brennereien, weil die Gesetzgebung darauf ausgerichtet war, die Weinbrandindustrie zu schützen. Im 20. Jahrhundert war die Steuer auf Destillate aus Getreide – sprich: Whisky – zeitweise um 200 Prozent höher als jene auf Brandy.

Trotzdem wurde immer auch Whisky getrunken. Seit dem 19. Jahrhundert war Südafrika ein wichtiger Exportmarkt für Scotch. Einen echten Whiskyboom erlebte das Land aber erst nach dem Ende der Apartheid, als der Brand zum Erfolgssymbol der »Black Diamonds«, des neuen schwarzen Mittelstands, wurde.

Die ältere der beiden Whiskybrennereien im Land ist die James Sedgwick Distillery in Wellington, die 1886 als Brandyhersteller gegründet wurde. Gut 100 Jahre später brachte man die Brennausrüstung einer kleinen R&B-Anlage aus Stellenbosch hierher. Die Whiskymarke des Unternehmens, Three Ships, war zunächst ein Blend aus Scotch und Sedgwick-Whiskys (der Select und der 5-jährige Premium sind es bis heute). Immer häufiger finden jedoch zu 100 Prozent südafrikanische Brände Verwendung, etwa für den Bourbon Cask Finish, einen Blend mit sechsmonatigem Vatting in Firstfill-Fässern, und den leider viel zu sporadisch erscheinenden 10-jährigen Single Malt.

Im In- und Ausland einen Namen gemacht aber hat sich der Bain's Cape Mountain, ein üppiger Single Grain, der speziell auf eine neue Generation von Whiskytrinkern ausgerichtet ist. »Früher hieß es, dass Whisky oder zumindest guter Whisky nicht aus Südafrika stammen könne«, erinnert sich Brennmeister Andy Watts. »Zum Glück kennt sich die Öffentlichkeit immer besser aus. Allmählich setzt ein Umdenken ein.«

Auf dieses Umdenken kam auch Moritz Kallmeyer immer wieder zu sprechen, nachdem er in den 1990er-Jahren seine erste Braugaststätte in Pretoria eröffnet hatte. Er braut zwar noch immer, doch der Schwerpunkt liegt inzwischen auf seinem Drayman's High Veldt Whisky. Seine Maische mit heimischer Gerste, importierter getorfter Gerste, eigener Bierhefe und einer Brennhefe bringt er in drei Tagen auf sieben Prozent Alkohol. Dann lässt er sie drei Tage lang ruhen, damit sich Ester bilden und das Mundgefühl verbessert wird. »Man muss länger vergären, sonst opfert man den Brennereicharakter und bekommt nichts weiter als Gerstenschnaps«, ist sich Kallmeyer sicher.

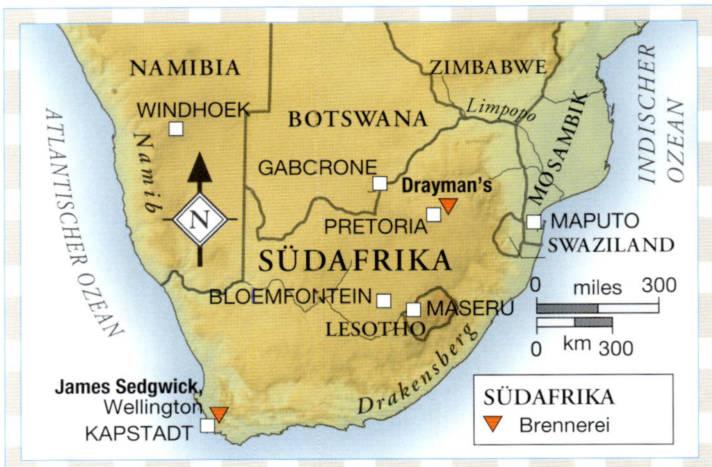

Die Anlage ist eine recht bemerkenswerte Zusammenstellung vom Schrottplatz. Sie besteht aus einem Bakterienfermenter für die Pot Still und einem hohen Schwanenhals mit Glockenböden. Der Brand wirkt sauber und persönlichkeitsstark – Bierschnaps ist er sicher nicht. Zum Einsatz kommen nur neu gekohlte 250-Liter-Rotweinfässer aus amerikanischer Eiche. Für den Drayman-Blend gibt es sogar eine Solera.

Schrotthändler im High Veldt werden sich die Hände reiben, wenn bald die Nachfrage nach Gebrauchtteilen für Brennereien steigt.

SÜDAFRIKA – Verkostungsnotizen

BAIN'S CAPE MOUNTAIN GRAIN 46%

Farbe Sattgolden.
Nase Sehr süß, mit leicht grasigem Hintergrund. Karamell, zerdrückte Bananen und Buttertoffees mit Kiefernnuance.
Geschmack Leicht, aber saftig süß. Recht viskos. Eiscreme, im Mittelteil weiche Früchte, dann eine Zitruseruption.
Abgang Zimt.
Gesamteindruck Ausgewogen und charaktervoll. Dürfte neue (und alte) Whiskyliebhaber ansprechen.

Stil **Fruchtig und würzig**
Ähnlich Nikka Coffey Grain

THREE SHIPS SINGLE MALT, 10 JAHRE 43%

Nase Weich und süß. Kokosnuss und etwas Milchschokolade, Zitrusschwung (Kumquats/*naartjie*), gefolgt von zerstäubten süßen Gewürzen: Muskatnuss, Zimt. Mit Wasser tiefgründiges Trockenobst.
Geschmack Beginnt sehr weich und fruchtig mit Trockenpfirsichen, Himbeeren und Melone. Leichte Eichennoten.
Abgang Noch immer fruchtig und ausgewogen.
Gesamteindruck Ausgewogen. Verdient es, häufiger abgefüllt zu werden.

Stil **Fruchtig und würzig**
Ähnlich The Benriach 12 Jahre

DRAYMAN'S 2007, CASK NO 4 FASSPROBE

Nase Würzig und sauber. Kardamom, Koriander und Stroh, aber auch eine konzentrierte Persimonengeleenote.
Geschmack Sehr aromatisch. Rosenblütenblätter, bevor leichte Getreidenoten durchzuschimmern beginnen.
Abgang Sauber und parfümduftig.
Gesamteindruck Eine faszinierende Geschmackspalette. Im Auge behalten.

SÜDAMERIKA

UNION DISTILLERY MALTWHISKY DO BRASIL • VERANÓPOLIS, BRASILIEN • WWW.MALTWHISKY.COM.BR / LA ALAZANA • LAS GOLON DRINAS, PATAGONIEN, ARGENTINIEN • WWW.JAVOODESIGNS.WIX.COM/LAALAZANAIN / BUSNELLO • BENTO GONÇALVES, BRASILIEN • WWW.DESTILARIABUSNELLO.COM.BR

Schon lange ist Südamerika eine Hauptexportregion für schottischen Whisky: Die meisten großen Blender, allen voran James Buchanan, richteten Anfang des 20. Jahrhunderts Brückenköpfe auf dem Kontinent ein. Nun aber beginnt Südamerika auch aktiv im Whiskyboom mitzumischen.

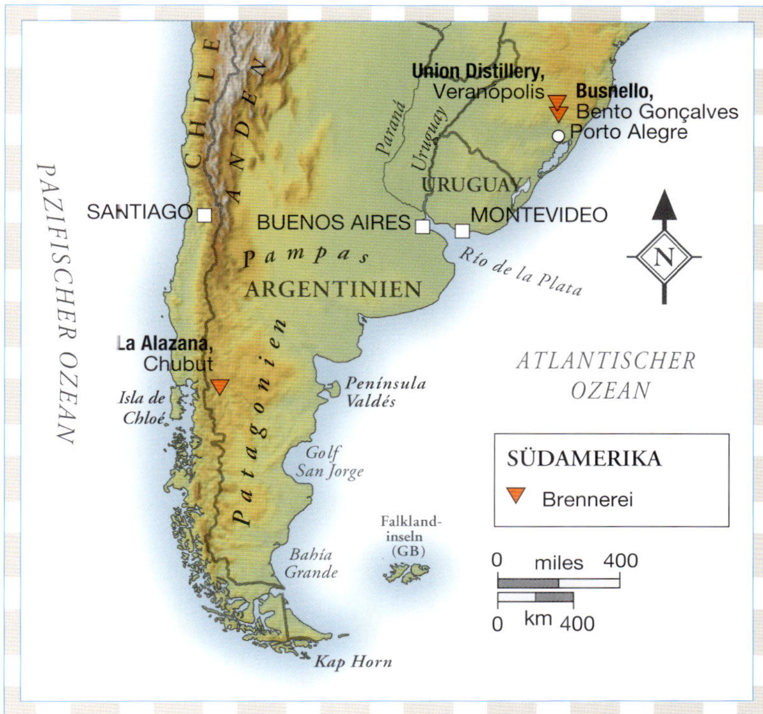

Zwei der drei Brennereien auf dem Kontinent haben allerdings schon vor Jahrzehnten mit der Produktion von Whisky begonnen. 1963 errichteten Luigi Pessetto, Antônio Pitt und João Busnello in einem Tal von Bento Gonçalves ein Herrenhaus. Im Inneren des imposanten Baus befand sich die Busnello Distillery. Die Union Distillery in Veranópolis im brasilianischen Bundesstaat Rio Grande do Sul wurde 1948 als Weingut gegründet, stieg aber 1972 auf das Destillieren um. Ihre Muttergesellschaft Borsato e Cia. Ltda. war der Ansicht gewesen, wenn sich die bergige Region für den Anbau von Trauben eignete, musste sie auch für die Whiskyerzeugung gut sein. Von 1987 bis 1991 arbeitete man mit Morrison Bowmore zusammen, danach war hier fünf Jahre lang Dr. Dante Calatayud als Berater tätig.

Verwertet wird heimisches ungetorftes und importiertes stark getorftes Malz. Die Destillation findet in Kupferbrennblasen mit steilen Schwanenhälsen statt, die sich nach unten in Worm Tubs ziehen und damit dem Brand, der mit 65 Prozent Alkohol aus der zweiten Still läuft, ein fruchtiges Gewicht mit auf den Weg geben.

Anfangs wurde der Rohbrand in Großgebinden als New Make verkauft, während man reife Posten als Beimengung verwendete. 2008 aber erschien anlässlich des 60-jährigen Firmenjubiläums der Single Malt Union Club. Gemäß brasilianischem Gesetz muss er zwei Jahre reifen, bis er sich Whisky nennen darf, er kann aber mit weniger als 40 Prozent abgefüllt werden. Serge Valentin von der Webseite www.whiskyfun.com verglich ihn mit einem fruchtigen und leicht nussigen Standard-Speysider. Begeistert zeigte er sich ferner von der stark getorften Version.

2011 bekam das brasilianische Duo Verstärkung durch Argentiniens erste Single-Malt-Destillerie, La Alanza in der patagonischen Region Las Golondrinas in unmittelbarer Nähe des Bergs Piltriquitrón, der sie durch die Schneeschmelze mit Kühlwasser versorgt.

Wie viele Neubrenner hatten auch Pablo Tognetti und Schwiegersohn Nestor Serenelli als begeisterte Heimbrauer angefangen, bevor sie einen Abstecher in die Whiskywelt machten und sich ihre Brennausrüstung selbst entwarfen und bauten. Sie arbeiten mit Gerste aus der Pampa. Der Treber wird auf ihrer Farm für therapeutisches Reiten als Pferdefutter genutzt.

Beide Abfüllungen werden in einer einzigen 550-Liter-Brennblase erzeugt, doch ist eine zweite Still geplant. Erklärtes Ziel des Duos ist die Erzeugung eines leichten Stils, wie er der einheimischen Bevölkerung schmeckt. Seinen Lokaleinschlag bekommt er durch den Ausbau in Ex-Malbecfässern sowie den üblichen Ex-Bourbon- und Sherryfässern. Zwei weitere Projekte sind in Patagonien im Werden. Wird das Land womöglich die nächste Whiskyregion der Welt?

Mitten in einer malerischen Umgebung steht die erste Single-Malt-Brennerei Argentiniens, La Alazana.

INDIEN UND DER FERNE OSTEN

Indien gehört zu den größten Verbrauchern von Whisky, trinkt aber kaum welchen. Verwirrt? Nicht nur Sie. Laut der Welthandelsorganisation WTO darf Whisky nur aus Getreide gebrannt werden. In Indien aber läuft auch eine braune Spirituose aus Melasse, also eigentlich Rum, unter »Whisky«. Wenn man erfährt, dass außerdem unausgebauter, gefärbter neutraler Getreidebrand, Verschnitte aus Melasse und Getreide bzw. Malz oder aus Melassebrand und Scotch ebenfalls zur Whiskyfraktion gezählt werden, wird klar, warum die Anwälte der WTO seit Jahrzehnten Scharmützel um Scharmützel ausfechten.

Weil die Welt sich standhaft weigert, Melassebrände als Whisky anzuerkennen, hat die indische Regierung mittlerweile auf stur geschaltet und erhebt hohe Einfuhrzölle auf importierte Spirituosen – etwa Whisky. Der Satz ist zwar in den letzten Jahren stark gesunken, doch kann jeder indische Bundesstaat seine eigenen Steuern einführen, weshalb man die entgangenen Einnahmen einfach durch andere Gebühren ausgleicht. Das wurmt vor allem die Scotch-Industrie, die Indien als potenziell größten Exportmarkt betrachtet. Die Verhandlungen zur Lösung des Problems kommen so schnell voran wie ein Himalaja-Gletscher.

Entspannter ist die Lage in anderen asiatischen Ländern. Taiwan entwickelt sich zu einem wichtigen Single-Malt-Markt mit einer bemerkens-

Rechts: Bevor der Amrut, einer der bekanntesten indischen Whiskys, im Inland erschien, etablierte er sich erst auf dem Exportmarkt.

Unten: Im Hügelland von Bangalore entsteht der Single Malt Amrut.

werten eigenen Brennerei namens Kavalan, in der die Widrigkeiten eines Ausbaus unter subtropischen Vorzeichen mit forensischer Genauigkeit untersucht werden. Singapur ist Eintrittspforte in einen vielversprechenden Markt, gleichzeitig aber bereits boomendes Whiskyterrain. Korea, Vietnam und Thailand hat die Scotch-Branche schon erobert.

Nach Indien steht China im Fokus. Einen Markt mit so enormem Potenzial müssen Erzeuger zwangsläufig ins Visier nehmen, sich aber auch gut überlegen, wie sie ihn erobern. Dem Reich der Mitte sagen nicht nur Whisky, sondern importierte Brände generell außerordentlich zu. Die Verbraucher springen frohgemut von Whisky zu Wodka zu Cognac zu Tequila. Allerdings sind die Kosten der Erschließung hoch. Probleme bereiten ferner die gigantischen Dimensionen des Landes und jüngste Gesetze, mit denen man die Flut exzessiv teurer Geschenke eindämmen will, was sich auf das Premiumsegment des Whiskymarkts ausgewirkt hat. Dennoch kann man China nicht ignorieren.

In puncto Produktion aber ist Indien das Land Nummer eins.

Indien

AMRUT • BANGALORE • WWW.AMRUTDISTILLERIES.COM / JOHN DISTILLERIES • GOA • WWW.PAULJOHNWHISKY.COM

Obwohl es Hunderte von Brennereien auf dem indischen Subkontinent gibt, ist es nahezu unmöglich herauszufinden, wie viele davon eine nicht neutrale, aus Getreide gebrannte und in Holz ausgebaute Spirituose erzeugen. Murree in Pakistan, angeblich die einzige Brennerei in einem muslimischen Land, tut es auf jeden Fall. Möglicherweise tut es auch das Heereshilfsprojekt von Bhutan in Gelephu. Das Gros der Whiskys in Indien aber ist Scotch, gemischt mit neutralem heimischem Alkohol.

Auch die Brennerei Kasauli von Mohan Meakin auf den Himalaja-Ausläufern und Nagar (ein Betrieb derselben Firma) in Uttar Pradesh, wo auch die Anlage Rampur von Radico Khaitan steht, liefern Spirituosen, die der allgemein gültigen Definition von Whisky entsprechen. Alle erzeugen Brände aus Melasse und Getreide.

Indiens größter Erzeuger ist United Spirits. Dessen Portfolio enthält Whisky aller Stile, darunter McDowell's Single Malt, der in der gleichnamigen Brennerei in Goa entsteht.

Der Bundesstaat ist außerdem Sitz der John Distilleries. Sie ist zwar vor allem für ihre Palette von Whiskys mit regionaler Färbung bekannt, von denen sie elf Millionen Kisten jährlich abfüllt, platzierte 2012 aber ihre ersten gerstenbasierten Single Malts der Linie Paul John auf dem internationalen Markt. Die Gerste stammt aus Indien, Torf wird aber aus Schottland importiert. Die Destillation erfolgt in Pot Stills, der Ausbau ausschließlich in Ex-Bourbonfässern.

Die Single Malts waren anfangs ausschließlich für den Export gedacht. Man wollte sich zuerst einen Ruf im Ausland erarbeiten, bevor man hochpreisige Whiskys in den heimischen Markt einspeiste. An dieser Strategie versucht sich seit 2004 auch die Brennerei Amrut in Bangalore, die im eigenen Land praktisch unbekannt ist, sich bei Kennern in aller Welt aber einen verdient guten Ruf erarbeitet hat. Amrut ist eine perfekte Fallstudie über den Einfluss des Standorts. Die ungetorfte Gerste stammt aus Rajasthan, etwaige getorfte Komponenten sind schottischen Ursprungs. Bei der Destillation weicht man zwar nicht vom Standardverfahren ab, seinen eigenen Charakter bekommt der Whisky aber in einem Mix aus neuen und Firstfill-Fässern aus amerikanischer Eiche.

Obwohl Bangalore auf 914 Meter Höhe liegt, schwanken die Temperaturen im Sommer zwischen 20 und 36 und im Winter zwischen 17 und 27 Grad Celsius; außerdem ist da noch der Monsun. Das alles wirkt sich auf den Schwund, den »Angels' Share«, aus. Während in Schottland die Engel durchschnittlich zwei Prozent im Jahr für sich beanspruchen, sind es in Bangalore bis zu 16 Prozent pro Fass, die sich in Luft auflösen. Den Großteil der Whiskys füllt Amrut mit vier Jahren ab.

Buchhalter mögen Whisky, der rasch fertig ist, doch müssen die Brenner sicherstellen, dass das Endprodukt nicht nur eine Eichenbrühe ist, sondern eine komplexe Interaktion zwischen Holz und Brand offenbart. Sie widmen sich daher weiter intensiv den Folgen des Klimas und haben dabei, wie es scheint, viel Spaß.

Der Fusion ist ein zu 25 Prozent getorfter schottischer Malt, der Two Continents wird in Schottland fertig ausgebaut, während der Intermediate in Ex-Bourbon- und Sherryfässern reift.

INDIEN – Verkostungsnotizen

AMRUT, NEW MAKE

Nase Süße Maische, Leinsamenöl, Safran, leicht erdig, Zuckermaisnote und Kreidepulver.
Geschmack Ölig und dick, mit roter Frucht, süßer Pfeffernuance und einem Hauch Ysop und Veilchen. Kantig.
Abgang Fest.

AMRUT, GREEDY ANGELS 50%

Nase Warm, süß, Persimonen und Marzipan mit Ananas in Dosen und einem intensiven, volatilen, parfümigen Duft. Pfirsichkerne und süße Kekse.
Geschmack Breit und ausgewogen. Eine leichte Schärfe, die aber von Wasser gemildert wird, wenn der schlafende Mix aus Getreide und Frucht in der Mitte geweckt wird. Reif und pfirsichartig.
Abgang Steinfrüchte. Süß.
Gesamteindruck Gewichtig und komplex.

Stil **Fruchtig und würzig**
Ähnlich George Dickel

AMRUT, FUSION 50%

Nase Leichter Rauch. Etwas Käserinde, dann süßes Getreide und die typischen süßen Kekse. Mit Wasser Anklänge an Darre; frisches nasses Gras, dann weiche Früchte.
Geschmack Anfangs Holzrauch, dann Latte macchiato, bevor sich würzige Zitrusnoten entwickeln.
Abgang Lang und würzig.
Gesamteindruck Ausgewogen und elegant.

Stil **Fruchtig und würzig**
Ähnlich Tomatin Cù Bòcan

AMRUT, INTERMEDIATE CASK 57,1%

Nase Ovomaltine und Malzmilch; süße Kekse. Toffee. Wasser erhöht Fülle und Tiefe.
Geschmack Rosinen und reife Steinfrüchte: typisch Amrut.
Abgang Sultaninen, in Wein eingelegte Rosinen, Vanille.
Gesamteindruck Voll und reif.

Stil **Reichhaltig und rund**
Ähnlich The Glenlivet 15 Jahre

PAUL JOHN CLASSIC SELECT CASK 55,2%

Nase Sehr süß, Malzzucker, eingemachte Zitronen, Macadamianüsse, Zitrusfrüchte, reife Melone, Mango.
Geschmack Setzt das süße Tropenfruchtthema fort, dann knusprige Gerste und leichte Eichennoten. Erwärmend.
Abgang Saftige Früchte und Minze.
Gesamteindruck Weich und angenehm.

Stil **Fruchtig und würzig**
Ähnlich Glenmorangie 10 Jahre, Kavalan Classic

PAUL JOHN PEATED SELECT CASK 55,5%

Nase Zuerst Heiderauch, dann teerige Töne und Getreidenoten. Brennender Ginster. Trockener als der Ungetorfte.
Geschmack Die Früchte kehren mit viel Torfrauch zurück. Holzfeuer, dann weiche Frucht. Mit Wasser eine Malznote.
Abgang Holzglutartig.
Gesamteindruck Groß, von Rauch durchdrungen.

Stil **Rauchig und torfig**
Ähnlich The BenRiach Curiositas

Taiwan

KING CAR KAVALAN WHISKY DISTILLERY • YUANSHAN, YILAN COUNTY • WWW.KAVALANWHISKY.COM • BESICHTIGUNGEN MÖGLICH

Immer weniger Menschen sind heute überrascht, wenn sie hören, dass im subtropischen Klima Taiwans Whisky gebrannt wird. Kavalan ist die erste reine Whiskydestillerie des Landes. Die Gründe für ihre Entstehung sind offensichtlich: Zum einen ist Taiwan der weltweit sechstgrößte Markt für Scotch, zum anderen hat sich in den vergangenen zehn Jahren eine ganz neue Generation dem Scotch Single Malt zugewandt.

Mit dem Bau der Destillerie, einem Projekt des Nahrungsmittel- und Getränkekonzerns King Car, wurde im April 2005 begonnen. Den Auftrag erhielt erwartungsgemäß das Unternehmen Forsyth's aus Rothes, das die Anlage bis zum 11. März 2006 zum Laufen brachte – laut Blender Yu-Lan »Ian« Chang »um genau 15.30 Uhr!«. Inzwischen ist Kavalan ein äußerst respektabler Erzeuger und sogar Testgelände für ein neues Gebiet der Whiskywissenschaft, das sich mit den Auswirkungen der Reifung unter Tropenbedingungen befasst. Der Schwund beträgt hier durchschnittlich 15 Prozent im Jahr. Bei einem Besuch kann man den Whisky schon fast aus dem Fass verschwinden sehen und den Chor der Engel im Himmel droben jubilieren hören.

»Der Standort wurde aus zweierlei Gründen gewählt«, erinnert Chang sich. »Unter der Brennerei befinden sich Wasservorkommen aus den Shue-Shan-Bergen. Außerdem ist das Land in Yilan gebirgig, weshalb wir hier sehr saubere Luft haben – ideal für die Reifung des Brands.«

Chang hatte von Anfang an ein klares Geschmacksprofil im Sinn. Die Basis dafür legte er mit seinen Hefen, »einer Mischung aus handelsüblichen Stämmen und eigenen Züchtungen, die aus Umfeldhefen isoliert wurden. Sie tragen zum fruchtigen Charakter mit Anklängen an Mango, grünen Apfel und Kirsche bei, der das Markenzeichen unseres New Make geworden ist.«

Nach der Zweifachdestillation kommt der fruchtige Rohwhisky in eine komplexe Zusammenstellung aus Hölzern, für die Changs Mentor Dr. Jim Swan verantwortlich zeichnet. Im Mittelpunkt des Ausbaus in mehreren Hölzern steht amerikanische Eiche, doch sind auch Sherry-, Port- und Weinfässer mit von der Partie. Für Chang und Swan steht die Nutzung der enormen Reifungsgeschwindigkeit und die Erhöhung der Komplexität im Vordergrund. Der Geist von Kavalan muss singen und darf nicht von Extrakt geknebelt werden.

Das Wasser des Sun-Moon-Sees mag still sein, in der internationalen Whiskyszene aber schlägt der Kavalan-Whisky bereits hohe Wellen.

Kavalan ist keine Mikrobrennerei. Sie hat einen Ausstoß von 1,3 Millionen Liter im Jahr, eine weitere Kapazitätssteigerung ist geplant. Pro Jahr empfängt sie eine Million Besucher. Sie ist damit alles andere als eine Kuriosität, sondern ein führender Global Player, was einer sorgfältigen Ergründung lokaler Bedingungen zu verdanken ist.

KAVALAN – Verkostungsnotizen

KAVALAN CLASSIC 40%

Nase Süß, mit Tropenfrüchten in Hülle und Fülle: Guave, Mango und Persimone, dazu Baumobst und Frangipani-Blüten, Vanille und Kokosnuss.
Geschmack Saftig und fruchtig, mit Süße, Ingwer und dezent gerösteter Eiche in der Mitte.
Abgang Sauber, leicht gewürzter Apfelsaft.
Gesamteindruck Eine perfekte Einführung in den Kavalan-Stil. Außerdem vielseitig.

Stil **Fruchtig und würzig**
Ähnlich Glenmorangie Original

KAVALAN FINO CASK 58%

Nase Klar eine Sherrynote, aber eine süße. Leichte Karamelltöne, dunkle Schokolade, Espresso und Honig. Dahinter die brennereitypischen getrockneten Tropenfrüchte.
Geschmack Elegant, geschliffen, mit viel Süße und Harz (Soja) anstelle von Tannin-Grip. Etwas rote Früchte. Zitrus.
Abgang Leicht austrocknend.
Gesamteindruck Ausgewogen. Wird zu Recht als beste Abfüllung der Brennerei gepriesen.

Stil **Reichhaltig und rund**
Ähnlich Glenmorangie La Santa, Macallan Amber

SOLIST SINGLE CASK EX-BOURBONFASS 58,8%

Nase Süß und rein, mit Hinweisen auf gelben Sirup und weiche Früchte (Mango, Melone und Guave mit Ingwer und Kumquats). Anflug von Erdnüssen und Sandelholz. Die süßen Sägespäne verraten seine Jugend.
Geschmack Ein süßer, fruchtiger Brand, der mit den klassischen Geschmacksnuancen aus amerikanischem Eichenholz – Speiseeis, Crème brûlée und Gewürze – ausbalanciert wird.
Abgang Vanillesauce und Ananas in Dosen.
Gesamteindruck Süß und keck. Ein »neuer« Malt.

Stil **Fruchtig und würzig**
Ähnlich Glen Moray

AUSTRALIEN

BAKERY HILL • NORTH BAYSWATER, VICTORIA • WWW.BAKERYHILLDISTILLERY.COM.AU • BESICHTIGUNG NACH VORANMELDUNG GREAT SOUTHERN DISTILLING COMPANY • ALBANY, WESTAUSTRALIEN • WWW.DISTILLERY.COM.AU • GANZJÄHRIG GEÖFFNET LARK DISTILLERY • HOBART, TASMANIEN • WWW.LARKDISTILLERY.COM.AU • GANZJÄHRIG GEÖFFNET, VORANMELDUNG NÖTIG CELLAR DOOR & WHISKY BAR / NANT DISTILLING COMPANY • BOTHWELL, TASMANIEN • WWW.NANTDISTILLERY.COM.AU • GANZJÄHRIG GEÖFFNET, BESICHTIGUNG NACH VORANMELDUNG / SULLIVANS COVE • CAMBRIDGE, TASMANIEN • WWW.SULLIVANSCOVEWHISKY.COM / HELLYERS ROAD DISTILLERY • BURNIE, TASMANIEN • WWW.HELLYERSROADDISTILLERY.COM.AU • GANZJÄHRIG GEÖFFNET, BESICHTIGUNGEN, WHISKYSTRASSE UND BESUCHERZENTRUM

Angesichts der über eine riesige Landmasse verteilten Destillerien ist es schwierig, die neue australische Whiskyindustrie unter einen stilistischen Hut zu kriegen. Gänzlich unmöglich wird es, sobald man sich näher mit den unzähligen Ansätzen der Brenner befasst.

Als Rohmaterial werden oft vor Ort angebaute, in Brauereimälzereien aufbereitete Braugerstensorten verwendet, doch gibt es Ausnahmen. Manche Brenner nutzen heimischen Torf, andere verzichten ganz auf dieses Material. Zudem testet man verschiedene Hefestämme. Es gibt viele Möglichkeiten, um Unterschiede herauszuarbeiten und zu verstärken. Die Bandbreite der Brennblasen reicht von Pot Stills im schottischen Stil und solchen, die von John Dore entworfen wurden, über ehemalige Weinbrandbrennblasen bis hin zu alten australischen Stills. Viele Brenner setzen Fässer ein, in denen schon Weine – auch gespritete – feingeschliffen wurden.

Doch nicht nur Single Malts sind ein Thema. Manche versuchen sich an Rye oder interpretieren Bourbon auf die australische Art. Alle Aktivitäten aber machen deutlich, dass da Einzelkämpfer am Werk sind, die nach neuen Wegen suchen, statt zu tun, was andere vorgeben.

Was sich derzeit abspielt, unterscheidet sich fundamental von der alten australischen Whiskyindustrie, die von jeher auf die Erzeugung großer Mengen für wenig Geld setzte, damit aber schon in den 1980er-Jahren nicht mehr weiterkam. Bei der unermüdlichen Suche nach Neuem wird oft vergessen, dass Australien bis zum Beginn des

Vielleicht wird der Sandstrand von Albany in nicht allzu ferner Zukunft zum bevorzugten Tummelplatz von Strandnixen mit Limeburners Whisky in der Hand.

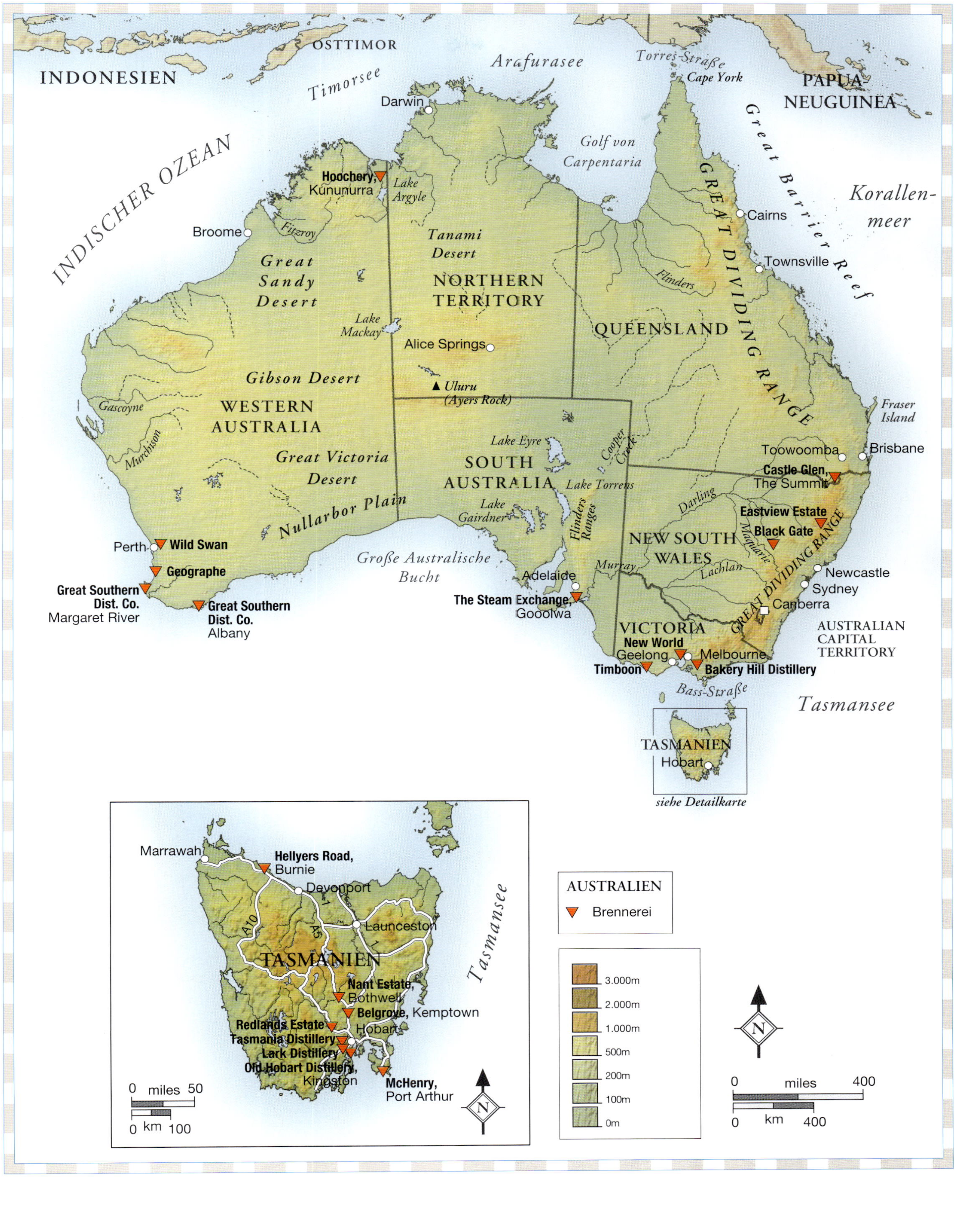

INDONESIEN
OSTTIMOR
Timorsee
Arafurasee
Torres-Straße
Cape York
PAPUA-NEUGUINEA
INDISCHER OZEAN
Darwin
Golf von Carpentaria
Great Barrier Reef
Korallenmeer
Hoochery, Kununurra
Lake Argyle
Fitzroy
Broome
Tanami Desert
Great Sandy Desert
NORTHERN TERRITORY
GREAT DIVIDING RANGE
Cairns
Townsville
Flinders
QUEENSLAND
Lake Mackay
Alice Springs
Gibson Desert
Uluru (Ayers Rock)
Gascoyne
WESTERN AUSTRALIA
Murchison
Fraser Island
Lake Eyre
Cooper Creek
Great Victoria Desert
SOUTH AUSTRALIA
Lake Torrens
Toowoomba
Brisbane
Castle Glen, The Summit
Darling
Eastview Estate
Black Gate
Lake Gairdner
Nullarbor Plain
Flinders Ranges
NEW SOUTH WALES
Macquarie
Perth
Wild Swan
Geographe
Große Australische Bucht
Adelaide
Murray
Lachlan
Newcastle
Sydney
Canberra
Great Southern Dist. Co. Margaret River
Great Southern Dist. Co. Albany
The Steam Exchange, Gooolwa
VICTORIA
AUSTRALIAN CAPITAL TERRITORY
New World
Geelong
Melbourne
Timboon
Bakery Hill Distillery
Bass-Straße
Tasmansee
TASMANIEN
Hobart
siehe Detailkarte
Marrawah
Hellyers Road, Burnie
Devonport
Launceston
A10
A5
1
TASMANIEN
Tasmansee
Nant Estate, Bothwell
Belgrove, Kemptown
Redlands Estate
Tasmania Distillery
Hobart
Lark Distillery
Old Hobart Distillery, Kingston
McHenry, Port Arthur
0 miles 50
0 km 100
N
AUSTRALIEN
Brennerei
3.000m
2.000m
1.000m
500m
200m
100m
0m
N
0 miles 400
0 km 400

In Australiens florierender Brennszene werden die verschiedensten Stile und Größen ausprobiert.

Zweiten Weltkriegs der größte Exportmarkt für Scotch war und schon seit dem späten 18. Jahrhundert Whisky gebrannt hatte.

Der australische Whiskyhistoriker und Berater Chris Middleton weist darauf hin, dass die ersten Getreidebrände 1791 in Sydney entstanden. South Australia und Tasmanien bekamen im 19. Jahrhundert Brennereien, zur größten Erzeugerregion indes wurde Victoria. 1863 nahm Dunn's Distillery in Ballarat, Victoria, den Betrieb nach irischem Vorbild auf und blieb bis zur Schließung 1930 die zweitgrößte Whiskymanufaktur des Landes. Das Yarra Valley, Australiens Weinbaugebiet Nummer eins, hatte im 19. Jahrhundert sechs Destillerien, der Dominator im Bundesstaat aber waren die Federal Distilleries in Port Melbourne, die 1888 über eine Jahreskapazität von vier Millionen Liter verfügten. Sie setzten Pot und Column Stills mit Meerwasserkühlung ein – ein Verfahren, das die Schotten bis heute nicht im Griff haben.

Führend im 20. Jahrhundert war die Brennerei Corio, die um 1920 von der schottischen Distillers Company Limited (DCL) in Ballarat eingerichtet wurde, bevor sie 1924 mit vier anderen Betrieben in Victoria fusionierte. Ihr Blend kam 1934 auf den Markt. Die in London ansässige Firma Gilbey's stieg nach dem Zweiten Weltkrieg ins Blending-Geschäft ein, als sie die Brennerei Milne in Adelaide der Moorabbin-Anlage in Melbourne hinzufügte. Beide britischen Unternehmen hielten den australischen Whisky bewusst billig und jung, um eine Preisdifferenz zu ihren schottischen Marken zu bewahren, die aufgrund protektionistischer Gesetzgebung 40 Prozent teurer waren. Nach dem Abbau dieser Handelshemmnisse in den 1960er-Jahren sanken die Preise für Scotch. Weil es im heimischen australischen Whiskymarkt keinen Premiumsektor gab, fielen die Verkaufszahlen ins Bodenlose. Ende der 1980er schlossen die beiden Whiskybrennereien des Landes.

Lange haftete australischem Whisky der Ruch der Massenware an. Als Bill Lark, Vater des modernen »Aussie«-Whiskys, in den 1990er-Jahren einen Neuanfang versuchte, stellte er fest, dass Brennblasen nach einem Branntweingesetz von 1901 mindestens ein Volumen von 2700 Liter haben mussten. Das war fast doppelt so viel, wie Lark benötigte, und eine Größe, mit der das Craft-Brennen praktisch unmöglich wurde. Unbeirrt aber bekniete er den Landwirtschaftsminister, einen Whiskyliebhaber, und erreichte eine Gesetzesänderung. Damit leitete er ein neues Kapitel der Whiskygeschichte ein und etablierte Tasmanien als neues Zentrum der australischen Whiskyindustrie.

Inzwischen hat Tasmanien bereits neun Brennereien. Die neuesten sind William McHenry & Sons, Mackey's, Shene (wo ein dreifach destillierter Brand »irischen Stils« entsteht) und Peter Bignell, der mit eigenem Roggen auf einen neuen australischen Whiskystil hinarbeitet. Während sich die Neuzugänge allmählich positionieren, beginnen die etablierten Betriebe über den Inselrand zu blicken und immer stärker auf das Exportgeschäft zu setzen.

Lark verwendet weiter die tasmanische Braugerstensorte Franklin in ungetorfter und getorfter Ausführung, wobei Letztere mit Inseltorf geräuchert wird, was dem Brand ein intensives, duftendes Wacholder-, Moos- und Gummibaumölaroma mit auf den Weg gibt. Er setzt zudem auf einen Mix aus Brau- und Nottingham-Ale-Hefe. Der ölige, blumige Brand wird in Bill Larks selbst entworfenen Pots zweifach destilliert und in 100-Liter-Fässern ausgebaut.

Larks neuestes Projekt ist der Ausbau der Brennerei Redlands Estate auf einer alten Gerstenfarm aus dem Jahr 1819 und die Einrichtung einer Tennenmälzerei, die das Rohmaterial aufbereiten soll.

Ein ähnlicher Jahrgang wie Bill Lark ist Patrick Maguire, der 2003 die Tasmania Distillery in Cambridge erwarb und seither mit zunächst wechselndem Erfolg eine Marke namens Sullivans Cove produziert. Er lässt sich seine Maische von der tasmanischen Cascade Brewery liefern und destilliert daraus mit alten Brandy-Brennblasen einen fruchtigen, blumigen Spirit. Der Ausbau findet in Ex-Bourbonfässern und ein paar ehemaligen australischen »Port«-Fässern aus französischer Eiche statt, die – Mackmyra und Puni lassen grüßen – in einem ausgemusterten Eisenbahntunnel lagern. Seit Kurzem arbeitet Maguire mit einer lokalen Craft-Brauerei namens Moo Brew zusammen, die nun für die Maische und ein breiter gefasstes Hefemanagement zuständig ist, sodass in Zukunft bei Bedarf die Angebotspalette erweitert werden kann.

Derweil versucht Maguire der steigenden internationalen Nachfrage nachzukommen: Sullivans Cove ist in Europa, Japan, Kanada und China erhältlich; weitere Märkte sollen folgen. »Der Export ist wichtig geworden«, so Maguire, »doch auch im Inland geht die Post ab. Die Unternehmen werden inzwischen als seriös

akzeptiert. Nach 14 Jahren schreiben wir endlich schwarze Zahlen.« Es war ein langer Lernprozess, wie er einräumt. »Als Bill und ich mit dem Brennen anfingen, hatten wir keine Ahnung, was wir taten! Wir lasen und redeten viel, spielten herum und machten jede Menge Fehler.« Gordon Mitchell, der inzwischen verstorbene, schmerzlich vermisste Brenner von Arran und Cooley, fungierte als Berater. Inzwischen aber ist Maguire eindeutig auf dem richtigen Weg – wie sehr, das beweist der Sullivans Cove, der 2014 bei einem internationalen Wettbewerb den Titel als weltbester Single Malt einheimste.

Die Tage, da die Brennerei schließen musste, damit die Bestände reifen konnten, sind vorbei – Expansion ist nun angesagt. »Wir verkaufen alles und können die Kapazitäten sogar verdoppeln«, freut sich Maguire.

In Tasmanien ist auch Australiens größter Single-Malt-Erzeuger, Hellyers Road, zu Hause. Er setzt ebenfalls auf heimische Gerste und (schottischen) Torf, während der Ausbau in amerikanischer Eiche vonstattengeht. »Unsere Whiskys haben sehr australische Geschmackscharakteristiken und spiegeln unsere Region wider,« so Brenner Mark Littler. »Frische und Reinheit ist ihr unverkennbares Alleinstellungsmerkmal.« Als besonders vorteilhaft erwiesen sich die Abkehr vom tasmanischen Standardausbau und der Einsatz von Pinot-Fässern. Außerdem hat sich die Brennerei etwas von der Weinwelt abgeschaut: Sie betreibt ein Verkaufs- und Besucherzentrum und nimmt den Exportmarkt ins Visier.

Die Old Hobart Distillery von Casey Overeem gibt es seit 2007. Overeem verwendet spezielle Fermenter und baut seinen Brand wie Lark in 100-Liter-Fässern aus französischer Eiche aus, in denen zuvor australischer »Port« und »Sherry« ruhten. Pro Jahr werden nur 8.000 Flaschen eines intensiv duftenden, fruchtigen Whiskys abgefüllt. Eine weitere Brennerei ist Nant. Sie hofft ihre Marke durch Gründung einer Kette von Whiskybars auf dem Markt zu etablieren und plant sogar ihre Ausweitung ins Ausland.

Auch auf dem australischen Festland nimmt die Whiskybewegung Fahrt auf. Etabliertere Brennereien wie Victoria's Bakery Hill, dessen Besitzer David Baker seine erste Brennblase 1999 in Bayswater in Betrieb setzte, haben Gesellschaft bekommen von Neugründungen wie Southern Coast Distillers und The Steam Exchange in South Australia, Timboon Railway Shed und New World Whisky in Victoria sowie Joadja und der Black Gate Distillery in New South Wales.

»Vom ersten Moment an, als ich beschlossen hatte, verdammt guten Malt zu brennen, wollte ich es anders machen als alle anderen und nicht als einer von vielen Ich-auch-Typen enden«, erinnert Baker sich. »Aber ich hatte keinen festen Plan außer dem Vorsatz, ein lokales Produkt zu erzeugen, das den Einheimischen schmeckt.«

Als Erstes probierte er 40, 50 Hefestämme aus. Dann beauftragte er John Dore, jenes Unternehmen, dass im 19. Jahrhundert Aeneas Coffeys Firma übernahm, mit der Entwicklung von Brennblasen, die einen süßen, fruchtigen, blumigen Brand liefern würden. Er führt auch eine getorfte Version, die sich allerdings mit der Zeit verändert hat. »Sie war zu sauber«, so Baker. »Ich wollte ein bisschen mehr Dreck drin haben. Also haben wir den Schnitt später angesetzt, damit Leder, Tabak und brennendes Holz durchschlugen.«

Zuletzt begann er auch die Wirkung des örtlichen Klimas auf das Arsenal an Ex-Bourbonfässern, Weinfässern aus französischer Eiche und Kleinfässern zu verstehen. Das Ergebnis ist ein immer eleganterer Single Malt, der auf dem Inlandsmarkt zunehmend Fuß fasst. »Als ich

Australiens beste Brennerei heißt Hellyers Road und befindet sich im Nordwesten Tasmaniens.

angefangen habe, bin ich fortgejagt worden. Jetzt drehen die Bars durch, um Whisky von mir zu bekommen.«

Er konzentriert sich auf den heimischen Markt und Whiskyeinsteiger, »insbesondere Frauen«. Denn: »Den alten Scotch-Schlürfer bekomme ich sowieso nicht, aber junge Genießer wollen informiert werden und sind bereit, neue Stile auszuprobieren.«

Whisky erlebe in Australien und besonders in Melbourne gerade einen kometenhaften Aufstieg, fügt er hinzu. »Aber es gibt noch viel zu tun. Wir laufen manchmal noch immer gegen eine Wand, denn man hat den Leuten eingetrichtert, dass Whisky nur in Schottland gemacht werden kann und wir dafür einige der besten Weine und Biere erzeugen. Aber mit Wein und Bier ist es wie mit Whisky: Sie haben sich an die Bedingungen vor Ort angepasst. Das war mein Ausgangspunkt. Jetzt möchte ich das Volumen erhöhen und umziehen. Es wird Zeit, wegzukommen aus dem Gewerbegebiet und den Direktverkauf einzuführen. Wenn die Menschen die Brennerei sehen, fällt der Groschen. Wir müssen sie einfach nur informieren.«

In Western Australia hat die Great Southern Distilling Company expandiert und bietet nun eine Reihe weiterer Spirits sowie den Limeburners an. Dieser duftige, blumige Whisky stammt aus dem kühlen, maritimen Klima von Albany. Er entsteht aus Braugerste und heimischem Torf aus den nahen Porongurup Mountains. Sein Geheimnis sind eine lange Gärung, die langsame Destillation in kleinen Stills und der anschließende Ausbau in einem Mix aus Ex-Bourbonfässern, ehemaligen australischen Likörweinfässern und Ex-Weinfässern, in denen zuvor der Brandy Great Southern ein Gastspiel gegeben hat.

Sogar einen Verband gibt es inzwischen. Die Tasmanian Whisky Producers Association hat bereits zehn Mitglieder, darunter zwei unabhängige Abfüller. Sie vertritt die Interessen der Brenner gegenüber der Regierung und hat eine Whiskystraße sowie eine Webseite entwickelt.

Wo also steht Whisky heute in Australien? »Man ist versucht, Parallelen zum australischen Wein zu ziehen«, erklärt Berater Chris Middleton. »Beim Wein haben wir europäische Rebsorten genommen und mit der Zeit Lagen aufgetrieben, in denen sie in neuer Umgebung ihre Stärken zeigen konnten. Durch moderne Bereitungsmethoden in einem heißen Klima konnten die Fruchtnoten herausgearbeitet werden. Die Welt hat die australischen Techniken übernommen und sie so verbreitet. Bei der Destillation sind nationale Unterschiede vielleicht ausgeprägter. Die australische Brandybranche war zwar ein halbes Jahrhundert lang auf dem absteigenden Ast, ihre Erzeugnisse aber haben noch immer ein Geschmacksprofil, das sich etwas von denen aus anderen Ländern unterscheidet. Das ist auf Faktoren wie Rebsorte, Klima und Hefestämme zurückzuführen.«

AUSTRALIEN – Verkostungsnotizen

OLD HOBART, OVEREEM PORT CASK MATURED 43%

Nase Frisch und sehr fruchtig, Backmischung, nasse Leinwand, Erdbeere und helle, marmeladige Früchte.
Geschmack Recht parfümartig. Vanillenoten im Verbund mit Parmaveilchen und etwas Lavendel. Zimt, weiche Rote Johannisbeeren und etwas Konfekt.
Abgang Geringfügig würzig. Andeutung an Getreide.
Gesamteindruck Süß duftend und direkt.

Stil **Fruchtig und würzig**
Ähnlich Edition Säntis, Tullibardine Burgundy Finish

OLD HOBART, OVEREEM SHERRY CASK MATURED 43%

Nase Leicht oxidiert. Wieder nasses Pflaster/nasse Leinwand, diesmal mit zusätzlichen Lagen Zitrus, Toffees und weichen Früchten (gekochte Nektarinen).
Geschmack Amontillado Sherry, leichte Mandelnoten. Rote und schwarze Früchte, ein Hauch von Datteln. Mit Wasser Rosmarin und Lavendel.
Abgang Geröstetes Getreide. Bitterschokolade.
Gesamteindruck Etwas trockener und strukturierter.

Stil **Reichhaltig und rund**
Ähnlich The Macallan Amber

BAKERY HILL, SINGLE MALT 46%

Nase Frischer, sauberer Brand mit zarten Eichennoten und einer blumigen Nuance, zu der sich Brotkrume, Lindenblüten und etwas Apfelblüten gesellen.
Geschmack Weicher Einstieg, ausgewogene Holznoten. Saubere Säure. Leicht honigartig.
Abgang Milchkaffee.
Gesamteindruck Delikat und fein.

Stil **Duftig und blumig**
Ähnlich Hakushu 12 Jahre

BAKERY HILL, DOUBLE WOOD 46%

Nase Fruchtdominiert. Pocht zum Auftakt auf Erdbeere und Himbeere und geht dann mit duftigen Heidelbeeren in die Tiefe. Mit Wasser voller.
Geschmack Komplexer Mix aus cremigem Haferbrei und Getreide. Im Mittelteil dunkle Beeren, die in Zwetschgenstreuselkuchen übergehen.
Abgang Leichte Heunoten.
Gesamteindruck Gut gemacht.

Stil **Fruchtig und würzig**
Ähnlich Tullamore D.E.W. Single Malt

BAKERY HILL, PEATED MALT 46%

Nase Leichte Rauchtöne: Holzrauch mit Honig-Nuss-Cornflakes, etwas Orangenschale. Mit Wasser torfiger.
Geschmack Süß, leicht nussig. Ausgewogen, mit leichten Fruchtanklängen, die nie von Rauch dominiert werden.
Abgang Lang und mild.
Gesamteindruck Ausgewogen.

Stil **Rauchig und torfig**
Ähnlich Kilchoman, Machir Bay

Tasmaniens ungewöhnliche Flora hat Torf mit einzigartigen aromatischen Vorzügen hervorgebracht. Hier Bill Lark beim Stechen.

Gilt das auch für australischen Whisky oder sind die Unterschiede einfach zu groß? Das muss die Zeit zeigen. Maguire, Lark und Baker haben alle darauf hingewiesen, dass es über zehn Jahre dauert, bis man ein Unternehmen etabliert und seinen Stil gefunden hat.

»Man fängt am besten bei den Menschen an«, so Middleton. »In Australien hat niemand Erfahrung mit dem Brennen«, fährt er fort. »Kein Protagonist aus der ersten Whiskyära hat bei den Startups der 1990er-Jahre eine Rolle gespielt. Das muss kein Nachteil sein: Es gab keine Traditionen, keine eingefahrenen Wege und keine Normen, die eingehalten werden mussten, man konnte sozusagen auf einem sauberen Fabrikboden von Null beginnen. Derart unbeeinflusst von sämtlichen Zwängen fand man während des Lernprozesses zwischen Pflanze und Flasche andere Sichtweisen und Ansätze.«

Mit anderen Worten: All die Menschen mit unterschiedlichsten Hintergründen – Anwälte, Landvermesser, Lehrer und Apotheker – haben zu brennen angefangen, weil sie Whisky mochten und ihnen die Vorstellung gefiel, ihn zu erzeugen. Bei der Entstehung der australischen Weinanbaugebiete war es genauso: Sie wurden von Menschen mit dem Willen, etwas Neues anzufangen, erschlossen.

Diese Dynamik teilen Australiens Brenner mit anderen Whiskypionieren in aller Welt. Aber obwohl Australien Teil einer internationalen Bewegung ist, sind die Vorgehensweisen doch unterschiedlich. Das müssen sie auch sein. Oder, wie es Middleton formuliert: »Hört auf, durch einen Whiskytrinkhalm nach Schottland zu schielen.« Zumindest versuchen sollte man es.

»Australier sind Gefolgsleute, keine Führungspersönlichkeiten«, findet Patrick Maguire. »Sie brauchen Produkte, die bereits den Genehmigungsstempel tragen. Man könnte Scotch in einem Getränkekarton abfüllen, er würde sich trotzdem verkaufen. Wir müssen also ein bisschen mehr tun, um Aufmerksamkeit zu gewinnen. Doch die Welt ändert sich. In Australien hat es eine echte Nahrungsmittelrevolution gegeben – und hochwertiges Essen und Qualitätsgetränke gehen nun einmal Hand in Hand. Wir wussten, es würde eine ganze Weile dauern, aber wir haben uns sehr bemüht, die Leute zu erreichen.«

David Baker stimmt zu: »Die Branche steht noch ganz am Anfang.« Er lacht. »Es war ein Alptraum, aber wir haben es überstanden. Man hat mir gesagt, dass es nicht klappen würde, ja, ich wurde sogar ausgelacht. Aber ich bin hier, weil mich die Leidenschaft für Whisky so weit gebracht hat. Ich bin Feuer und Flamme.«

Das ist echter Pioniergeist. Der Geist des Whiskys.

SULLIVANS COVE, FRENCH OAK CASK MATURED 47,5%

Nase Kandierte Zitronen- und Orangenschalen mit Muskatblüte und Muskatnuss. Dahinter leicht geröstete Gerste. Hat Gewicht.
Geschmack Weicher Auftakt mit Orangen-Schoko-Keksen. Süßer Mittelteil mit Zitrusfrüchten, fleischigem Obst und einem Anflug schwerer Blütennoten. Mit Wasser Rohrzucker.
Abgang Praline, etwas Holzkohle und Haselnuss.
Gesamteindruck Ausgewogen und komplex.

Stil **Fruchtig und würzig**
Ähnlich Cardhu 18 Jahre, The Glenlivet 21 Jahre

HELLYERS ROAD, ORIGINAL 10 JAHRE 40%

Nase Leicht brotige Aromen, Vollkornmehl, ansatzweise nussiges Getreide, dann süße Bambussprossen, Haselnuss und brauner Reis.
Geschmack Mandarinenmarmelade auf dunklem Brot. Etwas Milchschokolade. Geröstet, leicht cremig, ausgewogen.
Abgang Weich und luftig, Eiche und Getreide.
Gesamteindruck Leicht, sauber und nussig.

Stil **Malzig und trocken**
Ähnlich Arran 10 Jahre, Auchentoshan Classic

HELLYERS ROAD, PINOT NOIR FINISH 46,2%

Nase Rote Früchte: Kirschen, Rote Johannisbeeren, Himbeeren, Laub von Schwarzen Johannisbeeren. Zitrus. Wieder brauner Reis. Sauber.
Geschmack Geröstet und leicht nussig. Klarer Brennereicharakter, aber sehr gewürzlastig (leichte Gewürznelken). Wegen der Zusatzdosis Eiche etwas trockener.
Abgang Früchte und Nüsse.
Gesamteindruck Weich, aber nicht weingedopt.

Stil **Fruchtig und würzig**
Ähnlich Tullibardine Burgundy Finish, Liebl Coillmór Port

HELLYERS ROAD, PEATED 46,2%

Nase Trockener Beginn. Bratapfel über Lagerfeuer. Geröstete Haselnüsse. Der Rauch wird aromatisch: Rosenholz und Heidekräuter.
Geschmack Sofort Rauch mit etwas Eukalyptus. Ziemlich trocken wegen des Rauchs und der Getreidenoten. Im Mittelteil geringfügig weicher, da das Brotige mit etwas Vanille zurückkehrt.
Abgang Zart medizinal.
Gesamteindruck So artig wie die übrige Palette.

Stil **Rauchig und torfig**
Ähnlich Tomatin Cù Bòcan

DIE GESCHMACKSSTILE IM ÜBERBLICK

Alle verkosteten Whiskys mit Ausnahme der New Makes wurden einem Geschmacksstil zugeordnet. So kann man sich auf Erzeugnisse der Kategorie beschränken, die einem am meisten zusagt. Ein Vergleich ähnlicher Whiskys offenbart außerdem, wie eine Brennerei durch den Einfluss von Eiche und Zeit zum stilistischen Grenzgänger werden kann. Freilich gibt es auch innerhalb der einzelnen Geschmacksstile eine gewisse Bandbreite, dennoch zeichnen sich alle Whiskys einer Kategorie durch geschmackliche Gemeinsamkeiten aus. Mehr dazu auf den Seiten 26–27 und 28–29.

FRUCHTIG UND WÜRZIG

Der Fruchtcharakter wird geprägt von reifem Baumobst, etwa Pfirsich oder Aprikose, und manchmal sogar exotischeren Früchten wie Mangos. Zudem schwingen Vanille, Kokosnuss und die von amerikanischer Eiche eingebrachten Aromen wie Vanillesauce mit. Die Gewürznoten manifestieren sich im Abgang und gehören eher zur süßeren Kategorie, etwa Zimt oder Muskatnuss.

Schottland *Single Malt*
Aberfeldy 12 Jahre
Aberfeldy 21 Jahre
Aberlour 12 Jahre nicht kaltfiltriert
Aberlour 16 Jahre Double Cask
Abhainn Dearg
Arran 10 Jahre
Arran 12 Jahre Cask Strength
Auchentoshan 21 Jahre
Balblair 1990
Balblair 1975
Balmenach 1993
Balmenach 1979
The Balvenie 12 Jahre Double Wood
The Balvenie 14 Jahre Caribbean Cask
The Balvenie 21 Jahre Portwood
The Balvenie 30 Jahre
Ben Nevis 10 Jahre
The BenRiach 12 Jahre
The BenRiach 16 Jahre
The BenRiach 20 Jahre
The BenRiach 21 Jahre
Benromach 10 Jahre
Benromach 25 Jahre
Benromach 30 Jahre
Bowmore 46 Jahre, Distilled 1964
Cardhu Amber Rock
Cardhu 18 Jahre
Clynelish 14 Jahre
Clynelish 1997, Manager's Choice
Craigellachie 14 Jahre
Craigellachie 1994 Gordon & MacPhail Bottling
Dalmore 12 Jahre
Dalwhinnie 15 Jahre
Dalwhinnie Distiller's Edition
Dalwhinnie 1992, Manager's Choice
Dalwhinnie 1986, 20 Jahre Special Release
Deanston 12 Jahre
Glencadam 15 Jahre
The Singleton of Glendullan 12 Jahre
Glen Elgin 12 Jahre
Glenfiddich 21 Jahre
Glen Garioch 12 Jahre
Glenglassaugh Evolution
Glenglassaugh Revival
Glengoyne 10 Jahre
Glengoyne 15 Jahre
Glenkinchie Distiller's Edition
The Glenlivet 15 Jahre
The Glenlivet Archive 21 Jahre
Glenmorangie The Original 10 Jahre
Glenmorangie 18 Jahre
Glenmorangie 25 Jahre
Glen Moray Classic NAS
Glen Moray 12 Jahre
Glen Moray 16 Jahre
Glen Moray 30 Jahre
The Glenrothes Elder's Reserve
The Glenrothes Extraordinary Cask 1969
The Glenrothes Select Reserve NAS
Hazelburn 12 Jahre
Inchgower 14 Jahre
Inchmurrin 12 Jahre
Kilkerran Work In Progress No. 4
Kininvie Batch Number One 23 Jahre
Loch Lomond Inchmurrin 12 Jahre
Loch Lomond 1966 Stills
Longmorn 16 Jahre
Longmorn 1977
Longmorn 33 Jahre
Macallan Amber
Macallan Gold
Macallan 15 Jahre Fine Oak
Mannochmore 18 Jahre Special Release
Oban 14 Jahre
Old Pulteney 12 Jahre
Old Pulteney 17 Jahre
Old Pulteney 30 Jahre
Old Pulteney 40 Jahre
Royal Brackla 25 Jahre
Royal Lochnagar 12 Jahre
Scapa 16 Jahre
Scapa 1979
Strathisla 18 Jahre
Tomatin 18 Jahre
Tomatin 30 Jahre
Tomintoul 33 Jahre
Tormore 12 Jahre
Tullibardine Burgundy Finish

Schottland *Blend*
Antiquary 12 Jahre
Buchanan's 12 Jahre
Dewar's White Label
The Famous Grouse
Grant's Family Reserve
Great King Street

Schottland *Grain*
Cameron Brig
Haig Club

Irland *Malt*
Tullamore D.E.W. Single Malt 10 Jahre

Irland *Blend*
Cooley, Kilbeggan
Green Spot
Jameson 12 Jahre
Powers 12 Jahre
Tullamore D.E.W. 12 Jahre Special Reserve

Irland *Single Pot Still*
Green Spot
Midleton Barry Crockett Legacy
Powers John's Lane

Japan *Malt*
Chichibu Chibidaru 2009
Chichibu Port Pipe 2009
Komagatake Single Malt
Miyagikyo 15 Jahre
Miyagikyo 1990 18 Jahre
Yamazaki 12 Jahre

Japan *Grain*
Miyagikyo Nikka Single Cask Coffey Malt

Japan *Blend*
Hibiki 12 Jahre
Hibiki 17 Jahre
Nikka, From The Barrel

Der Rest der Welt *Malt*
Adnams, Spirit of Broadside *Großbritannien*
Amrut, Fusion *Indien*
Amrut, Greedy Angels *Indien*
Arcus Gjoleid, Ex-Bourbon Cask, 3,5 Jahre *Norwegen*
Arcus Gjoleid, Sherry Cask 3,5 Jahre *Norwegen*
Bakery Hill Double Wood *Australien*
The Belgian Owl *Belgien*
The Belgian Owl, Single Cask #4275922 *Belgien*
Braunstein e:1 Single Sherry Cask *Dänemark*
Brenne *Frankreich*
Finch, Classic *Deutschland*
Finch, Dinkel, Port 2013 *Deutschland*
George Dickel 12 Jahre *USA*
Haider, J.H. Single Malt *Österreich*
Haider, J.H. Single Malt, Karamell *Österreich*
Hellyer's Road, Pinot Noir Finish *Australien*
Kavalan Classic *Taiwan*
Kavalan Solist, Single Cask Ex-Bourbonfass *Taiwan*
Langatun, Old Bear *Schweiz*
Langatun, Old Deer *Schweiz*
Lehmann Elsass Single Malt (50%) *Frankreich*
Liebl, Coillmór, Port Cask *Deutschland*
Mackmyra Midvinter *Schweden*
Meyer's (Blend) *Frankreich*
Millstone 10 Jahre American Oak *Niederlande*
New Holland Zeppelin Bend Straight Malt *USA*
Old Holbart, Overeem Port Cask Matured *Australien*
Paul John Classic Select Cask *Indien*
Säntis, Edition Säntis *Schweiz*
Schraml, Drà *Deutschland*
St. George Californian Single Malt *USA*
Stauning, Traditional Oloroso *Dänemark*
Stranahan's Colorado Straight Malt Whiskey *USA*
Sullivan's Cove, French Oak Cask Matured *Australien*
Teerenpeli Kaski *Finnland*
Telser, Telsington VI, 5 Jahre Single Malt *Liechtenstein*
Telser, Telsington Black Edition, 5 Jahre *Liechtenstein*
Three Ships 10 Jahre *Südafrika*
Westland Cask 29 *USA*
Westland Deacon Seat *USA*
Westland Flagship *USA*

Der Rest der Welt *Grain*
Bain's Cape Mountain *Südafrika*

DUFTIG UND BLUMIG

Die Aromen dieser Whiskys erinnern an frische Schnittblumen, Obstblüten, Grasschnitt und hellgrüne Früchte. Am Gaumen sind die Brände geringfügig süß und leicht. Oft bekommen sie durch frische Säure Schwung.

Schottland *Single Malt*
Allt-a-Bhainne 1991
anCnoc 16 Jahre
Ardmore 1977, 30 Jahre, Old Malt Cask Bottling
Arran 14 Jahre
Arran, Robert Burns
Bladnoch 8 Jahre
Bladnoch 17 Jahre
Braeval 8 Jahre
Bruichladdich Islay Barley 5 Jahre
Bruichladdich The Laddie 10 Jahre
Cardhu 12 Jahre
Glenburgie 12 Jahre
Glenburgie 15 Jahre
Glencadam 10 Jahre
Glendullan12 Jahre
Glenfiddich 12 Jahre
Glen Grant 10 Jahre
Glen Grant Five Decades
Glen Grant Major's Reserve
Glen Keith 17 Jahre
Glenkinchie 12 Jahre
Glenkinchie 1992, Manager's Choice Single Cask
The Glenlivet 12 Jahre
Glenlossie 1999, Manager's Choice
Glen Scotia 10 Jahre
Glentauchers 1991 Gordon & MacPhail Bottling
The Glenturret 10 Jahre
Linkwood 12 Jahre
Loch Lomond Rosdhu
Loch Lomond 12 Jahre Organic Single Blend
Loch Lomond 29 Jahre, WM Cadenhead Bottling
Mannochmore 12 Jahre
Miltonduff 18 Jahre
Miltonduff 1976
Speyburn 10 Jahre
Speyside 15 Jahre
Strathisla 12 Jahre
Strathmill 12 Jahre
Teaninich 10 Jahre Flora & Fauna
Tomatin 12 Jahre
Tomintoul 14 Jahre
Tormore 1996
Tullibardine Sovereign

Schottland *Blend*
Ballantine's Finest
Chivas Regal 12 Jahre
Cutty Sark

Schottland *Grain*
Girvan »Over 25 Years Old«
Strathclyde 12 Jahre

Irland *Malt*
Bushmills 10 Jahre

Irland *Blend*
Bushmills Original
Jameson Original
Tullamore D.E.W.

Japan *Malt*
Ichiro's Malt Chichibu On The Way
Fuji-Gotemba 18 Jahre
Fuji-Gotemba Fuji Sanroku 18 Jahre
Hakushu 12 Jahre
Hakushu 18 Jahre
White Oak 5 Jahre
Yamazaki 10 Jahre

Japan *Blend*
Eigashima, White Oak 5 Jahre
Nikka Super

Der Rest der Welt *Malt*
Bakery Hill, Single Malt *Australien*
Collingwood, Canadian Mist *Kanada*
Domaine des Hautes Glaces S11 #01 *Frankreich*
Domaine des Hautes Glaces L10 #03 *Frankreich*
Glann ar Mor Taol Esa 2 Gwech 2013 *Frankreich*
High West Silver Western Oat *USA*
High West Valley Tan Oat *USA*
Mackmyra Brukswhisky *Schweden*
New Holland Bill's Michigan Wheat *USA*
Penderyn Madeira *Wales*
Puni, Alba *Italien*
Radermacher, Lambertus 10 Jahre *Belgien*
Slyrs 2010 *Deutschland*
Spirit of Hven No. 1, Dubhe *Schweden*
Spirit of Hven No. 2, Merak *Schweden*
St. George Lot 13 *USA*
Still Waters Stalk & Barrel, Cask #2 *Kanada*
Teerenpeli, Aës *Finnland*

REICHHALTIG UND RUND

Früchte sind auch hier mit im Spiel, jedoch getrocknet (Rosinen, Feigen, Datteln, Sultaninen). Sie deuten auf Ex-Sherryfässer aus europäischer Eiche hin. Vielleicht lässt sich auch eine feinere Textur erspüren – verantwortlich dafür sind die Tannine aus dem Eichenholz. Die Whiskys dieser Kategorie präsentieren sich tief, mitunter süß oder fleischig.

Schottland *Single Malt*
Aberlour 10 Jahre
Aberlour A'bunadh, Batch 45
Aberlour 18 Jahre
Aultmore 16 Jahre, Dewar Rattray
The Balvenie 17 Jahre Double Wood
Ben Nevis 25 Jahre
Benrinnes 15 Jahre Flora & Fauna
Benrinnes 23 Jahre
Benromach 1981 Vintage
Blair Athol 12 Jahre Flora & Fauna
Bruichladdich Black Art 4 23 Jahre
Bunnahabhain 12 Jahre
Bunnahabhain 18 Jahre
Bunnahabhain 25 Jahre
Cragganmore Distiller's Edition
Cragganmore 12 Jahre
Dailuaine 16 Jahre
Dalmore 15 Jahre
Dalmore 1981 Matusalem
The Singleton of Dufftown 12 Jahre
The Singleton of Dufftown 15 Jahre
Edradour 1997
Edradour 1996 Oloroso Finish
Fettercairn 16 Jahre
Fettercairn 30 Jahre
Glenallachie 18 Jahre
Glencadam 1978
The GlenDronach 12 Jahre
The GlenDronach 18 Jahre Allardice
The GlenDronach 21 Jahre Parliament
Glenfarclas 10 Jahre
Glenfarclas 15 Jahre
Glenfarclas 30 Jahre
Glenfiddich 15 Jahre
Glenfiddich 18 Jahre
Glenfiddich 30 Jahre
Glenfiddich 40 Jahre
Glenglassaugh 30 Jahre
Glengoyne 21 Jahre
The Glenlivet 18 Jahre
The Singleton of Glen Ord 12 Jahre
Highland Park 18 Jahre
Highland Park 25 Jahre
Jura 16 Jahre
Macallan Ruby
Macallan Sienna
Macallan 18 Jahre Sherry Oak
Macallan 25 Jahre Sherry Oak
Mortlach Rare Old
Mortlach 25 Jahre
Royal Lochnagar Selected Reserve
Speyburn 21 Jahre
Strathisla 25 Jahre
Tamdhu 10 Jahre
Tamdhu 18 Jahre
Tobermory 15 Jahre
Tobermory 32 Jahre

Schottland *Blend*
Johnnie Walker Black Label
Old Parr 12 Jahre

Irland *Malt/Pot Still*
Bushmills 16 Jahre
Bushmills 21 Jahre Cask Finish
Redbreast 12 Jahre
Redbreast 15 Jahre

Irland *Blend*
Black Bush
Jameson 18 Jahre
Tullamore D.E.W. Phoenix Sherry Finish

Japan *Malt*
Hakushu 25 Jahre
Karuizawa 1985
Karuizawa 1995 Noh-Serie
Yamazaki 18 Jahre

Der Rest der Welt
Amrut, Intermediate Cask *Indien*
Balcones Straight Malt V *USA*
Kavalan Fino Cask *Taiwan*
Liber, Embrujo *Spanien*
Millstone 1999, PX Cask *Niederlande*
New Holland Beer Barrel Bourbon *USA*
Old Holbart, Overeem Sherry Cask Matured *Australien*
Penderyn Sherrywood *Wales*
Säntis Alpstein VII *Schweiz*
Warenghem Armorik Double Maturation *Frankreich*

RAUCHIG UND TORFIG

Breite Aromapalette, von Ruß und Lapsang-Souchong-Tee über Teer, Bückling und geräucherten Schinken bis zu Heidekraut und Holzrauch. Nur leicht ölige Textur. Alle torfigen Whiskys brauchen ein süßes Gegengewicht.

Schottland *Single Malt*
Ardbeg 10 Jahre
Ardbeg Corryvreckan
Ardbeg Uigeadail
Ardmore Traditional Cask NAS
Ardmore 25 Jahre
The BenRiach Curiositas 10 Jahre
The BenRiach Septendecim 17 Jahre
The BenRiach Authenticus 25 Jahre
Bowmore Devil's Cask 10 Jahre
Bowmore 12 Jahre
Bowmore 15 Jahre Darkest
Bruichladdich Octomore, Comus 4.2 2007 5 Jahre
Bruichladdich Port Charlotte PC8
Bruichladdich Port Charlotte Scottish Barley
Bunnahabhain Toiteach
Caol Ila 12 Jahre
Caol Ila 18 Jahre
Highland Park 12 Jahre

Highland Park 40 Jahre
Kilchoman Machir Bay
Kilchoman 2007
Lagavulin 12 Jahre
Lagavulin 16 Jahre
Lagavulin 21 Jahre
Lagavulin Distiller's Edition
Laphroaig 10 Jahre
Laphroaig 18 Jahre
Laphroaig 25 Jahre
Longrow 14 Jahre
Longrow 18 Jahre
Springbank 10 Jahre
Springbank 15 Jahre
Talisker Storm
Talisker 10 Jahre
Talisker 18 Jahre
Talisker 25 Jahre
Tomatin Cú Bòcan

Irland *Malt*
Cooley, Connemara 12 Jahre

Japan *Malt*
The Cask of Hakushu
Yoichi 10 Jahre
Yoichi 12 Jahre
Yoichi 15 Jahre
Yoichi 20 Jahre
Yoichi 22 Jahre

Der Rest der Welt *Malt*
Balcones Brimstone Resurrection V *USA*
Bakery Hill, Peated Malt *Australien*
Clear Creek, McCarthy's Oregon Single Malt *USA*
Hellyer's Road, Peated *Australien*
Kornog, Sant Ivy *Frankreich*
Kornog, Taouarc'h *Frankreich*
Mackmyra Svensk Rök *Schweden*
Paul John Peated Select Cask *Indien*
Smögen Primör *Schweden*
Stauning, Peated Oloroso *Dänemark*
Westland First Peated *USA*

MALZIG UND TROCKEN

Diese Whiskys sind in der Nase trockener. Die knackigen, keksigen und bisweilen staubigen Brände legen Aromen frei, die an Mehl, Frühstückszerealien und Nüsse erinnern. Auch im Geschmack sind sie trocken, doch bildet die Süße der Eiche normalerweise ein Gegengewicht dazu.

Schottland *Single Malt*
Auchentoshan Classic NAS
Auchentoshan 12 Jahre
Auchroisk 10 Jahre
Glen Garioch Founder's Reserve NAS
Glen Scotia 12 Jahre
Glen Spey 12 Jahre
Knockando 12 Jahre
Loch Lomond Single Malt NAS
Macduff 1984 Berry Bros & Rudd Bottling
Speyside 12 Jahre
Tamnavulin 12 Jahre
Tomintoul 10 Jahre
Tullibardine 20 Jahre

Japan *Malt*
Chichibu The Floor Malted 3 Jahre

Der Rest der Welt *Malt*
Blaue Maus Grüner Hund, Single Cask *Deutschland*
Blaue Maus Spinnaker 20 Jahre *Deutschland*
Hellyer's Road, Original 10 Jahre *Australien*
Hudson Single Malt, Tuthilltown *USA*
Lehmann Elsass Single Malt (40 %) *Frankreich*
Liebl, Coillmór, American Oak *Dtl.*
Meyer's Pur Malt *Frankreich*
Teerenpeli 6 Jahre *Finnland*
Teerenpeli 8 Jahre *Finnland*

WHISKYS AUF ROGGEN-, WEIZEN- UND MAISBASIS

Unterschiedliche Herstellungsverfahren und Rohmaterialien führten dazu, dass sich bei nordamerikanischen Whiskeys (bzw. Whiskys im nordamerikanischen Stil) andere Geschmackskategorien herauskristallisierten. Ist der Whiskey Teil einer Brennereifamilie, zum Beispiel Jack Daniel's Black Label, ist der Name der Destillerie vorangestellt. Wird eine Marke von einem Haus mit anderem Namen erzeugt, etwa der Blanton's Single Barrel von Buffalo Trace, steht die Brennerei hinter der Marke.

WEICHER CORN

Mais ist Hauptrohstoff von Bourbon und Canadian Whisky. Er zeichnet oft für eine süße Nase sowie für einen fetten, butterigen, saftigen Geschmack verantwortlich.

Balcones Baby Blue *USA*
Black Velvet *Kanada*
Blanton's Single Barrel, Buffalo Trace Buffalo Trace *USA*
Canadian Club 1858 *Kanada*
Canadian Mist *Kanada*
Crown Royal, Gimli *Kanada*
Crown Royal Reserve, Gimli *Kanada*
Danfield's 10 J., Black Velvet *Kanada*
Danfield's 21 J., Black Velvet *Kanada*
Early Times *USA*
Forty Creek Barrel Select *Kanada*
Forty Creek Copper Pot Reserve *Kanada*
Four Roses Yellow Label *USA*
George Dickel Superior No 12 *USA*
George Dickel 8 Jahre *USA*
George Dickel Barrel Select *USA*
Highwood Century Reserve 21 Jahre *Kanada*
Hudson Baby Bourbon, Tuthilltown *USA*
Hudson Four Grain Bourbon, Tuthilltown *USA*
Hudson New York Corn, Tuthilltown *USA*
Jack Daniel's Black Label, Old No.7 *USA*
Jack Daniel's Gentleman Jack *USA*
Jack Daniel's Single Barrel *USA*
Jim Beam Black Label 8 Jahre *USA*
Jim Beam White Label *USA*
Pike Creek 10 Jahre, Hiram Walker *Kanada*
Wild Turkey 81° *USA*
Wild Turkey 101° *USA*
Wiser's Deluxe, Hiram Walker *Kanada*

SÜSSER WHEAT

Bourbon-Brennereien verwenden Weizen gelegentlich als Ersatz für Roggen. Der Weizen bereichert den Bourbon um eine milde, weiche Süße.

Bernheim Original Wheat, Heaven Hill *USA*
Highwood, Centennial 10 Jahre *Kanada*
Highwood White Owl *Kanada*
Last Mountain Private Reserve *Kanada*
Maker's Mark *USA*
Schraml Woaz *Deutschland*
W L Weller 12 J., Buffalo Trace *USA*

REICHHALTIG & EICHENGETÖNT

Der Whiskey bekommt seine vanilligen Aromen sowie die Kokos-, Kiefern-, Kirsch- und süßen Gewürznoten während des Fassaufenthalts vom Holz zugeteilt. Je länger Bourbon reift, desto kräftiger wird dieser Extraktreichtum, um schließlich in eine Tabak- und Lederrichtung zu gehen.

Alberta Premium 30 Jahre *Kanada*
Balcones Straight Bourbon II *USA*
Booker's, Jim Beam *USA*
Canadian Club 20 Jahre *Kanada*
Canadian Club 30 Jahre *Kanada*
Eagle Rare 10 Jahre Single Barrel, Buffalo Trace *USA*
Elijah Craig 12 Jahre, Heaven Hill *USA*
Forty Creek Double Barrel Reserve *Kanada*
Knob Creek 9 Jahre, Jim Beam *USA*
Maker's 46 *USA*
Old Fitzgerald 12 Jahre, Heaven Hill *USA*
Pappy Van Winkle's Family Reserve 20 Jahre, Buffalo Trace *USA*
Rare Breed, Wild Turkey *USA*
Ridgemont Reserve 1792 8 Jahre, Barton 1792 *USA*
Russell's Reserve Bourbon 10 Jahre, Wild Turkey *USA*
Wiser's 18 Jahre, Hiram Walker *Kanada*

WÜRZIGER RYE

Roggen manifestiert sich oft schon in der Nase in Form intensiver, leicht parfümiger, mitunter staubiger Aromen oder Roggenbrotnuancen. Sie erscheinen am Gaumen nach dem fetten Maiston und bereichern ihn um einen säuerlichen, würzigen Schwung, der die Geschmacksnerven reizt.

Alberta Premium, 25 Jahre *Kanada*
Alberta Springs 10 Jahre *Kanada*
Canadian Club Reserve 10 Jahre, *Kanada*
Collingwood 21 Jahre, Canadian Mist *Kanada*
Crown Royal Ltd Edition, Gimli *Kanada*
Dark Horse, Alberta *Kanada*
Domaine des Hautes Glaces Secale *Frankreich*
Evan Williams Single Barrel 2004, Heaven Hill *USA*
Forty Creek Confederation Reserve *Kanada*
Four Roses Barrel Strength 15 J. *USA*
Four Roses Brand 12 Single Barrel *USA*
Four Roses Brand 3 Small Batch *USA*
Haider J.H. Special Rye Nougat *Österreich*
Haider, J.H. Peated Rye Malt *Österreich*
High West OMG Pure Rye *USA*
High West Rendezvous Rye *USA*
Highwood Ninety, 20 Jahre *Kanada*
Hudson Manhattan Rye, Tuthilltown *USA*
George Dickel Rye *USA*
Lot 40, Hiram Walker *Kanada*
Millstone Rye 100 *Niederlande*
Old Potrero Rye, Anchor *USA*
Rittenhouse Rye, Heaven Hill *USA*
Russell's Reserve Rye 6 Jahre, Wild Turkey *USA*
Sazerac Rye, Buffalo Trace *USA*
Sazerac 18 Jahre, Buffalo Trace *USA*
Seagram VO, Canadian Mist *Kanada*
Stauning Young Rye *Dänemark*
Telser Rye Single Cask 2 Jahre *Liechtenstein*
Tom Moore 4 Jahre *USA*
Very Old Barton 6 Jahre, Barton 1792 *USA*
Wiser's Legacy, Hiram Walker *Kanada*
Woodford Reserve Distiller's Select *USA*

GLOSSAR

Begriffe in Kapitälchen verweisen auf andere Stichwörter innerhalb des Glossars.

Altersangabe Sie steht auf dem Etikett und bezieht sich immer auf den jüngsten Bestandteil. Das Alter ist nicht unbedingt ein Qualitätsmerkmal.

Ausbau Die letzte Phase der Whiskyherstellung läuft im Fass ab und macht bis zu 70 Prozent des endgültigen Geschmacks (und der Färbung) eines Whiskys aus.

Backset → Sourmashing.

Beer (USA), dt. Bier. Zu destillierende alkoholische Flüssigkeit. → auch Wash.

Beer Still (USA) Die erste Brennblase der Destillation (normalerweise eine Column Still).

Blended Whisky Ein Verschnitt aus Grain Whisky mit Malt (in Schottland) oder Bourbon/Rye (in Amerika). 93 Prozent des weltweit verkauften schottischen Whiskys sind Blends.

Bourbon Amerikanischer Whiskey-Stil. Er muss aus einer Mash destilliert werden, die mindestens 51 Prozent Mais (corn) enthält, darf auf höchstens 80 Prozent Alkohol (160° Proof) destilliert werden und muss bei einem Alkoholgehalt von höchstens 62,5 Prozent (125°) mindestens zwei Jahre in neuen getoasteten (→ Toasten) Eichenfässern reifen.

Charcoal mellowing oder Holzkohlefilterung. Eine Technik, die bei Tennessee Whiskeys eingesetzt wird. Der Rohwhiskey fließt vor dem Ausbau durch eine Schicht Holzkohle.

Clearic → New Make.

Corn Whiskey Amerikanischer Whiskeystil. Corn muss aus mindestens 80 Prozent Mais gebrannt werden.

Destillation Das Verfahren, durch das sich Spirituosen von Wein oder Bier unterscheiden. Weil Alkohol bei geringeren Temperaturen als Wasser verdampft, trennt sich beim Erhitzen einer alkoholischen Flüssigkeit (Bier/Wash) in einer Brennblase der Alkohol in gasförmigem Zustand vom flüssigen Wasser. Das aufgefangene Destillat hat einen höheren Alkoholgehalt als das zurückgebliebene Wasser; zudem werden die Inhaltsstoffe der Wash konzentriert.

Doubler (USA) Die einfache Pot Still, in welcher der Alkohol aus der ersten Destillation erneut destilliert wird, was den endgültigen Brand ergibt.

Eichenfass Für alle schottischen, US-amerikanischen und kanadischen Whiskys ist der Ausbau in Fässern aus Eichenholz vorgeschrieben. In dieser Phase reagiert der Whisky mit den Aromastoffen im Holz. Der Austausch zwischen Brand und Eiche erhöht die Komplexität des Whiskys. → auch Quercus.

Eingemottet engl. *mothballed*. Bezieht sich auf Brennereien, die stillgelegt, aber noch nicht für alle Zeiten außer Betrieb gesetzt wurden.

Engelsanteil engl. *angel's share*. Ein Fass atmet während des Ausbaus. Daher verdunstet ein Teil des Alkohols, der Engelsanteil genannt wird. In Schottland beträgt der jährliche Volumenverlust pro Fass zwei Prozent.

Ester Chemische Verbindungen, die während der Gärung entstehen und meist ein blumiges oder fruchtiges Aroma haben.

Fass Allumfassender Begriff für verschiedenste Behälter aus Holz, die beim Ausbau von Whisky zum Einsatz kommen. → auch Eichenfass.

Finishing Zusätzlicher Ausbau von Whisky in einem zweiten Fass, in dem er noch einmal eine gewisse Zeit reift.

Firstfill-Fass Ein etwas verwirrender Begriff der schottischen, irischen und japanischen Whiskyterminologie. Er bezieht sich auf ein Fass, das zum ersten Mal mit Whisky befüllt wird. Weil für den Ausbau von Whisky aber meist gebrauchte Fässer verwendet werden, ist es kein völlig neues Fass. → Refill-Fass.

Gärung Der Prozess, bei dem zuckerhaltige Würze durch Hinzufügung von Hefe in Alkohol verwandelt wird. Sie ist für die Entstehung des Geschmacks von entscheidender Bedeutung.

Gerste enthält natürliche Enzyme, die nach dem Mälzen die Umwandlung von Stärke in gärfähigen Zucker begünstigen. Daher wird bei der Herstellung fast aller Whiskytypen ein gewisser Anteil gemälzte Gerste zur Getreide-Maische hinzugefügt. Bei Single Malts sind es sogar 100 Prozent.

Getreidemischung engl. *mashbill*. Das Mischungsverhältnis der verschiedenen Getreidearten, aus denen ein Whisky gebrannt wird.

Grain Whisky wird aus einer Mischung erzeugt, die einen geringen Anteil Gerste und entweder Mais oder Weizen enthält und in einer Column Still bis auf 94,8 Prozent Alkohol destilliert wird. Gemäß schottischem Whiskygesetz muss ein Grain nach dem Getreide schmecken, aus dem er gebrannt wurde.

Grip Festigkeit in Geschmack und Textur. Entsteht durch das Zusammenspiel aus Alkohol, Tannin und Säure.

Hefe Mikroorganismen, die Zucker in Alkohol (plus Kohlendioxid und Wärme) umwandeln. Verschiedene Hefestämme, also Arten von Hefen, wirken sich unterschiedlich auf den Geschmack aus.

High wines (USA) Der Rohbrand, der aus der zweiten Destillation im Doubler entsteht.

Hogshead oder Hoggies. Ein Fass-Typ, der meist aus amerikanischer Eiche gebötchert wird und einen Rauminhalt von 250 Liter hat.

Indischer Whisky Ein etwas umstrittener Begriff, da die indische Whiskyindustrie die internationale Definition, wonach Whisky ausschließlich aus Getreide bereitet werden darf, nicht akzeptiert und auch Melasse als Grundmaterial zulässt.

Irischer Whiskey Obwohl es in Irland nur drei Brennereien gibt, erzeugt jede ihren Whiskey auf andere Weise. Cooley arbeitet mit doppelter Destillation und Torf, Bushmills mit dreifacher Destillation von ungetorfter gemälzter Gerste. Irish Distillers erzeugt Pot-Still-Whiskey, der zwar nicht getorft und dreifach destilliert ist, aber einer Getreidemischung aus gemälzter und ungemälzter Gerste entstammt.

Kastenmälzerei Eine Mälzerei, die zwischen der Tennenmälzerei und einer modernen Trommelmälzerei angesiedelt ist. Die keimende Gerste liegt in einem großen, oben offenen Kasten und wird darin mechanisch gewendet.

Keimung Ein Vorgang während des Mälzens von Gerste, bei dem das Korn zum Austreiben gebracht wird.

Kohlen Alle amerikanischen Fässer werden vor der Verwendung für die Reifung von Whisky gekohlt (geflammt). Dabei bildet sich eine Schicht aktive Holzkohle, die wie ein Filter wirkt, den Whisky weicher macht und unreife Aromen eliminiert. Durch Charcoal mellowing lässt sich dieser Vorgang beschleunigen.

Kondensation Der letzte Schritt der Destillation, bei dem der alkoholische Dampf wieder verflüssigt wird.

Lincoln County Process auch *leaching* oder *mellowing* genannt, dt. Holzkohlefilterung. Das Verfahren, das Tennessee Whiskey von Bourbon unterscheidet. Der Rohbrand sickert durch ein Bett aus Holzkohle, was rauere Inhaltsstoffe herausfiltert.

Lomond Still Eine Pot Still mit verstellbaren Platten im Hals, die den Rückfluss erhöhen und dem Brand einen typisch öligen, fruchtigen Charakter verleihen.

Mais engl. *corn*. Das Hauptgetreide bei der Herstellung von Bourbon. Es verleiht dem fertigen Brand eine fette Süße. Mais kommt auch in Kanada und bei der Erzeugung von Grain Whisky zum Einsatz.

Maischen Verfahren, das Getreidestärke in vergärbaren Zucker umwandelt.

Mälzen Prozess, der die Stärke der Gerste für die Destillation verfügbar macht. Das noch in der Keimruhe befindliche Korn wird in Wasser eingeweicht. Daraufhin setzt die Keimung ein, die durch Trocknen der Gerste in einer Darre gestoppt wird. Gemälzt werden kann in einer Tennen-, Trommel- oder Kastenmälzerei.

Nachlauf engl. *feints*, *tail* oder *after-shots*. Der nicht verwendete Alkohol, der am Ende des letzten Destillationsdurchlaufs übrig bleibt.

NAS Abkürzung für No Age Statement – dt. keine Altersangabe – auf dem Etikett.

New Make In Schottland auch CLEARIC, in den USA WHITE DOG. Schottischer Begriff für den frisch destillierten Rohwhisky.

Phenole Chemischer Begriff für die Aromaverbindungen, die beim Verbrennen von TORF entstehen. Man bemisst sie in phenolischen Teilen pro Million (ppm). Je höher der PPM-Wert, desto rauchiger der Whisky. Es wird nur die gemälzte GERSTE, nicht jedoch der NEW MAKE nach seinem PPM-Gehalt eingestuft. Bei der DESTILLATION gehen bis zu 50 Prozent der Phenole verloren.

Pot Still Kupferne, kesselähnliche Brennblase für die (nicht kontinuierliche) Batch-DESTILLATION.

Proof Eine Maßeinheit für die Alkoholstärke, die heute nur noch von amerikanischen Brennereien verwendet und auf Etiketten angegeben wird. Der Wert ist genau doppelt so hoch wie die Angaben in VOLUMENPROZENT Alkohol. Beispiel: 40 Prozent Alkohol sind 80° Proof.

Quercus Der lateinische Name für die Gattung Eiche. Die am häufigsten verwendeten Eichenarten sind *Q. alba* (Weißeiche) aus Nordamerika, *Q. robur* (Stieleiche), *Q. petraea* (Traubeneiche) aus Europa sowie *Q. mongolica* oder *mizunara*, die in Japan beheimatet ist. Jede Art zeichnet sich durch ein eigenes Aroma, eigene Geschmacksnuancen und eine eigene Struktur aus. → auch EICHENFASS.

Rackhouse Amerikanischer Begriff für das Lagerhaus.

Rancio Begriff aus der Verkostung, der die exotischen, ledrigen, moschusartigen, pilzigen Noten sehr alter Whiskys beschreibt.

Rectifier dt. Verstärkersäule oder Rektifikationskolonne. Eine der Säulen beim kontinuierlichen Destillieren.

Refill-Fass Ein Fass, das schon einmal mit SCOTCH WHISKY befüllt war.

Rektifizierung Bezeichnung für die wiederholte kontinuierliche DESTILLATION.

Ricks Die Holzgestelle, in denen in Amerika die FÄSSER während des AUSBAUS liegen. Die traditionellen hohen, metallverkleideten RACKHOUSES heißen auch Ricked Warehouses. Die Haufen aus Zuckerahornholz, die zu der beim Filtern von TENNESSEE WHISKEY verwendeten Holzkohle verarbeitet werden, nennt man ebenfalls Ricks.

Roggen (USA) Getreideart, die für die Herstellung von RYE WHISKEY, BOURBON und kanadischem Whisky verwendet wird. Roggen wirkt säuerlich und gibt dem Whisky Sauerteig-, Zitrus- und intensive Gewürzaromen mit.

Rückfluss Die Kondensation von alkoholischem Dampf innerhalb der Brennblase, also noch bevor er in den Kondensator gelangt. Dadurch wird der Dampf wieder flüssig und noch einmal destilliert. Der Rückfluss macht den Brand leichter und entfernt unerwünschte schwere Elemente. Er kann durch die Form der Brennblase oder die Destillationsgeschwindigkeit gefördert werden. → DESTILLATION.

Rye Whiskey (USA) braucht ein gesetzlich vorgeschriebenes Minimum von 51 Prozent Roggen in der GETREIDEMISCHUNG, was den US-Vorschriften für STRAIGHT WHISKEY entspricht.

Schlempe engl. *dark grains*. Die Mischung aus Pot Ale (die proteinreichen Rückstände nach der ersten DESTILLATION) und TREBER, die als Tierfutter Verwendung findet.

Schwanenhals engl. *lyne arm* oder *swan neck*. Der obere Teil einer POT STILL, der vom Bauch der Brennblase zum KONDENSATOR führt. Der Winkel des Schwanenhalses hat einen Einfluss auf den Charakter des Whiskys. Ein steil aufsteigender Hals erhöht den RÜCKFLUSS und ergibt einen leichteren Brand, ein nach unten geneigtes Rohr einen schwereren Brand.

Scotch Whisky muss in einer Brennerei in Schottland aus gemälzter GERSTE erzeugt werden, doch können noch andere Getreidearten hinzukommen. Die Gerste wird eingemaischt, die Maische durch Enzyme in der Gerste in gärfähige Flüssigkeit umgewandelt, mit HEFE vergoren, auf höchstens 94,8 Prozent Alkohol destilliert, in Schottland in EICHENFÄSSERN mit einem Rauminhalt von höchstens 700 Liter mindestens drei Jahre ausgebaut und mit mindestens 40 Prozent Alkohol abgefüllt. Als Zusatz sind nur Wasser und ZUCKERKULÖR zugelassen. → auch GÄRUNG, MAISCHEN.

Single barrel (USA) dt. Einzelfass. Eine etwas verwirrende Bezeichnung. Der Whiskey in einer bestimmten Flasche stammt von einem einzelnen Fass, aber jeder Posten eines Single Barrel Whiskey kann sich aus Whiskey mehrerer Fässer zusammensetzen.

Sourmashing (USA) Hinzufügen des alkoholfreien Rückstands der ersten DESTILLATION, des Backsets, zur Maische im Gärbehälter. Der Backset kann bis zu 25 Prozent der gesamten Flüssigkeit im Fermenter ausmachen. Diese Säuerung wirkt sich vorteilhaft auf die GÄRUNG aus. Jeder BOURBON/TENNESSEE WHISKEY wird »sauergemaischt«.

Straight Whiskey (USA) Bezeichnung für jeden Whiskey, der aus mindestens 51 Prozent einer bestimmten Getreideart (MAIS, ROGGEN, Weizen) erzeugt, auf 80 Prozent Alkohol (160° Proof) gebrannt, bei höchstens 62,5 Prozent mindestens zwei Jahre in neuen gekohlten EICHENFÄSSERN ausgebaut und mit mindestens 40 Prozent Alkohol abgefüllt wird. ZUCKERKULÖR als Färbemittel sowie Geschmacksverstärker sind nicht erlaubt.

Tennenmälzerei Eine traditionelle Methode des MÄLZENS. Das feuchte Getreide wird auf einer Tenne zum Keimen ausgebreitet. Schaufeln oder Pflüge wälzen es regelmäßig um. Inzwischen wurden die meisten Tennenmälzereien durch TROMMELMÄLZEREIEN ersetzt. → auch KASTENMÄLZEREI.

Tennessee Whiskey unterliegt denselben Vorschriften wie BOURBON, doch filtern Brennereien in Tennessee den Rohwhiskey in einem Bett aus Ahorn-Holzkohle. → CHARCOAL MELLOWING.

Thumper Synonym für DOUBLER.

Toasten oder Rösten. Beim Toasten werden die Innenseiten der Dauben mittels eines Feuers erhitzt, sodass der komplexe Holzzucker im Eichenholz karamellisiert. Er reagiert mit dem Brand, was einen komplexeren reifen Whisky ergibt. Durch Veränderung des Röstgrads verändert sich auch die Wirkung des Holzes auf den Whisky. → KOHLEN.

Torf(en) Torf spielt für das Aroma vieler Whiskys eine wichtige Rolle. Die teilweise zersetzten Pflanzenreste, die im Lauf vieler Tausend Jahre in nassem, saurem Boden Moore gebildet haben, werden gestochen, getrocknet und anschließend beim Darren verbrannt. Das schlägt sich beim fertigen Brand in einem rauchigen Aroma nieder.

Treber Die Getreidereste, die nach dem Abziehen der süßen Flüssigkeit (WÜRZE) im Maischbottich bleiben. Sie werden als Tierfutter genutzt.

Trommelmälzerei Verbreitetste Methode des MÄLZENS von GERSTE. Die riesigen Anlagen arbeiten mit großen horizontalen Trommeln, in denen das Grünmalz keimt. → KEIMUNG.

Vatting Das Verschneiden von Malts. → BLENDED WHISKY.

Vendome Still Eine POT STILL mit Rektifiziersäule im Hals.

Volumenprozent Der Alkoholgehalt eines Whiskys wird in seinem Anteil am Gesamtvolumen der Flüssigkeit gemessen. Für Scotch ist ein Mindestanteil von 40 % Vol. gesetzlich vorgeschrieben. → auch PROOF.

Vorlauf engl. *foreshots, heads*. Der erste Brand der Destillation. Er ist alkoholstark, enthält flüchtige Verbindungen und wird mit dem NACHLAUF sowie dem Rohbrand ein weiteres Mal destilliert.

Wash Die vergorene Flüssigkeit (auch BEER genannt), die rund acht Prozent Alkohol enthält und zu Whisky destilliert wird.

Wash Still Die erste Brennblase der nicht kontinuierlichen Destillation, in der die vergorene WASH gebrannt wird.

Wheated Bourbon Ein BOURBON, dessen GETREIDEMISCHUNG mehr Weizen als Roggen enthält. Der Brand wird dadurch etwas süßer.

Whiskey/Whisky Schottischer, kanadischer und japanischer Whisky wird ohne »e«, irischer und amerikanischer Whiskey mit »e« geschrieben. Nicht alle amerikanischen Hersteller halten sich allerdings daran.

White Dog Der amerikanische Begriff für den NEW MAKE.

Worm (Tub) Traditionelle Kondensatoren. Die »Worm« besteht aus einem Wassertank, der von kupfernen Rohren durchzogen ist. Wegen der geringeren Interaktion mit Kupfer sind Whiskys aus Worm Tubs meist etwas schwerer.

Würze Die süße Flüssigkeit, die aus dem Maischbottich abgezogen wird.

Zuckerkulör Eine zugelassene Lebensmittelfarbe, die in vielen Whiskys enthalten, für BOURBON jedoch verboten ist. Sie sorgt für eine gleichmäßige Farbe auch bei unterschiedlichen Posten. Zu viel Zuckerkulör dämpft das Aroma und macht sich im Abgang als Bitternote bemerkbar.

BIBLIOGRAFIE

BÜCHER

Barnard, Alfred, *The Whisky Distilleries of the United Kingdom*, David & Charles, 1969

Buxton, Ian, *The Enduring Legacy of Dewar's*, Angel's Share, 2010

Checkland, Olive, *Japanese Whisky, Scottish Blend*, Scottish Cultural Press, 1998

Dillon, Patrick, *The Much-Lamented Death of Madam Geneva*, Review, 2004

Kaiser, Roman, *Meaningful Scents Around The World*, Wiley, 2006

Gibbon, Lewis Grassic *A Scots Quair*, Canongate Books, 2008

Gunn, Neil M., *Whisky & Scotland*, Souvenir Press Ltd, 1977

Hardy, Thomas, *The Return of the Native*, Everyman's Library, 1992

Hume, John R. & Moss, Michael, *The Making of Scotch Whisky*, Canongate Books, 2000

Macdonald, Aeneas, *Whisky*, Canongate Books, 2006

MacFarlane Robert, *The Wild Places*, Granta Books, 2007

MacLean, Charles, *Scotch Whisky: A Liquid History*, Cassell, 2003

Marcus, Greil, *Invisible Republic, Bob Dylan's Basement Tapes*, Picador, 1997

McCreary, Alf, *Spirit of the Age, the Story of old Bushmills*, Blackstaff Press, 1983

MacDiarmid, Hugh, *Selected Essays*, University of California Press, 1970

Mulryan, Peter, *The Whiskeys of Ireland*, O'Brien Press, 2002

Owens Bill, *Modern Moonshine Techniques*, White Mule Press, 2009

Owens Bill, Diktyt, Alan & Maytag, Fritz, *The Art of Distilling Whiskey and Other Spirits*, Quarry Books, 2009

Pacult, F. Paul, *A Double Scotch*, John Wiley, 2005

Penguin Press & Carson, *The Tain*, Penguin Classics, 2008

Regan, Gary & Regan, Mardee, *The Book of Bourbon*, Chapters, 1995

Udo, Misako, *The Scotch Whisky Distilleries*, Black & White, 2007

Waymack, Mark H. & Harris, James F. *The Book of Classic American Whiskeys*, Open Court, 1995

Wilson, Neil, *The Island Whisky Trail*, Angel's Share, 2003

MAGAZINE

Whisky Magazine

Whisky Advocate

MUSIK

»Copper Kettle«, Komponist Albert Frank Beddoe, von Bob Dylan für das 1970 erschienene Album *Self Portrait* aufgenommen

Smith, Harry *Anthology of American Folk Music*, mehrere Editionen

WEITERFÜHRENDE INFORMATIONEN

Viel Aktuelles über Whisky erfahren Sie im Internet. Nahezu alle Hersteller betreiben inzwischen ihre eigenen Webseiten. Hier eine Auswahl von Magazinen und Blogs für den Whiskyfreund.

MAGAZINE

www.highland-herold.de (deutsches Magazin als Download)

www.whiskyadvocate.com

www.whatdoesjohnknow.com

www.whiskymag.com

WEBSEITEN UND BLOGS

http://drwhisky.blogspot.com – Von Sam Simmons, einem der ersten und noch immer besten Whiskyblogger (engl.)

www.maltmaniacs.org – Die erste Adresse für Malt-Freunde (engl.)

www.rund-um-whisky.de – Der Titel sagt alles

www.thewhiskywiki.de – Online-Lexikon mit vielen Infos zu Brennereien, einzelnen Whiskys und technischen Details

www.whisky.de – Seite mit generellen Informationen, Blog, Forum und Shop

www.whiskyfanblog.de – Blog mit Kaufinformationen und Links zu anderen Seiten

www.whiskyfanpage.de – Viele Whiskybewertungen

www.whiskyfrog.de – Viele gut verständliche Informationen über die Herstellung von Whisky

www.whiskyfun.com – Serge Valentins tägliche Gedanken zu Whisky und Musik (engl.)

www.whiskymania.ch – Schweizer Webseite über Single Malt

www.whiskymuseum.at – Österreichische Webseite rund um das Thema Scotch

www.whiskyscout24.com – Alles über Whisky

FESTIVALS

Während Sie diese Zeilen lesen, findet irgendwo auf der Welt mit Sicherheit ein Festival oder eine Messe zum Thema Whisky statt. Die weltweit größte Whisky-Veranstaltung ist Whisky Live! (www.whiskylive.com). Malt Advocate veranstaltet die größte amerikanische Whiskyshow. Einen Kalender der Whiskymessen findet man unter anderem auf www.whiskyfanpage.de (→ Weiterführende Informationen).

REGIONALE MESSEN UND FESTIVALS

Inter Whisky, www.interwhisky.com – Internationale Fachmesse für Whiskykultur im November

Munich Whisky & Bar Festival, www.finest-spirits.com – Großes Whiskyfestival in München

Spirit of Speyside, www.spiritofspeyside.com – Findet in der Regel in der ersten Maiwoche statt und dauert eine Woche

REGISTER

Hinweise zur Benutzung

- **Fett** gedruckte Seitenzahlen weisen auf den Haupteintrag zu einer Brennerei hin.
- Auf Seitenzahlen, die auf allgemeine Informationen zu einer Brennerei verweisen, folgen die Namen der dort gebrannten oder geblendeten Whiskys (**fett** gedruckt) mit jeweiligem Seitenverweis.
- Hauptmarken sind ebenfalls aufgelistet; in Klammern folgt ihre Brennerei.
- Brennerei- und Whiskynamen, die mit »The« beginnen, sind unter »T« zu finden.
- *Kursiv gesetzte* Seitenverweise beziehen sich auf Abbildungen.

BILDNACHWEIS

Mitchell Beazley dankt allen Brennereien sowie ihren Vertretern für die freundliche Erlaubnis zur Verwendung der Fotografien in diesem Buch.

Abhainn Dearg (Brennerei) 177; **Steve Adams** 20ul; **age fotostock** Marco Cristofori 102r; **Alamy** Stuart Black 294r; Paul Bock 62u, 93o; Bon Appétit 131o; Cephas Picture Library 52u, 66u, 130u, 163r, 178u, 250–251; Derek Croucher 284–285; Andrew Crowhurst 184; Design Pics Inc 160–161; DGB 100–101; DigitalDarrell 231; Epicscotland 6; Michele Falzone 210–211; Stuart Forster India 314u; Les Gibbon 20–21; David Gowans 70–71; Simon Grosset 151; Peter Horree 186u, 248; Chris Howes/Wild Places Photography 255l; David Hutt 12–13; Image Management 303; Jason Ingram 136–137; André Jenny 232–233; Tom Kidd 94r; Terrance Klassen 268–269; Bruce McGowan 118r; John Macpherson 56u, 150; mediasculp 308u; nagelestock.com 30–31; Jim Nicholson 152–153; Noble Images 140–141; Oaktree Photographic 124–125; David Osborn 64u; John Peter 34; Rabh images 253o; Jiri Rezac 65o; Mike Rex 35; Scottish Viewpoint 36–37, 53o; South West Images Scotland 24–25, 142–143; Jeremy Sutton-Hibbert 26–27; Transient Light 84–85; Patrick Ward 179o; Margaret Welby 164–165; Wilmar Photography 24; Andrew Woodley 233o; Ian Woolcock 318u; **La Alazana** (Brennerei) 313; **Alberta Springs** (Brennerei) 272; **Amrut** (Brennerei) 314o, 316; **Angus Dundee Distillers** 41, 116; **Arcaid** Keith Hunter/ Architekt Austin-Smith:Lord 90; **Ardbeg** (Brennerei) 154, 155u; **Bakery Hill** (Brennerei) 322; **Balcones Distilling** 262; **Beam Global** 119, 158o, 159u, 203, 204, 244–245; **Ben Nevis** (Brennerei) 139; Alex Gillespie 143o; **The BenRiach Co** (Brennerei) 88–89, 120; **The Benromach Co** (Brennerei) 96; **Bladnoch** (Brennerei) 148–149; **Box Destilleri**/Peter Söderlind 305u, 306o; **Dave Broom** 23, 158u, 159o, 227o; **Brown-Forman** 236–237, Brown-Forman Consolidated 278; **Bruichladdich** (Brennerei) 168, 169o; **Buffalo Trace** (Brennerei) 242–243; **Burn Stewart Distillers** 5, 104, 162, 176; **Canadian Club** 277; **Celtic Whisky Compagnie** Glan ar Mor 290; **Chichibu** (Brennerei) 221; **Chivas Brothers** 40, 42o, 43u, 56o, 57, 72, 73or, 74r, 87, 95, 97, 183r, 193r; **Constellation Brands Inc** 274o; **Corbis** Atlantide Phototravel 282–283; Jonathan Andrew 198–199; Gary Braasch 22ul; Creasource 22 uml; Marco Cristofori 7; Macduff Everton 155o, 167o, 201o; Patrick Frilet 295ul; Raymond Gehman 22uml; Philip Gould 19; Bob Krist 196; Kevin R. Morris 240u, 250–251; Studio MPM 22mm; L Nicoloso/photocuisine 22omm; Richard T. Nowitz 194–195; Keren Su 22ur; Sandro Vannini 46u; Michael S. Yamashita 212; **Corsair** (Brennerei) 261; **Daftmill** (Brennerei) 145; **John Dewar & Sons** 60, 61, 74l, 98, 106–107, 109, 114–115, 127, 191, 192; **Diageo** 44–45, 46o, 47o, 48, 50, 51, 54u, 55, 68o, 69, 73ol & u, 75u, 83u, 86, 91, 92o, 93u, 110u, 111–113, 128, 133, 138, 144, 146, 156–157, 163l, 178o, 179u, 199l, 254o; Bushmills 200, 201u, 207u; Diageo Kanada 275; **Dingle** (Brennerei) 206; **Drinksology.com** 202o; **Echlinville** (Brennerei)/Niall Little 202u; **The Edrington Group** 49, 58o, 59, 108, 182, 183l & m, 190; **Eigashima Shuzo Co** 223; **The English Whisky Co** 288; **Fary Lochan** (Brennerei) 308o; **Finch ® Whisky** 299; **Floki** Egill Gauti Thorkelsson 311; **Fotolia** Tomo Jesenicnik 22or; Jeffrey Studio 22omr; Kavita 22umr; Mikael Mir 22ol; Monkey Business 22om; Taratorki 22aml; Vely 22umr; **Four Roses** (Brennerei) 246; **Getty Images** Best View Stock 317r; Britain on View/David Noton 32; Cavan Images 258; R Creation 224u; David Henderson 135r; Marc Leman 122; Sven Nackstrand/AFP 307u; Warrick Page 8–9; Time & Life Pictures 249; **Glen Grant** (Brennerei) 76–79; **William Grant & Sons Distillers** 62–63, 64o, 65u, 66o, 67,199r, 205; **Glen Moray** (Brennerei) 94l; **Glenmorangie plc** 130o, 131u; **The Glenrothes** 80–81; **Great Southern Distilling Co** 318o; **J. Haider** (Brennerei) 302; **Heaven Hill Distilleries Inc** 240o, 241; **Hellyers Road** (Brennerei)/Rob Burnett 320–321, 323; **Hemis.fr** Bertrand Gardel 291; **High West Distillery and Saloon** 264; **Highwood Distillers** 273; **Ian Macleod Distillers Limited** 11, 102l; **Inver House Distillers** 121, 132, 135l; **Irish Distillers Pernod Ricard** 207–209; **Isle of Arran Distillers** 174; **J. & G. Grant Glenfarclas** 52o, 53u; **Jack Daniel's** (Brennerei) 252, 253u; **James Sedgwick** (Brennerei) 312; **Jenny Karlsson** 185; **Karuizawa** (Brennerei) 220; **Kavalan** (Brennerei) 317l; **Davin de Kergommeaux** 274u; **Kilchoman** (Brennerei) 169u; **Kings County** (Brennerei) 260o, Christopher Talbot 260u; **Kittling Ridge Estates Wines & Spirits** 279u; **Langatun** (Brennerei) 300; **Lark** (Brennerei) 322–323; **Last Mountain** (Brennerei) 281u; **Destilerías Líber sl** 295o & ur; **Loch Lomond Distillers** 103, 189o; **Mackmyra Svensk Whisky** 307; **Maker's Mark Inc** (Brennerei) 234, 235u; **Morrison Bowmore Distillers** 118l, 147, 166, 167u; **New Holland Brewing Co** 263; **The Nikka Whisky Distilling Company** 218–219, 224o, 225o; **Okanagan Spirits** 281o; **The Owl** (Brennerei) 294l; **Paragraph Publishing Ltd**/Whisky Magazine 82l, 136o, 225u; **John Paul Photography** 42u, 43o; **Puni Destillerie** 301; **Robert Harding Picture Library**/Robert Francis 228–229; **Will Robb** 2; **Sazerac Company Inc** 247; **Bernhard Schäfer**/ Blaue Maus 296o, 297u; **Shutterstock** 296u; Nikolay Neveshkin 193m; Stanimire G. Stoev 59o; **Signatory Vintage Scotch Whisky Co**/Edradour (Brennerei) 110o; **Slyrs** 297o; **Smögen Whisky** 306u; **Speyside Distillers** 38; **Spirit of Hven Backafallsbyn** 305o; **Christine Spreiter** 170, 172–173; **Springbank Distillers** 186o, 187–188, 189u; **St George Spirits Inc** 266–267; **Stauning Whisky** 309; **Still Waters** (Brennerei) 280; **Suntory Liquors** 214–217, 226, 227u; **SuperStock** 222u; **Teerenpeli Distillery & Brewery** 310; **Tomatin** (Brennerei) 126; **Tullibardine** (Brennerei) 105; **Tuthilltown Spirits** 259; **The Welsh Whisky Co Ltd** 289; **Westland** (Brennerei) 265; **The Whisky Couple Hans & Becky Offringa** 38m, 54or, 82r, 180–181, 254u, 255r; Robin Brilleman 39, 68u, 83r, 92u; **The Whisky Exchange** 73o, 75o, 83o, 139l; **Whyte and Mackay Ltd** 117, 129, 175; **Wild Turkey** 238–239; **J. P. Wiser's** 276; **Wolfburn** 134; **Zuidam Distillers BV** 293.

DANK

Schottland Nick Morgan, Craig Wallace, Douglas Murray, Jim Beveridge, Donald Renwick, Shane Healy, Diageo; Jim Long, Alan Winchester, Sandy Hyslop, Chivas Brothers; Gerry Tosh, George Espie, Gordon Motion, Max MacFarlane, Jason Craig, Ken Grier, Bob Dalgarno, The Edrington Group; David Hume, Brian Kinsman, William Grant & Sons; Stephen 'The Stalker' Marshall, Keith Geddes, John Dewar & Sons; Iain Baxter, Stuart Harvey, Inver House Distillers; Ian MacMillan, Burn Stewart Distillers; Ronnie Cox, David King, Sandy Coutts, The Glenrothes; Iain Weir, Iain MacLeod; Gavin Durnin, Loch Lomond Distillers; Frank McHardy, Pete Currie, J & A Mitchell; Euan Mitchell, Arran Distillers; Iain McCallum, Morrison Bowmore Distillers; Jim McEwan, Bruichladdich; Anthony Wills, Kilchoman; Richard Paterson, David Robertson, Whyte & Mackay; Jim Grierson, Maxxium UK; John Campbell, Laphroaig; Des McCagherty, Edradour; George Grant, J & G Grant; Lorne McKillop, Angus Dundee; Billy Walker, Alan McConnochie, Stewart Buchanan, The BenRiach/The GlenDronach; Francis Cuthbert, Daftmill; Raymond Armstrong, Bladnoch; Alistair Longwell, Ardmore; David Urquhart, Ian Chapman, Gordon & MacPhail; Bill Lumsden, Annabel Meikle, Glenmorangie; Michelle Williams, Lime PR; John Black, James Robertson, Tullibardine; Colin Ross, Ben Nevis; Dennis Malcolm, Glen Grant; Stephen Bremner, Tomatin; Andy Shand, Speyburn; Marko Tayburn, Abhainn Dearg.

Irland Barry Crockett, Brendan Monks, Billy Leighton, David Quinn, Jayne Murphy, IDL; Colum Egan, Helen Mulholland, Bushmills; Noel Sweeney, Cooley.

Japan Keita Minari, Mike Miyamoto; Shinji Fukuyo, Seiichi Koshimizu, Suntory; Naofumi Kamiguchi, Geraldine Landier, Nikka; Ichiro Akuto, Venture Whisky.

USA & Kanada Chris Morris, Jeff Arnett, Brown-Forman; Jane Conner, Maker's Mark; Larry Kass, Parker Beam, Craig Beam, Heaven Hill; Katie Young, Ernie Lubbers, Jim Beam; Jim Rutledge, Four Roses; Jimmy & Eddie Russell, Wild Turkey; Harlen Wheatley, Angela Traver, Buffalo Trace; Ken Pierce, Old Tom Moore; Jim Boyko, Vincent deSouza, Crown Royal; John Hall, Forty Creek; Bill Owens; Lance Winters, St. George; Steve McCarthy, McCarthy's; Marko Karakasevic, Charbay; Jess Graber, Stranahan's; Rick Wasmund, Copper Fox, Ralph Erenzo, Tuthilltown.

Wales Stephen Davis, Gillian Macdonald, Welsh Whisky Company.

England Andrew Nelstrop, The English Whisky Company.

International Jean Donnay; Patrick van Zuidam; Etiene Bouillon; Lars Lindberger; Henric Molin; Anssi Pyysing; Michael Poulsen; Fran Peregrino; Andy Watts; Moritz Kallmeyer, Bill Lark, Patrick Maguire, Keith Batt, Mark Littler, David Baker, Cameron Syme; Ian Chang.

Die Knipser John Paul, Hans Offringa, Will Robb, Christine Spreiter, Jeremy Sutton-Hibbert sowie Tim, Arthur & Keir und Joynson the Fish, die mit Bildern aushalfen, wenn die Brennereien einräumen mussten, dass sie keine Fotos von ihren eigenen Produkten hatten.

Ein ganz persönlicher Dank geht an Charles MacLean, Neil Wilson, Rob Allanson, Marcin Miller, John Hansell, David Croll, Martin Will; Johanna & Charles und alle Malt-Freunde.

Ein dickes, immerwährendes Dankeschön an Davin de Kergommeaux, weil er eingesprungen ist, als es mit Kanada arg zäh voranging, an Bernhard Schäfer, der dasselbe bei den mitteleuropäischen Ländern vollbrachte, an Chuck Cowdery dafür, dass er mir die Wahrheit über Dickel gesteckt hat; an Ulf Buxrud, Krishna Nukala und Craig Daniels für die Kontakte, an Serge Valentin für Proben und seine stets ausgezeichnete Laune sowie an Alexandre Vingtier, Doug McIvor, Ed Bates und Neil Mathieson, deren Stimmung ebenfalls immer gut blieb.

Zweite Ausgabe Vielen Dank an alle Brenner, Kollegen, Freunde und meine Familie, die alle Hebel in Bewegung setzten, damit dieses Buch rechtzeitig fertig wurde.

Ein besonderer Dank geht an Davin de Kergommeaux, Lew Bryson, Pit Krause, Jasmin Haider, Philippe Juge, Chris Middleton und Martin Tønder Smith für ihre Hilfe beim Aufspüren neuer Brennereien.

Dankeschön auch an alle Brenner der neuen Destillerien, die bereit waren, ein bisschen mit mir zu plaudern: Alex Bruce, Karen Stewart, Francis Cuthbert, Guy Macpherson-Grant, David Fitt, John McCarthy, Marko Tayburn, Oliver Hughes, Daniel Smith, Allison Patel, Jean Donnay, Fred Revol, Patrick van Zuidam, Etienne Bouillon, Michael Morris, John Quinn, Nicole Austin, Chip Tate, Rich Blair, David Perkins, David King, Emerson Lamb, Angela d'Orazio, Ivan Abrahamsen, Roger Melander, Alex Højrup Munch, Gable Erenzo, John O'Connell, Jonas Ebensperger, Marcel Telser, Jens-Erik Jørgensen und Henric Milon. Ihr seid die Zukunft.

An Marcin, der mich durch Norfolk und Suffolk gefahren hat, während ich ihn fast dazu brachte, aus der Haut zu fahren.
An Darren Rook und Tim Forbes von der Distiller's Row für ihre Ohren, Nasen und Gedanken.

An Stephen, Ziggy und den Major, weil sie mich herumprobieren ließen.

An das fabelhafte Team von Octopus: Denise, Leanne, Juliette, Jamie und Hilary, nicht nur weil sie dieses Buch geschafft haben, sondern weil sie es ohne großes Aufhebens und mit echtem Einsatz für Qualität und Genauigkeit in Text und Gestaltung geschafft haben.

An Tom Williams, weil er dafür sorgte, dass ich die Bodenhaftung nicht verlor.

Und vor allem meiner Frau und Assistentin Jo, weil sie Erstaunliches bei der Organisation von Kostproben leistete, Flaschen zählte und Notwendiges, aber Zeitraubendes auf sich nahm und mir die Zeit ließ, mit dem Schreiben voranzukommen. Wie sie es seit 25 Jahren mit mir aushält, verstehe ich nicht.

… und an Rosie, weil sie es immer geschafft hat, mir ein Lächeln zu entlocken.